Julius Wellhausen

Israelitische und Jüdische Geschichte

Mit einem Vorwort von Christiane Beetz

Wellhausen, Julius: Israelitische und Jüdische Geschichte.
Hamburg, SEVERUS Verlag 2013.
Nachdruck der Originalausgabe, Leipzig 1904.

ISBN: 978-3-86347-639-7
Druck: SEVERUS Verlag, Hamburg, 2013

Der SEVERUS Verlag ist ein Imprint der Diplomica Verlag GmbH.

Bibliografische Information der Deutschen Nationalbibliothek:
Die Deutsche Nationalbibliothek verzeichnet diese Publikation in der
Deutschen Nationalbibliografie; detaillierte bibliografische Daten sind
im Internet über http://dnb.d-nb.de abrufbar.

SEVERUS

Vorwort zum Buch

„Der großen Wüste, die vom Tigris und Euphrat her bis zum Indischen Ozean hinunter sich ausdehnt, ist im Westen auf ihrer ganzen Länge ein Gebirgsstreifen vorgelagert, welcher sie vom Meere scheidet."

So lyrisch beschreibt Julius Wellhausen eine Landschaft, die untrennbar mit der Geschichte des jüdischen Volkes verbunden ist. In seinem Buch „Israelitische und jüdische Geschichte" erzählt Wellhausen die Anfänge des jüdischen Volkes bis zur Zeit Jesu. In schlichtem, verständlichen Stil lesen wir von der Ansiedelung der Israeliten in Palästina, dem Königtum mit seinen häufigen Machtwechseln und dem Untergang der beiden jüdischen Staaten Israel und Juda mit dem anschließenden Babylonischen Exil. Auch die Besetzung durch die Römer findet Beachtung, ebenso wie die politische und religiöse Entwicklung der jüdischen Herrschaftsschicht bis zur Zeit des Herodes, die erneute Zerstörung des Tempels und der Beginn des Christentums.

Julius Wellhausen wurde 1844 als Sohn eines Stadtpfarrers in Hameln geboren. Nach dem Besuch des Gymnasiums studierte er ab 1862 in Göttingen Theologie. Dort lernte er neben Hebräisch auch Aramäisch und Arabisch, da er eine Verknüpfung zwischen Philologie und Geschichte bzw. Politik sah. Er arbeitete zunächst als Hauslehrer in Hannover. Ab 1870 promovierte, habilitierte und lehrte er in Göttingen. 1872 wurde er Professor in Greifswald für Theologie, übernahm aber einige Jahre später eine Professur für orientalische Sprachen in Halle/Saale, Marburg und Göttingen. 1879 schrieb er dazu: „Es kommt mir wie eine Lüge vor, daß ich Diener der evangelischen Kirche bilden soll, der ich im Herzen nicht angehöre." Seinen Arbeitsschwerpunkt legte er vorerst in die Erforschung des Alten Testaments, und auch das arabische Umfeld interessiert ihn. 1875 heiratete Wellhausen Marie Limpricht, eine bekannte Pianistin. Die Ehe blieb allerdings kinderlos. Wellhausens Gesundheit war zeitlebens angeschlagen. Er litt an ständigen Magenerkrankungen und Schlaflosigkeit. Durch Arteriosklerose konnte er im Alter fast nicht mehr selbst schreiben, mit 60 Jahren ertaubte er. Trotzdem galt er als fröhlicher, ausgeglichener Mensch, der nichts übrig hatte für die Allüren manch anderer Gelehrter. 1918 verstarb er in Göttingen.

Wellhausen gilt als einer der bedeutendsten deutschen Gelehrten des 19. Jahrhunderts. Er machte sich einen Namen als Alttestamentler, Kenner der arabischen Kultur und Religion und später auch als Neutestamentler. Seine Schriften waren umstritten, denn er verweigerte sich einer unkritischen Bibelanalyse. Er gilt als einer der Begründer der modernen Bibelkritik. Biblische Texte, vor allem die des Alten Testaments, betrachtete er als Projektion späterer Epochen und stellte ihre Historizität in Frage. Von seinem Vorbild Theodor Mommsen, den er persönlich kannte, übernahm er die Annahme, daß Geschichtsschreibung immer subjektive Beschreibung des jeweiligen Zeitabschnitts ist. Ein Autor verfolgt unweigerlich eine bestimmte Intention beim Verfassen der Texte. Diese zu erforschen war Wellhausens Anliegen. Durch solch eine Einschätzung der Texte gelangte er häufig zu einer anderen Datierung vieler biblischer Texte als seine Zeitgenossen, was ihm heftige Kritik einbrachte. Vor allem den Schriften der Propheten gestand er eine weit größere zeitliche Bedeutung zu als der Thora, den ersten fünf Büchern Mose. Er veröffentlichte u.a. ein Werk über die Samuel-Bücher sowie eine Einführung in das Alte Testament, die „Prolegomena zur Geschichte Israels". Sein Interesse am Islam erklärte Wellhausen mit dem Wunsch, „den Wildling kennen zu lernen, auf den von Priestern und Propheten das Reis der Thora Jahves gepfropft ist." Sein Buch „Das arabische Reich und sein Sturz", eine Beschreibung der Zeit der Umaijaden, gilt als eines seiner Hauptwerke. Erst recht spät beschäftigte Wellhausen sich auch mit dem Neuen Testament, allerdings findet sich ein viel beachtetes Kapitel über Jesus im vorliegenden Buch (letztes Kapitel). Anfang des 20. Jahrhunderts schrieb er Kommentare zu jedem Evangelium.

Wellhausen arbeitete vor allem textimmanent, d.h. er verzichtete weitgehend darauf, vorhandene wissenschaftliche Sekundärliteratur bei seiner Analyse zu berücksichtigen. Dafür legte er großen Wert auf fundierte Sprachkenntnisse. Seine vor allem literarischen Analysen bezogen sich auf den Text und dessen Redaktionsgeschichte. Er verzichtete weitgehend auf polemische Äußerungen in seinen Schriften, weil er erkannt hatte, „daß es überhaupt am besten ist, einfach seine Meinung und die Gründe dafür vorzutragen, oder wie Ewald sich ausdrückte, immer gleich das Richtige zu sagen." Wellhausen behielt das Interesse an der Theologie, verstand sich selbst aber nicht mehr als Theologe: „Es ist wahrhaftig eine edle Wissenschaft, die Theologie. Schade nur, dass man ihr innerhalb der Theologie nicht dienen kann." Mit seinem Schritt über die Grenzen der Theologie hinaus hat Wellhausen ihr wahrscheinlich den größten Dienst erwiesen.

Christiane Beetz, Hamburg im Mai 2011

Inhalt.

Erstes Kapitel.

Geographie und Ethnologie. Chronologie.

1. Der großen Wüste, die vom Tigris und Euphrat her bis zum Indischen Ozean hinunter sich ausdehnt, ist im Westen auf ihrer ganzen Länge ein Gebirgsstreifen vorgelagert, welcher sie vom Meere scheidet. Das Meer läuft beständig neben dem Gebirge her, nur an einer Stelle wird es überbrückt von der Halbinsel des Sinai, welche sich zwischen die vorgeschobenen Buchten der Ozeane legt und den Wüstengürtel der Kontinente verbindet. Diese Halbinsel bildet die Grenze zwischen dem arabischen und dem syrischen Küstenlande. Die Lage am Mittelländischen Meere ist der Vorzug des letzteren, die Ursache seiner größeren Fruchtbarkeit und seiner wichtigeren Stellung in der Weltgeschichte.

Wo der Euphrat, nach dem Durchbruch der Taurusketten, Miene macht sich in das westliche Meer zu ergießen, beginnt das syrische Bergland und von Nord nach Süd streichend bildet es zwischen Meer und Wüste einen fortlaufenden Damm, die Völkerstraße von Vorderasien nach Ägypten. Ein langer Riesenwall, nur durch den Einschnitt des Orontes und des Eleutherus unterbrochen, erstreckt sich an der Küste her bis gegen Tyrus. Seine größte Erhebung erreicht er im Libanon. Diesem gegenüber formirt sich ein paralleles östliches Gebirge, der Antilibanus; dazwischen liegt ein Tal, von dessen Scheitelpunkt die Flüsse teils nach Norden, teils nach Süden fließen. Die zwei Gebirgszüge, mit der Furche in der Mitte, setzen sich nach Süden zu beiden Seiten des Jordans fort, wenn auch in sehr vermindertem Maße.

Soweit der Jordan geht, reicht Palästina. Am südlichen Fuße des Hermon liegt eine kleine Niederung, von hohen Bergen eingeschlossen; mehrere Bäche strömen hindurch und vereinigen sich zuletzt in einer sumpfigen Marsch, mit einem dreieckigen Teich, aus

dem der Jordan hervorkommt. Mühsam durch Basaltklüfte seinen
Weg sich bahnend stürzt er zuerst ziemlich rasch an sechshundert
Fuß herab, staut sich aber dann vor einer Felsmauer und bildet
das Galiläische Meer. Von da austretend hat er sich in einem
durchschnittlich mehrere Stunden breiten Tal ein doppeltes Bett
gegraben, ein äußeres mit fast senkrechten Wänden und einem
ziemlich graden Laufe, und ein inneres mit beständigen Windungen,
die heutige Flußrinne. So setzt er seinen Weg nach Süden fort,
bis er endlich im Toten Meere sein Grab findet. Die Gegend, die
er in seinem unteren Hauptlaufe von See zu See durchschneidet,
ist eine hie und da von üppigen Oasen unterbrochene Einöde. Man
kann den Fluß nicht die Lebensader des Landes nennen; er ist
beinah nur ein tiefer Abzugsgraben. Das Tal, durch welches er
sich ergießt, ist eine der sonderbarsten Einsenkungen, die es auf
der Erde gibt, einzig in ihrer Art durch die absolute Depression
des Bodens. Während die Furchenbildung zwischen parallelen Ge-
birgsrücken von der Bik'a bis zum älanitischen Busen des Roten
Meeres durchgeht, ist der unterscheidende Zug für die Physiognomie
Palästinas die untermeerische Tiefe „des Einsturzes". Die erwähnten beiden Seen liegen mit ihrem Spiegel, der obere sechshundert, der untere dreizehnhundert Fuß niedriger als der Meeres-
spiegel. Im Süden hingegen, unterhalb des Toten Meeres, erhebt
sich die Mulde bald wieder zu einer normalen Höhe; im Norden
überragt die Bik'a sogar das Gebirgsniveau Palästinas.

Von den beiden Höhenzügen, welche über diese Kluft hinüber
sich ansehen, ist der westliche ein ziemlich höhlenreiches Kalk-
gebirge von durchschnittlich zahmer Natur. Mit dem Libanon
hängt am nächsten das obere Galiläa zusammen, es ist der höchste
und rauheste Teil des diesseitigen Landes. In weiten Absätzen
fällt von da das Gebirge nach Süden ab, bis zu einer Tiefebene,
die im Alten Testament den Namen Jezreel[1]) führt. Diese Ebene,
vom Thabor überragt, macht einen großen Einschnitt durch das
westliche Land. Zwar erstreckt sie sich nicht in ganzer Breite

---

[1]) So heißt ursprünglich ein Landstrich, erst später eine Stadt; s.
1. Sam. 29, 1. 11. 2. Sam. 2, 9. 4, 4. Genau genommen ist das Tal Jezreel von
der Ebene Megiddo zu unterscheiden. Es ist ein wichtiger Teil der Straße
die von Ägypten und dem Philisterlande her über den Paß von Dothan hindurch geht, dann den Jordan überschreitet und an den Flußtälern des Jarmuk
und der Zarkâ weiter nach Osten hinaufsteigt.

vom Meere bis zum Jordan, sondern wird hüben und drüben durch weit vorgestreckte Ausläufer der Gebirge eingeengt. Aber Flußtäler gehn von ihrem Scheitel nach beiden Seiten durch, und im Südwesten verbindet sie der Paß von Dothan, zwischen dem Karmel und dem samarischen Gebirge, mit der Ebene Saron. und der Küste der Philister.

Weiter gegen Süden geht die Ebene in ein freundliches Hügelland über, und aus diesem steigt stufenweise der Hauptrücken Westpalästinas auf, welcher in ziemlich gleicher Höhe von Silo bis nach Hebron sich erstreckt und die wahre Burg des Landes bildet, das Gebirge Ephraim und Juda. Der breite Rücken zieht sich in mannigfachen Krümmungen von Nord nach Süd. Die Täler gehn von da nach West und Ost, doch spalten sie sich sehr ungleichmäßig und unsymmetrisch. Selten fließen perennirende Bäche hindurch, die meisten Quellen kommen nicht weit. Gegen Osten ist der Abfall kürzer und steiler, da der Rücken dem Jordan weit näher läuft als dem Meere. Die Hauptabdachung erfolgt gegen Westen. Hier stuft sich das Gebirge allmählich zu einer Niederung ab, die sich am Meere herzieht. Südlich von Hebron beginnt ein kahles Tafelland, der Negeb des Alten Testaments. In bogenförmigen Terrassen abfallend ragt es hinein in die Wüste des Sinai.

In Obergaliläa reichen die Felsen noch bis an das Meer; weiter südwärts lagert sich eine Ebene dem Gebirge vor, vielleicht das Produkt einer von Ägypten kommenden Windes- und Meeresströmung. Unterhalb des Karmel gewinnt die Ebene beständig an Ausdehnung und. geht zuletzt in die Wüste über. Häfen fehlen der Küste fast gänzlich, aber als Verkehrsweg ist sie wichtig gewesen, wichtiger als die schlecht zu passirende Bergstraße, die über den Rücken des Landes führt.

Bei dem Höhenzuge jenseits des Jordans tritt die westliche Abdachung noch entschiedener hervor als gegenüber. Alle Wasser laufen nach Westen, und zwar zerstreuen sie sich nicht, sondern sammeln sich in tiefen Schluchten zu beträchtlichen Bächen. Von dieser Seite empfängt der Jordan seine bedeutendsten Zuflüsse. Die Wasserscheide, zugleich die natürliche Straße von Syrien nach Arabien, geht hart am Saume der großen östlichen Wüste her, wenngleich die höchsten Berge weiter westlich liegen. Die Wüste dringt nach Süden zu weiter vor, im Norden hingegen wird sie zurückgedämmt durch das Gebirge des Hauran, das wie ein gewaltiger Außenposten sich auf eine kurze Strecke den parallelen westlicheren Ketten vorschiebt.

Das transjordanische Gebirge, das sich steil aus dem Flußtal erhebt, ist mehr zu Plateaubildung geneigt und hält sich durchschnittlich auf größerer Höhe als das cisjordanische. Die breite und tiefe Senkung, welche im Westlande den nördlichen und den südlichen Rücken trennt, setzt sich im Ostlande nicht fort; um so bedeutender aber treten innere Unterschiede in der Terrainbildung hervor. Im Norden ist der Sitz des Basalt, die ausgebrannten Vulkane des Haurans bilden sein Zentrum. Der Jarmuk, der gegenüber der Ebene Jezreel und ihrem östlichen Ausläufer in den Jordan fällt, bildet die Grenze seines Gebietes, wenngleich er vereinzelt auch weiter südlich durchbricht. Dann kommt der Kalk zum Vorschein, er erstreckt sich bis zu dem Wüstenbach, der in den untersten Teil des Toten Meeres mündet. Seine Region zerfällt in das Gebirge Gilead (und Gad), welches von der Zarkâ[1]) durchschnitten wird, und in die Hochebene Moab, durch welche der Arnon strömt. Südlich vom Bach der Araba, in Edom, macht der Kalk mehr und mehr dem Sandstein und dem Urgebirge Platz; der gleiche Wechsel der Formation vollzieht sich auch drüben, auf der Halbinsel des Sinai. Basan im Norden und Edom im Süden sind übrigens nur Grenzländer Palästinas, während Gilead und Moab als dazu gehörig betrachtet werden können.

Vom Fuße des Hermon bis zum Ende des Toten Meeres hat das Land eine Länge von etwa dreißig deutschen Meilen. Die Breite, zwischen Wüste und Meer, ist erheblich geringer, bleibt sich jedoch nicht gleich und läßt sich schlecht veranschlagen. Den Flächeninhalt nimmt man auf etwa vierhundert Quadratmeilen an, von denen zweihundertundvierzig auf die westliche Hälfte fallen. Palästina ist also zwar klein nach unseren Begriffen, aber groß im Vergleich zu Attika und Latium. Nicht allenthalben ist es anbaufähig, gar manche und große Strecken sind Wüste und Wildnis, oder nur als Weide für Schafe und Ziegen zu gebrauchen. Für die Bewässerung sind die Flüsse, wegen ihres tiefen Bettes, von keinem Nutzen, sondern nur die Quellen und Teiche. Vor-

---

[1]) Die Zarkâ (nicht der Jarmuk, wie ich früher geglaubt habe) ist der Alttestamentliche Jabbok. Das eigentliche Gilead, mit den Städten Ramath Mispha und Mahanaim, liegt nördlich davon. Vgl. Smend, ZATW 1902 p. 129 ss.

zugsweise wird die zum Anbau nötige Feuchtigkeit vom Himmel gespendet. Regelmäßige Regenschauer eröffnen und schließen die winterliche Jahreshälfte, stärkere Güsse erfolgen im Dezember. Im Sommer muß der Tau das Beste tun. Die Quelle des Taues ist das Meer. Zu Handel und Wandel fordert es an dieser Küste wenig auf, aber auf andere Weise belebt es das Land. Ihm entstammt der starke Wassergehalt der Luft, den die Berge auffangen und festhalten — sie allein würden sonst im Kampfe gegen die Wüste hier nicht mehr ausrichten als tiefer südlich in Arabien. Wie viel dem Meere verdankt wird, zeigt sich in Palästina ebenso wie beim Libanon in der Bevorzugung der westlichen vor der östlichen Abdachung der Gebirge. Besonders bei dem Karmel ist der Unterschied der Fruchtbarkeit zwischen der sanft geneigten westlichen und der jäh abfallenden östlichen Schulter sehr auffallend. Überall wiederholt sich die gleiche Erscheinung; die zum Meere geöffnete Lage bringt Feuchtigkeit und Wachstum, die der Wüste zugekehrte Trocknis und Unfruchtbarkeit mit sich.

Landschaftliche Reize bietet Palästina wenig. Die Berge zeigen keine malerischen Linien; Wald und Wiese gibt es nicht, außer am Karmel, in Galiläa, und namentlich auf den rauhen und wasserreichen Höhen Gileads; große wildwachsende Bäume kommen in der Regel nur einzeln vor, so daß sie als Landmarken dienen. Aber der Rebe, Olive und Feige sagt der Boden zu, die Palme kommt nur stellenweise vor[1]). Jene edelen Gewächse verstehn es, sich in dem Felsen einzuwurzeln und aus ihm ihre Süßigkeit zu saugen. Wo die Ackerkrume tief genug ist, da wächst Weizen und Gerste in Fülle, am besten in der Hügelregion und in der Ebene.

2. So weit die geschichtliche Erinnerung reicht, gehört Syrien und Palästina vorwiegend zum Gebiete der Semiten. Sie haben sich dort wie überall von der Wüste her abgelagert. Die arabische Wüste scheint für alle Semiten der Durchgang zur Weltgeschichte gewesen zu sein. Autochthon waren sie dort schwerlich; die Zeichen mehren sich, daß sie vor uralters mit den ostafrikanischen Völkern

---

[1]) Sie gedeiht nur in den Oasen des Jordans, wo sie jedoch erst in der griechisch-römischen Zeit in größerem Maße angebaut wurde, wie auch die Balsamstaude und der Papyrus. Die Palmenstadt ist nicht Jericho, sondern liegt nach Jud. 1, 16 im Negeb von Arad; die Worte „mit den Kindern Juda in die Wüste Juda" sprengen den Zusammenhang.

in Verbindung gestanden haben. Aber Arabien hat ihnen das letzte Siegel aufgedrückt, in diesem Sinne kann es als ihr Ursprungsland gelten. Sie haben dort auch ihren primitiven Typus am treuesten bewahrt. Das kann man zugeben; unrichtig ist es nur, diesen stehn gebliebenen Typus für ein unveränderliches Grundwesen der Semiten auszugeben und zu behaupten, sie seien eigentlich nie recht darüber hinaus gekommen. Soweit diese Behauptung für Arabien zuzutreffen scheint, ist daran nicht der Semitismus, sondern die Wüste schuld. Man muß im Gegenteil staunen, wie leicht die Semiten als erobernde Einwanderer sich in neuen Verhältnissen heimisch machten und von der Barbarei zur Kultur übergingen. Die Kultur hat auch sie verwandelt und einander ganz unähnlich gemacht, und es ist bei ihnen genau so schwer oder unmöglich wie bei andern Völkern, den erworbenen und variirenden Charakter von dem angeborenen und konstanten zu unterscheiden.

Die älteste semitische Bevölkerung von ganz Syrien war kanaanitisch[1]). Kanaan ist ursprünglich kein geographischer, sondern ein ethnischer Name für ein echt antikes Gewirr kleiner Völkerschaften, die nur durch Sprache und Kultur, aber nicht politisch mit einander verbunden waren. Zwei größere Gruppen darunter, die jedoch auch keine politischen Einheiten bildeten, waren die Phönizier und die Amoriten. Die Phönizier wohnten in den Städten am Meer, namentlich am Fuße des Libanon; sie dehnten sich ursprünglich bis zur ägyptischen Grenze aus und wurden erst durch die Philister von der palästinischen Küste verdrängt. Amoriten heißen im Alten Testamente die Kanaaniten des Berglandes zu beiden Seiten des Jordans, jedoch nur sofern sie den Hebräern unterlegen und vor ihnen verschwunden sind, nicht sofern sie sich stellenweise noch unter ihnen behauptet haben[2]). Ägyptische Quellen belehren uns, daß die Amoriten im Hinterlande der Phönizier wohnten, im Norden Palästinas, bis über den Libanon hinaus[3]). Sie hatten eine Zeitlang die Vormacht in jener Gegend,

---

[1]) Im modernen ethnologischen Verstande sind die Kanaaniten grade so echte Semiten wie die Hebräer. Im Alten Testamente dagegen hat Sem einen anderen Sinn und Umfang, und Kanaan steht im Gegensatz dazu.

[2]) Komposition des Hexateuchs (Berlin 1899) p. 343. — Das Lied der Debora redet nicht von den Amoriten, sondern von den Königen Kanaans.

[3]) Vgl. Deut. 3, 9.

verloren sie aber später an die Hethiten. Die Pharaonen der achtzehnten Dynastie hatten es mit den Amoriten zu tun, die der neunzehnten in der selben Gegend mit den Hethiten.

Die Hethiten drangen von Norden oder von Nordwesten her in Syrien ein und begründeten dort eine umfassende Herrschaft, die sich bis nach Palästina hinein erstreckte und in die ägyptische Machtsphäre eingriff. Sie werden in der Völkertafel der Genesis unter den Söhnen Kanaans aufgeführt und nehmen unter ihnen nach den Phöniziern die wichtigste Stelle ein, während die Amoriten fehlen. Sie waren freilich nicht von semitischer Herkunft, hatten sich aber den Kanaaniten, über die sie herrschten, so assimilirt, daß sie mit ihnen identifizirt wurden und einfach in die Stelle der Amoriten traten. Das war jedoch nur in ihren syrischen Sitzen der Fall; weiter im Norden, wo ihre wahre Heimat war, bewahrten sie ihre Eigenart. Sie haben dadurch für uns etwas Zwieschlächtiges bekommen.

Abgesehen von den Phöniziern, die ihre Freiheit behaupteten, gerieten die Kanaaniten überall in Untertänigkeit, wenngleich sie ihre Sprache, Religion und Kultur nicht aufgaben und dadurch ihre Herren in starkem Maße beeinflußten. Der Fluch Noahs ging in Erfüllung, Kanaan wurde Knecht. Und zwar der Knecht nicht bloß Japheths, sondern auch Sems[1]). Nach den Hethiten drangen nämlich noch wieder richtige Semiten erobernd ein, die Aramäer und die Hebräer. Daß die Aramäer nicht seit unvordenklichen Zeiten in Syrien einheimisch waren, hat sich in der Erinnerung des Alten Testaments erhalten. Ihre Einwanderung geschah von Mesopotamien aus. Von da schoben sie sich gegen die Küste des Mittelmeeres vor, und zwar in der Richtung von Nord nach Süd. Denn im Süden, unterhalb von Damaskus, verläuft sich ihr Zug allmählich, während er gegen Norden nicht abreißt, sondern je näher dem Tigris um so breiter und massiger wird. Die Hethiten, auf die sie trafen, scheinen schon vorher erschüttert gewesen zu

---

[1]) Gen. 9, 20—27. Dieses Stück hat einen ganz anderen und engeren Horizont als die weit ausschauende Völkertafel in Gen. 10. Die drei Söhne Noahs sind hier Sem, Japheth und Kanaan; sie wohnen nicht auf der ganzen Erde, sondern in Syrien und Palästina. Kanaan ist von Sem und Japheth, der zwischen Sem wohnt, unterworfen. Sem sind die Aramäer und die Hebräer. Unter Japheth können sehr wol die Hethiten und die Philister verstanden werden; denn nach Gen. 10 braucht man sich nicht zu richten.

sein durch eine von Kleinasien nach Ägypten sich wälzende Völkerwanderung, infolge deren vielleicht die Philister an ihre späteren Wohnsitze verschlagen worden sind. Jetzt zersplitterte sich ihre Macht vollends. Sie behaupteten zwar ihre Herrschaft nicht bloß in Karchemis, sondern auch an vielen Stellen in Syrien unter der kanaanitischen Bevölkerung. Aber die Aramäer, vielgeteilt und doch zusammenhaltend, lagen wie von Natur in Fehde mit ihnen und drängten immer weiter gegen das Meer zu. Ihrem unausgesetzten und von einem starken Rückhalt im Nordosten unterstützten Drucke sind die älteren Bevölkerungsschichten endlich erlegen; im fünften Jahrhundert war gang Syrien und Palästina, mit Ausnahme der phönizischen Städte, aramaisirt, und die Anfänge dieses Prozesses gehn in weit frühere Zeiten zurück.

Zu den Hebräern kann man auch die Ammoniten, Moabiten und Edomiten rechnen, obgleich der Name vornehmlich an den Israeliten haftete, die ursprünglich mit den Edomiten vereint waren und sich auch räumlich eng an jene anschlossen. Wie aus der Genesis hervorgeht, haben diese kleinen Völker einst eine Art Einheit gebildet und eine gemeinsame Geschichte durchlebt, deren Ergebnis war, daß sie sich im südlichen Teile des ostjordanischen Palästina niederließen, von wo sie ihre Ausläufer (oder ihre Wurzeln) bis zum Roten Meere erstreckten. Auch im Osten des Jordans waren die alten Einwohner Kanaaniten, sie wuchsen durch die obere Schicht wieder empor und beeinflußten die Hebräer[1]). Vielleicht haben diese damals die Sprache Kanaans angenommen, als sie noch vereint in jener Gegend wohnten, vor der Abtrennung der Israeliten. Jedenfalls redeten nicht bloß die Israeliten, sondern auch die Moabiten und zweifellos ebenso die Edomiten und Ammoniten kanaanitische Dialekte. Freilich hat man nur dann nötig darin

---

[1]) Sie verschwanden auch hier keineswegs vor den Eroberern, sondern blieben unter ihnen wohnen. Auf einer großen Strecke in Gilead hielten sich die Amoriten ganz ununterworfen und verursachten auf diese Weise eine breite, von den Ammoniten nur notdürftig gesäumte und erst später von den Israeliten ausgefüllte Lücke in der aramäisch-hebräischen Einwanderungslinie; von hier suchten sie sogar nicht ohne Erfolg das ihnen entrissene Gebiet im Süden wieder zu gewinnen. Wo sie aber den Hebräern unterlegen waren, bildeten sie den Untergrund der Bevölkerung. Der Dienst des Baalpheor ist eine Spur davon, er ist sicher nicht moabitischen, sondern kanaanitischen Ursprungs.

einen Sprachwechsel zu sehen, wenn es richtig ist, daß die Hebräer
ursprünglich einem semitischen Zweige angehörten, der von dem
kanaanitischen ganz verschieden war. Sie selber behaupteten das
mit Nachdruck, aber aus Gründen, die für die Ethnologie nicht
entscheidend sind. Sie fühlten sich als Eroberer den Unterworfenen
gegenüber sehr stolz, sie wollten als Herren mit den Knechten, als
freie Hirten mit den Bauern nichts zu tun haben. Sie betonten
dagegen ihre Verwandtschaft mit den Aramäern, von denen sie
sich durch die Sprache unterschieden; sie gaben sich sogar für ver-
sprengte Aramäer aus. Auch dazu konnten sie leicht kommen.
Die Aramäer hatten das gleiche Verhältnis wie sie zu den Kanaaniten.
Erstens in der allgemeinen Hinsicht, daß sie die herrschende, jene
die untertänige Klasse der Bevölkerung bildeten. Zweitens in der
besonderen Art, wie sich die obere über der unteren Schicht abgelagert hatte. Vom Rande der Wüste aus hatten sich sowol die
Aramäer als die Hebräer angesetzt; wo jene aufhörten, in der
Gegend des Galiläischen Meeres, da fingen diese an; zusammen
bildeten sie an der Ostmark Syriens und Palästinas eine fast un-
unterbrochene Anschwemmungslinie. Es lag darum nahe, daß die
Hebräer sich als einen Vorlauf der mächtigeren Welle betrachteten,
welche von Norden nachflutete, als einen vorgeschobenen Außenposten der aramäischen Wanderung. Sie taten es um so lieber,
da es eine Ehre war, zu den mächtigen Aramäern zu gehören.

Sicher ist nur die nahe Verwandtschaft der Hebräer mit den
nomadischen und halbnomadischen Stämmen, welche auf der Halbinsel des Sinai und überhaupt zwischen Palästina und Arabien
ihr Wesen trieben und den Übergang von den Arabern zu den
Kanaaniten bildeten. Ismael und Midian auf der einen Seite, Kain
Amalek Kenaz auf der andern, sind die bekanntesten darunter. Sie
lieferten das Material zu den hebräischen Volksgebilden, welche
durch die Ansiedlnng entstanden und sich schieden. Zuerst trennten
sich Lot und Isaak; der eine faßte im Norden, der andere im
Süden des Wüstenbaches Wurzel, der von Osten her in das untere
Ende des Toten Meeres einfällt. Innerhalb Lots gelangte dann ein
Teil früher zu seßhafter Geschlossenheit als der andere; Moab sonderte
sich auf diese Weise von Ammon, dem weniger begünstigten Reste,
welcher in näherer Verbindung mit der Wüste und dem Wüsten-
leben blieb. Ähnlich war in Isaak das Verhältnis von Edom und
Israel. Nachdem Edom sich konsolidirt hatte, blieb noch ein un-

verbrauchter Rest zurück, wie ein loser Schweif an einem festen Körper; gewisse Familien fanden im Lande Seir keinen Platz oder waren aus anderen Gründen in der edomitischen Volksbildung nicht aufgegangen. Das war Israel im embryonischen Zustande. Die wahre Heimat der Erzväter liegt zwischen Edom und Ägypten, wo der Süden Palästinas in die Wüste übergeht; das älteste Heiligtum der Israeliten ist der Sinai, der Berg Pharans.

3. Eine zuverlässige Chronologie ergibt sich für die israelitische Geschichte erst, seit die assyrischen Synchronismen angehn. Der erste ist die Schlacht von Karkar 854, an der sich Ahab beteiligte. Bis unter 851 kann der Tod Ahabs nicht herabgerückt werden; denn bald nachher erscheint schon der Nachfolger seines Sohnes Joram, Jehu, auf den assyrischen Inschriften. Weiter hinauf gelangen wir durch die Inschrift Mesas, wo es Zeile 7—9 heißt: Omri nahm das ganze Land Medaba ein und Israel wohnte darin seine Tage und die Hälfte der Tage seines Sohnes, vierzig Jahre, und zurück brachte es Kamos in meinen Tagen. Die vierzig Jahre beginnen innerhalb der Regierung Omris und laufen zu Ende nicht mit dem Tode Ahabs, sondern in der Mitte seiner Regierung. Je mehr man Ahab davon gibt, desto mehr verlängert man die Chronologie über die Zahlen des Königsbuches hinaus, weil Ahab doppelt so lange regierte, als er die Landschaft Medaba besaß. Gibt man ihm die Hälfte, so hat er 40 Jahre regiert und sein Vorgänger $20 + x$; gibt man ihm ein Viertel, so hat er 20 Jahre regiert, und Omri $30 + x$. Auf 60 Jahre wird man die beiden Regierungen zusammen wol veranschlagen müssen. Damit gelangt man auf 910 als Anfang Omris, dieser Ansatz entfernt sich auf keinen Fall weit vom Richtigen. Zwischen Omri und Salomo liegen vier Regierungen; das Ende Salomos kann also nicht viel tiefer als 950 und der Anfang der Königsherrschaft kaum tiefer als 1020 angenommen werden. Die Dauer der Periode zwischen Saul und Moses läßt sich noch schlechter veranschlagen, da die sogenannten Richter in eine ganz künstliche Succession mit ebenso künstlicher Chronologie gebracht sind. Die ältere Tradition betrachtet den ganzen Zeitraum nur als ein vorübergehendes anarchisches Inter-regnum. Die zuverlässigste israelitische Genealogie, die wir aus dieser Zeit besitzen, ist die des Priesters Abiathar, eines Zeit-genossen Davids. Zwischen David und Eli liegen danach drei Generationen; es ist jedoch unbekannt, wie weit Eli von Moses

absteht. Das Verzeichnis Gen. 36, 32—39 ergibt acht edomitische Könige bis auf Saul oder David. Der vierte, Hadad ben Bedad, könnte ein Zeitgenosse Gideons gewesen sein; denn seine Tat war, daß er die Midianiten schlug im Felde Moab. Der erste, Bela ben Beor, ist identisch mit Bileam ben Beor, der nur durch Verwechslung zu einem Aramäer geworden zu sein scheint. Dann wäre er also ein Zeitgenosse Moses und man hätte den terminus a quo. Indessen erbte die Herrschaft nicht von Vater auf Sohn, und es ist fraglich, ob die Reihe den ganzen Raum ausfüllt; sie braucht nicht vollständig zu sein und nicht einmal überhaupt eine zeitliche Folge darzustellen.

Zweites Kapitel.

Die Anfänge des Volkes.

1. Die Geschichte eines Volkes läßt sich nicht über das Volk selber hinausführen, in eine Zeit, wo dasselbe noch gar nicht vorhanden war. Die Erzählungen über die Erzväter in der Genesis gehn von ethnologischen Verhältnissen und von Kultuseinrichtungen der Königszeit aus und leiten deren Ursprünge aus einer idealen Vorzeit her, auf die sie in Wahrheit nur abgespiegelt werden[1]). Durch ein vielsagendes Vacuum, durch einen jahrhundertelangen Zwischenraum, in dessen ereignisloser Stille der Vater Jakob sich zum Volke Israel ausbreitet, scheiden sich diese Erzählungen von denen der sogenannten mosaischen Zeit, die von den Vorgängen handeln, die auf den Einbruch der Israeliten in Palästina und ihre Niederlassung daselbst auslaufen. Auch sie sind nicht eigentlich historisch, aber sie schweben doch nicht frei über dem Boden, sondern sie stehn an der Schwelle und berühren sich mit dem Anfang der wirklichen Geschichte. Das Deboralied, ein unbestritten authentisches Dokument, reicht nahe an die mosaische Zeit heran. Ähnlich flößen andere sehr alte Stücke des Richterbuches, auch das schon erwähnte, sicher nicht künstlich fabrizirte Verzeichnis der edomitischen Könige in der Genesis, Zutrauen ein zu der Möglichkeit einer allgemeinen Erinnerung an die Zeit, die der

[1]) Prolegomena (1899) p. 30—32. 322—331. 344 s. 366 s.

Einwanderung in das gelobte Land unmittelbar vorhergegangen ist. Die bestimmten und farbenreichen Einzelheiten, welche die Sage über die wunderbare Morgendämmerung der Geschichte Israels berichtet, können allerdings nicht als glaubwürdig gelten. Nur die großen Grundzüge der Vorgeschichte, die allgemeinsten Voraussetzungen aller einzelnen Erzählungen über dieselbe, lassen sich nicht als erdichtet begreifen.

Aus der Steppe im Süden Palästinas waren die hebräischen Geschlechter, aus denen später Israel wurde, übergetreten in die angrenzende Ostmark des Pharaonenreiches. Sie wohnten nicht im Nilland, sondern in Gosen, einem eigentlich noch zu Arabien gehörenden Weiderevier, das zu allen Zeiten im Besitz von Nomaden gewesen ist. Sie standen dort wol unter der Herrschaft der Ägypter, kamen aber nicht in nähere Berührung mit ihnen und wurden von ihrer Kultur kaum beeinflußt. Sie erhielten sich ihre Sprache und ihr altes Wesen; sie blieben, was sie gewesen waren, Hirten von Schafen und Ziegen. Wie lange sie sich in Gosen aufgehalten haben, läßt sich nicht sagen. Etwa um 1250 vor Chr. mag der Auszug erfolgt sein, in einer Zeit, wo Palästina sich selbst überlassen war und weder die Ägypter noch die Hethiten ihre Hand darauf gelegt hielten. Die ziemlich boshaften alexandrinischen Legenden über den Auszug haben das spätere Judentum vor Augen, welches ein nur durch den monotheistischen Kultus zusammengehaltenes Gemisch aus allen möglichen Völkern zu sein schien.

Der Durchgang durch das Schilfmeer ist so, wie er in der ältesten Version dargestellt wird, nicht grade unmöglich[1]). Aber die Erzählung gehört doch zu denen, auf die der Natur der Sache nach kein Verlaß ist. Die ältesten Propheten schweigen gänzlich über das höchst bedeutungsvolle Ereignis, und das befremdet, da sie von der Führung aus Ägypten und durch die Wüste gern reden. Im innersten Wesen unwirklich aber ist das Wunder von der Bundschließung am Sinai. Wer mag im Ernste glauben, daß

---

[1]) Die Vorstellung, daß das Meer sich teilte und zu beiden Seiten des Durchgangs stand wie eine Mauer, findet sich erst in der jüngeren Version, nach welcher der späte Psalm Exod. 15 sich richtet. Dagegen heißt es Exod. 14, 31 einfach, das Meer sei trocken gelegt durch einen starken Ostwind, der die ganze Nacht wehte. Aller Wahrscheinlichkeit nach war es sehr seicht an der vorgestellten Stelle und ist jetzt dort längst gänzlich versandet.

Jahve mit eigener Hand die zehn Gebote auf Stein geschrieben, ja sie sogar mit eigener Stimme von der Bergspitze herab dem unten versammelten Volke aus der Gewitterwolke zugedonnert und darnach noch hoch droben vierzig Tage lang mit Moses vertraute Zwiesprache gehalten habe! Und welches sind die wahren zehn Gebote, die von Exod. 20 oder die von Exod. 34? Denn ihr Inhalt, der doch auf Tafeln gestanden haben soll, wird in den zwei verschiedenen Berichten, die über die Sache handeln, gänzlich verschieden angegeben. In Wirklichkeit ist die Heiligkeit des Sinai ganz unabhängig von der Bundschließung Jahves mit Israel, sie weist nicht auf die Besonderheit der israelitischen Religion hin, sondern umgekehrt auf ihren Zusammenhang mit einer älteren Stufe. Der Sinai war der Sitz der Gottheit, der heilige Berg, nicht bloß für die Israeliten, sondern für alle Stämme der Umgegend. Von dem dortigen Priestertum wurde das Priestertum Moses abgeleitet, dort war ihm Jahve im brennenden Dornbusch erschienen, von dort hatte er ihn nach Ägypten entsandt. Dort blieb Jahve auch für die Israeliten noch wohnen, lange nachdem sie selber sich in Palästina niedergelassen hatten. Wenn sie also den Zug dahin überhaupt unternommen haben, so haben sie es getan, um dort vor Jahves Angesicht zu erscheinen und ihm zu opfern. „Wenn ich das Volk aus Ägypten befreit haben werde, hatte Jahve zu Moses gesagt, als er ihn am Sinai berief, so sollt ihr Gott dienen an diesem Berge." Auch in Exod. 33 herrscht noch diese Vorstellung[1]). Erst ein weiterer Schritt führte dazu, den Sinai zum Schauplatz der feierlichen Eröffnung des besonderen Verhältnisses zwischen Jahve und Israel zu machen. Es waltete das poetische Bedürfnis, die Konstituirung des Volkes Jahves zu einem dramatischen Akte auf erhabener Bühne zuzuspitzen. Übrigens scheint es, als ob die Wallfahrt zum Sinai in der ältesten Sage überhaupt keine Stelle gehabt habe. Es schimmert eine Form derselben durch, wonach die Israeliten sofort nach dem Ausbruch

---

[1]) Der Aufenthalt des Volkes am Sinai wird hier nicht von vornherein als ein zeitweiliger von kurzer Dauer vorgestellt, sondern als ein bleibender. Es ist eine Strafe, daß sie fortgeschickt werden, und als schwere Strafe wird es auch reuig von ihnen empfunden. Aber ihre Trauer vermag keine Änderung des Beschlusses zu bewirken, nur einen Ersatz seiner wahren Gegenwart gibt Jahve ihnen mit, das ist die Lade in der Stiftshütte. Vgl. die Kompos. des Hexat. (1899) p. 92 s.

aus Ägypten auf Kades zogen und dort die vierzig Jahre ihres
Aufenthalts in der Wüste verblieben. Unnatürlich genug ist die
Digression nach einem Punkte, der so gänzlich von dem Ziel der
Ausgewanderten ablag und so weit entfernt war[1]).

Als Tatsache kann nur das Allgemeine festgehalten werden,
daß die Ausgewanderten lange Jahre in der Wüste südlich von
Palästina weilten, ehe sie in dies Land einzogen. Dies wird grade
dadurch bestätigt, daß die Sage daran Anstoß nimmt. Wie war
es möglich, daß ein großes Volk in solcher Einöde seine Existenz
fristete? Nur durch die stete wunderbare Hilfe Jahves, der die
Seinen in der Unwegsamkeit bei Tag und bei Nacht führte, für
ihren Unterhalt sorgte und sie in jeder Weise auf Händen trug.
Warum aber hielten sie sich so unnötig lange in der Wüste auf
und zogen nicht einfach möglichst rasch hindurch in das gelobte
Land? Das kam von ihrem Ungehorsam. Eigentlich sollten sie
sofort von Süden her in Palästina eindringen, aber sie weigerten
sich anzugreifen. Zur Strafe dafür mußten sie nun vierzig Jahre
in der Wüste gefangen sitzen, bis die ganze Generation der Ungehorsamen ausgestorben war[2]).

Die Schwierigkeiten, die auf diese Weise natürlich nicht gehoben werden können, entstehn durch irrige Voraussetzungen.
Die Sage kann sich das Volk nicht im Werden, sondern nur fertig
vorstellen; als sei es schon aus Ägypten so herausgekommen, wie
es nachher etwa in der Königszeit war. Aber Gosen hatte nur für
wenige Tausende und nur für Hirten Raum. Für ein ausge-
wachsenes Volk, das an die Fleischtöpfe Äyptens gewöhnt war,
wäre der Aufenthalt in der Wüste allerdings eine Unmöglichkeit
gewesen; den Ansprüchen der Hirten von Gosen genügte er. Die

---

[1]) Prolegomena p. 347s. Nach Deut. 33 haben sich nicht die Israeliten
zu Jahve nach dem Sinai begeben, sondern umgekehrt ist dieser vom Sinai
zu ihnen nach Kades gekommen: „Jahve kam vom Sinai und erglänzte von
Seir, blitzte auf vom Berge Pharans und kam nach Meribath Kades." Kades
ist nach Exod. 15, 35 auch der Ort der Gesetzgebung und der Rechtsprache,
es heißt Meribath Kades d. i. die Gerichtsstätte Kades.

[2]) Wie man sieht, steht diese Betrachtungsweise der vierzig Jahre der
Wüstenwanderung als Strafzeit nicht ganz im Einklang mit der anderen,
wonach sie vielmehr eine besondere Gnadenzeit waren, die Periode der Jugend-
liebe, des besten Einvernehmens zwischen Jahve und Israel. Die Propheten
lassen die Widerspenstigkeit des Volkes erst mit dem Austritt aus der Wüste,
mit der Ansiedlung im Ackerlande beginnen.

Veränderung war für sie nicht groß, sie setzten ihr altes Leben auf benachbartem Boden fort, unter nicht sehr verschiedenen Bedingungen. Die Sage hält es ferner für selbstverständlich, daß die Hebräer schon bei dem Auszuge aus Ägypten die Absicht gehabt hätten, das Land Kanaan zu erobern, worin sie sich schließlich für die Dauer niederließen; darum ist ihr das Haltmachen vor dem Tore nur begreiflich als Folge einer göttlichen Hemmung. Aller Wahrscheinlichkeit nach hat aber die Wüste südlich von Palästina die Hebräer nicht gegen ihren Willen festgehalten, sie ist vielmehr einfach das Ziel gewesen, das sie zunächst ins Auge gefaßt hatten.

Der endliche Aufbruch von dort war die Folge einer zufälligen Veranlassung. Im Ostjordanlande hatten die Amoriten die Bne Ammon vom Jordan verdrängt und den Bne Moab die Nordhälfte ihres Landes bis zum Arnon abgenommen; auf der Hochebene gegenüber Jericho war Hesbon die Hauptstadt ihres Königs Sihon geworden. Von da aus drohten sie noch weiter um sich zu greifen; die kleinen hebräischen Reiche, die dort auf der Grenze von Palästina und Arabien gegründet waren, mußten sich sämtlich gefährdet fühlen. In dieser Lage kamen ihnen die Israeliten wie gerufen, denen es in der Wüste von Kades allmählich zu enge wurde. Ohne Zweifel im Einverständnis mit den Bne Edom und Moab, durch deren Gebiet sie mitten hindurch mußten, zogen sie nun gegen die Amoriten zu Felde und zerstörten das Reich Sihons. Infolge dessen blieb das Land südlich vom Arnon in ungefährdetem Besitze Moabs, aber nördlich vom Arnon siedelten sich die Sieger selber an. So wohnten sie nun in einem fruchtbaren Wein- und Weidelande und schlossen die Lücke in der Reihe ihrer Brudervölker[1]).

Die drei Stationen, die sie hinter sich hatten, behielten die Israeliten im Gedächtnis, nachdem sie endlich im Westjordanland dauernd zur Ruhe gekommen waren: Gosen, die südliche Wüste, das Land zwischen Arnon und Jordan. Davon, was sie auf diesen Stationen erlebt hatten, bewahrten sie keine zuverlässige Erinnerung. Der Hauptinhalt ihrer damaligen Geschichte wird die Volksbildung selber gewesen sein. Sie begann in Ägypten, unter dem Einfluß aufregender Ereignisse. Sie setzte sich fort auf dem Boden der Sinaihalbinsel. Dort fanden die Auswanderer verwandte Geschlechter

---

[1]) Komposition des Hexat. p. 342 s.

vor, die ebenso wie sie den Gott vom Sinai verehrten; sie werden
sich gegen dieselben nicht so negativ und feindlich verhalten haben,
wie die Sage annimmt, die immer eine abgeschlossene Nation vor
Augen hat. Sie standen vielmehr ihrem Zufluß offen und verbanden sich mit ihnen. Ein Zug der Sage weist darauf hin, daß
die Söhne Jakobs, d. i. die Stämme Israels, hinsichtlich ihrer Beziehung zu Ägypten sich nicht ganz gleich stehn. Joseph hat ein
näheres und ursprüngliches Verhältnis zu jenem Lande als seine
Brüder. Daß diese ihm später nachfolgen, ist eine notwendige
Konsequenz der Vorstellung, daß Jakob älter sei als seine Söhne,
daß die Volkseinheit früher bestanden habe als die Stämme. In
Wirklichkeit sind vielleicht die Leastämme niemals in Ägypten gewesen, sondern haben vielmehr nur, von ihren östlich angrenzenden
Sitzen aus, den Söhnen Rahels in Gosen zur Zeit des Auszuges die
Hand geboten und sich erst infolge davon zu einem Volke mit
ihnen vereinigt. Dann würde sich auf eine einfache Weise erklären,
warum Moses von drüben her nach Gosen kommt, um die Erhebung gegen die Ägypter anzustiften. Auch die überlegene Sonder-
stellung, welche Joseph als der eigentliche Träger der Geschichte
Israels von Anfang an einnimmt, wäre dann kein Rätsel mehr,
während man zugleich den Anspruch der Bne Lea auf höheres Alter,
und ihres Erstgeborenen Ruben auf die Hegemonie wol begreifen
könnte.

Also erst in der bewegten Zeit, die dem Auszuge aus Ägypten
voraufging, und während des Aufenthaltes in der Wüste, der darauf
folgte, entstand der Bund der Stämme, die später das Volk Israel
ausmachten. Wenn vorher irgend welche Gemeinschaft sie verband,
so kann sie doch nur sehr locker gewesen sein. Andererseits muß
der Bund jedenfalls vor der Eroberung des eigentlichen Palästinas
gegründet sein; denn mit dieser zerfiel er wieder, während doch
die Erinnerung daran sich erhielt. Damit soll indessen nicht behauptet sein, daß alle zwölf Stämme schon in Kades bei einander
waren. Die Söhne der Kebsweiber Jakobs, Dan und Naphthali,
Gad und Aser, gehören ihm offenbar nicht in dem selben Sinne
an wie die Bne Lea und die Bne Rahel; sie mögen erst später
hinzugekommen und sehr gemischter Herkunft sein. Ebenso gut
wie Gad hätte auch Gilead mit aufgeführt werden können. Außerdem hören wir, daß Benjamin erst in Palästina nachgeboren wurde.
Darnach hätte das älteste Israel aus sieben Stämmen bestanden,

von denen nur einer auf Rahel kam, Joseph, der aber den übrigen zusammen an Zahl und Macht gleichstand, an geistiger Bedeutung sie überwog. Die übrigen sechs waren die Söhne Leas: Ruben, Simeon, Levi, Juda, Issachar, Zebulon. Sie werden immer in dieser Ordnung aufgeführt; daß dabei die beiden letzten von den vier ersten getrennt und mit Dan-Naphthali zusammengestellt werden, erklärt sich aus geschichtlichen und geographischen Gründen.

2. Der Überlieferung gilt die mosaische Zeit zwar ebenfalls als die Schöpfungsperiode Israels, aber ausschließlich oder doch vorzugsweise als die geistige. Moses hat den idealen Charakter des Volkes begründet und normirt dadurch, daß er ihm das Gesetz gab. Es sind jedoch verschiedene legislative Schichten im Pentateuch zusammengestellt, die sinaitische, die deuteronomische und die priesterliche.¹) Sie ergänzen sich nicht, sondern folgen auf einander; die priesterliche fußt auf der deuteronomischen, diese auf der sinaitischen. Sie sind aus einem geschichtlichen Prozeß erwachsen und bezeichnen dessen Stadien. Das Gesetz ist das Produkt der geistigen Entwicklung Israels, nicht der Ausgangspunkt derselben. Als Ganzes paßt es erst zum nachexilischen Judentum und zeigt sich da auch erst wirksam; vorher paßt es nicht und ist vollkommen latent. Daß es in der früheren Zeit nicht gehalten sei, gesteht auch die systematische Bearbeitung zu, der die historischen Bücher des Alten Testaments in oder nach dem babylonischen Exil unterworfen worden sind; sie meint aber, es habe darum doch bestanden und gegolten. Sie verurteilt darum Israel und Juda, namentlich aber das eigentliche alte Israel, welches wir das Reich der zehn Stämme zu nennen pflegen, als abtrünnig und ungehorsam. Sie legt ein jüdisches Maß an, sie verleiht dem Gesetz rückwirkende Kraft. Als willkürlicher Abfall kann der Abstand nicht betrachtet werden, der das alte Israel, das fromme ganz ebenso wie das gottlose, nicht bloß von den Forderungen, sondern auch von den Voraussetzungen des Gesetzes trennt. Es ist ein allgemeiner Abstand zweier verschiedener Welten. Wol

---

¹) Die sinaitische ist in den beiden Dekalogen und in Exod. 20, 22—23, 33 enthalten, die deuteronomische im fünften Buch des Pentateuchs. Alles übrige, die ganze Kultusgesetzgebung von der Stiftshütte aus, gehört zum Priesterkodex. Die drei Schichten sind nicht Einheiten im strengen literarischen Sinn; wol aber können sie, cum grano salis, historisch als solche behandelt werden.

gibt es einzelne Vergleichspunkte zwischen der älteren Praxis und dem Gesetze; aber wo sich solche darbieten, da zeigen sich unabsichtliche Abweichungen von der gesetzlichen Norm, die eine gänzliche Unbekanntschaft mit derselben verraten. Die gelegentlichen Angaben der historischen Bücher über Zustände und Einrichtungen des Altertums stoßen die Betrachtungsweise der systematischen Bearbeitung um. Das Gesetz reicht nicht von ferne an die mosaische Zeit heran. Wenn dem so ist, so gibt es keine direkten literarischen Quellen, aus denen der Mosaismus auch nur so zu erkennen wäre wie etwa die Lehre Jesu aus den Evangelien[1]). Will man nicht ganz darauf verzichten, den Anfang der israelitischen Geschichte darzustellen, so bleibt nur übrig, ihn aus der Fortsetzung zu erschließen, wodurch sich freilich nur ungefähre Ergebnisse gewinnen lassen. Ein Vorgreifen in die Folgezeit hinein läßt sich dabei nicht vermeiden.

Die Hauptmasse des Pentateuchs ist Kultusgesetzgebung. Das Werk Moses besteht darnach in der Einrichtung des Gottesdienstes, wozu ihm Jahve selber in der Stiftshütte die Anweisung gegeben haben soll. Die Propheten dagegen behaupten, Jahve habe den Vätern, als er sie aus Ägypten geführt, nichts befohlen in betreff von Opfern, und dieselben seien auch tatsächlich in der mosaischen Zeit nicht dargebracht. Sie gehn darin allerdings entschieden zu weit; es kann keine Frage sein, daß die alten Israeliten unter Religion wesentlich den Opferdienst verstanden. Aber dadurch unterschieden sie sich nicht von anderen Völkern, der Kultus beruht nicht auf besonderer Offenbarung und datirt nicht erst aus der mosaischen Zeit. Am richtigsten verhältnismäßig ist die Vorstellung der in der Genesis enthaltenen Kultussage, die dem Kultusgesetz in den späteren Büchern des Pentateuchs gegenüber steht. Darnach ist die israelitische Praxis des Altardienstes an den Hauptorten, wo er betrieben wurde, von den Erzvätern eingeführt, nicht durch die Gesetzgebung Moses. Die heiligen Sitten und Bräuche sind nicht durch Statut entstanden, sondern unwillkürlich, bei irgend einem Anlaß, der in die Vorzeit verlegt wird. Jahve ringt mit Israel und verletzt ihm dabei die Hüftsehne, aus diesem

---

[1]) Der Versuch, diese Behauptungen vollständig zu erweisen, ist in der Komposition des Pentateuchs und in den Prolegomena zur Geschichte Israels gemacht worden.

Grunde pflegen die Kinder Israels die Hüftsehne nicht zu essen.
Die Beschneidung der Knäblein wird geschichtlich erklärt als ein
gemildertes Äquivalent für die ursprüngliche Beschneidung der
jungen Männer vor der Hochzeit. Als Moses auf seiner Rückkehr
von Midian nach Gosen unterwegs übernachtete, überfiel ihn Jahve,
in der Absicht ihn zu töten; sein Weib Sipphora aber nahm einen
Feuerstein und schnitt die Vorhaut ihres Sohnes ab und berührte
damit die Scham Moses und sprach: du bist mir ein Blutbräutigam
— da ließ Jahve von ihm ab. Im ganzen und großen ist der
Kultus der Brauch aller Welt, seit Noah, ja seit Kain und Abel;
der Unterschied ist nur, daß die Israeliten ihn dem Jahve, die
anderen Völker anderen Göttern weihen. Das ist die alte, gesunde,
volkstümliche Betrachtungsweise. Der Kultus ist in Wahrheit das
vorzugsweise ethnische Element in der israelitischen Religion. Die
Kirchenväter fassen ihn auf als ein nachträgliches Zugeständnis an
die Schwachheit, an das tiefgewurzelte Heidentum, des Volkes; die
Veranlassung ihn einzuführen habe erst der Sündenfall Israels gegeben, nämlich die Verfertigung und die Anbetung des goldenen
Kalbes am Sinai.

Zugegeben aber, daß der Stoff des Kultus, als gänzlich
irrationell, nicht erfunden ist, sondern auf unvordenklichem Herkommen beruht, so könnte doch Moses den vorhandenen Stoff als
Mittel zu höheren Zwecken benutzt haben. Man kann sagen, er
habe nicht den Kultus überhaupt, sondern den legitimen Kultus begründet. Er habe die alten Bräuche von Auswüchsen gereinigt und
sie in eine feste Form gebracht, wodurch der ursprünglich heidnische Stoff unschädlich und sogar spezifisch israelitisch gemacht
worden sei. Wirklich wird im Gesetz das größte Gewicht auf die
korrekte, feste und gleichmäßige Form des Kultus gelegt, er dient
zur Uniformirung der Gemeinde und dadurch zu ihrer Absonderung
von dem Heidentum. Nun aber hängt die feste und gleichmäßige
Form des Kultus ab von seiner Zentralisirung; er darf nur an einer
einzigen Stelle, bei der Stiftshütte oder im jerusalemischen Tempel,
und nur von den dazu berufenen Priestern verrichtet werden. Und
diese Zentralisirung geht nicht in frühe Zeit zurück. Die
frommsten Männer des alten Israel scheuen sich nicht, auch anderswo
als an dem Ort der Bundeslade zu opfern; es gab viele heilige
Stätten. Die hervorragendsten sind von den Patriarchen gegründet,
infolge von Theophanien, welche darauf aufmerksam machten,

daß dort die Gottheit wohne. Die Legenden der Genesis glorifiziren den Ursprung der Altäre von Hebron und Beerseba, Bethel und Sichem, Mispha Mahanaim und Phanuel, und betrachten dieselben keineswegs als gesetzwidrig und ketzerisch. Im Gesetze selber, in einem alten Spruch, der trotz seiner Heterodoxie erhalten ist, sagt Jahve: an jedem Orte, wo ich meinen Namen ehren lasse, will ich zu dir kommen und dich segnen. Hier wird Erlaubnis gegeben, überall zu opfern; sie wird allerdings etwas beschränkt durch den Zusatz: überall wo ich meinen Namen ehren lasse — aber darin spricht sich nur der Glaube aus, daß die Stätte, wo der Verkehr zwischen Himmel und Erde vor sich ging, nicht willkürlich gewählt, sondern von der Gottheit selbst ausersehen sei. Die Reformation des Königs Josias im Jahre 621 vor Chr. war der erste Versuch, den Opferdienst auf einen einzigen Punkt zu beschränken. Er gelang aber nicht gleich; vor dem Exil blieben die lokalen Altäre noch immer bestehn, an die sich die heiligsten Erinnerungen von den Vätern her knüpften. Sie fielen erst, als durch die Losreißung der Nation aus ihrem Mutterboden die Tradition des Lebens, der Zusammenhang mit den ererbten Zuständen, gänzlich durchschnitten wurde. Und wie die Zentralisirung, so ist auch die Uniformirung des Kultus erst nachexilisch. In alter Zeit leidet der Begriff der Legitimität keine Anwendung auf ihn. Jahvedienst und Götzendienst stehn einander gegenüber, aber nicht gesetzlicher und ungesetzlicher Jahvedienst. Es gibt natürlich bestimmte Bräuche und Riten, aber sie sind verschieden an verschiedenen Orten und zu verschiedenen Zeiten, und sie passen nicht in das Schema des Gesetzes; zum Beispiel schlägt das Verfahren Gideons beim Opfern allen Vorschriften des Gesetzes ahnungslos in das Gesicht. Am allerwenigsten ist der Kultus bloß ein Mittel, die Gemeinde zu separiren und dadurch zu heiligen. Er ist vielmehr durchaus Selbstzweck, er ist die Höhe des Lebens, Götter und Menschen haben ihre Freude daran.

Dann ist aber auch die Theokratie nicht der Ausgangspunkt der israelitischen Geschichte; wenigstens nicht in dem Sinne, wie sie im Pentateuch gefaßt wird, als eine Verfassung, die auf dem Kultus beruht und deutlicher Hierokratie zu benennen wäre. Ein ganzer geistlicher Stamm wird aus dem übrigen Volke abgesondert, das sind die Leviten. Über ihnen erheben sich die Priester und über diesen wiederum der Hohepriester. Er ist das Oberhaupt der

Gemeinde, neben dem ein anderes nicht Platz hat. Mit dem Beginn der wirklichen Geschichte verschwindet alles dies spurlos. Im Buch der Richter ist einmal von einem Leviten die Rede, aber er gilt als Rarität. Man hat andere Dinge zu tun, als ein nach Tausenden zählendes Kultuspersonal mit Weib und Kind zu erhalten. Der Hohepriester hat keine Stelle; die wirklich eingreifenden Volkshäupter, die sogenannten Richter, sind ganz anderer, durchaus nicht geistlicher Art. Eine hierokratische Organisation findet sich nicht, es findet sich überhaupt keine Organisation, die das ganze Volk umfaßt. „Jeder tat, was er wollte", nicht weil die alte Priesterherrschaft verfallen gewesen wäre, sondern „weil es keinen König in Israel gab". Erst das Königtum erlöste aus dieser Anarchie, welche das Volk zur Beute seiner Feinde, namentlich der Philister, zu machen drohte. Es gibt zwar im Buch Samuelis eine Version über die Errichtung des Königtums, worin dieselbe als ein Widerspruch gegen die Theokratie, als ein unmotivirter Abfall von Jahve erscheint. Vorher regierte Jahve selber durch Samuel, und alles war in bester Ordnung. Die Philister waren durch ein göttliches Wunder zum Lande hinausgetrieben, sobald die Israeliten vom Götzendienste abgelassen hatten. Welche irdische Form die Theokratie hatte, wird nicht gesagt. Deutlich ist nur, daß sie auf ganz anderem Fuße eingerichtet ist als die Reiche dieser Welt. Sie ist ein geistliches Gemeinwesen, wie denn auch der geistliche Charakter des Regenten außer Frage steht. Ein Priester und Prophet ist Reichsverweser, er hat keine äußeren Machtmittel zur Verfügung und dennoch unbedingte Autorität, wegen seines Einflusses auf Jahve. Jahve sorgt für alles; seine Untertanen haben weiter nichts zu tun, als sich seiner Verehrung zu widmen und den Mahnungen seines Stellvertreters zu folgen. Auf Mittel, sich wehrfähig zu machen, brauchen sie nicht zu denken; wenn sie fasten und beten und von ihren Sünden lassen, so verschwinden die Feinde von selber. All der Aufwand, wodurch ein Volk sonst seine Existenz sichert, ist dann überflüssig; und man begreift nicht, wie die Israeliten darauf brennen können, dies bequeme Regiment mit dem menschlichen Königtum, welches große Ansprüche an sie stellt, zu vertauschen, bloß um es den Heiden gleichzutun. In Wahrheit ist aber diese ganze Vorstellung utopisch. Die Israeliten waren eine Nation wie andere Nationen. Jahve dispensirte sie nicht davon, sich gegen die Feinde zu wehren,

es war nicht Mutwille, daß sie ihre Kräfte durch das Königtum
zusammenfaßten, sondern die bittere Not zwang sie dazu. Die
Herrschaft der Philister war keineswegs schon vor Saul und David
gebrochen; der Kampf gegen sie war vielmehr recht eigentlich der
Entstehungsgrund und die Aufgabe des Königtums; kein Gedanke
daran, daß Samuel diesem Arbeit und Verdienst vorweg genommen
habe. Nach der echten Tradition hat er sich auch nicht gegen
das Königtum gesträubt, sondern es selber als Mittel der Rettung
herbeigewünscht; nicht gedrängt von dem Volk, sondern freiwillig
auf Zuraunen Jahves, hat er in Saul den Mann der Zeit erkannt
und ihn zum voraus gesalbt. Dem hebräischen Altertum galt
überhaupt das Königtum als der Höhepunkt der Geschichte und
die größte Segnung Jahves; wie fern die Vorstellung eines feindlichen Gegensatzes zwischen dem himmlischen und dem irdischen
Herrscher lag, sieht man aus dem Namen des Gesalbten Jahves
und aus der prophetischen Hoffnung, die sogar für die ideale Zukunft den Messias nicht entbehren mochte. Der König war auch
der berufene Repräsentant des Volkes vor Jahve. Er verfügte über
die großen Tempel, traf dort Einrichtungen, welche er wollte,
stellte Priester an und setzte sie ab. Das geschah nicht bloß im
Reiche Israel so, nach dem bösen Beispiel, das König Jerobeam
gegeben hatte, sondern auch im Reiche Juda. Nirgends tritt neben
der Regierung oder gar in Konflikt mit der Regierung eine Hierokratie hervor. Erst seit ihrer Vernichtung durch die Assyrer und
der Chaldäer wurde die Nation eine wesentlich durch den Kultus
zusammengehaltene „Gemeinde". Die Voraussetzung dieses Gemeinde war die Fremdherrschaft, welche die Juden aus dem politischen Gebiete auf das geistliche drängte[1]).

3. Dennoch kann die Theokratie in einem gewissen Sinne als
der charakteristische Ausgangspunkt der israelitischen Geschichte
festgehalten werden. Nur nicht als ein Gemächt, als eine fertige Anstalt, die plötzlich den Israeliten in der Wüste aufgezwungen wird.
Nicht als ein geistliches Wesen, das dem natürlichen Volkstum fern
steht und den Gegensatz von Heilig und Profan in schärfster Aus-

---

[1]) Vgl. Prolegomena p. 416 ss. Sehr bezeichnend ist die völlige Gleichgiltigkeit des Priesterkodex gegen alles Staatliche und Nationale. Die Funktion
der Theokratie ist der Kultus, mit der Regierung hat sie nichts zu tun, weil
dieselbe wesentlich der Fremdherrschaft überlassen ist.

bildung voraussetzt. Vielmehr gerade umgekehrt als die engste
Durchdringung der Religion und des Volkslebens, des Heiligen und
des Nationalen, erwachsen aus vorhandener Wurzel und auf ge-
gebener Grundlage fortbauend. Es wurde keine neue Verfassung
durch Moses eingeführt, sondern die alte blieb; noch im Lande
Kanaan wurde sie beibehalten und sogar durch das Königtum nicht
beseitigt. Sie gründet sich auf das Blut, es ist ein System von
Familien, Sippen, Geschlechtern und Stämmen. Alle diese Verbände tragen substantivische und singularische Individualnamen[1]),
gelten als natürliche Einheiten und stehn in einer gegebenen Beziehung zu einander. Ihre Statistik hat die Form der Genealogie:
Isaak ist der Vater der Völker Edom und Israel, Israel der Vater
von zwölf Stämmen, Juda der Vater von fünf großen Geschlechtern,
jedes Geschlecht wiederum der Vater und Großvater von Sippen
und Familien. Mit den Einheiten selber ist auch ihre Gliederung
gesetzt, sie ist den Elementen angewachsen. Es gibt keine chaotischen
Haufen, keine unterschiedslosen Gruppen, sondern überall natürliche Organisation, abgestufte Beziehungen, die als Verwandtschafts-
grade aufgefaßt werden[2]). Niemand gehört zum Stamm, außer
durch die Familie, durch die Sippe, durch das Geschlecht; die Zugehörigkeit zum Ganzen ist stets durch die Zugehörigkeit zu den
Unterabteilungen bedingt. In Wirklichkeit kann freilich nicht das
ganze System rein durch Verzweigung aus einer einzigen Familie
entstanden sein; es dürfte sonst während eines sehr langen Zeit-
raumes gar keine Geschichte gegeben haben.[3]) Vielleicht ist die

---

[1]) Dergleichen gibt es nur bei den Semiten. Ion Dorus Äolus lassen
sich als künstliche Heroes Eponymi gar nicht mit Moab Ammon und Edom
vergleichen. Merkwürdig ist auch die weitgetriebene Personifikation der Collec-
tiva bei den Hebräern und Arabern. Die Völker und Stämme reden von sich
in der ersten Person Singularis.

[2]) Vielleicht ist dies der Hauptunterschied der aristokratischen Völker von
den niederen. Die Theorie von der gradlosen Verwandtschaft und der unterschiedslosen Gruppe läßt sich auf die Hebräer und Araber, wie sie historisch
erscheinen, absolut nicht übertragen; das gerade Gegenteil macht den Charakter
ihrer Gesellschaft aus. Vgl. Munzingers ostafr. Studien p. 475ss.

[3]) Lehrreich in vieler Hinsicht ist eine hingeworfene Äußerung von B.
G. Niebuhr (bei Dora Hensler I 44). „Man wird finden, daß die großen Volks-
stämme nie durch Differenzirung, sondern durch Integrirung entstanden sind.
Daher erkläre ich die ungeheure Verschiedenheit der Sprachen der nordameri-

aus irgend einem Grunde zu stande gekommene Vizinität, die nicht bloß bei den seßhaften, sondern auch bei wandernden Völkern stattfindet, der Ursprung der meisten Verbände; sie ist auch die Grenze, bis zu der das Blut wirkt, darüber hinaus verliert es seine zusammenhaltende Kraft. Aber der Ursprung wird vergessen, es bleibt nicht bei der bloßen Vizinität. Wenn die Mitglieder seit Urvätern in den Stamm hineingeboren sind, so sind sie durch ihre Geburt Söhne des Stammes. Wenn ein Verband, wie auch immer entstanden, eine lange gemeinsame Geschichte durchlebt hat, so wird er Blutsverband. Damit schließt er sich ab; die dann noch neu hinzutretenden Elemente werden nicht für voll aufgenommen und erst allmählich nostrifizirt; es entsteht ein Unterschied zwischen Vaterssöhnen und Vizinen oder Beisassen. Wenn also auch nicht der Ursprung der Einheit in dem Blut liegt, so geschieht doch die Legitimirung der Einheit durch das Blut. Alle legitime Gemeinschaft ist Blutsgemeinschaft.

Unter diesen Verhältnissen existirt keine von der Gesellschaft losgetrennte, hypostasirte Ordnung, keine Obrigkeit, keine Amtsgewalt. Die einzelnen sind Brüder und Vettern oder Nachbarn, keine Untertanen. Die Blutsgemeinschaft wirkt nicht, wie der Staat, durch Zwang. Sie wirkt vielmehr durch Pietät, durch die Anerkennung ihrer Heiligkeit. Es gibt keine besondere heilige Gemeinschaft: die natürliche Gemeinschaft, die des Blutes, ist die heilige. Die Geschlechtsverbände sind in der Regel auch die Kultusverbände. Die Götter treten durch das Opfer in enge Verbindung mit den Kreisen ihrer Verehrer. Einige Stämme identifiziren sich geradezu mit ihrem Gott und legen sich dessen Eigennamen bei, wie z. B. Gad und Aser. Andere eignen sich den allgemeinen Namen El dadurch an, daß sie ihn durch besondere Zusätze differenziren: Ismael, Jerachmeel, Bethuel [1]). Manche hebräische Personennamen bezeichnen ihren Träger als Verwandten und Geschlechts-

---

kanischen Wilden, die sich schlechterdings nicht auf eine Hauptsprache zurückbringen lassen, aber z. B. in Mexiko und Peru sich schon in eine Hauptsprache aufgelöst hatten; daher die vielen Synonyma in der ältesten Zeit der Sprache. Daher behaupte ich, daß man die Sprache in Rücksicht auf die Theorie der Völkerstämme äußerst vorsichtig anwenden müsse."

[1]) Alle ältesten theophoren Namen scheinen nicht Individual-, sondern Gemeinschaftsnamen zu sein.

genossen des Gottheit [1]). Die Heiligkeit des Bluts geht nicht neutral neben der Heiligkeit der Götter her, sondern beides verbindet sich und verschmilzt durch den Kultus, der von den Genossen eines bestimmten Verbandes der Gottheit dargebracht wird.

Wie wir gesehen haben, bauen sich die Verbände genealogisch über einander auf; über den Familien erhebt sich die Sippe, über den Sippen das Geschlecht usw. Natürlich deckt sich das Interesse der kleinen Verbände nicht immer mit dem der großen. Das Blut verbindet am innigsten die kleinsten Kreise; seine Kraft schwächt sich ab, je entfernter der Grad, je größer der Kreis der Verwandtschaft wird. Mit einer Art Naturgewalt wirkt es nur in der Familie; der Familiensinn fällt beinahe noch mit dem Egoismus zusammen. Der Stamm dagegen wird im Kampf gegen feige oder trotzige Selbstsucht nur zusammengehalten durch aufopfernden Gemeinsinn. Derselbe fühlt sich zwar noch immer als Verwandtschaftssinn; aber der Verwandtschaftssinn verändert mit der Quantität seine Qualität; je mehr er umfaßt, desto moralischer wird er. Je größer die Gemeinschaft ist, um so mehr wird sie nicht durch das Blut, sondern durch die religiöse Idee ihrer Heiligkeit zusammengehalten. Diese ursprünglich mit dem Glauben an das gemeinsame Blut eng verknüpfte Idee muß sich dann über das Blut erheben und es so weit überwinden, daß die niederen Stufen der Verwandtschaft sich den höheren unterordnen. Sie muß am reinsten und kräftigsten auftreten auf der höchsten Stufe, wo das Blut am schwächsten wirkt.

Aus verwandten Geschlechtern und Stämmen wuchs zur Zeit Moses das Volk Israel zusammen und erhob sich über sie, die neue Einheit wurde geheiligt durch Jahve, der zwar schon früher existirte [2]), aber erst jetzt an die Spitze dieses Volkes trat. Jahve

----

[1]) Ich meine die Namen „mein Verwandter (ammi), mein Bruder (ahi), mein Vater (abi), mein Oheim (dodi), meine Mutter (immi), ist die und die Gottheit". So mit ammi: Ammiel, Ammihud, Ammischai (vgl. in der selben Familie Abischai, Ischai). Mit ahi: Ahija, Ahimelech, Ahiram, Ahitophel (entstellt). Mit abi: Abiel, Abija, Abimelech, Abischai, Abiram, Abihud, Abiner, Abijathar. Mit immi vielleicht Imminun (meine Mutter ist die Schlange) 2 Sam. 13, 20. Verkürzt Hiram, Hiel, Ischai (= Abischai), Ikabod (= Abikabod), Ehud (= Abihud 1 Chr. 8, 3 neben Gera), Jehu (in der Sept. Iου = Abihu). Andersartig ist Ah-ab. Wie das Volk Schaiʿ Alläh, so heißt reziprok der Gott Schaiʿ alQaum.

[2]) Der Name Jahve scheint nicht so alt zu sein wie etwa Astarte, Kamos, Kuzah. Die Etymologie ist durchsichtig: er fährt durch die Lüfte, er weht.

der Gott Israels, Israel das Volk Jahves: das ist der Anfang und das bleibende Prinzip der folgenden politisch-religiösen Geschichte. Ehe Israel war, war Jahve nicht; auf der anderen Seite haben die Propheten Recht zu sagen, daß Jahve es gewesen sei, der Israel gezeugt und geboren habe. Unzertrennlich wie Seele und Leib waren beide mit einander verbunden. Israels Leben war Jahves Leben. Die vornehmste Äußerung des Lebens der Nation war damals und auf Jahrhunderte hinaus der Krieg. Der Krieg ist es, was die Völker macht; er war die Funktion, in der die Zusammengehörigkeit der israelitischen Stämme sich am ersten betätigte, und als das nationale war er zugleich auch das heilige Geschäft. Jahve war das Feldgeschrei dieser kriegerischen Eidgenossenschaft, der kürzeste Ausdruck dessen, was sie unter sich einigte und gegen außen schied. Israel bedeutet El streitet, und Jahve war der streitende El, nach dem die Nation sich benannte[1]). In dem selben Verhältnis wie Israel stand auch Jahve zu den Nachbarvölkern und zu ihren Göttern.

„Jahve ist ein Kriegsmann, Jahve heißt er, Roß und Reiter hat er gestürzt ins Meer.“ Zuerst hatte er sich an der Spitze der Seinen gegen die Ägypter erhoben; dann scheuchte er vor ihnen die Amoriten, wie eine Hornis die Herde scheucht. Er eroberte das Land Kanaan und gab es seinen Kriegern zu Lehen; das war die Großtat, die ihm den meisten Dank und Ruhm eintrug. Er verlieh „Hilfe“ d. i. Sieg gegen die Nationen, die Israel in der Richterzeit bedrängten; als seinen Kampf führten Saul und David den Philisterkampf. Die Männer, die Jahve erweckte und mit seinem Geiste erfüllte, waren demgemäß im Altertum vorzugsweise Kriegshelden, wie die Richter. Später galt der König, dessen Amt ebenfalls vorzugsweise das des Heerführers war, als sein Verweser. Etwas von dieser kriegerischen Natur hat der Gott Israels bis in die spätesten Zeiten behalten, bis herab zu den Aufständen der

---

[1]) Jahve Sabaoth heißt zwar nicht Gott der Sterne (welche das Heer des Himmels genannt werden, nicht die Heere), aber auch schwerlich der Gott des israelitischen Heeres. Denn wo der Name zuerst, und in der vollen Form, vorkommt, bei Amos, wird er gebraucht, um die Bezeichnung Jahves als des Gottes Israels zu vermeiden. Es wäre auch wunderlich, das Heer Israels einfach die Heere zu nennen, im Plural und noch dazu mit Auslassung des Artikels. Vgl. Iob 25, 3.

Makkabäer und der Zeloten. Noch in den Psalmen wird Jahve als eine Art Kriegsgott beschrieben, der mit Schwert und Schild sich wappnet, den Kampfruf erhebt wie ein Held, seine Pfeile schießt, sein Schwert zückt, sein Gewand über und über mit Blut besudelt, sich labt am Fett der Erschlagenen, ihr Mark schlürft. Zu solchen Ausmalungen versteigen sich freilich die Alten nicht, weil sie Jahves Gegenwart im Heer viel wahrhaftiger empfinden, wie das Deboralied zeigt.

Das Kriegslager, die Wiege der Nation, war auch das älteste Heiligtum. Da war Israel und da war Jahve. Im Deuteronomium noch werden zum behuf der Heilighaltung des Lagers Verordnungen gegeben, wie sie schärfer und strenger kaum für den Tempel gegeben werden könnten: keine Unreinheit wird darin geduldet, kein Entweihter darf sich darin aufhalten.[1]) Zu sichtbarer Darstellung gelangt die Gegenwart Jahves im Heere durch die Lade; sie war das Feldzeichen Israels, ein kriegerisches Wanderheiligtum. Kades, Sittim, Gilgal, Silo, die Stätten, wo nach einander das Lager sich für längere Zeit befunden hatte, blieben immerdar geweiht. Indem die Lade nach Jerusalem übergeführt wurde, trat das dortige Heiligtum an die Stelle des alten Lagerheiligtums; und es ist insofern folgerichtig, daß im Priesterkodex die Gesetze über die heilige Stadt in die Form von Gesetzen über das Lager eingekleidet werden, welches nun freilich ein völlig geistlicher Begriff geworden ist. Auch eine besondere Art des Opfers, von dem sich Beispiele gerade in der ältesten Zeit finden,[2]) die Devotio, weist auf die enge Verknüpfung des Krieges mit der Religion. Man gelobte, die Stadt oder den König der Feinde, die Beute oder einen Teil derselben dem Jahve zu weihen, wenn er den Sieg gäbe; die Weihung geschah durch vollständige Vernichtung der geweihten Menschen, Tiere und Sachen.

So äußerte sich Jahve vorzugsweise in den großen Krisen der Geschichte; seine „Tage" waren, wie die Tage der Araber, Schlachttage. In Zeiten der Ruhe, wie das Richterbuch schildert, schliefen Israel und Jahve mit einander ein, durch Feindesgefahr

---

[1]) Bei den Arabern tritt durch den Krieg ohne weiteres der Zustand des Geweihtseins ein. Man sieht also, daß die betreffenden Bestimmungen des Deuteronomiums in alter Anschauung wurzeln.

[2]) Ai, Jericho, Sichem, Agag.

wurden sie wieder aufgerüttelt. Immer begann dann das Erwachen
Israels mit dem Erwachen Jahves. Seine Lebensäußerungen waren
durch lange Pausen unterbrochen, seine Wirksamkeit hatte etwas
Gewitterhaftes. Indessen wenn auch das Verhältnis zwischen dem
Volke und seinem Gotte vornehmlich in Zeiten höchster Aufregung
sich betätigte, so erstarb es doch auch in der Zwischenzeit nicht.
Wie die menschlichen Führer den Einfluß, den sie im Kampfe
gewonnen hatten, im Frieden nicht verloren, wie sie aus Kriegs-
fürsten Richter wurden, so ähnlich auch Jahve. Nicht bloß gegen
die Feinde half er, sondern auch im Innern; er schaffte Recht
unter den Volksgenossen. So kam das Gemeingefühl, das allerdings besonders gegen außen sich geltend machte, doch auch im
Innern zu einer gewissen Wirkung. Schon ehe die Israeliten durch
das Königtum zu eigentlich politischer Einheit gelangten, hatten
sie eine Art Rechtseinheit, freilich nicht eine formelle, im Sinne
einer obersten Instanz, sondern eine materielle, im Sinne einer
gleichartigen Rechtsanschauung. Die geheimnisvolle Gewalt, welche
die Gleichheit der Überzeugungen in den verschiedenen Köpfen
hervorbrachte und sowol das Urteil als dessen Anerkennung be-
dang, stellten sie sich nicht als ein Abstractum vor. Sie glaubten
nicht an Abstracta, sie kannten keine unpersönliche Macht, keine
Wirkung ohne wirkendes Subjekt. Es war Jahve, der das allgemeine Gefühl des Rechtes und des Rechten band und den bestimmten Inhalt desselben einzelnen offenbarte.

Sein war das Gericht; in seinem Namen wurde es ausgeübt,
durch wen auch immer es geschehen mochte. Naturgemäß lag
die Rechtspflege in den Händen derer, die überhaupt die Autorität
hatten, zunächst der Familien-, Geschlechts- und Stammhäupter,
der sogenannten Ältesten, sodann der Häupter von Städten und
Dörfern, auch der Könige und der Beamten. In deren Händen blieb
sie auch, durch Jahve wurde daran nichts geändert. Daneben gab
es aber noch eine andere Instanz, durch welche die Gottheit noch
direkter wirkte. Wenn die Weisheit oder die Kompetenz der gewöhnlichen Richter nicht ausreichte, wenn man in schwierigen
Lagen Rat haben wollte, so wandte man sich an die Männer
Gottes, an die Priester oder die Seher. Ihr Einfluß beruhte nicht
auf irgend welcher äußeren Machtstellung, sondern darauf, daß die
Gottheit, auf Befragen, durch sie antwortete. Die hebräischen
Namen für Priester und Seher finden sich auch sonst bei den Se-

miten[1]). Aber neu war, daß diese Männer in Israel sich je länger desto ausschließlicher in den Dienst des Volksgottes, Jahves, stellten.

Unter den Männern Gottes waren die vornehmsten die Priester. Von Haus aus bestand kein Unterschied zwischen ihnen und den Sehern. Die Gottheit offenbarte sich am sichersten an der Stätte, wo sie wohnte; Bileam stieg auf einen heiligen Berg und opferte dort, ehe er ausging zu schauen, ob Jahve, durch Vögel oder andere „Botschaften“, ihm begegnen werde. Durch ihre Verbindung mit den Heiligtümern wurden die Seher zu Priestern; sie bekamen auf diese Weise einen mehr amtlichen und öffentlichen Charakter. Die Priester waren keine bloßen Opferer, sondern die Männer der Gotteskunde. Das bedeutet ursprünglich nicht, daß sie wußten, was die Gottheit von den Menschen verlangt, sondern daß sie die Gottheit zu behandeln, auf sie einzuwirken verstanden. Sie bedienten sich dazu in ältester Zeit der Medien, namentlich warfen sie die heiligen Lose, die Urim und Thummim, um gestellte Alternativen zu entscheiden.[2]) Daran schloß sich aber früh eine allgemeinere Unterweisung und Bescheidung an, die zum Beruf der Priester gehörte, die Thora. Sie bezog sich auf göttliche und auf menschliche Dinge, nie aber war sie theoretisch und systematisch, sondern immer praktisch, für einen bestimmten Fall berechnet, über den gefragt wurde. Auch die Rechtsprechung gehörte dazu, wenn die Parteien keine Querulanten waren, sondern wissen wollten, was eigentlich das Rechte sei: ein Fall, der im Altertum, wo es kein geschriebenes Recht gab und wo das Recht als heilig galt, häufiger vorkam als bei uns. Die Priester wurden nach allem befragt und gaben für alles Verhaltungsmaßregeln; sie statuirten, was erlaubt und was verboten, rein und unrein, recht und unrecht sei; sie sagten, was Gott gefalle und was nicht, ob er eine Unternehmung gelingen oder mislingen lassen werde.

Als Begründer des Jahvepriestertums in Israel wurde Moses angesehen. Er galt als der Ahn der Leviten, d. i. nach dem alten Sinn der Berufspriester. Jonathan zu Dan war sein Enkel, auch

---

[1]) So namentlich der t. t. more bei den Kanaaniten (Elon More, Gibeath More), bei den Abessiniern (Mâri), und den Babyloniern (têrtu). Die Ableitung des babylonischen ter tu von der Wurzel m h r (lehren) kommt mir gar nicht wahrscheinlich vor.

[2]) Das Verfahren wird beschrieben 1. Sam. 14, 36—42; in der Septuaginta sind hier die Urim und Thummim erhalten. Vgl. 1. Sam. 23, 2. 30, 7.

Eli zu Silo leitete sich vermutlich von ihm ab, ein levitisches
Geschlecht nannte sich nach ihm Muschi[1]). Freilich betrachteten
ihn auch die Propheten als ihren Vorgänger; indessen diese zweigten
sich erst später ab. Die Verbindung des ersten israelitischen
Heiligtums, der Lade, mit Moses hat die Präsumption für sich,
das am meisten Geschichtliche zu sein, was wir von ihm wissen.
Auf diese Stellung Moses gründete sich der Einfluß, den er gehabt
haben muß; ohne einen leitenden Geist kann die Volksbildung
unter der Ägide Jahves nicht vor sich gegangen sein. Er war der
Anfänger der Thora, die nach ihm von den Priestern fortgesetzt
wurde. Er hat nichts „Positives", ein für allemal Fertiges hinter-
lassen, kein Gesetz, keine Verfassung für alle Zukunft gegeben.
Aber er hat die Anforderungen der Gegenwart in einer Weise be-
friedigt, daß die Gegenwart eine Zukunft haben konnte.

Der wirkliche Sinn der Theokratie ist demnach, daß Krieg
und Recht Religion waren, ehe sie Zwang und bürgerliche Ordnung
wurden. Einen förmlichen Staat von spezifischer Heiligkeit hat
Moses auf dem Satze Jahve der Gott Israels keineswegs aufgebaut; oder wenn er es getan hat, so hat das nicht die geringste
praktische Folge und nicht die geringste geschichtliche Bedeutung
gehabt. Aus dem religiösen Gemeingefühl erwuchs erst der Staat,
und zwar nicht ein besonders heiliger Staat, sondern der Staat
an sich. Die alte patriarchalische Verfassung der Geschlechter und
Stämme wurde zunächst nicht angetastet; die faktische und rechtliche Autorität blieb in den Händen der Ältesten und Geschlechtshäupter. Zu einer politischen Einheit wurde Israel erst allmählich,
durch die Vorarbeit der Religion, als Volk Jahves.

4. Die Zeit Moses wird überall als die eigentliche Schöpfungsperiode Israels angesehen, darum auch als vorbildlich und maß-
gebend für die Folgezeit. Damals muß in der Tat durch eine
epochemachende Grundlegung der Anfang der Geschichte Israels
gemacht sein. Die Propheten haben die Eigentümlichkeit des
Volkes wol verschärft, aber nicht geschaffen, denn sie fußen darauf.

---

[1]) Aharon ist sein bloßer Doppelgänger (Prol. p. 139). Dagegen macht
ihm Miriam ernstlichere Konkurrenz (Num. 12). Gerade auf Kades, den angeblichen Ort der Lade, hat sie berechtigtere Ansprüche; denn sie liegt dort begraben. Erst später scheint sie durch „ihren Bruder" in den Schatten gedrängt
zu sein. Man sieht daraus, daß es eine alte Tradition gegeben hat, in der
Moses Stellung doch nicht so einzigartig war.

Die Bewegung ferner, woraus das Königtum hervorging, hat zwar die bis dahin sehr lose verbundenen Teile zum erstenmal zu einer wirklichen politischen Einheit zusammengefaßt, aber das geistige Gemeinbewußtsein Israels ist nicht erst dadurch entstanden. Vielmehr verband dasselbe schon in der Periode der Richter die Stämme und Geschlechter; wenn es damals in zwingenden äußeren Formen keinen Halt fand, so muß es um so gewisser innerlich vorhanden gewesen sein. Als die Israeliten sich in Palästina niederließen, fanden sie dort eine ihnen an Zahl und Kultur überlegene Bevölkerung vor, welche sie nicht ausrotteten, sondern sich unterwarfen und allmählich aufsogen. Der Vermischungsprozeß ward durch die Verwandtschaft der Rasse, durch die Gleichheit der Sprache begünstigt; wie vieles aber auch die Sieger von den Besiegten annahmen, Kanaaniten wurden sie nicht, sondern sie machten umgekehrt diese zu Israeliten. Trotz ihrer minderen Zahl und geringeren Bildung behaupteten sie dennoch ihre Eigenart, und zwar ohne dabei durch eine äußere Organisation unterstützt zu sein. Eine gewisse innerliche Einheit bestand also, lange ehe sie in einem politischen Gemeinwesen zum Ausdruck kam. Sie geht bis in die Zeit Moses zurück und Moses wird als ihr Begründer anzusehen sein. Der Grund, auf dem zu allen Zeiten das Gemeinbewußtsein Israels beruhte, war der Glaube: Jahve der Gott Israels und Israel das Volk Jahves. Moses hat diesen Glauben nicht erfunden, aber er hat es doch bewirkt, daß er das Fundament der Nation und ihrer Geschichte geworden ist.

Aber man verlangt, daß Moses doch auch einen neuen Begriff von der Gottheit eingeführt haben müsse, und feiert ihn als den „Stifter" des Monotheismus. Dem widerspricht indessen schon auf das allerentschiedenste die einfache Tatsache, daß Jahve ein Eigenname ist, der aus dem Genus ein Individuum heraushebt. Der Monotheismus war dem alten Israel unbekannt. Sie sahen die Natur durchaus als gegeben an und fragten nicht nach ihrem Ursprunge. Jahve kam ihnen nur als der Gründer Israels in Betracht, und erst seit dem babylonischen Exil ward der Gedanke lebendig — beinahe plötzlich taucht er auf —, daß er die Länder und Meere mit ihrer Fülle, den Himmel und sein Heer nicht nur beherrsche, sondern auch gebildet habe. Der Begriff der Welt selber existirte nicht für sie, bis an seiner harten Realität ihre Nation zerschellte. Allerdings haben sie wol geglaubt, daß die

Macht Jahves weit über Israel hinausreiche; dazu war er ja Gott, daß er den Seinen aushelfe, wenn ihre Kräfte nicht reichten. Aber dieser Glaube wurde nicht systematisch verallgemeinert. Es genügte im gegebenen Fall, daß Jahve jeder wirklichen Not und Gefahr, welche Israel bedrohte, gewachsen war. Die Eventualität, daß der Himmel einstürzen könnte, wurde nicht in Betracht gezogen; und auch zu dem Gedanken schritt man nicht fort, daß die Feinde selber so in Jahves Hand seien, daß sie sogar den Kampf gegen ihn nicht ohne ihn unternehmen könnten. Der Gott Israels war nicht der Allmächtige, sondern nur der Mächtigste unter den Göttern. Er stand neben ihnen und hatte mit ihnen zu kämpfen; Kamos und Dagon und Hadad waren ihm durchaus vergleichbar, minder mächtig, aber nicht minder real wie er selber. „Was euer Gott Kamos euch zu erobern gegeben hat — läßt Jephtah den die Grenze verletzenden Nachbarn sagen —, das gehört euch, und was unser Gott Jahve für uns erobert hat, das besitzen wir." Die Gebiete der Götter scheiden sich ebenso wie die der Völker, und der eine hat in des andern Lande kein Recht. Niemand dachte daran, daß Jahve auch außerhalb Israels verehrt werden müsse oder auch nur könne. Mußte ein Israelit aus seinem Vaterlande fliehen, so begab er sich damit in alter Zeit nicht bloß in die Gemeinschaft eines anderen Volkes, sondern auch eines anderen Gottes. Daher David dem Saul, der ihn in die Fremde treibt, vorwirft, er reiße ihn aus dem Erbe Jahves los und zwinge ihn, fremden Göttern zu dienen. Wenn der Syrer Naeman bei sich zu Hause dem Gotte Israels, dem er Heilung vom Aussatz verdankt, Opfer darbringen will, so kann er es nicht anders als indem er eine Wagenladung Erde aus Palästina kommen läßt und darauf einen Altar baut, der auch in Damaskus auf Jahves Grund und Boden steht. Bis in sehr späte Zeiten hinein hat der Grundsatz seine Geltung nicht verloren, daß der Kultus Jahves nur im Lande Jahves möglich sei; ursprünglich erklärt er sich aus der örtlichen Beschränktheit der Gegenwart Jahves.

Ebensowenig wie der universale Gott war Jahve der übersinnliche und geistige in unserem Sinne. Es lag in seinem Begriff ursprünglich nichts, was die bildliche Darstellung verboten hätte. Allerdings scheinen die ältesten Israeliten die Gottheit nur an heiligen Orten, bei Stein, Baum und Wasser, lokalisirt, nicht aber künstliche Gottesbilder besessen zu haben. Der goldene Stier und

die eherne Schlange, die schon aus der Zeit Moses stammen sollen,
sind gewiß nicht so alt[1]). Jedoch erklärt sich das Fehlen von
Tempeln und Bildern sowie von künstlichen Altären lediglich als
primitive Einfachheit und hat nicht von Anfang prinzipielle Bedeutung gehabt. Der Fortschritt zu höherer Kultur brachte die
Aufnahme der Bilder mit sich. Niemand nahm anfänglich Anstoß
daran; Elias und Elisa ließen sie in Frieden, noch Amos hat kein
Wort des Tadels gegen sie. Erst Hosea und Jesaias fingen an
sich gegen die Werke der Menschenhand zu ereifern, durch die
Jahve vorgestellt werden sollte. Man kann übrigens nicht sagen,
daß die jedenfalls echt israelitische Lade besser sei als die Bilder,
wenngleich sie kein Bild war. Sie enthielt sicher nicht die Ge-
setzestafeln, die ja nicht hätten im Dunkel verborgen, sondern
öffentlich ausgestellt werden müssen, vielleicht aber einen heiligen
Stein. Sicher war sie eine sinnenfällige Repräsentation Jahves.
Derselbe wurde geradezu damit verselbigt, so daß man z. B. in
1. Sam. 4—6 nie sagen kann, ob er das Subjekt der Aussage ist
oder die Lade; es wird kein Unterschied gemacht.

Wenn endlich der moralische Grundcharakter des Wesens der
Gottheit als mosaisches Erbe des alten Israel betrachtet wird, so

---

[1]) Das Stierbild ist dem Baal eigen und auf Jahve nicht eher übertragen,
als bis die Israeliten sich in Palästina niedergelassen hatten. Der Urheber
des in Exod. 32 gemeinten goldenen Stieres ist König Jerobeam I gewesen.
Mit der Schlange steht es insofern anders, als die Möglichkeit ihrer alten und
echten Beziehung zu Jahve nicht in Abrede gestellt werden kann. Indessen
da die eherne Schlange in geschichtlicher Zeit — gleichzeitig mit oder nach
der Lade? — im jerusalemischen Tempel stand und verehrt wurde, gradeso
wie der goldene Stier im Tempel von Bethel, so ist doch ihre Zurückführung
auf Moses, weil sie sich so leicht ergab (denn den Patriarchen wird die Errichtung von künstlichen Bildern nicht zugeschrieben), großem Zweifel unterworfen, der dadurch noch verstärkt wird, daß, während die Lade in der frühesten
Geschichte eine große Rolle spielt, von der Schlange, die Moses gemacht
haben soll, seitdem nie wieder die Rede ist, bis wir erfahren, daß König
Hizkia sie abgetan habe. Der Unterschied, der im Pentateuch zwischen Stier
und Schlange gemacht wird, daß jener abgöttisch, diese göttlich gewesen sein
soll, liegt handgreiflich nicht in der Sache, sondern in verschiedenem Maß
der Beurteilung. Man hat zu bedenken, daß der Stier in Bethel, die Schlange
aber in Jerusalem sich befand. Hizkia betrachtete auch die letztere als Idol.
Den Stier nennt der Prophet Hosea spottenderweise das Kalb, und diese Bezeichnung hat sich eingebürgert. Aus seiner Äußerung „in Splitter geht das
Kalb von Samaria" geht hervor, daß das goldene Bild einen Holzkern hatte.

geschieht auch das nur mit sehr beschränktem Rechte. Unsere Begriffe von Moral wenigstens müssen wir fernhalten. Jahve billigte Perfidie und Grausamkeit gegen die Feinde Israels; gut war in seinen Augen das, was Israel frommte. Das lehren die Erzählungen über die Eroberung Kanaans, über die Taten der Richter und der Könige, und selbst über die der älteren Propheten. Wie kann man die von Elisa angestiftete Ausrottung des Hauses Omri mit den Zehn Geboten vereinbaren! Das Deboralied lehrt den ursprünglichen Geist der israelitischen Religion kennen, nicht der Dekalog. Mit einem Grundgesetz, dessen Sinn ist, die individuelle Moral sei die religiöse Forderung, hat Jahve sicherlich nicht angefangen.

Es führt zu wunderlichen Konsequenzen, wenn man Moses als den Stifter des Monotheismus ansieht. Er hat dann plötzlich eine ganz neue Religion eingeführt, die wahrscheinlich den Spekulationen gebildeter ägyptischer oder babylonischer Priester entlehnt war. Für die „gemeinen“ Israeliten war dieselbe viel zu hoch, sie hatten einen natürlichen Widerwillen dagegen und eine entschiedene Neigung zum Heidentum. Um sie wenigstens äußerlich bei Jahve festzuhalten, dazu diente die auf den Kultus gegründete Theokratie, eine Art geistlicher Zwangsanstalt [1]). Woher stammte denn die Gewalt, um sie in diese Zwangsanstalt zu stecken, um ihnen diese eigentlich völlig esoterische Religion aufzupfropfen! Wie war es

---

[1]) In dieser Auffassung stimmen sachlich — trotz verschiedener Ausdrucksweise — Orthodoxie und Rationalismus im ganzen zusammen; es macht keinen großen Unterschied, ob der Monotheismus aus Ägypten, wo er nicht zu finden ist, oder, immerhin etwas vernünftiger, aus dem Himmel importirt wird. Kuenen führt einen bezeichnenden Satz aus Comte (cours de philosophie positive 3 ed. 5, 206) an: . . . . . la petite théocratie juive, dérivation accessoire de la théocratie égyptienne et peut-être aussi chaldéenne, d'où elle émanait très-probablement par une sorte de colonisation exceptionnelle de la caste sacer-dotale, dont les classes supérieures, dès longtemps parvenues au monothéisme par leur propre développement mental, ont pu être conduites à instituer, à titre d'asile ou d'essai, une colonie pleinement monothéique, où, malgré l'anti-pathie permanente de la population inférieure contre un établissement aussi prémature, le monothéisme a dû cependant conserver une existence pénible, mais pure et avouée, du moins après avoir consenti à perdre la majeure partie de ses élus par la célèbre séparation des dix tribus. — Natürlich darf man nicht jeden ägyptischen Einfluß bestreiten. Moses und Phinehas führen un-zweifelhaft ägytische Namen, beide gehören zu dem Priestergeschlecht, unter dessen Obhut die heilige Lade stand.

möglich, den etwa aus Ägypten entlehnten Weltgott auf eine ganz
äußerliche und künstliche Weise zum israelitischen Volksgott zu
machen! Wir haben gesehen, daß es eine Theokratie als geistliche Anstalt im alten Israel nicht gegeben hat und daß Jahve
auf das allerinnigste mit der Nation verwachsen war. Er war ihr
Stolz, sie hatten nicht die stete Neigung, ihm zu widerstreben.
Sobald die Idee Israels ins Spiel kam, war er der einzige Gott;
aber es vertrug sich mit seiner Souveränetät, zu glauben, daß es
auch andere, auf ihrem Gebiet anbetungswürdige Götter neben ihm
gäbe. Als Weltgott hätte Jahve niemals ein „partikularistischer"
Gott werden können. Er war vielmehr von Haus aus der Gott
Israels und wurde dann sehr viel später der universale Gott; auf
geschichtlichem Wege, infolge des Untergangs der Nation. Mit
einem „geläuterten" Gottesbegriff hätte Moses den Israeliten einen
Stein statt des Brotes gegeben; höchst wahrscheinlich ließ er sie
über das Wesen Jahves an sich, abgesehen von seiner Beziehung
zu den Menschen, denken, was ihre Väter darüber gedacht hatten.
Mit theoretischen Wahrheiten, nach denen nicht die mindeste
Nachfrage war, befaßte er sich nicht, sondern mit praktischen
Fragen, die bestimmt und notwendig durch die Zeit gestellt wurden. Jahve der Gott Israels bedeutete also nicht, daß der
allmächtige Schöpfer Himmels und der Erden vorerst nur mit
diesem einen Volke einen Bund geschlossen hätte zu seiner Erkenntnis und Verehrung. Er bedeutete, wie wir gesehen haben,
nur, daß die nationalen Aufgaben, innere und äußere, als heilige
erfaßt wurden.

Die israelitische Religion hat sich aus dem Heidentum erst
allmählich emporgearbeitet; das eben ist der Inhalt ihrer Geschichte. Sie hat nicht mit einem absolut neuen Anfange begonnen. Doch hat sie bei einem Punkte angesetzt, an den eine
fruchtbare Entwicklung sich anknüpfen konnte. Durch die Beziehungen auf die Angelegenheiten der Nation wurde der Gottesbegriff nach und nach moralisirt. Jahve ging zwar nicht sofort auf
in zielbewußtem Wollen; ein dunkles, unheimliches Grundelement
seiner Natürlichkeit blieb zurück. Aber es trat doch in der Vorstellung sehr zurück hinter seinem Walten in einem bestimmten
Menschenkreise; sein Wesen füllte sich mit einem neuen Inhalte,
welcher der moralischen Welt entnommen war, deren Ziele er zu
den seinigen machte.

Die Religion beteiligte nicht das Volk am Leben der Gottheit, sondern die Gottheit am Leben des Volkes. Sie war nicht festgebannt und verknöcherte nicht in einem unfruchtbaren Zauberkreise, sie hatte praktische Aufgaben, sie war die treibende Kraft der Geschichte. Jahve wuchs heran im Kampfe. Er hatte zu kämpfen, um im Innern die Stämme und Geschlechter der Einheit eines Gemeinwesens zu unterwerfen und zugleich ihre alte religiöse Bedeutung zu beseitigen: es hat Mühe gekostet, ehe der Dienst des Volksgottes alle privaten Dienste verdrängte und ersetzte. Er hatte zu kämpfen, um die von außen neu zutretenden Einflüsse fremder Kultur zu bewältigen. Im Gegensatze gegen die kanaanitischen Naturgötter ist er erst wahrhaft zum Gott des Rechts und der Gerechtigkeit, und von da aus, als die Assyrer Israel vernichteten, zum Weltgott geworden. So war er in der Tat ein lebendiger Gott, und seine Religion eine fortschreitende Religion. Es gab zwar Einrichtungen, welche für Stabilität sorgten und den Zusammenhang mit der Vergangenheit wahrten. Aber sie ließen Raum für den schöpferischen Geist, der in der freien Tat und dem gesprochenen Worte ungewöhnlicher Individuen sich offenbarte. Das göttliche Recht der Männer des Geistes wurde anerkannt — und Jahve ließ es nicht an solchen Männern fehlen.

Warum die israelitische Geschichte von einem annähernd gleichen Anfange aus zu einem ganz andern Endergebnis geführt hat als etwa die moabitische, läßt sich schließlich nicht erklären. Wol aber läßt sich eine Reihe von Übergängen beschreiben, in denen der Weg vom Heidentum bis zum vernünftigen Gottesdienst im Geist und in der Wahrheit, zurückgelegt wurde. Das soll in der folgenden Darstellung etwas ausführlicher geschehen, als es in den vorhin gemachten andeutenden Bemerkungen möglich war[1]).

Drittes Kapitel.

Die Ansiedlung in Palästina.

1. Das nördliche Moab genügte den Israeliten nicht auf die Dauer, und die Zersplitterung der Kanaaniten westlich des Jordans

---

[1]) Es sei hier bemerkt, daß ich für die folgende Darstellung die Ergebnisse meiner kritischen Untersuchungen über die historischen Bücher des

in unendlich viele Städte und Reiche lockte sie zum Einbruch. Den ersten Versuch machte Juda, im Verein mit Simeon und Levi, aber er gelang nicht gut. Simeon und Levi wurden gänzlich aufgerieben; Juda behauptete sich zwar in dem Berglande westlich vom Toten Meere, erlitt aber gleichfalls sehr schwere Verluste, die erst durch den Zutritt gewisser kainitischer Geschlechter des Negeb wieder ersetzt wurden[1]).

Infolge dieser Ereignisse trat nun anstatt der alten Teilung des Volkes in Lea und Rahel eine andere ein, die in Israel und Juda. Israel umfaßte sämtliche Stämme außer Simeon, Levi und Juda; die letzteren kommen schon im Liede der Debora nicht mehr als dazu gehörig in Betracht, wo die anderen mit absichtlicher Vollständigkeit gemustert werden.

Der halb fehlgeschlagenen ersten Einwanderung in den Westen folgte eine mächtigere zweite, die weit besseren Erfolg hatte. An ihrer Spitze stand der Stamm Joseph, dem sich die übrigen Stämme anschlossen; nur Ruben und Gad blieben in den alten Sitzen zurück. Zunächst ward die Gegend nördlich von Juda in Angriff genommen, wo später Benjamin wohnte. Erst nachdem mehrere Städte dieses Gebietes einzeln in die Hände der Eroberer gefallen waren, setzten ihnen die Kanaaniten gemeinsamen Widerstand entgegen. Aber in der Nähe von Gibeon wurden sie von Josua auf das Haupt geschlagen. Der Sieg machte die Israeliten zu Herren des mittelpalästinischen Gebirges. Das bis dahin beibehaltene erste Lager bei Gilgal, an der Jordanfurt, wurde nun aufgehoben, die Lade Jahves wanderte weiter landeinwärts und machte endlich in Silo Halt. Hier war fortab das Standquartier, in einer Position wie geschaffen zu Ausfällen in die nördlich darunter liegende fruchtbare Landschaft. In dem bis dahin gewonnenen Gebiete ließen sich die Bne Rahel nieder, zunächst der judäischen Grenze Benjamin[2]), dann Ephraim bis über Silo hinaus, und am weitesten nördlich, bis zur Ebene Jezreel, Manasse. Der Schwerpunkt der Bne Rahel und damit des gesamten eigentlichen Israels lag schon damals in Ephraim; in dem Gebiet dieses

Alten Testaments (in der Komposition des Hexateuchs und in den Prolegomena) im allgemeinen voraussetze.

[1]) Kompos. d. Hex. p. 208s. 321. Prol. p. 140ss. Gen. 38. 1 Chr. 2.

[2]) d. i. der Südstamm, vom Standpunkte Josephs aus. Das Gentile lautet Jemini = der Südliche.

Stammes lag Silo, der Ort, wo die Lade stand, und nicht weit davon Gibeath Phinehas, wo das älteste und vornehmste israelitische Priestergeschlecht seinen Landbesitz hatte, ebendort Thimnat Heres, wo sich Josua ansiedelte, der ja auch von Geburt ein Ephraimit war. Der Name Ephraim für den Stamm ist indessen erst späteren Ursprungs, eigentlich hieß so die Landschaft und zwar weit über die Grenze des Stammes hinaus.

Als letzte Tat Josuas wird berichtet, daß er den König Jabin von Hasor und die mit ihm verbundenen Fürsten Galiläas an der Quelle von Maron geschlagen und dadurch den Norden für die Ansiedlung geöffnet habe. Es ist nicht unwahrscheinlich, daß erst ein großer Schlag mit vereinter Kraft gegen die Kanaaniten des Nordens geführt werden mußte, ehe die Ansiedlung erfolgen konnte. Der König Jabin von Hasor lebt allerdings später noch einmal wieder auf, aber an einer Stelle, wohin er nicht gehört.

Die Israeliten unterwarfen die ältere Bevölkerung nicht systematisch, sondern schoben sich zwischen sie ein. Hernach gehörte noch immer eine zähe Arbeit der einzelnen Kreise dazu, um an dem bestimmten Fleck, wo sie sich eingenistet hatten, Wurzel zu fassen. Die Ansiedlung war weiter nichts als eine Fortsetzung des Kampfes im kleinen, nachdem nur die erste grobe Vorarbeit durch gemeinsame Anstrengung getan war. Von einer vollständigen Eroberung des Landes war keine Rede. Die Ebene an der Küste wurde kaum in Angriff genommen, auch das Tal Jezreel, mit dem Gürtel fester Städte von Akko bis Bethsean, blieb größtenteils unangetastet. Gewonnen wurde besonders das Bergland, namentlich das südlichere, das Gebirge Ephraim; doch blieben auch hier nicht wenige Städte im Besitz der Kanaaniten, wie Jerusalem, Sichem, Thebes. Es dauerte Jahrhunderte, bis die Lücken ausgefüllt oder die kanaanitischen Enklaven zinsbar gemacht wurden.

Der großen Zersplitterung ihrer Feinde hatten es die Israeliten zu danken, daß sie ohne viel Kunst zu einem vorläufigen Ziele gelangten. Verhältnismäßig rasch legte sich der erste Sturm; Eroberer und Unterworfene lebten sich in die neuen Verhältnisse ein. Da sammelten sich die Kanaaniten noch einmal zu einem Rückschlage. Unter der Hegemonie Siseras[1]) kam ein großes Bündnis ihrer Könige zu stande, die Ebene Jezreel war der Mittelpunkt

---

[1]) Der Name klingt unsemitisch, er könnte hethitisch sein.

ihrer neu sich bildenden Macht, von hier aus machten sie Streifzüge nach Norden und nach Süden. Merkwürdig, wie wenig die Israeliten sich dagegen zu helfen wußten; kein Schild und Speer schien sich zu finden unter vierzigtausend streitbaren Männern. Endlich brachte ein Impuls von oben Seele und Bewegung in die träge Masse. Diesmal ging er von einem Weibe aus, von der Seherin Debora. Sie gehörte dem Stamme Issachar an, der in der Ebene Jezreel wohnte und wol am meisten von den Kanaaniten zu leiden hatte. Es gelang ihr, die Häuptlinge von Issachar, vor allem den Barak ben Abinoam, zu einer Erhebung zu ermutigen. Dann wurden auch die übrigen Stämme beschickt; aber nur diejenigen, die zu beiden Seiten der Ebene im Gebirge wohnten, leisteten Hilfe. Von Süden sandten Ephraim und Manasse und Benjamin, von Norden Zebulon und Naphthali ihre Scharen zu Tal. Sisera und seine Bundesgenossen hatten ihre Macht bei Thaanach und Megiddo, östlich von Karmel, zusammengezogen; dort griffen die israelitischen Bauern sie an. Barak führte sie an, Debora sang ihnen das Lied. Dem Ungestüm des Fußvolks Jahves vermochten die Feinde mit ihren Rossen und Wagen nicht zu widerstehn, sie jagten in wildem Schrecken davon. Aber der Regen und der angeschwollene Bach Kison hinderten ihre Flucht. Sisera verließ seinen Wagen, um zu Fuß zu entlaufen; an einem Hirtenzelt vorüberkommend bat er die Frau darin um einen Trunk Wasser. Sie reichte ihm Milch in einer schönen Schale und machte ihn so der Gastfreundschaft sicher. Während er aber sorglos vor ihr stand und gierig trank, führte sie mit einem schweren Hammer einen Schlag auf seine Schläfe, so daß er zusammenbrach und tot zu ihren Füßen niederfiel. Diese Frau hieß Jael und war keine Hebräerin, sondern gehörte einem kainitischen Geschlechte an, das in dieser Gegend weidete. Im übrigen scheint doch ein großer Teil der Flüchtigen glücklich entkommen zu sein; es ward ein Fluch ausgesprochen über die Bewohner von Meroz, weil sie auf der Verfolgung nicht herbeikamen, um Jahve zu helfen. Der Residenz Siseras drohte offenbar keine Gefahr, die festen Städte in der Ebene Jezreel verblieben auch fürderhin im Besitze der Kanaaniten, und der Stamm Issachar selber geriet nachmals unter ihre Botmäßigkeit: er gab seine starken Knochen zum Lasttragen her wie ein Esel und ward zum zinsbaren Knecht. Aber eine Gefahr für Israel wurden die Kanaaniten nicht wieder;

oder wenn sie es wurden, so wurden sie es als Freunde, nicht als Feinde.

Die Aufregung der Sieger über ihren Sieg ist verewigt in dem Deboraliede, dem frühesten Denkmal der hebräischen Literatur. Es wirft einen hellen Schein auch über die allgemeine politische und geistige Beschaffenheit des damaligen Israels. Von Issachar ergeht ein Aufruf an die Stämme hüben und drüben; sie sind mehr oder weniger bereit zur Hilfe. Es ist etwas Außerordentliches, daß sie sich zusammentun, und sie tun es nur zu einem vorübergehenden Zweck. Wenn die Not gewandt ist, gehn sie wieder aus einander, sie sind nur moralisch verpflichtet, im Bedürfnisfall einander zu helfen. Israel ist kein Organismus, zu dessen regelmäßigen Funktionen etwa die Kriegführung gehörte; Israel ist nur eine Idee. Und Israel als Idee ist gleichbedeutend mit Jahve; nur daß Jahve mehr ist als eine Idee und dem Wunsche die Macht zur Verfügung stellen kann: die regengebenden Gestirne und der angeschwollene Bach Kison kämpfen auf sein Geheiß gegen Sisera. In dem Enthusiasmus des Heeres wird Jahves Gegenwart verspürt, der Geist, der die Menge fortreißt, ist der Geist ihres göttlichen Führers. Wer nicht zur Hilfe Jahves kommt, wer sich dem Strome entgegensetzt, verfällt der Acht. Aus der Botschaft Jahves, welche den Fluch über Meroz ausspricht, schallt vernehmlich die Stimme des Volkes; zur Hilfe Jahves bedeutet zur Hilfe Israels. Der Krieg ist heilig und heiligt seine Mittel, Grausamkeit und Tücke; der Haß Israels, der sich nicht sowol gegen die Kanaaniter selber, als gegen ihre Könige, ihre Rosse und Wagen richtet, ist der Haß Jahves; die leidenschaftliche Wonne befriedigter Rache, das Schwelgen im Spott über den unverhofften Ausgang Siseras sind legitime, sind religiöse Empfindungen, die Jahve billigt und teilt. So formlos, so vielfach unverständlich das Lied ist — der Augenblick, die Stimmung des Augenblicks, welche mit übermenschlicher Gewalt alle Gemüter gefangen nimmt, ist darin auf unnachahmliche Weise festgehalten. Triumphirend spricht sich darin das glückliche Zutrauen aus, womit ein jugendliches Volk in den großen absichtslosen Momenten seiner Geschichte, in denen sein Gesamtgeist aus der Tiefe aufschauert, die Gottheit vor sich her schreiten sieht, durch sich hin rauschen hört.

Noch nach diesen Tagen gingen einige fundamentale Veränderungen in den Wohnsitzen und dem gegenseitigen Verhältnis der Stämme vor. Die Daniten vermochten ihr Gebiet an der Küste, westlich von Benjamin und Ephraim, gegen die nordwärts vordringenden Philister nicht zu halten[1]). Um ihre Freiheit und Selbständigkeit zu behaupten, faßten sie den Entschluß, sich eine neue Heimat zu suchen. Oben im Norden des Landes, am Fuß des Hermon, hatten ihre Kundschafter ein schönes Tal entdeckt, mitten unter den Gebirgen versteckt, wo an der Jordanquelle die Stadt Lais lag. Die Einsassen waren friedliche Leute, die für sich lebten und mit keinem größeren Gemeinwesen in Verbindung standen. Dorthin begab sich der Stamm, aus dem Kriegslager, in das er zusammengedrängt war, auf die Wanderung. Weiber, Kinder und Troß zogen voran, es folgten die Krieger, nur sechshundert Mann, aber trotzige, verzweifelte Gesellen. Im tiefsten Frieden überfielen sie die nichtsahnenden Bewohner von Lais und machten sie nieder; kein Hund und kein Hahn krähte darnach. Darauf richteten sie sich häuslich in der eroberten Stadt ein und nannten sie nach ihrem Vater Dan. Auch einen Tempel Jahves gründeten sie darin, wol an der Stelle eines alten Baaltempels an der Jordansquelle. Priester und Gottesbild dazu hatten sie schon mitgebracht. Als sie nämlich unterwegs auf dem Gebirge Ephraim an dem neu errichteten Gotteshause eines gewissen Micha vorbeikamen, raubten sie das Ephod nebst Zubehör daraus und nahmen auch den Hüter mit, Jonathan ben Gersom, den Enkel Moses: dessen Nachkommen behielten das Priestertum an dem nachmals weitberühmten Heiligtume Jahves zu Dan[2]) bis zur Auflösung des israelitischen Reichs durch die Assyrer.

Auf diese Weise saßen nun die westjordanischen Kebsstämme, Aser Naphthali Dan, alle bei einander in der Nordmark des Landes. Im Ostjordanlande sank Ruben rasch von seiner alten Höhe, er teilte das Schicksal seiner nächstältesten Brüder Simeon und Levi. Wenn Eglon von Moab Benjamin zinsbar machte, so mußte vorher schon das Gebiet Rubens in seiner Hand sein. Dies Gebiet blieb seitdem ein beständiger Zankapfel zwischen Moab und Israel; aber

---

[1]) Über Simson, den Richter von Dan und Feind der Philister s. die Komposition des Hexateuchs (1899) p. 225. Der Spruch Gen. 49, 16 kann sich nicht auf ihn beziehen.

[2]) Smend vermutet mit Recht, daß für b'schilo Jud. 18, 31 zu lesen sei b'laischa (in Lais = Dan).

nicht von Ruben gingen die Versuche es wiederzugewinnen aus, sondern von Gad. Nach Gen. 49 sah sich Gad rings von Feinden umgeben, wußte sich ihrer aber zu erwehren. Nicht bloß mit den Moabiten hatte er zu kämpfen, sondern auch mit den Ammoniten. Vorzugsweise aber bedrängten die Ammoniten den Stamm Gilead, der nördlich vom Jabbok wohnte[1]). Noch weiter nördlich, in Basan, saßen manassitische Geschlechter, denen die Heimat zu eng geworden war; an ihnen blieb nachmals der alte Name Makir haften, der im Deboraliede für Gesamtmanasse westlich des Jordans gebraucht wird. Daß die Kolonisirung Basans durch Manasse erst geraume Zeit nach dem Einbruch Israels in Kanaan geschah, wissen wir genau; aber auch Gad und Gilead scheinen erst später im Ostjordanland emporgekommen und von Bedeutung geworden zu sein. Was also die Hebräer dort im Süden etwa an Terrain verloren hatten, brachten sie im Norden reichlich wieder ein. Sie hatten dort freilich außer mit der Feindschaft der Ammoniten auch mit der Konkurrenz der Aramäer zu tun, die gleichfalls erobernd vordrangen.

2. Die alte Ordnung der Dinge über den Haufen zu werfen, war den Israeliten leicht geworden; eine neue zu gründen, wurde ihnen schwer. Den Zwischenzustand wußten die Kinder der Wüste auszunützen; die unsicheren bewegten Zeiten waren dazu angetan, ihnen das Kulturland zur Beute zu machen. Midianiten werden sie genannt, es war aber ein bunter Haufe, verschieden von den weidenden Stämmen der Sinaihalbinsel, zu denen die Israeliten selbst gehört hatten; sie machen gleichzeitig, wie es scheint, auch den Edomiten und Moabiten zu schaffen (Gen. 36, 35). Es waren keine Schafhirten, sondern richtige ruhelose Kamelnomaden; sie fielen nicht ein, um zu erobern und sich niederzulassen, sondern um Beute zu machen und damit das Weite zu suchen. Alljährlich um die Erntezeit kamen sie mit ihren Zelten und Kamelen und fraßen das Land kahl wie ein Heuschreckenschwarm. Von der Wüste zogen sie am Jabbok herunter und ergossen sich dann durch das Tal von Bethsean in die Ebene Jezreel und weiter nach Südwesten über Dothan in das Küstenland, vorzugsweise die offenere Gegend heimsuchend, die auch die ergiebigste Beute lieferte. Am

---

[1]) Über Jephtah, den Richter Gileads, s. d. Komposition des Hexat. 1899 p. 224.

meisten hatte die Ebene Jezreel mit dem im Süden und Norden daran grenzenden niedrigen Hügellande von ihnen zu leiden.

Es mußte sich jetzt zeigen, ob die Israeliten mit Recht Herren des Landes waren, welches sie den Kanaaniten abgenommen hatten, ob sie die Kraft hatten, es gegen diese Räuber zu schützen. Zunächst hatte es nicht den Anschein. Sie waren den schnellen Kamelreitern gegenüber hilflos; jeder Bauer sorgte für sich selber, um seine Ernte so gut es ging in irgend einem Schlupfwinkel zu bergen. Aber endlich ward dem Faß der Boden ausgeschlagen. Auf einem ihrer Raubzüge hatten zwei Häuptlinge der Midianiten einige vornehme Gefangene auf dem Thabor geopfert, dem heiligen Berge, der von Norden auf die Ebene Jezreel herabschaut. Die Getöteten gehörten zu dem Geschlechte Abiezer von Manasse, welches in Ophra, im Süden der Ebene, seinen Mittelpunkt hatte. Wie nun ihr Bruder Jerubbaal ben Joas erfuhr, was ihnen geschehen war, bot er das Geschlecht zur Rache auf und eilte mit dreihundert Mann von Abiezer über den Jordan, den Jabbok hinauf, hinter den Midianiten her, die inzwischen mit ihrem Raube auf- und davongegangen waren. Er überfiel sie am Rande der Wüste, wo sie sich sorglos gelagert hatten, um die Beuteteilung zu feiern. Nach Nomadenart wehrten sie sich nicht lange, sondern suchten nur mit dem Raube zu entkommen. Auch die beiden Häuptlinge flohen, aber Jerubbaal, der es eben auf sie abgesehen hatte, ruhte nicht in der rastlosen Verfolgung, bis er sie gefaßt hatte. Dann kehrte er um und züchtigte unterwegs zwei Städte im Jabboktal, die ihm auf dem Hinwege kein Brot für seine erschöpften Leute hatten geben wollen. Zu Hause angelangt, hielt er Gericht über seine beiden Gefangenen. Weil er mit eigener Hand an den Wehrlosen die Rache zu nehmen sich scheute, so übergab er die Pflicht ihrem Erben, seinem Erstgeborenen Jether. Der fürchtete sich aber, das Schwert zu ziehen, denn er war noch ein Knabe. Da forderten die Gefangenen ihn auf, selber den Streich zu führen, und er tat es.

Es scheint, daß die Midianiten noch einmal wiederkamen. An der Stelle, wo die Ebene Jezreel östlich zu dem nach Bethsean herabführenden Tale sich verengt, hatten sie ihr Lager aufgeschlagen; dort überfiel sie Jerubbaal mit seinen Abiezriten und zersprengte sie. Sie flohen dem Jordan zu, aber inzwischen war der Landsturm aufgeboten und die Männer von Ephraim hatten die Furten des Jordans besetzt. Dadurch erst wurde den Nomaden der vernichtende Schlag beigebracht; am stärksten war das Würgen in der Nähe eines Felsen am Jordan, welcher der Rabenstein genannt ward. Der Erfolg machte die Ephraimiten übermütig. Sie machten dem Jerubbaal zornige Vorwürfe, warum er sie nicht gleich anfangs gerufen habe, als er in den Kampf gezogen sei. Aber er antwortete ihnen: was habe ich denn jetzt getan im Vergleich zu euch? ist nicht die Nachlese Ephraims besser als die Ernte Abiezers? Da legte sich ihre Hitze, als er so redete.

Ursprünglich hatte Jerubbaal aus einem rein persönlichen Beweggrunde gehandelt; die Pflicht der Blutrache, die ernsteste und heiligste die es gab, hatte ihn in den Kampf getrieben. Aber der Erfolg seiner Tat ging weit über die Absicht hinaus, in der sie unternommen war; und er selber wuchs mit dem Erfolge. Er wurde der Retter der Bauern vor den Räubern, des Ackerlandes vor der Wüste. In seiner Stadt Ophra, wo er inmitten seines Geschlechtes wohnen blieb, hielt er ein großes Haus; er nahm sich viele Weiber und hatte von ihnen eine Menge Kinder. Auf einem seiner Familie gehörigen Grundstücke, wo ein heiliger Stein und eine Terebinthe stand, stiftete er ein Gotteshaus und ein Jahvebild darin, das er mit dem Golde, welches ihm als Führeranteil von der midianitischen Beute zugefallen war, überzogen hatte. Er hinterließ seinen Söhnen eine Herrschaft, welche sich nicht auf Abiezer und Manasse beschränkte, sondern auch über Ephraim sich erstreckte, wie lose und mittelbar sie immer sein mochte.

Auf der Grundlage, welche Jerubbaal gelegt hatte, versuchte sein Sohn Abimelech ein Königtum über Israel, d. h. über Ephraim und Manasse, zu gründen. Indem er aber die Herrschaft, die seinem Vater als Frucht seiner Verdienste in den Schoß gefallen war, seinerseits für einen Raub ansah und sie auf Gewalt und Frevel stützte, zerstörte er die gedeihlichen Anfänge, aus denen schon damals ein Reich im Stamme Joseph hätte entstehn können. In den Grenzen der Herrschaft Jerubbaals lagen mehrere noch kanaanitische Städte; Sichem war die wichtigste. Die Städte erfreuten sich einer ziemlichen Unabhängigkeit, scheinen aber doch die israelitische Oberhoheit anerkannt zu haben. Dem Jerubbaal waren auch diese Kanaaniten Dank schuldig dafür, daß er die midianitische Landplage beseitigt hatte. Er stellte sich freundlich zu ihnen und verschwägerte sich mit einer vornehmen Familie von

Sichem. Als er nun starb, war für die Nachfolge in der Herrschaft nicht gesorgt, alle seine Söhne traten in das Erbe ein. Diese Unordnung kam dem Abimelech zu statten, dem tatkräftigsten und rücksichtslosesten unter ihnen. Seine Mutter war die Sichemitin, welche Jerubbaal geheiratet hatte; durch sie hatte er zu Sichem Beziehungen, die er sich zu nutze machte. Er gewann zunächst die Verwandten seiner Mutter und dann auch die übrigen Sichemiten für sich, und sie gaben ihm siebzig Silberlinge aus dem Tempel des El Berith. Damit warb er eine Schar loser Leute, überfiel mit ihnen die nichtsahnende Stadt Ophra und machte alle seine Brüder, die Söhne Jerubbaals, nieder. Darauf wurde er bei der Eiche der Masseba in Sichem zum Könige gesalbt.

So brachte er die Herrschaft in seine Gewalt, mit siebzig Silberlingen und einer Hand voll Abenteurer. Er ward ihrer aber nicht froh. Das Einvernehmen zwischen ihm und den Sichemiten hielt nicht lange vor. Obwol sie ihm nichts, er ihnen viel verdankte, hatten sie an ihm doch einen härteren Herrn als an seinem Vater, und es konnte sie nicht trösten, daß er von ihrem Fleisch und Blut war, denn er fühlte sich trotzdem als Israelit und die Männer von Israel waren seine Krieger. Offenen Abfall wagten sie indessen vorerst nicht, sie begannen nur eine versteckte Fehde, indem sie durch Wegelagern die Straßen unsicher machten. Dadurch angelockt kam nun ein Parteigänger, Goal ben Ebed, mit seiner Schar in die Stadt und ward mit offenen Armen von den Bürgern aufgenommen; sie konnten ihn gebrauchen und verließen sich auf ihn. Der Mut schwoll ihnen, und als beim Feste der Weinlese im Heiligtum ihre Köpfe erhitzt waren, fielen große Worte; sie aßen und tranken und fluchten dem Abimelech. Goal bestärkte sie darin, er aber schalt auch auf den Obersten der Stadt, den mit anwesenden Zebul, der ja doch nur ein Statthalter Abimelechs sei und kein Herz für die gemeine Sache habe. „Wäre ich an seiner Stelle, so würde ich dem Abimelech aufkündigen und ihm sagen: mehre dein Heer und rück an!“ So sagte Goal, um Zebul zu verdrängen und selbst an die Spitze der Bürgerschaft zu gelangen; er schimpfte ihn einen Diener Abimelechs, um seine Gesinnung zu verdächtigen. Bisher hatte Zebul mit der Bewegung sympathisirt, obgleich er es nicht zu offenem Abfall hatte kommen lassen. Da er nun aber sah, daß ein anderer durch den Aufstand emporgetragen wurde und ihn in seiner Stellung bedrohte, änderte

er seinen Kurs und traf Maßnahmen um Goal los zu werden.
Er machte Abimelech, der nicht weit von Sichem in Beth-Ruma[1])
wohnte, heimlich auf sein Treiben aufmerksam und riet ihm, un-
vermutet vor der Stadt zu erscheinen. Abimelech kam; Goal,
durch Zebul bei seinen großen Worten und bei der Ehre gegriffen,
rückte ihm Schanden halber entgegen, ließ sich aber alsbald in
die Stadt zurückschlagen. Da hatte er ausgespielt, noch selbiges
Tages vertrieben ihn die Sichemiten, nachdem unter diesen Umständen Zebul, seiner Rechnung gemäß, wieder Oberwasser erlangt
hatte. Damit glaubten sie zugleich den Zorn Abimelechs gesühnt
und das alte Verhältnis zu ihm hergestellt zu haben, und da er
sich wieder nach Beth-Ruma zurückzog, so gingen sie am folgenden
Tage sorglos hinaus auf das Feld an ihre Arbeit. Abimelech aber war
von Anfang an über die Vorgänge in Sichem wol unterrichtet gewesen, er wußte wie er mit Zebul und den Übrigen daran war,
und ließ sich nicht dadurch täuschen, daß sie alle Schuld auf Goal
zu wälzen suchten. Als ihm von ihrem sorglosen Gebaren Meldung
gemacht wurde, überfiel er unversehens die Stadt und eroberte sie
nach hartem Kampfe. Dann zerstörte er sie bis auf den Grund
und säte Salz auf ihre Stätte. Nicht besser erging es der Akropolis,
die am Berge Salmon lag. Die Einwohner hatten sich in eine
Krypta[2]), die zum Heiligtum des El Berith gehörte, geflüchtet;
Abimelech aber ließ Feuer davor anzünden, und alle Flüchtlinge,
gegen tausend, kamen um. Darauf wandte er sich gegen die süd-
östlich von Sichem belegene Stadt Thebes, die sich dem Abfall
angeschlossen haben muß. Er nahm sie ohne Mühe ein, aber die
Einwohner retteten sich in die Burg, die hier mitten in der Stadt
lag. Als nun Abimelech Anstalt machte auch diese Burg in Brand
zu setzen, warf ein Weib einen Stein von oben herab, der ihn auf
den Kopf traf. Da befahl er seinem Waffenträger ihm den Todes-
streich zu versetzen, damit es nicht heiße, ein Weib habe ihn

---

[1]) In Jud. 9, 31 ist die Aussprache b'thorma unrichtig; das Beth kann
nicht Präposition sein, sondern muß zum Stamm gehören. Es liegt der Eigenname eines Ortes vor, des gleichen, der in v. 41 erwähnt wird, also wol
Beth-Ruma. Das erste Wort von v. 41 ist vajaschob (er kehrte zurück)
zu sprechen.

[2]) Zeitschrift für Assyriologie 1896 p. 322. Richtig schon Renan in der
Histoire du peuple Isr. 1, 333: hypogée.

umgebracht. Als aber die Männer von Israel sahen, daß Abimelech tot war, gingen sie ihrer Wege.

Er starb wie Pyrrhus, sonst erinnert er an Jehu. Ebenso wie dieser hat er großen Eindruck gemacht und einen Erzähler gefunden, der Sinn für die Energie des Bösen besaß. Es war eine Figur aus dem Holz, aus dem Könige geschnitzt werden können. Er hatte aber die Züge des Bastards: ganz auf eigene Kraft gestellt, ohne Pietät, feindlich gegen sein Geschlecht. Der einzige dauernde und wichtige Erfolg seiner Tätigkeit war die Demütigung der Kanaaniten in der Mitte des israelitischen Landes. Sichem wurde als kanaanitische Stadt zerstört und als israelitische wieder aufgebaut. Das Salz hatte keine Wirkung, sehr bald gewann der äußerst günstig gelegene Ort seine frühere Bedeutung wieder, und nach dem Falle Silos wurde er der Mittelpunkt von Ephraim. Im Übrigen fiel mit dem Könige auch das Königtum. Ein sehr minderwertiger Ersatz dafür war die politische Hegemonie, welche die Priester bei der Lade Jahves in Silo eine Weile über den Stamm Joseph ausgeübt zu haben scheinen. Die Erinnerung daran knüpft sich an Eli, einen Nachkommen des alten Priesters Phinehas [2]).

3. Der wichtigste Vorgang der Richterperiode ging im allgemeinen ziemlich geräuschlos vor sich, nämlich die Verschmelzung der neuen Bevölkerung des Landes mit der alten. Die Israeliten der Königszeit hatten eine sehr starke Beimischung kanaanitischen Blutes, sie waren keineswegs reine Abkömmlinge derer, die einst aus Ägypten gezogen und in der Wüste gewandert waren. An eine Ausrottung der sämtlichen Ureinwohner zu denken, verbietet schon die Art und Weise der Eroberung. Von größeren Städten, welche unbezwungen blieben, ist uns ein ziemliches Verzeichnis erhalten, welches gleichwol ganz lückenhaft ist und sogar aus

[2]) Er ist der Erbe von dessen Priestertum und hat auch seinen Sohn nach ihm genannt, der merkwürdige Familienname würde allein genügen, um die Verwandtschaft zu beweisen; vgl. Prolegomena p. 138. Verwunderung muß es erregen, daß Elis Herkunft nicht angegeben wird, nicht einmal sein Vater. Es erklärt sich indessen daraus, daß der Anfang seiner Geschichte abgeschnittten ist; s. meine Bemerkung zu 1 Sam. 1,3. — Die Gründe, warum Jephtah und Simson nicht in eine historische Darstellung gehören, sind in der Komposition des Hexateuchs 1899 p. 223 ss. entwickelt. Über Jud. 19—21 vgl. Komposition p. 229 ss. und Prolegom. p. 236 s.

unserer doch so ärmlichen Kunde sich vervollständigen läßt. Erst im Laufe von zwei drei Jahrhunderten wurden diese Städte eine nach der anderen unterworfen; unter den ersten Königen waren immer noch etliche übrig. In einigen Fällen wurde dann wol der Bann, die Devotio, vollstreckt und alles zur Ehre Jahves getötet und verbrannt; oder wenigstens die Bürgerschaft niedergemacht und die Stadt neu besiedelt, wie wir es bei Sichem gesehen haben [1]). Aber in anderen vollzog sich der Übergang in israelitische Herrschaft nicht so gewaltsam; manche Städte werden kapitulirt haben, dem Beispiel folgend, das zuerst Gibeon gegeben haben soll. Dann wurde die Bürgerschaft nicht ausgetrieben, sie mußte nur die Tore öffnen und vor allen Dingen Tribut entrichten. So geschah es bei den Städten der Ebene Jezreel. „Manasse ließ uneingenommen Bethsean nebst Töchtern, und Thaanach nebst Töchtern, und Jibleam nebst Töchtern; als aber Israel stark wurde, machte es den Kanaaniten zinsbar, trieb ihn jedoch nicht aus dem Besitze." Übrigens wurden diese Städte vielfach nicht von denjenigen Stämmen unterworfen, in deren Gebiet sie lagen, sondern von anderen mächtigeren, so daß die Stammgrenzen stellenweise kraus durcheinander gingen.

Aber auch in den Landesteilen, in deren vollen Besitz sie früh gelangten, ließen die Eroberer die alten Insassen großenteils ruhig unter sich wohnen. „Nicht in einem Jahre will ich sie vertreiben, sagt Jahve Exod. 23, damit nicht das Land eine Wüste werde und das Wild des Feldes dir über den Kopf wachse, ganz bei kleinem will ich sie dir fortschaffen, bis du dich mehrest und das Land in Besitz nehmen kannst." Was hiernach Jahve selbst gewollt und geordnet hat, wird freilich von der späteren Überlieferung als ein schlimmer Ungehorsam gegen seine Befehle betrachtet; aber auch damit wird doch eben anerkannt, daß das angebliche Ausrottungsdekret nie vollzogen worden ist. Durch die Bevölkerung des platten Landes empfingen die Einwanderer den beträchtlichsten Zuwachs, und zwar gleich in der ersten Zeit ihrer Niederlassung. Die Fellahen waren leicht zu gehorsamen Untertanen zu machen, sie waren wol schon vorher hörig gewesen und standen ihren neuen Herren in den Lebensgewohnheiten vielleicht

[1]) Die Eroberung Sichems mit Schwert und Bogen erscheint Gen. 48, 22 als Ausnahme.

näher, als ihren eigenen Landsleuten in den Städten. Natürlich ging der Assimilirungsprozeß in den kleinsten Kreisen vor sich, die beiden verschiedenartigen Hälften standen sich dabei nicht kompakt gegenüber. Für die Hebräer war es ein Glück, daß sie zuerst grade dies Element in sich aufzunehmen hatten, dessen sie auch geistig Herr werden konnten, und daß dann die Städte, die ihnen in mancher Hinsicht überlegen und jedenfalls weit schwerer verdaulich waren, erst nach und nach hinzutraten, „als Israel stark geworden." Späterhin ward nur auf die Städter, die sich noch so lange ihre Nationalität erhalten hatten, der Name Kanaaniten angewandt, mit dem Nebenbegriff des Händlers, während die Bauern von ihnen unterschieden und garnicht nach ihrer Nationalität, sondern nach ihrem Stande bezeichnet wurden, als Phereziten d. h. Dörfler. Freilich verschwand das Bewußtsein nicht, daß auch die Dörfler eigentlich zu Kanaan gehört hatten. Bloß in den nördlichen Marken, wo die Ureinwohner in starken Massen sitzen geblieben waren, polarisirten sich die Gegensätze, und es kam zu keiner rechten Überwindung des einen Elements durch das andere.

Als die Israeliten im Lande Gosen und in der Wüste von Kades Platz fanden und auch noch als sie im Lande Moab nördlich vom Arnon wohnten, können sie kein zahlreiches Volk gewesen sein. Im Deboraliede werden die waffenfähigen Männer auf vierzigtausend veranschlagt, wobei die Absicht ist eine möglichst hohe Zahl zu nennen: unter einer solchen Menge habe sich kein Widerstand gegen die Bedrücker erhoben. Der Stamm Dan zählte bei seiner Wanderung nach dem Norden sechshundert Krieger; er mag allerdings durch die vorhergehenden Kämpfe mit den Philistern etwas zusammengeschwunden sein. Große Verwunderung hat bei den Späteren die Handvoll Leute erregt, womit Jerubbaal zur Verfolgung der Midianiter auszog; sie versuchen die dreihundert Mann als letzten Rest zu begreifen, auf den sein ursprünglich weit größeres Heer herabgeschmolzen sei. In auffallendem Kontrast zu diesen Angaben aus der Richterperiode stehn diejenigen aus der Zeit der Könige, die im Pentateuch einen verfrühten Widerhall gefunden haben. Hier begegnen wir immer sehr großen Zahlen, der übliche Anschlag der Gesamtsumme scheint sechshunderttausend Streiter zu sein, die etwa zwei bis drei Millionen Seelen entsprechen würden. Ist nun gleich auf die Genauigkeit der Zählung durchaus kein

Verlaß, so steht doch die ungewöhnlich starke Vermehrung des Volks seit der Ansiedlung in Palästina außer Zweifel. Sie war die Hauptursache, als solche von Bileam im Geiste erschaut, weshalb Jakob seine älteren Brüder, Moab, Ammon und Edom, so sehr überflügelte, denen er ursprüglich an Zahl gleich kam oder nachstand. Die Erklärung des Faktums liegt nicht fern; die einverleibten Kanaaniten liefern den Schlüssel.

Im Lande Gosen und in der Wüste können die Hebräer nur als wandernde Hirten gelebt haben; es wird auch ausdrücklich bezeugt, daß sie dort Schafe und Ziegen geweidet hätten. Durch die Eroberung Palästinas wurden sie ansässig, binnen kurzem finden wir sie völlig zu Bauern geworden. Hätten sie die alteingesessenen Landeskinder vertilgt, so würden sie das Land zur Wüste gemacht und sich selbst um den Gewinn der Eroberung gebracht haben. Indem sie sie schonten und sich selber ihnen gleichsam aufpfropften, wuchsen sie zugleich in ihre Kultur hinein. In Häuser, die sie nicht gebaut, in Felder und Gärten, die sie nicht urbar gemacht und angelegt hatten, nisteten sie sich ein. Überall traten sie als glückliche Erben in den Genuß der Arbeit ihrer Vorgänger. So vollzog sich bei ihnen eine folgenreiche innere Umwandlung; sie wurden rasch ein sogenanntes Kulturvolk. Auch in dieser Hinsicht kamen sie mit einem Schlage ihren Brudervölkern voraus, die zwar viel früher ansässig geworden, aber am Rande der Wüste haften geblieben waren und noch immer mit einem Fuß darin standen.

Diese Veränderung des Lebens zog natürlich auch ihre religiösen Folgen nach sich. Der Kultus, wie ihn die Israeliten in der Königszeit hatten, bestand sehr wesentlich in der Feier von Festen, an denen die Erstlinge oder der Zehnte von der Ernte dargebracht wurden. Diesen Kultus können sie nicht aus der Wüste mitgebracht haben, da er auf den palästinischen Garten- und Feldbau sich gründete. Sie haben ihn von den Kanaaniten übernommen. Dies ist um so sicherer, da sie mit den Wohnorten, den Keltern und Tennen auch die Heiligtümer, die sogenannten Höhen [1]), von jenen übernahmen. Es war schwer, von den Stätten des Gottesdienstes die bisher dort üblich gewesenen Einrichtungen und Bräuche abzutrennen. Nahe lag es dann ferner, daß die Hebräer sich auch den Gott aneigneten, der von den kanaanitischen

---

[1]) Bama. Es bedeutet ursprünglich Höhe, dann Altar.

Bauern als der Spender von Korn, Wein und Öl verehrt wurde, den Baal, den die Griechen mit Dionysus gleichsetzen. Der Abfall zum Baaldienst in der ersten Generation, welche die Wüste verlassen hatte und zur Landsässigkeit übergegangen war, ist durch die prophetische und historische Tradition gleichmäßig bezeugt[1]). Zuerst gingen ohne Zweifel der Baal als Gott des Landes Kanaan und Jahve als Gott des Volkes Israel neben einander her; im Deboraliede wohnt Jahve noch nicht in Palästina sondern auf dem Berge Sinai in der Wüste und kommt von dort, wenn es nötig ist, den Seinen zu Hilfe. Es war aber auf die Dauer unmöglich, daß der Landesgott ein anderer sein sollte, als der Gott des herrschenden Volkes. In dem Maße, wie Israel mit dem eroberten Lande verwuchs, verwuchsen auch die Gottheiten. Es entstand dadurch eine gewisse Theokrasie, eine Mischung zwischen dem Baal und Jahve, die noch in der Zeit des Propheten Hosea nicht überwunden war. Indessen wurden doch mehr die Funktionen des Baal auf Jahve übertragen als umgekehrt. Kanaan und der Baal waren der weibliche, Israel und Jahve der männliche Teil in dieser Ehe. Auch drang die Fusion nie so allgemein und vollständig durch, daß nicht das Bewußtsein des Unterschiedes sich erhielt und ab und zu in weiteren Kreisen lebendig würde. So entstand gleich anfangs jene merkwürdige Spannung zwischen zwei

---

[1]) Hierem. 2, 1—8. Osee 2, 16s. 9, 10. Num. 25, 3: mit dem Übergange von der Wüste in das Fruchtland beginnt sofort der Abfall, die Gaben des Dionysus ziehen den Kult des Dionysus nach sich; darum ist Baalpheor für die prophetische Geschichtsbetrachtung von entscheidender Bedeutung. Baal ist zunächst Appellativ. (Daß häufig ein Ortsname im Genitiv dahinter steht, ist freilich kein Beweis dafür, da das sich auch bei göttlichen Eigennamen findet; im Arabischen entspricht dem Baal nicht dhu, sondern rabb). Dann aber wird es, wie El, auch als Eigenname (z. B. in Jerubbaal) gebraucht für einen Gott, der dem griechischen Dionysus nah verwandt ist. Von Haus ist allerdings der Baal gewiß wie der Pan ein Gott der fruchtbaren Wildnis, des Hains, der Wiese und des Quells, gewesen; ein Gott der Kultur ist er erst hernach geworden, genau so wie der arabische Dusares. Die dem Baal zur Seite stehende Astarte führt einen richtigen, gänzlich undurchsichtigen Eigennamen. Es ist der einzige Eigenname einer großen Gottheit, der allen Semiten gemeinsam ist; er findet sich bei Babyloniern und Assyrern, Kanaaniten und Moabiten, Süd- und Nordarabern, und auch bei den Abessiniern (Zeitschr. d. D. Morgenl. Ges. 1894 p. 377). Den Israeliten wurde die Astarte keine so große Gefahr wie der Baal, vielleicht, weil sie als Weib mit Jahve nicht konfundirt werden konnte.

Polen, die den ganzen weiteren Verlauf der israelitischen Religionsgeschichte beherrscht. Sie veränderte freilich mit der Zeit ihren ursprünglichen Charakter sehr stark. Der natürliche Gegensatz der Volksindividualitäten vergeistigte sich, der Kampf zwischen Jahve und dem Baal bedeutete schließlich sehr viel mehr als den Kampf zwischen Israel und Kanaan.

Wären die Israeliten in der Wüste und in der Barbarei verblieben, so wäre schwerlich ihre folgende geschichtliche Entwicklung möglich gewesen; sie wären geworden wie Amalek, oder höchstens wie Edom Moab und Ammon. Die Aufnahme der Kultur war ein unzweifelhafter Fortschritt; aber ebenso auch eine unzweifelhafte Gefahr. Sie brachte eine gewisse Überladung an Stoff mit sich, der nicht sogleich assimilirt werden konnte. Das religiöse Gemeinbewußtsein der Nation drohte durch die sich aufdrängenden Aufgaben des gemeinen Lebens erstickt zu werden. Der kriegerische Bund der Stämme zerfiel unter den friedlichen Verhältnissen, die Ansiedlung zerstreute die durch das Lager- und Wanderleben Geeinigten. Der enthusiastische Aufschwung, wodurch die Eroberung geglückt war, wich der trivialen Arbeit, wodurch die einzelnen Familien, jede in ihrem Kreise, sich in die neuen Verhältnisse einbürgern mußten. Doch unter der Asche blieben die Kohlen glühen; sie zu entfachen war die Geschichte das Mittel. Sie machte fühlbar, daß der Mensch nicht allein von Brot und Wein lebt und daß es noch andere Güter gibt als die Baalsgaben; sie brachte den heroischen Gott der Aufopferung der Person für das Ganze wieder zu Ehren.

Viertes Kapitel.

Die Gründung des Reiches und die drei ersten Könige.

1. Die Philister weckten Israel und Jahve aus dem Schlummer. Sie wohnten in der Niederung am Meere, welche dem Gebirge Juda westlich vorgelagert ist. Wie die Aramäer und Israeliten, mit denen sie der Prophet Amos zusammengestellt, waren sie erst in historischer Zeit in das Land Kanaan eingewandert. Von den unterworfenen Urbewohnern hatten sie Sprache und Religion (Dagon,

Astarte) angenommen, jedoch nicht die Beschneidung. Ursprünglich gehörten sie nicht zu der semitischen, sondern wol zu der kleinasiatischen Völkergruppe, ähnlich wie die herrschende Schicht bei den Hethiten. Sie scheinen sich selber Kreth genannt zu haben; so heißen sie bei dem Propheten Sephania und daher trägt noch in späten Zeiten der Hauptgott ihrer wichtigsten Stadt den Beinamen Kretagenes [1]). Ihr Land war eine großenteils fruchtbare Niederung und zum Getreidebau wol geeignet. Indessen scheinen sie doch wesentlich ein Stadt- und Handelsvolk gewesen zu sein. Von dem hafenlosen Meere hatten sie zwar keinen Vorteil, aber desto schwunghafter war der binnenländische Karawanenhandel; denn die Völkerstraße nach Ägypten lief über diesen breiten Küstensaum. Land und Volk waren in fünf Städte eingeteilt, Gaza Gath Asdod Askalon Akkaron, von denen nur Gath landeinwärts und abseit der Straße lag. Diese Städte waren der Sitz der Herrschaft und der herrschenden Bevölkerung, an der Spitze einer jeden stand ein Fürst, und die fünf Fürsten waren zu einem Bunde vereinigt. Durch ihr städtisches Wesen, ihre politische Organisation und militärische Disziplin zeichneten sich die Philister vor den Israeliten aus.

Man meint gewöhnlich, die Philister hätten zunächst ihr Hinterland Juda angegriffen und bezwungen; aber die Trennung Judas von Israel, die man auf diese Weise zu erklären sucht, bestand schon früher und hatte tiefer liegende Ursachen. Sie drängten vielmehr nach Norden in die Ebene Saron und erst von da nach Osten. Das war die natürliche Fortsetzung ihres Landes und da ging die große Straße, auf deren Besitz es ihnen vielleicht am meisten ankam: durch die Ebene Jezreel und das Jarmuktal nach Damaskus und an den Euphrat. Nachdem sie die Daniten, die ihnen mannhaften Widerstand entgegensetzten aber gegen ihre Überzahl nichts ausrichten konnten, aus dieser Gegend vertrieben hatten, trafen sie auf den Stamm Joseph, die Vormacht von Israel.

---

[1]) Schwerlich reicht der Mythus von Zeus' Geburt in Kreta zur Erklärung dafür aus, daß grade der Hauptgott der Philister in Gaza so genannt wurde, der ursprünglich Dagon (Jud. 16, 21—30), später Marna (aramäisch = unser Herr) hieß. Vgl. Soph. 2, 5. 1. Sam. 30, 14. Ezech. 25, 16. Gewiß mit Recht werden auch die Krethi und Phlethi mit den Philistern zusammengebracht. Weil die Philister Kreth heißen, hat man die Insel Kaphthor, woher sie nach dem A. T. gekommen sind, für Kreta erklärt.

Es kam zu einer Schlacht bei Aphek, einem strategisch wichtigen Orte der Ebene Saron am Eingang des Passes von Dothan, durch welchen der Weg zur Ebene Jezreel führt[1]). Eine erste Schlappe, welche die Israeliten erlitten, schrieben sie dem Umstande zu, daß Jahve nicht in ihrem Lager sei. Also ward die heilige Lade von Silo herbeigeholt, die beiden Söhne des Priesters Eli, Hophni und Phinehas, begleiteten sie. Dann ward der Kampf erneuert, aber nicht mit besserem Erfolge. Die Israeliten wurden auf das Haupt geschlagen, die Lade geriet in die Hände der Philister, ihre beiden Träger fielen. Als der alte Eli nach bangem Warten den Ausgang der Schlacht erfuhr, daß Jahve eine Beute der Feinde geworden sei, fiel er rücklings von seinem Stuhl und brach den Hals. Er erlebte den Trost nicht mehr, daß auch Dagon den Hals brach, als er niederfiel, um dem gefangenen Jahve zu huldigen.

Die Folgen dieser Niederlage waren verhängnisvoll, die Macht Josephs wurde gebrochen. Die Philister wußten ihren Sieg auszunutzen, sie unterwarfen sich nicht bloß die Ebene Jezreel und die südlich daranstoßende Hügelregion, sondern auch die eigentliche Burg des Landes, das Gebirge Ephraim. Das alte Heiligtum zu Silo zerstörten sie, die dortige Priesterfamilie flüchtete südwärts und ließ sich in Nob, im Stamme Benjamin, nieder[2]). Bis über Benjamin dehnten sie ihre Oberherrschaft aus, in Gibea befand sich ein Vogt der Philister. Aber die Behauptung, sie hätten alle Waffen konfiszirt und alle Schmiede ausgeführt, ist eine starke Übertreibung — ließen sie es doch sogar geschehen, daß die Boten einer belagerten ostjordanischen Stadt ihre westjordanischen Landsleute zum Entsatze aufbieten konnten.

Die Scham über solche Schmach äußerte sich bei den Israeliten zunächst in einer religiösen Erregung, welche sich der Gemüter bemächtigte. Banden von ekstatischen Schwärmern tauchten hie und da auf, veranstalteten unter Musik Aufzüge, die oft zu wilden Tänzen wurden, und zogen auch ganz nüchterne Menschen mit ansteckender Gewalt in ihre tollen Kreise. An sich war die Erscheinung im Oriente nichts Ungewöhnliches, bei den Kanaaniten

---

[1]) Über die Lage von Aphek s. Komposition p. 251 n. 2, Delitzsch Paradis p. 287. Die Philister lagerten in Aphek, die Hebräer in Ebenhaezer.

[2]) Komposition p. 240; Prolegomena p. 250s.

hatte es diese Nabiim — so hießen sie — längst gegeben, und sie
erhielten sich dort in alter Weise, nachdem sie in Israel ihr ursprüngliches Wesen schon gänzlich verändert hatten. Das Neue
war, daß dieser Geist jetzt auf Israel übersprang und die Besten
mit sich fortriß. Auf diese wortlose Weise machte die dumpfe
Aufregung sich Luft.

Nicht die Abschaffung des Baalsdienstes war das Ziel des er-
wachenden Eifers, sondern der Kampf gegen die Feinde Jahves.
Die Religion war damals Patriotismus. Den Sinn des Geistes verstand ein Greis, der zu Rama im südwestlichen Ephraim wohnte,
Samuel ben Elkana, der patriotische Prophet in Sonderheit. Er
gehörte nicht selber zu den Nabiim, sondern war ein Seher vom
alten Schlage, wie es sie seit jeher bei den Hebräern ähnlich wie
bei den Griechen oder den Arabern gegeben hatte[1]. Durch seine
Sehergabe zu großem Ansehen gelangt, beschäftigte er sich auch
noch mit anderen Fragen als solchen, deren Beantwortung ihm die
Leute mit Gelde lohnten. Die Not seines Volkes ging ihm zu Herzen,
die Nachbarvölker lehrten ihn das Heil in der Zusammenfassung
der Stämme und Geschlechter zu einem Reiche erkennen. Aber
sein eigentliches Verdienst war nicht die Entdeckung dessen was
Not war, sondern des Mannes, der der Not abhelfen konnte. Er
hatte einen Benjaminiten kennen gelernt aus der Stadt Gibea, Saul
ben Kis, einen Mann von riesiger Gestalt und von raschem en-
thusiastischem Wesen. Dem sagte er, er sei zum König von Israel
bestimmt.

2. Gar bald hatte Saul Gelegenheit zu zeigen, ob Samuel
recht gesehen hatte. Die Stadt Jabes in Gilead wurde von den
Ammoniten belagert, und ihre Bürger erklärten zich zur Übergabe
bereit, falls sie binnen einer kurzen Frist keine Hilfe bei ihren
Volksgenossen finden würden. Ihre Boten gingen durch ganz Israel,
ohne mehr als Mitleid zu finden; bis Saul von der Sache hörte,
als er eben mit einem Joch Rinder vom Felde kam. Er zerstückte
seine Rinder, ließ die Stücke überall hinsenden und dazu sagen:
also solle den Rindern eines jeden geschehen, der nicht mit aus-

---

[1] Der Verfasser von 1 Sam. 9. 10 unterscheidet den singularischen Seher
Samuel sehr deutlich von den pluralischen Nabiim, die er ebenfalls kennt und
erwähnt. Die Glosse 1 Sam. 9, 9 ist nur halb richtig, und 1 Sam. 19, 10—24
kann gegen 10, 11 nicht aufkommen.

ziehe zum Entsatze von Jabes. Das Volk gehorchte, eines Morgens
überfielen sie die Ammoniten und befreiten die belagerte Stadt [1]).

Darauf aber ließen sie den Saul nicht wieder los, nachdem sie
in ihm ihren Mann gefunden hatten. In Gilgal, der alten Lager-
stätte Josuas, salbten sie ihn zum Könige. Samuel war nicht dabei, aber das Wort, das er dem Saul ins Ohr gesagt hatte, hatte
gewirkt; die Stimme Jahves hatte sich bewahrheitet und wurde
durch die Stimme des Volkes bestätigt. Aus freier Notwendigkeit
war das Königtum erwachsen. Seine Ausstattung bestand in der
Pflicht, den Kampf gegen die Philister aufzunehmen und zu führen.
Saul machte sich an die Aufgabe, indem er nach Hause ging und
in seiner Stadt Gibea die Seinen um sich scharte. Das Zeichen
zum Losbruch gab sein Sohn Jonathan, indem er den Vogt der
Philister zu Gibea erschlug. Infolge dessen rückten diese nun gegen
den Herd des Aufstandes vor und machten nördlich gegenüber
von Gibea Halt, nur durch die Schlucht von Michmas von dem
Orte getrennt. Saul hatte nur einige hundert Benjaminiten zur
Verfügung. Eine verwegene Heldentat eröffnete den Kampf. Während die Philister sich raubend über das Land verbreiteten, überfiel Jonathan, allein mit seinem Waffenträger und ohne Wissen
seines Vaters, den schwachen Posten, den sie am Paß von Michmas
zurückgelassen hatten. Nachdem er die ersten überrascht und
niedergemacht hatte, flohen die anderen, wol in dem Glauben, es
kämen noch mehrere Angreifer hinter den zweien her. Sie trugen
den Schrecken in das verlassene Lager, von da verbreitete er sich
über die Streifscharen. Gegenüber in Gibea bemerkte man die
Unruhe, und ohne den Bescheid des priesterlichen Orakels abzu-
warten, beschloß König Saul den Angriff auf das feindliche Lager.
Er gelang vollkommen, die Philister hielten nicht stand. Damit
nun die Seinen sich nicht an die Vorräte im Lager machten und
derweil die Feinde laufen ließen, setzte Saul einen Fluch darauf,
wenn jemand vor Abend einen Bissen in den Mund stecke. Er

---

[1]) 1 Sam. 11 ist der Kern der älteren Version; vgl. Prolegomena p. 254 ss.
Ganz so poetisch kann sich die Sache in Wirklichkeit nicht zugetragen haben,
aber die Erzählung verträgt keine Pragmatisirung und muß belassen werden,
wie sie ist. Saul war vielleicht der Führer von Benjamin, als er Jabes entsetzte, und zog durch diese Tat dann die Aufmerksamkeit von ganz Israel
auf sich.

erreichte aber seine Absicht nicht, der Hunger entkräftete die Leute und machte ihnen die Verfolgung unmöglich. Nach Sonnenuntergang fielen sie gierig über das erbeutete Vieh her und verschlangen das Fleisch, ohne auch nur das Blut dem Jahve ausgegossen zu haben. Solchem Frevel zu steuern, errichtete Saul einen großen Stein als Altar und befahl, sie sollten alle dort schlachten und essen. Als sie sich nun erholt hatten, gedachte er, mitten in der Nacht die Verfolgung wieder aufzunehmen. Aber der Priester von Nob, den er bei sich hatte, wollte erst das Ephod befragt wissen. Jahve gab keine Antwort — ein Zeichen, daß eine Schuld begangen war. Das heilige Los brachte den Schuldigen heraus; Jonathan hatte sich unbewußt gegen den Fluch seines Vaters vergangen und noch vor der erlaubten Frist etwas Honig gegessen. Er war dem Tode verfallen, aber das Volk löste ihn durch einen stellvertretenden Ersatz[1]). In dieser seltsamen, für die antike Art höchst bezeichnenden Weise endete der glänzend begonnene Tag.

Saul war kein schüchterner Jüngling, als er auf den Thron kam; schon damals stand ihm ein erwachsener Sohn zur Seite. Er war auch nicht von geringem Herkommen, sein Geschlecht war ausgebreitet und sein Erbgut beträchtlich[2]). Seine Wirtschaft in Gibea blieb die Grundlage seiner Herrschaft; unter einer hochgelegenen Tamariske daselbst, auf seine Lanze gestützt, erteilte er Audienz und hielt Rat mit den Seinen. Die Männer, auf die er zählen konnte, waren seine benjaminitischen Verwandten. Andere öffentliche Aufgaben als den Krieg kannte er nicht, die inneren Verhältnisse ließ er wie er sie gefunden hatte, er regierte auch wol nicht lange genug, um wirksam in sie eingreifen zu können. Der Krieg war die Aufgabe und zugleich die Hilfsquelle des jungen Königtums. Gegen die Philister wurde er beständig fortgesetzt, wenn auch für gewöhnlich nicht im großen Stil, sondern nur als Grenzfehde. Aber noch andere Feinde mußten bekämpft werden; so die Amalekiten auf der Sinaihalbinsel, die wie einst die Midianiten die Schwäche Israels zu räuberischen Einfällen benutzten. Saul brachte ihnen eine schwere Niederlage bei und fing ihren König Agag lebendig, der dann bei dem Siegesfest in Gilgal dem Jahve als Opfer geschlachtet wurde.

---

[1]) Maidani Arab. Prov. 14, 10.
[2]) 2 Sam. 9, 9 ss.

Es ist nicht ohne Bedeutung, daß die kriegerische Erhebung der Nation von Benjamin ausging. Durch die Schlacht von Aphek hatte Ephraim die Hegemonie zugleich mit ihren Symbolen verloren. Der Schwerpunkt Israels verlegte sich für eine Weile weiter nach dem Süden zu, und Benjamin wurde das Mittelglied zwischen Ephraim und Juda. Es scheint, daß dort die Herrschaft der Philister nicht so drückend war. Ihre Angriffe erfolgten nie über Juda, sondern immer von Norden aus; dagegen flüchtete man vor ihnen nach Süden, wie das Beispiel der silonitischen Priester zeigt. Durch Saul trat Juda positiv in die Geschichte Israels ein, es gehörte zu seinem Reich und gerade dort hatte er tatkräftige und treue Anhänger. Seinen Zug gegen Amalek hat er zu gunsten Judas unternommen, denn nur Juda konnte von diesen Räubern zu leiden haben.

Unter den Judäern, welche der Krieg nach Gibea führte, tat sich David ben Isai aus Bethlehem hervor; durch sein Saitenspiel kam er in nähere Verbindung mit dem Könige. Er wurde sein Waffenträger, weiterhin der vertrauteste Freund seines Sohnes, endlich der Gemahl seiner Tochter. Wie aber dieser Mann den Hof bezauberte, so wurde er auch der erklärte Liebling des Volkes, zumal ihn beispielloses Glück in allem was er unternahm begleitete. Das erregte die Eifersucht Sauls, wie es sich kaum anders erwarten läßt, in einer Zeit, wo der König notwendig auch der beste Mann sein mußte. Ein erster Ausbruch ließ sich als Anfall einer Krankheit erklären, aber bald blieb kein Zweifel, daß sich die Liebe des König zu seinem Eidam in tiefen Haß verwandelt hatte. Jonathan warnte den Freund und ermöglichte ihm die Flucht, die Priester von Nob versorgten ihn mit Waffen und Zehrung. Er ging in die Wüste von Juda und wurde der Führer von allerhand landflüchtigen Leuten, die sein Name verlockte, ein freies Leben unter ihm zu führen. Es waren darunter seine Verwandten aus Bethlehem, aber auch Philister und Hethiten. Aus dieser Schar, unter der sich besonders die Söhne der Seruja[1]) und von ihnen wieder der gewaltige Joab ben Seruja auszeichneten, wurde später die Leibwache Davids. Auch ein Priester war dabei,

---

[1]) Seruja war die Tochter des Nahas (von Bethlehem?), nicht des Isai, und also nicht die Schwester Davids. Man muß auf 2 Sam. 17, 25 mehr Gewicht legen, als auf 1 Chr. 2, 16.

Abiathar ben Ahimelech ben Ahitub ben Phinehas ben Eli, der einzige aus dem Blutbade entronnene, welches Saul unter den Söhnen Elis zu Nob angerichtet hatte, weil sie nach seiner Meinung mit David unter einer Decke spielten. Er brachte das Gottesbild von Nob mit, dadurch hatte David die Möglichkeit, das heilige Orakel zu befragen. Auf die Dauer indessen konnte er sich in Juda vor Sauls Verfolgung nicht halten, zumal seine Landsleute im allgemeinen nicht auf seiner Seite standen. Er tat einen verzweifelten Schritt und stellte sich dem Philisterkönig Achis von Gath zur Verfügung. Der empfing ihn mit offenen Armen und wies ihm die Stadt Siklag zum Wohnsitz an. Hier trieb er mit seiner Schar das alte Wesen weiter, machte Raubzüge gegen Amalek und andere Nomadenstämme der Sinaihalbinsel, und erhielt gelegentlich auch Gegenbesuch von ihnen.

Inzwischen sammelten die Philister wieder einmal ihre Heere und zogen auf der gewöhnlichen Straße gegen Israel. Saul ließ sie nicht bis Gibea kommen, sondern erwarteten sie in der Ebene Jezreel. Hier kam es zur Schlacht am Berge Gilboa, die für ihn den unglücklichsten Ausgang nahm. Als er seine drei älteren Söhne um sich her hatte fallen sehen, stürzte er sich in sein Schwert. Die Philister schnitten ihm den Kopf ab und hängten den Rumpf auf an der Mauer von Bethsean; aber die Bürger von Jabes nahmen denselben nachts ab, verbrannten ihn und begruben die Gebeine unter der Tamariske von Jabes. So erstatteten sie den Dank für ihre einstige Rettung, die seine erste Tat gewesen war.

Eine Klage über den Fall Sauls und Jonathans ist uns erhalten und damit eine gleichzeitige und authentische Kunde von den beiden. „ . . . (Jonathan) liegt erschlagen auf deinen Höhen, wie sind die Helden gefallen! Sagt es nicht an zu Gath, verkündet es nicht in den Straßen Askalons, sonst freuen sich die Töchter der Philister, sonst frohlocken die Töchter der Unbeschnittenen. Kein Tau noch Regen falle auf euch, ihr Berge von Gilboa, wo der Schild der Helden im Staube liegt, der Schild Sauls ungesalbt mit Öle. Vom Blut der Gefallenen, vom Fett der Helden, ließ Jonathans Bogen nicht ab, und Sauls Schwert kam nicht leer zurück; wie die Adler flogen, wie die Löwen kämpften sie. Ihr Töchter Israels, über Saul weint, der eure Glieder mit Purpur kleidete, der goldenen Zierat auf euren Anzug brachte. Wie sind die Helden im Streit gefallen, Jonathan erschlagen auf deinen Höhen! Es ist mir weh um dich, mein Bruder Jonathan; ich habe Freude und Wonne an dir gehabt, deine Liebe war mir mehr als Frauenliebe. Wie sind die Helden gefallen und untergegangen die Waffen des Streits!"

An dem hohen Alter des rein profanen und sehr persönlichen Liedes läßt sich nicht zweifeln. Es ist von einem nahen Freunde Jonathans und von einem Poeten verfaßt. Beide Eigenschaften vereinigten sich in David. Dessen Autorschaft ist aber angefochten worden, weil er über Sauls Fall nicht so hätte fühlen können. Es hat sich eine sehr ungünstige Vorstellung über ihn im Verhältnis zu Saul gebildet, auf grund gewisser Traditionsschichten im Buch Samuelis, die ihn auf Kosten Sauls herausstreichen wollen und in Wahrheit das Gegenteil erreichen.

Das Buch Samuelis heißt nach Samuel, und dieser ist in der Tat zwar nicht für die Geschichte selber, wol aber für Art und Stand der Tradition von solcher Bedeutung, daß seine Gestalt als Gradmesser dafür benutzt werden kann. Vier Stufen lassen sich in seiner Auffassung unterscheiden. Ursprünglich (1 Sam. 9,1—10,16) ist er ein einfacher Seher, jedoch zugleich ein patriotischer Israelit, dem die Not seines Volkes zu Herzen geht und der seine Autorität als Seher benutzt, um einem Manne, den er als geeignet erkennt, in das Ohr und in den Sinn zu setzen, Jahve habe ihn zum Helfer und Führer Israels ausersehen. Seine Größe besteht darin, daß er den erweckt hat, der nach ihm kommt und größer ist als er; er verlischt, nachdem er das Licht entzündet hat, welches nun in hellem Glanze brennt. Sein meteorisches Auftauchen und Ver- schwinden hat aber Verwunderung erregt und früh zu einer Jugend- geschichte geführt, wo er schon als Knabe den Zusammenbruch des vorköniglichen Israels vorausschaut (1. Sam. 1—3). Nachdem er das getan, schlägt jedoch das Dunkel wieder über ihm zusammen; schon in 1 Sam. 4—6 verlieren wir ihn völlig aus den Augen und erst als Greis treffen wir ihn wieder. Auf der anderen Seite hat der Umstand, daß er auch nach der Begegnung mit Saul alsbald wieder in den Hintergrund zurücktritt, der Meinung Vorschub geleistet, daß es sehr bald zu einem Bruch zwischen den beiden gekommen sei. Dieser Meinung begegnen wir auf der zweiten Stufe, welche durch die prophetischen Erzählungen 1. Sam. 15. 28 repräsentirt wird. Erzeugt ist sie aus dem Widerspruch, daß Jahve den, den er zum Könige ersehen hat, dennoch hinterher in seinem Königtum nicht bestätigt und seine Dynastie stürzt. Also muß

Samuel, der Saul gesalbt hat, zu seinem Kummer ihn hinterher verwerfen. Er erscheint dabei schon nicht mehr als ein einfacher Seher; er betrachtet den Gesalbten Jahves als seine Kreatur und gibt ihm 15,1 herrische Befehle, während er ihn dagegen nach 10,7 ausdrücklich seinen eigenen Inspirationen überläßt. Von da ist der Schritt zur dritten Stufe nicht groß. Hier überträgt Samuel die Salbung, gleich nachdem er sie Saul entzogen hat, auf David und setzt ihn als den nunmehrigen König von Gottes Gnaden dem verworfenen Vorgänger entgegen. Sein Ansehen hat sich inzwischen noch gesteigert; wie er nach Bethlehem kommt, zittern ihm die Ältesten der Stadt entgegen. Noch immer aber gilt er bisher als der intellektuelle Urheber des Königtums. Erst der letzten Stufe in der Entwickelung der Tradition ist es vorbehalten, ihn umgekehrt als denjenigen darzustellen, der dem Verlangen des Volkes einen König zu haben, seinerseits aus allen Kräften widerstrebt. Hier ist das vorkönigliche Israel zu einer Theokratie nach den Begriffen des späteren Judentums, in der für einen König kein Raum ist, geworden und Samuel zu ihrem Haupt: daher erklären sich seine Empfindungen.

Die spätere Phase der Tradition hat nun modernen Forschern Anlaß gegeben, die dem Königtum feindselige Hierokratie in Samuel verkörpert zu sehen. Woher sollte jedoch Samuel seine Machtstellung gegenüber dem Königtum haben? Soll er sich etwa auf die Nabiim gestützt haben? Aber diese entstanden damals eben erst aus einer formlosen Begeisterung, die sich noch nicht auf ordensmäßig abgeschlossene Kreise beschränkte; außerdem hatte nach der alten Überlieferung wol der König, aber nicht der Seher Beziehungen zu ihnen. Oder konspirirte Samuel mit den Priestern zusammen gegen Saul? Dafür beruft man sich auf 1. Sam. 21. 22, wo der Priester Ahimelech von Nob den flüchtigen David mit Brod versieht und zur Strafe dafür samt seinem ganzen Geschlecht den Tod erleidet. Aber erstens stehn diese Priester mit Samuel in keiner Verbindung; zweitens läßt es sich mit nichts wahrscheinlich machen, daß sie mit David im Einverständnis waren und von dessen ehrgeizigen Plänen — angenommen er habe sie schon damals gehabt — etwas wußten; drittens steht umgekehrt das fest, daß sie dem Könige gegenüber gar keine Macht besaßen, vielmehr auf Gnade und Ungnade von ihm abhingen und auf einen leisen Verdacht hin sämtlich hingerichtet wurden, ohne daß Hund oder Hahn darnach krähten. Wer die Hierokratie in diese Zeiten zurückträgt und sie dem Samuel als Basis für sein angebliches Auftreten gegen das Königtum unterlegt, der hat zu einem historischen Verständnis des hebräischen Altertums noch nicht den Anfang gemacht. Dann ist also auch das Licht falsch, welches von da aus auf das Verhältnis von Saul und David fällt. Saul als Bekämpfer der geistlichen Herrschsucht zu verehren und David als einen ihm von derselben in feindlicher Absicht entgegengestellten Prästendenten zu verabscheuen, ist weiter nichts als ein Anachronismus. Man übersieht dabei die unterschiedlichen Schichten der Tradition und folgt in bezug auf die Tatsachen der jüngsten, freilich nicht in bezug auf das Urteil. Das moderne Urteil wird durch Samuels Fluch zu gunsten Sauls, und durch Samuels Segen zu ungunsten Davids eingenommen.

3. Die Niederlage Sauls schien das Werk seines Lebens zu vernichten. Zunächst wenigstens gewannen die Philister die verlorene Herrschaft über das westjordanische Land wieder. Aber jenseit des Jordans machte Abner, Sauls Vetter und Feldhauptmann, dessen noch unmündigen Sohn Isbaal zum Könige in Mahanaim, und es gelang ihm von hier aus die Herrschaft des Hauses Saul über Jezreel Ephraim und Benjamin wieder auszudehnen, natürlich in fortgehendem Kampfe mit den Philistern. Nur Juda gewann er nicht. David benutzte die Gelegenheit, sich hier, mit Bewilligung der Philister und wol als ihr Vasall, eine Sonderherrschaft zu begründen, deren Schwerpunkt im Süden lag, wo nicht die eigentlichen Judäer, sondern die Bne Kaleb und Jerachmeel wohnten. Er hatte durch Heiraten mit ihren Edlen Beziehungen angeknüpft, durch Gefälligkeiten und Geschenke sie zu gewinnen gesucht. Jetzt zog er mit seinen sechshundert Mann nach Hebron, um sich den Ältesten anzutragen; sie waren klug genug ihm zu Willen zu sein, und salbten ihn zum Könige über Juda. Vergebens versuchte Abner ihm dies Gebiet streitig zu machen. In der langwierigen Fehde zwischen dem Hause Sauls und David neigte sich das Glück je länger je mehr auf die Seite des letzteren. Persönliche Anlässe brachten endlich die Entscheidung. Da nämlich Abner ein Kebsweib Sauls, mit Namen Rispha, zu sich genommen hatte, so argwöhnte sein Neffe, er wolle in sein Erbe eingreifen, und stellte ihn über den Punkt zur Rede. Das war dem Abner zu viel, von stund an gab er die Sache seines

Mündels auf, die ihm so wie so unhaltbar scheinen mochte, und
trat in Unterhandlungen mit David zu Hebron. Als er aber heimkehren wollte, fiel er von der Hand Joabs im Tore von Hebron,
ein Opfer der Blutrache und der Eifersucht. Doch was er gewollt
hatte, kam auch ohne ihn zu stande. Nach seinem Tode war
Israel führerlos und in großer Verwirrung. Isbaal hatte nichts
zu bedeuten, nur aus dankbarer Treue gegen seinen Vater hielt
man an ihm fest. Da fiel auch er von Mörderhand, zwei ben-
jaminitische Häuptlinge schlichen sich in sein Haus zu Mahanaim
ein, als er Mittags der Ruhe pflegte und auch die Türhüterin
beim Weizenverlesen eingeschlafen war, und brachten ihn um, in
der vergeblichen Hoffnung auf Davids Dank. Nun zögerten die
Ältesten Israels nicht länger, zu David nach Hebron zu gehn und
ihn zu salben, nachdem er ihnen vor Jahve ihre Bedingungen be-
schworen hatte.

Sofort verlegte er seine Residenz von Hebron nach Jerusalem,
einer bis dahin noch kanaanitischen Stadt, die er erst eroberte,
die alle ihre Traditionen von ihm empfing. Sie lag auf der Grenze
zwischen Israel und Juda, noch im Gebiete von Benjamin, aber
nicht weit von Bethlehem; nahe auch bei Nob, der alten Priester-
stadt. David machte sie, wie zur politischen, so auch zur heiligen
Metropole, indem er die Lade Jahves dorthin überführte. Diese
hatte an Ansehen nichts eingebüßt dadurch, daß sie in Feindes
Gewalt geraten war. Die Philister wurden ihres Besitzes nicht
froh, da sie überall wohin sie kam Verderben brachte, sie setzten
sie nach kurzer Zeit auf einen Wagen und ließen die Kühe damit
ziehen wohin sie wollten. So kam sie nach Bethsemes und, da sie
auch dort Unheil anrichtete, endlich nach Baal Juda, wo sie in
einem frei auf einem Hügel gelegenen Hause aufgestellt und von
einem Sohn des Hauses als Priester bedient wurde. Jetzt holte
sie David in fröhlichem Zuge nach Jerusalem; da aber unterwegs
ein Unglück geschah, brachte er sie dort vorläufig bei einem seiner
Hauptleute unter, und erst, als sie in dessen Hause sich segen-
bringend erwies, wagte er es sie in das Zelt zu bringen, welches er
auf seiner Burg, östlich gegenüber der alten Stadt, für sie hatte
errichten lassen. Sie verdrängte mit der Zeit das Orakelbild, welches
Abiathar von Nob mitgebracht hatte.

Noch jetzt war das Königtum nicht bloß ein Vorrecht, sondern
eine schwere Aufgabe; und das hat ohne Zweifel am meisten zur

Erhebung Davids beigetragen, daß er als der rechte Mann für die
Lösung der Aufgabe überall bekannt war. Die Aufgabe war noch
immer der Krieg gegen die Philister; das war das Feuer, worin
das israelitische Reich geschmiedet wurde. Die Kämpfe begannen
mit der Verlegung der Residenz nach Jerusalem; leider erfahren
wir wenig über ihren Verlauf, fast nur Anekdoten über die Groß-
taten einzelner Helden. Das Endergebnis war, daß David vollendete, was Saul angefangen hatte, und das Joch der Philister für
alle Zeit zerbrach. Es war jedenfalls die wichtigste Tat seiner
Herrschaft.

Von der Verteidigung gegen die Philister aber ging David
weiter zu Angriffskriegen über, in denen er die drei Brüder Israels,
Moab Ammon und Edom, seiner Herrschaft unterwarf. Zuerst
scheint er mit den Moabiten in Kampf geraten zu sein; er besiegte und unterjochte sie vollständig. Nicht lange darauf starb
Nahas, der König von Ammon; seinem Nachfolger Hanun ließ
David durch seine Gesandtschaft sein Beleid bezeugen. Hanun
argwöhnte darin eine Form der Kundschaftung — ein Argwohn, der
sich leicht erklärt, wenn David damals Moab schon unterworfen
hatte. Mit halb abgeschorenen Bärten und halb abgeschnittenen
Kleidern schickte er die Gesandten ihrem Herrn zurück, und rüstete
sich zugleich auf den Krieg, indem er sich mit verschiedenen ara-
mäischen Königen, namentlich mit dem mächtigen König von
Soba, verbündete. David eröffnete den Feldzug und sandte unter
Joabs Führung das israelitische Heer gegen die Stadt Rabbath
Ammon. Die Aramäer rückten zu ihrem Entsatze heran; aber
Joab teilte seine Mannschaft, und während er durch seinen Bruder
Abisai die Belagerten in Schach hielt, zog er selber gegen die
Aramäer und trieb sie ab. Als sie dann stärker wie zuvor wieder
zu kommen drohten, zog ihnen David in Person mit großer Macht
entgegen und schlug sie bei Helam jenseits des Jordans. Es scheint,
daß infolge davon das Reich von Soba zerstört und Damaskus
zinsbar gemacht wurde¹). Nun konnte auch Rabbath Ammon
nicht länger widerstehn, und die Ammoniten teilten das Schicksal

¹) Wo Soba lag, ist unbekannt; sicher nicht in Mesopotamien, sondern
in Syrien und zwar wahrscheinlich nördlich von Damaskus etwa in der Breite
von Hamath, an das es gegrenzt zu haben scheint (2 Sam. 8, 10). Vgl. Delitzsch
Paradis p. 279s. Bis zum Euphrat ist David schwerlich vorgedrungen. Es

ihrer moabitischen Brüder. Gleichzeitig wurde endlich Edom bezwungen und seiner Männer beraubt. So traf ein, was Bileam geschaut hatte; das jüngste der vier hebräischen Völker trat die drei älteren unter seine Füße.

Hinfort hatte David vor äußeren Feinden Ruhe, zu Hause aber erwuchsen ihm aus seiner eigenen bunten Familie Gefahren, die nicht dazu dienten, seinen Ruhm zu vermehren. Sein ältester Sohn Amnon ben Ahinoam lockte heimtückisch, indem er sich krank stellte, seine Halbschwester Thamar bath Maacha als Pflegerin an sein Bette, stillte seine Lust an ihr und trieb sie dann mit Schimpf und Schande aus dem Hause, anstatt sie zu heiraten wie er gekonnt und gesollt hätte. David sah böse dazu und tat weiter nichts. Statt seiner nahm Absalom ben Maacha, der rechte Bruder der Thamar, in dessen Haus sie sich zurückgezogen hatte, Rache für seine Schwester und ließ bei günstiger Gelegenheit den Amnon durch seine Knechte erschlagen. Darüber geriet der Vater in hellen Zorn, und Absalom mußte außer Landes gehn. Nach drei Jahren ließ sich der König zwar durch eine von Joab angestiftete weise Frau bewegen, dem Sohne die Rückkehr zu gestatten, jedoch verbannte er ihn in sein Haus und verbot ihm den Hof. Mit Mühe brachte es Absalom endlich dahin, wiederum durch Joabs Vermittlung, daß er zu vollen Gnaden angenommen und als Erbe des Reiches rehabilitirt wurde. Aber er war nun seinem Vater, durch dessen verkehrte Milde und verkehrte Strenge, gänzlich entfremdet. Er bereitete einen Aufstand gegen ihn vor, zu dem er eine Verstimmung benutzte, welche sich der Judäer bemächtigt hatte; wahrscheinlich glaubten diese von David nicht genug bevorzugt zu werden[1]). In Hebron war der Herd des Aufstandes, der Judäer Ahitophel war seine Seele, der Judäer Amasa, ein Vetter Joabs, war sein Arm. Doch wurde auch das übrige Israel hineingezogen, die Erinnerung an Saul war noch lebendig und besonders die Benjaminiten haßten den Mann, der an Stelle ihres Königs getreten war und dessen Erben allmählich und unauffällig aus dem

---

heißt 2 Sam. 10, 16 nur, daß der König von Soba auch die mesopotamischen Aramäer aufgeboten habe; in 8, 3 ist der letzte Satz unverständlich und das Subjekt von b'lekto zweifelhaft.

[1]) Über die eigentlichen Gründe des Abfalls werden wir nicht unterrichtet. Der Verf. von 2 Sam. 9ss. schreibt die Geschichte des jerusalemischen Hofes, darauf ist sein Interesse beschränkt.

Wege geräumt hatte. David wurde von dem Abfall völlig überrascht; er dachte nicht daran sich in Jerusalem zu behaupten. Seine Herrschaft hatte noch keine tiefen Wurzeln geschlagen; er stützte sie nicht, wie Saul, auf seinen Stamm, sondern auf „seine Knechte", eine aus seinem persönlichen Gefolge erwachsene Truppe. Mit dem Kern derselben flüchtete er sich unter Zurücklassung seiner Weiber über den Jordan nach Gilead, wo er freundliche Aufnahme fand. Diese exponirte Ostmark, die den Wert der Zugehörigkeit zu einem mächtigen Reich zu schätzen wußte, erwies sich wieder einmal als feste Burg des Königtums. In Mahanaim, von wo auch Abner einst das Reich wiederhergestellt hatte, sammelte David seine Getreuen; Absalom ließ ihm dazu Zeit, gegen Ahitophels Rat, und rückte ihm erst nach, als er eine erdrückende Übermacht hinter sich zu haben glaubte. In der Nähe von Mahanaim, in der Wildnis von Ephron, kam es zur Schlacht. Das Volksheer hielt den gut geordneten, kriegsgewohnten Knechten Davids nicht stand; Absalom floh und wurde auf der Flucht von Joab erstochen. Sein Tod betrübte den alten König weit mehr, als ihn der Erfolg freute; mit Mühe ward er endlich bewogen, sich seinen siegreichen Truppen zu zeigen.

Der Aufstand war niedergeschlagen. Zuerst begannen die Israeliten sich ihres Verhaltens gegen David zu schämen; sie beschlossen ihn heimzuholen. Als er davon erfuhr, mahnte er die Ältesten Judas, doch nicht anderen den Vortritt zu lassen; zugleich bot er dem Judäer Amasa, dem Feldobersten Absaloms, die Stelle Joabs an, den er als den Mörder seines Sohnes haßte. Das wirkte; die Judäer waren zuerst zur Stelle, um den König bei der Jordanfurt von Gilgal zu empfangen. Mit ihnen kamen auch tausend Benjaminiten, die besondere Ursache hatten, um gut Wetter zu bitten. Die Israeliten waren die letzten; sie äußerten laut ihren Unwillen, daß man ihnen hinterlistig zuvorgekommen sei und ihnen den König gestohlen habe. Die Judäer verteidigten sich so gut sie konnten: sie wären doch nun einmal Davids nächste Verwandten, hätten übrigens bisher von ihm keinen Profit gehabt und wären von ihm nicht vorgezogen worden. Die anderen gaben sich aber nicht zufrieden: Israel sei der Erstgeborene und habe zehnmal mehr Recht auf den König als Juda! In diesem Augenblick stieß ein Benjaminit, Seba ben Bikri, in die Posaune und ließ den Ruf erschallen: wir haben nichts gemein mit David und nichts zu teilen mit dem Sohn Isais, geh deiner Wege, Israel! Die Israeliten folgten dem Rufe, nur die Judäer blieben bei David und geleiteten ihn von Gilgal hinauf nach Jerusalem. Dort angelangt, gab der König dem Amasa Auftrag, binnen drei Tagen den Heerbann Judas aufzubieten und damit dem Seba nachzusetzen. Da aber jener die Frist nicht einhielt, mußte er doch auf „seine Knechte“ zurückgreifen. Joab trat wieder an ihre Spitze, benutzte zunächst eine sich darbietende Gelegenheit seinen Vetter Amasa aus dem Wege zu räumen, jagte dann den benjaminitischen Rebellen durch ganz Israel und schloß ihn endlich in der Stadt Abel, oben im Norden, ein. Eine weise Frau bewirkte, daß er in Frieden abzog, nachdem ihm der Kopf Sebas über die Mauer zugeworfen war. Damit war die Sache vorläufig zu Ende. Sie wirkte aber nach für die Zukunft. Man sieht, wie David den schwachen Boden, auf dem seine Herrschaft stand, selber noch dadurch unterhöhlte, daß er im ungeeignetsten Augenblick die Israeliten vor den Kopf stieß. Allerdings war es vielleicht für ihn die klügste Politik, die Judäer zu gewinnen, über deren Unsicherheit er durch Absaloms Aufstand belehrt war.

Bald darauf scheint David gestorben zu sein. Seine geschichtliche Bedeutung kann man nicht leicht zu hoch anschlagen. Juda und Jerusalem waren lediglich seine Schöpfungen, und wenn auch das gesamt-israelitische Reich, das er zusammen mit Saul gegründet hatte, bald zerfiel, so blieb doch die Erinnerung daran allezeit der Stolz des ganzen Volkes. Sein persönlicher Charakter ist vielfach sehr abschätzig beurteilt worden. Daran ist vor allem seine Kanonisirung durch die spätjüdische Tradition schuld, die einen levitischen Heiligen und frommen Hymnendichter aus ihm gemacht hat. Dazu stimmt es dann nicht, daß er besiegte Feinde mit Grausamkeit behandelte, daß er sich nicht scheute die männlichen Glieder der Familie seines Vorgängers unschädlich zu machen und dabei doch den Schein der Pietät zu wahren suchte, wie er denn auch die Boten, die ihm den Fall Sauls und Isbaals meldeten, hinrichtete, obwol ihm die Nachrichten willkommen waren[1]). Nimmt man ihn indessen wie er ist, als einen antiken König in barbarischer Zeit, so wird man milder urteilen. Ein waghalsiger Mut mischte sich in ihm mit einer weichen Empfänglichkeit; auch als er die Krone

---

[1]) 2 Sam. 9. 1. 16, 7. 19, 28. 21, 7. 8. 4, 10 ss.

trug, blieb ihm der Zauber einer überlegenen und doch gewinnenden Persönlichkeit. Ein wahres Pantheon von Helden sammelte sich um ihn; nirgends im Alten Testament figuriren so viele namhafte Personen als in der Geschichte Davids. Von der Einfachheit Sauls war er allerdings abgekommen, er blieb nicht in Bethlehem auf seiner Hufe und stützte sich nicht auf seine Geschlechtsvettern, sondern hielt in Jerusalem glänzenden Hof, umgeben von einer Leibwache fremder Söldner. Er zog nur selten noch selber in den Krieg, seine Getreuen ließen das nicht zu; dagegen kamen von allen Stämmen Israels die Leute zu ihm nach Jerusalem um Recht zu suchen. Sein abgefeimt scheußliches Benehmen in dem Handel mit Uria wird, wenn auf die Erzählung Verlaß ist, durch seine tiefe und offene Reue einigermaßen wieder gut gemacht: nicht viele Könige würden, auf die Vorhaltung ihrer Schuld, sich so benommen haben. Am wenigsten zur Ehre gereicht ihm die Schwäche, die er gegen seine Söhne zeigte. Sein letzter Wille, dessen Ausführung er auf dem Todbette seinem Nachfolger zur Pflicht gemacht haben soll, kann ihm nicht zur Last gelegt werden; da hat ihn ein Späterer, der ihn verherrlichen wollte, aufs schwerste verunglimpft. Ebenso ist es unberechtigt, ihm die Ermordnng Abners und Amasas in die Schuhe zu schieben, oder ihn für den Untergang Sauls, zu dem er sich mit der Hierokratie verbündet habe, verantwortlich zu machen[1]).

4. In seinen alten Tagen war David krank und schwach an Leib und Seele. Sein Erbe war, nach Amnons und Absaloms Tode, sein Sohn Adonia ben Haggith. Er sah sich selber dafür an und benahm sich als solcher mit tatsächlicher Billigung Davids, er ward auch von ganz Israel dafür gehalten, insbesondere von den Hauptwürdenträgern des Reichs, dem Feldhauptmann Joab und dem vornehmsten Priester Abiathar, und von den Prinzen des königlichen Hauses. Aber es bildete sich unter der Führung des Propheten Nathan eine Gegenpartei, die den jugendlichen Sohn Davids aus seiner verbrecherischen Ehe mit der Bathseba auf den Thron bringen wollte. Zu dieser Partei gehörten der Priester Sadok und der Oberst der Leibwache Benaja, die mit Abiathar und Joab rivalisirten und an deren Stelle zu kommen hofften. Durch Nathan und Bathseba verfügten die Verschworenen über den altersschwachen

---

[1]) Vgl. oben p. 60—62.

David, und durch Benaja über die sechshundert Leibwächter, mit denen sich unter den damaligen Umständen in Jerusalem alles durchsetzen ließ. So ward Salomo König, nicht zufolge seines Rechts, sondern durch eine Palastintrigue, noch bei Lebzeiten Davids, aber kurz vor dessen Tode. Er fand bald Gelegenheit nicht nur den Adonia, sondern auch den alten Joab, den verdientesten Mann im Reich, über die Seite zu schaffen; den Abiathar verbannte er nach Anathoth und setzte den Sadok an seine Stelle, den Ahnherrn des späteren Tempeladels von Jerusalem. Weniger schneidig erwies er sich den äußeren Feinden gegenüber, die alsbald nach Davids Tode ihr Haupt erhoben. Er ließ es geschehen, daß an Stelle des zerstörten Aramäerreichs von Soba ein neues in Damaskus erstand, welches eine viel größere Gefahr für Israel in sich barg. Er konnte nicht verhindern, daß Edom sich wieder einen König gab; doch blieb der Hafen von Äla in seinem Besitz. Über Moab und Ammon erfahren wir nichts; es ist möglich, daß auch sie damals abgefallen sind. Wenn aber die Kriegführung nicht Salomos Sache war, so kümmerte er sich dagegen mehr als seine beiden Vorgänger um die inneren Angelegenheiten; in seiner Tätigkeit als Richter und Regent bestand nach der Tradition seine Stärke.

Mit der Gründung des Königtums geriet die Einverleibung der Kanaaniten in rascheren Fluß. Saul in seinem Eifer für Jahve und Israel brauchte Gewalt, um die Stadt Gibeon israelitisch zu machen. David, überhaupt sehr weitherzig gegen Ausländer, benahm sich klüger. Er nahm Jerusalem mit stürmender Hand, machte aber die Bürger nicht rechtlos, sondern beließ sie sogar im Besitz ihres Grundeigentums; die Stelle, auf welcher sich nachmals der Tempel Jahves erhob, erstand er für Geld von dem Jebusiten Arauna. Den Gibeoniten, an denen Saul sich vergriffen hatte, gab er sieben Söhne Sauls heraus, daß sie sie aufhängten vor Jahve zu Gibeon. Mit Hirom von Tyrus hielt er gute Freundschaft; der Hethitenfürst Thoi von Hamath sandte ihm durch seinen Sohn Joram (?) Geschenke und Glückwünsche zur Bezwingung des Königs von Aram-Soba, der auch Thois Feind gewesen war. Dies Motiv ist wichtig; wie einst die durch Jerubbaal gehobene midianitische Gefahr Israeliten und Kanaaniten einander nahe gebracht hatte, so vereinigte sie jetzt das gleiche Interesse gegen die zur Küste vordrängenden Aramäer, mit denen umgekehrt Moab, Ammon und Edom gemeine Sache machten; das kriegerische Königtum Davids erschien als der Hort des ganzen westlichen Syriens und Palästinas gegen die östlichen Feinde (p. 8). Salomo bekam die Stadt Gezer als Mitgift seiner ägyptischen Frau, deren Vater sie erobert und zerstört hatte. Unter ihm scheinen die Kanaaniten in Israel vollends aufgesogen zu sein. Sie waren ein stammauflösendes und staatverkittendes Element, ihre Assimilirung war ein großer Schritt zur Befestigung des Staates. Salomo konnte es zum ersten male wagen, unbekümmert um Stämme und Geschlechter, das Reich in zwölf Bezirke einzuteilen, deren jedem er einen königlichen Vogt vorsetzte[1]); nur Juda scheint er von dieser Einteilung ausgenommen zu haben — ein bezeichnendes Zugeständnis. Er legte auf diese Weise den Grund zu einer strengen und geordneten Verwaltung, wie sie nach ihm in Israel vielleicht nicht wieder erreicht worden ist. Er hatte dabei natürlich nicht das Beste seiner Untertanen, sondern seinen eigenen Vorteil im Auge; er verfolgte damit gleiche Zwecke wie mit seinem Pferdehandel und mit seiner Ophirfahrt, die in Gemeinschaft mit Tyrus ins Werk gesetzt wurde und den Zweck hatte, den arabischen Karawanenhandel überflüssig zu machen. Seine Leidenschaft waren Bauten, Prunk und Weiber, er wollte es darin den übrigen orientalischen Königen, zum Beispiel seinem ägyptischen Schwiegervater, gleichtun. Dazu gebrauchte er Mittel: Menschenkräfte, Naturallieferungen, Geld. Er schämte sich nicht einen Landstrich in Galiläa für einhundertundzwanzig Talente Gold an Hirom von Tyrus zu verkaufen; dadurch wird sein Reichtum und die angebliche Silberentwertung zu seiner Zeit, die man aus der naiven Angabe 1 Reg. 10, 21. 27 hat erschließen wollen, sehr zweifelhaft. Besonders der Ausbau Jerusalems zu einer festen und glänzenden Königsstadt lag ihm am Herzen. Der Tempel, den er baute, war nur ein Teil seiner gewaltigen Burg; Herrschersitz und Heiligtum waren nach antiker Sitte vereinigt in der Akropolis. Dieselbe umfaßte eine Menge privater und öffentlicher Gebäude, die verschiedenen Zwecken dienten.

Durch die Reichsgründung kamen neue Zuflüsse in den Strom der bisherigen Entwicklung. Man fühlte sich auf eine höhere

---

[1]) Auch später unter Ahab, finden wir das Reich Israel in Medinoth, Regierungsbezirke, eingeteilt, an deren Spitze ein Beamter steht, der aber nicht mehr den alten Titel Naçib führt, sondern Sar haMedina heißt.

Stufe emporgehoben. Die vorhergehende königslose Periode erschien als eine Zeit der Verwirrung und der Bedrängnis, wo jeder tat was er wollte und die Feinde leichtes Spiel hatten, als ein noch nicht zum Ziel gekommener Anfang. Jetzt war man zu Ordnung, Macht und Ruhe durchgedrungen; geachtet und gefürchtet von den Nachbaren konnte man endlich des eroberten Landes und seiner Güter sich erfreuen: kein Wunder, daß das Königtum als göttliches Geschenk betrachtet wurde. Dem politischen Fortschritt folgte der geistige. Handel und Wandel hoben sich, die Städte, von den Königen bevorzugt, traten in den Vordergrund und drängten das Land in den Schatten. Wie einst, nach der Ansiedlung, die Kultur der kanaanitischen Bauern eingedrungen war, so wurden jetzt der orientalischen Kultur im höheren und weiteren Sinne die Schleusen geöffnet. Der nähere Verkehr mit dem Auslande erweiterten den geistigen Horizont des Volkes. Israel trat in die Welt ein, Beziehungen nach allen Seiten wurden angeknüpft oder ergaben sich von selber. Die Erinnerung hat sich erhalten, daß diese Entwicklung besonders durch Salomo befördert sei. Sie wurde nicht allgemein freudig begrüßt, aber sie war notwendig. Wenn Salomo in seinem Hoftempel phönizische und ägyptische Einrichtungen auf den Jahvedienst übertrug, so mochten zu seiner Zeit die richtigen alten Israeliten daran Anstoß nehmen (Exod. 20, 24 s.); dennoch ist dieser Tempel hernachmals von großer und segensreicher Bedeutung für die Religion geworden. Allerlei heidnische Vorstellungen und Mythen fanden Eingang, aber die Jahvereligion erwies sich mächtig genug, ihnen ihr Gepräge aufzudrücken und sie sich zu eigen zu machen; es wäre schade, wenn die ersten elf Kapitel der Genesis ungeschrieben geblieben wären. Überhaupt aber ist der Schwung, der mit dem Königtum in die Geschichte des Volkes kam, auch dem Gotte des Volkes und dem Leiter seiner Geschichte zugute gekommen[1]).

---

[1]) Daß auch allerlei schädliche Folgen mit unterliefen, braucht nicht geleugnet werden. Darin übrigens verdient der König schwerlich Tadel, daß er bei Jerusalem Altäre für ammonitische und ägyptische Gottheiten erbaute. Denn diese Altäre blieben unangefochten stehn bis auf Josias, während es doch mehr als einen frommen König zwischen Salomo und Josias gegeben hat, der sie hätte zerstören können, wären sie ihm so wie dem Deuteronomium ein Greuel und Ärgernis gewesen.

Fünftes Kapitel.

Von Jerobeam I. bis zu Jerobeam II.

1. Nach Salomos Tode besannen sich die Ältesten Israels auf ihr Recht, den König zu salben oder auch nicht zu salben, und versammelten sich zu diesem Behuf in Sichem. Salomos Sohn und Nachfolger, Rehabeam, bequemte sich ebenfalls dort zu erscheinen. Sie erklärten sich bereit ihm zu huldigen, wenn er das Joch seines Vaters leichter mache. Die Abgaben, die Frohnarbeiten, die Beamtenverwaltung, welche die hergebrachte Geschlechterverfassung zu verdrängen drohte, waren nicht nach ihrem Geschmacke. Der König nahm ihre Forderungen entgegen und erwog sie einige Tage, um sie schließlich schnöde abzulehnen. Da kündigten sie ihm den Gehorsam, und als er dann noch unterhandeln wollte, steinigten sie seinen Abgesandten, den Frohnvogt Adoram, aufgebracht durch die Wahl grade dieses Mannes. Sie riefen nun den Ephraimiten Jerobeam ben Nebat zum Könige aus, der schon gegen Salomo einen Aufstandsversuch gemacht und sich darauf nach Ägypten geflüchtet hatte, jetzt aber in Sichem zur Stelle war. Juda und Jerusalem blieben dem Hause Davids treu. Nur die Israeliten hatten sich in Sichem versammelt, von ihnen allein gingen die Klagen über das schwere Joch des Königtums aus, sie empfanden es offenbar als Fremdherrschaft. Ihre Eifersucht gegen Juda, die sich schon unter David, und nicht ohne Grund, geregt hatte, spielte bei dem Abfall sehr wesentlich mit ein. Der Stolz Josephs, des Erstgeborenen und des Gekrönten unter seinen Brüdern, bäumte sich gegen das judäische Königtum auf.

Durch die Philister war die Macht Josephs gelähmt, durch das Königtum der natürliche Schwerpunkt Israels nach Süden verschoben. Jetzt stellte er sich wieder her, denn er lag in Joseph und nicht in Juda. Man kann es kaum einen Abfall nennen, wenn die Israeliten sich die judäische Herrschaft nicht länger gefallen lassen wollten. Und ganz unberechtigt ist es, den politischen Abfall zugleich als einen religiösen zu betrachten. Die Religion stand damals der Spaltung durchaus nicht im Wege; der Prophet Ahia von Silo war der erste, der in Jerobeams Gedanken den Samen seiner zukünftigen Bestimmung gesät und ihn aufgefordert

hatte, sich gegen das Haus Davids zu erheben. Der Kultus von
Jerusalem war noch nicht der einzig legitime, sondern derjenige
zu Bethel und Dan mindestens ebenso sehr berechtigt[1]). Gottesbilder gab es dort sowol wie hier und überall wo es ein Haus
Gottes gab; niemand nahm damals Anstoß daran. An dem Rechte
der angeblich schismatischen Priester des Nordreichs zweifelt der
Prophet Hosea nicht im mindesten; sie gelten ihm sämtlich als
richtige und berufene Diener Jahves, denn sonst könnte er ihnen
nicht drohen, Jahve werde sie verwerfen, sodaß sie ihr Recht
verlören. Wenn Jerobeam und seine Nachfolger Tempel bauten,
Bilder stifteten, Priester anstellten, so taten sie, was David und
seine Nachfolger auch taten; diese Befugnis hatten die Könige.
In dem religiösen und geistigen Leben der beiden Reiche bestand
überhaupt kein inhaltlicher Unterschied. Nur pulsirte es in Israel
stärker. Da wirkten die großen Propheten, bis auf Amos und
Hosea, da spielte die eigentliche Geschichte der Theokratie, von
da gingen alle Impulse aus. Das war freilich nicht bloß ein
Vorzug, sondern auch ein Nachteil. Dem raschen aufgeregten
Treiben im Nordreich steht das geschützte Stillleben des Klein-
staats im Süden gegenüber. Dort warf der geschichtliche Strudel
außerordentliche Persönlichkeiten aus der Tiefe hervor, hier befestigten sich die bestehenden Institutionen. Der Unterschied zeigt
sich in seiner Wurzel beim Königtum selber. Die Israeliten
schafften es nicht etwa ab; es hatte seine Notwendigkeit doch zu
sehr erwiesen. Aber im Gegensatze zu den Judäern wechselten sie
fortwährend mit den Dynastien. Dadurch haben sie sich selber zu
grunde gerichtet.

Rehabeam fügte sich dem Aufstande nicht gutwillig. Er suchte
ihn mit Waffengewalt zu unterdrücken, anfänglich mit gutem Erfolge, wie es scheint. Wenigstens fand sich sein Gegner bewogen,
sich nach Phanuel (bei Mahanaim) jenseit des Jordans zu verziehen,
wie einst Abner nach der Schlacht am Gilboa und David bei der
Erhebung Absaloms. Freilich könnte er dazu auch durch den
Pharao Sisak veranlaßt worden sein, der in dieser Zeit in Palästina
einfiel und nicht bloß Jerusalem brandschatzte, sondern wie es
scheint unterschiedslos jüdische sowol als israelitische Städte[2]).

---

[1]) Prolegomena p. 187 s.

[2]) Es ist jedoch kein Verlaß auf die Liste der eroberten Städte in der
Siegesinschrift des Sisak, er kann einfach eine ältere Liste eines seiner Vor-

Wenn aber Rehabeam wirklich anfangs Erfolge gehabt hat, so sind
sie doch nicht von Dauer gewesen. Die Unterdrückung des Aufstandes gelang ihm nicht, die Israeliten behaupteten sich gegenüber der Kriegsmacht des judäischen Königtums. Bald wendete
sich das Blatt zu ihren gunsten.

Als Jerobeams Sohn und Nachfolger Nadab die Stadt Gibbethon der Philister belagerte, verschwur sich Baesa ben Ahia von
Issachar gegen ihn, erschlug ihn und setzte sich an seine Stelle.
Er wählte die Stadt Thirsa zu seiner Residenz. Dieser Baesa
drehte den Spieß um und ging seinerseits zum Angriff gegen Juda
über, um es wieder zum Reiche zu bringen. Er befestigte die
nahe bei Jerusalem gelegene Grenzstadt Rama und versperrte den
Judäern die Straße nach Norden. Die Sperre muß unerträglich
gewesen sein; Asa, der Sohn oder der Enkel Rehabeams, wußte
sich endlich nicht anders zu helfen als dadurch, daß er Benhadad
von Damaskus seinem Gegner auf den Hals zog. Er erreichte seinen
Zweck, aber durch ein gefährliches Mittel ¹).

Baesas Sohn Ela wurde bei einem Gelage im Hause seines
Hausmeisters zu Thirsa ermordet, durch Zimri, den Obersten über
die Hälfte der Wagen. Dieser konnte sich jedoch seinerseits gegen
den Feldhauptmann Omri nicht halten, der von Gibbethon, wo er
mit dem Heere lag, gegen ihn heranrückte; er zog sich in den
Palast zurück, setzte ihn in Brand und kam in den Flammen um.
Dem Omri wiederum erstand in einem anderen Teile des Landes
ein Gegenkönig, Thibni ben Ginath; erst nach dessen Tode wurde
Omri allgemein anerkannt (vor 900 a. Ch.). Er ist der Gründer
der ersten eigentlichen Dynastie in Israel und der Neubegründer
des Reiches, dem er in der Stadt Samarien seinen bleibenden
Mittelpunkt gab. Die Bibel erzählt fast nichts von ihm, seine Bedeutung erhellt aber daraus, daß der Name „Reich Omris" bei den
Assyrern die gewöhnliche Bezeichnung Israels blieb. Nach der

---

gänger reproduzirt haben (Pietschmann). In 1 Reg. 14 ist nur von der Eroberung Jerusalems die Rede.

¹) Nach 1 Reg. 15, 20 „schlug" Benhadad damals verschiedene Städte im
isr. Norden und Osten, darunter Dan. Daß er sie in Besitz genommen habe
(wie 2 Reg. 15, 29), wird nicht gesagt. Zur Zeit des Vf. von Jud. 17. 18 scheint
Dan zum Gebiet von Aram Beth Rehob gehört zu haben. Damaskus war nicht
das einzige aramäische Reich, das sich auf Kosten der Nachbarn ausbreitete,
sondern nur das mächtigste neben vielen andern.

Inschrift Mesas war er es, der Moab, das beim Tode Davids oder
Salomos abgefallen war, zinsbar machte und die Landschaft Medaba
zu Israel schlug. Nicht so glücklich war er gegen die Damaszener,
denen er in seiner Hauptstadt Samarien gewisse Vorrechte ein-
räumen mußte.

Auf Omri folgte sein Sohn Ahab. Während der längsten Zeit
seiner Regierung scheint dieser König eine Art Oberherrschaft der
Aramäer von Damaskus anerkannt zu haben. Nur dadurch läßt
es sich erklären, daß er ihnen in der Schlacht von Karkar (854)
Heeresfolge leistete gegen die Assyrer. Aber eben infolge dieser
Schlacht, unter Benutzung der politischen Konstellation, die ihm
dadurch klar ward, löste er das Verhältnis zu ihnen. Nun begannen ihre wütenden Angriffe auf Israel. Ahab begegnete ihnen
mit Mut und Glück; er schlug sie in einem siegreichen Ausfall
zurück, als sie ihn in seiner Hauptstadt belagerten; und als sie
im nächsten Jahre wiederkamen, besiegte er sie in offener Feld-
schlacht bei Aphek und nahm den König Benhadad gefangen. Zum
Ärger manches eifrigen Israeliten behandelte er ihn indessen milde
und gab ihn unter gewissen Bedingungen frei; namentlich sollten
die den Israeliten entrissenen Städte in Gilead, darunter die wichtige
Festung Rama, wieder herausgegeben werden. Aber das geschah
nicht, und so entschloß sich Ahab im dritten Jahr seinerseits zum
Angriff auf die Aramäer überzugehn und ihnen Ramath Gilead[1])
mit Gewalt zu entreißen. Vor seinem Auszuge befragte er die
Propheten Jahves in Samarien, vierhundert Mann; sie antworteten
einhellig, Jahve werde Rama in seine Hand geben. Sedekia ben
Kanaani machte sich eiserne Hörner und sagte: damit wirst du
Aram stoßen bis zur Vernichtung. Nur Micha ben Jimla, der
immer Unheil verkündete, brachte auch diesmal einen Miston in
die Harmonie der patriotischen Musik[2]). „Ich sah Israel zerstreut
auf den Bergen wie Schafe ohne Hirten, und Jahve sprach: sie
haben keinen Herrn, sie kehren zurück, ein jeder ungefährdet nach
Hause." Er empfing den verdienten Lohn, Sedekia gab ihm einen
Backenstreich, der König ließ ihn einsperren, um ihn zu richten,

---

[1]) So und nicht Ramôth G. muß gesprochen werden, wenn der Absolutus
Rama (2 Reg. 8, 29) richtig ist. Die Stadt ist vielleicht nicht unterschieden
von Mispha; sie lag nach Gen. 31 nördlich vom Jarmuk, hart an der aramäischen Grenze bei Karnaim und Lodebar.

[2]) Ein merkwürdiges Pendant dazu findet sich Hier. 28, 29.

wenn er glücklich wiederkomme. Aber er kam nicht wieder. In der Schlacht gegen die Aramäer, die sich bei Rama entspann, wurde er von einem Pfeil zu Tode getroffen; da das Gefecht vorwärts ging, so konnte er nicht aus der Front heraus, sondern mußte in seinem Streitwagen und in seiner Rüstung bleiben, bis er abends starb. Auf die Kunde davon zerstreute sich das Heer, die Leiche des Königs wurde mitgenommen nach Samarien und dort ehrenvoll[1]) bestattet (± 851).

Noch unter Ahab, in der Mitte von dessen Regierung, hatte König Mesa von Moab sich unabhängig gemacht, die Landschaft Medaba zuzückgewonnen, die Omri vierzig Jahre vorher seinem Vater abgenommen hatte, und altisraelitisches Gebiet dazu erobert. Ahab scheint keine Zeit gehabt zu haben ihn in seine Grenzen zurückzuweisen, auch sein Sohn Ahazia, der auf ihn folgte, mußte ihn gewähren lassen. Aber nach dessen vorzeitigem Tode zog sein Bruder und Nachfolger Joram gegen ihn zu Felde, in Gemeinschaft mit den Königen von Juda und Edom[2]). Man drang nach einer siegreichen Schlacht von Süden her in Moab ein, zerstörte die Ortschaften, warf Steine auf die Äcker, verschüttete die Quellen und hieb die Bäume um. Mesa hatte sich mit dem geschlagenen Heer in seine Festung zurückgezogen, dort wurde er belagert. Nachdem er vergeblich versucht hatte den Ring zu durchbrechen, nahm er seinen erstgeborenen Sohn und opferte ihn auf den Mauern der Stadt: da kam ein großer Zorn über Israel und sie zogen ab von ihm und gingen heim.

Joram konnte diesen Zug gegen Moab nur dann unternehmen, wenn die Aramäer ihn zufrieden ließen. Es scheint in der Tat, daß sie nicht in der Lage waren den Sieg über Ahab auszubeuten; ohne Zweifel wurden sie daran gehindert durch die assyrischen Angriffe in den Jahren 850. 849. Als diese eine Weile nachließen, wandten sie sich sofort gegen Joram, trieben ihn hinter die Mauern seiner Hauptstadt zurück und belagerten ihn dort. Schon war in Samarien die Not aufs äußerste gestiegen, da zogen eines Tages die Feinde unversehens ab, weil sie von einem Angriffe der „Ägypter

---

[1]) Prolegomena p. 293 s.

[2]) Die Inschrift Mesas ist vor dem Zuge Jorams, aber erst nach dem Tode Ahabs abgefaßt. Denn wenn darin von der Hälfte der Regierungsjahre Ahabs die Rede ist, so muß schon die Dauer der ganzen Regierung bekannt gewesen sein.

und Hethiten" auf ihr Land gehört hatten. Möglich, wenngleich nicht gerade notwendig, daß diese Ägypter und Hethiten vielmehr wiederum die Assyrer waren, die im Jahre 846 aufs neue in Aram einfielen. Dem gemeinen Mann in Israel waren die Assyrer noch unbekannt, und so konnten in der volkstümlichen Erzählung bekanntere Mächte an ihrer Stelle gesetzt werden[1]). Infolge dieser Wendung atmete Joram wieder auf; begünstigt durch einen Dynastiewechsel in Damaskus scheint er den Aramäern sogar die Festung Ramath Gilead abgenommen zu haben, in deren Besitz Ahab vergeblich zu kommen trachtete. Da aber brach plötzlich über das Haus Omris eine Katastrophe ein, welche seit längerer Zeit von den Propheten vorbereitet war.

2. Als die Nabiim zuerst auftauchten, vor dem Ausbruch der Philisterkriege, waren sie in Israel eine fremdartige Erscheinung. Mittlerweile hatten sie sich so eingebürgert, daß sie ganz wesentlich zu dem Bestande der Jahvereligion gehörten. Manches von ihrem alten Wesen hatte sie abgeschliffen, beibehalten aber hatten sie das scharenweise Auftreten und das Leben in Vereinen mit gemeinsamer auffallender Tracht. Diese Vereine hatten keine außer ihnen selber liegenden Zwecke; die rabbinische Ansicht, es seien Schulen und Lehrhäuser gewesen, wo das Gesetz und die heilige Geschichte getrieben wurde, überträgt spätere Verhältnisse auf die alte Zeit. Große Bedeutung hatten die Nabiim im Durchschnitt nicht. Aber ab und zu erwuchs unter ihnen ein Mann, in welchem der Geist, der in ihren Kreisen gepflegt wurde, gewissermaßen explodirte. Geschichtliche Wirkung übten vor allem diese Heroen aus, die über den Stand hervorragten, sogar in Opposition dazu traten, doch aber auch wieder ihren Rückhalt darin fanden. Das Prototyp dieser Ausnahmepropheten, die wir indessen nicht mit Unrecht als die wahren Propheten zu betrachten gewohnt sind, ist Elias von Thisbe in·Gilead, der Zeitgenosse des Königs Ahab.

Seiner tyrischen Gemahlin Izebel zu lieb hatte Ahab dem tyrischen Baal einen Tempel und einen reichen Kultus zu Samarien gestiftet. Dem Jahve dadurch Abbruch zu tun, war nicht seine Meinung; Jahve blieb der Reichsgott, nach welchem er auch seine

---

[1]) Merkwürdig ist dann die Voraussetzung, daß die Könige der Hethiten Feinde der Damaszener waren. Sie wird verständlich aus dem, was früher (p. 8. 70) über das Geschiebe und das Verhältnis der Völker in Syrien gesagt ist.

Söhne Ahazia und Joram benannte. Von Zerstörung der Altäre Jahves und Verfolgung seiner Propheten war keine Rede, nicht einmal von Einführung des fremden Gottesdienstes außerhalb der Hauptstadt. Da also der Herrschaft Jahves über Israel nicht zu nahe getreten wurde, so fand der Glaube des Volkes nichts Anstößiges an einer Handlungsweise, die hundert Jahre früher auch Salomo befolgt hatte. Nur Elias protestirte dagegen. Für ihn war es ein Hinken auf beiden Seiten, ein unvereinbarer Widerspruch, daß man Jahve als den Gott Israels verehrte und daneben doch dem Baal in Israel eine Kapelle erbaute. Die Menge hatte er dabei nicht auf seiner Seite; sie staunte ihn wol an, aber sie begriff ihn nicht.

Elias hat keinen Vatersnamen. Einsam ragte dieser Prophet, die grandioseste Heldengestalt in der Bibel, über seine Zeit hervor: die Sage konnte sein Bild festhalten, aber nicht die Geschichte. Man hat mehr den unbestimmten Eindruck, mit ihm in ein neues Stadium der Religionsgeschichte zu treten, als daß man ausmachen könnte, worin der Unterschied gegen früher bestand. Nachdem Jahve zunächst im Kampfe gegen äußere Feinde die Nation und das Reich gegründet hatte, reagirte er jetzt innerhalb der Nation, auf geistigem Gebiete, gegen die fremden Elemente, die bis dahin ziemlich ungehindert hatten zutreten dürfen. Die Rechabiten, die damals aufkamen, protestirten in ihrem Eifer für Jahve gegen die ganze auf den Ackerbau begründete Kultur und griffen grundsätzlich zurück auf das urisraelitische Nomadenleben in der Wüste; die Naziräer enthielten sich wenigstens des Weines, des Hauptsymbols der dionysischen Zivilisation. Hierin tat allerdings Elias nicht mit; sonst wäre er wol auch der Menge verständlicher gewesen. Aber den Geist begreifend, aus dem diese Wunderlichkeiten hervorgingen, erfaßte er Jahve als einen Herrn, mit dessen Dienst sich kein anderer Dienst vertrage. Dis Errichtung jenes königlichen Tempels für den tyrischen Baal in Samarien gab ihm den Anlaß zum Kampf gegen den Baalskultus überhaupt, gegen die zwischen Baal und Jahve schillernde Unentschiedenheit, von der sich nur wenige in Israel ganz frei gehalten hatten. Ihm bedeuteten Baal und Jahve, wie man annehmen möchte, einen Gegensatz der Prinzipien, der letzten und tiefsten praktischen Überzeugungen; sie konnten nicht beide Recht haben und neben einander bestehn. Für ihn gab es nicht auf verschiedenen Gebieten gleichberechtigte anbetungswürdige Kräfte, sondern überall nur ein Heiliges und ein Mächtiges, das nicht in dem Leben der Natur, sondern in den Gesetzen der menschlichen Gemeinschaft, durch die allein sie bestehn kann, in den sittlichen Forderungen des Geistes sich offenbarte. Er sah auch den Kampf der Götter nicht, wie es hergebracht war, für einen Kampf der Nationalitäten an. Der Gott Israels hatte ganz unabhängig von Israel seinen eigenen ewigen Inhalt, er identifizirte sich nicht mit seinem Volke und dessen jeweiligen Wünschen und Zielen. Besonders wichtig in dieser Hinsicht ist der Standpunkt, welchen Elias zu den schweren Unglücksfällen und Drangsalen einnimmt, die damals über sein Volk hereinzubrechen begannen und es an den Rand des Unterganges brachten. Sie werden ihm zum voraus angekündigt, um seine Klage zu beschwichtigen, daß seine Arbeit vergeblich gewesen sei; es ist ihm ein Trost zu hören, daß nur diejenigen, die ihre Knie nicht dem Abgott gebeugt haben, siebentausend Mann, von Israel übrig bleiben, alle anderen dem Schwert zum Opfer fallen sollen[1]). Wenn Jahve über den Baal triumphirt, so hat Elias seinen Zweck erreicht, mag Israel darüber bis auf einen kleinen Rest zusammenschwinden. Das ist der Eindruck, den der Erzähler der Theophanie auf dem Horeb von dem Wirken dieses Propheten hat, und schwerlich ist sein Eindruck unrichtig gewesen. Die Gottesidee begann damals in Einzelnen, wie es scheint, sich über die nationale Schranke zu erheben. Ähnliches Geistes Kind wie Elias, und ebenso einsam stehend wie er, war sein Zeitgenosse Micha ben Jimla, der im Namen Jahves

---

[1]) Nach der vulgären Erklärung von 1 Reg. 19 soll Elias, der Schlächter der Baalspfaffen, durch die Theophanie bedeutet werden, er solle nicht so heftig, sondern fein sanft sich benehmen; das sei Jahve gemäß. Aber Elias ist in Verzweiflung, weil er vergeblich gearbeitet hat, und er wird von Jahve damit getröstet, daß nicht bloß die Baalspriester, sondern alle Baalsdiener in Israel, hunderttausende, ausgerottet werden sollen. Das sanfte Säuseln Jahves kann also unmöglich seiner eigenen Sturmnatur als mahnendes Vorbild entgegen gehalten werden. Jene sentimentale Ausdeutung der Theophanie ist ein abscheuliches Misverständnis, an dem allerdings eine Verunstaltung des Textes zum Teil die Schuld trägt; vgl. die Kompos. des Hex. p. 280 n. 1. Die Theophanie ist rein sinnlich und malerisch; ihre Phasen folgen sich der Natur gemäß und enthalten keinerlei moralischen Gegensatz. Sturm und Beben und Blitze sind Jahves Vorreiter, darnach kommt er selbst in dem leisen Säuseln, womit das Gewitter schließt, und macht sich dem Propheten vernehmlich.

Unheil schaute über Israel — ganz gemäß dem Wesen des wahren Propheten, wie es Jahrhunderte später Jeremias (28, 8) bestimmte, an den man überhaupt durch Micha ben Jimla sich erinnert fühlt.

3. Diese Männer waren ein Vorspiel der Zukunft, für die Gegenwart war ihr Wollen verloren. Was die unmittelbaren Nachfolger Elias von ihm verstanden hatten, beschränkte sich darauf, daß man den Baalsdienst in Samarien und das Haus Ahabs dazu mit Stumpf und Stiel ausrotten müsse. Zu diesem praktischen Ziel benutzte Elisa ben Saphat von Abel Mechola am Jordan, der Jünger Elias, praktische Mittel. Als einst Elias wie ein Blitz auf König Ahab getroffen war, wie er am Tage nach der Hinrichtung Naboths dessen Acker in Besitz nahm, und ihm den blutigen Untergang gedroht hatte, war ein Kriegsoberster zugegen gewesen, Jehu ben Nimsi; der Auftritt war ihm unvergeßlich geblieben. Dieser Mann nun stand an der Spitze der Truppen in Ramath Gilead, nachdem Joram ben Ahab sich vom Kriegsschauplatze hatte zurückziehen müssen, um sich in Jezreel, dem Lieblingsaufenthalt der Könige aus dem Hause Omri, von einer Verwundung heilen zu lassen. Dem Elisa schien der Augenblick geeignet zur Vollstreckung der Drohung Elias gegen das Haus Ahabs. Er sandte einen Propheten nach Rama mit dem Befehl Jehu zum Könige zu salben. Der Bote fand ihn in einer Gesellschaft von Hauptleuten. Er rief ihn heraus in ein heimliches Gemach, goß Öl auf sein Haupt und verkündete ihm, Jahve habe ihn zum Könige über sein Volk gesalbt. Dann öffnete er die Tür und verschwand. Als Jehu wieder zum Vorschein kam, fragten ihn seine Kameraden, was der Verrückte gewollt habe; nach einigen Ausflüchten sagte er ihnen die Wahrheit. Da breiteten sie ihre Kleider auf dem Altan aus als Teppiche unter seinem Stuhl, ließen ins Horn blasen und ausrufen: Jehu ist König geworden [1]). Es wurde beschlossen, sofort mit einem reisigen Haufen den Joram in Jezreel zu überfallen, ehe ihn die Kunde von dem Vorgange erreiche. Der Wächter auf dem

---

[1]) Ganz so drastisch, wie es hier und bei der ganzen Revolution scheint, ist es doch nicht zugegangen. Das erhellt aus den in den Hauptbericht nachgetragenen trockenen Angaben 2 Reg. 9, 14. 15. Nach 1 Reg. 19, 16 ist Jehu auch gar nicht erst von einem Jünger Elisas gesalbt worden, sondern lange vorher durch den Propheten Elias. Dieser wird nun dabei allerdings nicht die Hand im Spiel gehabt haben, aber historisch wertvoll ist doch die Voraussetzung, daß die Salbung nicht erst im letzten Moment geschah.

Turm von Jezreel sah die Anstürmenden von ferne, Joram sandte ihnen einen Reiter entgegen und noch einen zweiten, um Nachricht einzuziehen; beide kehrten nicht wieder. Inzwischen kamen die Wagen und Reiter näher; der Wächter erkannte an dem tollen Jagen den Jehu. Darauf ließ Joram anspannen und fuhr selber dem Jehu entgegen. Bei dem Acker Naboths traf er ihn und fragte, was geschehen sei; die Antwort, die er erhielt, veranlaßte ihn schleunig umzuwenden. Aber Jehu schoß ihm einen Pfeil durch den Rücken ins Herz; die Leiche ließ er durch den Schild-knappen, der neben ihm im Wagen stand, auf den Acker Naboths werfen. „Denn ich gedenke, als wir paarweise hinter Ahab her ritten, wie Jahve über ihn den Spruch tat: fürwahr das Blut Na-boths und seiner Söhne habe ich gestern fließen sehen, und ich zahle es dir heim auf diesem Acker." Bei seiner Einfahrt in Jezreel guckte die Königin-Mutter Izebel festlich geschmückt aus dem Fenster und rief ihm einen höhnischen Gruß zu. Er ließ sie von zwei ihrer eigenen Kämmerer auf die Straße stürzen, ging darauf in den Palast, setzte sich zu Tisch und ließ es sich gut schmecken. Alle übrigen vom Hofgesinde zu Jezreel, Verwandte, Beamte und Priester Ahabs, verfielen gleichfalls dem Tode. Aber die Hauptstadt des Reiches, der eigentliche Sitz der Dynastie und der Wohnort der Hauptmenge ihrer Angehörigen, war nicht Jezreel, sondern Samarien. Dahin schrieb nun Jehu einen Brief an die Obersten und Ältesten der Stadt mit der Aufforderung, den besten und tüchtigsten unter den Königssöhnen auf den Thron zu setzen und für ihn zu kämpfen. Sie antworteten: wir sind deine Knechte, wir wollen alles tun, was du uns sagst, wir wollen niemand zum König machen, tu, was dir gefällt. Nun befahl er ihnen in einem zweiten Briefe, alle Königssöhne umzubringen, die sie bei sich hätten. Da schlachteten sie sie alle, ihrer siebzig Mann, legten ihre Häupter in Körbe und schickten sie ihm nach Jezreel, wo sie am Tore aufgeschichtet wurden. Als er am anderen Morgen die beiden Haufen sich betrachtete, sprach er seine Verwunderung aus über den Eifer seiner freiwilligen Mitarbeiter, deren Mut er so richtig geschätzt hatte. Mit leichter Mühe hatte er sein Spiel ge-wonnen, er fuhr nun selber sofort nach Samarien und vollendete dort sein Blutwerk an dem Rest des Hauses und des Hofes Ahabs. Dann ging er an den anderen Teil seiner Aufgabe. Unter dem Vorwande, dem Baal ein Fest feiern zu wollen, versammelte er die in der Hauptstadt befindlichen Priester und Propheten des Gottes in dessen Tempel. Er selber brachte das Opfer; nachdem er damit fertig war, gab er seinen Trabanten einen Wink, die draußen zurückgeblieben waren. Sie drangen in das Heiligtum ein und ließen niemand lebendig hinaus. Hernach zerschlugen sie die Säule des Baal und zerstörten sein Haus; die Trümmer dienten später zu einem Abort.

Aus der Weise, wie Jehu die Priester und Propheten des Baal in die Falle lockte, geht hervor, daß niemand bisher daran dachte, in ihm den Vorkämpfer Jahves zu erblicken. Seine Verbindung mit den Propheten war geheim, Elisa hielt sich im Hintergrunde; wenn es richtig ist, daß Jonadab ben Rekab, der Stifter der Rechabiten, mit ihm auf seinem Wagen in Samarien einfuhr, so kann dieser noch nicht allgemein als Baalshasser bekannt gewesen zu sein. Der Baal ist es nicht gewesen, der das Haus Ahabs zu Fall gebracht hat, sondern gemeiner Verrat. Die Eiferer haben ein recht unheiliges Werkzeug zu ihren Zwecken aufgeboten, von dem sie dann selbst als heiliges Mittel zu seinen Zwecken benutzt wurden. Es ist ihnen keineswegs gelungen, das Volk zum Sturm gegen den Baal mit fortzureißen. Von einer allgemeinen Bewegung gegen die Dynastie wurde Jehu nicht getragen, die Menge stand wie gelähmt vor den Schlag auf Schlag sich folgenden Greueln, noch hundert Jahre später war der Schauder über die Bluttat von Jezreel lebendig. Die ganze große Umwälzung wurde durch eine Offiziersverschwörung zu stande gebracht. Jehu hatte nur die Berufssoldaten hinter sich, mit denen konnte er noch damals ähnliches ausrichten wie dreihundert Jahre früher Abimelech mit einer handvoll loser Leute. Man sieht die Schwäche des Königtums in Israel, es ruhte nur auf dem Heere und den Kriegsobersten. Das Volk zeigte sich merkwürdig apathisch und feige, es ließ sich von dem verwegenen Manne, der so entschieden und so sorglos auftrat, alles bieten und kam erst zur Besinnung, als er das Spiel gewonnen hatte.

Jehu begründete die zweite und letzte Dynastie des Reiches Samarien. Mit der Erbschaft des Hauses Omri fiel ihm auch die Aufgabe zu, sich der Aramäer von Damaskus zu erwehren. Da er ihnen nicht gewachsen war, suchte er an ihren alten Feinden, den Assyrern, eine Stütze zu gewinnen. Seine Gesandten brachten dem assyrischen Könige Geschenke dar, wol keine regelmäßigen, sondern einmalige, die nur von der Eitelkeit des Großkönigs als

Tributleistungen eines Vasallen aufgefaßt wurden. Gleichzeitig bewarb sich freilich auch Hazael von Damaskus mit Geschenken bei dem Assyrer; er scheint indessen damit nichts erreicht zu haben. Denn in den Jahren 842 und 839 erfolgten wiederum assyrische Feldzüge gegen die syrischen Aramäer. Dann aber hörten dieselben für lange Zeit auf, und die samarischen Könige, Jehu und seine beiden Nachfolger, waren auf sich selber angewiesen. Das waren schlimme Zeiten für Israel. Mit hartnäckiger Grausamkeit wütete die Grenzfehde im Lande Gilead; dazwischen kamen auch große Expeditionen vor, deren eine den König Hazael bis in das Philisterland und bis unter die Mauern von Jerusalem führte. Ammon und Moab sekundirten den Syrern; auch die Philister machten sich die Situation zu nutz[1]). Nur durch die größte Anstrengung ward die Selbständigkeit Israels gerettet. Noch einmal ging die Religion Hand in Hand mit der Nation; in merkwürdigem Gegensatz zu seinem Vorgänger Elias war der Prophet Elisa die Hauptstütze der Könige, Wagen und Reiter Israels im Kampf gegen die Aramäer. Es gelang endlich dem Enkel Jehus, Joas ben Joahaz, ihnen mehrere und entscheidende Schläge beizubringen. Unter Joas' Sohne, Jerobeam II., erstieg das Reich sogar einen Gipfel äußerer Macht, der an die Zeiten Davids erinnern konnte. Moab wurde wieder unterworfen, die südöstliche Grenze reichte bis an den Bach der Heide, im Nordosten wurden Karnaim und Lodebar erobert[2]). Die aramäische Gefahr war durch den Königsstamm Joseph und seinen erstgeborenen Stier, den Gesalbten Jahves, abgewiesen. „Sein erstgeborener Stier hat Hörner, mit denen er die Völker stößt, das sind die Myriaden Ephraims und die Tausende Manasses." „Die Pfeilschützen reizten und schossen ihn, aber sein Bogen blieb zuverlässig und seine Arme spannkräftig." Gilead blieb Israel erhalten, Laban und Jakob schlossen einen Friedensvertrag, wodurch die Grenze zwischen ihren Völkern bestimmt und gesichert wurde.

---

[1]) Amos 1. Isa. 9, 11.

[2]) Amos 6, 13. Isa. 15. 16. Moab scheint sich von dem Schlage nicht wieder erholt zu haben; Ammon tritt hinfort an die Stelle.

Sechstes Kapitel.

Gott Welt und Leben im alten Israel.

1. Hier ist der Ort, vor dem Auftreten derjenigen Propheten, welche das neue Israel schufen, einen kurzen Blick auf das alte zu werfen, welches mit dem Reiche Samarien unterging. Von einer früheren Periode als dem Jahrhundert von 850—750 läßt sich kaum eine Statistik geben. Denn während die großen Begebenheiten der Geschichte ziemlich zuverlässig durch lange Zeit bewahrt werden können, ist für die Schilderung von Zuständen, wenn sie nicht, wie in Arabien, stagniren, eine gleichzeitige Literatur unentbehrlich. Die hebräische Literatur aber erblühte erst in dieser Periode, namentlich wie es scheint nach der glücklichen Abwehr der Syrer. Geschrieben wurde zwar schon früh[1]), aber nur Urkunden, Rechnungen und Verträge, außerdem Briefe, wenn der Inhalt der Botschaft das Tageslicht scheute oder aus anderen Gründen geheimgehalten werden sollte; die ältesten Aufzeichnungen sind kurz und undeutlich, als ob sie nur Hilfen und Anhaltspunkte der Erinnerung sein sollten, man sparte an der Schrift. Früh entwickelte sich auch im Zusammenhange mit der Religion der historische Sinn des Volkes, die großen Taten Jahves d. i. Israels wurden in Liedern besungen, aber diese Lieder wurden ursprünglich nur mündlich überliefert. Die Literatur begann mit der Sammlung und Aufzeichnung derselben, das Buch der Kriege Jahves und das Buch des Redlichen waren die ältesten Geschichtsbücher[2]). Dann ging

---

[1]) Die Briefe von Tel Amarna sind noch nicht in phönicischen Buchstaben, sondern in babylonischen Keilzeichen geschrieben, nicht lange vor der Einwanderung der Israeliten. Die älteste, bis jetzt gefundene Inschrift in Buchstaben scheint die auf der Schale von Limassol zu sein. Die Angabe Jud. 8, 14 ist verdächtig.

[2]) Num. 21, 14. Jos. 10, 13. 2 Sam. 1, 18. 1 Reg. 8, 53 Sept. Die als Beläge in die Erzählung der historischen Bücher aufgenommenen Lieder, zu denen 2 Sam. 22. 23, 1—7 nicht gehören, sind inhaltlich von den Psalmen sehr verschieden, gleichen ihnen aber in der poetischen Form. Die Form ist das Sag', das sich bei den Arabern von alter Zeit her im Munde der Seher bis auf Muhammed erhalten hat. Eine Anzahl ganz kurzer, vielfach paralleler Sätze wird durch den Sinn zu einem Verse zusammengefaßt. Der Reim, der im Arabischen die Kola auch äußerlich zu einem größeren Ganzen verbindet, fehlt im Hebräischen noch; dafür ist vielleicht die Zahl der Kola etwas fester begrenzt.

man dazu über, auch in Prosa Geschichte zu schreiben, unter Benutzung von Urkunden oder Familienerinnerung; in den Büchern der Richter, Samuelis und der Könige ist uns ein ziemlicher Teil dieser alten Historiographie erhalten, verbunden mit Annalen der Könige[1]). Gleichzeitig wurden auch schon Sammlungen von Rechtsgrundsätzen und Weistümern aufgeschrieben, wovon wir in Exod. 21. 22 ein Beispiel besitzen. Erst später folgte die Aufzeichnung der Sagen über die Patriarchen und über die Urzeit, welche nicht sehr früh entstanden sein können. Merkwürdig insonderheit ist das Aufkommen einer schriftlichen Prophetie. Den Propheten lag doch das Schreiben nicht nahe; sie wirkten persönlich und unmittelbar durch das Wort. Noch Elias und Elisa haben nicht geschrieben. Warum aber griff hundert Jahre später Amos zur Feder? Es läßt sich kaum anders erklären als durch den literarischen Zug seines Zeitalters[2]).

Wir beginnen mit unserer Statistik bei den Familienverhältnissen. Polygamie war selten, Monogamie die Regel, doch galt es für unanstößig, Kebsweiber zu haben oder in einer fremden Stadt bei Huren Herberge zu halten. Sitte und Liebe wies den Ehefrauen eine angesehene Stellung an[3]), aber Spuren von einem Recht, wonach sie gekauft wurden und dann zum vererbungsfähigen Besitz

---

[1]) Letztere ganz in der Form der tyrischen Annalen: Hirom ward König im Alter von 53 Jahren und regierte 34 Jahre; ἐβασίλευσεν hat gerade wie vajimlok den doppelten Sinn: er ward König und regierte (Josephus c. Ap. 1, 117). Den unter dem Personal der Hofbeamten aufgeführten Mazkir darf man aber mit den ganz kurzen und immer erst nach dem Tode des betreffenden Königs verfaßten Annalen nicht in Verbindung bringen.

[2]) Die historische Literatur des alten Testaments ist anonym, die poetische nicht durchaus, die prophetische durchaus nicht. Jeremias (23, 30) schilt auf Diebe, die das Wort Jahves anderen abstehlen.

[3]) Nach Gen. 2. 3 ist die Frau die ebenbürtige Gehilfin des Mannes. Daß sie seiner Herrschaft unterworfen ist und daß sie mit Schmerzen Kinder gebiert, gilt als ein Fluch, als eine Verkehrung des Ursprünglichen. Der Mann verläßt Vater und Mutter, um mit seinem Weibe eine neue und unabhängige Familiengemeinschaft zu gründen. Jedoch der Umstand, daß der Priester nur um seine nächsten Blutsverwandten, nicht aber um seine Frau trauern darf, zeigt, daß die Frau doch nicht völlig zur Familie gehörte, nicht völlig mit dem Manne zu einem Fleisch (Gen. 4, 24 = Verwandtschaft) verwachsen war. Als Mutter, Söhnen gegenüber, hatte sie eine ganz andere Stellung wie als Gattin. Auf Ehebruch der Frau stand die Steinigung oder nach Gen. 38 (bei einer Witwe) die Verbrennung.

gehörten, erhielten sich noch bis in dieses Zeitalter [1]). Verwandtenheirat, sogar mit der Halbschwester, war nicht verpönt, der Vater gab seine Tochter lieber einem Vetter als einem anderen Manne [2]). Über die Kinder hatten die Eltern volle Gewalt, sie durften sie opfern und auch in Sklaverei verkaufen, doch wurde ein großer Unterschied zwischen Söhnen und Töchtern gemacht [3]). Die Sklaverei scheint nicht das schlimmste Los gewesen zu sein. Die Knechte und Mägde standen gesellschaftlich ihren Herren und Frauen ziemlich gleich und waren sogar rechtlich einigermaßen geschützt. Die Sklaverei hatte nicht die politische Bedeutung wie bei den Griechen und Römern; sie hätte aufgehoben werden können, ohne daß dadurch dem Gemeinwesen seine Grundlage entzogen wäre.

Die Ansässigkeit war jetzt vollkommen durchgedrungen, der Unterschied zwischen Hebräern und Kanaaniten entweder verschwunden oder zu einem bloßen Standesunterschiede geworden. Erscheinungen wie Goal, Jephtah, Simson, David in der Wüste Juda, wären in dieser Zeit kaum möglich gewesen; an die Stelle des freien schweifenden Lebens war ein ganz anderes Ideal getreten, wie die Patriarchen zeigen. Die Hirten nomadisirten nicht mehr, Jakob blieb daheim bei den Hürden, während Esau schweifte. Die Viehzucht überwog nur noch strichweise, zum Beispiel in Teilen von Juda und vom Ostjordanlande, im ganzen trat sie zurück gegen die Ackerwirtschaft [4]). Der Feld- und Gartenbau galt als

---

[1]) Gen. 35, 22. 49, 4. 2 Sam. 3, 7. 12, 8. 11. 16, 21 s. 1 Reg. 2, 22.

[2]) Gen. 20, 12. 29, 19. 2 Sam. 13, 13. Die weitgehenden Beschränkungen Lev. 18 und 20, Dt. 27, 20—23 stammen größtenteils aus sehr später Zeit; vgl. Dt. 23, 1. 25, 6 (dagegen Lev. 18, 16. 20, 21. Dt. 27, 25). Heiraten mit Ausländerinnen waren nicht verboten; für die Erhebung einer Kriegsgefangenen zur Ehefrau werden besondere Vorschriften gegeben Dt. 21, 10 ss.

[3]) Auf störrischer Vernachlässigung und Lästerung der Eltern, auch der Mutter, stand der Tod; die Strafe konnte allerdings nur von dem Gemeindegericht verhängt und vollzogen werden, aber in ältester Zeit war der patria potestas diese Schranke schwerlich gezogen. Der freiwillige Verkauf wird nur bei der Tochter erwähnt Exod. 21, 7. Er unterschied sich nicht viel von der Dahingabe der Tochter zur Ehe, die ebenfalls für Geld geschah. In dem Falle 2 Reg. 4, 1 verlangt der Gläubiger von der Witwe den Verkauf ihrer Kinder; vgl. Mich. 2, 9. Iob. 24, 9.

[4]) Das Rind diente zum Pflügen, der Esel zum Reiten; Kamele gab es in dem gebirgigen Lande nicht. Ein und das andere nomadische Wort ist beibehalten, z. B. navè (das Reiseziel, daher sowol die Weide als die Wohnung).

der eigentliche Beruf des Menschen[1]); geruhig unter seiner Rebe und unter seinem Feigenbaum zu sitzen, war das Ziel der Wünsche eines richtigen Israeliten. Von freiwilliger Fruchtbarkeit war das Land freilich nicht, die Wüste fraß um sich, wo ihr nicht entgegengearbeitet wurde. Aber der Schweiß des Angesichts tat hier Wunder. Die terrassirten Berge waren mit Wein und Oliven bedeckt, die Täler und Ebenen trugen Weizen und Gerste die Fülle. Offenbar stand der Anbau auf einer sehr hohen Stufe[2]). Handwerke und Künste dagegen arbeiteten nur für den einfachen Hausbedarf; Weben, Töpfern, Zimmern und Schmieden waren die wichtigsten. Bei goldenen Geräten wird das Gewicht, nicht die Kunst geschätzt (Gen. 24, 22), wie sie auch sonst im Orient einfach in Zahlung gegeben werden, selbst nachdem es schon Münzgeld gab.

Die hergebrachte Lebensweise war einfach. Die Ortschaften waren meistens offen, gemeiniglich auf halber Höhe eines Hügels gelegen, unterhalb des Altars und der Tenne und oberhalb des Wassers. Ringmauern waren in alter Zeit kaum vorhanden; die Befestigung bestand in einer Burg, wohin sich die Bevölkerung in Zeiten der Not zurückzog[3]). Die Häuser wurden aus Lehm gebaut und hatten in der Regel nur ein Zimmer, das Licht kam durch vergitterte Luken; aus denen, die am Dach angebracht waren, zog der Rauch[4]). Der Herd hatte keine feste Stellung im Hause und keine religiöse Bedeutung[5]); in dem Punkte berührten sich die

---

[1]) Gen. 2, 15. 3, 17 ss. Die Verordnungen Exod. 21. 22 beschäftigen sich nur mit bäuerlichem Privatrecht. In Gen. 4, 20—22 dagegen werden die Ackerbauer gar nicht genannt, sondern nur die Hirten, Musikanten und Schmiede. Eine Aufzählung von Getreidearten und Sämereien findet sich Isa. 28, 23 ss. Die Gartenvegetation hat sich in der persischen und griechischen Zeit sehr verändert, wie man namentlich aus dem Hohenliede ersieht.

[2]) Künstliche Bewässerung in größerem Maße fand nicht statt (Deut. 11, 10 s.). Darum wird in Exod. 21 s. vom Wasserrecht nicht gehandelt, welches sonst in einer Bauerngesetzgebung nicht hätte fehlen dürfen.

[3]) Jud. 8, 9. 17. 9, 6. 20. 51. Die Burg von Sichem und auch die von Jerusalem heißt Beth Millo. Migdol ist eigentlich nur ein Turm.

[4]) Os. 13, 3. Nach Marc. 2, 4 war die Stiege außen am Hause angebracht; ebenso bei den Arabern (Vaqidi 170. Baladh. 46, 15. Tabari 1 1379, 7). Die Araber haben für Haus und Zimmer nur ein Wort.

[5]) Es gibt im Hebräischen kaum ein Wort für den Herd, der Name aschphôt (J. D. Michaelis Suppl. No. 187) hat bezeichnenderweise die Bedeutung „Dreckhaufen" angenommen. Das zeigt den Unterschied von dem

Israeliten mit den Arabern und unterschieden sich von den Griechen, denen sie sonst in den Dingen des täglichen Lebens viel näher standen. Die Möblirung eines Obergemachs wird einmal beschrieben, sie bestand aus Lagerstatt, Tisch, Stuhl und Leuchter. Die allgemeine Tracht war Rock und Mantel, d. h. Unterkleid und Überwurf; der Überwurf diente auch als Schlafdecke [1]). Stab und Siegelring kamen hinzu. Die Füße wurden geschützt, Kopfbedeckung dagegen war nicht üblich. Fleisch gab es für den gemeinen Mann nur an den Opfertagen, dreimal im Jahr, zu essen; das war auch vorzugsweise die Gelegenheit, Wein zu trinken. Gewöhnlich mußten Mehl und Öl für die Küche genügen, beides wurde in irdenen Krügen aufbewahrt. Das Brot, von Gerste und späterhin gewöhnlich von Weizen, wurde in der Regel gesäuert [2]). Die alte Hauptmahlzeit fand, wie es scheint, nicht abends sondern mittags statt [3]). Verglichen mit den Ägyptern kamen sich die Israeliten robust und unverzärtelt vor, weniger von Krankheiten geplagt. Jahve war ihr Arzt; sie brauchten keine Heilkünstler, kaum Hebammen.

----

indoeuropäischen Herde, dem Hausaltar; für das nicht verlöschende Herdfeuer tritt bei den Hebräern die ewige Lampe ein. Das älteste Mittel, dessen man sich zum Garmachen bediente, waren glühende Steine (riçpha, ebenso arabisch und auch syrisch). Man tat sie in einen Eimer oder Schlauch, um das Wasser oder die Milch heiß zu machen; man legte sie in Reihen auf die Asche, um zu backen und zu braten, der Ofen ist ursprünglich nur ein Schlot darüber.

[1]) Exod. 22, 26. Am. 2, 8.

[2]) Das Wort, das die Hebräer für Olivenöl gebrauchen, bedeutet im Arabischen Butterschmalz. Auch das irdene Gerät — bei nebel findet sich der Bedeutungsübergang von Schlauch zu Krug — unterscheidet sie höchst charakteristisch von den Arabern; sie nehmen es sogar auf den Feldzug mit (Jud. 7, 16. 20). Ebenso das gesäuerte Brot; in Jud. 7, 13 ist ein kugelndes (also nicht fladenartiges und ungesäuertes) Gerstenbrot das Symbol der israelitischen Bauern, das Zelt das Symbol der midianitischen Nomaden. Als Zukost kommen vor Feigen, Zwiebeln, Knoblauch, Gurken, Kürbisse, Linsen, bittere Kräuter; als Leckerbissen Kuchen von gepreßtem Obst. Der Gebrauch des Salzes ist alt, nicht aber der des Essigs, der den späteren so unentbehrlich war. Honig scheint immer wilder Honig „aus dem Felsen" zu sein wie bei den Beduinen; zur Zeit der arabischen Eroberung gab es jedoch in Syrien Bienenzucht und Bienenkörbe (Baladh. 57). Kerzen aus Wachs kommen nicht vor, nur Öl und Docht. Die Fackeln sind Späne.

[3]) Gen. 43, 16. 25.

Jedoch die Zeiten fingen an sich zu ändern. Der Handel war lange nur von den kanaanitischen Städten betrieben, so daß der Name Kanaanit sogar geradezu zur Bezeichnung eines Händlers diente [1]. Jetzt aber trat Israel in Kanaans Fußstapfen, zum Leidwesen der Propheten [2]. Die Könige selber, seit Salomo, waren mit gutem oder schlechtem Beispiel vorangegangen, indem sie in Gemeinschaft oder in Konkurrenz mit den Tyriern überseeischen Handel und andere Geschäfte in großem Maße betrieben. Die Städte gewannen an Bedeutung, das Geld entwickelte seine Macht [3], es bahnte sich eine Umwälzung an, die kein frommer Eifer zu hemmen vermochte. Kornwucher, Latifundien, Häufigkeit der Verpfändungen und der Schuldknechtschaft sind Anzeichen, daß der gleichmäßig verteilte Besitz gegenüber den großen Vermögen sich nicht zu halten vermochte [4]. Der Riß zwischen Reich und Arm, Vornehm und Gering wurde breiter, die oberen Tausende unter-

---

[1] In der Gesetzgebung wird wahrscheinlich absichtlich auf Handel und Gewerbe keine Rücksicht genommen, sondern nur auf Landwirtschaft; nur der Grundbesitz verlieh die vollen bürgerlichen und religiösen Rechte. Aber schon in Exod. 21 s. wird nicht mit Vieh, sondern mit Geld bezahlt, und das Geld spielt im Recht eine große Rolle, freilich nur bei Schadensersatz, Buße und Komposition.

[2] Os. 12, 8. 9: Was tut Jakob? macht es wie Kanaan, in dessen Hand trügerische (Geld-) Wage ist, das da liebt zu übervorteilen. Ei, spricht Ephraim, ich bin doch reich geworden, habe mir Vermögen erworben — all sein Vermögen reicht nicht aus für die Schuld, die es sich zugezogen.

[3] Abimelech dang sich mit 70 Sekel eine Leibwache, David kaufte um 50 Sekel die Tempel-Area und ein Joch Rinder dazu. Dagegen kostet Ex. 21, 32 (vgl. Gen. 37, 28) ein Knecht 30 Sekel, Dt. 22, 29 eine Jungfrau 50 Sekel, Gen. 23, 16 eine Grabhöhle 400 Sekel, und 1 Chr. 21, 25 wird der Preis der Tempel-Area, die David kaufte, von 50 Sekel Silber auf 600 Sekel Gold erhöht. Vgl. Jud. 17, 3 mit v. 4; 8, 21 mit v. 24—26. Das Geld (Silber) wurde natürlich nicht gezahlt, sondern gewogen. Doch soll keschita Gen. 33, 19 der Name einer kleinen Münze sein und sich als solcher in Karthago bis zu den Zeiten des R. Akiba im Gebrauch erhalten haben.

[4] Am. 8, 5. Isa. 5, 8. Os. 5, 10. Dt. 19, 14. Daraus daß der Übergang von Freien in Knechtschaft oft vorkam, erklärt sich die Verordnung Exod. 21, 1 ss., die aber nicht durchdrang (Hier. 34) und später ermäßigt wurde (Lev. 25, 28); vgl. 2 Reg. 4, 1. Über Verpfändung s. Dt. 24, 10—13. Exod. 22, 26. Am. 2, 8. Zins wird Exod. 22, 24 untersagt; um so mehr hielt man sich am Pfande schadlos. Von Kreditwirtschaft findet sich keine Spur; die Schulden sind immer Notschulden. Immerhin gab es noch ums Jahr 740 sechzigtausend vermögliche Männer in Israel (2 Reg. 15, 19. 20).

schieden sich in ihrer Lebensweise immer mehr von dem gemeinen Volke. Sie bauten sich Häuser aus Quadersteinen; sie aßen den Festbraten täglich, tranken den Wein wie Wasser und versalbten das beste Öl. Mit welchem Raffinement die Weiber sich putzten, hat der Prophet Jesaias so genau beschrieben, daß man auf den Verdacht gerät, die Mode sei in sein eigenes Haus eingeschlichen. Daß der materielle Fortschritt auch gemeinnützigen Unternehmungen, wie dem Bau von Brücken, Straßen, Wasserleitungen, zu gut gekommen sei, davon hören wir wenig; es läßt sich trotzdem wol annehmen. Die religiöse Kunst war, wenngleich nicht original, doch gewiß nicht so unbedeutend, wie man gewöhnlich annimmt. Erst von den späteren Juden wurde sie verabscheut, nur zu gunsten der Musik machten sie eine Ausnahme.

2. Das Königtum bewahrte im Zehnstämmereich notgedrungen seinen kriegerischen Charakter[1]). Unter den damaligen Verhältnissen, bei den ewigen Kriegen, war der Herrscher zuvörderst Soldat; neben ihm war der Feldhauptmann die wichtigste Person im Reich. Noch war allerdings das Volk das Heer, und die Gemeinden die Regimenter[2]); und zwar lag die Pflicht des Kriegsdienstes auf den vollberechtigten Grundbesitzern, weshalb der Ausdruck Kriegsmann die Bedeutung des vermöglichen Mannes annahm. Aber daneben bildeten sich doch schon, um den Kern der Leibwächter des Königs und der Statthalter[3]), die Anfänge eines soldatischen Standes aus, da der alte Heerbann den veränderten Ansprüchen der Kriegführung nicht mehr genügte. Denn man focht nicht mehr ausschließlich zu Fuße, wie es noch zur Zeit Davids geschehen war, sondern Rosse und Wagen, die es bei den Kanaaniten und Aramäern längst gab, galten für unentbehrlich; Salomo scheint sie eingeführt zu haben. An die Stelle des Schildknappen, der dem Schwertkämpfer die Waffen trug, trat der Adjutant, der neben dem Pfeilschützen auf dem Streitwagen stand und ihn mit dem Schilde

---

[1]) Bezeichnend ist es, daß Elias auf einem Kriegswagen gen Himmel fährt, und daß Elisa „Wagen und Reiter" Israels genannt wird.

[2]) Am. 5, 3. Freilich soll nach Exod. 18 schon Moses Obersten über Tausend und Hundert und Funfzig und Zehn eingesetzt haben, nicht bloß für den Krieg, sondern auch für den Frieden. Das würde eine völlige Auflösung der Geschlechter bedeuten, die für die ältere Zeit nicht angenommen werden darf.

[3]) 1 Reg. 20, 14 s.

deckte. Auch die Art der Ausrüstung änderte sich, Schwert und Lanze traten zurück, der Bogen wurde die Hauptwaffe. Ein weiterer Fortschritt bestand in der Ummauerung der Städte, besonders der Metropolen. Früher floh die Bevölkerung in Kriegsläuften in die Höhlen und Wälder, jetzt rettete sie sich hinter die Mauern der Festungen. Die gute alte Zeit, wo es weder Rosse und Wagen noch Festungen, d. h. überhaupt kein ausgebildetes Kriegswesen, gegeben hatte, war dahin und wurde vergeblich von den Propheten zurückgewünscht.

Im Innern griff das Königtum nicht tief ein. Es war nicht viel mehr als das größte Haus in Israel, wie denn der oberste Regierungsbeamte den Namen Hausmeister führte. Der Hof erweiterte sich zur Hauptstadt, der Burgemeister von Samarien war ein königlicher Beamter[1]). Obgleich es königliche Landpfleger in den Provinzen gab, war die Wirkung der Zentralgewalt in die Ferne, über die Hauptstadt hinaus, doch schwach, wie in allen primitiven Staatsbildungen. Mit dem Schutz der Grenzen machte der König gewöhnlich keinen rechten Ernst, er zog sich in seine Stadt zurück und die Landpfleger mit ihrem Gefolge folgten ihm dahin. Worin die Einkünfte des Reiches bestanden, wissen wir nicht recht. Regal war die „Mahd des Königs", d. h. der erste Futterschnitt, in Rücksicht auf die zu unterhaltenden Kriegsrosse[2]). Vielleicht gab es außerdem auch in Israel, wie in Juda, Krongüter, von denen der König an seine Diener Lehen geben konnte[3]). Von einer regelmäßigen und allgemeinen Steuer hören wir nichts, sondern nur von außerordentlichen Umlagen auf die Wolhabenden; der Zehnte gebührte der Gottheit, nicht dem Könige[4]). Auf alle Fälle scheint die Grundsteuer in Palästina unbekannt gewesen zu sein, wie man aus dem Berichte über ihre Einführung in Ägypten durch Joseph schließen darf. Einigermaßen wurde der fehlende Staatsschatz ersetzt durch den Tempelschatz, der wenigstens in Jerusalem den Königen zur Verfügung stand und den sie oft genug angriffen.

---

[1]) 1 Reg. 22, 26.

[2]) Amos 7, 1. 1 Reg. 18, 5. Syrisch-römisches Rechtsbuch ed. Bruns und Sachau § 121.

[3]) Ez. 46, 16—18. 1 Sam. 7, 14.

[4]) Gegen W. R. Smith, Religion of the Semites (1894) p. 246ss. Daß Salomo den Israeliten Frohndienste auflegte, erregte die größte Erbitterung und kam gewiß später im Nordreiche nicht wieder vor.

Von Verwaltung und Polizei, als Aufgaben der Obrigkeit, war nicht die Rede; in einem modernen Staate würden sich die alten Hebräer wie in einer Zwangsjacke gefühlt haben. Die hergebrachten Begriffe von orientalischem Despotismus leiden auf das israelitische Königtum nur beschränkte Anwendung. Wollte Naboth seinen Acker nicht gutwillig verkaufen, so sah Ahab keine Möglichkeit, in den Besitz desselben zu gelangen; man begreift die verwunderte Äußerung seiner tyrischen Gemahlin: du willst den König spielen in Israel! Um die Mittel anzuwenden, durch die es dann doch gelang, ihm den Weinberg zu verschaffen, dazu brauchte man nicht König zu sein; daß sie aber der König anwendete, kostete seinem Hause den Thron. Auch persönlich machen die Könige, wenn wir sie näher kennen lernen, im allgemeinen nicht den Eindruck von Despoten; ihre sprichwörtliche Menschlichkeit scheint mehr als Redensart gewesen zu sein [1]). Daß sie einzelnen Propheten ein Auftreten gestatteten, welches denselben heutzutage leicht den Hals kosten könnte, beruhte wol freilich nicht so sehr auf Milde, als auf Furcht oder Geringschätzung.

Allgemeingiltige Verpflichtungen scheinen zuweilen so zu stande gekommen zu sein, daß der König und die Vertreter des Volkes einen sie gegenseitig bindenden Vertrag vor Jahve schlossen, etwas zu tun oder zu lassen [2]). Eigentliche Gesetze gab es nicht; wol aber ein altes Gewohnheitsrecht, von dem sich einige Aufzeichnungen erhalten haben. Es zeichnet sich aus durch seinen Mangel an Formalismus; feste Vorschriften für die Anbringung und Einleitung der Klage, symbolische Handlungen und poetische Bräuche finden sich fast gar nicht. Die Parteien heißen der Zeuge und der Redestehende, Zeuge bedeutet in der Regel den Kläger. Ohne Klage gab es kein Recht, doch war die Anklage manchmal nichts weiter als ein zur Anzeige bringen [3]). Das Strafrecht, der Maßstab für das Verhältnis der öffentlichen Rechtspflege zur Selbsthilfe des einzelnen, war bei den Israeliten ziemlich ausgebildet.

---

[1]) 1 Reg. 20, 31.

[2]) Exod. 24. 2 Reg. 23. Hier. 34, 18. Daher der Name Bund für Gesetz.

[3]) 1 Reg. 21, 10. Im Deuteronomium hat die Behörde die Pflicht der Inquisition, und in einigen Fällen auch der nächste Verwandte die Pflicht der Anzeige und Anklage. Der Satan, der etwas vom Staatsanwalt an sich hat, findet sich erst in späterer Zeit.

Bei den alten Arabern konnte sich das Geschlecht gegen einen Störenfried eigentlich nur dadurch helfen, daß es sich von ihm los sagte und ihm den Schutz entzog; die israelitische Gemeinde begenügte sich nicht mit der Verbannung, sondern verhängte die Todesstrafe. Die alte Form der Hinrichtung war die Steinigung, wobei sich jeder einzelne an der Tötung des Verbrechers beteiligte und sein Blut auf sich nahm. Es gab „Ruchlosigkeiten, die nicht geschehen dürfen in Israel", die als Schuld auf dem Lande und auf dem Volke lasteten und durch Austilgung des Schuldigen „ausgefegt" werden mußten; insbesondere Lästerungen gegen Gott und den König, Impietät gegen die Eltern, auch Inceste und ähnliche Verletzungen des Volksgewissens. Zu dieser Art Verbrechen gehörte auch der Mord. Die eigentliche Blutfehde, wobei die Familie des Totschlägers für ihn Partei nimmt, die Familie des Erschlagenen mit ihr kämpft und die Rache sich unaufhörlich fortzeugt, scheint bei den Israeliten der Königszeit ein überwundener Standpunkt gewesen zu sein[1]). Nur das war noch übrig geblieben, daß der Bluträcher ohne Prozeß den Totschläger verfolgen und töten durfte. Wenn der letztere nicht absichtlich gehandelt hatte, so fand er Schutz beim Heiligtum, besonders bei gewissen asylberechtigten Heiligtümern, und konnte eventuell mit einer Geldbuße abkommen. Lag dagegen Mord vor, so wurde er auch vom Altare fortgerissen[2]). Dabei legte sich also die öffentliche Gewalt ins Mittel; sie hatte, wie im Islam, die Pflicht, den Mörder zu sistiren[3]). Dem Rächer verblieb dann nur die Exekution. Diese mußte er aber vollziehen, er hatte nicht die Freiheit, von seinem Rechte abzustehn. Wergeld anzunehmen war ihm nicht gestattet, das war nur zulässig bei unbeabsichtigter Tötung. Blut um Blut wurde gefordert, wie Auge um Auge, Zahn um Zahn[4]). Das ungerächte Blut schrie zum Himmel und rief den göttlichen Zorn auf das Land herab. Wenn ein von unbekannter Hand Erschlagener auf dem Felde gefunden wurde, so mußte die Stadt, die der Stelle am nächsten lag, eine Kuh statt des Mörders hinrichten,

---

[1]) So weit war man aber noch nicht, wie in Gen. 9, 6, wo der Mensch an Stelle des Israeliten gesetzt wird.

[2]) Exod. 21, 13. 30 vgl. 1 Reg. 2, 28 ss.

[3]) Exod. 21, 14. Dt. 19, 12.

[4]) In Exod. 21 gibt es nur Talio und Geldbuße; im Deuteronomium kommt, wie im Islam, die Prügelstrafe hinzu, etwas ganz Neues und Andersartiges. Eine alte Form der Strafe scheint die Zerstörung des Zeltes oder des Hauses zu sein.

um die Schuld von sich abzuwaschen[1]). Also war die Blutrache
ihres persönlichen und leidenschaftlichen Charakters schon ziemlich
entkleidet und zur Talio geworden, gerade in dem ältesten Rechtsbuch (Exod. 21) tritt sie in ihrer angeborenen Farbe am wenigsten
hervor. Das Gemeinwesen regelte und gewährleistete die Rache des
Einzelnen, wie im Islam. Eine Art religiöser Selbsthilfe blieb der
Fluch, der über den unbekannten Verbrecher, namentlich den Dieb,
ausgesprochen wurde und ihn ereilte, wenn er sich nicht bewogen
fand, sich anzugeben und Ersatz zu leisten. Die Selbstverfluchung
hatte als Schwurform im Recht große Bedeutung[2]).

Noch immer hatte das volle Bürgerrecht nur der Mann, der
im stande war, die Pflicht der Blutrache zu leisten und das Schwert
zu führen. Der Name für Bluträcher bedeutet auch den Erben[3]).
Nur die Schwertmagen erbten, besaßen Grundeigentum, und losten
über das wie es scheint von Zeit zu Zeit neu zu verteilende Ge-
meindeland[4]). Mit den bürgerlichen Pflichten und Rechten gingen
die sakralen Hand in Hand, sie hafteten ebenfalls an den vollbürti-
gen erbgesessenen Männern. Die Religion war männlich, kriegerisch,
aristokratisch. Der Kultus gründete sich auf die Abgaben vom Er-
trage des Ackers und der Herde, also auf Landeigentum. Der Kahal, die Versammlung der Ortsgemeinde, hatte ebensowol politischen
als religiösen Charakter; wer politisch nicht vollberechtigt war, war
es auch religiös nicht. Ausländer konnten erst nach mehreren Generationen in den Kahal hineinwachsen, ortsfremde Israeliten fanden
vielleicht weniger Schwierigkeit. Der Unterschied der Stände war
erheblich, wenngleich es keine Kasten gab und der Begriff der Mis-
heirat fehlte. Die zahlreichen Beisassen wurden nur aus gutem Willen
zum Opfermahl mitgenommen, vor Gericht bedurften sie des Schutzes

---

[1]) Die Hinrichtung am Bach, die Dt. 21, 9 gefordert wird, kommt auch
1 Reg. 18, 40 vor; ferner BAthir 3 287, 4. 5. 24, 22. 146, 12. Tab. 2 1580, 3.
Kamil 560, 11. Agh. 2 171, 25. Das Wasser sollte vermutlich das Blut weg-
schwemmen und dadurch verhindern, daß es zum Himmel schrie. Vgl. 2 Reg.
23, 12.

[2]) Vgl. Reste arab. Heidentums 1897 p. 192. Dem fortgeschrittenen moralischen Gefühl galt der Fluch als unzulässig, Iob. 31, 30.

[3]) Goel, eigentlich vindex (Iob. 3, 5). Die Pflichten der Reklamation,
der Lösung, und der Rache gehn zusammen und liegen allesamt dem Erben ob.

[4]) Das Erbe ist auch bei den Hebräern arvum, das Grundeigentum. Über
die Verlosung des Landes s. Mich. 2, 5. Hier. 37, 12; über den Ausnahmefall
der Erbtochter Num. 36.

und der Vertretung. In ähnlicher Lage befanden sich auch die Waisen, so lange sie nicht das Alter hatten, um im Kahal zu erscheinen, und die Witwen, denen der männliche Rechtsbeistand fehlte[1]).

Der Kahal war auch die Gerichtsversammlung. Die ordentliche Rechtspflege lag noch immer in den Händen der Geschlechter oder der Gemeinden; sie wurde von den Ältesten, aristokratischen Kollegien, ausgeübt. Auch den Blutbann hatte noch die Ortsgemeinde[2]). Die Richter saßen, um sie herum stand der Kahal. Das Tor war das Forum; nur gewisse Formalitäten wurden beim Heiligtum vollzogen, die Hegung einer feierlichen Sitzung war mit einem Fasten verbunden. Da nun das Richten der hauptsächlichste Teil des Regierens war — beides wird im Hebräischen durch das selbe Wort ausgedrückt —, so hatte sich also der alte vorstaatliche Zustand aggregirter Kommunen, die nur durch das religiöse Nationalgefühl[3]) zusammengehalten wurden, in einem sehr wesentlichen Punkte auch unter der Königsherrschaft erhalten. Er genügte aber nicht mehr, die alten einfachen Zeiten waren verschwunden, die Verhältnisse der Gesellschaft hatten sich geändert. Die Ungleichheit des Vermögens und des Standes wurde drückend empfunden, auch die Religion war demokratischer geworden. Da hätte nun der König eintreten können. Er galt als der oberste Richter; der Zuruf „Hosianna" ist eigentlich der Hilferuf des Unterdrückten, der bei dem Könige Recht sucht[4]). Wer bei der Gemeinde nicht

---

[1]) Alles dies erhellt noch aus dem Deuteronomium, dessen Text in Kap. 23 allerdings Zusätze aus späterer Zeit (Mamzer) aufweist. Merkwürdig ist der Ausschluß der Zeugungsunfähigen (Dt. 23, 2). Ursprünglich deckten sich Kriegslager, Gerichtsversammlung und Kultusgemeinde; alles drei war heilig. Daß die Religion vorzugsweise die Männer anging, erhellt auch daraus, daß den Frauen keine religiösen (d. h. mit Jahve komponirten) Namen gegeben wurden und daß keine Bedenken gegen die Heiraten mit Ausländerinnen bestanden.

[2]) 2 Sam. 14, 7 (Geschlecht), 1 Reg. 21, 9 ss. (Gemeinde).

[3]) Der Kahal (und zwar jeder einzelne Kahal, Micha 2, 5) war ein Kahal Jahves; es herrschte eine gewisse Übereinstimmung über Recht und Unrecht, Sitte und Unsitte, in ganz Israel; und die Gemeinden unterstützten sich gegenseitig in der Sistirung des Verbrechers. Wirklich einigermaßen konzentrirt und von Einer Stelle geleitet war aber doch nur das Kriegswesen; Kriegsherr war allein der König.

[4]) 2 Sam. 15, 2. 1 Reg. 3, 9. 2 Reg. 15, 5. Daher Schophet (Richter) = Regent. Einzelne Fälle 2 Sam. 12 und 14. 1 Reg. 3, 15 ss. 2 Reg. 6, 16 ss. Bei den Persern ist fariâdras (der, zu dem der Hilferuf kommt) Beiwort des Königs, Schahn. ed. Vullers 1 291, 162.

zum Ziel kam oder eine Ausnahme von der geltenden Regel erwirken wollte, wandte sich an ihn [1]). Der Schwache erwartete bei
ihm Schutz gegen den Starken, er sollte den Niederen Recht schaffen
und die Gewalttäter in die Bahn zurückweisen [2]). Aber er war zu
schwach, um den Begriff der Obrigkeit und der staatlichen Gerichts-
hoheit zur Geltung zu bringen. Seine gelegentlichen Entscheidungen
nahmen sich nicht viel anders aus als die Gewaltsprüche, mit
denen auch die kleineren Herren in die ordentliche Rechtspflege
eingriffen [3]). Er erhob sich nicht hoch genug über die Kreise, aus
denen er stammte, die ihn erhoben hatten und auch wieder stürzen
konnten. Das Königtum in Israel hatte keine Macht, weil es nicht
zu einer wahren Legitimität gelangen konnte. Die steten gewaltsamen Dynastiewechsel stellten die bestehende Ordnung immer
wieder in Frage.

Bei so bewandten Umständen versteht es sich, daß die kleinen
Kreise auch unter dem Königtum ihren Schwerpunkt in sich behielten. Mochte das Reich aus den Fugen gehn, sie wurden von
den politischen Umwälzungen in der Hauptstadt nicht erschüttert.
Insofern war allerdings die alte Form des Gemeinwesens alterirt,
als an die Stelle der Geschlechter in der Regel Städte getreten
waren, welche die Gerichtsstätte [4]) auch für die Dörfer bildeten und
„Mütter" derselben genannt wurden. Jedoch war durch diese
Änderung der Zusammenhang der Elemente nicht lockerer geworden.

---

[1]) 2 Sam. 14, 1 ss.; ein typisches Beispiel, das ähnlich, wenngleich mit
charakteristischen Unterschieden, auch bei den Arabern öfters vorkommt
(Agh. 2, 139. 13, 63). Dagegen 2 Reg. 4, 13: ich habe beim Könige nichts zu
suchen, ich wohne unter meinem Volke, d. i. unter meinen Verwandten.

[2]) Jesaias hat genau den selben Begriff vom Amte des Herrschers wie
Abubekr oder Omar: „euer Schwächster wird mir als der Stärkste erscheinen,
bis ich ihm zu seinem Rechte verholfen habe; und euren Stärksten werde ich
als den Schwächsten behandeln, bis er sich dem Rechte fügt". Eine sehr
unfreundliche Ansicht über das Königtum kommt in der Parabel Jothams
(Jud. 9) zum Ausdruck. Es ist das Ziel des Ehrgeizes nur für den, der zu
sonst nichts taugt. „Habe ich mein Fett oder meine Süßigkeit eingebüßt, daß
ich über den Bäumen schweben soll", sagen Olive und Rebe; aber der Dornbusch gibt sich her, der nur zum Unheilstiften gut ist.

[3]) 2 Reg. 4, 13: man wendet sich an den König oder an den Feldhauptmann.

[4]) Die Städte heißen im Deuteronomium Tore d. i. Gerichtsstätten und
Märkte.

Die festeste Einheit war die Familie, im engeren und weiteren Sinne.
Auf ihr Fortbestehn wurde der größte Wert gelegt; es war die
einzige Art von Unsterblichkeit, die man kannte[1]. Wenn der
Vater eine Todesschuld auf sich geladen hatte, wurden die Kinder
mit hingerichtet[2]. Bei Flüchen war es darum Sitte, sich und
seines Vaters Haus zu verwünschen. Auch im Grabe blieben die
Verwandten geeint. Die Familie aber und die Gemeinde waren
der Herd der Sitte, sie hielten ihre Angehörigen mit festen Banden
zusammen. Durch die Schwäche der Regierung, durch die Revo-
lutionen in der Hauptstadt wurde der geistige Fortschritt nicht
gehemmt, das Gefühl für das Rechte und Gute nicht beeinträchtigt;
ja gerade in dieser Periode, in der die Literatur ihre Blütezeit
erlebte, stand die geistige und sittliche Bildung in Israel auf einer
Höhe, die selten wieder von einem orientalischen Volke erreicht ist.

2. Neben Königen und Ältesten erscheinen als Pfeiler des
gemeinen Wesens die Priester und die Propheten. „Den Ältesten
wird der Rat nicht ausgehn, noch die Weisung dem Priester, noch
das Wort den Propheten“ — so lautete ein tröstliches Sprichwort.
Im Deuteronomium werden diese drei leitenden Stände als die berufenen Organe der Theokratie neben einander aufgeführt. Wir
pflegen die Propheten als die wahren Repräsentanten von der Art
und Macht der Religion Jahves zu betrachten, und nicht ohne
Grund. Indessen darf man nicht übersehen, daß die großen Propheten Ausnahmen waren und daß die größten für die Zukunft
weit mehr bedeuteten als für ihre Gegenwart. Die gewöhnlichen
Propheten, die sich in Orden zusammenscharten, waren keine
Aufreger Israels, vielmehr nur zu geneigt, den Machthabern nach
dem Munde zu sprechen. Im allgemeinen war die Religion eine
friedliche Macht, welche das Bestehende nicht angriff, sondern
stützte. In höherem Ansehen als die Propheten zu ihrer Zeit standen
durchschnittlich die Priester, welche die feste Stellung am Heiligtum
voraus hatten. Sie waren noch immer die Berater der Laien in
allen Lebensfragen; von der eigentlichen Rechtspflege und ebenso

---

[1] Daher der Levirat und die Zulassung der einzigen Tochter zum Erbe,
damit „das glimmende Feuer nicht gar erlesche“ (2 Sam. 14, 7).

[2] Jos. 7, 24. 2. Reg. 9, 26. Diesem Grundsatz entspricht die Ausrottung
gestürzter Dynastien, die als selbstverständlich gilt.

vom Orakel-erteilen, mit oder ohne Medien, scheinen sie sich allerdings in der Königszeit zurückgezogen zu haben. Sie hatten sich sehr vermehrt und befestigt, ihr Amt war meist erblich geworden. Sie fühlten sich durch ihren Stand verbunden und gaben dem dadurch Ausdruck, daß sie sich von einem gemeinsamen Ahn ableiteten und sich Leviten nannten[1]). Ihre Einnahmen waren prekär, sie lebten vom Opfer, ohne indessen ein Privileg gerade auf das Opfern zu haben; ihr eigentliches Amt war vielmehr die Thora, die Weisung und Lehre. Äusere Macht besaßen sie nicht, in den Residenzen und auch sonst bei den Heiligtümern waren sie königliche Diener. Der König selber, der Führer des Volkes und des Heeres, hatte das oberste Priesterrecht; Bethel und Dan waren königliche Tempel. „Gott und der König" war eine beliebte Zusammenstellung und keine so leere Redensart wie bei uns Thron und Altar. Der Gesalbte Jahves galt als die Spitze der Theokratie, mochte er auch auf sehr unheiligem Wege emporgekommen sein. Die Salbung durch einen Propheten (d. h. durch Jahve) war nur eine weissagende Vorausnahme der Salbung durch das Heer oder das Volk, d. h. durch dessen Repräsentanten: das wahre Subjekt ist ein Plural. Salben bedeutet ursprünglich nichts anders als Streichen oder Streicheln; es steht auf gleicher Linie mit dem Küssen und auch mit dem Handschlage, der arabischen Form der Huldigung, Durch das körperliche Kontagium entsteht überall geistige Gemeinschaft und die Verpflichtung dazu. Auch Idole wurden gestreichelt, gesalbt und geküßt.

Die volkstümliche Praxis der Religion war noch immer der Kultus[2]). Es gab eine Menge von Stätten, wo „der Name der Gottheit gerufen wurde", weil sie dort gegenwärtig war. Die Heiligkeit solcher Stätten war nicht die Wirkung, sondern die Ursache des Kultus daselbst; sie haftete als natürliche Eigenschaft am Boden und strahlte von ihm in Theophanien aus, lange bevor

----

[1]) Eigentümlich ist es, daß die Priester durchschnittlich Gerim, d. i. Schutzverwandte waren und nicht zum Geschlechtsverband des Ortes gehörten, wo sie amteten. Es könnte sich teilweise daraus erklären, daß sie mit den Altären von den Kanaaniten übernommen waren. Vgl. Reste arab. Heidentums 1897 p. 131, Prolegomena p. 142.

[2]) Zum Folgenden überhaupt sei auf die Reste arabischen Heidentums (Berlin 1897) verwiesen.

dort ein Kultus bestand[1]). Diese heiligen Hage lagen frei und gern auf Höhen; sie hießen geradezu Höhen. Ihr Mittelpunkt war in alter Zeit ein Felsblock oder Stein, der zugleich als Altar und als Idol diente und mit der Gottheit verselbigt wurde; es wurden auch mehrere Steine kreisförmig zusammengestellt (Gilgal) oder auf einen Haufen geschüttet (Gal). Hinzu kam sehr häufig ein Baum, eine Eiche, Tamariske, Therebinthe, Palme, oder auch eine Baumgruppe. Auch ein Wasser fand sich wol, so in Kades, Beerseba und anderswo. Von heiligen Höhlen hören wir nichts; daraus folgt aber schwerlich, daß es keine gegeben hat[2]).

Später trat die Kunst an Stelle der Natur. Es wurden große Altäre gebaut oder gegossen; auch die alten Steinmale, die mit verminderter Bedeutung neben den Altaren stehn blieben, wurden von Menschenhand bearbeitet, hie und da sogar durch eherne Säulen ersetzt. Die natürlichen Bäume verschwanden zwar nicht, wo sie waren; aber notwendiger als sie gehörte der künstliche Baum, die Aschera, zur ordentlichen Einrichtung eines Heiligtums. Wo man kein Wasser hatte, machte man ein ehernes Meer[3]). Der Hauptfortschritt bestand in den geschnitzten und gegossenen Bildern, die ersten wurden von Gideon und von dem Ephraimiten Micha gemacht[4]). In Jerusalem befand sich eine eherne Schlange; am gewöhnlichsten scheint Jahve als Stier dargestellt zu sein, er wird

---

[1]) Bezeichnend ist der Name Phanuel (Gegenwart Gottes) für eine Kultusstätte, ebenso die Erzählung von der Himmelsleiter in Bethel und von den Engeln in Mahanaim.

[2]) Heilige Steine bei Bethel (Gen. 28), bei Ophra (Jud. 6), bei Bethsemes (1 Sam. 6); öfters mit Eigennamen: Eben haEzer, E. haEsel, E. Zochelet. Heilige Bäume (bei dem Stein oder Altar, vgl. Jud. 9, 6 Elon Masseba) werden in der Genesis erwähnt, als von den Patriarchen gepflanzt, dann besonders bei den Propheten. Die Höhlen haben bei den Aramäern und den Arabern, darum ohne Zweifel auch bei den Kanaaniten, große Bedeutung gehabt; es ist wol Zufall, daß sie im Alten Testament nicht vorkommen. Vgl. Gen. 23, 17.

[3]) Analoga des ehernen Meeres zu Jerusalem finden sich bei den Phöniciern und besonders bei den Ägyptern. Die mythologisirenden Ausdeutungen sind überflüssig.

[4]) Das gegossene Bild (masseka) wird von dem geschnitzten (phesel) ursprünglich unterschieden. Der Unterschied ist aber später nicht mehr streng; denn oft hatte die Masseka einen hölzernen Kern und der Phesel einen metallenen Überzug (Isa. 30, 32. Hierem. 10, 3. 4).

auch der Stier Jakobs genannt[1]). Für die Bilder wurden dann
die Häuser auf den Höhen gebaut; ein Gotteshaus setzt immer ein
Idol voraus[2]). Übrigens deckte sich der Tempel niemals mit dem
Heiligtum; er stand innerhalb des abgegrenzten Raums, der vor
ihm heilig gewesen war und auch nach seiner Zerstörung heilig
blieb[3]).

Für den Gottesdienst blieb der Altar, ehedem der Stein, der
Mittelpunkt. Die wichtigsten Opfer wurden auf ihm verbrannt
und dadurch transsubstantiirt, himmlisch gemacht. Sie heißen
darum Räucherungen oder Feuerungen, und der Altar ein Herd
Gottes. Aber ursprünglich hatte die Gottheit so wenig einen Herd
wie die Menschen, das Feuer hatte für den Kultus keine Bedeutung,
das Verbrennen der Opfer war keine alte Sitte. Der alte Brauch
war vielmehr bei den Tieropfern einfach das Streichen oder Ausschütten des Blutes auf den Stein oder den Altar, wie bei den
Arabern; die Fleischstücke wurden dann entweder von den Dar-
bringern gegessen oder den Vögeln und wilden Tieren preisgegeben[4]).
Die Blutausschüttung hat sich auch später immer und überall erhalten, sie galt aber nicht mehr als genügend für ein richtiges
Opfer[5]), sondern wurde, für sich allein geübt, zum Ritus der profanen Schlachtung. Wie das Blut, so wird auch Öl und Wein
— Milch findet sich nicht — auf den Stein ausgeschüttet. Dem
Ausschütten entspricht das Aufstellen (struere) der nichtflüssigen
eßbaren Sachen, z. B. der gesäuerten Brote oder etwa der Kuchen
von gepreßtem Obst; dieses Aufstellen blieb selbst beim Verbrennen
noch immer Sitte. Ein merkwürdiger Übergang zeigt sich beim
Opfer Gideons; er setzt Kesselfleisch und Brühe einfach auf einen
Stein, aber aus dem Stein schlägt die Lohe und verzehrt die zu-
bereiteten Speisen.

---

[1]) Neben den Keruben wurden die Stiere auch als Symbole oder Orna-
mente von der heiligen Kunst vorzugsweise verwendet. Das eherne Meer
wurde von Stieren getragen. Stierköpfe und -hörner befanden sich an den
Ecken der Altäre; daher der Ausdruck: dem Altar das Genick brechen
(Ose. 10, 2).

[2]) Isa. 44, 13.

[3]) Hierem. 41, 5. Joseph. Ant. 13, 70.

[4]) 1 Sam. 14, 32 ss.; es wird dort nicht protestirt gegen das Essen des
rohen Fleisches, sondern gegen das Essen des Fleisches, ohne das Blut auf
den Stein geschüttet zu haben. Gen. 15, 11. Hier. 34, 18.

[5]) Das Sündopfer ist nur eine Buße oder Entschädigung.

Die Opfer sind zum Teil weiter nichts als Gaben an die Gottheit. Sie werden dann entweder an heiliger Stelle aufbewahrt, oder vernichtet, oder auch liegen gelassen; der letztere Fall gibt manchmal Anlaß zur Entstehung gebotener Almosen, so daß die Armen das bekommen, was eigentlich der Gottheit gegeben wurde. Aber bei den Altaropfern, namentlich bei den blutigen, überwiegt die Idee der Bundschließung. Durch den Ritus des Blutstreichens wird eine Verbrüderung mit der Gottheit bewirkt, ebenso auch durch das heilige Mahl, das Bündnis zwischen Lebensfreude und Andacht, welches für den altisraelitischen Kultus genau so wichtig war wie für den griechischen. Ursprünglich sühnt das Opferblut nicht, sondern es kittet; die Versöhnung ist aus der Communio erst abgeleitet. Zur Teilnahme an dem Essen und Trinken, an der Freude vor Jahve, gehört die Heiligung, die darin besteht, daß man sich tags zuvor gewisser Dinge enthält und die Kleider wäscht oder wechselt.

Der Kultus bevorzugt gewisse Tage. Der Neumond wurde feierlich begangen; mit ihm wird der Sabbath zusammengestellt, der, wie es scheint, ursprünglich nach den Phasen des Mondes sich richtete[1]). Der Sabbath ist der Feiertag der Woche, an dem die Schaubrote aufgelegt werden; die Ruhe, ursprünglich nur die Folge der Feier, ist erst allmählich bei ihm gesteigert und zu seinem besonderen Merkmal geworden. Stärker als diese Mondfeste treten in der Königszeit die Jahresfeste hervor. Auch sie haben keine geschichtlichen, sondern natürliche Anlässe. Sie fallen auf die Semesteranfänge im Herbst und Frühling; die Feier besteht darin, daß die Erstlinge und Zehnten, als Dank für den Segen des Landes und der Herde, an heiliger Stelle dargebracht, geopfert und verzehrt werden[2]). Das Hauptfest ist das Herbstfest der Lese

---

[1]) Über den Zusammenhang des Sabbaths mit den Planeten vgl. Idelers Handbuch der Chronologie 1, 178ss. 2, 177s.

[2]) Als Erntefeste sind sie von den Kanaaniten übernommen (p. 50), obgleich die Termine, an den Äquinoktien, älteren Ursprungs sind. Nur das Pascha kann althebräisch gewesen sein, es tritt beim Auszug aus Ägypten stark hervor, ward aber später von den Erntefesten überschattet. Diesem Feste ist am frühesten eine historische Unterlage gegeben worden; in der alten Form der Sage gilt indessen der Auszug nicht als Veranlassung des Festes, sondern umgekehrt das Fest als Veranlassung, oder doch als Vorwand, des Auszuges (Prolegomena 1899 p. 86. 100). Neben den Semesterfesten gab

beim Wechsel des Jahres [1]), zugleich das abschließende Dankfest
für den Ertrag von Tenne und Kelter überhaupt; es wird schlechthin „das Fest" genannt. Dem entspricht sechs Monate früher das
Osterfest der ungesäuerten Gerstenfladen; es bezeichnet den Anfang
der sieben Wochen des Getreideschnitts, an deren Schluß Pfingsten
steht, das Fest der gesäuerten Weizenbrote. Auf Ostern fällt auch
das Pascha, das Fest der Darbringung der männlichen Erstgeburten
von Rindern und Schafen, ursprünglich auch von Menschen
(Exod. 22, 28, korrigirt in 34, 20). Das waren die drei großen Opfer-
gelegenheiten, regelmäßige tägliche blutige Opfer wurden nicht dargebracht. „Dreimal im Jahr soll jeder Mann vor Jahve erscheinen,
und nicht mit leeren Händen." Der ältere Dekalog gibt als am
Sinai geoffenbartes Grundgesetz für Israel beinah nur Vorschriften
für die Feier dieser Feste [2]). Darin bestand der volkstümliche
Gottesdienst, diesen Eindruck gewinnt man auch aus den Propheten
und sogar noch aus dem Deuteronomium. Von den Erstlingen
und Abgaben, auf welche die Feste begründet waren, oder auch
vom Erlös derselben wurden fröhliche Opfermahle veranstaltet;
man aß und trank, man freute sich vor Jahve. Laute Freude, rau-
schender Jubel war der allgemeine Charakter der Feier. Auch die
Weiber nahmen, geputzt und mit Silber und Gold geschmückt,

---

es noch andere, von denen wir nur zufällig erfahren. In Gilead feierten die
Töchter Israels alljährlich vier Tage lang auf den Bergen das Andenken der
gemordeten jungfräulichen Tochter Jephtahs; die ganze Geschichte Jephtahs
ist weiter nichts als die Ätiologie dieser Feier, die einigermaßen an das
Weinen der Weiber über den Thammuz (Ezech. 8, 14) erinnert.

[1]) Der Wechsel des Jahres erfolgte nicht im Frühling, sondern im Herbst;
vgl. Prolegomena p. 106 ss. Über die Berechnung des Jahres und die Schal-
tung haben wir keine alten Nachrichten; nach dem Priesterkodex hatte es
365 Tage, wie aus den Angaben über die Lebenszeit des Henoch und über
die Dauer der Sündflut erhellt. Vgl. dagegen Odyssee 12, 129 s.

[2]) „1. Du sollst keinen fremden Gott anbeten. 2. Gußgötter sollst du
dir nicht machen. 3. Das Massothfest sollst du feiern. 4. Alle Erstgeburt ist
mein. 5. Das Fest der Wochen sollst du halten. 6. Und das Fest der Lese
bei der Wende des Jahres. 7. Du sollst nicht mit Saurem das Blut meines
Opfers vermischen. 8. Das Fett meines Festes soll nicht bis zum anderen
Morgen übrig bleiben. 9. Das Beste der Erstlinge deiner Flur sollst du zum
Hause Jahves deines Gottes bringen. 10. Du sollst das Böcklein nicht in der
Milch seiner Mutter kochen." Vgl. Compos. p. 85. 333.

daran teil[1]). Es fehlte nicht an Excessen; männliche und weib-
lich Hierodulen waren auch bei den israelitischen Heiligtümern
zu finden. Trauer und gewisse körperliche Zustände, Leiden und
Gebrechen, machten unrein und schlossen vom Kultus aus; er war
nur für die Fröhlichen und die Gesunden da[2]). Auf die Sünde
und die Sühnung hatte er keine Beziehung; der Versöhnungstag
der späteren Juden fehlt in dem älteren Festcyklus und paßt durchaus nicht hinein. In Zeiten der Not rief man ein Fasten aus,
man machte auch wol tastende Versuche, Jahves Angesicht zu
glätten. Wenn er aber sichtlich zürnte, in Zeiten allgemeiner
Verzweiflung, wagte man überhaupt nicht sich ihm zu nahen[3]).

Neben dem öffentlichen Gottesdienst gab es auch eine Religion
für den Hausgebrauch. Flüche, Schwüre d. i. bedingte Selbstver-
fluchungen, und Gelübde waren gewöhnlich. Wer unter dem Gelübde stand, durfte in gewissen Fällen keinen Wein trinken und
sich das Haar nicht scheren[4]). Eine Menge privater Observanzen
säumte das tägliche Leben und faßte es ein. Sie waren zwar nicht
gesetzlich und dienten nicht zur strengen Absonderung der Israeliten von den Heiden[5]), aber sie existirten, als allgemeine und selbst-
verständliche Praxis. Das Kind wurde nach der Geburt mit Salz
abgerieben. Von der Sitte, ihm Honig an den Gaumen zu streichen,
zeugt nur noch die Etymologie eines Wortes, welches dann die allgemeine Bedeutung einweihen bekommen hat. Die Beschneidung

---

[1]) Exod. 3.20: die hebräischen Weiber leihen sich von den Ägypterinnen
Kleider und Schmuck für die Festfeier in der Wüste. Ose. 1, 13. 4, 14.

[2]) Der Unterschied von solchen, denen die Teilnahme am Kultus erlaubt,
und von solchen, denen sie verboten war, schnitt tief ein und griff weit. Smend
vermutet, daß nach dieser Rücksicht die Zweiteilung 'açûr und 'azûb zu
verstehn sei; arab. mu'çir bedeutet menstrua. Vgl. Deutsche Literatur-
zeitung 1900 p. 292.

[3]) Amos 6, 10. Diese antike Scheu findet sich sehr ausgesprochen noch
bei dem christlichen Syrer Ephraem (Opp. 3, 635 unten).

[4]) Nazir kommt von einer Wurzel, welche geloben bedeutet. In ältester
Zeit gab es kriegerische Nazire wie Simson. der den lebenslangen Kampf gegen
die Philister sich auferlegt hatte; vielleicht darf man auch mit W. R. Smith
Jud. 5, 2 so verstehn: als die Haare lang wuchsen = als viele zu kämpfen
gelobten. Später wurden die Nazire friedlicher, und die Gelübde ermäßig-
ten sich.

[5]) Man wunderte sich über die Exklusivität der Ägypter, daß es ihnen
ein Greuel war, mit anderen Leuten zu essen (Gen. 43, 42, dagegen Galat. 2, 12).

war vielleicht ursprünglich eine Zeremonie der Aufnahme in den
Kahal, eine barbarische Probe der Mannhaftigkeit, die zugleich das
Recht zur Heirat verlieh[1]). Über Zeremonien der Eheschließung
ist nichts bekannt, abgesehen von der Eheschließung mit einer kriegsgefangenen Frau. Um so mehr erfahren wir über die Leichenfeier.

Die bei anderen Völkern üblichen Trauergebräuche waren auch
bei den Israeliten in älterer Zeit nicht verboten. Man verhüllte
Haupt und Bart, legte den Sack an und einen Strick als Gürtel,
streute Asche auf das Haupt oder setzte sich in die Asche. Man
zerriß die Kleider, schur die Haare und den Bart, zerkratzte und verwundete sich. Klageweiber heulten laut und zerschlugen sich die Brust.
Die Leiche wurde manchmal einbalsamirt, gewöhnlich nur eingehüllt. Verbrennen galt als große Grausamkeit, als totale Vernichtung des Toten (was es auch ursprünglich sein sollte); doch
scheint ein Beispiel pietätvoller Feuerbestattung vorzukommen, auf
die dann aber noch das Begräbnis der Gebeine folgt. Denn das
Begraben war die unerläßliche alte und allgemeine Sitte[2]), es gibt
dafür ein nur in diesem technischen Sinne gebräuchliches gemein-
semitisches Wort. Nach der Angabe vom Tode eines Königs folgt
in den Annalen regelmäßig die Angabe, daß und wo er begraben
wurde. Es gab Gräber in der Erde, gekennzeichnet durch einen
Baum oder Stein oder Steinhaufen. Lieber aber begrub man in
Höhlen, oder in Grabkammern, die in den Fels gehauen waren. Es
wurde dafür gesorgt, daß die Häuser der Toten fester und ewiger
waren als die der Lebendigen. Die Familienmitglieder ruhten darin bei einander, das Familiengrab war das Zeichen des Heimats-
rechtes. Auf einer allgemeinen Begräbnisstätte beigesetzt zu werden
galt für eine Schande[3]). Man hoffte nicht in den Himmel zu kommen,

---

[1]) Über Exod. 4, 25 s. oben p. 19. Ausländer, auch wenn sie israelitische Sklaven waren, wurden in der älteren Zeit nicht beschnitten: vgl. Ezech.
44, 7. 9 gegen Gen. 17, 12.

[2]) Auch die Hingerichteten sollten nach dem Gesetz begraben werden.
Das geschah auch in den Fällen 1 Reg. 2, 34. 2 Reg. 9, 54. Aber allgemeine
Sitte war es nicht. Als David die sieben Söhne Sauls in Gibeon henkte, blieben
die Leichen liegen. Erst durch das rührende Benehmen der Mutter, die un-
unterbrochen bei den Gehenkten wachte, des Tages die Vögel und des Nachts
die wilden Tiere verscheuchte, wurde der König veranlaßt, die Gebeine zusammen
mit denen Sauls und Jonathans im Erbbegräbnis der Familie zu bestatten.

[3]) Isa. 22, 16. Hier. 26, 23.

sondern zu Vater und Mutter, zu den Ahnen, zu den Geschlechtsgenossen versammelt zu werden. Die Vorstellung von der Hölle, d. h. der Unterwelt, wo alle Toten der ganzen Welt bei einander waren, zu der hinabzufahren man sich fürchtete, steht dazu freilich in einem seltsamen Widerspruch, der nicht dadurch gelöst werden kann, daß in den Grabkammern bloß die Leiber, in der Hölle aber die Seelen sich befinden. Zu einer Ausgleichung der Widersprüche auf diesem Gebiet ist aber auch durchaus kein Anlaß.

Auch richtiger Totenkultus wurde getrieben. Die Speisung der Toten, die im Deuteronomium erwähnt und nicht einmal verboten wird, weist auf ein Totenmahl und ein Totenopfer; vielleicht ist auch die Haarschur ähnlich zu beurteilen. Nicht bloß bei der Trauer, sondern auch beim Gebet brachte man sich Einschnitte und Verwundungen bei. Bäume, Steine und Steinhaufen kommen eben so wol bei Gräbern als bei Altären vor. Es wird eine Anzahl heiliger Gräber im Alten Testament genannt, namentlich von Frauen, wie Rahel, Debora, Miriam; sehr bezeichnend ist es, daß Moses von Jahves eigener Hand an einem unbekannten Orte bestattet wird, damit sein Grab nicht zu einer Kultusstätte werde. Wenn man so großen Wert darauf legte, mit seinen Vätern im Erbbegräbnis vereinigt zu werden, so mußte man glauben, davon irgend welchen Genuß zu haben. Die Vorstellung, daß die Toten in die Hölle gebannt wären und keine Empfindung mehr hätten, beherrschte die alten Israeliten nicht ausschließlich. Die Rephaim, d. h. die Schatten, hausten auch auf der Oberwelt; sie hatten Ähnlichkeit mit Dämonen[1]). Sie konnten aus der Hölle heraufbeschworen werden, zum Zweck von Zauber und Weissagung; sie werden geradezu Götter genannt[2]).

Es ist dies nicht die einzige Spur vom Glauben an Dämonen und von den damit verbundenen Praktiken. Das Verbot von Zauberei und Wahrsagung beweist, daß die Neigung dazu bestand. Verschiedene Methoden werden erwähnt, darunter auch das Hindurchgehnlassen durch das Feuer[3]). Die Gegenzauber und Amulette haben

---

[1]) Mit dem עמק רפאים vergleicht Renan (Hist. du Peuple Isr. I. p. 116 n. 4) עמק השדים in Gen. 14, das er ohne Zweifel richtig als Dämonental deutet. Die Rephaim, ebenso wie die vermutlich gleichwertigen Nephilim, sind auch Riesen.

[2]) 1 Sam. 28. Vgl. Schwally, Das Leben nach dem Tode, Gießen 1892.

[3]) Deut. 18. Vgl. Reste arab. Heidentums 1897 p. 189.

sogar im Gesetz Aufnahme gefunden, freilich nachdem sie ihrer Bedeutung mehr oder weniger entkleidet waren. So die Quasten am Kleidersaum, die Gehänge (Totaphoth) auf der Stirn, die Phylakterien am Arm, die unseren Hufeisen auf der Schwelle vergleichbaren Mezuzoth an den Pfosten. Man fühlte sich überall von Geistern umgeben, die Erde war bevölkert von ihren Heeren. Man hatte darum eine gewisse Scheu vor der Natur, sie wurde nicht als Sache betrachtet. Jahve selbst hatte göttliche Wesen niederer Ordnung um sich; die Göttersöhne gehörten zu seinem Geschlecht. Ein Unterschied zwischen guten und bösen Geistern wurde nicht gemacht, sie waren elementare Mächte, die nützen und auch schaden konnten.

Die moralische Unterscheidung von Gut und Böse beherrschte überhaupt die populäre Religion weniger als der sakramentale Gegensatz von Rein und Unrein. Der Zustand der Trauer wegen eines Todesfalls, die Berührung der Leiche und des Aases machten unrein. Ebenso gewisse Krankheiten und alle geschlechtlichen Vorgänge, in besonderem Maße die monatliche Reinigung und die Geburt. Es war verboten, gewisse Tiere, z. B. Schweine, zu essen, Blut zu essen, die Hüftsehne zu essen. Verschiedene Ursachen haben die gleiche Wirkung; nicht bloß die Berührung des Ekelhaften verunreinigt, sondern auch die des Heiligen. Das Blut und die Hüftsehne sind heilig; vielleicht ist auch die Unreinheit einiger Tiere daraus zu erklären, daß sie ursprünglich irgend einem Gott oder Dämon geweiht waren. Den Glauben, daß die Dämonen in Tiergestalt umgehn, haben nicht bloß die späteren Juden, sondern sicher auch die alten Israeliten gehabt. Im übrigen unterscheiden sie sich von den Syrern dadurch, daß sie Fische essen, von den Arabern dadurch, daß sie das Kamel nicht essen. Die Unreinheit hat einen zeitweiligen Ausschluß von der Teilnahme an der Gemeindeversammlung und am Gottesdienst zur Folge. Die Wiederaufnahme geschieht durch eine Reinigungszeremonie. Gewöhnliche Verfahren sind die Waschung des Leibes und namentlich der Kleider, das Scheren des Haares und das Beschneiden der Nägel; auch Reinigung mit einem Ezobbüschel und mit lebendigen kleinen Vögeln kommt vor.

Was rein war und was unrein, erlaubt oder verboten, war keineswegs immer klar und allbekannt. In Zweifelfällen wurden die Priester darum gefragt und entschieden darüber, darin bestand wesentlich ihre Thora. Sie waren zugleich Gewissensräte und Ärzte, sie hatten dadurch einen tief in das Leben greifenden Einfluß.

Das Heiligtum überhaupt war keineswegs bloß für den großen
öffentlichen Gottesdienst da, der nur selten gefeiert wurde, sondern
auch für die privaten Bedürfnisse der Einzelnen. Wie sie sich
dort Bescheid holten, so trugen sie dort auch ihre Bitten und
Wünsche vor. Der Altar war die Wunschstätte, und das Opfer
häufig die Einleitung für die Anbringung irgend eines Anliegens
an die Gottheit, ein Versuch, zu einem bestimmten Zweck auf sie
einzuwirken[1]). In der selben Absicht wurde auch allerlei Zauber
beim Altar getrieben[2]).

Der große Gottesdienst war, wie wir gesehen haben, kanaanitischen Ursprungs, die Observanzen des kleinen Kultus wurzelten
in verschiedenen Schichten älteren Heidentums. Dieser Stoff wurde
im ganzen als mit der Jahvereligion verträglich angesehen, auf
sie übertragen oder wenigstens in Beziehung zu ihr gesetzt. Das
Verhältnis war verschieden. Manche Bräuche waren abgestorben,
man hatte ihren Ursprung und ihre Bedeutung vergessen, sie ließen
sich überall leicht einpassen. Daß die Feste übernommen wurden,
daß der Dank für die Ernte, wie früher dem Baal, so jetzt dem
Jahve abgestattet wurde, war durchaus angemessen, obgleich allerdings durch die Veränderung der dativischen Beziehung nicht auch
sofort die innere Art der Feier sich änderte. Befremdlicher mutet
es uns an, daß die Theraphim in den Gotteshäusern Platz fanden,
daß die heilige Unzucht in den Dienst Jahves eindrang. Vielleicht
geschah dergleichen nicht überall mit gutem Gewissen oder jedenfalls nicht, ohne daß eine Opposition sich regte. Wie dem aber
auch sei, ein bewußter und gewollter Abfall von Jahve erfolgte
niemals; die Beweise, die dafür angeführt werden, zeigen nur, daß
die späteren Juden ihrem Gesetz rückwirkende Geltung beimaßen.
Und Jahve wuchs doch über das Heidentum, das ihm anhaftete
oder sich ihm ansetzte, mehr und mehr hinaus. Daß seine Religion
fortschreitend an Bedeutung zunahm, läßt sich aus der geschicht-

---

[1]) Daher חֶעְתִּיר opfern für flehen.

[2]) Dahin gehört die schon erwähnte Sitte, sich selber zu verwunden, um
eindrücklicher zu flehen (Os. 7, 14. 1 Reg. 18, 28). Vielleicht hat von dieser
Sitte das hebräische Wort für beten den Namen, ebenso wie nach W. R.
Smith das aramäische; die Wurzel פַל bedeutet im Arabischen Risse, Einschnitte haben. Merkwürdig ist auch, daß שִׁחֵר (suchen, aber vorzugsweise Gott suchen) zugleich zaubern bedeutet. Vgl. tanahhus = suchen
Ham. 104, 2.

lichen Literatur deutlich erkennen. Ein unverdächtiges Zeugnis dafür liefern auch die Eigennamen; die mit Jahve zusammengesetzten sind anfangs sehr selten und gewinnen dann nach und nach die Oberhand[1]).

„Jahve der Gott Israels" war und blieb der Fundamentalsatz des Glaubens. Die Zusammengehörigkeit beider war eine gegebene Tatsache; der Gedanke, Jahve habe sich Israel angeboten und Israel sich dann für ihn erklärt, wurde in älterer Zeit nicht gestreift. Das Verhältnis war ein angestammtes, natürliches; es war nicht lösbar und beruhte nicht auf einem Vertrage. Betätigt wurde es von dem Volke durch den Kultus, welchen es Jahve weihte; von Jahve durch den Beistand, welchen er Israel gewährte. Gott bedeutete Helfer, das war der Begriff des Wortes. Hilfe, Unterstützung in irdischen Angelegenheiten wurde von Jahve erwartet, kein Heil im christlichen Sinne. Die Vergebung der Schuld war etwas Untergeordnetes, sie lag in der Erlösung von dem Übel eingeschlossen und wurde nicht geglaubt, sondern erlebt. Die Hauptsache war, daß Jahve Regen und Sieg verlieh. Er schenkte dem Lande Fruchtbarkeit und beschützte es gegen die Feinde; dementsprechend bestand auch der Gottesdienst wesentlich in der Darbringung der Erstlinge des Landes an den Festen. Die Ernte war der Gradmesser für den Stand des religiösen Verhältnisses. In dem Segen des Feldes schmeckte und sah man die Freundlichkeit

---

[1]) Anfangs überwiegen profane Namen, wie Moses, Sipphora, Debora, Jael, Samgar, Gideon, Saul, David, Salomo. Von Tieren sind hergenommen Lea, Rahel, Simeon (arabisch Sim'ân), Sipphora, Debora, Jael, Goal (Käfer, Jud. 9), Aija, Saphan, Akbor, Hulda, Phar'osch; von Bäumen Salomo (arab. Salâmân), Ela, Elon, Thamar. Kis (arab. Qais), Ner, Barak, auch Nun und Nahas muten heidnisch an; Jerubbaal, Meribaal, Isbaal zeigen ebenfalls, daß der Gegensatz zum Heidentum nicht scharf empfunden wurde. Über Abischai etc. s. p. 25 n. 2, über Jerobeam Reste arab. Heidentums 1897 p. 4. n. 2. Zu Nebat vgl. Corp. Inscr. Sem. IV. 90, 10; es ist verkürzt, wie Saphat. Thibni (Sept. Thabenni) ist der selbe Name wie der sidonische Thabnit; Baesa findet sich nach Delitzsch Paradies p. 295 bei den Ammoniten wieder. Mit Jahve komponirte Namen finden sich in alter Zeit wenige, einige Beispiele sind zweifelhaft (Kompos. des Hexat. p. 371). Seit Elia und Jonadab mehren sie sich; als Königsnamen sind sie vor Josaphat von Juda und Ahazia von Israel nicht im Gebrauch, seitdem aber fast ausschließlich. Sie nationalisiren die Religion; an Johanan kann man den Israeliten, an Hannibal den Phönizier, an Henadad den Damascener erkennen. Frauennamen mit Jahve kommen kaum vor (Renan, Histoire 1, 198).

Jahves, Miswachs und Verwüstung wurden als religiöse Schmach empfunden. Es war nicht ausgeschlossen, daß Jahve mit den Seinen unzufrieden war, sie züchtigte und strafte. Am Ende aber half er ihnen doch immer aus aller Not und erlöste sie von den Feinden, in deren Hand er sie zeitweilig überliefert hatte.

Jahve überschattete das Gestrüpp des Bodens, auf dem er stand; die Schlingpflanzen, die ihn umrankten, erstickten ihn nicht. Daß er aber ein Prinzip bedeutete und nicht tolerant, sondern eifersüchtig war, kam erst allmählich zu deutlicherem und allgemeinerem Bewußtsein. Seine prinzipielle Bedeutung erwuchs aus der nationalen. Der Volksgott verdrängte die Stammgötter und setzte sich an ihre Stelle[1]); die Bilder der namenlosen Familiengötter, die Theraphim, verschwanden aus den Häusern und nur in den Tempeln erhielt sich eine Spur von ihnen. Langwieriger und ernsthafter war der Kampf gegen den Kanaanitismus. Es war kein äußerer, sondern ein innerer Kampf; er wurde nicht gegen die Kanaaniten selber geführt, welche sich völlig mit den Israeliten vermischt hatten und nicht mehr ausgeschieden werden konnten, sondern gegen das mit ihnen eingedrungene fremde Wesen, welches die nationale Eigenart zu zerstören drohte, gegen den Luxus und die Üppigkeit und den Sinnenrausch, gegen die Beteiligung der Gottheit am Leben der Natur statt am Leben der Menschen und des Gemeinwesens. Durch ihre ausschließliche Beziehung auf die Nation trat die Religion Jahves endlich auch in Gegensatz zu dem vielgestaltigen Chaos des unausrottbaren niederen Heidentums, welches in den verschiedensten, zufälligsten Erscheinungen spiritistische Kräfte wirken sieht und dieselben durch allerhand wunderliche Mittel den Wünschen der Selbstsucht untertänig zu machen strebt. Das Fehlen der geheimen Künste machte nach einem alten Spruch den eigentümlich unheidnischen Charakter Israels aus[2]), Zauber und Hokuspokus galten als Götzendienst. Geister- und Gespensterwesen, Totenbeschwörung und Totenkultus waren ein Greuel für Jahve. Damit hängt zusammen die für das Alte Testament so bezeichnende Gleichgiltigkeit gegen die religiöse Psychologie,

---

[1]) Der Staat sanktionirte bei den Hebräern die Geschlechtsgötter nicht. Aber indem dieselben dem Jahve Platz machten, entstand die Gefahr, daß dieser auf ihre Stufe herabsank, da der Geschlechtskultus blieb, wenngleich er auf Jahve übertragen wurde.

[2]) Num. 23, 23 vgl. Deut. 18, 9 ss.

gegen die Frage des Lebens nach dem Tode. Es genügte, daß das Volk ewig lebte; über den Einzelnen ging das Rad der Geschichte hinweg, ihm blieb nur Ergebung, keine Hoffnung. Er mußte seinen Lohn in dem Wolergehn des Volkes finden. Man hat das als einen Mangel der israelitischen Religion betrachtet; aber dieser Mangel hat sie wenigstens von Spuk und Aberglauben befreit. Es war gut, daß sie dem einzelnen als autonome Macht gegenübertrat, die ihn für Jahve und Israel bedingungslos verpflichtete, und daß sie nicht ein bloßes Mittel war, seine privaten Wünsche zu befriedigen. Vgl. Herod. 1, 132.

Mit dem Zauber steht die Wahrsagung auf einer Linie. Auch sie widerstrebte dem Wesen Jahves. Die Medien entlockten ihm keine Antwort, er teilte sich freiwillig mit, wenn er es für nötig hielt. Nicht durch Eingeweide und Vogelflug, sondern durch Menschen sprach er zu den Menschen. Nicht durch den Buchstaben, sondern durch den Geist offenbarte er sich je nach Bedürfnis und Anlaß der Geschichte; er hatte noch nicht sein Testament gemacht, er lebte und sein Wort war lebendig. Aus den Propheten wählte er die Interpreten der Absichten, die er mit Israel hatte. Es ist ihr Verdienst, daß die Geschichte, nicht die vergangene, sondern die gegenwärtige, als bedeutungsvolles Produkt göttlichen Handelns verstanden wurde. Die Ereignisse waren Wunder und Zeichen, der Zufall Fingerzeig einer höheren Hand. Der Glaube erhielt auf diese Weise eine stimmungsvolle Lebendigkeit, der Gottesbegriff eine großartige Präsenz. Großartig auch darum, weil das Wirken der Gottheit über alle Spekulation, über alle Einengung durch berechenbare Heilszwecke, durch einen untergeschobenen Heilsplan, hinausgehoben wurde. Männer des Geistes schauten mit dem zweiten Gesicht, was Jahve tun wollte; es gab aber keine Gottesgelehrsamkeit, die ihn nüchtern konstruirte. Er war zu real, zu jugendlich und gewaltig; auch wollte man nicht seine Grundsätze kennen, sondern sein nächstes Vorhaben, um sich darnach für das eigene Handeln einzurichten. Nie wurde das Wort zur Mutter des Gedankens gemacht, die lebendige Evidenz des Gefühlten vertrug sich vielmehr mit großer Sorglosigkeit des Ausdrucks. Die Wahrhaftigkeit der Empfindung hatte auch vor Widersprüchen keine Scheu. Jahve hatte unberechenbare Launen, er ließ sein Antlitz leuchten und verbarg es, man wußte nicht warum; er schuf Gutes und schuf Böses, strafte die Sünde und verleitete

zur Sünde — der Satan hatte ihm damals noch keinen Teil seines
Wesens abgenommen. Sein Zorn wirkte wie eine losgelassene
elementare Gewalt, man hatte ein Grauen davor, man konnte sich
nicht dagegen schützen. Bei alledem wurde Israel doch nicht an
ihm irre. Es waren eben im ganzen bisher gute Zeiten gewesen;
die Inkongruenz der äußeren Erfahrung und des Glaubens war
noch nicht so stark zur Empfindung gekommen, daß das Bedürfnis
entstand, sie auszugleichen. Jetzt aber kamen böse Zeiten, und
damit trat die Nation und die Religion in eine neue Periode.

Siebentes Kapitel.

Der Untergang Samariens.

1. Unter König Jerobeam II., zwei Jahre vor einem großen
Erdbeben, das den Zeitgenossen zur Datirung diente, trug sich in
Bethel, dem vornehmsten und größten Heiligtume Jahves in Israel,
ein bedeutungsvoller Auftritt zu. Die Menge war dort mit Opfern
und Gaben zum Feste versammelt, als ein Mann herzukam, der die
Freude der Feier mit jähem Ernste unterbrach. Es war ein Judäer,
Amos von Thekoa, ein Schafzüchter aus der Wüste am Toten
Meer. In den Jubel der Lieder, die beim heiligen Gelage zu Pauke
und Harfe erschollen, warf er einen gellenden Miston, den Weheruf
der Leichenklage. Denn durch all den Lärm des rauschenden
Lebens hindurch vernahm er ein Todesröcheln: gefallen ist, steht
nicht mehr auf die Jungfrau Israel; liegt hingestreckt im eigenen
Land und niemand richtet sie auf! Er verkündete den nahen Sturz
des gerade damals in seiner Macht sich fühlenden Reiches und die
Fortschleppung des Volkes in ein fernes nördliches Land.

Schon einmal hatte das Schicksal an die Tore gepocht, als
die Aramäer von Damaskus mit aller Gewalt nach Westen drängten
und Schlag auf Schlag gegen die Barriere führten, durch die sie
vom Meere getrennt wurden. Diese Gefahr ging vorüber, Israel
schien neu aufzuleben. Aber es war nur eine Atempause. Die
Zeiten waren glänzend, aber sie waren nicht glücklich, es herrschte
ein banges unheimliches Gefühl unter den Leuten. Der ewige Krieg

hatte die Bevölkerung heruntergebracht; auch unter der Veränderung
der Wirtschaft und des Besitzes, und unter der mangelhaften
Rechtspflege, hatten die niederen Stände schwer zu leiden. Um so
gefährlicher wurde der Schade Josephs, je weniger die berufenen
Ärzte sich darum kümmerten. Indessen das war nicht der Grund,
warum Amos das Ende Israels voraussah. Es war keine allgemeine
Schwarzseherei, die ihn hinter der Herde weg trieb; bestimmt
genug drohte die Wolke, die er am Horizonte wahrnahm. Es
waren die Assyrer. Schon früher hatten sie einmal die Richtung
gegen Südwesten eingeschlagen, ohne damals den Israeliten eine
Gefahr zu werden. Nachdem aber die Vormauer gegen sie, das
Reich von Damaskus, in Verfall geraten war, eröffnete jetzt eine
Bewegung, die sie in der Zeit Jerobeams II. gegen den Libanon
zu unternahmen, den Israeliten die erschreckende Aussicht, über
kurz oder lang den Anprall der unaufhaltsamen Lawine gewärtigen
zu müssen.

Was dann? Der gemeine Mann, nicht im stande, die Gefahr
ganz zu würdigen, lebte des Glaubens, daß Jahve die Seinen nicht
im Stiche lassen werde. In den höheren Kreisen trotzte man auf
die kriegerische Macht Israels, wenn man sich nicht durch Be-
rauschung der Sinne gegen das Nahen des Verhängnisses zu betäuben
versuchte. Amos aber hörte die Frage laut und er wagte sie zu
beantworten: das Ende ist gekommen, das Ende über mein Volk
Israel. Es war eine Lästerung, das zu äußern, denn mit dem Volke
stand und fiel auch Jahve. Aber das Unerhörteste folgt noch.
Nicht Assur, sondern Jahve selber bewirkt den Untergang Israels;
Jahve triumphirt durch Assur über Israel. Ein widerspruchsvoller
Gedanke — als ob Jahve sich den Boden unter den eigenen Füßen
abgraben wollte! Bedeutete doch der Glaube an Jahve den Gott
Israels, daß er seinem Volke beistehe gegen alle Feinde, gegen
die ganze Welt; gerade in Zeiten der Gefahr war es Religion, sich
auf diesen Glauben zu steifen. Wol konnte Jahve sein Angesicht
zeitweise verbergen, er machte nicht jeden Wochenschluß die
Zeche; zuletzt aber erhob er sich doch immer gegen die widrigen
Mächte. „Der Tag Jahves" war ein Gegenstand der Hoffnung in
schwerer schwüler Zeit; es war selbstverständlich, daß das Gericht,
oder wie wir sagen die Krisis, zu gunsten Israels ausfallen werde.
Amos nahm die volkstümliche Vorstellung vom Tage Jahves auf,
aber wie sehr veränderte er ihren Inhalt! „Wehe denen, die den

Tag Jahves herbeiwünschen! was soll euch der Tag Jahves? er ist Finsternis und kein Licht!" Seinen Gegensatz zum Volk hat der Prophet zugespitzt in einem Paradoxon, welches er als Thema dem Hauptteil seiner Schrift voranstellt. „Uns kennt Jahve allein", sagen die Israeliten, daraus folgernd, daß er auf ihrer Seite stehe und für sie eintreten müsse. „Euch kenne ich allein", läßt Amos den Jahve sagen, „darum — suche ich an euch heim alle eure Sünden."

Worauf beruhte die Beziehung Jahves zu Israel? Nach dem populären Glauben wesentlich darauf, daß Jahve nicht bei den fremden Völkern, sondern in Israel angebetet wurde, daß er hier seine Altäre und seine Wohnung hatte. Der Kultus war das Band zwischen ihm und seinem Volke; wenn man das Band fester anziehen wollte, so verdoppelte und verdreifachte man die heiligen Leistungen. Aber für Amos ist Jahve kein Richter, der sich bestechen läßt; auf das zornigste eifert er gegen die Vorstellung, als sei es möglich durch Opfer und Gaben auf ihn einzuwirken. Darum weil Israel allein ihm gedient hat, legt er doch keine andere Richtschnur an dies Volk, als an alle anderen. Kennt er es am besten, so ist die Folge nicht, daß er um der guten Bekanntschaft willen das Auge zudrückt und blindlings seine Partei ergreift. Jahve und Amos kennen nicht zweierlei Maß, Recht ist überall Recht, Frevel immer Frevel, möge er auch an Israels grimmigsten Feinden begangen sein. Was Jahve fordert, ist Gerechtigkeit, nichts anderes; was er haßt, ist das Unrecht. Die Beleidigung der Gottheit, die Sünde, ist durchaus moralischer Natur. Mit so ungeheurem Nachdruck war das nie zuvor betont worden. Die Moral ist es, wodurch allein alle Dinge Bestand haben, das allein Wesenhafte in der Welt. Sie ist kein Postulat, keine Idee, sondern Notwendigkeit und Tatsache zugleich, die lebendigste persönliche Macht — Jahve der Gott der Mächte. Zornig, zerstörend macht sich die heilige Realität geltend; sie vernichtet allen Schein und alles Eitle.

2. Amos war der Anfänger und der reinste Ausdruck einer neuen Phase der Prophetie. Der drohende Zusammenstoß Assurs mit Jahve und Israel, der Untergang Israels ist ihr Thema. Bis dahin bestanden in Palästina und Syrien eine Anzahl kleiner Völker und Reiche, die sich unter einander befehdeten und vertrugen, über ihre nächsten Nachbaren nicht hinausblickten und um das Draußen unbekümmert ein jedes sich um seine eigene Axe drehten — bis

plötzlich die Assyrer diese Kreise störten. Wie Vogelnester nahmen sie die Völker aus, und wie man Eier sammelt, sammelten sie die Schätze der Welt, da half kein Flügelschlagen und Schnabelaufsperren und Gezirp. Sie zerrieben zuerst die Volksindividualitäten des Altertums, sie rissen die Zäune nieder, in denen dieselben ihre Sitte und ihren Glauben hegten, und leiteten so das Werk ein, welches nach ihnen Chaldäer Perser und Griechen fortsetzten und welches die Römer vollendeten. Sie führten einen neuen Faktor, den des Weltreiches oder allgemeiner den der Welt, in die Geschichte der Völker ein. Dem gegenüber verloren dieselben ihren geistigen Schwerpunkt, die rauhe Tatsache, vor die sie sich unversehens gestellt sahen, vernichtete ihre Illusionen, sie warfen ihre Götter in die Rumpelkammer, zu Ratten und zu Fledermäusen. Nur die israelitischen Propheten ließen sich nicht von den Ereignissen überraschen und dann von der Verzweiflung aus allen Sinnen ängstigen, sie lösten zum voraus das furchtbare Problem, das die Geschichte stellte. Sie nahmen den Begriff der Welt, der die Religionen der Völker zerstörte, in die Religion, in das Wesen Jahves auf, ehe er noch recht in das profane Bewußtsein eingetreten war. Wo die anderen den Zusammensturz des Heiligsten erblickten, da sahen sie den Triumph Jahves über den Schein und über den Wahnglauben. Was auch fallen mochte, das Wertvolle blieb bestehn. Die Gegenwart, die sie erlebten, wurde ihnen zum Mythus eines göttlichen Dramas, dem sie mit vorausempfindendem Verständnis zuschauten. Überall die selben Gesetze, überall das gleiche Ziel der Entwicklung. Die Völker sind die agirenden Personen, Israel der Held, und Jahve der Poet der Tragödie.

Die Propheten, deren Reihen Amos eröffnet, wollen nichts neues verkündigen, sie kennen keine andere Wahrheit als die ihnen innerhalb ihres Volkes überlieferte, das Produkt göttlicher Leitung und Weisung desselben. Das religiöse Subjekt ist auch noch ihnen nicht der Einzelne, sondern Israel, und wenngleich Jahve der Nation über den Kopf zu wachsen beginnt, so ist doch die gewaltig realistische Persönlichkeit von dem alten Volksgotte beibehalten. Sie gleichen den bisherigen Propheten nicht bloß in der allgemeinen Form ihres Auftretens und im Stil ihrer Rede, sondern auch darin, daß sie keine Prediger sind, sondern Seher wie jene. Nicht die Sünde des Volkes, an der es ja nie fehlt und deretwegen man in jedem Augenblick den Stab über dasselbe brechen kann, veranlaßt sie zu reden, sondern der Umstand, daß Jahve etwas tun will, daß große Ereignisse bevorstehn. In ruhigen Zeiten, seien sie auch noch so sündig, verstummen sie, wie in der langen Periode des Königs Manasse, um sofort ihre Stimme zu erheben, wenn eine Bewegung eintritt. Sie erscheinen als Sturmboten, wenn ein geschichtliches Gewitter aufzieht; sie heißen Wächter, weil sie von hoher Zinne schauen und melden, wenn etwas Verdächtiges am Horizont sich sehen läßt.

Bei alle dem unterscheiden sie sich doch beträchtlich von den alten Sehern. Von diesen verlangte man bestimmte praktische Weisungen, und darum Kenntnis des Terrains, auf dem die Praxis sich bewegt, d. h. des Details der nächsten Zukunft. Die Propheten dagegen sehen in dem Weltlauf das Wirken der allgemeinen moralischen Gesetze, die allem Handeln die Schranken vorschreiben, in denen es sich halten muß, möge das Ziel sein wie es wolle. Sie gehn zwar durchaus von der Zeit aus, erheben sich aber zu ewig giltigen Gedanken, die sie darum auch durch die Schrift befestigen: sie wissen, daß sie nicht für die Gegenwart arbeiten. Die Ereignisse sind nur der Anlaß, der den Fortschritt der Moral und der Gotteskenntnis bei ihnen entbindet. Sie exponiren „die Dialektik der Begebenheiten“, sie vollziehen die durch den Zusammenstoß mit der Geschichte angeregte und erforderte Läuterung des Glaubens. Sie können es fassen, daß Jahve das von ihm gegründete Volk und Reich jetzt vernichte. Zu oberst ist er ihnen der Gott der Gerechtigkeit, Gott Israels nur insofern als Israel seinen Ansprüchen genügt; sie kehren die hergebrachte Anordnung dieser beiden Fundamentalartikel des Glaubens um. Dadurch wird Jahve der Gefahr entzogen mit der Welt zu kollidiren und an ihr zu scheitern, die Herrschaft des Rechts erstreckt sich gleichmäßig über Israel und Assur. Dies ist der sogenannte ethische Monotheismus der Propheten; sie glauben an die sittliche Weltordnung, an die ausnahmslose Geltung der Gerechtigkeit als obersten Gesetzes für die ganze Welt. Von da aus scheint nun die Prärogative Israels hinfällig zu werden, und Amos, der das Neue am schroffsten und rücksichtslosesten ausspricht, streift bisweilen hart daran sie zu bestreiten. Er nennt Jahve, vielleicht mit einem neu geschaffenen Ausdrucke, den Gott der Mächte d. h. der Welt; höchst auffälliger Weise nennt er ihn nie den Gott Israels. Er macht aus dem Bestehn des Volkes keinen Glaubenssatz, ja er wagt es zu sagen: seid ihr Kinder Israels mir nicht wie die Mohren, spricht Jahve; habe ich nicht Israel aus Ägyptenland geführt und die Philister aus Kaphthor und die Syrer aus Kir? Indessen das besondere Verhältnis Jahves zu Israel war doch wirklich da; die praktische Wahrheit, die sich jetzt hoch über Israel erhob, war doch innerhalb Israels entstanden und noch immer nur dort zu finden, und die Propheten waren die letzten es zu leugnen. Sie machten das Verhältnis nur aus einem natürlichen und notwendigen zu einem bedingten. Der Vorzug Israels besteht darin, daß Jahve sich diesem Volke und keinem anderen durch Tat und Wort offenbart hat — das ist aber ein Vorzug, der eine große Verantwortung einschließt und eine schwere Pflicht auflegt. Denn Jahve stellt nun auch die vollen Anforderungen seiner Gerechtigkeit eben an Israel, weil es sein Volk ist und seinen Willen weiß. So praktisch wird sofort der Monotheismus der Moral gewandt, er wird durchaus nicht zu einer theoretischen Korrektur des hergebrachten Gottesbegriffs benutzt: die mußte sich stillschweigend von selber vollziehen.

„Hört Jahves Wort, ihr Sodomsrichter, vernimm die Weisung unseres Gottes, du Gomorrhavolk! Wozu mir eure vielen Opfer, spricht Jahve; ich bin der verbrannten Widder und des Fettes der Mastkälber satt, und das Blut von Rindern und Schafen mag ich nicht. Meine Seele haßt eure Neumonde und Feste, sie sind mir eine Last, ich bin es müde sie zu tragen. Und wenn ihr eure offenen Hände ausstreckt, so verhülle ich mein Gesicht vor euch; ich höre nicht, wenn ihr gleich des Betens viel macht: eure Hände sind voll Blut! Waschet, reinigt euch, schafft euren bösen Wandel mir aus den Augen, laßt ab vom Bösen, lernet Gutes tun! trachtet dem Rechte nach, weiset den Gewalttätigen in die Bahn, schafft der Waise Recht, führt die Sache der Witwe! Glaubt ihr euch ungerecht von mir behandelt? Wenn eure Sünden wie Scharlach sind, sollen sie dann für weiß gelten wie Schnee? wenn sie sich röten wie Purpur, sollen sie dann wie Wolle sein? Wenn ihr folgt und gehorsam seid, so werdet ihr das Gute des Landes genießen; wenn ihr euch aber weigert und widerstrebt, so kriegt ihr das Schwert zu fressen, denn der Mund Jahves sagt es". Dies Programm kündet nicht Vergebung der Sünden, sondern einzig und allein gerechte Vergeltung an. Mit dem größten Nachdruck betonen die Propheten die Bedingtheit des Verhältnisses zwischen Jahve und Israel, mit anderen Worten die Forderungen, die Israel erfüllen muß, um das Volk Jahves zu sein und zu bleiben. Sie rücken den Begriff — noch nicht den Namen — des Gesetzes in die Mitte und machen ihn zum Fundament der Religion. Was den Inhalt ihrer Gerechtigkeit betrifft, so ist nicht die individuelle, sondern die soziale gemeint. Sie fordern nicht sowol ein reines Herz als gerechte Institutionen; sie haben weniger den Einzelnen, als das Gemeinwesen und die Gesellschaft im Auge, sie zeigen dabei eine bemerkenswerte Sympathie für die niederen und rechtlosen Stände, welche sogar dauernd auf den religiösen Sprachgebrauch eingewirkt hat. Besonders beflissen sind sie zu sagen, worin die Gerechtigkeit nicht bestehe. Die negative Konsequenz ihres ethischen Monotheismus ist ihre Polemik gegen den Kultus, sofern nämlich der Kultus ein Versuch ist, den allgemeinen Bedingungen der Gerechtigkeit zu entgehn und eine Ausnahmestellung zur Gottheit zu erlangen, damit sie von ihrer Strenge zu gunsten der Opfernden absehe. Indessen nicht bloß so prinzipiell widersprach der damalige Kultus der Alleinherrschaft der Moral, er schlug ihr auch recht grob und äußerlich ins Gesicht. Es ging in Saus und Braus her bei den Opferstätten, durch Schlemmen und Saufen und schlimmere Greuel wurde der heilige Name Jahves entweiht. Die Propheten ließen das gar nicht als Jahvedienst, was es sein sollte, gelten, sondern sahen es als Baaldienst an, was es auch ohne Zweifel ursprünglich gewesen war. Sie eröffneten mit aller Macht den Kampf gegen das Heidentum in Israel, gegen alles was in der Religion der Moral, der Idee des heiligen und gerechten Gottes, widersprach, und sie schritten in diesem Kampfe von einer Stufe zur anderen fort.

Den Propheten ist an der Hand der Weltgeschichte der furchtbare Ernst der Gerechtigkeit Jahves aufgegangen, sie sind die Begründer der Religion des Gesetzes, nicht die Vorläufer des Evangeliums. In den messianischen Weissagungen besteht ihre Bedeutung nicht; eher darin daß sie die Heilsverkündigung der patriotischen Seher, die auch zu ihrer Zeit noch die Mehrheit bildeten, als Lüge und Verblendung bekämpfen. Optimisten sind allerdings auch sie und zwar von der kühnsten Art; nämlich in dem Sinn, daß sie auf das festeste von dem endlichen Triumph des Rechts und der Gerechtigkeit auf Erden überzeugt sind. Es kommt ihnen nie der geringste Zweifel an Jahve, sie sind seiner so gewiß wie ihrer eigenen Seele. Ihre Gottesgewißheit ist hinreißend und höher als alle Vernunft. Aber der Glaube, daß die Geschichte das Welt-

gericht und daß die historische Notwendigkeit göttliche Gerechtigkeit sei, war unter den damaligen Umständen kein Trost, am
wenigsten für den Einzelnen. Die Geschichte rechnet nicht mit
gutem Willen, überhaupt nicht mit Personen, sondern mit Taten,
sie beschränkt die Wirkungen der Tat nicht auf den Täter, sie
straft Torheiten und Schwäche härter als Sünde, sie macht keine
Handlung ungeschehen und nimmt nicht Rücksicht auf die veränderte
Gesinnung des Herzens — kurz die Geschichte, in ihrer Wirkung
auf den Einzelnen, ist Tragödie, und keine Tragödie hat einen be-
friedigenden Schluß. Die Position der Propheten mußte dazu
führen, über das Volk und über die Welt hinauszugehn.

3. Amos nächster Nachfolger, an seine Wirksamkeit anknüpfend,
war Hosea ben Beeri, ein Israelit. In seinen frühesten Weissagungen
verkündete er ebenso wie Amos den Untergang des Reiches und
Volkes Israels als gleichzeitig mit dem Sturz des Hauses Jehu.
Als Schuld und Ursach gab er die Bluttat von Jezreel an, die
Ausmordung des Hauses Ahab durch Jehu. Jehu hatte nun aber
nach dem Worte Jahves gehandelt; wenn Hosea seine Tat verurteilte, so verurteilte er zugleich ihre Anstifter, die Propheten. In
Jezreel soll das Blut Naboths an Ahab heimgesucht werden, hatte
Elias gesagt; Elisa und Jehu hatten das Urteil vollstreckt so wie
sie es verstanden. Hundert Jahre später setzte Hosea, mit bewußter Anknüpfung, die Kette in seiner Weise fort: in Jezreel ist
die Bluttat Jehus begangen, in Jezreel soll sie an Jehus Hause
und an Israel gerochen werden. Die Prophetie war fortgeschritten,
sie war menschlicher und unparteiischer geworden.

Indessen fiel die Dynastie des Jehu nicht, wie Amos und
Hosea erwarteten, durch die Assyrer, und Israel überlebte ihren
Sturz noch um zwei Jahrzehnte. Es war eine unglückselige Henkers-
frist. Nach Jerobeams II. Tode brachen wilde Parteikämpfe aus;
es war als hätte die äußere Gefahr für den Bestand des Reiches,
die jetzt mit Händen zu greifen war, zum voraus alle inneren Bande
aufgelöst. Keiner der auf- und untertauchenden Könige hatte
Macht, keiner schaffte Ordnung. Sie suchten Halt bei den Assyrern,
die an der nördlichen Grenze des Landes standen, dann auch wieder
bei den Ägyptern, den Antagonisten der Assyrer, und vermehrten dadurch nur die Schwierigkeit der Lage. In diese Zeit fielen die späteren Weissagungen Hoseas: die Assyrer hatten damals schon ihre
Tatze auf das Land gelegt, aber noch nicht ihre Krallen gezeigt.

Hosea ist, mit Jeremias, der individuellste aller Propheten, und in dieser Beziehung der größte Gegensatz zu seinem Vorgänger. Er wird nicht wie jener hinter der Herde weggerufen, um eine Botschaft Jahves auszurichten und wieder zur Herde zurückzukehren, nachdem er seine Pflicht getan; sein persönliches Leben verwächst mit der Prophetie. Sein Weib hat ihm die Ehe gebrochen, und er liebt sie doch. Schwermütig über sein häusliches Unglück ist er zugleich erfüllt von Schmerz über die allgemeine Not und Verderbtheit seines Volkes. Da schießen die beiden Gedanken zusammen, er sieht die Ähnlichkeit zwischen dem Kleinen und dem Großen, im einen das Bild des anderen: als Vertreter Jahves, als Prophet, als den er sich nunmehr erkennt, hat er tun müssen was er getan, erleben müssen, was er erlebt hat. Sowie sein Weib ihm untreu ist, so hurt auch Israel ab von seinem Gotte; so wie er die Ehe löst, indem er die Frau aus seinem Hause schickt, so löst Jahve sein Verhältnis zur Nation, indem er sie aus seinem Lande treibt; aber so wie er sein Weib dennoch liebt, so kann auch Jahve von Israel nicht lassen. Dieser Ausgangspunkt der Prophetie Hoseas ist für die ganze Art derselben bezeichnend. Wenn aus Amos die göttliche Notwendigkeit wie mit ihrer eigenen Stimme redet, so durchdringt Hosea das Wort Jahves vollständig mit seiner menschlichen Empfindung. Seine Weissagungen fallen auch äußerlich aus dem prophetischen Stile heraus, es sind beinahe Monologe einer durch eigenes Leid und starkes Gemeingefühl tief aufgeregten Seele.

Hosea eifert besonders gegen zwei Grundübel, an denen Israel kranke. Einmal gegen den Kultus, nicht bloß gegen seine falsche Wertschätzung, als sei der Gottheit an Opfern gelegen, sondern mehr noch gegen seine verkehrte kanaanitische Art, gegen die Bilder, gegen das Fressen und Saufen und vor allem gegen die Unzucht dabei. Er ist ihm schlechtweg Hurerei, eine Hurerei, die, wenn sie auch zu Jahves Ehre geschieht, doch in sich selbst ein Abfall von ihm ist. Das ist kein Jahvedienst, es ist weiter nichts als Dienst der Baale, der vorisraelitischen Ortsgottheiten. Den Baalen werden die Neumonde und Sabbathe gefeiert, ihnen wird an den Jahresfesten der Dank für die Gaben des Landes dargebracht, ihnen mag die lärmende Ausgelassenheit, die tolle rauschende Lust anstehn. Und den so gearteten Gottesdienst leiten die israelitschen Priester, die Diener Jahves! Statt ihrem Berufe gemäß das Volk von seiner Unkenntnis des wahren Wesens Jahves zu heilen, belassen sie es vielmehr bei dem Wahn, er habe Wolgefallen an dieser Art der Verehrung; denn sie haben Vorteil davon, sie nähren sich von der Sünde des Volkes. Der zweite offene Schade, in den Hosea die Sonde legt, ist politischer Art. Amos redet nicht von Politik, unter Jerobeam II. war kein dringender Anlaß dazu. Hosea aber hatte die völlige Zersetzung des Reiches vor Augen, das beständige Salben und Stürzen von Königen und Regenten, die innere Haltlosigkeit aller Regierungen und ihr unsicheres Schwanken zwischen der Anlehnung bald an diese bald jene Großmacht. Er wollte überhaupt nichts mehr wissen „von König und Obersten“. Das auf Offiziere und Beamte gestützte Königtum hatte in der Tat die alte Ordnung, nach Stämmen Geschlechtern und Sippen, an deren Spitze ihre geborenen Vertreter standen, weder überwunden noch ersetzt; es hatte zu einem unheilvollen Zwischenzustand geführt, nicht zu einer Organisation des Ganzen, sondern zu einer losen und willkürlichen Herrschaft des Heeres, des Hofes und der Hauptstadt über das Land. Die Krone ward als ein Raub angesehen; wer sich Manns genug fühlte und Helfershelfer hatte, griff darnach. Diese Schwäche des revolutionären Königtums betrachtet Hosea als einen der Institution an sich selber anhaftenden Mangel, es schien ihm durch das traurige Ergebnis verurteilt auf das es ausgelaufen war, es hatte sich nicht als Schirm und Hort von Ordnung und Recht erwiesen, sondern als Quell einer beinah permanenten Anarchie. Man sieht, aus der Menge seiner Anspielungen auf uns unbekannte Einzelheiten, wie viel tiefer er in dem Hexenkessel steckt als sein judäischer Vorgänger. Er zeigt sich auch weit mehr affizirt als jener, Amos zürnt und Hosea schaudert. Trotzdem, oder auch gerade deswegen, bringt er es nicht über das Herz, Israel einfach das Todesurteil zu sprechen. Der gänzliche Untergang Israels ist ihm ein undenkbarer Gedanke, Jahve kann von der Liebe zu seinem Volke nicht lassen, und wenn er es jetzt aus seinem Lande verbannt, so geschieht das nur, damit es sich bekehre und er es dann wieder heimführe und das zeitweilig unterbrochene Verhältnis neu für ewig anknüpfe. Es ist anders gekommen, Israel verschwand spurlos vom Erdboden. Die Hoffnung hat den Hosea betrogen. Dennoch war es nicht umsonst, daß er den Glauben an die Liebe Jahves festhielt.

4. In den Propheten Amos und Hosea, die uns einen Einblick in die Stimmung des untergehenden Volkes gewähren, wie wir ihn

aus den genauesten Urkunden nicht zu gewinnen vermöchten, müssen wir einen Ersatz dafür suchen, daß wir über die äußeren Ereignisse dieser letzten betrübten Zeiten noch ungenügender als gewöhnlich unterrichtet sind. Jerobeam II. muß bald nach der Mitte des achten Jahrhunderts gestorben sein. Sein Sohn Zacharia wurde nach kurzer Regierung durch Sallum ben Jabes[1]) gestürzt. Dieser aber konnte sich auch nicht halten, ein grausamer Bürgerkrieg brach aus, aus dem Menahem ben Gadi als Sieger und König hervorging. Er muß den Thron etwa um das Jahr 745 bestiegen haben. Damals kam Phul, der König von Assyrien, ins Land, und Menahem gab dem Phul tausend Talente Silbers, daß er es mit ihm hielte und ihm das Königreich bekräftigte, und legte das Geld den Vermögenden in Israel auf, ein sechzigstel Talent auf einen jeglichen Mann. Darnach erkaufte sich also Menahem, zum Schutz gegen innere und vielleicht auch gegen äußere Angriffe auf seine Regierung, die Hilfe des Königs Thiglathpileser, welcher damals der assyrischen Eroberung in diesen Gegenden einen neuen Schwung gab. Später scheint er aber auch, nach Hoseas Andeutungen zu schließen, mit den Ägyptern geliebäugelt zu haben, denen man sich immer in die Arme warf, wenn man die Assyrer satt hatte und von ihnen los zu kommen wünschte. Denn den Ägyptern lag natürlich sehr daran, Palästina, den Schlüssel ihres Landes, nicht in die Hand der Assyrer fallen zu lassen. Menahem war der letzte König, der die Regierung auf seinen Sohn vererbte. Sein Sohn Pekahia trug indessen die Krone nicht lange, da erschlug ihn der Gileadit Pekah ben Remalia, sein Adjutant, und wurde König an seiner statt ($\pm$ 735). Von ihm erfahren wir mehr wie sonst, weil er in Berührung mit Juda kam. Er verbündete sich mit Reson von Damaskus zu einem Feldzuge gegen Jerusalem, um den dort eben auf den Thron gelangten König Ahaz ben Jotham zu stürzen und einen syrischen Vasallen an seine Stelle zu setzen. Ahaz parirte aber den Streich, indem er sich dem Assyrer in die Arme warf, den vielleicht die Allianz zwischen Aram und Israel so wie so zum Einschreiten veranlaßt haben würde. Thiglathpileser

---

1) Die richtige Aussprache Σελλημ ist in der Sept. 2 Reg. 22, 14 erhalten; es ist Perf. Piel mit ausgelassenem Gottesnamen. Phönizisch Σελημ, Corp. Insc. Sem. I 119. Jabes ist sonst Ortsname; wenn ein solcher hinter ben stehn darf, so könnte auch (Thibni) ben Ginath so aufgefaßt werden.

erschien 734 zuerst an der Seeküste Palästinas und hausete dann in diesem oder dem folgenden Jahre im Reich der zehn Stämme. Nachdem er Galiläa und Gilead heimgesucht und die Bevölkerung dieser Grenzlande fortgeschleppt hatte, schloß man in der Hauptstadt Samarien dadurch Frieden, daß man ihm den Kopf des Königs Pekah und einen ansehnlichen Tribut zu Füßen legte. Statt Pekahs wurde dessen Mörder Hosea ben Ela auf den Thron erhoben und von dem Assyrer als Herrscher über das freilich sehr geschwächte und beschnittene Reich Samarien anerkannt. Etwa ein Jahrzehnd hielt sich dieser still und entrichtete pflichtschuldig seine Schatzung. Als aber nach Thiglathpilesers Tode die syrisch-palästinischen Reiche sich überall gegen das Joch erhoben, wurde auch Samarien von dem Taumel des patriotischen Fanatismus ergriffen. Im Vertrauen auf die Hilfe Seves, des äthiopischen Oberkönigs von Ägypten, wagte Hosea den Abfall von Assur. Aber die Ägypter ließen ihn im Stich, als Salmanassar[1]), der Nachfolger Thiglathpilesers, mit Heeresmacht in sein Land einbrach. Noch vor dem Fall Samariens kam Hosea in die Gewalt des Assyrers. Die Hauptstadt leistete drei Jahre lang verzweifelten Widerstand, erst der Nachfolgers Salmanassars, Sargon[2]), vermochte es sie zu bezwingen (721). Darnach ergriff er die beliebte assyrische Maßregel, um ein Land zu pacifiziren, er deportirte die Blüte der Bevölkerung. Nur im Zentrum, wo Samarien Sichem und Bethel lagen, scheint sich ein etwas konsistenterer Rest von Israeliten erhalten zu haben, er wurde aber mit fremden Kolonen, aus rebellischen babylonischen Städten, versetzt. Die weiter entlegenen Teile im Norden und Osten verfielen wol größtenteils den Aramäern. Diese hatten dort längst sich einzunisten angefangen, doch scheint das Volk Us (Aus) neu eingewandert zu sein und früher andere Sitze gehabt zu haben. Es ist merkwürdig: die Aramäer sollen politisch durch die Assyrer und Babylonier gebrochen sein, und das Resultat ist, daß ihre Sprache in dem von jenen begründeten Reiche die herrschende wird und die assyrisch-babylonische, die doch die Trägerin der Kultur war, verdrängt, und daß ihr Volkstum

---

[1]) Menander bei Joseph. Ant. 9, 284 ed. Niese Σελάμψας, Lat. Salamanassis.

[2]) Die Aussprache wird bestätigt durch den Namen von Chorsabad bei Jaqut III, 382, 1.

sich überall ausbreitet. Aber auch z. B. die Ammoniten, hinter denen die Moabiten völlig zurückgetreten sind, griffen auf altisraelitisches Gebiet über. „Wo sind die Kinder und Erben Israels geblieben? warum hat Milkom die Gaditen verdrängt? und warum hat sein Volk (Ammon) in ihren Städten Platz genommen?" fragt ein Prophet, der wol älter ist als Jeremias.

Die von den Assyrern fortgeführten Israeliten wurden fern von der alten Heimat angesiedelt[1]). In ihren neuen Wohnsitzen verloren sich die exilirten Israeliten spurlos unter den Heiden. Für den damaligen Stand und die spätere Fortentwicklung der Religion ist diese Tatsache sehr bezeichnend, wenn man dagegen hält, daß die Judäer, die noch eine hundertjährige Frist hatten, ihren Glauben im babylonischen Exil festhielten und sich selber dadurch unter allen Umständen behaupteten. Es lag an den Propheten, wenn der Untergang Samariens die Religion Jahves nicht schädigte, sondern befestigte. Sie empfanden ihn auf grund der Religion als notwendig voraus, sie retteten den Glauben, indem sie die Illusion zerstörten, sie verewigten auch Israel dadurch, daß sie Jahve nicht mit in den Sturz des Volkes verwickelten. Es war aber ein Glück, daß dieser Sturz nicht zu früh und daß er nicht auf einmal eintrat, daß der Abbruch des Volkes, des Reiches und des Kultus langsam und allmählich vor sich ging.

---

[1]) In Assyrien, genauer in Chalach, am Chabor dem Flusse Gozans, und in den Städten Mediens (2 Reg. 18, 11. 17, 6). Die Städte Mediens (ערי מדי) möchten eher die Berge von Minni (הרי מני) sein, die vermutlich auch in הרמונה (Amos 4, 3) und in Μινύας (Jos. Ant. 1, 95) stecken. Aber der Chabor, der Fluß Gozans, führt in eine ganz andere Gegend. Gozan ist eine mesopotamische Stadt (2 Reg. 19, 12), von der die Landschaft Gauzanitis (Ptol. V 18, 4) den Namen hat. Thenius will, zufolge der Lesart der Septuaginta (Chalach und Chabor, die Flüsse Gozans), aus Chalach den Belich machen, unter Annahme eines alten Schreibfehlers. Indessen ist Gozan eine Stadt, die doch nicht gut am Chaboras und Belichus zugleich gelegen haben kann. Auch wird damit die Hauptschwierigkeit nicht beseitigt, daß die aufgezählten Landschaften weit von einander entlegen sind.

Achtes Kapitel.

Die Rettung Judas.

1. Bis dahin hatte Juda im Hintergrunde gestanden. Die
politische Geschichte des kleinen Reiches war fast ausschließlich
durch sein Verhältnis zu Israel bestimmt. Rehabeam Abiam und
Asa führten Krieg mit Jerobeam und Baesa ihr Leben lang. Die
ursprüngliche Feindschaft ging unter der Dynastie Omri in enge,
vielleicht nicht ganz freiwillige Freundschaft über. Juda befand
sich vollständig im Schlepptau des mächtigeren Nachbarstaates und
scheint sogar Heeresfolge geleistet zu haben. Josaphat zog mit
Ahab gegen Aram zu Feld und mit dessen Sohne gegen Moab, an
dem von ihm beabsichtigten Ophirhandel sich zu beteiligen gestattete er allerdings dem Bundesgenossen nicht. Der Sturz des Hauses
Omri wurde auch für Juda verhängnisvoll; Jehu mordete den König
Ahazia ben Jehoram ben Josaphat, der in Jezreel bei dem ver-
wundeten Joram einen Krankenbesuch abstattete, und im Vorüber-
gehn noch zweiundvierzig andere Davididen, die ihm in die Hände
fielen. Was er aber vom Hause Davids übrig gelassen hatte, wol
zumeist unmündige Kinder, mordete die Königin-Mutter Athalia,
die Tochter Ahabs und Witwe Jehorams, man weiß nicht aus
welchen Gründen. Nur ein kleiner Knabe, Joas, wurde vor ihrer
Wut geborgen und nach sechs Jahren, durch eine glückliche Verschwörung des obersten Priesters mit den Führern der Trabanten,
wieder auf den Thron seiner Väter gesetzt. Damals dehnten die
Aramäer ihre Einfälle über Philisthäa und Juda aus, Joas erkaufte
ihren Abzug von Jerusalem mit den Schätzen des Tempels. Vielleicht war es diese Schmach, welche er mit dem Tode bezahlte;
ebenso wie sein Nachfolger Amasia vielleicht deshalb unter Mörder-
händen fiel, weil er, durch einen Erfolg gegen die Edomiter übermütig geworden, einen leichtsinnigen Krieg gegen Israel unternahm
und darin schimpflich unterlag. Als sich Israel nach glücklicher
Beendigung der Aramäerkriege neu zu erholen begann, erlebte
auch Juda seine Blütezeit; was Jerobeam II. für das nördliche
Reich war, war Uzzia für das südliche. Er scheint Edom, die
einzige von David eroberte Provinz, die in den Machtbereich Judas
fiel, für längere Zeit festgehalten und vom Hafen Äla aus den

Handel Salomos wieder aufgenommen zu haben. Seine lange Regierung wurde nur dadurch getrübt, daß er in seinen alten Tagen am Aussatz erkrankte und die Geschäfte seinem Sohne Jotham übergeben mußte. Jotham aber scheint gleichzeitig mit seinem Vater gestorben und dann Ahaz ben Jotham gefolgt zu sein, in einem noch sehr jugendlichen Alter.

Konnte Juda sich an politischer und überhaupt an geschichtlicher Bedeutung mit Israel nicht messen, so hatte es doch auch manchen Vorteil vor dem größeren Reiche voraus. Vor äußeren Feinden war es weit mehr gesichert, denn die Ägypter waren in der Regel ungefährliche Nachbaren. Der Hauptsegen war die feste Dynastie, wobei man es freilich in den Kauf nehmen mußte, daß unbedeutende Persönlichkeiten und selbst Kinder auf den Thron kamen. David hatte Juda und Jerusalem zu historischer Bedeutung erhoben, sein Haus verwuchs aufs innigste mit Stadt und Land, ja mit der Religion. Zweimal kam es vor, daß ein judäischer König von Untergebenen ermordet wurde, in beiden Fällen aber ereignete sich das Unerhörte, daß „das Volk des Landes“ gegen die Mörder sich erhob und wieder einen Davididen auf den Thron setzte. Die einzige wirkliche Revolution, von der berichtet wird, war gegen die Athalia gerichtet und hatte die Einsetzung des rechtmäßigen Thronerben zum Zweck. Die judäische Aristokratie scheint das Königtum weniger beengt zu haben als die israelitische. Die Davididen stützten sich auf eine Leibwache, die aus fremden Söldnern bestand, und setzten öfters Ausländer, sogar Mamluken, in hohe Ämter, sowie auch David, im Unterschied von Saul, es gemacht hatte. Unter dem Schutz des Königtums gewannen auch die übrigen Institutionen eine ganz andere Legitimität als in Israel, wo alles auf die Individuen ankam und die Institutionen immer wieder in Frage gestellt wurden. Nicht so dramatisch und aufregend, aber solider gestaltete sich das Leben in Juda. Dazu mochte auch die größere Abgeschlossenheit des kleinen Landes, der nähere Zusammenhang mit der Wüste, und die dadurch bedingten primitiveren Verhältnisse beitragen.

Freilich in der Hauptstadt waren die Verhältnisse nicht primitiv, und die Hauptstadt überwog an Bedeutung das Land. Die Könige sorgten für ihren Ausbau, besonders Hizkia ben Ahaz machten sich in dieser Hinsicht verdient. Vor allen lag ihnen der Tempel am Herzen, der nicht bloß Hof-, sondern auch Reichstempel war und früh sehr große Anziehungskraft auf das ganze Volk ausübte. Sie gestalteten den Kultus daselbst, dessen regelmäßigen täglichen Betrieb sie bezahlten, nach ihrem Geschmack, führten ein und schafften ab was sie wollten, und verfügten auch über den heiligen Schatz nach Belieben. Wenngleich die Priester verhältnismäßig große Macht hatten — die Verschwörung gegen Athalia ging nicht von einem Propheten, sondern von einem Priester aus —, so waren sie trotzdem Untergebene des Königs und handelten nach dessen Befehlen[1]). Daß der Jahvedienst zu Jerusalem sich stets reiner gehalten habe als der zu Bethel oder zu Samarien, ist eine Behauptung, die mit mehr als einer sicher bezeugten Tatsache in Widerspruch steht. Ein wesentlicher Unterschied bestand in dieser Hinsicht nicht zwischen Israel und Juda. Erst von Israel aus übertrug sich die Reaktion gegen den Baalsdienst auch auf Juda, Israel hatte überhaupt die Initiative. Dort machte man die Experimente, und in Jerusalem zog man die Lehre daraus. Welch inniger Anteil sogar in einer kleinen judäischen Landstadt an der Geschichte des Hauptreiches genommen wurde, lehrt das Beispiel des Amos von Thekoa.

2. In dem Grade, wie Israel nach dem Tode Jerobeams II. verfiel, wuchs die Bedeutung Judas; es bereitete sich vor auf die Erbschaft. Der Mann, der den Übergang der Geschichte von Israel auf Juda vermittelte und dem letzteren Reich noch eine Frist bewirkte, welche für die Befestigung der Religion von segensreichster Folge war, war der Prophet Jesaias. Er unterscheidet sich von Amos und auch von Hosea dadurch, daß er nicht wie jene der Regierung ferne stand, sondern dicht am Steuerruder saß und den Kurs des Schiffes wesentlich mit bestimmte. Er hatte großen Einfluß und er gebrauchte ihn. Die Geschichte seiner Wirksamkeit ist zugleich die Geschichte Judas in jener Periode.

Seines Berufes wurde Jesaias inne durch eine Vision im Todesjahr des Königs Uzzia, seine ältesten Reden stammen aus dem Anfang der Regierung des Ahaz. Er schaut in ihnen den nahen Untergang Samariens und droht auch Juda seinen Teil von der

---

[1]) Sie hatten wol die Polizei im Tempel und durften einen, der sich gegen die Ordnung verging, in den Stock setzen, konnten ihn aber nicht richten, sondern mußten ihn vor dem ordentlichen Gerichte verklagen. Das lernt man aus der Lebensgeschichte Jeremias.

Strafe. Er bewegt sich dabei ganz in den Bahnen des Amos und
hält sich noch ziemlich im allgemeinen. Bestimmt und praktisch
aber griff er ein bei Gelegenheit des Feldzuges der Aramäer und
Israeliten gegen Jerusalem. Noch in der letzten Stunde versuchte
er den König Ahaz davon abzuhalten, daß er die Assyrer zu Hilfe
rufe; er versicherte ihn des Beistandes Jahves und bot ihm zur
Bürgschaft dafür ein Zeichen an. Da Ahaz es ablehnte, hatte er
den Beweis in Händen, daß es zu spät und das Kommen der
Assyrer unabwendlich sei. Die augenblickliche Gefahr, sagte er
nun, werde allerdings dadurch beseitigt, aber eine viel größere
heraufbeschworen. Denn dem Vordringen der Assyrer würden sich
die Ägypter entgegenstellen und Juda als der Kriegsschauplatz
vollkommen verwüstet werden; nur ein kleiner Rest solle bleiben
als Grundlage einer besseren Zukunft.

Die Folgen der Politik des Königs erwiesen sich jedoch nicht
so schlimm. Die Ägypter ließen die Assyrer ruhig gewähren und
rührten sich nicht, um Samarien und Damaskus beizustehn. Juda
wurde zwar ein assyrischer Tributärstaat, erlebte aber dabei, während der Regierung des Königs Ahaz und in den ersten zehn Jahren
seines Nachfolgers Hizkia, ganz leidliche Zeiten. Das war vorzugsweise Jesaias Verdienst. Von der Beteiligung an der hohen Politik
suchte er das kleine Land auf alle Weise abzudrängen, damit es
sich um so ernsthafter den notwendigen internen Aufgaben zuwende.
Der schlimme Erfolg aller Erhebungsversuche bestätigte ihm den
Glauben, daß Assur die von Jahve geschwungene Zuchtrute der
Völker sei, unter deren eisernes Regiment sie sich zu beugen hätten.
Es gelang ihm wirklich in Jerusalem den Frieden zu erhalten,
wenn ringsum in den kleinen Nachbarreichen der Sturm gegen die
Unterdrücker tobte.

Dreißig Jahre dauerte für Juda diese merkwürdige Friedens-
periode inmitten des allgemeinen Krieges. Da fiel, im Jahre 705,
der gewaltige König Sargon von Assur durch Mörderhand; es regte
sich unter den Völkern. Der Babylonier Mardochbaladan benutzte
den Regierungswechsel zu einem Aufstande, durch eine Gesandtschaft redete er auch dem Hizkia zu, das Joch jetzt abzuwerfen.
Diesem schien in der Tat die Gelegenheit günstig, sich unabhängig
zu machen, er trat an die Spitze einer kleinen Koalition, zu der
besonders einige philisthäische Städte gehörten, und wagte den
Abfall. Dadurch, daß Sargons Nachfolger Senaherib zunächst in

Babylonien beschäftigt war, gewann man in Palästina Zeit; durch die Bewältigung des babylonischen Aufstandes aber ließ man sich nicht irre machen. Für alle Fälle wurden Verhandlungen mit den Ägyptern angeknüpft, um sich ihres Beistandes in der Not zu versichern.

3. Diese Zeit ist die Glanzzeit Jesaias, obwol er damals schon ein bejahrter Mann war. Die Vorbereitnngen zum Aufstande, die Unterhandlungen mit Ägypten waren ihm verheimlicht, ein Zeichen, wie man am Hofe ihn fürchtete. Als er davon erfuhr, mußte er den Dingen ihren Lauf lassen. Aber seinem Zorne konnte er Luft machen, und er tat es in einer drastischen Rede, die er im Vorhof des Tempels hielt, nach einem großen Opfergelage, bei dem man sich, wie es scheint, zu der bevorstehenden Aktion Mut getrunken hatte. Das Land bedürfe der Ruhe und des Friedens, statt dessen werde es nun von dem trunkenen Leichtsinn seiner weltlichen und geistlichen Führer in das Verderben gehetzt. Ein auf Lüge und Verblendung gegründeter Trotz verstocke sich gegen das Wort Jahves, doch werde er der Wahrheit durch den Zwang der Not schon Geltung verschaffen. Wer auf seine vernünftige Sprache nicht höre, zu dem werde er auf assyrisch reden, daß ihm Hören und Sehen vergehe. Nicht minder empört, wie über die Torheit des Königs und seiner weisen Räte und über den Fanatismus der Priester und Propheten, zeigt sich Jesaias über den Gleichmut und den Stumpfsinn der ihn ob seiner aufgeregten Rede verwundert anstarrenden Menge. Der Ernst der Zeit reiße sie aus der Alltäglichkeit nicht heraus, das lebendige Tun Jahves sei ihnen ein versiegeltes Buch, ihre Frömmigkeit bestehe lediglich in der angewöhnten Menschensatzung.

Inzwischen rückte Senaherib an der Spitze eines großen Heeres von der phönizischen Küste her gegen Philisthäa und Juda vor (701). Nachdem er Askalon bezwungen, wandte er sich gegen Akkaron und belagerte die Stadt. Das zu ihrem Entsatze abgesandte ägyptisch-äthiopische Heer wurde bei Eltheke geschlagen, Akkaron fiel und ward grausam bestraft. Gleichzeitig wurden in Juda mehrere Festungen bezwungen und das platte Land gründlich verwüstet. Hizkia geriet in Angst und bot erschrocken dem Assyrer seine Unterwerfung an. Sie wurde angenommen, er mußte eine hohe Strafe bezahlen, durfte aber Jerusalem behalten. Er schien mit einem blauen Auge davongekommen zu sein.

Nachdem er die Bahn frei hatte, drang Senaherib weiter nach Süden vor; denn die Ägypter sammelten ihre Macht gegen ihn. Je näher er an den Feind kam, um so bedenklicher mußte es ihm vorkommen, eine Festung wie Jerusalem in der Hand eines Vasallen hinter sich zurückzulassen, der wie es scheint sich trotz dem kaum abgeschlossenen Vertrage sofort wieder untreu oder mindestens zweifelhaft erwies. Er forderte nun doch die Auslieferung der Stadt und glaubte sie aus der Ferne, durch bloße Drohungen, erreichen zu können. Er wäre damit vielleicht zum Ziele gekommen, den König und seine Umgebung taxirte er richtig genug, es herrschte die größte Mutlosigkeit in Jerusalem. Aber es gab einen Mann, der sich nicht einschüchtern ließ. Das war der unbequeme Schulmeister, von dem man sich nicht wie ein Kind hatte behandeln lassen wollen und zu dem man nun doch demütig zurückkehren mußte. So wenig wie früher von dem Trotze, ließ Jesaias sich jetzt von dem Verzagen anstecken. Er sprach dem Könige Hizkia im Namen Jahves Mut ein und bewog ihn die Stadt nicht zu übergeben. Die Assyrer würden sie nicht einnehmen, keinen Pfeil hineinschießen, nicht mit dem Schilddache gegen ihre Mauer vorrücken. „Dein Stehn und dein Sitzen, dein Kommen und dein Gehn kenne ich — so redet Jahve den Assyrer an — und auch dein Toben gegen mich. Und ich lege meinen Ring in deine Nase und mein Gebiß in deine Lippen und führe dich zurück auf dem Wege, den du gekommen bist.“ Es kam wirklich so. Durch eine noch unaufgeklärte Katastrophe wurde das assyrische Hauptheer an der ägyptisch-palästinischen Grenze vernichtet, der König mußte sich eilig nach Nineve zurückziehen, Jerusalem war gerettet. Große äußere Bedeutung hatte dies Ereignis freilich nicht, es war kein Wendepunkt in der Weltgeschichte. Die Macht der Assyrer brach sich nicht an den Mauern Jerusalems, sie blieb unversehrt und erreichte erst nachher ihren Gipfel. Senaherib selber konnte zwar die Scharte nicht auswetzen, weil er im Osten beschäftigt war. Aber sein Sohn Esarhaddon, der ihm im Jahre 681 folgte, nahm den Krieg gegen Ägypten wieder auf und hatte besseren Erfolg; er eroberte das Nilland und trieb die Äthiopen zu paaren. Es versteht sich, daß dann auch die kleinen palästinischen Reiche in das alte Abhängigkeitsverhältnis zurückkehrten. Bei alle dem machte es doch einen außerordentlichen Eindruck auf die Zeitgenossen, daß Jerusalem aus der Gefahr, der Samarien erlegen war, gerechtfertigt hervorging,

und dieser Eindruck, der durch die prophetische Voraussagung des
Ereignisses noch erhöht und bedeutsamer gestimmt wurde, ging
nicht mit dem Augenblicke vorüber, sondern hatte sehr nachhaltige
Folgen. Der Tempel von Jerusalem gewann ein so einziges Ansehen,
daß bereits unter Hizkia der Prophet Micha von Moreseth gegen
den Aberglauben protestirte, daß derselbe besser sei als andere
Heiligtümer, und sich veranlaßt sah, seine Zerstörung zu weissagen.

Neuntes Kapitel.

Die prophetische Reformation.

1. Von einem unbedeutenden Winkel 'der Erde verfolgte Jesaias den Lauf der Begebenheiten, tief ergriffen und doch unerschüttert von dem, was er sah und hörte. Indem er Jahve sprechen
ließ, bewährte er eine durchdringende Kenntnis der Menschen und
der Verhältnisse. Er verspottete die Politik und verstand trotzdem
mehr davon, als die kurzsichtigen Praktiker seiner Tage. Von dem
unbewegten Zentrum in der Mitte des Wirbels, der die Welt bewegte, übersah er die Situation. Wenn die außerordentlichen Ereignisse den Weisen einen Strich durch die Rechnung machten, so
bestätigten sie seine Erwartung; wenn die Lebenden verzweifelt
Rat bei den Toten suchten und an jeden Strohhalm sich klammer-
ten, so war er getrost. In dem Unwetter, das Eichen knickte und
Türme stürzte und alles hohe und erhabene Menschenwerk zu Boden warf, vernahm er das Rauschen Jahves, der sich aufmachte,
sein befremdliches, unerhörtes Geschäft zu verrichten. Ihm war
dasselbe nicht befremdlich; er zürnte, daß es nicht jedermann längst
von ferne kommen sah. Eine Art tragischer Freudigkeit, ein Heroismus des Glaubens, zeichnete ihn aus.

Amos und Hosea waren noch in der alten Zeit aufgewachsen,
Jesaias in der neuen, die unter dem Zeichen des Weltreiches stand.
Die Assyrer drohten nicht mehr aus der Ferne; der Strudel, der
von Nineve ausging, hatte die kleinen Völker Syriens und Palästinas bereits in sich hinein gezogen. Der Untergang Israels hatte
den Amos hinter der Herde weggerissen und dem Hosea das Herz

gebrochen; Jesaias sah ihn von vornherein als notwendig an, und als er eintrat, blieb er gelassen. Für jene beiden fiel mit Israel auch Juda, das Lied war aus. Aber die Geschichte machte einen Unterschied zwischen Israel und Juda. Jesaias ließ Israel fahren, er glaubte nicht, wie Hosea, an die Auferstehung dieses Volkes von den Toten; aber der Faden war damit nicht abgeschnitten, er spann sich fort in Juda. Was für seine Vorgänger der Schluß des Dramas war, war für ihn nur der erste Akt, das Gericht über Samarien nur der Anfang einer Reihe von Gerichten, und das Endziel der langen Krisis war positiv. Aus Juda sollte ein Rest herausgesichtet werden, der die Gemeinde Jahves auf Erden fortsetzte; dieser Same der Zukunft sollte den Assyrern trotzen, und bei dem Versuch ihn zu vernichten sollten sie zu grunde gehn.

Die Herstellung des Restes überließ nun aber Jesaias nicht allein den Gerichten Jahves, sondern er arbeitete auch selber daran ein neues Juda zu schaffen. In dem schwachen Regiment und der mangelhaften Rechtspflege[1]) Wandel zu schaffen, mußte er allerdings Jahve überlassen; er konnte nur sein Ideal aussprechen. In seinen sogenannten messianischen Weissagungen malt er nicht träumerische Zukunftsbilder von der dereinstigen Größe und Herrlichkeit seines Volkes, zu deren Verwirklichung nicht die geringste Aussicht sich bot, sondern er stellt Ziele auf, die schon in der Gegenwart Geltung haben oder haben sollten, zu denen das Gemeinwesen seiner wahren Natur nach hinstrebt. Der starke und gerechte König, den er in Bälde aus Davids Stamme erhofft[2]), hat nichts Nebelhaftes an sich, und es wird ihm nichts zugemutet, was über das Maß des unter den damaligen Umständen in Juda Möglichen hinausgeht. Er schafft dem Geringen und Niederen Recht und tötet durch seinen Richterspruch den Frevler und den Gewalttätigen, so daß das Lamm sich nicht fürchtet vor dem Wolfe, allgemeine Sicherheit herrscht und allgemeines Vertrauen — nicht etwa auf

[1]) Wie es zur Zeit Hizkias in Juda damit stand, sieht man aus Mich. 3. Die Meinung, als habe der allgemeine Zustand des Landes gewechselt und sich in Extremen bewegt, je nachdem der jeweilige Regent im Buch der Könige die Note gut oder schlecht bekommt, ist absurd. Sie spukt aber noch immer in den Köpfen.

[2]) Er erwartet in der Zeit des syrisch-ephraimitischen Krieges, daß der Messias etwa innerhalb einer Generation auftritt; er muß ihn darum schon im Jahre 734 geboren werden lassen, damit er als Mann den Thron besteige.

der ganzen Erde, sondern auf dem heiligen Berge Jahves, in Jerusalem als Mittelpunkte Judas[1]). Das messianische Reich bedeutet die Beseitigung der inneren Rechtlosigkeit und Anarchie, die Herstellung von Gerechtigkeit Ordnung und Frieden. Es bleibt auf Jerusalem und Juda beschränkt, nicht einmal von einer Herstellung der Grenzen, wie sie zur Zeit Davids waren, ist die Rede. Die Assyrer sollen zwar über die Marken getrieben werden, aber keineswegs soll dann nach ihrem Sturz Israel als herrschende Weltmacht an ihre Stelle treten. Nicht in der selben Sphäre konkurriren die stillen erquickenden Wasser Siloahs mit den brausenden Wogen des allüberschwemmenden Euphrat. Die Theokratie, wenn man den Ausdruck gebrauchen darf, hat rein innere Aufgaben, die im kleinsten Kreise realisirt werden können; sie ist kein Weltreich, freilich auch keine Kultusgemeinde, sondern um den modernen Ausdruck zu gebrauchen, ein Rechtsstaat. Die politischen Aspirationen, welche ehedem von der Religion getragen wurden, werden von Jesaias im Namen der Religion abgelehnt.

An einen anderen Schaden dagegen konnte Jesaias selber Hand anlegen, das war der Gottesdienst des Volkes in seiner damaligen Gestalt. So schlimme Greuel wie in Israel, waren, wie es scheint, auch auf diesem Gebiete in Juda nicht mehr zu bekämpfen. Aber der Monotheismus zog seine Konsequenzen; wenn die Gottheit von jeder Einzelerscheinung, von allem Sinnlichen, unterschieden werden sollte, so war es gefährlich ihre Anbetung im Bilde zu dulden. Schon Hosea hatte über den Bilderdienst gespottet; Jesaias machte ihn zu einem Hauptgegenstande seiner Polemik. Er sah darin eine Anbetung des Menschenwerks, die ihm gerade so schlimm schien, wie das Vertrauen auf den Trug von Macht und Klugheit und Reichtümern. Die Kultusstätten selber zu beseitigen fiel ihm nicht ein, er beanstandete noch nicht einmal die heiligen Bäume und Steine, sondern wollte nur die Ephode, die mit Silber oder Gold überzo-

----

[1]) „Er richtet die Geringen mit Gerechtigkeit und die Niederen mit Billigkeit, den Frevler trifft er mit der Rute seines Mundes und mit dem Hauche seiner Lippen tötet er den Gewalttätigen. Dann kehrt der Wolf beim Lamme ein und der Löwe frißt Heu wie das Rind, der Säugling streichelt der Natter Fühlhorn und nach des Basilisken Leuchte streckt ein Entwöhnter die Hand. Kein Frevel geschieht und kein Unrecht auf meinem ganzen heiligen Berge.“ Poesie, aber keine Utopie, kein weltumfassendes goldenes Zeitalter.

genen hölzernen Idole Jahves, aus den Heiligtümern entfernen. Ohne Zweifel unter seinem Einfluß kam in der Tat eine entsprechende Reinigung des Kultus zu Stande. Der König Hizkia hieb die Aschera im Tempel von Jerusalem um und zertrümmerte die eherne Schlange Moses, der man bis dahin dort geopfert hatte[1]). Schwerlich aber ist er weiter gegangen, als Jesaias sich träumen ließ, und hat auch die sämtlichen Altäre außerhalb Jerusalems zerstört. Alles spricht dagegen, daß jemand diesen Schritt dem Könige Josias zuvorgetan habe; insbesondere wissen wir genau, daß die Altäre Salomos bei Jerusalem bis auf Josias unzerstört geblieben sind.

Einen Rückhalt für seine Bestrebungen schuf sich Jesaias in einer Partei, die er aus seinen Hausgenossen, seinen Schülern und Anhängern um sich sammelte. Diese prophetische Partei erhielt sich nach seinem Tode und führte durch, was er unvollendet gelassen hatte[2]). Man darf sogar behaupten, daß sie der Keim der späteren Gemeinde der Frommen geworden ist. Jedenfalls war sie das Vorspiel zu dem Unterschiede des wahren und des nominellen Israel, zu der Trennung zwischen Gemeinde und Volk, die in der Folge so bedeutsam wurde.

2. Mit Jesaias betrat die Prophetie den Weg der Reform; es kostete lange Kämpfe, ehe sie auf diesem Wege auch nur äußerlich zum Ziele kam. Wie groß die Neuerung war und wie tief sie empfunden wurde, davon ist die Periode Manasses der deutlichste Beweis. Denn der Rückschlag, der damals erfolgte, ging sicherlich nicht von der Willkür des Königs aus; vielmehr wehrte sich die Volksreligion auf Leben und Tod gegen ihre Angreifer, in dem Bewußtsein, daß ihre Existenz gefährdet und daß kein Friede möglich sei. Manasse ben Hizkia folgte seinem Vater in sehr jugendlichem Alter und regierte ein halbes Jahrhundert in Jerusalem. Daß er wieder unter assyrische Oberherrschaft geriet, scheint wenig Eindruck gemacht zu haben; seit Ahaz war Juda an dies Verhältnis gewöhnt. Nur wie es im Innern unter seiner Regierung aussah, wird uns berichtet. Er war ein schlechter Regent, der es geschehen

---

[1]) 2 Reg. 18, 4. Num. 21, 8. 9. Von der heiligen Lade ist nicht die Rede, man weiß nichts über ihren Verbleib. Sie ist ohne Sang und Klang verschwunden; sie konnte auch nicht ewig halten.

[2]) Smend sagt mit Recht, daß die prophetische Partei auch unter den Häuptern des Volkes ihre Anhänger hatte und vielleicht zumeist unter ihnen. Das ergibt sich besonders aus der Geschichte Jeremias.

ließ und an seinem Teile dazu beitrug, daß unschuldiges Blut „von Leuten, die nicht auf Einbruch betroffen waren" in Strömen vergossen wurde. Es ist merkwürdig, daß diese Eigenschaft bei ihm, wie bei seinem späteren Gegenbilde Jojakim, mit Bigoterie verbunden war — ein vielleicht mehr als zufälliges Zusammentreffen, das dem wahren Geiste der israelitischen Religion im innersten zuwider war. Der hauptsächliche Charakterzug der Regierung dieses Königs war, wie bereits erwähnt, daß er der Reformpartei feindlich gegenüber trat und sich auf seite der Reaktion stellte. Dürfen wir dem Zeugnis Jeremias trauen, so fraß das Schwert in jener Zeit die Propheten wie ein wütiger Löwe. Der populäre, halbheidnische Jahve sollte auf alle Weise gegen den strengen und heiligen Gott der Propheten wieder zu Ehren gebracht werden. Die abgeschafften Herrlichkeiten wurden wieder hervorgeholt, und neuer Firlefanz aus allen Weltgegenden, vorzugsweise aus Assur und Babylon, importirt, um den alten Gottesdienst aufzufrischen; der Gott des Himmels wurde mit dem Heer des Himmels umgeben und bekam auch eine Königin des Himmels beigesellt, die passender Weise namentlich von den Weibern verehrt wurde[1]). Doch wie es zu gehn pflegt, stellte die Restauration des Alten nicht einfach das Alte wieder her. Was früher naiv gewesen war, war jetzt Aberglaube geworden und konnte nur dadurch gehalten werden, daß ihm künstlich eine tiefere Bedeutung untergelegt wurde. Ein blutiger Ernst verdrängte die alte Fröhlichkeit des Kultus, es wurde ihm eine vorwiegende Beziehung auf die Sünde und ihre Sühne gegeben. Je unnatürlicher und schwerer die Leistungen für die Gottheit waren, um so wertvoller erschienen sie; dies ist die Zeit, wo die längst abgekommene Sitte, nicht bloß die tierischen, sondern auch die menschlichen Erstgeburten männlichen Geschlechts zu opfern, wieder aufgenommen wurde. Im Tal Geenna befand sich ein Altar von ganz besonderer Heiligkeit, auf dem man die geschlachteten Kinder für Jahve verbrannte[2]). Die Gegenreformation war von der Reformation

---

[1]) Reste arabischen Heidentums 1897 p. 41. Es scheint doch die Göttin des Morgensternes zu sein. Der Morgenstern (Helel, arab. Hilâl Neumond) ist zwar bei den Hebräern Masculinum, aber das beweist nur, daß sie die Göttin des Morgensterns nicht selbst geschöpft, sondern von den Assyrern oder Babyloniern entlehnt haben.

[2]) Nicht tôphet, sondern tephât = Feuerstelle; s. J. D. Michaelis, Suppl. nr. 187, und W. R. Smith, Lectures on the Religion of the Semites 1894 p. 377.

selber nicht unberührt, wenngleich sie den religiösen Ernst in anderem Sinne verstand und das Heidentum im Kultus nicht zu entfernen, sondern neu zu beseelen suchte. Auf der anderen Seite hat dann auch wieder die Reaktion einen spürbaren Einfluß auf das Endergebnis der Reformation ausgeübt.

Ein Dokument aus der Zeit Manasses besitzen wir vielleicht im sechsten Kapitel des Buches Micha. Darin gelangt der prophetische Standpunkt gegenüber dem Raffinement des Kultus zum reinsten und ergreifendsten Ausdrucke. „Womit soll ich Jahve entgegen kommen, mich beugen vor dem Gott der Höhe? soll ich mit Brandopfern vor ihm erscheinen, mit jährigen Kälbern? hat Jahve Gefallen an Tausenden von Widdern, an Myriaden von Ölbächen? soll ich meinen Erstgeborenen als meine Buße geben, meines Leibes Frucht zur Sühne meiner Seele? .... Es ist dir gesagt, Mensch, was frommt und was Jahve dein Gott von dir fordert: vielmehr Recht üben und Güte, und demütig wandeln vor deinem Gotte.“ Vielleicht stammt aus dieser Zeit auch der Dekalog, der das Bilderverbot an die Spitze setzt, über den Opfer und Festkultus schweigt, und fast nur solche Gebote zum Grundgesetz für Israel macht, die für alle Menschen insgemein Giltigkeit haben [1]).

Manasse lebte sehr lange, sein Sohn Amon wandelte in seinen Wegen. Aber er starb nach kurzer Regierung, und mit Josias, dem Sohne Amons, welcher im Alter von acht Jahren auf den Thron gelangte, brach eine neue Zeit für Juda an. Sie wurde eingeleitet durch die große weltgeschichtliche Katastrophe, in der das Assyrerreich zusammenbrach. Die Scythen bereiteten den Übergang der Weltherrschaft von den Semiten auf die Arier vor. Ihr Einfall in Vorderasien versetzte der assyrischen Monarchie den ersten gewichtigen Schlag [2]) und löste den ohnehin lockeren Zusammenhang

---

[1]) Der Dekalog von Exod. 20 ist ein Gegenstück zu dem alten von Ex. 34. Der Anfang ist analog, an Stelle der Festgesetzgebung tritt das Sabbatsgebot und moralische Vorschriften. Angeredet wird der Einzelne, nicht wie in Ex. 34 die Gemeinde; denn die Moral ist Sache des Einzelnen, der Kultus Sache des Volks.

[2]) Herodot erzählt, Nineve sei durch die Scythen aus der ersten medischen Belagerung gerettet worden. Aber Sephania erwartet nicht die Befreiung, sondern die Zerstörung Nineves von den Scythen, und Nahum, der zur Zeit der letzten Belagerung schrieb, sagt ausdrücklich, sie sei die erste und die

ihrer Bestandteile. Die Provinzen bröckelten ab, das Reich schrumpfte allmählig auf die Landschaft Assur zusammen.

Der Scythensturm rief in Juda die Stimme der Propheten wieder wach, im dreizehnten Jahre Josias (626). Sephania und Jeremias drohten mit dem unheimlichen nördlichen Feinde, wie einst Amos und Hosea mit den Assyrern. Wirklich brachen die Scythen in Palästina ein und drangen bis Ägypten vor; aber sie zogen am Meere hin und berührten Juda nicht. Die so nahe gerückte und doch vorübergegangene Gefahr, die eingetroffene und doch gnädig abgewandte prophetische Drohung scheint einen großen Eindruck auf die Judäer gemacht zu haben. Jedenfalls trat ein Umschwung zu gunsten der reformatorischen Partei ein, und diese wußte auch den jungen König für sich zu gewinnen. Die Umstände ließen sich günstig an, um mit dem umfassenden Programm einer Neugestaltung der Theokratie hervorzutreten. Im Jahre 621, vor Ostern, wurde das Deuteronomium als zufällig wieder aufgefundenes Buch des Gesetzes dem Könige in die Hand gespielt[1]). Unter dem Eindruck der Flüche, die Moses darin gegen die Ungehorsamen und Übertreter ausspricht, beschloß er den so lange ignorirten Forderungen Jahves noch in letzter Stunde Geltung zu verschaffen. Er berief die Bewohner von Stadt und Land zu einer Versammlung in den Tempel, las ihnen das Gesetz vor und verpflichtete sie feierlich darauf. Er reinigte sodann zunächst den Tempel und die Hauptstadt von dem Unrat, der sich dort angesammelt hatte. Er zerstörte die heidnischen Altäre und die Häuser der heiligen Unzucht im Tempel, verbrannte die Aschera und tat die der Sonne geweihten Rosse und Wagen ab. Er entweihte die

---

letzte, er kennt keine frühere. Auf den Scythensturm bezieht sich die Angabe des Abydenus: Saracus certior factus quod exercitus locustarum instar mari exiens impetum faceret, Busalossorum ducem confestim Babelonem misit. Denn das Antrittsjahr — nicht das erste Jahr — des Nabopolassar (Busalossor) in Babylon ist 626, und dieses Jahr, das 13. des Josias, ist dasjenige, in welchem der Sturm von Norden den Jeremias bewog, als Prophet aufzutreten. Durch die sehr auffällige Beglaubigung des Datums — des einzigen zuverlässigen über den Scytheneinbruch, das wir besitzen — gewinnt die Angabe des Abydenus selber an Wert; wenigstens ist sie bloßem Kannegießern einstweilen vorzuziehen. Das Jahr 1 der Ära (der Unabhängigkeit) von Babel ist 625.

[1]) Tempelrestauration war auch in Assur und Babel eine beliebte Gelegenheit zum Fund uralter Dokumente.

Brandstätte im Tal Geenna und die Höhen, die sich außerhalb des Tempels noch in Jerusalem befanden, unter anderen die, welche Salomo für Astarte, Kamos und Milkom errichtet hatte. Alle Wahrsager und Totenbeschwörer, die Bilder und Medien und alle Greuel fegte er aus. Weiter aber entweihte er alle Anbetungsstätten Jahves außerhalb Jerusalems und setzte sie außer Gebrauch. Er griff dabei sogar über die Grenzen seines Landes hinaus und zerstörte das Heiligtum zu Bethel, wo ein altisraelitisches Priestergeschlecht, das ausdrücklich zu diesem Zweck aus der Verbannung zurückgesendet war, den Dienst Jahves in alter landesüblicher Weise betrieb.

Zu allen Zeiten wird die Beihilfe des weltlichen Arms in Anspruch genommen, um Änderungen des Gottesdienstes herbeizuführen, die bis in die breiten Schichten des Volkes durchdringen sollen. Die israelitischen und jüdischen Könige hatten unbestritten das Recht zu solchen Änderungen und übten es nach ihrem Geschmack aus. Indessen einen so gewaltsamen Eingriff, wie ihn Josias mit der Beseitigung sämtlicher provinzialen Kultusstätten unternahm, hat vor ihm doch niemand gewagt. Was bisher das Heiligste gewesen war, das wurde nun wie eine böse Wurzel ausgerodet. Die Altäre Jahves, an denen schon die Erzväter und nach ihnen so viele Geschlechter ihre Opfer gebracht hatten, wurden geschändet; es war ein Sakrileg, ein Schlag ins Gesicht der Pietät des Volkes. Die Provinzialstädte und Landgemeinden büßten ihren heiligen Mittelpunkt ein und sollten aufhören selbständige religiöse Gemeinden zu sein; an den lieben alten Stätten sollten die Bewohner nicht mehr dem Jahve dienen, in ihrer Heimat nicht mehr die Ernte und die Lese ihm dankend feiern, sondern nur in der fremden Hauptstadt. Es ging viel verloren mit dieser Abstreifung des lokalen Charakters der alten Volksreligion. Die ganze Tradition, der Zusammenhang mit dem heiligen Erbe der Vergangenheit, wurde von Josias kurzer Hand durchschnitten. Und noch in einer anderen Hinsicht machte seine Reformation Epoche. Er gründete sie auf ein Buch. Er begann damit, daß er ein Buch, enthaltend die Ordnung des Gottesdienstes, des Rechts und der Sitte, veröffentlichte und zum Reichsgesetz erhob. Er hat auf diese Weise den ersten Schritt getan, um der Theokratie eine kodifizirte Grundlage zu geben und das Volk des heiligen Wortes in ein Volk der heiligen Schrift zu verwandeln. Es war ein sehr folgenreicher

Schritt, indessen traten seine Wirkungen nicht sofort hervor. Zunächst hatten die radikalen praktischen Maßregeln größere Bedeutung, wodurch der König das Gesetz, so viel an ihm lag, alsbald in die Wirklichkeit übertrug.

3. Das Deuteronomium krönt die Arbeit der Propheten. Sie schärften beständig ein, daß die Gnade Jahves bedingt sei durch die Erfüllung seiner Forderungen, sie hoben die Notwendigkeit einer Bekehrung des Volkes hervor, aber was nun eigentlich geschehen sollte, das sagten sie nicht bestimmt genug. Um zur Richtschnur dienen zu können, mußte der Inhalt der Forderungen Jahves zunächst dargelegt und einigermaßen greifbar formulirt werden. Der erste Schritt dazu geschah im Dekalog; aber hier blieben die Gebote zu individuell und, was das selbe sagt, zu allgemein, um die Grundlage der Reformation eines Volkes abzugeben. Der zweite und erfolgreichere Schritt geschah mit dem Deuteronomium. Das Deuteronomium gibt sich als Supplement des Dekaloges und ergänzt denselben in der Tat durch eine wirkliche Volksgesetzgebung, welche größtenteils auf einer Modifizirung alter Weistümer beruht[1]). Es war das erste Gesetzes- und Bundesbuch, oder vielmehr, es war zu seiner Zeit und auf lange hinaus einfach das Buch des Bundes. Deutlicher als irgendwo zeigt sich hier, daß Propheten und Gesetz kein Gegensatz, sondern identisch sind und im Verhältnis von Ursache und Wirkung stehn.

Die Gesetzgebung wird im Deuteronomium eröffnet durch das Gebot, die sämtlichen Kultusstätten Jahves, bis auf die von Jerusalem, abzuschaffen. Man verzweifelte, die Bamoth reinigen zu können, an denen der kanaanitische Ursprung unausrottbar haftete; es war genug, wenn das beim Tempel Salomos gelang, einer rein israelitischen Stiftung, wo die Bedingungen weit günstiger lagen. Daneben wirkten wol noch andere Rücksichten, um die radikale Maßregel zu veranlassen. Die Beschränkung des Opferdienstes, die

---

[1]) Die Söhne sollen nicht mehr in die Schuld und in die Strafe des Vaters verwickelt werden. Das Weib soll nicht mehr vom Vater auf den Sohn übergehn. Zins wird verboten, das Pfandrecht gemildert. Die Besitzlosen, die Aufenthalter und die Sklaven werden billiger Rücksicht empfohlen. Aber es ist nur ein juristischer Grundsatz, nichts weiter, daß der Sohn nicht für den Vater zu büßen hat. Die Eheverbote beschränken sich auf einen Fall (über Deut. 27 vgl. die Kompos. des Hexat. 1899 p. 362 s). Es ist auffällig, wie weit schon Ezechiel in diesen Punkten über das Deuteronomium hinaus geht.

Verminderung der religiösen Bedeutung des Schlachtens, mußte auf prophetischem Standpunkte an sich als ein Vorteil gelten, und aus dem Monotheismus schien die Folge zu fließen, daß der eine Gott auch nur an einer Stelle auf Erden wohnen und angebetet werden könne. Daß diese eine Stelle dann Jerusalem sein mußte, verstand sich von selbst. Der Tempel besaß tatsächlich das Übergewicht über die Höhen; er verdiente es aber auch, weil der dortige Kultus mehr Bezug auf die Nation und ihre Geschichte hatte, echter israelitisch und nicht so naturalistisch war, wie der auf den Höhen. Im Mittelpunkte des Reiches trat das Verhältnis Jahves zu Israel, das historisch-politische oder das theokratische Moment, mehr jn den Vordergrund, als Ackerbau und Viehzucht. Die Zentralisation des Kultus leistete seiner Denaturirung Vorschub, insbesondere bei den Festen, bei denen der Naturdienst noch ziemlich unverschleiert war.

Überall scheint der Monotheismus als das Motiv der Konzentration des Kultus im Deutoronomium durch, der Kultus an sich ist durchaus nicht der Zweck der Gesetzgebung. Sie beschäftigt sich mit demselben auch nur exoterisch, soweit er das ganze Volk angeht, und kümmert sich ebenso sehr um die übrigen Gebiete des Volkslebens. Die Sympathie für die niederen Stände tritt stark hervor und führt zu Bestimmungen, welche hart an Utopien grenzen. Das soziale Interesse wird dem Kultus übergeordnet, indem den Opfern und Bräuchen, so weit nur immer möglich, humane Zwecke beigelegt werden, die ihnen freilich schon von Haus aus nicht fern lagen. Das alles sind Zeichen prophetischer Gesinnung. Nirgend klarer als in den Motiven des Deuteronomiums findet sich der Grundgedanke der Prophetie ausgesprochen, daß Jahve nichts für sich haben wolle, sondern als Frömmigkeit ansehe und verlange, daß der Mensch dem Menschen leiste was recht ist, daß sein Wille nicht in unbekannter Höhe und Ferne liege, sondern in der Allen bekannten und verständlichen sittlichen Sphäre. „Die Forderungen, welche ich an dich stelle, sind nicht unerreichbar für dich und nicht fernliegend; nicht im Himmel, so daß man sagen könnte: wer kann hinauf in den Himmel und sie herabholen und uns mitteilen, daß wir sie erfüllen! nicht jenseit des Meeres, so daß man sagen könnte: wer kann herüber über das Meer und sie holen und uns mitteilen, daß wir sie erfüllen! — sondern sehr nahe liegt dir die Sache, in deinem Munde und in deinem Herzen, so daß du sie tun kannst."

Aber Erfolg hatte die prophetische Reformation doch wieder bloß auf dem Gebiete des Kultus. Dies Gebiet galt doch noch immer als das eigentlich religiöse, und nur hier stellte das Deuteronomium Forderungen, die neu waren und Eindruck machten. Die sozialen und moralischen Forderungen, welche dasselbe mit nicht minderem Nachdruck erhob, waren seit lange gepredigt und eben so lange überhört. Sie richteten sich zudem besonders an die oberen Stände, und diese zur Selbstverleugnung zu zwingen war nicht so leicht, wie das Volk zum Verlassen seiner Altäre. Die Zerstörung der Höhen und die Vereinigung der Opfer zu Jerusalem war die einschneidendste und doch die ausführbarste Maßregel in dem Programm des Deuteronomiums. Das Resultat, worauf die prophetische Bewegung hinauslief, entsprach somit ihren ursprünglichen Intentionen nicht vollständig. Der Dienst Jahves wurde auf Jerusalem beschränkt und überall sonst abgestellt — das war die populäre und praktische Form des prophetischen Monotheismus. Die Bedeutung des Tempels und des Tempelkultus wurde dadurch aufs höchste gesteigert, und den Vorteil davon hatten die jerusalemischen Priester, die Bne Sadok. Der deuteronomische Gesetzgeber hatte zwar durchaus nicht ihr Interesse im Auge, er verordnete ausdrücklich, daß die provinzialen Priester nicht mit den provinzialen Altären fallen, sondern künftig das Recht haben sollten, in Jerusalem zu opfern so gut wie ihre dort erbgesessenen Brüder. Aber das wurde nicht durchgesetzt; die Zentralisirung des Kultus erwies sich als kräftigster Hebel der Hierokratie.

Zehntes Kapitel.

Jeremias und die Zerstörung Jerusalems.

1. Noch dreizehn Jahre überlebte Josias sein großes Werk. Es war eine glückliche Zeit äußeren und inneren Wolbehagens. Man hatte den Bund und man glaubte ihn zu halten. Erreicht schienen die Bedingungen, von denen die Propheten das Fortbestehn der Theokratie abhängig gemacht hatten; waren ihre Drohungen an Israel in Erfüllung gegangen, so war nun Juda Erbe

ihrer Verheißungen. Schon im Deuteronomium wird die „Erweiterung der Grenzen" in Aussicht genommen, und Josias legte Hand an, um zu diesem Ziele zu gelangen. Religion und Patriotismus schienen nun endlich mit Recht Hand in Hand gehn zu dürfen. Nur Jeremias ließ sich von der allgemeinen Stimmung nicht anstecken. An der Einführung des Deuteronomiums hatte er mitgewirkt, zeitlebens eiferte er gegen die illegitimen Altäre in den Städten Judas und gegen die Anbetung der heiligen Bäume und Steine. Aber mit den Wirkungen der Reformation war er keineswegs zufrieden, nichts schien ihm gefährlicher, als das Vertrauen, welches sie erzeugt hatte, auf den Besitz des Gesetzes Jahves und seines einzig wahren Tempels. Dies Vertrauen, sagte er, sei ein Wahn, die innere Sachlage habe sich nicht verändert. Im Gegensatz zu Jesaias hob er geflissentlich hervor, Juda sei um kein Haar besser als Israel. Die erfolgte Bekehrung sei nur äußerliches Scheinwerk geblieben, ein Säen unter die Dornen, kein tiefes Umpflügen des verrotteten Ackers.

König Josias fiel in der Schlacht von Megiddo (608) gegen Pharao Necho[1]). Der Pharao scheint ausgezogen zu sein, um sich seinen Teil an der Erbschaft Nineves vorwegzunehmen, während die Meder und Chaldäer die Stadt belagerten. Josias aber gedachte nicht, die lang entbehrte Unabhängigkeit, die ihm durch den Niedergang der assyrischen Macht in den Schoß gefallen war, dem Ägypter zu opfern. Er ergriff sogar die Offensive und stellte sich ihm auf offenem Felde entgegen, weit außerhalb der alten Grenzen seines Landes. Der unglückliche Ausgang der Schlacht bereitete den Hoffnungen und dem Glücke Judas ein unvermutetes Ende. In der Angst vor dem Anrücken der Feinde strömte das Volk zu einem Fasttage in den Tempel, um sich an Jahve und an seine heilige Wohnung anzuklammern. Diese Gelegenheit benutzte

---

[1]) Die Ägypter kamen zu Land, nur dann erklärt sich die Eroberung von Kadytis d. i., wie zuerst Hitzig erkannt hat, Gaza (Herod. 2, 159. Hier. 47, 1). Die Schlacht von Magdolos (Pelusium) gegen die Syrer, die Herodot erwähnt und vor die Einnahme von Gaza setzt, ist wol eine von ihm selber oder seinen Gewährsmännern begangene Verwechslung mit der Schlacht von Megiddo — welche Syrer sollten damals einen Angriff auf Ägypten gemacht haben? Auch Mende für Megiddo, bei Josephus Ant. 10, 75, muß ein Versehen sein. Daß Nineve noch stand, als der Pharao auszog, ergiebt sich u. a. aus 2 Reg. 23, 29: „wider den König von Assur".

Jeremias, um wirksam seine Meinung zu äußern. „Verlaßt euch nicht auf Aberglauben, zu sagen: dies ist der Tempel Jahves, der Tempel Jahves, der Tempel Jahves. Ihr stehlt, mordet, hurt, schwört Meineide, und räuchert fremden Göttern, und dann kommt ihr her und tretet vor mich in diesem Hause, das nach meinem Namen genannt ist, und sagt: hier sind wir sicher! etwa um all diese Greuel auszuüben? Ist dies Haus, das nach mir benannt ist, eine Räuberhöhle geworden? ich habe auch Augen, spricht Jahve. Geht nur hin zu meiner Stätte in Silo, wo ich anfangs meinem Namen Wohnung gab, und seht, was ich der getan habe, wegen der Bosheit meines Volkes Israel. Nun also, weil ihr diese Dinge übt und trotz meinem eifrigen, rechtzeitigen Reden nicht hört und trotz meinem Rufen nicht antwortet, so tue ich dem nach mir genannten Hause, worauf ihr euch trügt, und der Stätte, die ich euch und euren Vätern gegeben habe, wie ich Silo getan habe, und werfe euch hinaus von mir, wie ich eure Brüder, die Ephraimiten, hinausgeworfen habe.“ Für solche Lästerungen gegen den Glauben der Menge hätte er, auf die Anklage der Priester und Propheten, fast mit dem Tode büßen müssen; aber er ließ sich nicht irre machen. Auch als die Zeiten wieder ruhig wurden, hielt er fest an seiner Unheilsverkündigung, unter Lebensgefahr, unter allgemeinem Spott und Gelächter. Momente der Verzweiflung kamen über ihn; daß er aber den Wert der großen Bekehrung des Volkes richtig geschätzt hatte, bestätigten schon jetzt die Tatsachen. Obwol unter Jojakim, der als ägyptischer Vasall die Nachfolge seines Vaters Josias erhielt, das Deuteronomium nicht formell abgeschafft wurde, so fand es doch tatsächlich keine Nachachtung mehr, zumal da ja die Schlacht von Megiddo gelehrt hatte, daß man, trotz dem Bunde, mit Jahve nicht besser daran war als vordem. Jojakim lenkte wieder ein in die Bahnen Manasses, nicht bloß hinsichtlich seiner Vorliebe für die Superstition, sondern auch hinsichtlich der Nichtachtung von Leben und Eigentum seiner Untertanen. (Hier. 22, 15—17).

Endlich führten die Ereignisse auch den äußeren Sturz der Theokratie herbei, auf den Jeremias lange vergebens gewartet hatte. Nachdem die Ägypter in mehrjährigen Kämpfen sich Syrien unterworfen hatten, trat ihnen, wie es scheint nach dem Falle Nineves, Nabukodrossor von Babylon entgegen und schlug sie am oberen Euphrat bei Karchemis (604). Die Judäer frohlockten über den

Fall Nineves, sie frohlockten auch über die Niederlage der Ägypter; aber das bittere Ende kam nach, als die Sache für sie auf die Aussicht hinauslief, für das ägyptische Joch das chaldäische einzutauschen [1]). Von der Macht der Chaldäer hatte man nichts geahnt [2]), und nun waren plötzlich die Assyrer in ihnen neu aufgelebt. Nur Jeremias hatte Anlaß, den Kopf höher zu heben. Sein alter viel bespöttelter Feind aus Norden, mit dem er seit Anfang seines Auftretens gedroht hatte, kam jetzt endlich zu Ehren, wenn er auch nicht den Namen der Scythen, sondern der Babylonier führte. Es war eine Epoche, ein Abschluß der Rechnung: für ihn stimmte sie. Darum erhielt er gerade jetzt den göttlichen Auftrag, aufzuschreiben was er seit dreiundzwanzig Jahren verkündet hatte, was immer für unmöglich gehalten und nun so nahe gerückt war.

In Folge des Sieges bei Karchemis verdrängten die Chaldäer den Pharao aus Syrien, und auch Jojakim mußte sich ihnen unterwerfen ($\pm$ 602). Drei Jahre bezahlte er seinen Tribut, dann hielt er ihn zurück: ein durch religiösen Fanatismus entflammtes Freiheitsfieber durchglühte mit unheimlicher Gewalt die leitenden Kreise, die Großen, die Priester und Propheten, und erfaßte auch den König. Nabukodrossor begnügte sich zunächst, das abtrünnige Land durch Einfälle chaldäischer Streifscharen zu strafen, denen sich die feindlichen Nachbaren mit Vergnügen anschlossen. Erst im Jahre 597 erschien ein größeres Heer der Chaldäer vor Jerusalem, bei welchem bald auch Nabukodrossor in Person eintraf. Die Stadt mußte sich ergeben, der jugendliche König Jechonia, der Sohn des inzwischen verstorbenen Jojakim, wurde gefangen und mußte die Schuld seines Vaters im Kerker zu Babel büßen, in dem er bis zum Tode Nabukodrossors verblieb. Mit ihm wurden zehntausend Jerusalemer fortgeschleppt und in Babylonien angesiedelt, lauter vornehme und wolhabende oder kunstfertige Männer, die Blüte und

---

[1]) Nahum 1—3. Hier. 46. Dagegen gehört Habakuk in eine spätere Zeit. Daß Hier. 46 nicht von Jeremias stammt, ist klar. Sein Buch schließt mit Kap. 45; das Folgende ist ein Anhang und besteht aus Stücken verschiedenen Alters und verschiedener Herkunft. Vgl. Josephus Ant. 10, 219 ss. und contra Ap. 1, 135 ss.

[2]) Nach Gen. 22, 22 scheinen die Chaldäer Aramäer zu sein, die in Babylonien eingedrungen sind; die Stellen Hierem. 35, 11. 2 Reg. 24, 2 sprechen schwerlich dagegen. Die babylonischen Chaldäer werden im A. T. nicht früh erwähnt, sondern zuerst bei Jeremias, Ezechiel und Habakuk.

der Kern der Bevölkerung. Zum Könige über den Rest wurde Sedekia ben Josia gemacht.

2. Es war ein gehöriger Aderlaß. Aber das Fieber wurde dadurch nicht unterdrückt. Das Haus Jahves stand ja noch und er wohnte darin. Die Verbannten zweifelten nicht, daß er in kurzer Zeit die Herrschaft der Heiden stürzen und sie heimführen werde, sie schürten das Feuer in Jerusalem. Ezechiel, der sich unter ihnen befand, konnte kein vernünftiges Wort mit ihnen reden, bis sie durch die Zerstörung Jerusalems betäubt und ernüchtert wurden. Und die Zurückgebliebenen waren ähnlich gestimmt. Sie legten sich alles zum besten zurecht, betrachteten die Verbannten als die verwehte Spreu und hielten sich für den gesichteten Weizen[1]). Schon in den ersten Jahren Sedekias war ein Aufstand gegen die Chaldäer im Werke, Gesandte von Edom Moab und Tyrus kamen nach Jerusalem um ihn zu betreiben. Als Bescheid von seiner Seite gab ihnen Jeremias Stricke und Joche an ihre Auftraggeber mit, er selber erschien im Tempel mit einem hölzernen Joch um den Hals. Die öffentliche Meinung war zwar wol auf der Seite des Propheten Hanania, welcher weissagte, daß die chaldäische Herrschaft binnen zwei Jahren zu Fall kommen werde, und des zum Zeichen das Joch am Nacken Jeremias zerbrach. Aber an leitender Stelle drang diesmal doch die Vernunft durch, der Aufstand kam nicht zum Ausbruch. Sedekia reiste selber nach Babel, vielleicht um sich zu entschuldigen und um gut Wetter zu bitten.

Als sich jedoch im Jahre 588 eine bestimmte Aussicht auf die Hilfe des Pharao Hophra (Apries) zeigte, war der Freiheitsdrang nicht mehr zu bändigen. Der Abfall wurde erklärt — binnen kurzem (Januar 587) lag ein chaldäisches Heer vor Jerusalem. Einen Augenblick schien sich alles zum besten zu wenden; die Ägypter kamen zum Entsatz heran, und die Chaldäer mußten die Belagerung aufgeben, um ihnen entgegen zu ziehen. Darüber herrschte in Jerusalem große Freude; sie fand darin einen bezeichnenden Ausdruck, daß man die hebräischen Slaven wieder einfing und knechtete, die man kurz vorher in der Angst freigegeben hatte, um durch Er-

---

[1]) Jeremias (Kap. 24) und Ezechiel (14, 21—23) protestiren dagegen und behaupten umgekehrt, die Deportirten seien die Guten, die Zurückgebliebenen die Schlechten; insofern ohne Zweifel mit Recht, als jene die Elite der Bevölkerung waren. Übrigens gab es in Jerusalem nach 597 auch manche, die an Jahve verzweifelten und nichts mehr von ihm wissen wollten (Ezech. 8, 12. 9, 9).

füllung des deuteronomischen Gebotes Jahve gnädig zu stimmen. Nur Jeremias beharrte bei seiner Schwarzseherei; selbst wenn das ganze Heer der Chaldäer aufgerieben würde und nur einige Verwundete übrig blieben, so würden diese genügen, Jerusalem einzunehmen und in Brand zu stecken. Er behielt Recht, die Ägypter zogen sich zurück, die Belagerung begann von vorne. Jerusalem war zum wahnsinnigen Widerstande entschlossen; vergebens suchte Jeremias, unter steter Gefahr seines Lebens, noch jetzt zur Kapitulation zu ermahnen. Der König, der ihm Recht gab und ihn schützte, so viel er konnte, wagte doch nicht seine Meinung gegen den patriotischen Terrorismus geltend zu machen. Endlich im Juli 586 drangen die Chaldäer ein, nachdem der Hunger ihnen vorgearbeitet hatte. Der König floh durch einen Ausgang der Südmauer[1]), wurde aber eingeholt und mit anderen vornehmen Gefangenen nach Ribla im Lande Hamath geführt, wo Nabukodrossor, der sich dort aufhielt, streng mit ihnen zu Gerichte ging. Die meuterische Stadt wurde zerstört, die Mauer niedergerissen, der Tempel eingeäschert; dabei leisteten die Edomiten den Chaldäern beflissene Hilfe. Von der Bevölkerung, diesmal nicht bloß der Stadt, sondern auch des Landes, wurde zum zweiten mal ein erheblicher Teil nach Babylonien verpflanzt[2]).

Nicht lange vor der Eroberung der Stadt hatte Jeremias von einem Verwandten einen Acker zum Kauf angeboten erhalten; einigermaßen überrascht ging er am Ende doch auf den unzeitgemäßen Handel ein, denn er merkte, daß es das Wort Jahves sei, welcher dadurch eine Zukunft vorbilde, wo der gegenwärtig wertlose Besitz wieder Wert haben solle. Auf den Trümmern des Tempels weinte er nicht, sondern blickte freudiger Hoffnung voll in die Zukunft. Schon früher hatte er der Verbannung Israels und Judas eine Frist von einigen Jahrzehnden gesetzt, dann solle die chaldäische Tyrannei ein Ende nehmen und die in Knechtschaft geführten Völker wieder Herren in ihrem Hause werden. Jetzt sah er im Geist die Zeit, wo seine verwüstete Heimat von fröhlichem Volke, von weidenden Herden, von grünen Bäumen und Saaten

---

[1]) So nach 2 Reg. 25, 4. Aber nach Ezech. 12, 4. 12, wie es scheint, durch eine Bresche.

[2]) Nach Hier. 52, 28. 29 wurden während der Belagerung 3023 Judäer und nach dem Fall 823 Jerusalemer weggeführt; die Zahlen sind unglaublich niedrig.

wieder bedeckt war, wo Jahve die Schuld vergeben uud das ab-
gebrochene Verhältnis erneut hatte.

Noch immer blieben nicht wenige Juden in Palästina zurück,
sie gehörten allerdings meist dem niederen Stande oder der Land-
bevölkerung an. An ihre Spitze setzte der König von Babel einen
einheimischen Statthalter in der Person des Gedalia ben Ahikam,
eines Gönners Jeremias, der vielleicht eben deshalb für chaldäisch
gesinnt galt. Er nahm seinen Wohnsitz zu Mispha, nicht weit von
Jerusalem; dorthin sammelten sich zu ihm von allen Seiten die
Versprengten. Auch Jeremias begab sich dorthin, die Chaldäer erwiesen ihm große Rücksicht und gestatteten ihm die freie Wahl
seines Aufenthalts. Man hoffte, daß Mispha einen Mittelpunkt abgeben würde für eine Fortsetzung und Neubildung der Theokratie
auf dem alten heiligen Boden[1]). Aber diese Hoffnung, die wol
auch Jeremias teilte, erfüllte sich nicht. Ein Hauptmann davidi-
schen Geschlechts, der den ungewöhnlichen Namen Ismael trug,
ermordete meuchlings den Gedalia, weil derselbe das Haus Davids
von der Herrschaft zu verdrängen drohte; er war dazu angestiftet
von dem Ammoniterkönige Baalis, der ein mögliches Wiederer-
starken Judas gefürchtet zu haben scheint[2]). Das war ein schlimmer
Schlag, er wurde noch verschlimmert durch die Art und Weise,
wie sich die Juden dabei benahmen. Ihr Verhalten brachte dem
alten Jeremias die schwerste Enttäuschung seines Lebens, die definitive Bestätigung seiner früheren reichen Erfahrung von der Ver-
geblichkeit seines Wirkens, nachdem er eine Zeit lang Mut und
Hoffnung gehegt hatte.

In der Furcht, daß die Chaldäer die Ermordung ihres Statthalters auch an den Unschuldigen rächen würden, beschloß die
Kolonie von Mispha nach Ägypten auszuwandern, wohin schon seit
der ersten Eroberung Jerusalems manche Juden geflüchtet waren[3]).
Vorher wurde Jeremias befragt, nach zehntägigem Warten erhielt
er Bescheid von Jahve und widerriet den Zug, da man in Ägypten
erst recht den Chaldäern in die Hände fallen werde. Es half aber
nicht, man sagte ihm, er hole sich die Parole von seinem Schreiber

---

[1]) Ezech. 33, 23—29.

[2]) Kuenen (Gottesdienst II. p. 85) hält es für möglich, daß mit diesem
Ereignis die Deportation vom Jahre 581 in Verbindung steht, von der Hier. 52, 30
die Rede ist.

[3]) Hier. 24, 8.

Baruch, der einzigen treuen Seele, die er hatte. Er mußte mit auswandern. Das Letzte, was wir von ihm hören, ist, daß ihm in Ägypten von den jüdischen Weibern der Mund gestopft wurde. Als er sie schalt, daß sie noch immer nicht vom Dienst der Königin des Himmels abließen und aus solcher Halsstarrigkeit alles Unglück herleitete, wurde ihm entgegengehalten, daß das Unglück umgekehrt erst eingetreten sei, seit man versäumt habe, der Königin des Himmels zu räuchern und zu spenden. Er konnte gegen diese Betrachtungsweise nicht aufkommen. Die Propheten betrachten die Wahrheit immer als das, was da war im Anfang, und den Irrtum als Abfall von der Wahrheit; sie tun so als seien sie das böse Gewissen des Volkes und als argumentiren sie von Zugestandenem aus. Zur Korrektur dafür dient die Unbefangenheit, mit der hier einmal eine andere Ansicht vertreten wird. Praktisch hatte natürlich Jeremias auch in diesem Falle Recht. Die also heidnisch gesonnenen Juden verloren sich im ägyptischen Heidentum, und es kam wahrscheinlich bald dahin, wie er wenngleich in etwas anderem Sinne gedroht hatte, daß Jahves Name in ganz Ägyptenland nicht mehr genannt wurde von eines einzigen Menschen Mund, der da sagte: so wahr der Herr Jahve lebt!

3. Wie sich die Situation des untergehenden Samariens für das untergehende Juda wiederholte, so wiederholte sich auch die der Situation entsprechende Prophetie. In Jeremias lebten Amos und Hosea wieder auf, nur vereinigte er die Eigenschaften, durch die sich jene unterschieden. Rücksichtslos zerschlug er die Illusionen des populären Glaubens, mit zornigem Hohne entlarvte er die auf Bestellung gelieferten, fremden Mustern abgestohlenen Heilweissagungen seiner prophetischen Standesgenossen. Den Gegensatz gegen sie trieb er so weit, daß er die Regel aufstellte, die wahren Propheten seien von jeher immer nur Unglückspropheten gewesen; im Kampfe gegen den patriotischen Fanatismus scheute er sich nicht, den Schein des Landesverrats auf sich zu nehmen. So eisenhart er aber den Königen und Großen, den Priestern und Propheten und der Menge im Namen Jahves Trotz bot, so tief und warm empfand er doch mit seinem Volke. Das Herz blutete ihm, wenn er der beweglich um Regen flehenden Gemeinde im Namen Jahves die Tür weisen und weit Schlimmeres als Dürre androhen mußte; es brach ihm fast bei dem Anblick der ihm immer vor den Augen stehenden Einöde, in die das blühende Land bald ver-

wandelt werden sollte: über die kein Vogel flog, die kein Geräusch
der Mühle bei Tage und kein Schimmer eines Lichtes in der Nacht
belebte. Er litt bis zur Verzweiflung unter der nicht bloß geistigen
Vereinsamung, welche die Erkenntnis der Wahrheit für ihn zum
Gefolge hatte; er fluchte seiner Geburt, weil ihn die Gemeinschaft
mit Jahve von jeder anderen Gemeinschaft ausschloß. Sein inneres
Leben war ein steter Seelenkampf, eine stetige Überwindung seines
Selbst, seiner menschlichen Wünsche und Sympathien, durch Jahve.
Gern hätte er ihm zu Zeiten seinen Beruf vor die Füße geworfen,
aber immer ließ er sich wieder von unwiderstehlichem Drange
verlocken: wenn Jahves Worte sich fanden, so verschlang er sie
und sie schienen ihm Freude und Wonne des Herzens.

Ehedem war die Nation das realisirte Ideal gewesen, jetzt
zerfiel Jahve mit Israel. Die Propheten setzten der Nation das
Ideal entgegen. Überzeugt davon, daß sie nicht als Menschen, sondern
als Organe der Gottheit redeten, stabilirten sie ihre individuelle
Autorität gegenüber der überlieferten und hergebrachten, und verlangten gebieterisch, daß man sich ihren Forderungen fügen solle.
Sie wendeten sich dabei an das ganze Volk und erstrebten durch
ihre Wirksamkeit eine allgemeine Bekehrung desselben; Israel blieb
auch ihnen das Korrelat zu Jahve, freilich nicht Israel wie es war,
sondern Israel wie es sein sollte. Aber diese allgemeine Umge-
staltung eines Volkes auf grund einer Idee oder eines Gesetzes
gelang nicht, wenigstens nicht den Propheten; erst als ihre Stimme
längst verstummt war, kam sie halbwegs zur stande, unter der
Beihilfe erschütternder Ereignisse und unter dem Druck der persischen Oberherrschaft[1]). Die Propheten predigten zu ihrer Zeit
tauben Ohren und sahen keinen Erfolg ihres Wirkens. Es war
ihnen auch schwierig, namentlich nach der Reformation Josias,
dem fragenden, hadernden Volk den Grund anzugeben, warum trotz
allem der Untergang unabwendlich sei. Die Katastrophe war ihnen
an sich gewiß, die nötige Sünde mußten sie suchen und griffen
dabei gewöhnlich in die Vergangenheit zurück, sie borgten sie bei
den Vätern.

Am meisten litt darunter der letzte und in mancher Hinsicht
größte Prophet, Jeremias. Je mehr er rief, desto weiter liefen sie

---

[1]) Quae gens observavit mandata tua? Homines quidem per nomina invenies servasse mandata tua, gentes autem non invenies. 4 Esdr. 3, 36.

weg; sie wollten, sie konnten sich nicht bekehren. Sein Bemühen, die Kluft zwischen Jahve und dem Volke auszufüllen, brachte nur einen tiefen Riß zwischen ihm selber und dem Volke hervor. Seine Arbeit an dem Volke war vergeblich. Aber nicht vergeblich war sie für ihn selber. Durch den Miserfolg seiner Prophetie wurde er über die Prophetie hinausgeführt. Mochte der Inhalt der Worte Jahves, die er zu verkündigen hatte, ihm Hohn und Verfolgung zuziehen — die Tatsache, daß Jahve zu ihm sprach, hielt ihn aufrecht und erquickte ihn. Daß er um seinetwegen litt, war ihm Trost; von den Menschen abgewiesen, flüchtete er sich zurück zu ihm, der ihn zu seinem Boten erwählt und dadurch den Zugang zu sich eröffnet hatte. Seine verschmähte Prophetie ward ihm die Brücke zu einem inneren Verkehr mit der Gottheit; aus seinem Mittlertum zwischen Jahve und Israel entstand, da Israel davon nichts wissen wollte, ein religiöses Privatverhältnis zwischen seiner Person und Jahve, das nicht auf enthusiastische Augenblicke beschränkt blieb, in dem nicht bloß Jahve sich durch ihn dem Volke offenbarte, in dem er vielmehr selber, in all seiner Menschlichkeit, sich vor Jahve ausschüttete. Diese Zwiesprache, in der sich seine Seele löste, ward sein menschliches Bedürfnis, das Brot, von dem er zehrte. Unter Schmerzen und Wehen entstand in ihm die Gewißheit seiner persönlichen Gemeinschaft mit der Gottheit, das tiefste Wesen der Frömmigkeit wurde bei ihm entbunden. Das bewegte Leben mit Gott, welches er lebte, machte er nun freilich nicht zum Gegenstande seiner Lehre; er verkündete nur schroff und drohend, wie die übrigen Propheten, das göttliche Gesetz. Aber als ob er doch die Bedeutung der Vorgänge in seinem Innern geahnt hätte, zeichnete er einzelnes davon auf. Sein Buch enthält nicht bloß seine Reden und Weissagungen, sondern mitunter auch Konfessionen über seine Leiden und Anfechtungen und über seine verzweifelten Kämpfe, in denen er sich zwar keineswegs zur Ruhe und Seligkeit durchrang, wol aber zum Bewußtsein des Sieges in der Niederlage. Daran hat die Folgezeit sich erbaut. Seine Erfahrung zeugte fort und wiederholte sich in den Erfahrungen der Frommen nach ihm. Was ihn bewegte und was ihn hielt, hat auch die edelsten Geister des Judentums bewegt und gehalten: das Leiden des Gerechten, das Wirken der Kraft Gottes in den Gebeugten und Verachteten. Er ist der Vater des wahren Gebets, in dem die arme Seele zugleich ihr untermenschliches Elend und

ihre übermenschliche Zuversicht ausdrückt, ihr Zagen und Zweifeln
und ihr unerschütterliches Vertrauen. Die Psalmen wären ohne
Jeremias nicht gedichtet. An seine Sprache lehnte sich die Sprache
der Frömmigkeit an, und einige Gleichnisse der geistigen Poesie
wurden aus den Schicksalen seines Lebens gewählt. So löste sich
aus der Prophetie nicht bloß das Gesetz aus, sondern zum Schluß
auch noch die individuelle Religiosität.

Elftes Kapitel.

Die Juden im Exil.

1. Die von den Assyrern fortgeschleppten Samarier hatten sich
unter den Völkern aufgelöst, in deren Gebiet sie angesiedelt waren.
Es kam darauf an, ob die verbannten Juden in Babylonien —
diese allein kamen in Betracht, nicht die nach Ägypten versprengten
und auch nicht die in der Heimat verbliebenen — sich gegenüber dem sie umgebenden Heidentum behaupten würden. Sie
konnten das nur, wenn sie an der von den Propheten eingeleiteten
Reformation festhielten, welche darauf abzielte, sie völlig aus dem
Heidentum herauszureißen und in scharfen Gegensatz dazu zu
bringen. Freilich hatte ihnen diese Reformation bisher wenig geholfen, und dadurch, daß sie den Untergang nicht hatte verhindern
können, schien sie vollends gerichtet.

Die Geschichte lehrt, daß die Juden die schwere Probe bestanden haben, die ihnen auferlegt wurde. Die Sündflut, die sie
zu ersäufen drohte, ist ihnen ein Bad der Wiedergeburt geworden.
Sie sind nicht unter den Babyloniern aufgegangen, haben vielmehr
damals in der Fremde die Fähigkeit erworben, die sie später aus-
zeichnete, ihre nationale und religiöse Art, auch außerhalb des
einheimischen Grund und Bodens auf dem sie sonst allein gedeiht,
unter allen Umständen zu bewahren. Sie haben trotz allen
Zweifeln festgehalten an ihrer Vergangenheit und an ihrer Zukunft,
an der Leitung ihrer Geschichte durch Jahve. Die Reformation ist
schließlich gerade durch das Exil zum Ziel gekommen, durch das
sie allerdings zunächst sehr gefährdet war.

Die Juden müssen doch damals in ihrer Eigenart schon viel gefestigter und sich derselben bewußter gewesen sein als ihre israelitischen Brüder vor vier Menschenaltern. Wir hören, daß sie schon vor dem Exil eben deshalb von ihren Nachbarn und Vettern gehaßt und verfolgt wurden, wie der weiße Rabe von den schwarzen, weil sie etwas anderes und besseres sein wollten[1]). In der Verbannung kam es ihnen zu statten, daß sie nicht über das Land zerstreut wurden, sondern gruppenweise beisammen wohnen blieben, Häuser und Gärten besaßen und in leidlichem Wolstand lebten. Eine Art Volksgemeinschaft blieb bestehn, und sie hielt auch diejenigen fest, welche an Jahve zweifelten und von ihm abfielen. Der Staat war zerstört, aber die natürliche Gliederung durch das Blut ersetzte ihn halbwegs. Die ethnische Genealogie, auf deren Grundlage sich das Volk einst erbaut hatte ehe es landsässig geworden war, wurde durch die Umstände der Zeit neu belebt. An Stelle der Monarchie mit ihren Beamten trat wieder die Aristokratie der Geschlechtshäupter oder Ältesten.

Der große Gemeindekultus ruhte notgedrungen in der Fremde[2]). Erstlinge, die nicht in Jahves Lande gewachsen waren, konnten ihm nicht dargebracht, also auch keine Feste gefeiert werden. Dagegen wurde der Sabbat beibehalten, wenngleich nicht als Opfertag so doch als Versammlungstag[3]). Es entstand auf diese Weise im Exil die heilige Versammlung ohne Opfer, und damit wurde der Grund gelegt zu einer fundamentalen Veränderung des Gottesdienstes überhaupt. Es ist kaum anders denkbar, als daß schon damals, wie später in der Synagoge, der Mittelpunkt der Versammlung das Wort war. Zwar nicht nur das geschriebene, sondern auch noch das lebendige Wort. Aber da in der bleiernen Zeit nach 586 schwerlich überall an jedem Sabbat ein Prophet zu finden war, der reden konnte, so wird man wol oder übel zur

---

[1]) Hier. 12, 9. Ez. 25, 8: weil die Moabiten und Ammoniten sagen: die Juden sind wie alle anderen Völker, darum werden sie von Jahve gerichtet.

[2]) Vgl. Ezech. 14, 3 ss. 20, 30 ss.

[3]) Hosea stellt den Sabbat mit den Festen noch ganz auf gleiche Linie und denkt nicht anders, als daß auch der Sabbat wie die anderen Feiertage im Exil nicht begangen werden könne (2, 13). Aber tatsächlich ging er seine eigenen Wege und trennte sich von den Festen. Es dauerte freilich lange, ehe die Forderung der absoluten Ruhe am Sabbat durchdrang.

Verlesung und erbaulichen Erklärung alter Schriften gegriffen haben, des Deuteronomiums, der prophetischen und der sie ergänzenden historischen Bücher. Diese Sabbatsversammlungen waren ein Mittel, die Gemeinschaft zu stärken, den Zusammenhang mit der Vergangenheit in einer eigentümlichen Weise zu beleben, und den Gebrauch der hebräischen Sprache zu erhalten. Zugleich aber wurde der Sabbat an sich, als Ruhetag, ein nach innen verbindendes und nach außen unterscheidendes Erkennungszeichen aller derer, die zur Judenschaft gehörten. Der Name und Begriff des religiösen Zeichens, d. h. des Abzeichens, kam damals auf und gewann große Bedeutung[1]. Die Beschneidung war seit jeher Brauch gewesen, ohne daß grade ein besonders religiöses Gewicht darauf gelegt worden wäre; sie wird in keinem alten Gesetze gefordert. Jetzt wurde sie neben dem Sabbat, als Symbolon des Judentums, von allergrößter Wichtigkeit. Ebenso wurden noch manche andere alten Bräuche jetzt geflissentlicher geübt, als ehemals, weil sie zur Versteifung der jüdischen Besonderheit, zur Abschließung gegen das Heidentum dienen konnten. Dabei fanden die durch die Zerstörung des Tempels außer Dienst gesetzten Priester Gelegenheit einzugreifen und auf Befragen aus ihrer Thora Bescheid zu erteilen, was rein sei und was unrein, was erlaubt und was verboten, im täglichen Leben jedes Einzelnen.

Die zähe Selbstbehauptung wurde nun aber den Verbannten nur ermöglicht durch die Hoffnung, daß sie bald heimkehren würden. Diese Hoffnung hegten sie in der Tat anfangs, so lange Jerusalem noch stand, im höchsten Grade. Die Deportirten von 597 betrachteten ihr Exil als ganz vorübergehend, dachten nicht daran sich auf längeren Aufenthalt in der Fremde einzurichten, sondern lebten im Geist in ihrer alten heiligen Stadt fort, zu der sie die lebhaftesten Beziehungen unterhielten. Bei dem letzten Aufstande Sedekias waren sie überzeugt, daß Jerusalem nicht erliegen, sondern über die Chaldäer triumphiren werde. Das war praktisch nicht ohne Nutzen. Sie hatten auf diese Weise keine Veranlassung, sich zu akklimatisiren, sie hielten sich genau so, wie sie es in der alten Heimat getan hatten, wohin zurückzukehren sie immer auf dem Sprunge standen. Durch mehr als zehnjährige Übung kamen

---

[1] Ezech. 20, 12. 20.

sie allmählich in eine Gewohnheit, die auch dann noch anhielt, als die Ereignisse ihre Illusion zu schanden machten.

Der Fall Jerusalems im Jahre 586 wurde als ein betäubender Schlag empfunden. In der Stadt und im Tempel, nicht im Volke, wohnte Jahve; Sion war, statt Israel, der Name der Theokratie geworden. Jetzt war es entschieden, daß Jahve das Land verlassen hatte, daß er auf und davon gegangen war[1]). Manche mögen an ihm irre geworden sein. Die meisten jedoch waren bereit, ihm Recht zu geben und sich für schuldig zu erklären. Aber wenn sie sein Verdammungsurteil auch annahmen, so verstanden sie es doch nicht. Sie versanken unter seinem Zorne in dumpfe Verzweiflung, sie wußten nicht, wie sie herauskommen sollten. Ihre Stimmung wird gekennzeichnet durch den damals umlaufenden Ausspruch: unsere Sünden lasten auf uns und wir vermodern darin.

In diesem großen Schiffbruch wurde jetzt die Prophetie — nicht die landläufige, sondern die oppositionelle, wie sie zuletzt durch Jeremias vertreten war — der Rettungsbalken für die, die sich daran hielten. Sie hatte bis dahin den Untergang des Gemeinwesens geweissagt; schon das war tröstlich, daß sie denselben als notwendig im Namen Jahves vorausgesehen und verstanden hatte. Jetzt aber, als die Notwendigkeit Tatsache geworden war, schlug die Weissagung um, aus der Drohung in die Verheißung. Das Exil bildete einen Wendepunkt. Waren die Propheten früher den Illusionen der Zeit entgegen getreten, so traten sie nun ihrer Hoffnungslosigkeit entgegen und richteten den Glauben an die Zukunft auf. Strom und Wind, womit sie so lange hatten kämpfen müssen, hatten sich zu ihren gunsten gedreht. Ihre Gegner, die patriotischen Fanatiker, waren durch die Ereignisse Lügen gestraft und zum Schweigen gebracht; sie aber hatten Recht behalten. Das Haupthindernis, das ihrer Wirksamkeit früher im Wege stand, war beseitigt; die alte Tradition, wie sie auf dem Boden des kanaanitischen Landes mit dem Volke aufgewachsen war, wurde durch die gewaltsame Losreißung des Volkes aus seinem Lande gebrochen.

2. Der Anfänger der exilischen und nachexilischen Prophetie war Ezechiel, ein vornehmer jerusalemischer Priester, der sich unter den Verbannten von 597 befand. So lange Jerusalem noch stand,

---

[1]) Ezech. 1—11. Vgl. Joseph. Bellum 6, 299: μεταβαίνωμεν ἐντεῦθεν.

ging seine Tätigkeit darin auf, der Gegenwart den Sündenspiegel
der Vergangenheit vorzuhalten und den baldigen Untergang auch
des Restes der Theokratie zu verkündigen. An dessen Fortbestand
knüpften seine Mitverbannten alle ihre Hoffnungen, sie glaubten
ihm nicht und hörten nicht auf ihn, bis er es endlich aufgab ihnen
zu predigen. Da fiel Jerusalem, und mit einem Schlage vertauschten
sich die Rollen. Dem Propheten wurde der Mund weit aufgetan,
aber jetzt nicht mehr zu Drohungen, sondern von stund an zu
Verheißungen. Drohung und Verheißung sind bei Ezechiel haar-
scharf geschieden. Die Verheißung aber ist weit bezeichnender
für ihn als die Drohung. Trotz dem ingrimmigen Schelten und
dem bissigen Gezänk mit seinen Landsleuten, dem er Jahre lang
ausschließlich oblag, ist er in Wahrheit doch der Prophet, mit dem
die Weissagung den sogenannten messianischen Charakter annimmt.

Er verheißt die Auferweckung des von den Chaldäern getöteten
Volkes durch den Hauch Jahves, die Zurückführung nicht bloß
Judas sondern auch Ephraims nach Palästina, und ihre Vereinigung
unter dem Szepter eines Davididen: dann soll die Herde nicht
mehr von ihren eigenen Hirten mishandelt und von fremden Räubern
aus einander gescheucht werden, sondern ruhig weiden, in einem
Lande, auf dem aller Welt sichtlich der Segen Jahves ruht. Er
bedroht die bis dahin verschont gebliebenen Nachbarreiche Judas;
Ägypten und Tyrus werden ebenfalls den Chaldäern, Edom Moab
und Ammon den Arabern erliegen; die Edomiten müssen das heilige
Land, in das sie sich eingedrängt haben, räumen und werden durch
Verwüstung ihres eigenen Gebietes heimgesucht. Aus Rücksicht
auf sich selber, um seines Namens willen, muß Jahve Rache nehmen
an den Heiden, die ihn in den Sturz seines Volkes verwickelt
glauben; seine eigene Ehre steht auf dem Spiel, wenn auf seinem
Lande die Schmach der Verödung ruht. Von der Vernichtung der
Chaldäer redet Ezechiel nicht, obgleich er sie voraussetzt. Statt
dessen führt er in dem König Gog von Magog einen phantastischen
Vertreter der heidnischen Weltmacht ein, dessen Erscheinung er
allerdings in eine unbestimmte Zukunft verschiebt. Wenn die
Gefangenschaft der Juden bereits gewendet und die Theokratie
hergestellt ist, werden noch einmal alle Heere der Völker gegen
Jerusalem anstürmen, aber bei dieser Gelegenheit vernichtet werden.
Dadurch soll einmal eine bis dahin unerfüllt gebliebene Drohung
älterer Propheten über den Einbruch wilder nördlicher Reiterscharen

in Juda nachträglich verwirklicht werden[1]). Außerdem aber genügt es nicht, daß Jahve seine Macht bloß den Ägyptern Tyriern Edomiten und den übrigen Nachbaren der Juden erweist und ihnen gegenüber seine Ehre herstellt; die ganze feindliche Welt muß vor ihm gedemütigt und gebrochen werden, in der Weise, daß sie an der heiligen Stadt, die ihr ehedem erlegen war, sich zuletzt den Kopf einrennt. Mit dieser Weissagung über Gog und Magog beginnt die jüdische Eschatologie, welche die Ereignisse auf grund theologischer Ideen postulirt, nicht auf grund der schon in der Gegenwart sie ankündenden Zeichen voraussieht.

Mitten unter diesen Orakeln findet sich ein Stück, aus dem man sieht, daß Ezechiel seine Aufgabe, die Verbannten aufzurichten, auch noch auf eine ganz andere Weise angefaßt hat. Das Volk war tot und konnte nur durch ein Wunder Jahves auferweckt werden. Allein die Einzelnen lebten noch. Der Beruf des Wächters, der eigentlich darin besteht, über die Stadt zu wachen und die der Stadt drohenden Gefahren zu melden, verwandelt sich dem Propheten durch die Zerstörung Jerusalems in den Beruf des Seelsorgers; die Rechtbeschaffenheit der Einzelnen war die Vorbedingung für die Auferstehung des Ganzen. Sehr eigentümlich verwendet er nun den Individualismus als Trostgrund. „Ihr sprecht: unsere Sünden lasten auf uns und wir vermodern darin, wie könnten wir genesen! Aber Jahve sagt: fürwahr, ich will nicht den Tod des Sünders, sondern daß er sich bekehre und lebe; bekehrt euch, bekehrt euch, warum wollt ihr sterben!“ Gegenüber einer Verzweiflung, die in dem sündigen Zusammenhang des Ganzen zu versinken glaubte, hebt er die Möglichkeit der Bekehrung hervor. Die sittliche Freiheit legt zwar dem Einzelnen eine schwere Verantwortung auf, aber sie gewährt ihm auch den Trost, daß er aus der Kausalität heraus kann, daß er sich bekehren kann und leben. In der Bekehrung liegt die Sündenvergebung eingeschlossen. Freilich verdirbt Ezechiel wieder alles und verwickelt sich in die größten Widersprüche dadurch, daß er dennoch die Sündenvergebung in der Aufhebung der Strafe sieht und nun eine genaue Korrespondenz zwischen dem inneren Wert jedes Einzelnen und seinem äußeren Ergehn statuirt, als notwendigen Ausfluß der göttlichen Gerechtig-

---

[1]) Gog von Magog vollstreckt bei Ezechiel (38, 17. 39, 8) die Weissagungen Sephanias und Jeremias über die Verwüstung Judas durch die Scythen.

keit, die nicht dulden könne, daß die Gegenwart unter der Schuld der Vergangenheit und das Individuum unter der Schuld der Gemeinschaft leide.

Am Schluß seiner Schrift gibt dieser Prophet ein ausgeführtes Bild davon, wie er sich die wieder in Gang gebrachte Theokratie vorstellt. Seine Schilderung des Neuen Jerusalem hat den Apokalypsen als Vorbild gedient. Es ist die kühnste Hoffnung, wenn er, in einer Zeit die sich durchaus nicht so anließ als ob die Juden je aus Babylonien wieder herauskommen würden, genau die Zahlen und Maße für den Wiederaufbau des Tempels angibt und die Details des Tempeldienstes ordnet. Aber er knüpft zugleich so eng an den früheren Bestand an und hält sich so in den Schranken des Durchführbaren und Zeitgemäßen, daß sein Zukunftsbild auch faktisch das Programm für die Organisation der nachexilischen Gemeinde geworden ist: in den Gleisen, die er vorgezeichnet hat, hat dieselbe sich verwirklicht.

An ein jüdisches Weltreich denkt er nicht, überhaupt nicht an ein Reich, sondern nur an eine Kultusgemeinde. Die Theokratie ist Sion. Aber Sion ist nicht mehr wie in Isa. 11 die Stadt Davids, wo gutes Regiment, Recht und Friede herrscht, sondern die Stadt des Tempels, wo Jahve so verehrt wird wie es seiner Heiligkeit entspricht. Der König kommt nur insofern in betracht, als er die öffentlichen Opfer zu bezahlen hat, wofür an ihn die Abgaben entrichtet werden. Im übrigen haben ihn die Priester in den Schatten gedrängt, denen auch das Gericht übertragen wird. Das eigentlich Politische wird völlig ignorirt, die Hauptsache ist, daß der Kultus an der richtigen Stätte in der richtigen Weise von den richtigen Leuten betrieben wird. Das Ideal ist nicht die Gerichtigkeit, sondern die Heiligkeit. Schon in den Sündenregistern, die im ersten Teil seines Buchs einen so breiten Raum einnehmen, tritt hervor, welchen übermäßigen Wert Ezechiel auf den Kultus legt. Obwol er da gelegentlich (Kap. 18) ein sehr feines und fortgeschrittenes moralisches Gefühl zeigt, so verweilt er doch weit weniger bei den Sünden der Menschen gegen die Menschen, als bei ihren Sünden gegen Jahve, gegen den Ort und das Land seiner Wohnung. Das Land Jahves ist von einer ganz gefährlichen Heiligkeit, es speit seine unwürdigen Bewohner aus. Die Entweihung des heiligen Landes durch Götzendienst ist die Hauptschuld. Sie ist vorzugsweise begangen durch das Essen im Blut, auf den Höhen außerhalb des Tempels. Ezechiel sieht die Opfer auf den Höhen einfach als Götzenopfer an, das Fleisch derselben weder als richtig geopfert noch als richtig geschlachtet, daher die Opfermahle als ein Essen im Blut. Er fußt dabei auf dem Deuteronomium, behandelt indessen das, was dort frisch verboten wird, seinerseits als einen niemals irgend zulässig gewesenen, ganz entsetzlichen Greuel. Ebenso geht er zwar von der deuteronomischen Gesetzgebung aus, überbietet sie aber und sanktionirt eine von ihr nicht gewollte Folge der Abschaffung der Höhen, indem er auch die Priester der Höhen ihres Priesterrechts verlustig erklärt, zur Strafe dafür, daß sie es an der falschen Stelle ausgeübt haben, und sie degradirt zu Handlangern der Söhne Sadoks von Jerusalem, die künftig allein Priester bleiben sollen, zum Lohne dafür, daß sie immer an der richtigen Stelle amtirt haben. Er korrigirt das Deuteronomium von seinen Tendenzen aus. Er zieht aber auch den Kultus in weit größerem, womöglich im ganzen Umfang in das Gebiet der Gesetzgebung hinein, in der Absicht, ihn von allem Götzendienst zu säubern. Er hat den wichtigsten Schritt getan zur Systematisirung des Kultus im Geiste des Monotheismus.

Man merkt, daß dieser Prophet ein Priester und ein Sohn Sadoks war. Indessen stimmten seine persönlichen Wünsche und Neigungen überein mit dem, was die Verhältnisse verlangten. Der Tempel hatte von jeher eine unverhältnismäßige Bedeutung in dem kleinen Juda. Durch die Zerstörung Samariens und weiter durch die Reformation Josias wurde er die einzige Anbetungstätte Jahves auf Erden. Gleichzeitig wuchs der Verlust an politischer Macht dem Kultus als Gewinn zu. So war es schon vor dem Exil; seitdem beförderte die Fremdherrschaft diese Richtung der Entwicklung. Sie ließ den Juden nur auf dem Gebiete des Kultus freien Spielraum, nur als Kultusgemeinde erlaubte sie ihnen sich zu organisiren. Auch ohne Ezechiel wäre dieser Gang der Dinge vorgezeichnet gewesen. Er war der Zeit nur um einen Schritt voraus. Eben deshalb ist er der Konstitutor der nachexilischen Gemeinde geworden, eben deshalb hat sie sich auf den Grundzügen seines Planes aufgebaut. Auf das geistige Leben der Juden hat er freilich keinen bestimmenden Einfluß ausgeübt, nur auf ihre Organisation. Aber die Organisation war damals die wichtigste Aufgabe, wenngleich sie noch nicht unmittelbar drängte.

3. Die Zeit nach der Zerstörung Jerusalems war keine bewegte.

Daher erklärt sich die ungeschichtliche Art der Weissagungen Ezechiels, er lebte in Reminiszenzen und Phantasien, nicht in einer Krisis der Gegenwart. Die Ruhe dauerte so lange Nabukodrossor lebte. Unter seiner langen starken und weisen Regierung stand das chaldäische Reich fest. Aber bald nach seinem Tode (562) begann der Verfall. Sein Sohn und Nachfolger Evilmardoch[1]), der den Jechonia aus dem Gefängnis frei ließ, wurde nach zweijähriger Herrschaft von seinem Schwager Neriglissar gestürzt (560). Neriglissar regierte vier Jahre, ihm folgte sein Sohn Labosomardoch, noch ein Knabe. Gegen den verschwuren sich nach kurzer Zeit „die Freunde", schlugen ihn tot und setzten den Nabuned, einen Mitverschworenen, auf den Thron (556). Unter ihm brach das Gleichgewicht der Mächte in Vorderasien zusammen, welches sich nach dem Ablauf der scythischen Überschwemmung, nach dem Sturze Assurs und nach der Schlacht der Sonnenfinsternis herausgebildet hatte. Cyrus, der Sohn des Cambyses, König von Persien und Elam, griff den Meder Astyages an, besiegte ihn und nahm ihn gefangen (550). Ohne viel Mühe scheint er sich dann der Hauptstadt und der Provinzen des medischen Reiches bemächtigt zu haben, bis zur lydischen Grenze am Halys. Crösus fühlte sich durch den Eroberer bedroht und schloß gegen ihn mit Amasis und mit Sparta ein Bündnis, dem auch Nabuned beitrat (547). Er wartete aber nicht auf die Hilfe der Bundesgenossen, sondern begann ohne sie den Angriff und überschritt den Halys. Das kostete ihm sein Reich. Cyrus fügte Lydien und ganz Kleinasien bis zum ägäischen Meere seiner Herrschaft hinzu (546).

Die Reihe mußte nun an Babel kommen, man konnte auf den Zusammenstoß gespannt sein. Frohlockend antezipirten prophetische Stimmen die Rache Jahves an den Chaldäern. Allein in der Mehrzahl waren die˘ verbannten Juden nicht so hoffnungsfreudig gestimmt. Sie mochten daran denken, was bei dem Falle Nineves schließlich für Juda herausgekommen war. Ein fünfzigjähriger Aufenthalt in der Fremde hatte sie eingewöhnt und die Sehnsucht nach der Heimat abgestumpft. Wenn wirklich der Perser das

---

[1]) Die Form der babylonischen Königsnamen ist die bei Berosus in Josephus contra Apionem 1, 146 ss. (Ant. 10, 229 ss.). Nur habe ich aus Laborosoardoch auf grund der Inschriften Labosomardoch gemacht. Die hebräische Schreibung und Aussprache מראדך Μαρωδαχ ist höchst auffallend. Nur in Μαρδοχαῖος findet sich das Übliche.

unüberwindliche Babel bezwingen sollte, so vermochten sie doch
daraus keinen Trost zu schöpfen. Sie wollten nicht glauben, daß
er das Werkzeug Jahves sei, um die Verheißungen zu verwirklichen.
Aus Israel mußte doch der Held hervorgehn, der das Joch der
Heiden zerbrach und das Reich Davids herstellte; die Wiederherstellung Sions durch einen Perser, wenn sie gelänge, würde ja
nur als beiläufige Folge einer geschichtlichen Bewegung erscheinen,
die eigentlich auf ein ganz anderes Ziel sich richtete.

Dieser Stimmung trat der prophetische Schriftsteller entgegen,
den wir Isa. 40ss. verdanken. Laßt die Trauer fahren, die Erlösung steht vor der Thür. Leidet nicht immer unter euch selber,
Jahve nimmt die Last der Vergangenheit von euch ab und vergibt
euch, wendet euch dem Neuen zu, das er schafft. Cyrus ist sein
Messias, dessen Siegeslauf er geleitet, den er berufen hat zum
Vollstrecker seines Werkes. Ist es denn etwas Erniedrigendes,
daß Israel von einem Perser befreit wird? ist es nicht vielmehr
ein Beweis der weltbeherrschenden Macht des Gottes Jakobs, daß
er von den Enden der Erde her seine Werkzeuge zu seinen Zwecken
aufbietet? Wer anders als Jahve sollte Cyrus gesandt haben? doch
nicht die Götzen, die derselbe zerstört? Jahve allein hat die jetzt
sich erfüllenden Ereignisse vorausgesagt und vorausgewußt: er hat
sie also vorbereitet und beschlossen und nach seinem Rate werden
sie ausgeführt. Er reicht euch die Hand, greift zu, jubelt dem
nahenden Heile entgegen, rüstet euch auf die Heimreise.

Das ist eine andere Sprache als die Ezechiels. Es werden
keine phantastischen und kleinlichen Zukunftsbilder entworfen, es
wird verwiesen auf das Tun Jahves in der bewegten Gegenwart.
Das Heil verwirklicht sich schon, es keimt und sprießt und wächst,
es ist mit Händen zu greifen[1]). Wie anders aber auch wird hier
zu der weltgeschichtlichen Epoche Stellung genommen, als ehedem
in ähnlichen Fällen von den alten Propheten! wie anders wird hier

---

[1]) Die herrlichen Stellen über die wunderbare Siegeslaufbahn des Cyrus
müssen geschrieben sein, bevor er Babel erobert hatte. Sonst hat man bisweilen den Eindruck, als werde in Isa. 40ss. die Eroberung schon vorausgesetzt. So namentlich am Schlusse von Kap. 48, aber auch schon früher, an
den Stellen, wo der Verf. sich bemüht, die Hindernisse aus dem Wege zu
räumen, welche die Wüste der Heimkehr zu bereiten schien. Das war doch
eine cura posterior, die erst nach dem Falle Babels eintreten konnte. Daß
Isa. 56ss. nicht ursprünglich zu Kap. 40ss. gehören, halte ich für erwiesen.

der Perser begrüßt als einst der Assyrer von Amos oder der Chaldäer von Jeremias! Sein zerstörendes Werk hatte der Weltgott an Israel vollbracht, jetzt baute er es wieder auf. Unser Prophet ist wie trunken von der Idee des Allmächtigen, der Hymnus von ihm rauscht in gleichmäßigem Gewoge durch alles was er sagt. Er zuerst feiert ihn nicht bloß als den Lenker der Weltgeschichte, sondern auch als den Schöpfer der Natur, des Himmels und der Erde, als den Ersten und Letzten, den Einzigen und Alleinigen. Was ihn dabei erhebt und begeistert, ist die Zuversicht: dieser Weltgott ist und bleibt unser Gott. Er hat zwar Israel verbannt und dahin gegeben, so daß es kein Reich und kein Volk mehr ist. Aber dem in den Staub getretenen, verachteten, verzweifelten Rest wendet er seine Gnade zu, der elende Wurm ist ihm wert, mit Rücksicht auf ihn lenkt er den Weltlauf. Er hat nun einmal Sion erwählt, und er empfindet trotz allem das Leid Sions wie sein eigenes. Sein Name und seine Ehre ist mit seinem Tempel, seiner Stadt; seinem Volke, mit jedem Einzelnen der ihn anruft, verwachsen; die Schande der Seinen fällt auf ihn selber zurück, und sich selber bringt er zu Ehren, indem er Israel zu Ehren bringt.

Der wahre innere Grund für die Hoffnung der Juden liegt aber darin, daß sie Recht haben. Im Namen der Gerechtigkeit muß Jahve sie erlösen und zum Siege führen. Zwar ist es keine Ungerechtigkeit, daß er sie schwer 'geprüft hat; sie haben es um ihn wol verdient. Ihm gegenüber ist ihre Schuld ohne weiteres zuzugeben. Jedoch nicht bloß mit Jahve, sondern auch mit den Heiden haben sie es zu tun. Die Weltgeschichte wird als ein Prozeß zwischen ihnen und den Heiden aufgefaßt. In diesem Prozeß sind sie zwar augenblicklich unterlegen, haben aber Recht; dem Heidentum gegenüber vertreten sie die gute Sache, die Sache Jahves. Sie allein kennen und verehren ihn, unter ihnen allein gilt sein Recht und seine Wahrheit. Um deswillen können sie nicht auf die Dauer erliegen, sonst erläge die Wahrheit der Lüge. Das Recht ihrer Sache, das zur Zeit durch die Strafe ihrer Sünden und durch den Sieg des Heidentums verdunkelt ist, muß ans Licht kommen und auch äußerlich durch ein aller Welt sichtbares Gottesgericht zur Anerkennung gebracht werden.

Veranlaßt durch die Zertrümmerung seines Volkes denkt der Verfasser von Isa. 40ss. nach über das unzerstörbare, ewige Wesen

desselben. Er findet es in der Lehre, dem Rechte, der Wahrheit, d. h. in der Jahvereligion, wie die Propheten sie verstanden
und gepredigt hatten und wie sie jetzt bei den verbannten Juden
fertiges Gemeingut geworden war. In der Tatsache, daß sie und
nur sie die Wahrheit besitzen, erblickt er den Hort ihres Trostes
und ihrer Hoffnung, die Bürgschaft und das Unterpfand ihrer Auferstehung aus dem Grabe des Exils. Es gibt keinen Gott als Jahve
und Israel ist sein (Knecht d. h.) Prophet — so lautet das triumphirende Credo. Das nationale Selbstgefühl ist außerordentlich,
aber engherzig ist es nicht, deshalb, weil das Sonderverhältnis Israels
zu Jahve nur eine Vorstufe ist, weil die Geschichte Israels in die
Weltgeschichte mündet. Der Besitz der Wahrheit schließt für
Israel den Beruf in sich, sie den Völkern zu verkünden; die Wahrheit siegt über das Heidentum, um auch die Heiden zu erlösen.
Eben das Exil macht den Übergang von der Volksreligion zur Weltreligion, es bewirkt die Metamorphose Israels zum Missionar der
Weltreligion. Allerdings soll Israel auch als Volk und Reich
wiederhergestellt werden; ein solches rechtfertigendes und rehabili-
tirendes Gottesurteil ist notwendig. Aber die Messiasidee tritt doch
vollkommen zurück gegen die Idee des Knechtes Jahves, wie ja
auch die Aufgabe Babel zu zerstören dem Perser überlassen bleibt.
Israel überwindet die Welt nicht mit dem Schwert, sondern mit
dem Wort.

Geflissentlich wird in Isa. 40ss. der Blick von der Vergangenheit abgelenkt und der Zukunft zugewendet. Nur an einigen
wenigen Stellen ist es anders[1]). Da wird das zum Problem, was

---

[1]) Isa. 42, 1—4. 49, 1—6. 50, 4—9. 52, 13—53, 12. Die Stücke sind gegen
Ende des Exils geschrieben und bald nachher von dem Verfasser der Haupt-
schrift aufgenommen. Derselbe benutzt sie als Themata zu seinen Predigten,
in ziemlich einseitiger, den Gehalt nicht erschöpfender Weise, zur Glorifizirung
seines Volks. Darin aber hat er Recht, daß er unter dem Knechte Israel
versteht, als Träger der Wahrheit und ihren Vermittler an die Heiden. Es
wäre vermessen, von dieser Deutung abzuweichen und an ein Individuum zu
denken. Die Annahme ist abenteuerlich, daß im Exil ein unvergleichlicher
Prophet, womöglich von seinen eigenen Landsleuten, zum Märtyrer gemacht,
dann aber verschollen wäre. Die Aussagen passen auch nicht auf einen
wirklichen Propheten. Der hat nicht die Aufgabe und noch weniger den
Erfolg, sein eigenes Volk herzustellen und alle anderen Völker zu bekehren.
Auf einen solchen sind nicht die Augen der ganzen Welt gerichtet, die Heiden
können nicht in der Weise Notiz von ihm nehmen, daß sie seine Vergangenheit

sonst als ohne Zweifel gerechte Züchtigung hingenommen wird,
das tragische Geschick des Volkes in Vergangenheit und Gegenwart.
Der Besitz der Wahrheit und der Beruf sie auszubreiten hat den
Knecht Jahves vor schmählichem Untergang nicht gerettet und ihm
die Verachtung der Heiden eingetragen. Er erscheint durch sein
Schicksal in den Augen der Welt als von Gott gerichtet, wie ein
Aussätziger oder ein todeswürdiger Verbrecher. Aber er ist kein
Verbrecher, er ist unschuldig und büßt eine Strafe, die die Heiden
verdient hätten. Eine befriedigende Lösung wird damit nicht
gegeben. Man fühlt jedoch, daß der Knecht aus innerer Notwendigkeit zum Mann der Schmerzen werden muß, daß Prophet und
Märtyrer zusammengehört, daß die Wahrheit siegt durch das Blut
ihres Zeugen; und auch das blickt durch, daß Jahve sein Angesicht
vor dem Elenden in Wahrheit nicht verhüllt, daß die Gemeinschaft
mit ihm durch Kreuz und Tod nicht zerstört sondern besiegelt
wird. Zum Schluß folgt auch hier, als Nachspiel der Tragödie,
der Ausblick in die Zukunft: da wird der Knecht verherrlicht und
erhält die Welt zur Beute, die Heiden werden sich wundern.

Mit größerem Rechte als Ezechiel können Jeremias und der
ungenannte Verfasser von Isa. 40ss. als die geistigen Väter des
Neuen Jerusalems betrachtet werden. Wie von dem Leben Jeremias, so hat die Folgezeit gezehrt von den Gedanken des großen
Anonymus. Das Evangelium, daß der in der Höhe Wohnende den
Verachteten und Zertretenen nahe sei, die Lehre von dem inneren
Recht, dem der Sieg, die äußere Rechtfertigung nicht fehlen könne,
hat die Gemüter auf lange Zeit hinaus gehoben und bewegt. Auch
die Frage nach der Bedeutung des Schmerzes und der Leiden für
die Religion ist durch die Betrachtung des Exils als eines Todes,
der zum Leben, einer Sündflut, die zur Wiedergeburt führe, ins-
geheim angeregt worden.

verachten und über seine Zukunft erstaunen. Er kann nicht zugleich als
Aussätziger sterben und als Verbrecher hingerichtet werden. Seine künftige
Größe läßt sich nicht so denken, wie sie 53, 12 und 52, 13—15 beschrieben
wird. Seine Auferstehung aus dem Grabe wäre nicht so einfach, daß sie gar
nicht besonders erwähnt zu werden brauchte, und ließe sich nicht so ohne
weiteres mit seiner Verherrlichung gleichsetzen, wie es in Kap. 53 geschieht:
nur bei einem Volke decken sich beide Begriffe. Endlich ist das Zusammentreffen doch sehr sonderbar, daß für diesen Propheten gerade wie für Israel
das Exil der Durchgang vom Tode zum Leben sein soll. Vgl. Giesebrecht
Beiträge p. 146ss. Ps. 22.

Zwölftes Kapitel.

Die Restauration.

1. Lange Zeit wurde die Geduld der Juden auf die Probe gestellt. Sardes war schon im Jahre 546 gefallen, der Kampf gegen Babel, dessen Beginn bis jetzt unbekannt ist, entschied sich erst im Jahre 539/38. Da Nabuned das Feld gegen die Perser, unter Gobryas, nicht halten konnte, fielen seine Untertanen von ihm ab. Ohne Kampf zog Gobryas in Babel ein. Einige Zeit später kam Cyrus selber und ordnete die Verhältnisse; die Statthalter und Vasallen des chaldäischen Reiches kamen herbei, um sich zu unterwerfen und zu empfehlen. Bei diesem Aufenthalte in Babel, der längere Zeit dauerte, gab er den Juden Erlaubnis heimzukehren[1]).

---

[1]) Auf dem Cyruszylinder und in den Annalen Nabuneds steht nichts davon. Nach dem Vorgange von M. Vernes bestreitet Kosters, daß schon unter Cyrus eine Rückwanderung babylonischer Juden nach Palästina stattgefunden habe; eine solche sei erst mit Ezra erfolgt. Er beruft sich auf das Schweigen von Haggai und Zacharia, und auf das Zeugnis Nehemias, der im Anfange seiner Memoiren die palästinischen Juden als verschont von der Deportation bezeichne, nicht als zurückgekehrt aus dem Exil. Den Bericht Esd. 1 verwirft er, als eine Erdichtung des Chronisten. Der Chronist teilt indessen nur die allgemeine Überzeugung, die auch in manchen anderen Stellen der Bücher Esd. und Neh. gelegentlich zu Tage tritt, daß der Kern der nachexilischen Gemeinde schon vor Ezra aus zurückgewanderten Babyloniern bestanden habe (Esd. 4, 12. Neh. 7, 5. 6. 61. 12, 1. Esd. 9, 4. 10, 6). Diese Überzeugung wird bestätigt durch die prophetische Schrift Isa. 40—48, deren großes baldiges und bleibendes Ansehen sich kaum verstehn ließe, wenn eine so bestimmte Weissagung über Cyrus als Messias der Juden gänzlich unerfüllt geblieben wäre. Auch das fällt ins Gewicht, daß der Verfasser von Isa. 40ss. die Restauration Sions sich gar nicht anders denken kann als durch Rückströmung von Babylonien aus. In der Tat ist sonst das palästinische Judentum in seiner Entstehung nicht zu begreifen. Von dem im Lande verbliebenen Rest würde der alte volkstümliche Höhendienst wieder hergestellt sein; statt dessen finden wir den legitimen Kultus in Jerusalem und eine zahlreiche Hierokratie schon vor Ezra; an dem eigentlichen Tempeldienste hat dieser nichts mehr zu reformiren. Wie konnte sich, ohne Rückwanderung, das in Babylonien geborene Judentum seit dem Sturz der chaldäischen Herrschaft nach Palästina übertragen und dort, anerkaunt auch von den in Babylonien Zurückgebliebenen, seine weitere Entwicklung finden? Ohne jene Voraussetzung erklärt sich ferner nicht

Vor dem Jahre 537 konnten die Juden die Reise nach Palästina schwerlich antreten. Auch machten durchaus nicht alle Gebrauch von der Erlaubnis. Es war keine Kleinigkeit, sich aus dem gesegneten Babylonien loszureißen, mit Weib und Kind und fahrender Habe eine beschwerliche Reise zu machen, um aufs ungewisse hin in den Ruinen des verwüsteten Judäa sich anzusiedeln — nach sechzig- und fünfzigjähriger Abwesenheit. Viele, namentlich wolhabende Leute blieben zurück, gaben aber ihr Judentum darum nicht auf, sondern behaupteten es mit Eifer. Sie unterhielten Verkehr mit ihren zurückgewanderten Brüdern, nahmen Anteil an ihrem Geschicke, unterstützten sie und sandten ihnen von Zeit zu Zeit neuen Zuzug. Babylonien ist seitdem die zweite Heimat des Judentums geblieben.

Wie groß die Zahl der Heimkehrenden gewesen ist, wissen wir nicht. Als der von Cyrus eingesetzte erste Landpfleger wird Scheschbassar genannt, ein vornehmer Jude mit babylonischem Namen. Einige Zeit später finden wir den Davididen Zerubabel als Landpfleger, dessen Verhältnis zu Scheschbassar nicht recht klar ist[1]). Neben ihm genoß der Priester Josua, aus dem Geschlechte der Söhne Sadok, das größte Ansehen. Der Klerus bildete einen unverhältnismäßig starken Bestandteil der Kolonie.

die schon zur Zeit Haggais und Zacharias in Jerusalem herrschende Depression darüber, daß die Wirklichkeit den Erwartungen doch keineswegs entsprach; wozu die aus eigener Kraft aus der Tiefe allmählich sich heraufarbeitenden Palästiner keinen Grund gehabt hätten. Außerdem weisen auf den Durchgang durch das babylonische Exil hin 1) die genaue Datirungsweise und die Frühlingsära, die wir plötzlich bei Haggai und Zacharia finden (Prolegomena p. 106 ss.), 2) die babylonischen Eigennamen Scheschbassar, Sareser, Regemmelek, Meschezabel, deren Gewicht man durch Sanballat, den Kuthäer, nicht entkräften kann.

[1]) Die Landpfleger in Jerusalem pflegten Juden zu sein, und auch Scheschbassar war kein Perser, wie de Saulcy und Stade meinen, denn er trägt einen babylonischen Namen. Die Etymologie hat Hoonacker gefunden: Schamaschbalossor (Academy 30. Januar 1892). Kosters hat in שנאצר 1 Chr. 3, 18 (vgl. Σαναβασσαρος in 1 Esd., סנ־צר und שנסרצר bei Lidzbarski) den Scheschbassar erkannt; darnach wäre er der Oheim und Vorgänger Zerubabels gewesen. Nach dem griechischen Esdras hat Scheschbassar die Juden geführt, die unter Cyrus, Zerubabel die, die unter Darius, dem Willensvollstrecker des Cyrus, heimkehrten. Indessen hat das apokryphe Zwischenstück 1 Esd. 3, 1—5, 6 nicht den geringsten geschichtlichen Wert; es widerspricht auch den Voraussetzungen des Zusammenhangs, in den es eingelegt ist.

Man wüßte gern, wie es in Palästina damals ausgesehen hat. Im Norden von Judäa wohnten die Samarier, ein Mischvolk, entstanden aus der Verbindung der altisraelitischen Bevölkerung mit fremden Kolonen, welche durch die Assyrer dort angesiedelt waren [1]. Ihr Mischlingscharakter zeigte sich auch in der Religion; doch überwog wol der alte halbheidnische Jahvedienst, wenngleich derselbe seit der Zerstörung des Heiligtums von Bethel durch Josias kein rechtes Zentrum mehr hatte. Im Westen waren die Asdodier die Nachbarn, im Osten die Ammoniten, die vereinzelt über den Jordan vorgedrungen zu sein scheinen [2]. Im Süden hatten die verhaßten Edomiten bereits angefangen, den Negeb Juda zu okkupiren, damals noch nicht gedrängt von den Arabern (Ez. 35, 10). Inmitten dieser Völkerschaften hatte sich in Juda auf dem Lande ein Rest der alten Bewohner erhalten [3], der aber, obwol an Zahl nicht gering, doch keinen festen Mittelpunkt hatte und aus eigener Kraft kaum im stande war, sich gegen die heidnische Umgebung auf die Dauer zu behaupten. Die herrschende Sprache in Palästina scheint schon damals die aramäische gewesen zu sein, deren Eindringen in die Gebiete kanaanitischer Zunge schon früh begonnen hat und durch die gewaltsame Volksmischerei der Assyrer und Chaldäer sehr befördert worden ist.

Die Verbannten verbreiteten sich bei ihrer Rückkehr nicht über das ganze alte Gebiet des Stammes und Reiches Juda; das wäre Selbstmord gewesen, sie mußten sich bei einander halten. Sie siedelten sich in und bei Jerusalem an. Man denkt, sie hätten nichts eiligeres zu tun gehabt, als den Tempel wieder aufzubauen [4].

---

[1] Der assyische König, der 2 Reg. 17,25 ss. gemeint ist, scheint der Zerstörer Samariens zu sein; Esd. 4,2. 10 werden Asarhaddon und Osnappar genannt.

[2] Schon gleich nach der Zerstörung Jeruralems griff der Ammoniterkönig Baalis in jüdische Angelegenheiten über (Hier. 40, 14). Gleichzeitig oder etwas früher mag das Ammoniterdorf in Benjamin (Jos. 18, 24) entstanden sein. Von Moab ist nicht mehr die Rede, wenngleich der Name an der Landschaft haften blieb. Vgl. oben p. 83. 123.

[3] Dies geht besonders aus den Klageliedern hervor, da dieselben oder wenigstens einige von ihnen während des Exils in Judäa verfaßt sind.

[4] Dies ist die Vorstellung von Esd. 5 und die damit in diesem Punkte ganz übereinstimmende von Esd. 1 und 3, die indessen dem authentischen Zeugnis von Haggai und Zacharia widerspricht. Mit dem Bericht in Esd. 5 fällt auch das Edict des Cyrus in Kap. 6. Überhaupt sind alle persischen

Aber sie errichteten zunächst nur einen Altar auf der heiligen Stätte. Sie hatten alle Hände voll zu tun, um sich selber einzurichten und über Wasser zu halten. Die Ernten waren schlecht und andere Misstände machten sich fühlbar, die einer jungen Kolonie selten erspart bleiben. Jerusalem erhob sich nur langsam aus den Trümmern, die Straßen waren öde, man sah weder Greise noch Kinder. Es gab nichts zu verdienen, der Verkehr war gehindert durch die Unsicherheit der Straßen, man wagte sich nicht heraus. Von Fürsorge der Perser war nichts zu merken, die Abgaben dagegen waren nicht niedrig und bedrückten die ärmere Bevölkerung (Neh. 5, 4). Unter diesen Umständen war die Stimmung trübe, Mut und Freude konnten nicht aufkommen. Die Fasttage wurden weiter gefeiert, als wäre man noch in der Trauer. War das die Zeit des Heils, die ja nach dem Fegefeuer des Exils anbrechen sollte? Sie entsprach nicht den Erwartungen. Man wohnte zwar wieder im Lande der Väter, aber das persische Joch, weil es den Verheißungen so gänzlich widersprach, wurde drückender empfunden, als vordem das chaldäische. Die Krisis war eingetreten und doch war alles beim alten geblieben, das Gefängnis war gewandt, und doch mußte die eigentliche Wendung erst kommen. Der Frohndienst war noch nicht beendet, die Sünde nicht vergeben. Jahve war noch immer nicht in sein Land zurückgekehrt, sein Zorn lastete noch auf seinem Volke. Selbst wenn man im stande gewesen wäre, ihm den Tempel zu bauen, wie hätte man es nur wagen können!

Im zweiten Jahre des Darius Hystaspis (521/20) scheinen sich günstigere Aussichten aufgetan zu haben. Gleichzeitig traten damals die Propheten Haggai und Zacharia auf[1]), mit der Forderung

---

Königsurkunden im Buche Esd. ebenso unecht wie die bei Jos. Ant. 11, 118s. Die Form (z. B. das beständige Fehlen des Patronyms bei den Königsnamen) ist verdächtig und der Inhalt unmöglich. Vgl. Gött. Gel. Anz. 1897 p. 89 ss.

[1]) Der Anlaß ihres Auftretens ist nicht die Hoffnung auf den Zusammenbruch des persischen Reiches in folge der Aufstände, die nach der Ermordung des Magiers gegen Darius ausbrachen; diese Deutung von Agg. 2, 6 ist unzulässig. Nach Esd. 9, 9 war es vielmehr der Huld persischer Könige zu verdanken, daß der Tempel hergestellt werden durfte; das wird man festhalten müssen, obgleich der den Baubefehl des Cyrus erneuernde Erlaß des Darius, nach welchem die ganzen Kosten des öffentlichen Kultus in Jerusalem dauernd auf die Reichskasse übernommen werden sollen, den Stempel der

man solle endlich Hand anlegen an den Tempelbau. „Warum zögert ihr? eure trübselige Lage rechtfertigt es nicht, sie kommt vielmehr eben daher, daß ihr euch nur um euch selbst und eure profanen Geschäfte kümmert, nicht um Jahve und um das Heilige! Wenn nur der Tempel erst da ist, wird euch auch alles andere zufallen; dann kommt Jahve zu seinem Tempel und die Heiden bringen ihm ihre Schätze. Noch zwar trotzen die Heiden, es hat sich nichts in der Welt geändert dadurch, daß einige tausend Juden von Babel nach Jerusalem verzogen sind. Aber bald tritt die große Bewegung des Himmels und der Erde ein, aus welcher die messianische Zeit hervorgehn wird. Der Messias ist schon da, es ist der Davidide Zerubabel. Nicht lange, so wird er die Krone aufsetzen, die durch babylonische Juden bereits gestiftet und deponirt ist.“

Der Tempelbau kam zu stande und ward im sechsten Jahr des Darius vollendet, aber die daran geknüpften Hoffnungen erwiesen sich als eitel. Jahve zog nicht in seinen Tempel ein. Das Joch der Heiden wurde nicht zerbrochen, man lebte nach wie vor von der Gnade der Fremdherrschaft. Zerubabel wurde nicht König, er vererbte nicht einmal die Statthalterschaft auf sein Geschlecht. Die Verhältnisse blieben in ihrem engen Rahmen. Das wichtigste Ereignis der ersten Jahre oder Jahrzehnte war, daß die babylonischen Kolonen (Gola, Bne haGola) sich mit ihren im Lande verbliebenen Brüdern verbanden. Sie waren nicht spröde gegen sie, sondern nahmen sie mit offenen Armen auf und zogen sie an sich heran. Sie selber scheinen sich vorzugsweise in Jerusalem niedergelassen zu haben, während jene sich in der Nähe konzentrirten,

---

Fälschung an der Stirne trägt. Marquart meint, daß die Niederwerfung des babylonischen Aufstandes durch Darius A. 521 in Jerusalem als Angeld auf das messianische Heil begrüßt sei. Das ist nicht unwahrscheinlich. Darius verdunkelte bei den späteren Juden den Cyrus, weil er ihnen als der eigentliche Strafvollstrecker an Babel galt; denn Cyrus war friedlich in die gottlose Stadt eingezogen und hatte ihr nichts zu leide getan. Es kam dazu, daß die siebzig Jahre des Interdikts damals voll wurden, auf welche die ursprünglichen vierzig Jahre (bei Ezechiel) später erweitert waren. — In Isa. 66, 1—4 wird ein Protest gegen die Erneuerung des Tempels und des Opferdienstes laut. Man preßt gewöhnlich aus diesen Versen einen Sinn heraus, der dem Wortlaut schnurstracks zuwiderläuft, indem man das Attribut illegitim hinein fälscht. Richtig verstanden sind sie von Stephanus Act. 7, 49 s.

im nördlichen Juda und in Benjamin[1]). Die Landschaft, welche
Jerusalem und Jericho zu Hauptstädten hat, heißt fortan Judäa;
der Negeb und die Schephela gehören nicht mehr dazu[2]). Die
Palästiner standen allerdings auf einer andern religiösen Stufe als
die heimgekehrten Babylonier; die alte volkstümliche Tradition,
aus der die Verbannten gewaltsam herausgerissen waren, war bei
ihnen nicht gebrochen. Sie brachten allerhand halbheidnische
Sitten und Neigungen mit und legten sie nicht sofort gänzlich ab[3]).
Aber es gelang doch den Babyloniern, sie zu sich heraufzuziehen
und ihnen ihren Stempel aufzudrücken; das aufgepfropfte Reis ver-
edelte die wilde Wurzel. Der Tempel behauptete seine Alleinherrschaft gegenüber den Höhen, dank der zahlreichen Priester-
schaft, die sich in Jerusalem angesiedelt hatte. Der legitime Kultus
verdrängte die alten landesüblichen Bräuche; er wurde in der vom
Deuteronomium und von Ezechiel vorgeschriebenen Richtung immer
fester und feiner ausgebildet. Es war keine geringe Leistung für
die Gemeinde, den täglichen Opferdienst und das zahlreiche Tempel-
personal zu unterhalten. Auch der kleine Kultus der frommen
Übungen und Reinigungen drang durch; sogar eine so beschwerliche Forderung, wie die der allgemeinen Brache im siebten Jahr,
die vor dem Exil niemals ausgeführt war, fand jetzt Nachachtung.
Das alles erklärt sich nur daraus, daß die Babylonier in Jerusalem
einen herrschenden Einfluß auf die Landbewohner ausübten. Sie
waren das Rückgrat der Gemeinde[4]).

Auch nichtjüdische Elemente wurden aufgenommen, wenn sie
Jahve und seine Gebote anerkannten; wer sich vom Heidentum
los sagte, wurde willkommen geheißen. Die Beisassen und die

---

[1]) Nehemia (1, 2) scheint die Stadt Jerusalem zu unterscheiden von der
Menge der von der Deportation verschont gebliebenen Juden. Vgl. Neh. 11, 1.

[2]) Zach. 7, 7.

[3]) Isa. 56 s. 65 s.

[4]) Neh. 7 ist ein Verzeichnis der Bewohner des persischen Regierungs-
bezirks Jerusalem, aus einer Zeit, wo die Exulanten bereits lange in Judäa
wohnten und die Provinzialen durchsäuert hatten; daher die verhältnismäßig große
Zahl 7, 66, daher auch die persischen Namen Babai, Bagoi und Aspadat
(Sept. 7,7), daher endlich die Sänger und Türhüter, die doch nicht schon in Babel
vorhanden waren, und von denen noch der Priesterkodex nichts weiß. Die
Verschmelzung hat sich sehr bald und sehr vollständig vollzogen; die Provinzialen werden in Esd. und Neh. gewöhnlich nicht mehr von der Gola unterschieden, die Amme haAraçoth sind immer reine Heiden, im Gegensatz zu

Sklaven wurden religiös den Juden gleichgestellt; der Ausdruck Ger (Aufenthalter) bekam die Bedeutung Proselyt. Aber auch solche, die gar nicht in die Gemeinde eintraten, durften sich ihr nähern und näherten sich ihr. So vor allen Dingen die Samarier. Aber auch die Philister (Asdodier) und Ammoniten hatten nicht bloß seit alters nahe Beziehungen zu den in Palästina verbliebenen Juden, sondern standen auch in gutem Verhältnis zu den Exulantenkindern in Jerusalem. Besonders die regierenden Aristokraten machten Freundschaft mit den vornehmen Familien der Nachbarschaft, mit denen sie sich durch Rang und Stellung verbunden fühlten. Heiraten der Juden mit fremden Frauen fanden häufig statt. Sie waren auch früher üblich gewesen und im Gesetz nicht eigentlich verboten. Aber die Verhältnisse lagen jetzt anders. Das Judentum lebte auch in Palästina, nicht bloß in Babylonien, vom Gegensatz gegen das Heidentum. Durch weitherzige Expansion kam es bei der herrschenden Theokrasie jener Zeit in Gefahr, sich in einen allgemeinen unbestimmten Monotheismus aufzulösen. Die Mischehen stifteten eine natürliche Verbindung mit heidnischen Geschlechtern, durch welche der religiöse Charakter der Gemeinde gefährdet wurde.

2. Gegen diese Gefahr erhub sich nun eine Opposition, die zwar gegen den Übertritt zum Judentum nichts einzuwenden hatte, aber für die Heiligkeit der Gemeinde, für ihre Absonderung von den Heiden, mit allem Eifer eintrat. Es ging eine Spaltung durch das jüdische Volk. Der Gegensatz war nicht ganz reinlich; die Eiferer waren nicht die einzigen Frommen; Idealisten vom Schlage des Verfassers von Isa. 40ss. konnten in der Praxis mit den Profanen und Gleichgiltigen übereinstimmen. Aber in der Hauptsache standen doch die Frommen auf der einen, die Weltlichgesinnten auf der andern Seite. Die Priester neigten wol im allgemeinen

---

dem späteren jüdischen Sprachgebrauch. Jedoch die allgemeine Anwendung des Namens Bne haGola für die palästinischen Juden überhaupt findet sich noch nicht in den Memoiren Nehemias. Dieselbe erklärt sich daraus, daß die babylonischen Juden die Normaljuden waren, nach denen die anderen sich richten mußten. Sie schieden sich streng von den Heiden und hielten zäh an der väterlichen Sprache; nicht bloß der Schriftgelehrte Ezra, sondern auch der Laie Nehemia beherrscht das Hebräische vollkommen, und das zu einer Zeit, als bereits anderthalb Jahrhunderte seit der Deportation vergangen waren.

zu der Partei der Eiferer; doch nicht alle und grade die vornehmsten nicht. Wie tief der Riß war, wie er auch durch die Familien ging und die Söhne den Vätern verfeindete, sieht man aus dem Buch Malachi. Die Frommen hatten geringe Hoffnung durchzudringen und befanden sich in verzweifelter Stimmung. Der Prophet stellt ihnen zum Trost das Gericht in nahe Aussicht, das Spreu und Weizen in der Gemeinde scheiden solle. Damit aber Jahve, wenn er erscheine, nicht allzuviel auszurotten und zu strafen finde, verheißt er einen Boten, einen Vorläufer, der ihm die Bahn bereite und die gröbsten Anstöße aus dem Wege räume.

Der Bote kam aus Babylonien, es war ein Gelehrter von priesterlichem Blut und er hieß Ezra. Durch ihn brachte die babylonische Frömmigkeit der palästinischen Zuzug und Hilfe[1]). Im Jahre 458 erbat und bekam er von Artaxerxes Longimanus (464—424) die Erlaubnis in die alte Heimat überzusiedeln, mit denjenigen, die sich ihm anschließen wollten. Der König unter-

---

[1]) Nach Kosters ist mit Ezra überhaupt zuerst eine Gola aus Babylonien zurückgekehrt und durch ihre Vereinigung mit den palästinischen Juden, die Neh. 8—10 erzählt sein soll, die Gemeinde gestiftet. Umgekehrt schlägt Renan die geschichtliche Bedeutung Ezras sehr gering an, unter Berufung darauf, daß Nehemia und Jesus Sirach (auch 2 Macc. 1. 2) ihn nicht erwähnen, und daß die Berichte über ihn legendarisch seien. Es befremdet allerdings, daß die späteren Juden ihn ignorirt haben. Seine Memoiren sind so zugerichtet, daß man jetzt nicht mehr erkennen kann, weshalb sie Anstoß an ihm nahmen.

Im griechischen Esdras folgt Neh. 8—10 sofort auf Esd. 7—10. Diese Ordnung ist jedenfalls jünger als die des hebräischen Textes, wird aber neuerdings vielfach gebilligt, um Ezra aus der Verbindung mit Nehemia, der nichts von ihm sagt, zu lösen, so daß er entweder dessen Vorgänger oder sein Nachfolger wird. Nach Josephus ist er als alter Mann gestorben, ehe Nehemia nach Jerusalem kam. Die Neueren setzen ihn lieber nach Nehemia, oder in die Zeit von dessen zweitem Aufenthalt in Jerusalem; denn Ezra baue auf der von Nehemia gelegten Grundlage, nicht umgekehrt. Dieser innere Grund soll dazu berechtigen, die Erzählungsstücke in Esd. und Neh. total zu derangiren und dann nach eigenem Ermessen neu zu arrangiren? Die überlieferte Reihenfolge mag keine genügende Gewähr ihrer Richtigkeit bieten; wenn sie aber überhaupt nur möglich ist, so ist es immer noch besser, dieser Möglichkeit zu folgen, als zwischen beliebigen selbsterdachten zu wählen. Neh. 8—10 schließt nicht an Esd. 10; man kann auch nicht etwa Neh. 8 auf Esd. 8, und dann Neh. 9. 10 auf Esd. 10 folgen lassen. In der Situation von Esd. 7—10 hat der Thirschatha von Neh. 8—10 keinen Platz, und für die Verstellung des letzteren Stücks sucht man vergebens nach Gründen. Der Chronist hat es an seinem gegenwärtigen Ort

stützte ihn für die Reise und gab ihm Empfehlungen mit an die
Beamten der Provinz Transeuphratene. Es meldeten sich 1496
Männer, die mit ihm ziehen wollten, uneingerechnet zwei priesterliche und eine davidische Familie. Leviten waren nicht dabei,
erst auf das Drängen Iddos, des Hauptes der Gola, ließen sich
38 Leviten und 220 Hierodulen bereit finden. Zum Sammelplatz
der großen Karawane wurde eine Stelle am Kanal von Ahava bestimmt. Dort hielt Ezra ein Fasten, um Jahves Hilfe für das beschwerliche und gefährliche Unternehmen zu erflehen; denn er
schämte sich vom Könige ein Geleit anzunehmen. Im April wurde
die Reise angetreten; zwölf Priester und zwölf Leviten trugen die
kostbaren Gaben, die wahrscheinlich von reichen babylonischen
Glaubensgenossen für den Tempel gestiftet waren. Im August kam
man in Jerusalem an, die Geschenke wurden an den Tempel abgeliefert, die Empfehlungen den Beamten übergeben. Ein Dankopfer
feierte die Vollendung der fünfmonatlichen Reise.

---

und in der gegenwärtigen Verbindung schon vorgefunden (Esd. 3, 1 = Neh.
7, 72, 8, 1). Der auffallende Umstand läßt sich auf keine Weise beseitigen,
daß Ezra die Aufgabe, zu der er vom Könige gesandt sein soll (das Gesetz
einzuführen), bei seiner Ankunft in Jerusalem liegen läßt und sich an eine
ganz andere macht.

Für die Gleichzeitigkeit Ezras und Nehemias spricht 1) daß Ezra im
Jahre 7 des Artaxerxes einen Sohn des Hohenpriesters Eljaschib zum Freunde
hatte und daß Nehemia im Jahre 32 des A. einen verheirateten Enkel des
Eljaschib aus Jerusalem verbannte, 2) daß in Neh. 3 (einem allerdings wol
nicht zu den Memoiren gehörigen Verzeichnis) zwei oder drei Personen genannt werden, die auch in Esd. 7—10 vorkommen. Daß mit dem Thirschatha
Neh. 7—10 wirklich Nehemia gemeint sei, halte ich darum für wahrscheinlich,
weil es in jener Zeit (der des Ezra) schwerlich noch regelmäßige Landpfleger
in Judäa gegeben hat.

Eine weitere Frage ist, unter welchem Artaxerxes Ezra und Nehemia gewirkt haben. Ich halte die Annahme, daß Esd. 4 hinter Esd. 5. 6 stehn
muß, für berechtigt, besonders wegen des kuriosen Überganges 4, 24. Dann
folgen sich ordnungsmäßig: Darius Hystaspis, Xerxes, Artaxerxes Longimanus.
Unter dem letzteren Könige wird nach Esd. 4 die Mauer von Jerusalem zerstört. Dies ist nun der Anlaß, weshalb Nehemia sich Urlaub erbittet; der
Artaxerxes der Memoiren Ezras und Nehemias wäre also Longimanus (466—424).
Die Ansicht, es sei Mnemon (405—361), stützt sich auf die ganz unerweis-
liche Gleichzeitigkeit des Hohenpriesters Jaddua mit Alexander und Darius
Codomannus. Für den historischen Pragmatismus macht es allerdings gar
keinen Unterschied, ob Longimanus gemeint ist oder Mnemon — so glänzend
sind wir über die Anfänge des Judentums unterrichtet.

Einen Landpfleger fand Ezra in Jerusalem nicht mehr vor, der Sitz der persischen Regierung war wol in Samarien. Die Verwaltung von Jerusalem lag in den Händen der dortigen Aristokratie, die in der Regel selbständig schaltete und nur gelegentlich darin von den persischen Beamten gestört wurde. Zu Anfang hatte Ezras Auftreten große Wirkung. Die Frommen betrachteten ihn als ihren Bundesgenossen, der ihnen in der Gemeinde zum Siege zu verhelfen bereit und auch autorisirt sei; sie hatten ohne Zweifel Grund und Ursach zu dieser Annahme. Gleich nach seiner Ankunft klagten sie ihm, daß Vornehme und Geringe sich nicht scheuten auswärtige Frauen zu heiraten und den heiligen Samen mit der Unreinheit der Heiden zu vermischen. Ezra war außer sich; er tat so, als wäre ihm die Sache ganz neu, obwol er gewiß schon in Babylonien davon unterrichtet und grade auch dadurch veranlaßt war nach Jerusalem zu gehn. Zur Zeit des Abendopfers verlieh er öffentlich vor zahlreichen Zuhörern der Zerknirschung Ausdruck, welche sie empfinden sollten. Dem Eindruck, den er zu machen wünschte, gab im Einverständnis mit ihm der fromme Sekania ben Jehiel Widerhall, indem er zugleich das Vertrauen, daß nicht alles verloren sei, aussprach und den ernsten Willen, das Übel zu beseitigen. „Laßt uns alle uns vor Gott verpflichten, alle ausländischen Weiber und ihre Kinder hinaus zu tun, nach dem Rate des Herrn und derer die zitternd seinem Gebote folgen, daß nach dem Gesetze gehandelt werde." Da stand Ezra auf und nahm einen Eid von den Obersten der levitischen Priester und des ganzen Israel, daß man nach diesem Worte tun wolle. So geschwinde indessen wie sie wünschten kamen die Frommen nicht zum Ziel. Erst mußte die Angelegenheit vor die Gemeinde gebracht werden. Zum Dezember, vier Monat nach der Ankunft Ezras, wurden alle jüdischen Männer nach Jerusalem geladen. Sie erschienen dort vollzählig zu der bestimmten Frist, an einem unangenehmen regnerischen Tage. Zitternd vor Aufregung und vor Kälte, gelobten sie zwar dem Ezra im allgemeinen was er von ihnen verlangte, erklärten es jedoch zugleich für untunlich, die weitläufige und schwierige Sache in einer allgemeinen Versammlung binnen zwei drei Tagen zu erledigen, zumal bei solchem Wetter. Es sollten vielmehr die in Mischehe lebenden Männer aus jedem Orte besonders zu einem bestimmten Termin nach Jerusalem vorgeladen werden, zugleich mit den Ältesten

und Richtern ihres Ortes. Trotz dem Einspruch einiger Eiferer
wurde dieser Vorschlag angenommen und alsbald ein Ausschuß
für Ehesachen in Jerusalem gebildet, der zu Anfang des folgenden
Monats seine Tätigkeit begann. Eine Anzahl von Männern, welche
Ausländerinnen geheiratet hatten, wurden ermittelt, darunter auch
einige Priester und Leviten. Bei diesem Punkte aber ist der
Bericht plötzlich abgeschnitten. Vielleicht war das Ende ein Fehl-
schlag. Wenn es aber ein Erfolg war, so hatte derselbe keine
Dauer. Ezra konnte seinen Willen nicht mit Gewalt durchsetzen[1]).
Er hatte nicht die Macht, die ihm in dem Ferman des Artaxerxes
(Esd. 7) gegeben wird, Beamte einzusetzen, Hinrichtungen und
andere schwere Strafen vollstrecken zu lassen. Jener Ferman
ist also erdichtet. Das folgt auch daraus, daß darin als die
eigentliche Mission Ezras die Einführung des Gesetzes erscheint.
Wenn er diesen Auftrag und die nötige Vollmacht dazu wirklich
vom Könige erhalten hätte, so hätte er ihn auch ohne Verzug
ausführen müssen. Er hatte aber nicht die geringste Eile damit.
Das Gesetz war ihm überhaupt nur Mittel zum Zweck. Sein
eigentliches Ziel war die Beseitigung der Gefahr, daß die palästinischen Juden allmählich mit ihren heidnischen Nachbarn verwuchsen.
Auf dieses Ziel ging er grade los, indem er die Mischehen bekämpfte,
wobei er sich nicht auf das Gesetz stützte und auch gar nicht
direkt stützen konnte. Das Gesetz hat er erst viel später veröffentlicht, erst nachdem die eigentliche praktische Arbeit durch
ihn und Nehemia geschehen war.

Es kamen unruhige Zeiten über Syrien, es war der Sitz des
Aufstandes des Megabyzus, des Bezwingers der Ägypter und Athener,
der sich dort unabhängig machte und mehrere Jahre gegen den
Oberkönig Krieg führte. Die Juden scheinen diese Unordnung benutzt zu haben, um Jerusalem zu befestigen. Der Bau der Mauer
der bis dahin nicht ummauerten Stadt lag besonders den Frommen,
den Exklusiven, am Herzen (Ps. 51, 20), wol weil sie glaubten, die
äußere Absperrung erleichtere die innere. Es gelang den Mauer-

---

[1]) Hätte er eine äußerlich hervorragende Stellung in Jerusalem eingenommen, so hätte Nehemia kaum umhin gekonnt, ihn zu erwähnen. — Auf
den Ausschluß der Samarier vom Konnubium bezieht sich die spätere Rezen-
sion von Gen. 34. Das Interesse an der Umarbeitung der alten Geschichte
weist in diese Zeit.

bau ins Werk zu setzen [1]). Aber dann sollen die persischen Provinzialbeamten dazwischen getreten sein, weil sie in der Befestigung der Stadt eine Gefahr für das Reich erblickten. Jedenfalls wurden Breschen in die Mauer gelegt und die Tore verbrannt [2].

3. Es dauerte indessen nicht lange, so gelang es den Frommen wieder die Gunst des Artaxerxes zu gewinnen. Sie hatten einen Freund und Landsmann, der Mundschenk, wahrscheinlich Eunuch, am Hofe zu Susa war, den Nehemia ben Hakalia [3]). Dem gaben sie Nachricht von dem betrübenden Stand der Dinge in Jerusalem. Nehemia erwirkte sich Urlaub von dem ihm überaus geneigten Könige, um eine Zeit lang nach Jerusalem zu gehn und die Stadt des Grabes seiner Väter zu bauen. Er bekam Briefe mit an die Beamten der Provinz jenseit des Euphrat, und eine Anweisung an einen königlichen Forstmeister daselbst auf Lieferung von Bauholz. Er war mit weit größerer Macht ausgestattet als Ezra; er durfte in Jerusalem schalten und walten wie er wollte. Den Rat der Ältesten brauchte er nicht zu fragen und die persischen Beamten hatten ihm nicht darein zu reden. Er stellt sich selber mit den früheren Landpflegern auf eine Stufe; indessen war es kein regelmäßiges Amt, das er bekleidete. Er trat nicht als Glied in eine Reihe ein, er verdrängte keinen Vorgänger und ließ keinen Nachfolger zurück. Als er abging, blieb sein Platz leer, und als er dann noch einmal zurückkam, konnte er ihn ohne weiteres wieder einnehmen. Er war ein außerordentlicher Bevollmächtigter des Königs zu einem bestimmten Zweck, ein richtiger Diktator, der sich vor Reibungen mit der Landesaristokratie und mit den Provinzialbehörden nicht zu fürchten brauchte, sondern unbehindert seinem Ziele nachgehn konnte. Es ist eigentümlich, daß Artaxerxes Longimanus in dieser Weise seine Macht für die Zwecke des exklusiven Judentums zur Verfügung gestellt hat.

---

[1]) Die Meinung indessen, daß in Esd. 4, 12 nur von Ezra und seiner Gola die Rede sei, ist schwerlich richtig. Denn die Gola Ezras konnte doch nicht für sich allein die Ummauerung unternehmen und mußte auch nach zwölf Jahren mit den übrigen Jerusalemern verschmolzen sein. Vgl. G. G. A. 1897 p. 92 s.

[2]) Diese Tatsache steht durch Neh. 1 fest und läßt sich darnach datiren. Daß die Mauer auf Befehl des Artaterxes selber zerstört sei, läßt sich schwer glauben, da Nahemia von einem solchen Befehl nichts weiß.

[3]) Die richtige Aussprache von Hakalia ist nach Böhme Hakkêl'ja (warte auf den Herrn!).

Zu Anfang des Sommers 445[1]) machte sich Nehemia auf den
Weg. Drei Tage nach seiner Ankunft machte er des Nachts einen
einsamen Ritt um die Stadt und überzeugte sich von der traurigen
Beschaffenheit der Mauer. Darauf kündigte er den Priestern und
den Obersten des Volkes an, zu welchem Behuf ihn der König
gesandt hätte; sie gingen gehorsam auf die Anregung ein und beschlossen die Mauer herzustellen. Priester und Leviten, Geschlechter
und Gilden, einzelne reiche Privatleute übernahmen Strecken des
Baus; auch manche auswärtige jüdische Städte beteiligten sich.
Noch ehe aber die Arbeit begann, mischten sich Sanballat der
Horonit, Tobia der Ammonit und Goscham[2]) der Araber darein
und versuchten sie zu hintertreiben. Sie waren bisher in Jerusalem
aus- und eingegangen und fast als heimatberechtigt betrachtet,
nicht bloß in der Stadt, sondern auch im Tempel. Tobia und
sein Sohn Johanan führten jüdische Namen und waren mit vornehmen jerusalemischen Familien, sogar mit der hohepriesterlichen,
verschwägert. Die Absicht des Mauerbaus war ohne Zweifel, die
heilige Stadt gegen außen, gegen den ungehinderten Verkehr mit
Fremden, abzuschließen. Sanballat und Genossen fühlten sich
vorzugsweise durch diese Maßregel getroffen, sie empfanden, daß
sie nun keinen Anteil und kein Recht mehr an Jerusalem haben
sollten. Seitdem verwandelte sich ihre frühere Freundschaft in
Haß gegen die Juden, oder richtiger gegen die damals aufstrebende
exklusive Partei. Wie Ezra die Mischehen auflöste, so zeigte Nehemia den fremden Hospitanten die Zähne und wehrte ihnen den
Zutritt in die heilige Stadt. Das war der Zweck des Mauerbaus;
er erklärte ihnen bei dieser Gelegenheit mit dürren Worten, sie
hätten in Jerusalem nichts zu suchen.

---

[1]) In Esdr. 7, 8. 9. 8, 31 werden die Monate vom Frühling an gezählt, so
daß der Ostermonat der erste und der Herbstmonat der siebente heißt. Aber
im Jahre geht nach Neh. 1, 1. 2, 1 dennoch der Kislev (d. i. der neunte Monat) dem Nisan (d. i. dem ersten) voran; im Kislev des 20. Jahres des Artaxerxes
erhält Nehemia die Botschaft aus Jerusalem und im Nisan des selben Jahres
bittet er um Urlaub. Das bürgerliche und königliche Jahr wird nach der
syrischen Weise vom Herbste gerechnet und nur die Benennung der Monate
nach der babylonischen Zählung beibehalten. Ähnlich liegt die Sache im
ersten Makkabäerbuch und vielleicht schon in Hierem 36, denn nach 36, 1. 9
scheint im 7. Monat das Jahr zu wechseln. Anders allerdings Agg. 1, 1. 2, 10.
Zach. 1, 7.

[2]) Sprenger, die alte Geographie Arabiens p. 232.

Die Abgewiesenen machten ihrem Ärger zunächst durch höhnische Redensarten Luft. „Was wollen diese elenden Juden? laßt sie nur bauen; wenn ein Fuchs kommt, so bricht er dadurch!" Als aber die Mauer in die Höhe stieg und die Lücken überall ergänzt wurden, sollen sie beschlossen haben, das Werk mit Gewalt zu stören. Von vielen Seiten drangen Nachrichten nach Jerusalem, sie hätten einen Anschlag vor. Es scheint, daß Nehemia durch blinden Lärm geschreckt werden sollte. Er war zwar auf der Hut vor einem plötzlichen Überfall, und auch als er keine Gefahr mehr besorgte, behielt er einen Teil der Maurer unter den Waffen. Aber der Bau wurde bei alledem unentwegt fortgesetzt, verdoppelte Anstrengung glich die Verminderung der Mannschaft aus.

Jedoch ein neues Hindernis trat ein. Es herrschte viel Armut in Jerusalem und in folge davon ein starker Gegensatz der Stände. Die Besitzlosen waren den Vermögenden verschuldet, sie hatten ihnen ihre Äcker und Weinberge oder auch ihre Kinder verpfänden müssen, um ihren Lebensunterhalt zu bestreiten oder die Steuern bezahlen zu können. Es scheint, daß ihre Not durch den Mauerbau, während dessen sie nichts verdienen konnten, noch verschärft war. Jedenfalls hielten sie die Gelegenheit für günstig, um einen Tumult zu machen und laut ihre Klage zu äußern. Der Landpfleger nahm Partei für sie, vielleicht nicht bloß aus Menschenfreundlichkeit, sondern auch deshalb, weil die Feinde der Armen auch seine Feinde waren. Er ließ die Vornehmen in einer großen Versammlung, die er gegen sie berief, hart an, verwies sie auf sein eigenes Beispiel, daß er sein Einkommen lediglich zum besten der Gemeinde aufwende, und schüchterte sie so ein, daß sie die Zinsen erließen und die Pfänder zurückgaben.

Nach diesem Zwischenfall wurde die Mauer glücklich fertig gestellt; es blieb nur übrig, die Türen in die Tore einzuhängen. Noch zu guter letzt machten die Feinde, im Bunde mit der durch die Seisachthie dem Nehemia noch übler gesinnten Aristokratie, Versuche, das Werk zum Stillstand zu bringen. Sie richteten ihre Anschläge jetzt gegen die Person Nehemias, der die Seele des Ganzen war. Sie suchten ihn aus der Stadt hinaus zu locken, angeblich zu einer Besprechung. Aber vergebens. Er kam auch dann nicht, als sie ihm schrieben, worüber sie mit ihm sprechen wollten: es gehe nämlich das Gerücht, er baue die Mauern, um sich gegen die Perser zu erheben und selber König der Juden zu

werden, er habe schon Propheten bestellt, die ihn als den Messias
ankündigen sollten. Da die plumpe List fehlschlug, so legten sie
ihm zuletzt unterirdische Fallen in Jerusalem selber. Aber es half
alles nichts; er ließ sich nicht fangen, von der in der Stadt herrschenden Aufregung nicht anstecken, und an seinem Unternehmen
nicht irre machen. Im Herbst des selben Jahres, in welchem er
angekommen war, konnten die Türflügel eingehoben werden. Damit war die Arbeit glücklich vollendet, unter großen Schwierigkeiten in sehr kurzer Zeit, denn sie hatte nur zweiundfünfzig Tage
in Anspruch genommen [1]). Man muß freilich bedenken, daß es
sich nur um eine Restauration handelte; bloß die Türen mußten
offenbar neu gemacht werden.

Darauf wurde ein regelmäßiger Wachdienst eingerichtet. Bürger von Jerusalem besorgten ihn, jeder in der Gegend seines Hauses;
den Befehl führten Hanani, ein Bruder Nehemias, und Hanania,
der Burgvogt [2]). Die Tore durften nicht früher geöffnet werden,
als bis die Sonne heiß ward. Da der Mauergürtel zeigte, wie
schwach Jerusalem noch bewohnt war, so wurde auf Anregung
Nehemias in einer Versammlung der Obersten und des Volks eine
Maßregel beschlossen, um die Bevölkerung zu mehren. Jeder
zehnte Mann mußte vom Lande in die Stadt ziehen; manche, die
nicht vom Lose getroffen waren, taten es freiwillig. Auch die
Leviten und Sänger, die außerhalb wohnten, suchte Nehemia in
Jerusalem zu vereinigen.

Er hatte von Artaxerxes nur beschränkten Urlaub zu einem
bestimmten Zweck erhalten, und als er diesen Zweck erreicht
hatte, kehrte er zum Könige zurück [3]). Er kam aber zwölf Jahre

---

[1]) Nach Josephus (Ant. 11, 179) nahm der Mauerbau 2 Jahr und 4 Monat
in Anspruch, er begann im 25. Jahr des Xerxes und ward im 28. vollendet.
Josephus, welcher der Ordnung des griechischen Esdras folgt und Esd. 4,7 ss.
unmittelbar hinter Esd. 1 stellt, verwandelt den Artaxerxes von Esd. 4 in
Cambyses und den von Esd. 7 ss in Xerxes. So bringt er alles richtig in
Reihe: Cyrus, Cambyses, Darius, Xerxes.

[2]) Hanani und Hanania neben einander (Neh. 7, 2) fallen auf, ebenso die
Erwähnung der Bira. Sie findet sich freilich auch 2, 8, aber dort fehlt sie
in der Septuaginta.

[3]) Nach Neh. 2, 6 ist es wenig glaublich, daß Nehemia seinen ersten Urlaub vom persischen Könige auf zwölf Jahre sollte ausgedehnt haben, zumal
alles was von seinem Tun erzählt wird sich auf etwa ebensoviel Wochen
zusammendrängt und nur den Mauerbau nebst Konsequenzen betrifft. Die An-

später (432) noch einmal wieder, weil die jerusalemischen Verhältnisse abermals sein persönliches Eingreifen zu erfordern schienen. Die jüdische Aristokratie, an welche die oberste Gewalt zurückgefallen war, zeigte noch immer keinen Eifer für das Heilige. Der Sabbat war nicht streng eingehalten; er wurde als Markttag behandelt, an dem die Landleute und die tyrischen Krämer ihre Waren zur Stadt brachten. Nehemia ließ vom Freitag- bis Sabbatabend die Tore schließen und verleidete den Händlern den Besuch des unheiligen Marktes. Er entdeckte auch, daß die Mischehen noch immer nicht ganz aufgehört hatten. Er fand Juden, deren Weiber aus Asdod und von Moab und Ammon waren, deren Kinder großenteils nicht jüdisch, sondern asdodisch redeten. Er schalt und mishandelte die offenbar den niederen Ständen angehörenden Männer und nahm ihnen dann einen Eid ab, daß sie ihre Söhne und Töchter nicht mit Heiden verheiraten wollten[1]). Er scheute sich aber auch nicht, gegen die Vornehmen rücksichtslos aufzutreten, die ihre alten Verbindungen mit den benachbarten Adelsfamilien wieder angeknüpft hatten. Der Ammonit Tobia war nach Jerusalem gekommen und hatte eine Sakristei im Heiligtum eingeräumt bekommen, die bis dahin zur Aufbewahrung von Tempel-Geräten und -Vorräten gedient hatte. Nehemia warf die Sachen Tobias hinaus und gab den Raum seiner alten Bestimmung zurück. Ein Enkel des Hohenpriesters Eljaschib, ein Sohn des Jojada, hatte eine Tochter des samarischen Fürsten Sanballat geheiratet; Nehemia jagte ihn fort aus der Stadt.

Der Zehnte war nicht nach Vorschrift verteilt, die Leviten, für die er vorzugsweise bestimmt war, hatten nichts abbekommen

---

gabe 13, 6 ist nun auch sehr unklar; man weiß nicht, ob Nehemia im 32. Jahre des Artaterxes nach Susa oder nach Jerusalem zurückgekehrt ist; die Ausleger umgehn die Schwierigkeit, indem sie das Datum sowol auf die eine als auch auf die andere Reise beziehen. In 5, 14 stimmen die zwölf Jahre schlecht zu dem Folgenden, wo wie sonst nur von der kurzen Zeit des Mauerbaus die Rede ist. Vielleicht beruht 5, 14 auf 13, 6. Vgl. Hitzig, Geschichte des Volkes Israel p. 297.

[1]) Nehemia hat hier nur einen Rest zu beseitigen, über dessen Vorhandensein er sich wundert. In der Hauptsache muß also das Verbot der Mischehen schon früher, während seiner ersten Anwesenheit, durchgedrungen sein. Aber es ist bemerkenswert, daß Nehemia nicht, wie einst Ezra, fordert, daß die bestehenden Mischehen gelöst, sondern nur, daß keine neuen geschlossen werden sollen. Der Fall mit dem Sohne Jojadas lag anders.

oder waren doch verkürzt worden. Nehemia bildete nun eine gemischte Kommission aus vier zuverlässigen Männern, die den Zehnten in Empfang nehmen und gerecht verteilen sollten. Es kam ihm darauf an, es den Leviten und Sängern durch ein festes Einkommen zu ermöglichen, daß sie in Jerusalem blieben und sich ihrem geistlichen Amte widmeten; denn sie hatten sich schon gezwungen gesehen, die Stadt zu verlassen und den Acker zu bauen. Er sorgte aber nicht bloß für die Leviten, sondern ordnete überhaupt die Verhältnisse des Klerus, die sich noch immer nicht ganz gefestigt hatten. Er säuberte die Priester und Leviten von unreinen und fremden Elementen, er wies ihnen ihre festen Geschäfte und Ämter an. Die Hierokratie scheint damals durch ihn ihre definitive Gestalt erhalten zu haben; leider müssen wir uns an kurzen Andeutungen darüber genügen lassen.

Es ist Nehemia gelungen, das Werk, dessen Anreger Ezra war, für die Zukunft sicher zu stellen, die Juden vor der Unreinheit der Heiden und vor dem Rückfall ins Heidentum zu schützen. Ezra und Nehemia sind, durch die Gnade des Königs Artaxerxes, die definitiven Konstitutoren des Judentums geworden. Ihr Eifer erscheint uns beschränkt und engherzig, aber sie waren von hingebendem Gemeinsinn beseelt, und ergriffen zu ihrem Zweck die richtigen Mittel. Als Kinder einer neuen Zeit zeigen sie sich dadurch, daß sie beide sich gedrungen gefühlt haben, ihre Memoiren zu schreiben. Leider sind uns nur die des Nehemia authentisch wenngleich fragmentarisch erhalten. Er hat sie geschrieben, damit ihm Gott all des Guten gedenke, das er für sein Volk getan habe, er reicht damit gewissermaßen sein Guthaben ein, damit es in das himmlische Konto eingetragen werde.

Dreizehntes Kapitel.

Das Gesetz.

1. Die Einführung des Gesetzes diente dem selben Zwecke, dem Ezras und Nehemias Wirksamkeit überhaupt diente, der Befestigung des Judaismus, der Absonderung von dem Heidentum[1]).

---

[1]) Dieser Zweck tritt bei jeder Gelegenheit hervor, nicht bloß Esd. 9. 10, sondern auch Neh. 9, 2. 13, 1—3. Schon J. D. Michaelis hat das richtig erkannt.

Sie war aber nicht der Anfang, sondern das Ende der Reformation; sie machte bei weitem nicht solche Schwierigkeiten, wie etwa die Auflösung der Mischehen. Sie krönte das Werk, nachdem es vollendet war, sie verewigte den Sieg der exklusiven Partei. Die Zeit der wichtigen Maßregel läßt sich nur ungefähr bestimmen, dadurch, daß Nehemia sich damals bereits in Jerusalem befand; sie fällt also mindestens dreizehn Jahr nach der Ankunft Ezras in der heiligen Stadt[1]). Auch über die Vorbereitungen ist uns nichts überliefert. Unterrichtet sind wir nur über den Schlußakt, der wirkungsvoll in Szene gesetzt wurde, wie Ezra es liebte und wie es bei dieser Gelegenheit sich auch schickte.

Am ersten Tage des siebenten Monats, zu Neujahr im Herbst, man weiß nicht welches Jahres, versammelte sich das Volk auf dem Markte vor dem Wassertor, zu dem Zweck um Ezra aufzufordern, daß er das Buch der Thora Moses vorbringe, das Jahve Israel geboten. Der Schriftgelehrte war präparirt, dieser Aufforderung zu entsprechen. Vom frühen Morgen bis zum Mittag las er vor. Die Wirkung war, daß ein allgemeines Weinen sich erhub, weil man sich bewußt war bis dahin die Gebote Gottes nicht befolgt zu haben. Nehemia und Ezra und die Leviten mußten die Aufregung dämpfen, sie sprachen: dieser Tag ist Jahve eurem Gotte geweiht, trauert nicht und weint nicht, geht hin, eßt was fett ist und trinkt was süß ist und gebt denen ab die nichts mitgebracht haben! Da zerstreuten sich die Versammelten und veranstalteten eine große Freude. Am andern Tage wurde die Verlesung fortgesetzt, aber bloß vor den Familienhäuptern; und zwar kam ein zeitgemäßes Stück an die Reihe, nämlich die Verordnungen über die Feste, insbesondere über das unter grünen Zweigbuden zu feiernde Hüttenfest am 15. Tage des siebenten Monats, des-

----

[1]) Das Jahr ist in Neh. 8—10 nicht angegeben. Die Erzählung gehört nicht zu den Memoiren Nehemias, die schon 7, 5 abschneiden; aus der Stelle wo sie steht läßt sich kein sicherer Schluß auf die Chronologie machen. Kosters vermutet, sie gehöre eigentlich hinter Kap. 13, das Gesetz Ezras sei nicht schon bei der ersten Anwesenheit Nehemias in Jerusalem veröffentlicht, sondern erst bei der zweiten. Dadurch würde dann aber der Zwischenraum zwischen diesem Ereignis und der Ankunft Ezras noch vergrößert; oder man müßte sich entschließen, das Datum seiner Ankunft, das doppelt bezeugt ist, nach Gutdünken zu verändern. Es scheint allerdings, daß Nehemia, bei seiner ersten Anwesenheit, sich nur um den Mauerbau gekümmert hat.

jenigen, in dessen Anfang man grade stand. Mit großem Eifer ging man daran, die seit den Tagen Josuas nicht gehörig begangene Feier nun zu rüsten, und mit allgemeiner freudiger Beteiligung beging man sie vom 15.—22. des Monats, nach der Vorschrift des Gesetzes Lev. 23. Am 24. aber ward in Sack und Asche ein großer Bußtag gehalten. Mit der Gesetzeslektion wurde auch jetzt begonnen, darauf folgte ein Sündenbekenntnis, das im Namen des Volks von den Leviten gesprochen wurde und mit der Bitte um Gnade und Erbarmen schloß. Das war die Vorbereitung zu dem Haupt- und Schlußakte, worin die weltlichen und geistlichen Beamten und Ältesten der Gemeinde, fünfundachtzig an der Zahl, sich schriftlich auf das durch Ezra veröffentlichte Gesetzbuch verpflichteten, alle übrigen aber sich mit Eid und Fluch verbindlich machten zu wandeln in der Thora Gottes, gegeben durch seinen Diener Moses, und zu halten alle Gebote Jahves und seine Satzungen und Rechte.

Es war eine Erneuerung des Bundes, durch den einst der König Josias das Volk verpflichtet hatte, aber auf weiterer Grundlage. Im Exil war die heilige Praxis von ehemals, als sie nach der Zerstörung des Tempels nicht mehr ausgeübt werden konnte, zum Gegenstande der Theorie und des Studiums gemacht worden, damit sie nicht unterginge. Ein verbannter Priester, Ezechiel, hatte den Anfang gemacht, ein Bild von ihr, wie sie gewesen war und wie sie sein sollte, aufzuzeichnen, als Programm für die zukünftige Herstellung der Theokratie. Andre Leviten schlossen sich ihm an, und so entstand im Exil aus dem Priesterstande eine Schule von Leuten, die das, was sie früher praktisch getrieben hatten, jetzt auf Schrift und in ein System brachten. Das war der Ursprung einer neuen Art von Thora, die sich mit der Agende der Priester befaßte. Ihr Endergebnis liegt im Priesterkodex des Pentateuchs vor. Den Priesterkodex hat Ezra zum Gesetz gemacht, allerdings nicht für sich, sondern als Bestandteil des Pentateuchs[1]). Aber

---

[1]) Der Pentateuch besteht aus dem Jehovisten, dem Deuteronomium und dem Priesterkodex. Das deuteronomische Gesetz ist schon im Exil oder bald nachher mit dem jehovistischen Geschichtsbuche verbunden. Die auf diese Weise entstandene Verbindung von Erzählung und Gesetz hat dem Priesterkodex als Muster vorgelegen; er stellt die Thora im Rahmen der Geschichte dar, als wenn das in der Natur der Sache läge, und stimmt dabei in der Anordnung des historischen Stoffs mit dem Jehovisten überein. Der Priester-

er war doch das Neue im Pentateuch und gab dem Ganzen das letzte Gepräge.

2. Der Priesterkodex bringt das Recht, die Stellung und die Gliederung der Priester zu Buch, ferner ihre Thora, enthaltend die

kodex ist dann mit dem älteren historisch-legislativen Werke zum Hexateuch verarbeitet. Gesetz ist aber nicht der Hexateuch geworden, sondern nur der Pentateuch. Wäre das Buch Josua jemals mit Gesetz geworden, so wäre es auch Gesetz geblieben (besonders bei den Samaritern) und nicht mit unter die Propheten gekommen. Aber es paßte nicht zum Gesetze Moses, und so mußte es abgeschnitten werden. Die jehovistische Erzählung spitzt sich durchaus zu auf die Eroberung Kanaans. Aber durch die Aufnahme des Gesetzes wurde auch der Schwerpunkt ins Gesetz verlegt und die Eroberung Kanaans nach dem Tode Moses erschien als hors d'oeuvre. Vielleicht hat indessen schon der ursprüngliche Priesterkodex nicht mehr in das Buch Josua hineingereicht, dann wäre die Abtrennung des letzteren möglicherweise schon bei der Verbindung des Deuteronomiums mit dem Jehovisten erfolgt. Vgl. Prolegomena p. 363 s.

Da schon die Samariter nicht den Priesterkodex, sondern den Pentateuch von den Juden überkamen, so ist die nächstliegende Annahme, von der man nicht ohne zwingende Nötigung abgehn darf, daß auch Ezra nicht den Priesterkodex für sich, sondern den Pentateuch zum Gesetz erhoben hat. Dafür sprechen noch andere Gründe. Die Bestimmungen der geschriebenen Thora Moses, auf die sich die Gemeinde in Neh. 10 verpflichtet, sind keineswegs ausschließlich im Priesterkodex enthalten; namentlich finden sich die Proteste gegen die Ehen mit den Völkern Kanaans nur im (erweiterten) Deuteronomium. Das Deuteronomium war das alte heilige Buch und genoß das größte Ansehen; es ließ sich nicht durch den neuen Kodex verdrängen, sondern mußte damit vereinigt werden.

Intrikat ist die Frage nach dem literarischen Anteil Ezras an dem „Gesetz seines Gottes". Er soll es aus seinem Geburtslande mit nach Palästina gebracht haben. Aber der Jehovist und das Deuteronomium sind nicht durch ihn importirt. Und auch der Priesterkodex kann nicht fertig aus Babylonien gekommen sein. Seine Ursprünge liegen allerdings dort. Indessen die von Ezechiel ausgehenden Anregungen hatten lange vor Ezra in Jerusalem gewirkt, lange vorher hatte sich der dortige Kultus in der Richtung des Priesterkodex entwickelt, wie man aus Haggai und namentlich aus Malachi erkennt. Der eigentliche Tempeldienst bedurfte keiner Reinigung durch Ezra mehr, er war schon vorher dem Priesterkodex wesentlich konform. Hätte Ezra denselben von Hause mitgebracht, so hätte er sich die Aufgabe gestellt, ihn sofort einzuführen; es lagen ihm jedoch andere Dinge am Herzen. Der Priesterkodex kann auch nicht von einem Babylonier verfaßt sein, der in Juda nicht Bescheid wußte. Ezra könnte ihn also nur in den dreizehn Jahren, die zwischen seiner und Nehemias Ankunft lagen, geschrieben haben. Dann müßte er aber hinterher auch noch den Pentateuch bearbeitet haben. Wahr-

Regelung der religiösen Formen des Privatlebens und der Anforderungen des Kultus an die Laien, und endlich vor allem ihre
Praxis, nämlich das Ritual des Tempeldienstes. Das Deuteronomium
hatte, abgesehen von Aufzeichnungen aus der priesterlichen Thora,
nur erst wenige und negative Vorschriften über den Kultus gegeben;
es hatte die Höhen, die heiligen Steine, Bäume und Pfähle verboten
und den Opferdienst auf den Tempel von Jerusalem beschränkt.
Der Priesterkodex stellt den ganzen Kultus positiv dar; er nimmt
alle Riten und Bräuche, öffentliche und private, in die Gesetzgebung auf und stempelt sie zu Bausteinen eines Systems der
Theokratie. Das Deuteronomium enthält noch eine Menge juristi-
schen Stoffes aus älteren Volksrechten. Der Priesterkodex befaßt
sich ausschließlich mit dem Kultus. Er kennt kein Volk Israel
mehr, sondern nur die Gemeinde der Stiftshütte, d. i. des
Tempels[1]). Die Gemeinde ist ein vorwiegend geistlicher Begriff,
die Zugehörigkeit zu ihr ist weniger an das Blut als an die Religion

scheinlich ist er nur der Redaktor des Ganzen. Wenn der Pentateuch, oder
speziell der Priesterkodex, seinem Stoff nach ein Werk der jerusalemischen
Priester-Schriftgelehrten vor Ezra ist, so läßt sich verstehn, daß die Samariter
ihn übernommen haben, die erst seit Ezra und Nehemia in ein feindliches
Verhältnis zu den Juden gerieten und bis dahin vielleicht in Jerusalem an-
beteten. Dagegen läßt sich schwer glauben, daß Ezra als Verfasser des
Priesterkodex nichts von seiner Polemik gegen die Mischehen und die Samariter hineingebracht hätte.

Dem hat man neuerdings entgegengehalten, daß Ezra in dem Edikt des
Artaxerxes mit sâphar dâta geradezu als Autor des Gesetzes bezeichnet
werde. Diese dem gesunden Menschenverstande außerordentlich naheliegende
Beobachtung hat den Beifall gefunden, den sie verdient. Sie ist aber nicht
richtig. Denn sôpher kommt nicht vom Verbum sphr (zählen), sondern
vom Substantiv sepher (Buch). Es ist ein Berufsname und bedeutet den
Schrift- und dann auch den Schreibkundigen von Fach, den Literaten und
den Sekretär. Es ist intransitiv, nicht transitiv, hat nicht das akkus. Objekt
im Genitiv hinter sich, und heißt niemals „der Verfasser" oder „der da
geschrieben hat". Mit sâphar dâta wird also Ezra nicht als Schreiber des
Gesetzes bezeichnet, sondern als Gesetzesgelehrter. Gewöhnlich wird er einfach hasôpher genannt, ohne genitivische Ergänzung. Als Genitiv des tran-
sitiven Objekts könnte aber dâta nicht weggelassen werden. Ezra kann
wol schlechthin „der Schriftgelehrte" heißen, aber nicht schlechthin „der
Verfasser".

[1]) Die Juden sind nur noch die Beisassen Jahves, ihm allein gehört das
Land, er duldet sie nur bedingungsweise darin. Lev. 25, 23.

geknüpft. Sie hat ihren alten aristokratischen Charakter (p. 94) verloren; auch die Beisassen und Knechte werden durch die Beschneidung darin aufgenommen. Die Theokratie ist Hierokratie geworden und bedeutet die Herrschaft des Heiligen in der Gemeinde. Um den Ort, wo der Heilige wohnt, bildet die Gemeinde ein Lager in konzentrischen Kreisen von abgestufter Heiligkeit; zuerst kommen die Priester, dann die Leviten, dann die Laien. Die Aufgabe der Priester ist, durch den großen Kultus des Opferdienstes die Funktion der Theokratie in Gang zu halten; die der Laien besteht darin, durch den kleinen Kultus der täglichen Reinigungen und übrigen Observanzen das Heilige vor Entweihung und Befleckung zu schützen. Die ganze Gemeinde ist ein heiliges Volk und ein Reich von Priestern. Heilig ist das Adjektiv von Gott, die Bedeutung wechselt je nach den Vorstellungen über das Substantiv. Von den Propheten war der Begriff in das Moralische erhoben worden. Jetzt wird er wieder materialisirt; das Moralische wird zwar nicht abgestreift, aber völlig mit dem Liturgischen vermischt. Heilig ist geistlich, priesterlich; das Göttliche haftet an den rituellen Observanzen. Das Ideal der Heiligkeit der Gemeinde ist das Ideal ihrer Vergeistlichung. Merkwürdig zeigt sich diese Vergeistlichung auch im Sprachgebrauche. Der Schofar war früher die Kriegsdrommete oder das Horn der Wächter, um Lärm zu machen, das Analogon unserer Sturmglocke; ertönte der Schofar in einer Stadt, so erschraken die Leute — jetzt ist er ein friedliches Instrument in den Händen der Priester, niemand erschrickt ihn zu hören. Die Teruʻa war in älterer Zeit das Kampfgeschrei, jetzt ist es die Tempelmusik. Das Wort für Heer und Kriegsdienst selber ist vergeistlicht, Saba ist auf die Liturgie des niederen Klerus übertragen.

Der Priesterkodex fordert nun aber nicht, wie die Theokratie sein soll, sondern er beschreibt, wie sie ist. Es ist nicht bloß Manier, wenn er seine Gesetze in historischer Form gibt und so tut als seien sie von allem Anfange an erfüllt gewesen. Er setzt in der Tat das geistliche Gemeinwesen[1] als bereits fungirend und im ganzen und großen richtig fungirend voraus; er gibt ihm nur

---

[1] und damit die Fremdherrschaft. Die jüdische Kirche ist entstanden, als der jüdische Staat unterging, dadurch trat die Scheidung von Geistlichem und Weltlichem ein. Alles Politische im Gesetz ist phantastisch; nur die

die abschließende gesetzliche Unterlage. Er ist nicht das Programm einer Reformation; er steht nicht in, sondern über dem Kampfe. Selbst in Dingen, die etwa noch streitig sind, in Fragen, die die Gegenwart noch erregen, hütet er sich meist, deutlich einzugreifen und irgendwie aktuell und parteiisch zu erscheinen; er bewahrt überall seine olympische Gravität, hüllt die Gegenwart in die Vergangenheit und verschleiert die praktische Tendenz durch rein theoretisches Beiwerk. So enthält er zwar ein ganzes Bündel von Verboten der Ehe zwischen zu nahen Verwandten, aber ein Verbot der Ehe zwischen Juden und Heiden gibt er überhaupt nicht ausdrücklich, sondern läßt es höchstens zwischen den Zeilen lesen, in den Erzählungen über die Sorge der Erzväter für die Reinhaltung ihres Blutes. Er berührt hier einen Punkt, über den damals in der palästinischen Gemeinde ein lebhafter Streit entbrannt war, streicht ihn aber gar nicht besonders heraus, sondern redet darüber historisch in Ermahnungen der Patriarchen[1]). Er hat immer Jerusalem und den Tempel vor Augen und nennt beides doch niemals, sondern statt dessen das Lager der Wüste und die mosaische Stiftshütte. Aus dieser merkwürdigen Objektivität und scheinbaren Zeitlosigkeit des Priesterkodex, weil er sich möglichst in der Vogelperspektive und fern von dem Schmutz der Wirklichkeit hält, begreift es sich, daß er, eingehüllt in die älteren Teile des Pentateuchs, nicht bloß bei den Juden leichten Eingang gefunden hat, sondern schließlich sogar auch das Gesetzbuch der Samariter geworden ist.

3. Der Priesterkodex zieht die Summe aus der Entwicklung, welche die Volksreligion unter dem Einfluß der Verhältnisse und der Propheten seit der Zerstörung Samariens und seit Jesaias durchgemacht hatte. Er ist das Resultat der prophetischen Regulirung

---

Rechtspflege ist allerdings in gewissem Umfange noch im Besitz der Gemeinde. Diese wird übrigens wenig berücksichtigt, da das Deuteronomium auf diesem Gebiete meist als genügend erachtet wird.

[1]) Die Erzählung von Phinehas (einer Figur, die dem Ezra oder Nehemia ähnelt) und von seinem Eifer gegen das Huren mit den midianitischen Frauen ist schwerlich gegen die Mischehen gerichtet; es handelt sich in Num. 25 nicht um Ehen mit den Töchtern des Landes und überhaupt nicht um Ehen, sondern um Unzucht beim Heiligtum. Vgl. dagegen Num. 31, 18. — Daß der Priesterkodex von der Tempelmusik, von Sängern und Türhütern nichts sagt, wird allerdings wol daran liegen, daß er davon noch nichts weiß.

des Kultus, die unter Hizkia und Josias begann, durch das Exil
mächtig gefördert wurde, und nach dem Exil zum Siege gelangte.
Er geht über Ezechiel auf das Deuteronomium zurück, er tut den
letzten Schritt, jenes den ersten. Das Hauptgebot des Deuteronomiums ist das der Zentralisirung des Opferdienstes im Tempel
zu Jerusalem. Die Forderung war neu und schnitt scharf ein.
Sie war durchaus polemisch, und das Motiv der Polemik tritt klar
hervor. Den vielen Anbetungsstätten wird die richtige entgegengesetzt, den lokalen und trotz dem gleichen Namen doch verschieden verehrten Gottheiten die einzig wahre, dem volkstümlichen
halbheidnischen Kultus auf den Höhen der auf grund des prophetischen Monotheismus gereinigte bildlose und moralische zu Jerusalem. Im Priesterkodex merkt man kaum mehr etwas von dem
Kampf gegen den Bilderdienst und die Unzucht auf den Höhen,
davon, daß der gesetzliche Kultus in feindlichem Gegensatz zu dem
alten populären seinen Ursprung hat. Die Polemik ist überflüssig
geworden. Der Kampf hat längst zum Siege geführt, sein Ergebnis
ist vollendete Tatsache und darum keiner Motivirung bedürftig.
Das Korrekte scheint aus der Natur des Kultus zu fließen, nichts
erinnert mehr daran, daß es auf Korrektur beruht, nach Ideen die
von anderswo stammen und eigentlich jedem Kultus feind sind.
An Stelle der Verbote tritt eine umfassende positive Darstellung.
Alles wird geregelt und genau geordnet, so daß kein Abweichen
nach rechts oder links, kein Zuviel und kein Zuwenig mehr möglich ist. Der gesetzliche Gottesdienst hat den populären einfach
verschlungen, mit Haut und Haar, so daß auch nicht wenige
abergläubische und ausgesprochen heidnische Bräuche mit hinein-
gekommen sind, ohne im System irgend welchen Schaden anrichten
zu können[1]). Gefordert wird die Zentralisation, scharf und deut-

<hr>

[1]) So die Phylakterien, die Glöckchem am Mantel des Hohenpriesters (um
die Dämonen zu verscheuchen), das Fluchwasser (Num. 5), der Reinigungsvogel
(Lev. 14), der Sündenbock für Azazel, die rote Kuh (wie starken Anstoß sie
erregt hat, sieht man aus der zweiten Sure des Korans), und anderer Sühn-
und Reinigungszauber echt heidnischer Art. Manches davon steht allerdings
erst in den späteren Teilen des Priesterkodex; denn er ist, wenn auch in
Tendenz und Materie durchaus einheitlich und darum historisch als Einheit
zu verwerten, doch literarisch keine Einheit, sondern im Laufe der Zeit (auch
noch nach Ezra) beträchtlich erweitert. Im vollen Umfange die sämtlichen
Riten und Bräuche auf Schrift zu bringen, war überhaupt nicht möglich;

lich, mit der polemischen Spitze, aus der sie allein verständlich
ist, nur im Deuteronomium. Im Priesterkodex wird sie nicht gefordert, aber sie wird vorausgesetzt, seit Moses und sogar seit den
Erzvätern, und ihre Folgen zeigen sich viel weiter und viel tiefer
greifend. Sie hat sich nach jeder Richtung ausgewirkt und ist
Ursach geworden, daß schließlich der ganze Kultus ins Gesetz eingezwängt worden ist.

Das Deuteronomium will darum, weil es den Kultus auf den
Höhen verbietet, doch nicht auch die Priester der Höhen ihres
Dienstes entsetzen, sondern verstattet ihnen, denselben künftig im
Tempel von Jerusalem auszuüben. Aber sie wurden von den dortigen Priestern nicht als gleichberechtigt zugelassen und gerieten
in eine untergeordnete Stellung. Ezechiel sucht diese im Widerspruch zum Gesetz erfolgte Degradirung der Landpriester zu rechtfertigen; er erkennt zwar ihr bisheriges Priesterrecht voll an, legt
aber dar, daß sie sich dessen unwürdig gemacht haben. Im
Priesterkodex gilt der auf diese Weise entstandene Unterschied
zwischen Priestern und Leviten für so alt wie die Theokratie
selber; so völlig legitim ist hier schon eine illegitime Konsequenz
des deuteronomischen Gesetzes geworden. Und wie in diesem bekannten und augenfälligen Beispiele, so zeigt sich überall im
Priesterkodex, wie die Zentralisation, weit über die ursprüngliche
Absicht hinaus, unwillkürlich mit einer in ihr selbst liegenden
Kraft gewirkt hat. Sie hat nicht bloß die lokalen Priesterschaften
beseitigt, sondern auch die lokalen Gemeinden. Es gibt nur die
Una Sancta im Priesterkodex, die eine große Gemeinde der Stiftshütte; sie hat alle kleinen Sakralgenossenschaften aufgezehrt. Zugleich hat die Zentralisation den Kultus selber äußerlich und innerlich umgestaltet. Durch die Verpflanzung aus dem Lokal hat er
seine Beziehung zu den bunten Kreisen und den bunten Anlässen
des Lebens verloren und einen monotonen statutarischen Charakter
angenommen. Er ist ein Ding für sich geworden, in einer eigenen
abgeschlossenen Sphäre; zum Ersatz für den verlorenen Sinn dient
die immer weiter gehende Regelung der legitimen Form. Es ist
eine Scheidung zwischen Natur und Gottesdienst, zwischen Welt-

---

gerade einige sehr alte finden sich nicht verzeichnet, z. B. das Barfußgehn
der Priester, die Heiligung der Laien vor dem Opfer, das Nichtessen der
Hüftsehne.

lichem und Geistlichem eingetreten, die das Altertum nicht kannte, wo vielmehr der Kultus aus dem Leben emporblühte und es vergoldete. Freilich aber soll das Geistliche vorherrschen und womöglich das ganze Leben in die Uniform des Kultus eingezwängt werden.

Die Feste waren in alter Zeit und noch im Deuteronomium Erntefeste. Im Priesterkodex ist ihr natürlicher Anlaß verschwunden, nur noch aus einigen versteinerten Rudimenten läßt er sich erkennen. Jahve hat befohlen, sie so und so an dem und dem Tage zu feiern — das genügt. Die alten Festopfer waren die Erstlinge der Jahreszeit, die von den einzelnen Familien dargebracht und größtenteils in Freudenmahlen vor Jahve verzehrt wurden. Im Priesterkodex hat sich davon nur beim Paschalamm eine Spur erhalten, im allgemeinen sind sie zu bloßen Abgaben geworden, als Festopfer sind an ihrer Stelle eintönige Opfer der Gesamtgemeinde eingeführt. Zugleich haben die Feste sehr an Bedeutung verloren. Ehedem und noch im Deuteronomium waren sie der Inbegriff des großen, d. h. unter allgemeiner Beteiligung gefeierten Kultus. Im Priesterkodex ragen sie nur noch als Reste des Alten in den neuen Gottesdienst der Gemeinde hinein, in den sie nicht mehr passen, weil derselbe aus etwas Außerordentlichem etwas Regelmäßiges geworden ist und nicht bloß mehr drei mal im Jahre, sondern alle Tage fortgehend gefeiert wird. Der wahre heilige Tag ist der allwöchentliche, der Sabbat, und das wahre Opfer ist das tägliche, das Thamid. Nicht mehr in den Festen, sondern im Thamid besteht der öffentliche Kultus; dadurch wird die Verbindung der Gemeinde mit dem Himmel beständig unterhalten. Früher war das Aufhören der Feste, jetzt ist das Aufhören des täglichen Opfers gleichbedeutend mit dem Untergange der Theokratie. Eine polemische Absicht ist bei dieser Denaturirung und Herabdrückung der Feste im Priesterkodex nicht mehr zu bemerken; sie hat aber doch vielleicht unbewußt mitgewirkt, denn der Ursprung gerade der Feste aus dem kanaanitischen Naturdienst liegt auf der Hand.

Das alte Hauptopfer war das Mahlopfer, welches in kleinen Kreisen an heiliger Stelle verzehrt wurde und eine Tischgemeinschaft zwischen den Gästen und Jahve stiftete. Die Feste waren zusammengelegte Mahlopfer; da mußte, bei einem alle gleichmäßig angehenden Anlaß, jedermann im Heiligtum erscheinen, um sich zu freuen, zu essen und zu trinken vor Jahve. Neben diesem regelmäßigen und allgemeinen Anlaß zu opfern brachte das Leben eine Fülle außerordentlicher und besonderer. Wenn man schlachtete, so opferte man auch; jede Schlachtung war ein heiliger Akt. Aber seit der Zentralisation des Kultus in Jerusalem mußte die profane Schlachtung gestattet werden. Im Priesterkodex besteht dieselbe schon seit Noah und den Patriarchen, sie hat hier das Mahlopfer stark zurückgedrängt. Eine solche Mischung von Gottesdienst und Leben, von Heiligem und Profanem, ein so fröhliches und unbefangenes Hineinziehen der Gottheit in alles Menschliche paßt nicht in diesen tristen Ernst. Will man sich freuen und Fleisch essen, so kann man schlachten; vor Gott soll der Gottesdienst rein und ausschließlich das Geschäft sein. Was das Mahlopfer verloren hat, ist einerseits dem Brandopfer zugewachsen; es wird ganz und ausschließlich der Gottheit geweiht, und zwar nicht von einer kleinen Gesellschaft, die sich dabei an heiliger Stätte beteiligt, sondern von der abstrakten Gemeinde, die gar nicht dabei anwesend ist. Als Privatopfer andrerseits ist das Sündopfer eingetreten; es ist privat im strengsten Sinn mit Ausschluß jeder Idee von Gemeinschaft, und es ist kaum noch ein Opfer überhaupt, sondern eine Buße, die in fest vorgeschriebener Weise zu leisten ist. Diese letztere Opferart, die vor dem Exil unbekannt war, wird jetzt besonders zeitgemäß. In dem Maße wie die speziellen Anlässe und Zwecke der Opfer wegfallen, tritt ein gleicher allgemeiner Anlaß hervor, die Sünde, und ein gleicher allgemeiner Zweck, die Sühne. Im Priesterkodex ist bei allen Tieropfern das eigentliche Mysterium die Sühne durch das Blut; am reinsten ausgebildet erscheint dieselbe bei den Sündopfern. Deshalb werden diese bevorzugt, zumal bei ihnen auch am meisten für die Priester abfällt. Den Gipfel der Sühnzeremonien bildet der große Versöhnungstag, er ist der Schlußstein des ganzen Systems und bezeichnet dessen Geist am besten: Heiligkeit und Sühne gehören zusammen.

Die Sündopfer und der große Versöhnungstag verbinden den Tempelkultus mit dem kleinen Kultus der Leistungen und Observanzen, die den Laien vorgeschrieben sind; denn die eben dabei begangenen Versäumnisse und Versehen sind der Gegenstand der Sühne. Wir haben gesehen, daß diese Heiligung des Konventionellen vermutlich durch das Exil begünstigt ist, in einer Zeit, wo der ganze Kultus pausirte. Damals erhielten die ererbten

Bräuche eine besondere religiöse Würde, und es zeigte sich, daß sie ein ausgezeichnetes Mittel waren, um das Judentum zu erhalten. Durch die Wiederherstellung des Tempels büßten sie von der einmal gewonnenen Bedeutung nichts ein. Im Priesterkodex werden einzelne hervorgehoben als Zeichen des Bundes der Juden mit Jahve und ihrer Gemeinschaft unter einander. Andere sollen dem Herzen eine beständige Mahnung sein, nicht abzuschweifen in sündige Neigungen. Im allgemeinen dienen sie als Zaun und Schutz, damit das Heilige nicht verunreinigt werde. Es zeigt sich eine gewisse Neigung, Vorschriften, die ursprüuglich nur für die Priester galten, auf die Laien auszudehnen. Als Anwohner und Beisassen des Tempels sollten auch die Laien ihr Leben geistlich und priesterlich führen, in einer bestimmt vorgeschriebenen religiösen Form. Sie sollten das heilige Geschäft nicht den Priestern allein überlassen, sondern sich selber daran beteiligen. Der Einzelne mußte sich durch fortgesetzte Anstrengung zum Juden machen. Der große öffentliche Kultus gab der neuen Theokratie einen festen einheitlichen Mittelpunkt. Aber das Judentum konnte auch ohne ihn bestehn, wie das Exil gezeigt hatte; es ruhte viel sicherer auf dem character indelebilis der Beschneidung und auf der Arbeit des Individuums, sein Leben nach Vorschrift zu regeln. Es ist bezeichnend, daß im Gesetz der Sabbat fast nur Ruhegebot für jeden Einzelnen und als solches Abzeichen des Juden ist, dagegen seine Bedeutung für den Kultus zurücktritt.

4. Der Kultus war das heidnische Element in der Religion Jahves, größtenteils erst bei der Einwanderung in Palästina von den Kanaaniten entlehnt; und er blieb vor dem Exil immer das Band, welches Israel mit dem Heidentum verknüpfte, eine stete Gefahr für die Moral und den Monotheismus. Er wurde daher von den Propheten bekämpft, aber er ließ sich nicht einfach abschaffen. Er war zu tief mit dem Volke verwachsen, eine Volksreligion ohne Kultus ließ sich nicht denken. Es entstand vielmehr die Aufgabe, ihn zu korrigiren. Die Reformation begann mit dem Deuteronomium; im Priesterkodex ist sie so vollständig durchgedrungen, daß über der Wirkung die Ursache vergessen scheint. Der ganze Kultus ist hier gesetzlich geregelt. Es wird ihm dadurch eine große Wichtigkeit gegeben, und das ist unleugbar ein Zugeständnis an die herrschende Richtung der Menge, ein Kompromiß von den Kompromissen, wie sie so häufig in der Religionsgeschichte

vorkommen. Er wird jedoch zugleich dadurch auch ungefährlich gemacht; die alten Bräuche werden entgiftet und entseelt; was übrig bleibt, sind leere Formen, tote Werke, die nicht an sich, sondern nur dadurch Sinn und Wert haben, daß sie von Gott befohlen sind, und genau nach Vorschrift verrichtet werden. Die Notwendigkeit aber, die alten Formen neu zu verwenden, lag in dem Bedürfnis, die durch schwerste Schicksalsschläge zerschmetterte und zersprengte Nation wieder in Rand und Band zu bringen und weiteren Zerfall zu verhüten. Die Organisation, die Fassung und Abschließung des Judentums war die nächste und dringendste Aufgabe der Zeit. Ihr diente der Tempel und das Priestertum, ihr diente die Disziplin, durch welche die Laien zusammengehalten und abgesondert wurden, ihr diente überhaupt die Heiligung des Äußerlichen. Die prophetischen Ideen ergaben nicht die Mittel zur Gründung einer Gemeinde; im Gegenteil bedurften sie selber einer Verschalung, um nicht der Welt verloren zu gehen. Der gesetzliche Kultus lieferte diese Verschalung; aus ursprünglich heidnischem Material wurde ein Panzer des Monotheismus geschmiedet. Der Widerspruch, daß der Gott der Propheten sich jetzt in einer kleinlichen Heils- und Zuchtanstalt verpuppte und statt einer für alle Welt gültigen Norm der Gerechtigkeit ein streng jüdisches Ritualgesetz aufstellte, der Bund, wodurch der allmächtige Schöpfer Himmels und der Erden ein Sonderverhältnis mit den Juden einging, war für diese Zeit praktisch gerechtfertigt. Verleugnen tut sich auch im Priesterkodex der moralische Monotheismus keineswegs. Er ist zwar gewöhnlich unter der aus altem vertragenen Stoff neu gewebten Decke Mosis verhüllt, aber bisweilen leuchtet er klar und deutlich hindurch. So in der Patriarchengeschichte, in der Offenbarung an Abraham: ich bin der Allmächtige, wandle vor mir schlicht und recht! Namentlich aber in der Schöpfungsgeschichte, wo die Welt durch Gott aus dem Nichts hervorgerufen und die Natur zur Sache erniedrigt wird, der Mensch aber ihr gegenüber und auf Seite Gottes zu stehn kommt, wenngleich auch er Kreatur ist. Die hier zum Ausdruck gelangende Weltanschauung hat der Praxis für lange Zeit eine gesunde Grundlage gegeben; wie befangen zeigt sich dagegen die Geschichte vom Garten Eden! Die Poesie hat gelitten, die Moral aber sich befreit und gehoben. Der Fortschritt ist auch in den Ehe- und Keuschheitsgesetzen deutlich verspürbar.

Vierzehntes Kapitel.

Die zweite Hälfte der persischen Periode.

1. Über die äußere Geschichte dieser Zeit erfahren wir beinah nichts. Die biblische Geschichte hört eigentlich schon mit der Zerstörung Jerusalems durch die Chaldäer auf, jedenfalls aber mit Ezra und Nehemia. Eine schwache Kunde hat sich erhalten von einer Beteiligung der Juden an dem syrischen Aufstande gegen Artaxerxes Ochus, der durch den Vezir Bagoas niedergeworfen wurde; zur Strafe soll eine Anzahl von ihnen an das südliche Ufer des Kaspischen Meeres nach Hyrkanien verpflanzt worden sein [1]. Damals müßte die von Josephus berichtete Mordgeschichte im Tempel sich zugetragen haben: Bagoses (Bagoas?) hatte die Absicht, an Stelle des regierenden Hohenpriesters Johannes dessen Bruder Jesus zu setzen; der darüber entstandene Wortwechsel der Brüder im Tempel endete damit, daß Johanan den Josua tötete; infolge dessen drang Bagoses in den Tempel ein und verfolgte die Juden sieben Jahre lang; er legte ihnen auf, für jedes beim täglichen Opfer geschlachtete Lamm fünfzig Drachmen an den Fiskus zu entrichten [2].

Über das auch für Palästina so bedeutungsvolle Vordringen der Araber in die Länder aramäischer Kultur läßt sich einiges aus den darauf bezüglichen Weissagungen der späteren Propheten entnehmen. Der Prophet Ezechiel überläßt ihnen in seinem Bilde

---

[1] Eusebius Chron. ed. Schöne 2, 112. 113.

[2] Dies ist eine von den losen Anekdoten zweifelhafter Herkunft, mit denen Josephus die Lücke zwischen Nehemia und den Makkabäern zu füllen sucht. Nach Hugo Willrich (Juden und Griechen 1895 p. 21. 89 s.) spiegelt sie den Streit der vormakkabäischen Hohenpriester wieder. Den regierenden Hohenpriester will sein Bruder mit Hilfe des heidnischen Gewalthabers verdrängen, es entsteht blutiger Streit zwischen ihnen, der Heide mischt sich ein, dringt in den Tempel und verfolgt die Juden sieben Jahre: das ist die Geschichte der Juden unter Antiochus IV. Bei dem streitenden Brüderpaar decken sich auch die Namen mit den im 2. Makkabäerbuch genannten; Johannes ist Onias (vgl. den hebr. Sirach 50, 1 und den arab. Josippus § 56) und Jesus ist Jason. Die sieben Jahre der Verfolgung entsprechen der letzten Heptade im Daniel. Vor A. IV., namentlich unter persischer Herrschaft, ist eine solche jüdische Religionsverfolgung in der Tat höchst unwahrscheinlich.

von der Zukunft Palästinas das ganze Ostjordanland. Aus Malachi
und Obadia scheint zu erhellen, daß sie in der ersten Hälfte des
fünften Jahrhunderts die Edomiten aus ihrer alten Heimat verdrängt haben, so daß diese nun auf das südliche Juda beschränkt
wurden, welches sie teilweise schon früher okkupirt hatten. Ziemlich gleichzeitig müssen die Araber auch in Moab und Ammon
und in den Süden des Philisterlandes eingedrungen sein; Goscham,
der dritte im Bunde mit Sanballat und Tobia, wird nicht eben
weit von Jerusalem gewohnt haben [1]). Die Juden gönnten den
Nachbarn ihr Schicksal von Herzen, vor allen den Edomiten oder
Idumäern, wie sie griechisch heißen. Auf diese hatten sie seit
dem Exil eine unaussprechliche Wut, weil sie bei der Zerstörung
ihrer Stadt geholfen und einen großen Teil ihres Landes an sich
gerissen hatten; auf der andern Seite bewunderten sie freilich
auch ihre Weisheit. Auch auf die Philister waren sie nicht gut
zu sprechen; sie nannten sie die Bastarde, die Mischlinge. Diese
westlichen Nachbarn vermittelten ihnen den Verkehr mit der See
und mit der Kultur; sie waren ein wichtiges Handelsvolk, nach
ihnen wurde Palästina benannt. Unter ihren Städten trat damals
neben Gaza besonders Asdod bedeutend hervor; mit den Asdodiern
hatten die Juden die nächsten Beziehungen.

Das Verhältnis der Juden zu den Samariern gestaltete sich
dadurch um, daß sie jetzt von diesen Bastarden reinlich geschieden

---

[1]) Die Weissagung Sephanias über das Vordringen „der Hirten" gegen
die Philister (2, 7) scheint sich auf die Araber zu beziehen; in der palästinisch-
ägyptischen Wüste, die sich bis über Gaza hinaus erstreckt, erscheinen sie in
der Tat am frühsten. Ihr Vordringen gegen Moab und Ammon kündet
Ezechiel (25, 4. 10) an. Die Edomiten sind vor der Mitte des 5. Jahrhunderts
durch die nabatäischen Araber in den Negeb Juda gedrängt, der seitdem
Idumäa heißt; Strabo (p. 760) sagt mit einem leicht erklärlichen Irrtum, sie
seien Nabatäer, aber durch einen Aufstand aus dem Nabatäerland vertrieben.
Vgl Isa. 21 und meine Bemerkungen zu Malachi und Obadia; in Ps. 83, 8
trägt das alte Land Edom den arabischen Namen Gebàl. Es braucht jedoch
nicht angenommen zu werden, daß die Edomiten allesamt aus ihrem alten
Lande auswanderten; ein großer Teil mag unter arabischer Herrschaft verblieben und der eigentliche Träger der nabatäischen Kultur gewesen sein;
daher die Weisheit von Theman und die hebräischen Eigennamen bei den
Nabatäern. Im Libanon werden die Araber zuerst erwähnt bei der Belagerung von Tyrus durch Alexander (Arrian 2 20, 4); sie heißen dort Ituräer
(Gen. 25, 15. 1 Chron. 5, 19).

wurden, und zwar infolge der Gründung der Gemeinde von Sichem[1]). Jener vornehme Priester, den Nehemia wegen seiner anstößigen Heirat aus Jerusalem vertrieben hatte, soll zu seinem Schwiegervater Sanballat geflohen sein und, nachdem ihm von diesem ein Tempel auf dem Berge Garizzim bei Sichem erbaut war, dort die samaritische Gemeinde und den samaritischen Kultus organisirt haben, nach dem Vorbilde der jerusalemischen Hierokratie und auf grund des nur wenig geänderten jerusalemischen Pentateuchs[2]). Hatten die Samarier sich eine Zeitlang an die Gemeinschaft der Juden herangedrängt, so wollten sie später ebensowenig mit jenen zu tun haben als jene mit ihnen. Der Tempel auf dem Garizzim war das Symbol ihrer Selbständigkeit als eigener religiöser Sekte, wenngleich sie in Wahrheit nur die Nachtreter der Juden waren.

2. Für die innere Geschichte sind wir zwar auch nur auf Rückschlüsse angewiesen. Wir können daraus aber mit Sicherheit erkennen, daß es sehr falsch ist, sich diese Periode als eine Art Winterschlaf der Gemeinde vorzustellen. Sie ist im Gegenteil wenn nicht für die Entstehung, so doch für die Entwicklung der Institute sehr bedeutend gewesen.

Der Hierokratie wurde erst jetzt die Krone aufgesetzt, dadurch daß der Hohepriester Ethnarch wurde. Es lag in der Natur

---

[1]) Der alte Kultusort war Bethel gewesen, bis auf Josias. Die Stadt Samarien blieb heidnisch, und gehörte nicht zu der Gemeinde der Samariter; der Unterschied wird durch die Homonymie von Stadt und Land leicht verwischt, man muß ihn aber wol beachten. Im griechischen Sirach 50, 26 werden die Samarier als Ethnos mit den Philistern zusammengestellt und von der Gemeinde der Sichemiten, die ich im Gegensatz zu den Samariern als Samariter bezeichne, unterschieden; im hebräischen und syrischen steht freilich dafür Seir. Antiochus IV. soll einen Vogt zur Unterdrückung des mosaischen Kultus in Sichem angestellt haben (2 Macc. 5, 23). Hyrkan I. verleibte zunächst die Gemeinde von Sichem ein, erst viel später die Stadt Samarien. Josephus nennt Ant. 11, 344. 12, 262 die Samariter die Sidonier in Sichem, und Sanballat ihren Satrapen; in der Stadt Samarien residirten die persischen und später die griechischen Beamten. Seit Herodes werden die Sebastener von den Samaritern auch durch den Namen unterschieden.

[2]) Joseph. Ant. 11, 302—312 vgl. Neh. 13, 28. Es steht fest, daß die Samariter das jüdische Gesetz und den jüdischen Kultus übernommen haben, und zwar schon vor Alexander. Daß dies durch Vermittlung eines jerusalemischen Priesters geschehen ist, daß die Samariter auch die Hierokratie von Jerusalem bezogen haben, ist nichts weniger als unglaublich.

der Dinge, daß in dem geistlichen Gemeinwesen das Haupt der
Geistlichkeit das Haupt der Nation wurde, ihr Vertreter gegenüber
der heidnischen Oberherrschaft und der Verwalter auch der weltlichen Angelegenheiten, die ihr noch überlassen blieben. Im Priesterkodex ist das auch bereits vorgesehen. Hier nimmt der Hohepriester
die Stelle des Königs ein, soweit für einen solchen unter den damaligen Umständen noch Platz war, er empfängt bei der Investitur
die Salbung, er trägt den Purpur und das Diadem. Ansprüche
auf eine solche Stellung mochte er in der Tat früh genug erheben,
schon Zerubabel scheint Grund zur Eifersucht auf ihn gehabt zu
haben (Zach. 6, 13). Aber die Meinung ist irrig, daß er schon
etwa am Ausgang des sechsten Jahrhunderts der Nachfolger des
Davididen geworden sei. Ethnarch blieb vielmehr der Landpfleger,
zu dem die Perser auch nach Zerubabels Abgange einen vornehmen
Juden ernannten [1]). Der Posten war freilich unbedeutend, er wurde
schließlich eingezogen und Jerusalem dem Verwaltungsbezirk Samarien unterstellt. Den Vorteil davon hatte aber zunächst die
jerusalemische Aristokratie. In der zweiten Hälfte des fünften
Jahrhunderts waren die Ältesten, die Vornehmen und Notablen die
einheimische Obrigkeit [2]), für die Stadt und für die Landgemeinden;
der Stadtrat und der städtische Gerichtshof war den entsprechenden
Landbehörden übergeordnet. Die Priester hatten an der Rechts-
sprechung teil, vielleicht ursprünglich als Konsulten, wegen ihrer
Kenntnis der Theorie [3]). Sie gehörten aber noch nicht mit zu der
Gerusie; Eljaschib war der Tempelfürst, aber nicht der Fürst der
Gemeinde. Indessen verlor doch, durch das Eingehen des Land-
pflegeramtes, der Hohepriester den einzigen Nebenbuhler, der ihm
das Gegengewicht halten konnte; er bekam eine Stellung ohne

---

[1]) Aus der Art, wie Nehemia sich mit den alten Landpflegern vor seiner
Zeit vergleicht (5, 15), erhellt, daß sie Juden gewesen sind; wenigstens wäre
der Ruhm nicht fein, daß er sein Volk weniger bedrückt habe als fremde
und heidnische Vögte. Der Tirschata Neh. 7—10 ist jedenfalls ein Jude.

[2]) Esd. 5: die Ältesten. In den Memoiren Nehemias stehn die Notabeln
und die Adligen nebeneinander (2, 16. 4, 8. 13. 5, 7. 7, 5) und für einander
(2, 16. 12, 40 vgl. mit 6, 17; 13, 11 vgl. mit 13, 17). Vgl. Jos. Ant. 11, 111
(4, 223): πολιτείᾳ χρώμενοι ἀριστοκρατικῇ μετὰ ὀλιγαρχίας — die Oligarchen
sind die Hohenpriester.

[3]) Vgl. Ezech. 44, 24. Deut. 17 und dazu die Kompos. des Hexat. 1899
p. 358.

gleichen. Sein Einfluß übertrug sich allmählich auch auf das politische Gebiet. Er kam nun an die Spitze der Gerusie; mit ihm zugleich drangen seine vornehmen Amtsgenossen in dieselbe ein, wenngleich sie noch nicht einen förmlichen Stand darin bildeten. Man darf jedoch nicht glauben, daß damit die Priester überhaupt in das Regiment gekommen wären. Die gemeinen Priester hatten doch nur mit dem Kultus zu tun, in gesellschaftlicher und politischer Hinsicht waren sie von dem Priesteradel, aus dem der Hohepriester hervorging, durch eine breite Kluft getrennt. Die adligen Priester fühlten sich ihren weltlichen Standesgenossen näher verbunden als ihren geistlichen Brüdern niederer Herkunft und machten sich aus ihrem Rang und ihrer Macht mehr als aus ihrem Dienste. Sie hatten große Einkünfte und erwarben sich Reichtum.

Zu der Befestigung der Hierokratie, die sich in dieser Zeit vollzog, haben die Maßregeln Nehemias und Ezras sehr wesentlich beigetragen. Sie sorgten dafür, daß die Abgaben, auf welche die Macht und die Unabhängigkeit des Klerus sich gründete, regelmäßig bezahlt und ordentlich verteilt wurden. Sie scheinen auch die innere Gliederung des Tempelpersonals erst durchgeführt zu haben. Bis dahin herrschte ein ziemlicher Wirrwarr. Die Verordnung Ezechiels, betreffend die Scheidung von Priestern und Leviten, hatte sich keineswegs glatt vollzogen; noch Malachi ignorirt den Unterschied. Nicht wenige Leviten hatten ihr Erbamt behauptet, auch zweifelhaftere Elemente waren in den Priesterstand eingedrungen. Durch Nehemia und Ezra ward nun eine Sichtung und Neuordnung vorgenommen. Im ganzen und großen wurden die Leviten, denen es gelungen war sich tatsächlich als Priester zu halten, nicht etwa entsetzt, sondern vielmehr legitimirt. Der Name Aharon (im Priesterkodex) gewährte das Mittel, sie mit den Söhnen Sadoks zusammenzufassen; er erweiterte den Kreis der Priester beträchtlich über die Grenze, die Ezechiel gesetzt hatte. Ein Rangunterschied zwischen den Söhnen Sadoks und den gemeinen Söhnen Aharons blieb natürlich bestehn, aber manche Nachkommen der früheren Landpriester wurden doch in die Tempelpriesterschaft aufgenommen.

Andere mußten sich freilich die Degradation gefallen lassen; sie allein hießen fortan Leviten, während die Priester sich Söhne Aharons nannten. Ihre Familiennamen bezeugen zum Teil ihre

Abkunft von dem alten Klerus der jüdischen Landschaft[1]). Indessen so wenig die späteren Priester alle aus Söhnen Sadoks bestanden, so wenig bestanden die späteren Leviten alle aus Erben
der alten Höhenpriester. Es schlüpften manche Nichtleviten in
den niederen Klerus ein, nicht allein in der Zeit vor der Reformation Nehemias und Ezras, sondern auch noch später. Die
Tempelsklaven fremdländischen Ursprungs, die Ezechiel aus dem
Heiligtum verbannen wollte, blieben dennoch darin. Sie wurden
anfangs noch als Nathinäer von den Leviten unterschieden, gingen
aber allmählich unter ihnen auf. Ähnlich die Sänger. Diese wurden
mit der Zeit sogar den Leviten übergeordnet und erlangten zu
allerletzt, unter Agrippa II., eine wenigstens äußerliche Gleich-
stellung mit den Priestern.

Die Musik gewann eine sehr große Bedeutung für den Kultus.
Sie hatte freilich auch in alten Zeiten nicht gefehlt, war aber nach
der Beschreibung des Amos von ziemlich roher Art gewesen. Ihre
Blüte entwickelte sie erst im nachexilischen Tempel, sie wurde
zugleich würdiger und kunstmäßiger. Nicht bloß die Begleitung,
sondern auch der Gesang lag in der Hand geschulter Techniker;
die Gemeinde fiel nur gelegentlich mit Halleluja und Amen oder
mit einem Refrain ein. Aber wenngleich von Chören ausgeführt
war es der Idee nach doch Gemeindegesang; der Kultus fand damit in der Gemeinde ein Echo, wurde über das Opus operatum
des Priesters emporgehoben, popularisirt und geistig beseelt. Der
Inhalt der gesungenen Lieder war keineswegs bloß liturgisch. Nur
die jüngeren Psalmen sind zum Teil ausdrücklich für den 'Gottesdienst gedichtet, die älteren durchaus nicht. Sie nehmen vielmehr
gar keine Rücksicht darauf, sondern sind völlig unbefangene Herzens-
ergießungen, in denen sich die ganze, allerdings enge Welt des
Empfindens der jüdischen Frommen abspiegelt. Und doch sind
sie frühzeitig im Gottendienste verwandt; das zeigen die musika-
lischen Beischriften, die nur bei ihnen, nicht bei den eigentlich
liturgischen Psalmen vorkommen und verhältnismäßig alt sein
müssen, weil sie später nicht mehr verstanden wurden; das zeigt

---

[1]) Libni, Hebroni, Korahi sind von judäischen Städten und Ge-
schlechtern abgeleitet, deren Priester diese Leviten einst gewesen waren.
Gerschom, Muschi führen auf Abstammung oder vielmehr Herleitung von
Moses.

auch ihre Zurückführung auf die Sängergeschlechter und auf deren Meister David, welche auch nur in den drei ersten Büchern durchgeht. Merkwürdigerweise ist im Gesetz von den Sängern neben den Leviten noch gar keine Rede. Diese Lücke in der Beschreibung des nachexilischen Gottesdienstes macht sich sehr fühlbar. Sie wird von der Chronik ausgefüllt. Da muß David ausführlichst nachholen, was Moses versäumt hat. Er richtet die Sängerchöre ein und die ganze musikalische Liturgie; dadurch erhält dieselbe die ihrer gegenwärtigen Bedeutung entsprechende historische Weihe. Die Chronik bewegt sich natürlich bei dieser Umformung des alten Recken in einen geistlichen Sängerfürsten ganz in dem Gleise der Anschauungen ihrer Zeit; sie liefert uns ein vollgiltiges Zeugnis für die Popularität des Gesanges und der Musik und für den außerordentlich breiten Raum, den sie damals im Kultus eingenommen haben müssen.

3. Zu dem Kultus als geistigem Mittelpunkt der Gemeinde kam das Gesetz als ein zweiter hinzu. Durch seinen Inhalt stützte es allerdings den Kultus und erhöhte die Würde und Macht der Priester. Aber durch seine Form hatte es eine andere Wirkung; es war kein Manuale für den Klerus, sondern ein öffentliches Buch zum Unterricht und zur Nachachtung für die Gemeinde. Das Ende war sogar, daß die Hierokratie durch die Nomokratie verdrängt wurde, freilich erst im Lauf einer langen Zeit.

Neben den Tempel traten die Synagogen. In ihnen lebten gewissermaßen die alten Bamoth wieder auf, an deren Stätte sie oft genug gestanden haben mögen. Nur waren sie nicht Gotteshäuser im antiken Sinne, bestimmt zur Wohnung der Gottheit und zu ihrer Bedienung, sondern Gotteshäuser im modernen Sinne, bestimmt zur Versammlung und Erbauung der Menschen. Ihre Ursprünge liegen im Dunkel, wie die Ursprünge alles Lebendigen und spontan Erwachsenen. Sie hängen nicht mit den alten politisch-sakralen Vollbürgerversammlungen zusammen, eher mit den im Psalter öfters erwähnten Konventikeln der Frommen. Schon im babylonischen Exil haben fromme Versammlungen ohne Opfer stattgefunden. Regelmäßiger und von allgemeinerer Bedeutung sind dieselben aber erst seit der Einführung des Gesetzes geworden. Die Vorlesung des Gesetzes stand im Mittelpunkte des synagogalen Gottesdienstes, daran schloß sich die Vorlesung der Propheten. Ebenso wichtig und vielleicht noch älter war aber auch das gemeinsame Gebet. Es war der Rest des Opfers (Isa. 1, 15. 56, 7) und trat an die Stelle des Opfers, wie die Synagogen (die Bethäuser) an Stelle der alten Opferstätten. Es bezeichnet vielleicht am meisten den Unterschied des jüdischen Gottesdienstes von dem ethnischen, der sich freilich auch bei den Juden im Tempel noch fortsetzte, aber eigentlich veraltet war. Die Juden haben dadurch ein für die Zukunft äußerst folgenreiches Vorbild gegeben, nicht bloß durch die Einrichtung selber, sondern auch durch den von ihnen dafür ausgebildeten Stil[1]). Die feste Liturgie freilich gehört einer späteren Zeit an, ebenso wie die Ordnung der Ämter. Synagogenhäuser werden in einem makkabäischen Psalm erwähnt, als für den Bestand des Judentums wichtig.

An die Seite der Priester traten die Schriftgelehrten. Zuerst erscheinen sie einzeln, Ezra wird als der erste genannt, dann noch ein zweiter, Sadok, aus der selben Zeit. In der Chronik bilden sie schon einen Stand, sogar mit fester und natürlich genealogisch begründeter Gliederung (1 Chr. 2, 55). Die Schriftgelehrsamkeit war von Priestern im Exil, von Ezechiel und seinen Nachfolgern, begründet worden, das priesterliche Gesetz war ihr Produkt. Auch Ezra stammte aus priesterlichem Geschlechte; Leviten standen ihm bei der feierlichen Einführung des Gesetzes zur Seite und legten die daraus verlesenen Stücke den Hörern aus. Indessen wenn auch die Schriftgelehrten ursprünglich aus den Kreisen der Priester hervorgegangen sind, so unterschieden sie sich doch später von ihnen als Theoretiker von den Praktikern. Sie rekrutirten sich mehr und mehr aus Laien, und verschiedenartige Elemente der Bildung vereinigten sich in ihren Kreisen. Sie berührten sich mit den Weisen, die ebenfalls in dieser Periode blühten. Man darf sie nicht verwechseln mit den pharisäischen Rabbinen; die älteren Schriftgelehrten waren keine Juristen und hatten keinerlei amtliche Stellung. Sie waren die Pfleger der Bildung und der Literatur. Aber freilich hatte die Bildung der Zeit durchaus religiöse Farbe, und das literarische Interesse war durch die heilige Überlieferung bestimmt. Das Studium derselben, der Midrasch, war die eigent-

---

[1]) Die Verbindung von Gebet und Vorlesung hat der Kirche und dem Islam als Vorbild gedient. Das Gebet ist der Vorlesung übergeordnet; Çalât bedeutet schlechthin Gottesdienst und schließt Korân ein. Der Stil des jüdischen Gebetes tritt z. B. im Vaterunser hervor.

liche Arbeit der Schriftgelehrten, während die Weisen ihre Weisheit
aus Erfahrung und Beobachtung, auf der Gasse und in der Natur,
schöpften. Auf grund ihres Studiums waren sie auch die Lehrer
des Volkes, indessen auf eine ganz freie, von selbst sich ergebende
Weise. Die Synagoge war nicht direkt die Stätte ihres Wirkens;
noch in späterer Zeit durfte dort jeder lesen und lehren, ein ge-
wisses Vorrecht hatten nur die Priester und Leviten.

Das Gesetz trat durch seine öffentliche Anerkennung nicht in
ausschließenden Gegensatz gegen die sonst erhaltene Literatur. Es
war nicht bloß Gesetz, sondern auch Lehr- und Erbauungsbuch.
Dadurch trat es den älteren Lehr- und Erbauungsbüchern an die
Seite; es verdrängte sie nicht, sondern hob sie zu sich empor und
ergänzte sich durch sie. Wie im Pentateuch selber das Deuteronomium und der Jehovist neben dem Priesterkodex, so blieben
neben dem Pentateuch die prophetischen Bücher bestehn, zu denen
auch die historischen zählten, weil die Geschichte das Arbeitsfeld
Jahves und seiner Vertreter war. Ein Widerspruch zwischen den
Propheten und dem Gesetz ward nicht empfunden; im Gegenteil
lebte noch das Bewußtsein, daß sie die Urheber des Gesetzes
seien (Esd. 9, 10s.). So dehnte sich die öffentliche und rechtliche
Geltung, welche der Pentateuch durch einen formellen Akt bekommen
hatte, auch auf die prophetischen und historischen Bücher aus, deren
Autorität auf langjähriger stillschweigender Anerkennung beruhte.
Das Gesetz erweiterte sich unter der Hand zur Sammlung der heiligen Schriften. Die Große Synagoge, welche den Kanon festgestellt haben soll, ist ein Erzeugnis gelehrter Phantasie.

Man klammerte sich an das Alte an, machte es sich aber
mundgerecht und suchte manchmal nur Deckung hinter seinem
Namen. Die überlieferte Literatur wurde damals durch und durch
judaisirt. Die Sanktion war zugleich eine Überarbeitung. Schon
im Exil begann dieser Prozeß, damals im großen Stil; er setzte
sich durch Jahrhunderte fort, selbst nach der Kanonisirung der
Schriften, schließlich allerdings nur in allerlei Retouchen und La-
suren. Bekannt ist die Redaktion der historischen Bücher auf
grund des Deuteronomiums: die Handlungen der Regenten werden
nach diesem Gesetz beurteilt und ihre Geschicke daraus erklärt,
die Propheten begleiten mit ihren Mahnungen und Drohungen
regelmäßig alle Epochen. Erst dadurch entsteht eigentlich die
heilige Geschichte. Auf die deuteronomistische Bearbeitung folgt

eine spätere, die ein etwas anderes Ideal hat und die Vergangenheit nach diesem Ideal nicht bloß beurteilt, sondern umdichtet. Die heilige Gesamtgemeinde tritt da handelnd auf um einen Greuel aus Israel auszurotten, die geistliche Republik unter der Leitung eines priesterlichen Propheten wird als die gottgewollte Form der Regierung der weltlichen Monarchie entgegengesetzt, die Erhebung eines Menschen zum Könige gilt als Abfall von Jahve. Weniger einförmig, aber in noch größerem Maße sind die Propheten dem Bedürfnis und dem Geschmack des Judentums angepaßt. Nur Ezechiel ist uns in der ursprünglichen Form und im ursprünglichen Umfange erhalten; in Jesaias, Jeremias und den Zwölfen sind überall die Drohungen durch Heilsweissagungen gemildert und abgestumpft. Die Epigonen trugen teils durch kleinere Interpolationen und Korrekturen in diese Bücher ein, was sie dabei empfanden und darin vermißten, ihre Gefühle und Hoffnungen; teilweise aber ließen sie durch große Einschübe und Anhänge von neueren Erzeugnissen das gewünschte Licht auf die alten Weissagungen fallen. Diese Einschübe und Anhänge mögen zum Teil durch Zufall an ihre jetzige Stelle geraten sein; gewiß ist, daß sie überall sich zeigen, daß sie für die neue Zeit das Alte erst genießbar machen und die Richtschnur seines Verständnisses abgeben.

Der Pentateuch war von vorherein modern, sofern der Priesterkodex den Ton angab und das Ganze stimmte. Aber auch hier arbeiteten unsichtbare Hände weiter, säuberten und glätteten, verbesserten und vermehrten die Ausgaben. Neben umfangreichen formellen Zusätzen, die namentlich in der Beschreibung der Stiftshütte erscheinen, zeigen sich auch materielle Änderungen. Die Einführung des goldenen Räucheraltars stammt erst aus der Zeit nach Ezra, ebenso die Erhöhung der heiligen Kopfsteuer von einem dritten Sekel auf einen halben, und die Herabsetzung des Einstellungsalters der Leviten von dreißig Jahren auf fünfundzwanzig.

Das Alte wurde mit dem Neuen verquickt und durchwoben. Aber nicht allein durchwoben, sondern auch umwoben. Um das Gesetz bildete sich eine Sphäre der Gewohnheit und der authentischen Interpretation, die sich immer weiter ausdehnte und größere Wichtigkeit erlangte als der geschriebene Buchstabe. Diese sogenannte Überlieferung der Ältesten, welche teilweise aufhob, meist aber ergänzte und zusetzte, wurde nicht aufgezeichnet und konnte um so besser mit der Zeit fortschreiten und sich ihr anschmiegen.

Das war eine verhältnismäßig gesunde, konsequente und praktische
Fortentwicklung. Von ganz anderer Art war der Nebel, der sich
um den Stoff der alten Erzählung herumlegte und ihr Bild ver-
wischte und verzerrte. Davon haben wir einen schriftlichen
Niederschlag in der Chronik, einem Midrasch zum alten Buch
der Könige. Es ist eine wahre Travestie der Geschichte, die geistliche moralisirende Tendenz vernichtet den ästhetischen Wahrheits-
sinn, stellt die Dinge nicht dar wie sie sind, sondern verwendet
sie nur als Beispiele für ein paar dürftige Ideen und dichtet
sie nötigenfalls mit großer Dreistigkeit darnach um. An die
prophetische Literatur schloß sich die eschatologische an. Ihr
Begründer war Ezechiel, der erste rein schriftstellernde Prophet,
der die göttliche Offenbarung als ein Buch verschlang, und als ein
Buch wieder von sich gab. Die eschatologische Weissagung ist
immer Schriftstellerei, immer anonym und mit Vorliebe pseudonym:
man verbarg sich im Schatten des Altertums.

Doch schrieb man daneben auch freier und selbständiger. Der
Kanon schloß nicht ab, sondern wies nur die Richtung an. Er
beförderte geradezu das Erblühen einer neuen Literatur, die dann
zum Teil allmählich selbst wieder kanonisch wurde. Wenn im
dritten Jahrhundert des Büchermachens kein Ende war, so wird
es im vierten und fünften nicht viel anders gewesen sein. Aus
jenem besitzen wir das überraschende Zeugnis, aus den beiden
anderen aber weit mehr Reste. Die Hagiographen stammen aus
dieser Zeit, sie sind ein Erzeugnis des Judentums. Sie zeigen uns
größtenteils ganz neue Arten des Schrifttums. Wer hätte früher
daran gedacht, seine Memoiren zu schreiben, wie Ezra und Nehemia
es taten! Auch die Psalmen haben keine Analogie in vorexilischer
Zeit. Es sind Gebete in ganz anderem Sinn wie das Altertum sie
kannte, einzig in ihrer Art; sie beruhen auf der Verzweiflung
Jeremias und auf der Zuversicht des großen Anonymus[1]). Im
Buch Iob besitzen wir gar eine Art philosophischen Dialogs; die
Frömmigkeit selber wird hier zum Problem gemacht. Die Sprich-
wörter sind allerdings in ihrer Form alt oder vielmehr zeitlos,

---

[1]) Sie sind allerdings nur zum kleinsten Teil originell, zum größten
Imitationen, die den Satz vom vielen Schreiben illustriren, vielfach auch gar
keine wirklichen Gebete, sondern Predigten und gar Erzählungen in Form des
Gebetes. Man sieht, wie das Gebet eine Kunst und eine Literaturgattung wird.

aber als Literaturgattung dennoch neu und in ihrem vorherrschenden Geiste jüdisch. Am alleroriginellsten ist das Hohelied; Namen und Sachen, die darin vorkommen, weisen seine jetzige literarische Gestalt mit Entschiedenheit in unsere Periode. Man sieht daraus, daß das Gesetz den Juden die Liebespoesie noch nicht verbot und den Genuß des Lebens nicht unmöglich machte. Ein Rätsel ist es nur, wie das Buch in diese Gesellschaft geraten ist; wahrscheinlich weil man es geistlich umdeutete.

Das Wichtigste bei alledem ist die Verbindung von Religion und Literatur. Das Alte Testament war den Israeliten unbekannt, es ist eine Einrichtung — zur größeren Hälfte auch ein Produkt — des Judentums, erst die Juden sind aus einem Volk des Wortes das Volk des Buches geworden (1 Mach. 12, 9). Die Propheten fanden innerhalb des geistlichen Gemeinwesens keinen Spielraum mehr, das Gesetz verdrängte sie, die freie Rede erlag der festen Autorität der Schrift[1]). Man darf aber den Vorteil dabei nicht übersehen, daß die Offenbarung durch das Buch zum Gemeingut gemacht wurde. Die Propheten hatten über den Mangel der Gotteskenntnis bei der Menge gescholten oder ihn auch wol entschuldigt mit ihrer gedrückten Lage; aber den Versuch sie müh-

---

[1]) Zur Zeit Nehemias finden wir noch Propheten als politische Agitatoren (6, 7). Wenn sie nach Zach. 13 unterdrückt werden sollen, so werden sie eben damit doch noch als bestehend vorausgesetzt. „Ich schaffe die Propheten und den unreinen Geist aus dem Lande, und wenn noch einer als Prophet auftritt, werden sein Vater und seine Mutter ihn totschlagen, weil er Lüge geredet hat im Namen Jahves. Jenes Tages wird jeder Prophet sich seines Schauens, wenn es ihm ankommt, schämen und den härenen Mantel nicht mehr anlegen um zu betrügen, sondern sagen: ich bin kein Prophet, ich bin ein Ackersmann, der Acker ist mein Besitz und Gewerbe von meiner Jugend auf." Der Protest nimmt sich etwas sonderbar aus im Munde dieses Verfassers der doch selber weissagt. Aber er tut es schriftlich und anonym, er protestirt nur gegen das öffentliche demagogische Auftreten im härenen Mantel. Die anonyme oder pseudonyme prophetische Schriftstellerei wucherte sogar von nun an. Indessen starb auch der demagogische Enthusiasmus nicht ganz aus und brach in aufgeregten Zeiten öffentlich hervor. Nur mit der anerkannten Autorität der Propheten war es vorbei, sie wurden von den leitenden geistlichen Kreisen mit Mistrauen angesehen und es haftete ein Makel an ihnen. Die Polemik gegen die Demagogen, „die mein Volk irre führen", findet sich übrigens schon bei Micha und Jeremias; die Unterscheidung zwischen wahren und falschen Propheten Jahves ist der erste Schritt zur Unterdrückung der Prophetie.

sam zu sich emporzuheben hatten sie nicht gemacht, sie standen ihr ziemlich schroff gegenüber. Jetzt fiel dieser Gegensatz fort; die Schrift war das Mittel, daß alle von Gott gelehrt wurden. Sowol der Kultus als die Prophetie standen nun im Buche, und jedermann konnte und sollte darüber Bescheid wissen. Die heilige Literatur war durchaus nicht esoterisch, sondern für alle Kreise bestimmt. Was davon nicht verstanden wurde, wirkte als Misverständnis um so erbaulicher, und für das Misverständnis war gesorgt. Die Bibel wurde die Fibel, die Gemeinde eine Schule, die Religion Sache des Lehrens und des Lernens. Frömmigkeit und Bildung gehörten zusammen; wer nicht lesen konnte, war kein rechter Jude. Man kann sagen, daß auf diese Weise die Anfänge des Volksunterrichts geschaffen wurden. In welcher Weise das geschah, liegt freilich im Dunkel; in der Synagoge, „der Judenschule", lernte man doch nicht lesen und schreiben und die Schriftgelehrten waren keine Elementarlehrer. Aber das Ziel der Bildung um der Religion willen war aufgesteckt und erweckte den Wetteifer, wenn es auch nicht mit einem Schlage erreicht wurde.

4. Der großen geistigen Regsamkeit dieser Zeit entsprach ein äußerer Aufschwung. Unter dem beginnenden Verfall des persischen Reichs hatte freilich grade Syrien und Palästina viel zu leiden. Um die öffentliche Ruhe und Sicherheit scheint es schlecht bestellt gewesen zu sein, die Oberherrschaft hatte weder die Macht noch den Willen, den Fehden zu wehren und den Landfrieden aufrecht zu halten. Auch innerhalb der jüdischen Gemeinde und zu Jerusalem fehlte es nicht an schlimmen Zwisten und Wirren. Wir hören in den Psalmen von Mord und Totschlag, falschen Anklagen, Verläumdungen und Ränken aller Art. Aber doch begannen damals die Juden sich aus der Dürftigkeit emporzuarbeiten. Ihr Hauptgewerbe war nicht etwa der Handel[1]), sondern die Landwirtschaft. Darauf ruhte der Segen Gottes und dadurch kamen sie zu Wolstand. Es war eine Freude zu sehen, wie in einem fetten Jahr die Triften sich mit Vieh füllten, die Täler mit Korn be-

---

[1]) Der Handel wurde scheel angesehen (Sir. 26, 20—27, 3) und noch in dieser Zeit vielfach den „Tyriern" und „Kanaaniten" überlassen, d. h. wahrscheinlich vorzugsweise den Asdodiern. Doch mehren sich die Spuren der Bekanntschaft mit der Schiffahrt (Prov. 23, 34. 31, 14. Ps. 107, 23ss. Jona). Das Sabbatjahr konnten die Juden nur feiern, wenn sie nicht rein auf den Ertrag des Ackers und des Gartens angewiesen waren.

deckt waren, und auf den Bergen die Obstpflanzungen rauschten wie ein Wald, wie in einem ordentlichen Haushalt die Wirtschaft unter der Hand einer tüchtigen Frau vor sich kam.

Mit dem Wolstand stieg auch die Bevölkerung. Noch zur Zeit Nehemias waren die Juden eine unbedeutende Sekte, die in Jerusalem und der Umgegend Platz fand. Herodot nahm keine Notiz von ihnen. Wäre er nach hundert Jahren des Weges gekommen, so würde er vielleicht nicht so achtlos an ihnen vorbei gegangen sein. Damals hatten sie sich vermehrt und ausgebreitet zu einem nicht mehr zu übersehenden Volke. Hekatäus von Abdera sagt, bei der Austreibung der Fremden aus Ägypten seien die Tüchtigsten nach Hellas gegangen, die große Menge aber nach Judäa — ein Landesname, der Esd. 5, 8 zuerst erscheint. Manetho betrachtet die Juden als die Summe von Hyksos und Unreinen, also als einen sehr zahlreichen Haufen. Beide Schriftsteller folgen einer ägyptischen Legende, welche älter sein muß als Alexander.

Die Ursache des Menschenreichtums der Juden erkennt Hekatäus in der ihnen vom Gesetz auferlegten Verpflichtung, Kinder aufzuziehen. Sie waren wol in der Tat, wie sie sich rühmten, eine sehr fruchtbare Nation. Aber es kommt vielleicht noch eine andere Ursache hinzu, aus der sich ihre starke Vermehrung erklärt. Sie werden Zuwachs von außen bekommen haben, besonders aus ihrer Nachbarschaft in Palästina. Hatten sie sich eine Zeit lang in sich selbst zurückgezogen, so streckten sie nun wieder ihre Fühlhörner und Fänge weit aus; auf die Dauer ließ sich der in ihrer Religion liegende expansive Trieb nicht unterdrücken. Ezra und Nehemia hatten diesem Triebe Zügel angelegt; die Juden mußten zunächst ihr jüdisches Wesen gegenüber ihrer Umgebung behaupten, um sich nicht in ihr zu verlieren. Nachdem sie sich aber durchgekämpft und als Herren in ihrem Hause gezeigt hatten, konnten sie die Paganen wieder heranziehen und aufnehmen, in der Gewißheit zu assimiliren und nicht assimilirt zu werden[1]. Ganz ausgeschlossen war freilich die Gefahr der Ansteckung noch immer nicht, wie sich in der griechischen Periode zeigte. Schon Hekatäus sagt, die Juden hätten infolge ihres Verkehrs mit Fremden, unter der persischen und macedonischen Herrschaft, ihre alten Bräuche vielfach geändert.

---

[1] Die drei samarischen Bezirke Aphärema Lydda und Ramatha müssen in dieser Zeit judaisirt sein, d. h. religiös, nicht politisch.

Eine auffallende Probe, wie sie sicherer und weitherziger im Verkehr wurden und von ihrer ängstlichen Exklusivität zurückkamen, liegt darin, daß sie ihre angestammte alte Sprache allmählich verlernten. Welch wirksames Mittel sich zu isoliren gaben sie damit preis! wie hätte Nehemia sich darüber ereifert! Sie begannen im täglichen Leben aramäisch zu reden, wie ihre Nachbarn [1]). Das Hebräische wurde nur als Literatursprache beibehalten, als solche freilich noch lange Zeit. Eine wichtige Folge davon war die Notwendigkeit, die heiligen Schriften nach der Verlesung in die Landessprache zu übertragen. Das Targum ward ein Teil des synagogalen Gottesdienstes, daran schloß sich jetzt die erbauliche Erläuterung und die Predigt an, die noch bei den Syrern Turgâm heißt.

Mit der Erstarkung des Judentums in der Heimat hängt ohne Zweifel auch die Diaspora zusammen, die freilich erst in der griechischen Zeit ihre geschichtliche Bedeutung gewann, aber doch wol schon vorher begann. In einigen Psalmen finden sich Anspielungen darauf. Der Knecht Jahves ist sich seiner Aufgabe, die Welt zu bekehren, bewußt. Freiwillige aus den Heiden haben sich dem Volke des Gottes Abrahams angeschlossen; Jahves Name und seine Lobpreisung ist über die Enden der Erde verbreitet. Sion ist der Mittelpunkt einer sehr ausgedehnten Gemeinde, ihre Kinder sind weit und breit zerstreut, sie bleibt ihrer aller Mutter und ihre eigentliche Heimat. Alle mit einander, wo sie auch sich aufhalten, betrachten sich als Beisassen und Schutzbefohlene des Tempels und der Gottheit; beim Gebet richten sie sich dorthin. Es wäre fein und lieblich, wenn die Zusammengehörigen auch zusammen wohnten; da das nicht sein kann, so treffen sie sich wenigstens bei den Festen [2]). Die Bedeutung der Feste verändert

---

[1]) Nehemia entsetzte sich, Familien zu finden, deren Kinder nicht jüdisch, sondern asdodisch redeten. Asdodisch ist schwerlich ebenfalls hebräisch und vom Jüdischen nur durch geringe Nuancen verschieden, sondern es ist der aramäische Dialekt, der bei den westlichen Nachbarn der Juden geredet wurde. Die angebliche Münze von Asdod mit angeblich hebräischer Legende, aus der man geschlossen hat, daß im vierten vorchristlichen Jahrhundert zu Asdod noch nicht aramäisch gesprochen worden sei, ist in Wahrheit eine persische Satrapenmünze, wie sich jetzt herausgestellt hat.

[2]) Ps. 47. 48. 51. 84. 122. 132. Am merkwürdigsten ist Ps. 87, dessen Text allerdings so beschaffen ist, daß man ihn nicht übersetzen, sondern nur

sich und wächst ungemein durch die Wallfahrten; sie geben die Gelegenheit zur Pflege der Gemeinschaft zwischen den entferntesten Brüdern[1]). Ein anderes wichtiges Bindemittel ist die Tempelsteuer, die allen Juden obliegt.

Die zehn Stämme sind spurlos unter den Heiden aufgegangen, sie haben mit der Diaspora in Wirklichkeit nichts zu tun, obgleich sie in der messianischen Weissagung zuweilen den Namen dafür hergeben. Die Diaspora ist durchaus jüdisch. Sie befolgt überall das mosaische d. i. das jüdische Gesetz; nirgends gibt es darunter Israeliten vormosaischer Observanz. Für die älteste Diasporagemeinde kann die babylonische gelten; sie ist aber in der Tat mehr als das, sie ist neben der jerusalemischen Gemeinde der zweite Mittelpunkt des Judentums. Die eigentliche Diaspora ist nicht durch das Exil bewirkt, sondern erst nach dem Exil ausgegangen, und zwar hauptsächlich von Jerusalem[2]). Sie beruht zunächst auf der Auswanderung palästinischer Juden, dann aber auch, und wahrscheinlich in viel größerem Umfange, auf der Propaganda, welche die Auswanderer in der Fremde machten. Jeder Jude trug das ganze Judentum unter den Sohlen, ein Samenkorn genügte unter Umständen um einen Baum zu erzeugen. Im Ps. 87 werden als Wohnsitze auswärtiger Verehrer Jahves, abgesehen von Babylonien,

---

den Sinn erraten kann. „Wie herrlich ist Gottes Stadt, die er gegründet hat auf heiligen Bergen! Jahve liebt die Tore Sions, vor allen anderen Wohnungen Jakobs. Herrliches sagt man von dir, du Stadt Gottes. Aus Rahab und Babel, aus Philisterland Tyrus und Kusch, ist dieser und jener meiner Bekenner gebürtig. Aber Sion nennt ein jeder seine Mutter, und er selbst, der Höchste, hält sie fest. Jahve schreibt an in dem Völkerbuche: dieser ist da und jener dort gebürtig; aber Vornehme und Geringe, ihrer Aller Heimat ist in dir, Jerusalem.“ Das Völkerbuch ist eine von Jahve geführte Bürgerliste seiner unter den Völkern versprengten Untertanen.

[1]) Joseph. Ant. 4, 203 s.

[2]) Die Propheten sprechen manchmal die Hoffnung aus, daß die durch Assyrer und Chaldäer in alle Welt zerstreuten Israeliten und Juden aus der Zerstreuung in ihre Heimat wieder zusammengebracht werden sollten; man darf daraus aber auf den wirklichen Bestand der Diaspora im persischen Reiche keine Schlüsse ziehen. Von Babylonien aus verbreitete sich das Judentum in Medien und am Euphrat und Tigris (Buch Tobit, Jos. Ant. 11, 133 12, 149. 15, 14), aber vielleicht erst in der griechischen Zeit. Nisibis Ant. 18, 312 kann nicht das bekannte in Mesopotamien sein, wenn es wirklich bei Nahardea in Babylonien liegt.

angegeben: das Philisterland und Tyrus, Ägypten und Meroe[1]). Man
meint gewöhnlich, in Ägypten hätten sich die Kolonen fortgepflanzt,
die mit Jeremias dorthin auswanderten; das ist jedoch sehr unwahrscheinlich dem gegenüber, daß der Prophet ihnen auf das be-
stimmteste den völligen Untergang voraussagt. Hekatäus und
Manetho sagen nicht, daß sich zu ihrer Zeit Juden in Ägypten
befanden; indessen wenn das nicht der Fall war, so ist das feindliche Interesse der aus vorgriechischer Zeit stammenden ägyptischen
Legende an ihnen kaum zu begreifen. Sie scheinen also schon
während der persischen Herrschaft hingekommen zu sein.

Fünfzehntes Kapitel.

Die jüdische Frömmigkeit.

1. Das Gesetz hat keinen plötzlichen Einschnitt in die bisherige Entwicklung gemacht. Seine erstickende Wirkung hat es
erst allmählich ausgeübt; es dauerte lange, bis der Kern hinter
der Schale verholzte. Bis auf den Pharisaismus blieben die freien
Triebe in lebendiger Kraft, die von den Propheten ausgegangen
waren; das ältere Judentum ist die Vorstufe des Christentums.
Was im Alten Testament noch heute wirkt und ohne historische
Vorbildung genossen werden kann, ist zum größeren Teil Erzeugnis
der nachexilischen Zeit.

Die Juden fühlten sich als Epigonen und sie waren es auch
in gewissem Sinn, obgleich sie den Abstand zwischen Sonst und
Jetzt anders empfanden als er wirklich war. Sie zehrten von der
Vergangenheit, von der alten Geschichte, von der alten Literatur.
Jahve erweckte keine Helden mehr, der Mund der Propheten
schwieg, die Offenbarung war ein Buch geworden. Aus der freien

---

[1]) Isa. 27, 13 werden nur Assur (d. i. Syrien) und Ägypten aufgeführt.
Dagegen Isa. 11, 11 im masor. Texte: Assur, Unterägypten, Oberägypten, Äthiopien,
Elam, Babylonien, Hamâth (Egbatana?) und die Inseln des Meers. In der
Septuaginta: Assur, Ägypten, Babylonien, Äthiopien, Elam, das Ostland
und Arabien. Bei Aphraates p. 368: Assur, Ägypten, Tyrus und Sidon und
die fernen Inseln.

Luft fühlen wir uns in ein Treibhaus versetzt. Die Frömmigkeit
wurde methodisch betrieben, als das Geschäft des Lebens. Das
hatte üble Nebenwirkungen; die aufdringliche Pedanterie des geistlichen Wesens und der geistlichen Phrase machen sich unangenehm
bemerkbar. Aber darüber darf man den großartigen Erfolg der
Disziplin, der die Juden sich unterwarfen, nicht übersehen. Aus
den zerschmetterten Resten ihres untergegangenen Gemeinwesens
stellten sie ein neues her, das der natürlichen Bedingungen eines
Volkstumes entraten konnte. In dem Chaos des Weltreiches, in
dem die Nationen und damit zugleich Religion und Sitte sich auf-
lösten, standen sie fest wie ein Fels im Meer.

Sie hingen mit allen Fasern an ihrer Gemeinde. Sion war
ihnen die rechtmäßige Erbin des alten Israel und seiner Ansprüche,
die heilige Stadt Gottes auf Erden. Wie Jahve das Volk, als es
jung war, geleitet hatte, so verließ er es auch im Alter nicht.
Das ungebrochene religiöse Selbstgefühl, wodurch das Volk ehedem
sich mit seinem Gotte unmittelbar eins gewußt hatte, lebte zwar
nicht wieder auf; man bedachte, daß Jahves Wege und Gedanken
höher seien als die der Menschen. Aber man scheute sich doch
noch immer nicht sein lebendiges Wirken auf Erden leibhaftig zu
schauen, wenn auch weniger in den Ereignissen der ereignislosen
jüdischen Geschichte, als in denen der Weltgeschichte. Man staunte
über seine große Taten, man sah, wie er sich als Richter zeigte
unter den Völkern. Das genügte; es war nicht nötig, daß sein
Gericht gerade den Seinen besonders zu gute kam. Schien das
aber einmal wirklich der Fall zu sein, um so besser. Dann schwang
sich das fromme Gemeinbewußtsein zu stolzer Höhe auf, wie der
Triumphgesang zeigt, der das unerreichte Vorbild von Luthers Ein
feste Burg ist[1]). „Gott ist unsere Zuflucht und Wehr, ein Beistand
wol erprobt in der Not. Darum fürchten wir uns nicht, wenn die
Erde gährt und die Berge wanken im Herzen des Meeres. Laß

---

[1]) Die Situation von Ps. 46 ist nicht die Zeit der Belagerung Jerusalems
unter Senaherib. Die Heiden sind nicht vor der heiligen Stadt versammelt,
sondern selber in ihren eigenen Ländern betroffen. Eine Umwälzung der
sämtlichen Verhältnisse eines großen politischen Systems, wie sie durch
Alexander geschah, würde den Psalm erklären, eine Erschütterung der gesamten alten Welt, die aber Jerusalem unerschüttert ließ und den Juden als
Tat Jahves zur Vorbereitung eines Reiches erscheinen konnte, in dessen weiten
Grenzen der Gottesfriede angebahnt wurde und die Fehden der Nationen ver-

brausen, schäumen seine Wogen, laß Berge beben bei seinem Ungestüm: Jahve Sabaoth ist mit uns, der Gott Jakobs ist unsere
Burg. Ein Bach, dessen Wasser Gottes Stadt erfreuen, ist der
Höchste in seiner heiligen Wohnung. Gott ist in ihrer Mitte,
darum wankt sie nicht; Gott hilft ihr wenn der Morgen tagt.
Völker toben, Reiche wanken, Donner hallt, die Erde verzagt:
Jahve Sabaoth ist mit uns, der Gott Jakobs ist unsere Burg.
Kommt her und schaut die Taten Jahves, was für Wunder er tut
auf Erden! Der den Kriegen steuert in aller Welt, Bogen knickt,
Speere zerbricht, Wagen mit Feuer verbrennt. Laßt ab und erkennt, daß ich Gott bin, ich triumphire über die Völker, triumphire
über die Welt. Jahve Sabaoth ist mit uns, der Gott Jakobs ist
unsere Burg.“

Die Stimmung hing indessen von Wind und Wetter ab, auf
solcher Höhe behauptete sie sich nicht lange. Die Juden wurden
durch ihr Geschick nicht verwöhnt. Die bitter empfundene Fremdherrschaft blieb auch nach der Befreiung aus dem Exil bestehn.
Sion war zwar wieder gebaut, doch im Druck der Zeiten. Der
Widerspruch hörte nicht auf, daß das messianische Heil längst
fällig war und doch nicht eintrat, und so blieb die Grundstimmung
auch der späteren Juden gespannt. Die Restauration des Kultus
war nur ein Angeld auf etwas Größeres. Die Gesetzesarbeit war
eine beständige Vorbereitung auf den Advent des Herrn zu seinem
Volke und eine beständige Bitte, daß er komme. Man hoffte auf
die Zukunft, in der Zukunft sollte die Vergangenheit wieder aufleben. Die bedrückend unzureichende Gegenwart lag wie ein Interim
dazwischen; es konnte zur Verzweiflung bringen. Man suchte sich
selbst notdürftig über Wasser und die Gottheit an einem schwachen
Bande mit allen Kräften festzuhalten.

Die jüdische Eschatologie, die nicht erst mit Daniel, sondern
schon im Exil mit Ezechiel einsetzt, ist immer messianisch und
immer utopisch; ihr Gott ist der Gott der Wünsche und der Illusion.
Sie malt sich auf dem Papier ein Ideal, zu dem von der Wirklichkeit keine Brücke hinüberführt, welches plötzlich durch das Eingreifen eines deus ex machina in die Welt gesetzt werden soll.

––––––––––

stummten. An Alexander konnten in der Tat eben so große Hoffnungen
geknüpft werden wie an Cyrus (der hier natürlich nicht in Frage kommen
kann), und die Begrüßung wäre seiner wert.

Sie empfindet nicht, wie die alte echte Prophetie, das schon im Werden Begriffene voraus und stellt auch keine Ziele für das menschliche Handeln auf, die schon in der Gegenwart Geltung haben oder haben sollten. Sie schaut nicht das lebendige Tun der Gottheit, sondern hält sich an den heiligen Buchstaben, in dem sie die Verbriefung ihrer Wünsche sieht, und behandelt ihn als Quelle für ihre dogmatische Spekulation. Die alten Weissagungen waren mit der Erlösung aus dem Exil nur scheinbar erfüllt und bedurften erst noch der wahren Erfüllung. Von diesen unerfüllten Weissagungen geht die Eschatologie seit Ezechiel aus, sie prolongirt den nicht eingelösten Wechsel auf einen späteren und immer wieder auf einen späteren Termin[1]). Sie benutzt aber auch markante Züge der alten heiligen Geschichte; das Reich Davids war ja das Ideal, das wieder in Erscheinung treten sollte. Die Zukunft war der Revenant der Vergangenheit, das Alte wurde zu einem neuen gespenstischen Leben auferweckt, das Erste wurde das Letzte[2]). Das war der Aufzug des phantastischen Gewebes. Dazu lieferte die Gegenwart einen wechselnden Einschlag; denn so starr wie die heutige christliche Eschatologie war die jüdische doch noch nicht. Sie war noch immer einigermaßen an die Zeitverhältnisse gebunden, sie bedarf der historischen Erklärung, vor allem der Datirung. Verhältnismäßig untergeordnet sind allerhand mythologische Vorstellungen, die ebenfalls vorkommen und vorzugsweise dem großen babylonischen Magazin entnommen zu sein scheinen; sie verhüllen und veranschaulichen zugleich, oder haben auch wol nur ornamentalen Wert.

Die große Krisis verläuft nach einem einfachen und festen Schema. Sie wird angekündigt durch Zeichen verschiedener Art: Heuschrecken, Verfinsterung von Sonne und Mond, Krieg und Mord, Auflösung der inneren Bande in Gemeinde und Familie. Die Ereignisse der Zeit führten den Tag Jahves nicht mehr herbei, sondern waren nur Symptome, daß er nahe. Darauf tritt zunächst eine Reinigung und Sichtung innerhalb der Gemeinde ein. Die Sünden und die Sünder in der Gemeinde hindern die Ankunft des Heils. „Wir brummen alle wie die Bären und girren wie die Tauben, in ungeduldiger, sehnsüchtiger Erwartung, aber unsere

----

1) Vgl. meine Skizzen und Vorarbeiten 6 (1899) p. 226 ss. Sirac. 33.
2) Elias, Gog und Magog, und der Sephoni sind auffällige Beispiele; vgl. meine Bemerkungen zu Soph. 2, 15. Joel 2, 20. 3, 1. Mal. 3, 1.

Missetaten erklären die Verzögerung.“ Das Exil hat also noch nicht genügt, es muß noch einmal ein Rest ausgesiebt werden, noch einmal eine Läuterung der Juden selber erfolgen, ehe Jahve bei ihnen Wohnung nehmen kann. Das ist die große Worfelung in Ps. 1 und in vielen anderen Psalmen, das innere Gericht und die Apokatastasis bei Malachi.

Es ist nicht in Vergessenheit geraten, daß jener Tag ein Tag des Zornes auch für die Juden sei, aber seine eigentliche Spitze richtet er doch nicht gegen sie, sondern gegen die Heiden. Seit dem Verfasser von Isa. 40ss. betrachten die Juden das Heil als ihr Recht und die Weltgeschichte als einen Prozeß darum, der sich zwischen ihnen und den Heiden abspielt. Der Prozeß hätte längst zu ihren gunsten entschieden sein sollen; sie sind enttäuscht und beinah erbittert, daß sie das Recht, das sie haben, noch immer nicht bekommen. Das Gericht soll es ihnen verschaffen, es soll die Herrschaft der Heiden brechen. Zu einem letzten Ansturm gegen die Theokratie versammelt, sollen sie vor den Toren Jerusalems zertreten werden: das ist die Vorstellung, die seit Ezechiel für die Eschatologie charakteristisch ist[1]). Man träumte indessen noch nicht von einem jüdischen Weltreiche. Die Heiden werden nicht den Juden, sondern .nur Jahve untertan sein, d. h. ihn als den wahren Gott und Jerusalem als die Stätte seiner Verehrung anerkennen und dorthin ihre Opfer und Gaben bringen[2]). Das Gericht ist also identisch mit dem Heil oder wenigstens mit der Verwirklichung des Heils. Die Herabführung des himmlischen Jerusalems wird erst in späterer Zeit davon unterschieden. Diese Erwartung lehnt sich an Ezech. 40ss. Ezechiel beschreibt dort zwar nicht das himmlische, sondern das irdische Jerusalem, wie es nach dem Exil wieder aufgebaut werden soll. Aber sein Jerusalem blieb doch in mancher Hinsicht künftig und so wurde es himmlisch, wie alle Güter der Hoffnung bei Gott im Himmel thesaurirt sind. Die ersten Ansätze zu der Vorstellung finden sich Isa. 60, Joel 4 und Zach. 14.

In der Vergangenheit waren die Juden eine politische Nation gewesen, und in der Zukunft hofften sie wieder eine zu werden.

---

[1]) Ezech. 38. 39. Joel 4. Zach. 12. 14. Mich. 4. 5. 7. Sophon. 3 Ambak. 3.

[2]) Agg. 2. Isa. 60. Die Bekehrung der Heiden ist der Punkt, wo die menschliche Arbeit dazu helfen kann, daß das Reich Gottes komme. Vgl. Ps. 51, 15.

Das Reich Davids sollte wieder hergestellt werden, das war ihr Ideal. Darauf indessen legten sie kein Gewicht, daß wieder ein König an ihre Spitze trete. Sie liebten im allgemeinen die Könige nicht, die sie nur noch als Tyrannen kannten; sie fanden, daß Menschenherrschaft sich nicht vertrage mit der Gottesherrschaft[1]. Die Souveränetät wurde darum gern auf das Volk übertragen. Wie Israel der Knecht, d. h. der Prophet Jahves ist, so ist Israel auch der Messias und der Erbe Davids, vorläufig in Schwachheit, künftig in Kraft[2]. Doch erhielt sich daneben auch die Idee des monarchischen Messias.

Wie aus alledem erhellt, war die Hoffnung doch nicht etwa transzendent, die Erde blieb der Schauplatz. Nicht das Irdische sollte himmlisch werden, sondern das Himmlische irdisch. Der Himmel war weiter nichts als der vorläufige Aufbewahrungsort der von Gott beschlossenen Dinge. Verwirklicht wurden sie nur dadurch, daß sie auf die Erde herabkamen. Der Trost, auf den man wartete, war die Auferstehung des Volkes. Das Volk stirbt nicht und bedarf keines Jenseits, die Auferstehung eines Volkes fällt nicht in das Gebiet des Übernatürlichen. Es ist höchst auffallend und in gewisser Hinsicht großartig, wie lange auf diese Weise eine so aufrichtige und ernsthafte Frömmigkeit den Glauben an persönliche Fortdauer und jede religiöse Metaphysik hat entbehren können. Die Psychologie hat mit der Religion noch immer nichts zu tun. Der Einzelne stirbt und damit ist es aus, Leib und Seele gehn zusammen. Das Leben ist der Hauch Gottes, der durch die Kreaturen geht; zieht er ihn zurück, so verscheiden sie. Die Schatten in der Hölle haben kein Leben, keine Beziehung zu Gott und Welt[3]; in

---

[1] 1 Sam. 12. An die Stelle des Königs ist nach dem Exil die Gemeinde getreten. Der Königstempel ist ein Gemeindetempel geworden und das Königsopfer ein Gemeindeopfer (das Thamid). Die Kosten des öffentlichen Gottesdienstes, die bei Ezechiel noch der König trägt, werden durch eine Kopfsteuer der Gemeinde aufgebracht — es äußert sich freilich mehrfach der Wunsch, sie auf den fremden Oberherrscher abzuwälzen.

[2] Ps. 28, 8 (lies leammo für lamo) 80, 18. 84, 10. 89, 39. 52. 105, 15 132, 10. Ambak. 3, 13. Dan. 7, 27. Wie sonst Abraham, so wird in Ps. 89 und 132 David als Vertreter des ganzen Volkes betrachtet; ganz Israel gilt als Erbe des von ihm erworbenen Verdienstes und der ihm gegebenen Verheißungen.

[3] Ganz ist diese Neutralisirung der Toten freilich doch nicht durchgedrungen. Sie haben eine Empfindung davon, wenn der Wurm sie nagt und

den Psalmen wird die Bitte um Rettung aus Gefahr und Todesnot
fast regelmäßig damit motivirt, daß nach dem Tode auch das
Verhältnis des Frommen zu Gott ein Ende habe: wer kann dich
in der Hölle preisen! Daraus erklärt sich der ungeheuere Wert,
den die Juden, sehr im Gegensatz gegen die ältesten Christen, auf
das irdische Leben legen; es ist auch in religiöser Hinsicht der
Güter höchstes.

2. Die Juden arbeiteten für das Ganze und hofften für das
Ganze. Ihre Gemeinschaft ging ihnen über alles. Durch den Kultus
wurde sie genossen und gepflegt. Die Opfer gaben nur den äußeren
Anlaß den Tempel zu besuchen, der wahre Grund lag in dem Bedürfnis, sich durch die Gemeinschaft des Geistes zu erquicken und
zu stärken; daher die Sehnsucht, teilzunehmen an den schönen
Gottesdiensten des Herrn und mitzuwallen im Haufen der Feiernden.
Ähnlich steht es mit der Beschneidung, dem Sabbat und den
anderen Bräuchen: der Geist der Gesamtheit drückt sich aus durch
an sich leere Zeichen, die jedoch allenthalben Widerhall erwecken
und an alles erinnern. Die Gemeinschaft beruht nun zwar auf
natürlicher Grundlage, aber sie ist doch keine einfache Volksgemeinschaft, sie ist mehr und sie ist auch weniger. Mehr insofern, als
sie etwas Inniges hat, etwas von freiwilligem Zusammenschluß
gleichgestimmter Seelen. Weniger insofern, als ihr die selbstver-
ständliche Solidarität eines Volkes fehlt. Sie hat einen pietistischen,
separatistischen Grundzug; die Frommen waren ihre Schöpfer und
ihre eigentlichen Träger. Sie machten mit einigem Recht den Anspruch, das Ganze zu beherrschen, und mit Hilfe der persischen
Könige gelang es ihnen auch, dem Ganzen durch das Gesetz ihren
Stempel aufzudrücken. Aber den Widerspruch der Natur gegen
den geistlichen Zwang konnten sie nicht beseitigen. Es blieb immer
die tiefe Kluft zwischen dem Israel nach dem Geist und dem Israel
nach dem Fleisch; die Psalmen zeigen die Gemeinde von bitterer
Feindschaft zerrissen. Über dem durch besondere Anlässe bestimmten Wechsel der Parteigruppirung schwebt im Ganzen der

---

das Feuer sie brennt. Sie leiden darunter, wenn ihre Gebeine aus dem Grabe
gerissen und verstreut werden, vor Sonne, Mond und Sternen. Jeremias kann
für die verstorbenen Väter, welche die Hauptschuld an dem Frevel haben, für
den die Söhne büßen müssen, keine andere Strafe finden, als daß ihre Gebeine
bei der Einnahme Jerusalems durch die Chaldäer aus ihren Ruhestätten auf-
gewühlt werden (Kap. 8).

allgemeine und gleichbleibende Gegensatz der Weltkinder und der
Frommen. In der Regel haben jene die Macht und diese befinden
sich in der Opposition. Freilich decken sich die beiden Lager nicht
ganz mit den Ständen und die Rollen können sich vertauschen; es
kommt vor, daß ein frommer Mann an der Spitze steht, den dann
die Gottlosen zu stürzen suchen. Die Frommen betrachten ihre
Gegner als gar nicht zur Gemeinde gehörig, sie werfen sie mit den
Heiden zusammen. Sie hassen sie mit rechtem Ernst und fluchen
ihnen, daß es eine Art hat; sie machen aus ihrem rachsüchtigen
Herzen keinen Hehl und sind höchst aufrichtig in der Äußerung
ihrer Gefühle vor Gott. Dieses Richten, nach der Idee oder auch
nach dem Parteistandpunkte, ist bezeichnend für die Art der jüdischen
Gemeinde. Daß das innere Recht auf Seiten der Frommen war,
muß man zugestehn.

Daraus erhellt nun schon, daß trotz allem der Schwerpunkt
des Judentums nicht mehr in der Gesamtheit liegt, sondern in dem
Individuum[1]). Der geborene Jude muß sich doch noch selbst zum
Juden machen. Die gleichgesinnten Individuen halten zusammen.
Die Gemeinde ist das fromme Ich; es ist bezeichnend, daß man
darüber streiten kann, ob in den Psalmen ein Einzelner oder die
Gemeinde redet. Früher war die Religion gemeinsamer Besitz des
Volkes, etwas Selbstverständliches und Natürliches, wodurch sich
keiner vom anderen unterschied. Jetzt beruht sie auf der Arbeit,
dem Streben und der Gesinnung des Einzelnen. Sie ist auf dem
Wege, Religiosität zu werden. Sie stellt ein Lebensideal auf, die
Gerechtigkeit. Das ist nicht mehr die soziale und forense Gerechtigkeit, welche die alten Propheten forderten, obgleich dieselbe nicht
etwa vernachlässigt wird. Sie besteht auch keineswegs bloß in
der genauen Beobachtung äußerlicher Vorschriften. Der Tempelkultus, der für die Organisation der Gemeinde und für ihren Zusammenschluß große Bedeutung hatte, wird doch nicht als Erfüllung des Gesetzes angesehen. Die Gottheit thront nicht über den
Rauchsäulen des Altars, sondern über den Gebeten Israels — das
Gebet, diese originelle jüdische Schöpfung, ist der wahre Kultus.

[1]) Ich brauche wol nicht zu bemerken, daß der Gegensatz von Gesamtheit und Individuum nie streng gefaßt werden kann, sondern immer nur a
potiori und cum grano salis; ebenso wie der von Überlieferung und Originalität.

Sie fragt nichts nach dem Blute von Stieren und Böcken, sie verlangt bessere Opfer. Hat jemand in der Not ein Gelübde getan, so muß er es bezahlen; aber die wahre Schuld, die dem Retter gebührt, ist der Herzensdank des Geretten, den er ausspricht in Lobgesängen[1]. Wichtiger als der große Kultus ist der kleine der frommen Übungen, die nicht von den Priestern, sondern von den Einzelnen verrichtet werden. Sie sind eine beständige Erinnerung an Gott, eine Mahnung, ihn stets vor Augen und im Herzen zu haben. Sie stehn, als Mittel der Disziplin, in naher Verbindung mit der Moral. Die Moral ist die eigentliche Gerechtigkeit. Die Moral und nicht der Kultus ist die Quintessenz des Gesetzes[2]; es findet sich sogar, daß der Kultus dem Gesetz geradezu entgegengesetzt wird, als sei er gar nicht darin geboten[3]. Daraus, daß Jahve im Tempel wohnt und die Juden seine Beisassen sind, wird nicht gefolgert, daß sie ihm Opfer bringen, sondern daß sie ihre Pflichten gegen den Nächsten erfüllen, reine Hände und reine Herzen haben müssen. Auf nichts wird größeres Gewicht gelegt, als auf Simplizität, Treue nnd Redlichkeit. Die Verschmitzten und Verzwickten sind dem Herrn ein Greuel; die Graden und Einfältigen gefallen ihm. Schlicht und recht, das ist das Ideal[4]; Schwung und Heroismus fehlen. Die sittlichen Anforderungen werden nicht übertrieben, in den Proverbien sind sie sogar ziemlich mäßig. Sie gelten nicht für unerfüllbar; das Streben nach dem

---

[1] In den Psalmen geschieht das Bezahlen der Gelübde überall durch Preis und Dank in den frommen Versammlungen.

[2] Iob 31 ist besonders interessant durch das was nicht darin vorkommt.

[3] Sirac. 31. 32. Die ἔννομος βίωσις bedeutet bei Jesus Sirach etwas ganz anderes, als was sie ein oder zwei Jahrhunderte später bedeutete.

[4] Das beweist natürlich nur, daß die Juden schlicht und recht zu sein wünschten. Ob sie es wirklich waren, ist eine andere Frage. Nach den Psalmen sind falsche Anklagen, Verleumdungen, Ränke aller Art in Jerusalem an der Tagesordnung. Es ist schwierig, zwischen all den lauernden Fallen glücklich hindurch zu finden; die gewöhnlichste Bitte ist die um Leitung auf den richtigen Weg, d. h. um praktische Weisheit in vorliegenden Schwierigkeiten und Gefahren auf schlüpfrigem Terrain, nicht bloß um theoretische Kenntnis der Gebote. Noch schlimmer scheint es in der Zeit des Siraciden ausgesehen zu haben. Aus dem Siraciden ergibt sich auch, daß es mit der Keuschheit in der Tat recht schlecht bestellt war, obwol die Anforderungen daran in Iob 31 fast ebenso hoch gestellt werden wie in der Bergpredigt. In den Proverbien wird nur vor Ehebruch gewarnt und zwar aus höchst äußerlichen Gründen.

Guten erzeugt Befriedigung und nicht Verzweiflung über das Misverhältnis von Wollen und Können; das Sündengefühl entsteht nicht aus dem Gesetz, sondern aus der Strafe d. h. aus dem Unglück. Vernünftiger Lebensgenuß gilt für durchaus erlaubt, die konventionellen Observanzen sind nicht in dem Sinne Ascese, wie wir das Wort gewöhnlich gebrauchen. Nur das Fasten, das mit Wachen und Beten verbunden ist, kann dafür gelten. Damit wird das Almosen zusammengestellt, es steht in sehr hoher Schätzung[1]).

Das Motiv der Moral, wodurch sie religiös wird, ist die Furcht Gottes. Gott ist ein strenger Herr, er gebietet Knechten, die er aus dem Staube ruft und wieder in Staub verwandelt. Der Abstand des Ewigen, der da war ehe denn die Berge worden, von den Eintagsfliegen, die ihre Tage hinbringen wie ein Geschwätz, wird tief empfunden und ergreifend geschildert; kein Gedanke an Pantheismus, an Schwärmerei und Überhebung. Aber von dem Gott des neunzigsten Psalms sogar zermalmt zu werden ist ein Trost. Die Furcht Gottes, so schwer sie lastet, hat doch nichts Niederdrückendes; sie befreit von jeder anderen Furcht und berechtigt zum Vertrauen. Wer unter dem Schatten des Höchsten sitzt, erschrickt vor keinem Gespenst, vor keiner schleichenden Seuche, vor keiner plötzlichen Gefahr. Der jüdische Monotheismus ist keine religiöse Arithmetik, wie ein Spötter sich hat vernehmen lassen, sondern der Glaube an die Allmacht des Guten. Das ist abstrakt ausgedrückt, Abstrakta aber existiren nicht. Es handelt sich nicht um Ideen, sondern um Gott und Menschen. Gott hilft dem Frommen und vernichtet den Bösen, das ist der Hauptartikel des jüdischen Glaubens.

Die Frommen und die Gottlosen sind sich feind, aber sie stehn auf dem Boden der selben Religion. Indessen greift doch der Gegensatz auch in das Gebiet der Überzeugung ein und geht über in Prinzipienstreit[2]). Die Gottlosen sind der Meinung, daß Gott sich nicht um die Menschen kümmere; wenn sie dieselbe auch nicht

---

[1]) Es heißt bereits bei Sirach und Dan. 4, 24 δικαιοσύνη. Freilich ist çadaqa ursprünglich vielleicht bloß die Gebühr d. h. die Abgabe. Aber die Juden scheinen es doch als Gerechtigkeit verstanden zu haben, denn sie haben dafür auch zakôt d. i. Reinheit gesagt. Dies Substantiv ist zwar bis jetzt nur in der Sprache des Islams nachzuweisen, doch hat sich das denominative Verb auch im Jüdischen erhalten.

[2]) Das Wort für praktische Überzeugung, Lebensprinzip ist Rat. So der

aussprechen, so handeln sie doch darnach. Von den Anderen wird das als tatsächliche Leugnung Gottes angesehen. Ein neutraler Gott ist kein Gott. Für die Menschen existirt er nicht, wenn er zwischen dem der ihn sucht und dem der nicht nach ihm fragt keinen Unterschied macht, sondern zu dem einen das gleiche Verhältnis hat wie zu dem andern. Dann ist die Frömmigkeit Illusion, sie streckt ihre Hand in die leere Luft, nicht einem Arm vom Himmel entgegen. Sie bedarf des Lohns, nicht um des Lohns willen, sondern um ihrer eigenen Realität sicher zu sein, um zu wissen, daß es eine Gemeinschaft mit Gott gibt und einen Zugang zu seiner Gnade. In der Behauptung ihrer Position haben nun aber die Verteidiger einen schweren Stand, weil das Terrain, auf dem der Kampf geführt wird, den Angreifern viel günstiger ist. Nämlich ob die Frömmigkeit zu etwas nütze sei oder nicht, soll sich auf Erden zeigen. Hienieden auf Erden muß Gott dem Frommen seine Gnade, dem Gottlosen seinen Zorn deutlich bezeugen, jenem die Sünde vergeben, diesem sie behalten[^1]). Wenn es ein Jenseits gäbe, so könnte das Zeugnis Gottes bis dahin aufgeschoben und der Glaube von der äußeren Erfahrung unabhängig gemacht werden. Da aber nur das Volk, nicht der Einzelne ewige Hoffnung hat, so muß sich die göttliche Gerechtigkeit gegen den Einzelnen innerhalb der Grenzen seines irdischen Lebens bewähren. Auch die Frommen sehen sich also genötigt, ihre religiöse Überzeugung auf die Erfahrung zu stützen und daran zu erproben. Der Widerspruch zwischen innerem Wert und äußerem Ergehn des Menschen erschüttert die Grundlage der Religion. Es ist das schwerste Ärgernis, wenn der Frevler florirt, wenn der Gerechte leidet. Denn es steht dabei immer das Prinzip auf dem Spiel, die Frage, ob die Frömmigkeit oder ob die Gottlosigkeit mit ihrer Grundüberzeugung Recht hat. Jeder Einzelfall verallgemeinert sich sofort, das Leiden eines Frommen berührt alle Frommen. Sie triumphiren, wenn er genest und gerettet wird; sie sind niedergeschlagen, wenn er dem

---

Rat der Gottlosen Iob. 10, 3. 21, 16. 22, 18. Ps. 1, 1; der Rat des Frommen Ps. 14, 6.

[^1]) Denn Sünder sind sie beide, und wenn Gott Sünde zurechnet, so ist der eine nicht besser daran als der andere, also die Frömmigkeit vergeblich. „Denn bei dir ist die Vergebung, damit man dich fürchte", d. h. damit Gottesfurcht möglich und motivirt sei. Die Sündenvergebung ist das Motiv der Gottesfurcht: sie wird appliziert durch Straferlaß.

Tode verfällt oder zu verfallen scheint. Ebenso ereifern sie sich ingesamt über das Glück eines Gottlosen und jubeln gemeinschaftlich über seinen Sturz, nicht aus Neid oder Schadenfreude, sondern weil ihr Glaube je nachdem in Frage gestellt oder bestätigt wird. Die Entrüstung ist gefährlich, weil sie sich leicht gegen Gott selber kehrt, und es wird häufig davon abgemahnt. Aber trotzdem bleibt es das jüdische Ceterum censeo: die Gottlosen müssen zur Hölle fahren[1]).

Ganz streng wird freilich die Theorie nicht durchgeführt; einige Konzessionen macht die Dogmatik den Tatsachen. Nicht in jedem Momente ist das Ergehn des Menschen ein genauer Gradmesser dafür, wie er bei Gott stehe. Die Leiden des Frommen sind zwar immer Anklagen oder Zeugen seiner Sünde; Zeichen, daß Gott ihm mistraut, ihn sondirt oder ihn warnt. Aber wenn er die Prüfung besteht oder die Warnung sich zu Herzen nimmt, so wird ihm die Sünde vergeben d. h. die Strafe abgenommen; Gott zeigt ihm sein Angesicht, nachdem er es verborgen hatte. Ein endgiltiges Verdammungsurteil ist erst der Tod, d. h. nicht der Tod an sich, sondern der böse Tod, gewissermaßen die göttliche Hinrichtung, durch plötzliche Katastrophe, durch Schwert und Elend, durch Pest und Aussatz. Daher in den Psalmen die namenlose Angst der Frommen, wenn sie in böser Krankheit oder schlimmer Gefahr stecken, hingerafft zu werden mit den Sündern, den Tod der Gottlosen zu sterben, lebendigen Leibes in die Grube zu fahren; daher in solcher Lage ihr krampfhaftes Festhalten am Leben. Es kommt alles auf das Ende an; nach dem glücklichsten Leben kann das Ende schlecht sein, und nach allem Unglück kann Gott dem Dulder zuletzt noch den Anblick seiner Huld gönnen, ihn aus dem Schreken retten und friedlich sterben lassen. Dadurch wird die Bedeutung der äußeren Erfahrung für die religiöse Überzeugung und die Möglichkeit des Konflikts zwischen beiden allerdings eingeschränkt, wenngleich nicht so gänzlich beseitigt, wie es durch die Verlegung des göttlichen Urteils in das Jenseits geschieht. Man verlangt nicht viel, man verlangt keinen materiellen Genuß, keinen Ersatz für erlittenen Schaden. Man will nur einmal Gott schauen, einen Strahl seiner Gnade erleben, der als Absolution gilt, das Gewissen

---

[1]) Höchst unpassend kommt uns der Ausdruck dieses frommen Wunsches z. B. in Ps. 104, 35 oder 139, 19 vor. Vgl. meine Note zu Sophon. 1, 3.

des Angefochtenen beruhigt und seine Unschuld der Welt objektiv
dartut[1]). Was in Wahrheit auf dem Spiel steht, ist nicht der
Nutzen der Frömmigkeit, sondern die Gerechtigkeit Gottes. Um
diese festhalten zu können, greift man zu allen Mitteln der Apologetik. Man sucht die Erfahrung möglichst zu modeln und in die
Dogmatik einzuzwängen. Man gibt den frommen Bruder preis, der
im Unglück verendet ist, und hält ihn nachträglich für einen Gottlosen; man nimmt selber in Not und Trübsal alle Schuld auf sich
um Gott keine Torheit beizumessen und seine Gerechtigkeit anzuerkennen; man übertreibt die allgemeine Sündhaftigkeit des
Menschen, um das Prinzip zu retten[2]).

3. Auf diese Weise war das Prinzip nicht zu retten. Die Erfahrung gab den Gottlosen Recht. Das Martyrium des Gerechten
konnte nicht geleugnet werden und wurde nun Problem der Religion.
Nachdem man glücklich so weit war, anzuerkennen, daß die Moral
die religiöse Forderung sei, ergab sich weiter die schreckliche Aufgabe, Stellung dazu zu nehmen, daß die Moral nichts nützt. Ein
Anfang dazu wird im Buch Iob gemacht.

Iobs Gottesfurcht steht außer Zweifel und doch verfällt er
einer verrufenen unheilbaren Krankheit. Ein Ende mit Schrecken
steht ihm bevor. Zu Anfang sucht er noch die Lebenshoffnung
festzuhalten, um an der Frömmigkeit festhalten zu können. Sein
Weib rät ihm: sag Gott Valet und stirb; er weist sie zurück. Aber
auf die Dauer kann er sich der Evidenz nicht verschließen: er
muß den Tod der Verdammnis leiden und ist doch kein Gottloser.
Die Freunde suchen den Widerspruch dieser beiden Sätze aufzuheben, indem sie anfangs den ersten, schließlich den zweiten leugnen.
Zunächst suchen sie es ihm auszureden, daß es so gefährlich mit
ihm stehe; er solle doch nur nicht am Leben verzweifeln, nicht

---

[1]) Das wird Rechtfertigung genannt. Auch hier findet sich der
Sprachgebrauch vom doppelten Recht, dem inneren und dem äußeren: das
innere muß, wenn es verdunkelt ist, durch einen sichtbaren Spruch Gottes
(Rettung aus Gefahr etc.) zum äußeren gemacht werden. Das äußere ist gleich-
bedeutend mit Sieg, Heil, Glück. Der selbe Sprachgebrauch findet sich im
Aramäischen.

[2]) Renan, Histoire du Peuple d'Israel 5, 169: „Tel saint de Mayence, en
allant au supplice, invente à sa charge tous les crimes imaginables et s'en
accuse pour justifier la Providence, pour maintenir ce principe fondamental
que Dieu ne saurait finalement abandonner son serviteur." Das ist ganz im
Geist des älteren Judentums (Ps. 51, 6).

so ungeduldig und ungeberdig sein, sondern die wolgemeinte Züchtigung annehmen; dann werde sich bald alles zum besten wenden. Sie demonstriren ihm, daß der Mensch immer im Unrecht sei, daß Gott stets Ursach habe ihn heimzusuchen. Dann aber ändern sie den Ton und erklären ihm, daß seine Frömmigkeit, wie sich jetzt offenbar zeige, Heuchelschein gewesen sei: sie haben ein ganzes Register seiner vermutlichen Sünden bereit, das sie ihm vorhalten. Dadurch bewirken sie nun, daß er die Rücksichten abwirft, die ihn verhindern den Tatsachen seiner eigenen Erfahrung ins Auge zu sehen. Er bäumt sich gegen die Freunde auf. Welch ein Spott, ihm Genesung in Aussicht zu stellen! Was ist das für eine Gerechtigkeit, daß der Schöpfer die Kreaturen wegen ihrer Kreatürlichkeit straft und sie nicht vielmehr darum mild behandelt, weil sie von Natur allesamt schwach und unrein sind! Er mishandelt seine Geschöpfe und treibt mit ihnen ein grausames Spiel; sie haben allerdings kein Recht gegen ihn, aber nur deshalb, weil er die Macht hat. „Wie könnte ich mich mit ihm in Streit einlassen! Obwol im Recht müßte ich meinen Widerpart anflehen, denn es gibt keinen Richter, der über uns beiden die Hand hielte. Er würde mich im Sturm anschnauben und mich keinen Augenblick zu mir selber kommen lassen. Ich soll Unrecht haben, vergeblich sträube ich mich dagegen. Wäre ich weiß wie Schnee, so würde er mich in eine Grube tauchen, daß mir vor mir selber ekelte. . . . . Ich bin unschuldig — mir liegt nichts am Leben. Es ist eins, darum sage ich: Fromm und Gottlos vernichtet er gleichmäßig. Wenn die Pest plötzlich tötet, so spottet er der Qual der Schuldlosen. Die Erde hat er dahingegeben in die Hand des Frevlers, er verhüllt die Augen ihrer Richter — wenn nicht er, wer sonst?" Iob leidet nicht unter Krankheit und Tod, sondern unter der Verkennung seiner Unschuld. Und sein Fall widerspricht nicht der Regel, ist keine unerhörte Ausnahme, sondern ein allgemeines Problem. Wie ihm, so geht es dem Weibgeborenen überhaupt; Trübsal und Leid ist sein Los, mag er es verdienen oder nicht. Nirgend zeigt der Weltlauf die Harmonie mit der Gerechtigkeit, welche die Dogmatik fordert. Kriege und Seuchen wüten unterschiedslos; was lebt in Wasser Luft und Gras, unterliegt dem Leiden. Es fällt ihm nicht ein, sich mit der Allgemeinheit des Leidens zu trösten; es wird ihm dadurch der Widerspruch, den er in sich selbst erlebt, nur unleugbarer und substantieller. Gleichwol kommt es ihm noch

immer wie eine Lästerung vor, seine Unschuld zu behaupten; er
tut es auf die Gefahr seines Lebens hin, das er freilich kaum mehr
zu verlieren hat.

Die allerschlimmste Anfechtung bleibt ihm jedoch erspart,
nämlich der Gedanke, daß der Gott, unter dessen Tritten er sich
windet, gar kein Gott sei. Er zweifelt keinen Augenblick an ihm;
er schwört: sowahr Gott lebt, der mir mein Recht entzogen! Er
leugnet nur den Gott der Freunde, dessen Gerechtigkeit sich überall
in der Welt manifestiren soll. Sie verdrehen die Tatsachen durch
ihre theologische Apologetik, sie nehmen für Gott Partei, sie lügen
für ihn — bedarf er solcher Advokaten? Es schimmert der Gedanke
durch, daß Gott die Wahrheit schon ertragen wird, so vernichtend
sie scheint. Wenngleich Iob den Widerspruch der Wirklichkeit
gegen die angebliche moralische Weltordnung rückhaltslos darlegt,
kann er doch den Glauben an den Sieg der Moral durch Gott nicht
aus sich losreißen; er tut den ersten Schritt, ihn über alle äußere
Erprobung hinauszuheben. An dem Wendepunkt der höchsten Aufregung (Kap. 16. 17) fordert er Rache für sein ungerecht vergossenes
Blut. Die Rache ist aber an Gott zu vollstrecken, wer kann da
der Rächer sein? Es bleibt keiner übrig als Gott selber, und so
taucht der frappante Gedanke in ihm auf, daß Gott gegen Gott für
seine Unschuld eintreten werde, nachdem er sie erst gemordet. Von
dem Gott der Gegenwart appellirt er an den Gott der Zukunft;
doch wird die Identität zwischen beiden festgehalten, und schon
gegenwärtig ist der Gott, der ihn mordet, der einzige Zeuge seiner
von der Welt und von seinen Freunden preisgegebenen Unschuld,
wie er es sein muß, wenn er ihn künftig rächen soll. Gestützt
auf die unüberwindliche Macht seines guten Gewissens ringt er sich
heraus aus seinem Seelenkampf; er traut seinem unmittelbaren
Selbstgefühle mehr als dem Urteil des Geschicks, das ihn trifft,
und dem Urteil der Welt, das sich darnach richtet; und neben
dem schrecklichen Gott der Wirklichkeit gewinnt der Zeuge im
Himmel, der gnädige und gerechte Gott des Glaubens siegreich
Raum. Allerdings hat der Glaube vorzugsweise die Form der Sehnsucht [1]), und zwar der Sehnsucht, „Gott zu schauen", d. h. ein sicht-

---

[1]) „O daß ich wüßte, wie ich ihn finden und zu seinem (Richter-)Stuhle
kommen möchte!" Kein Gottloser hat solche Sehnsucht, darum ist sie dem
Iob ein Trost. Er wirft die Frage auf, ob nicht auch Gott sich nach ihm

bares Zeichen seiner wahren Gesinnung gegen den Dulder, ein freisprechendes Urteil, von ihm zu erlangen. Da der Tod im Aussatz unvermeidlich ist, so wird die entfernte Möglichkeit in Aussicht genommen, daß Gott vielleicht noch nach dem Tode des Märtyrers Gelegenheit habe zu seiner Rechtfertigung. Es wird dabei aber nur an ein momentanes Aufleben aus dem Grabe, eben zu diesem Zwecke, gedacht, nicht an eine künftige Entschädigung für die zeitliche Trübsal.

Iob bescheidet sich am Ende, die Wege Gottes nicht zu verstehn[1]). Das ist der negative Ausdruck dafür, daß er trotz allem an sich und an Gott festhält, daß er sich sein Gewissen von außen her nicht mehr verwirren läßt, daß das innere Gefühl entscheidet. Das innere Gefühl der Gemeinschaft Gottes mit dem Frommen tritt uns auch in einigen Psalmen als eine unerschütterliche Gewißheit entgegen. Es war ein gewaltiger Schritt, daß die Seele wagte auf sich selber zu stehn und ihrem eigenen Zeugnis, dem von Gott gegebenen gewissen Geiste, zu trauen. Ursprünglich standen nur einzelne Bevorzugte, die Propheten, in unmittelbarem Verhältnis zu Gott, aber nicht zu ihrem eigenen besten, sondern zum besten der Gesamtheit. Für Jeremias wurde sein Mittlertum die Brücke zur persönlichen Frömmigkeit; durch ihn vollzog sich der Übergang der Prophetie zu der Religion, in dem Sinne, daß sie das Mysterium der Verbindung zwischen Gott und Mensch im Individuum bedeutet. Sein Leben mit Gott, wie er es in seinen Bekenntnissen aufgezeichnet hatte, wurde das Vorbild für verwandte Seelen der Folgezeit. Die innere Erfahrung der Gemeinschaft Gottes wurde ihnen zu einer Macht, durch welche sie allen Schrecken der äußeren Erfahrung trotzten. Dadurch triumphirte der verachtete und getötete Knecht über die Welt, das verzagte und zerschlagene Herz wurde mit dem Leben und der Kraft des all-

sehne: so wenig kann er von dem Gedanken lassen, daß die Frömmigkeit kein einseitiges und eingebildetes, sondern ein wechselseitiges und wirkliches Verhältnis ist. Zuweilen erhebt sich die Sehnsucht zum Gebet — der einzig adäquaten Form des Glaubensbekenntnisses.

[1]) Der ohne Zweifel echte Schluß (Kap. 42) trägt so wenig zur Lösung des Problems bei, wie der zweifellos echte Prolog (Kap. 1. 2); man sieht daraus nur, daß der Stoff der Fabel dem Dichter gegeben war und daß er sich daran hielt. Eine erkenntnismäßige Lösung ist unmöglich; das Kreuz Christi ist nur eine Potenzirung des Rätsels.

mächtigen Gottes in der Höhe ausgestattet. Zum kühnsten Schwunge erhebt sich dieser göttliche Geist der Gewißheit am Schluß des dreiundsiebzigsten Psalms. „Dennoch bleibe ich stets an dir, du hältst mich bei meiner Rechten, du leitest mich nach deinem Rat, du ziehst mich dir nach mit deiner Hand. Wenn ich dich habe, so frage ich nicht nach Himmel und Erde; wenn mir Leib und Seele verschmachten, so bist du Gott allezeit meines Herzens Trost und mein Teil." Das hingegebene Leben wird hier in einem höheren Leben wiedergefunden, ohne daß die geringste Hoffnung auf ein Jenseits sich äußert; gegen Tod und Teufel wird die innere Gewißheit der Gemeinschaft Gottes in die Wagschale geworfen. Das ist freilich eine Stufe der Religion, die nur für Wenige Wahrheit hat; jedenfalls ist damit die Grenze des Judentums weit überschritten. Die Juden sind im ganzen auf dem Standpunkte der Freunde Iobs stehn geblieben. Sie sind grundsätzlich mit ihnen einverstanden und tadeln sie nur deshalb, daß sie ihre richtigen Grundsätze bei Iob auf die falsche Person anwenden. Das sieht man aus den großen und kleinen Interpolationen des Buches.

4. Mit der persönlichen Frömmigkeit ist das Meditiren verbunden, sie hat Probleme. Eben dadurch unterscheidet sie sich von der ethnischen Stufe, auf der die Religion naturgemäßes Herkommen von den Vätern ist, welches der Einzelne als etwas Selbstverständliches mitmacht. Es ist gründlich verkehrt, die Bank der Spötter, von der im ersten Psalm die Rede ist, mit dem Lehrstuhl zu vergleichen, auf dem jetzt die Philosophie gelehrt wird. Die Spötter sind Gottlose, die Gottlosen aber sind im Alten Testamente reine Praktiker und verhöhnen die Leute, welche sich Gedanken machen. Sie verleugnen Gott nur dadurch, daß sie handeln als ob er sich um die Menschen nicht kümmere. Sie beruhigen sich bei der Religion des Herkommens, die freilich in keiner Weise moralisch auf sie wirkt; sie sind eher Orthodoxe als Zweifler. Zweifeln und Bangen sind Kennzeichen der Religiosität. Das lehren die Psalmen, eben darum sind sie mancher frommen Seele so anziehend gewesen.

Allerdings wird nicht für jedermann der Glaube aus Zweifeln geboren. Für die Menge ist nach wie vor die Religion Überlieferung. Indessen wird sie nicht durch das bloße Herkommen überliefert, sondern durch die Lehre. Darin zeigt sich doch auch

wieder das theoretische Element. Die Lehre findet sich nicht in
einem systematischen Handbuch verzeichnet, sondern in einer
historischen Sammlung von Schriften verschiedener Art aus verschiedenen Zeiten. Sie läßt sich daraus nicht fix und fertig entnehmen; dem selbsttätigen Nachdenken, der freien Interpretation
wird großer Spielraum gelassen. Ganz fest stehn nur ihre einfachen
Grundlagen: der Monotheismus und die Moral.

Auf diesen Grundlagen fußt auch die sogenannte Weisheit,
unter deren Zeichen die Zeit stand. Die Erkenntnis, die meist in
kurzen Sprüchen niedergelegte Erfahrung der Alten, gilt als der
Weg, der zur Gottesfurcht führt. Alle Wissenschaft gehört zur
Religion; zwischen praktischer und theoretischer Einsicht wird
nicht unterschieden. Die Weisheit lehrt Zucht und Sitte und
kluges Benehmen, doch befaßt sie sich auch mit der Kosmologie,
zum Lobe des Schöpfers. Es wird einerseits die Gesetzlichkeit in
der Natur hervorgehoben, die durchgehende Ordnung nach Maß
und Zahl; wer die Erscheinungen messen und wägen könnte, hätte
den Schlüssel zu ihrer Erklärung. Andererseits wird die unabseh-
bar bunte Fülle der Arten der Geschöpfe bewundert, die gestalten-
zeugende Bildnerkraft Gottes, die krause üppige Phantasie, die ihm
all diese Formen vorspielte, als er die Welt schuf[1]). In alter Zeit
führte die Natur ein geheimnisvolles Leben für sich, sie war noch
unerobert vom Monotheismus und erweckte Grauen, als Gebiet der
Dämonen. Jetzt ist der Bann dahin, sie ist Gott untertan, der
Mensch steht ihr furchtlos gegenüber. Der Glaube an die Alleinherrschaft Gottes und an die Autonomie der Moral hat ihn von
ihr befreit und die Bahn gebrochen zu ihrer Erkenntnis und Be-
herrschung. So klein er ist, er ist das Ebenbild Gottes. „Wenn
ich deinen Himmel, das Werk deiner Finger, sehe, den Mond und
die Sterne, die du geschaffen, — was ist der Mensch, daß du an
ihn denkest, und ein Menschenkind, daß du es beachtest! Du hast

---

[1]) Prov. 8. Ps. 104. Die wundersame Fauna des Meeres hat Gott geschaffen, um damit zu spielen (104, 26). Eigentümlich tritt später die religiöse
Kosmologie in Zusammenhang mit der Eschatologie. Die Eschatologie wird
zur Erkundung der Geheimnisse Gottes in Geschichte und Natur. — Das poly-
theistische und ästhetische Element, die bunte Fülle der Natur, wird dem
monotheistischen und moralischen, der Gesetzmäßigkeit, untergeordnet. Himmel
und Erde müßten durch Anarchie zu grunde gehn, wenn darin Götter neben
Gott wären — sagt Muhammed Sur. 21, 22.

ihn nur wenig hinter göttlichem Wesen zurückstehn lassen, ihn gekrönt mit Ehre und Hoheit, ihm die Herrschaft gegeben über die Geschöpfe deiner Hand, ihm alles unterworfen!" Diese Stimmung, der Gegensatz von Genesis 1 zu Genesis 2. 3, ist charakteristisch für die Zeit, wenngleich gelegentlich daran erinnert wird, daß die Erkenntnis doch ihre engen Grenzen hat [1]).

Die Erkenntnis will allgemeingiltig sein. Die jüdische Weisheit, obwol durchaus religiös, hat doch den universalistischen Grundzug an sich, welcher der Reflexion natürlich ist. Es ist sehr merkwürdig, daß sie sich mit derjenigen Weisheit, die gleichzeitig bei benachbarten Völkern, namentlich bei den Edomiten und Nabatäern blühte, ganz auf gleiche Linie stellt, daß im Buch Iob die schwierigste religiöse Frage, an der die Juden sich quälten, von Syrern und Arabern diskutirt wird, gleich als wäre diese Frage, und die Religion selbst, keine jüdische, sondern eine allgemein menschliche Angelegenheit. Auch der Siracide preist den Schriftgelehrten, der durch die Länder zieht um Weisheit zu lernen. Der Monotheismus hat einen Zug zum Internationalen und ebenso die Moral. Schon Amos hatte Mühe, die Prärogative Israels vor anderen Völkern festzuhalten. Erleuchtete Geister der späteren Zeit erkannten sie nur darin, daß Israel zum Propheten für die Welt berufen sei. Zum behuf der Selbsterhaltung, um sich nicht im Heidentum zu verlieren, schaalten sich die Juden nach dem Exil freilich doch wieder in den Formen ihrer alten ethnischen Religion ein. Sie betrachteten das als eine Notwendigkeit, aber sie ließen sich trotzdem die Weitherzigkeit und die Rationalität nicht rauben, welche in dem moralischen Monotheismus liegt: es ist die wundersamste, nur geschichtlich einigermaßen zu begreifende Antinomie. Selbst der Priesterkodex stellt als das eigentliche Muster der Frömmigkeit den vormosaischen Erzvater Abraham auf, kennt also eine vom Kultusgesetz unabhängige Frömmigkeit. Der Apostel Paulus hat Recht, sich darauf zu berufen. Wie Abraham, so können seit dem Exil auch seine Söhne in der Fremde ein Gott wolgefälliges Leben führen; sie

---

[1]) Prolegomena p. 310 ss. Nach Iob 28 ist die Weisheit im eigentlichen Sinn nur Gott vorbehalten, dem Menschen aber versagt; ihm ist es Weisheit dies einzusehen und an stelle der ihm unerreichbaren Erkenntnis die Frömmigkeit zu setzen. Ebenso sind nach Kap. 38 ss. die Werke Gottes den Vorstellungen des Menschen incommensurabel.

können in Babylonien ebenso gute Juden sein, wie in Palästina; die Religion hat sich von dem heiligen Lande gelöst, an das sie früher völlig gebunden war. Auch über das Volk greift sie hinaus und zieht die Heiden heran. Die Heiden stammen wie die Juden von Noah ab, dieser ist der Vertreter einer gewissen natürlichen Religion, welche auch noch bei den Heiden durchschimmert und an der sie sich genügen lassen können. Wie wenig Schwierigkeiten es den Juden machte, sich einen heidnischen Monotheismus vorzustellen, der dem jüdischen sehr nahe kam, zeigt die Gestalt Melchisedeks und aus späterer Zeit die des Jonithos und der Magier aus dem Morgenlande. Sie sträubten sich nicht dagegen, das was sie mit den Heiden gemeinsam hatten anzuerkennen; sie freuten sich darüber, daß die Verehrung des einen und wahren Gottes überall in der Welt durchzudringen schien. „Vom Aufgange der Sonne bis zu ihrem Niedergange ist mein Name unter den Völkern groß; überall wird meinem Namen reine Gabe geopfert, weil mein Name groß ist unter den Völkern." Der Verfasser des Buches Malachi, der diese Worte schreibt, redet von einer Tatsache der Gegenwart. Er höfft nicht etwa, daß in Zukunft die Heiden sich bekehren würden; er hat auch nicht solche im Auge, die das Judentum angenommen hatten, denn diese durften nicht „überall" opfern, und er redet nicht von Einzelnen, sondern von den Völkern. Er erkennt also den Monotheismus in den Religionen der Völker an. Schwerlich denkt er bloß an die Perser, die zu seiner Zeit allerdings die herrschende Nation waren. Er begrüßt vielmehr das Endresultat der alten Weltgeschichte: die durch die Zerstörung und Mischung der Nationen bewirkte Theokrasie, die aus den Göttern den allgemeinen Gott abstrahirte und diesen zur Hauptsache machte.

In diesen Zusammenhang gehört als wichtigstes Faktum, daß die Juden damals begannen, sich ihres alten Jahve zu entledigen. Es heißt zwar, daß fromme Scheu sie bewogen habe, den Namen nicht mehr auszusprechen; sie hätten ihn aber doch nicht aufgeben können, wenn ihr geschichtlicher, nationaler, ihnen allein eigener Gott noch wahrhaft lebendig gewesen wäre. Statt Jahves kamen allgemeine Gottesnamen in Gebrauch, gleiche oder ähnliche wie bei den Aramäern, Syrophöniziern und Arabern: Elohim und El, Adonai und Elion; letzterer (der höchste Gott) ist der bezeichnendste für die Zeit, wenngleich er nicht grade häufig angewandt wird. Es hieß nicht mehr: der Gott Israels, sondern: der Gott des Himmels; später wurde auch geadezu der Himmel gesagt für Gott[1]). Man sieht aus diesen sprachlichen Erscheinungen am allerdeutlichsten, wie sehr der Universalismus die Juden beherrschte, wie international sie im Prinzip gerichtet waren, trotzdem daß sie noch in den Fesseln ihrer alten Bräuche lagen.

Die jüdische Frömmigkeit geht über den Begriff, den das Altertum mit Religion verband, hinaus. Die Richtung des jüdischen Geistes konvergirt mit der Richtung, die der griechische Geist etwa seit dem sechsten Jahrhundert genommen hat. Hier wie dort stellt sich der Gegensatz zum Ethnicismus dar; wer Empedokles und Äschylus oder gar Sokrates und Plato Heiden nennt, verbindet mit dem Wort keinen Begriff mehr. Man verwirft das Leben in den Tag hinein, man fragt nach seinem Sinn und richtet es ein auf grund einer persönlichen Überzeugung. Der Monotheismus selber ist in gewissem Sinne Philosophie, das Ergebnis einer gewaltigen Abstraktion des Geistes von allem Sinnenfälligen. Ein Wunder ist es nur, daß den Juden ihr Gott kein Abstraktum geworden, sondern die lebendigste Persönlichkeit geblieben ist. So erhielten sie sich doch ihre Religion, sie waren davon ganz anders durchdrungen und überzeugt als die Griechen von ihrer Philosophie, die gegen den Götterglauben des Volkes gewöhnlich eine merkwürdige Toleranz bewies.

<hr>

Sechzehntes Kapitel.

Die Zeit Alexanders und seiner Nachfolger.

1. Alexander der Große machte der persischen Herrschaft ein Ende und brachte das Reich an die Griechen. Nach dem Siege von Issus bog er südwärts ab und setzte beinah zwei Jahre daran,

---

[1]) Daher die coelum metuentes Judaei bei Horaz und die coelicolae im Kodex Theodos. und Justinian. Bei den heidnischen Aramäern und Phöniziern taucht im zweiten vorchristlichen Jahrhundert der Name Beel Schemin (schon bei Plautus) auf; er ist für die universalistische Zeitströmung charakteristisch. „Der höchste Gott" ist ursprünglich heidnisch, wie schon der Superlativ erkennen läßt. Daß die Juden den Namen (Gen. 14. 18—20) aufgenommen haben, zeugt gleichfalls für die Universalität ihres Monotheismus.

um sich den Besitz von Syrien und Ägypten zu sichern. Dann
lieferte er dem Achämeniden die letzte Schlacht und drang vor bis
zu den Enden der Erde, und die Erde war ruhig zu seinen Füßen.

Da starb er, und sie wurde sehr unruhig. Die großen Satrapen machten sich unabhängig und gründeten selbständige Throne.
Nicht durchweg in schroffem Gegensatze zu der Idee der Universalmonarchie. Der Gedanke des geschlossenen Staates innerhalb
natürlicher Landesgrenzen wurde am entschiedensten in Ägypten
gefaßt und ausgeführt, das Land bot die günstigste Position dafür
und Ptolemäus verstand sie auszunützen. Anders lagen die Verhältnisse in Asien. Die Länder am Euphrat und Tigris, vom persischen bis zum mittelländischen Meer, in denen jetzt allgemein
aramäisch gesprochen wurde, waren der Sitz des „Reiches" d. h.
der Universalmonarchie seit lange gewesen, und sie blieben es auch
fürderhin.

Zwischen Asien uud Ägypten in der Mitte, vom Taurus und
Amanus bis zur Wüste des Sinai sich erstreckend, lag Syrien. In
vergangenen Tagen war es von beiden Seiten umworben und umstritten gewesen, dies alte Spiel wiederholte sich jetzt. Zuerst
wurde das Land, mitsamt der davor liegenden Insel Cypern, die
Beute des Ptolemäus, der es im Jahre 320 dem Laomedon abnahm.
Als dann aber Antigonus, durch die Überwältigung des Eumenes
Herr, von Asien geworden, die Hand nach der Weltherrschaft ausstreckte, begann er den Kampf gegen die Koalition, die sich nach
der Vertreibung des Seleucus aus Babylon gegen ihn gebildet hatte,
mit dem Angriff auf Ptolemäus. Er entriß ihm Syrien mit leichter
Mühe (315), mußte sich dann aber nach Westen gegen Lysimachus
und Kassander wenden. Getrieben von Seleucus, der aus seiner
Provinz Babylonien zu ihm geflüchtet war, brach nun Ptolemäus
wieder in Syrien ein, schlug den jungen Demetrius, den Antigonus
ihm entgegensandte, bei Gaza (312) und bemächtigte sich wenigstens
der südlichen Hälfte des Landes. Er räumte sie indessen schon
im nächsten Jahre, als Antigonus selber herankam. Einen dauernden Gewinn trug der Sieg von Gaza nur dem Seleucus ein[1]).
Mit geringer Macht gelang es ihm, sich wieder in den Besitz seiner

---

[1]) Daniel 11, 5: unter den Nachfolgern Alexanders erlangt der König von
Ägypten besondere Macht, aber einer seiner Hauptleute (Seleucus) wird noch
mächtiger und gründet eine gewaltige Herrschaft.

eben herrenlos gewordenen alten Satrapie zu setzen, wo er von früher her gute Verbindungen hatte. Babylon und der Osten blieb seitdem für Antigonus verloren.

Der Friede von 311 löste die Spannung der Verhältnisse nicht. Die Fehde entbrannte von selbst wieder, wenngleich zunächst nicht im Zentrum der Verwicklung, sondern in der Peripherie. Der alte Antigonus blieb in Syrien, gründete dort seine Stadt Antigonia am Orontes und sorgte für die Mittel des Krieges. Die Führung desselben überließ er seinem Sohne Demetrius. Dessen Hauptmacht war die Flotte, durch einen großen Seesieg entriß er Cypern den Ägyptern (306). Die Miserfolge der nächsten Zeit beugten ihn nicht nieder, und in den Jahren 304. 303 zeigte er sich in Griechenland so gefährlich, daß sich eine neue Koalition gegen ihn und seinen Vater bildete. Bei Ipsus in Phrygien kam es zum Entscheidungskampfe, Antigonus fiel und mit ihm sein Reich in Asien (301). Aber Demetrius entkam mit einem Reste des Heeres. Er besaß noch Cypern Tyrus und Sidon, und er behauptete die See. Nach langen Kämpfen gelang es ihm, in Europa festen Fuß zu fassen. Als er aber Anstalt machte, auch Asien wieder zu erobern, erlag er einer allgemeinen Treibjagd (287/6) und endete in der Gefangenschaft des Seleucus (283). Es ist merkwürdig, daß er trotzdem der Begründer der macedonischen Dynastie geworden ist.

Bei Ipsus hatten Lysimachus und Seleucus zusammen gestanden gegen Antigonus. Den Sieg indessen hatte vorzugsweise Seleucus erfochten, mit den vielen Elefanten, die er dem Inder Sandrakottus verdankte. Demgemäß fiel ihm der größte Teil der Erbschaft zu; am Ende seines Lebens, zwanzig Jahre später, eroberte er auch noch die Herrschaft des Lysimachus und gewann fast ganz Kleinasien. Er erschien den Orientalen als der wahre Nachfolger Alexanders, und nach ihm rechneten sie die Ära der Griechen[1]).

---

[1]) Es ist die älteste fortlaufende Ära, die es gibt; sie findet sich in der Geschichtschreibung zuerst bei den Juden (1 Macc.) angewandt und hat sich auch bei ihnen am längsten im Gebrauch erhalten, innerhalb gewisser Grenzen bis auf die Neuzeit. Sie beginnt im Herbst 312. Da also das Seleucidenjahr nur mit einem Viertel vor den 1. Januar fällt, dagegen mit drei Vierteln darüber hinaus, so kürze ich öfters ab und schreibe nicht 312/311, sondern einfach 311 für A. Seleuc. 1 u. s. w., wenn besondere Genauigkeit unnötig oder unmöglich ist. Der Herbstanfang des Jahres war allgemein im westsemitischen Kulturgebiet und wurde nicht etwa erst durch die Macedonier eingeführt.

Er blieb aber, nach der Schlacht von Ipsus, nicht im Osten wohnen, sondern setzte dort seinen Sohn Antiochus zum Regenten ein, während er seine eigene Residenz nach Syrien verlegte, wo auch Antigonus gewohnt hatte, in die „Seleucis". Nicht weit von Antigonia baute er Antiochia, mit dem Hafen Seleucia. Wie in Ägypten ebenso lag nun in Asien der Sitz der Regierung am äußersten Ende des Reichs, an der Küste des mittelländischen Meeres. Das schien notwendig, um die Beziehung zur griechischen Welt wahren und in die große Politik eingreifen zu können.

Seleucus gelangte jedoch nicht in den Besitz von ganz Syrien. Seine unbestrittene Herrschaft reichte nur bis zum Flusse Eleutherus. In Judäa und Samarien dagegen, in Tyrus und Sidon hatte Ptolemäus sich festgesetzt[1]). Dies Gebiet war ihm als Bollwerk für Ägypten sehr nützlich, von Natur gehörte es aber zu Asien, zum Reiche des Seleucus. So entstand aus der alten Ursache wiederum die alte Spannung zwischen Asien und Ägypten, die seit dem Tode der beiden ersten Herrscher in einen andauernden, wenngleich häufig latenten Kriegszustand überging. Syrien war das wichtigste Objekt des Kampfes, doch nicht der gewöhnliche Schauplatz. Isoliren ließ sich damals nichts, die Politik brachte das Entfernteste in Wechselbeziehung. Die Seemacht Ägypten stand gleichmäßig den beiden Landmächten, Asien und Macedonien, gegenüber und suchte zu verhindern, daß sie sich befestigten. Sie setzte sich ihnen allenthalben auf die Nase durch Besetzung geeigneter Küstenpunkte, sie trieb ihnen Pfähle ins Fleisch durch Unterstützung der hellenischen Freiheit und der in Kleinasien sich erhebenden Zwischenreiche.

Über die Geschichte der syrisch-ägyptischen Kriege haben wir größtenteils nur sehr dürftige und unklare Nachrichten. Die erste Phase wird geschlossen und die zweite eröffnet durch den berühmten Frieden, zu dessen Besiegelung Antiochus II. die Tochter des Ptolemäus II., Berenice, heiratete (249/8). Sie brachte ihm, wenn auch nicht Land und Leute, so doch eine ungeheure Mitgift zu. Aber ihretwegen mußte er seine ältere Gemahlin Laodice, mit zwei heranwachsenden Söhnen, entfernen, und das war sein und seines Hauses Verderben[2]). Laodice hatte eine einflußreiche Partei

---

[1]) Niese, Geschichte der griechischen und makedonischen Staaten 2, 124 s.
[2]) Dan. 11, 6 und Hieronymus z. d. St.: Antiochus Theos adversus Ptole-

auf ihrer Seite; der König knüpfte wieder mit ihr an, als er im
Jahre 247/6 sich in der Gegend von Sardes befand. Sie vergiftete
ihn und ließ ihren Sohn, Seleucus II., zum König ausrufen.
Berenice fand mit ihrem Söhnchen in Antiochia einen grausamen
Tod. Die Rache übernahm ihr Bruder Ptolemäus III. Er brach
mit ganzer Macht in Asien ein und durchzog es siegreich wie einst
Sesostris[1]), bis ihn eine Empörung in Ägypten zurückrief. In
einem Teile Kleinasiens hatte sich indessen Seleucus II. behauptet.
Von da aus dehnte er, bald nach dem Abzuge des Ptolemäus,
seine Herrschaft wieder über die Seleucis und die Gegend am
Euphrat aus; ein Angriff auf Cölesyrien misglückte freilich[2]).
Da warf sich in Kleinasien sein jüngerer Bruder, Antiochus Hierax,
gegen ihn auf. Es folgte ein langwieriger, hin und her schwankender
Krieg zwischen den beiden Brüdern, den Freunde und Feinde auf
kosten des Reiches sich zu nutze machten. Parther und Galater,
Ägypter und Pergamener griffen darin ein. Die kriegerischen
Galater standen auf seite des Hierax, freilich als sehr eigenmächtige
und gefährliche Helfer. Sie brachten dem Seleucus bei Ancyra
eine schwere Niederlage bei. In folge davon brachen die Parther
unter Arsaces Tiridates in das östliche Medien ein. Seleucus sah
sich veranlaßt, gegen sie zu Feld zu ziehen, besiegte sie auch,
wurde dann aber durch einen Aufstand in seiner Hauptstadt nach
Syrien zurückgerufen. In Kleinasien fochten indessen die Pergamener wenn nicht für ihn, so doch gegen seine Feinde. Attalus
erwehrte sich der gefürchteten Galater mit Glück und gewann
mehrere Siege über sie, die in den berühmten Denkmälern von
Pergamum verewigt sind. Hierax geriet mehr und mehr ins Gedränge,
hatte auch in Mesopotamien, wohin er sich wandte, kein Glück,

maeum Philadelphum gessit bella quam plurima et totis Babylonis atque Orientis
viribus dimicavit. Volens itaque Ptolemaeus post multos annos molestum finire
certamen filiam suam nomine Berenicen Antiocho uxorem dedit . . . . . de-
duxitque eam usque Pelusium et infinita auri et argenti milia dotis nomine
dedit: unde phernophoros appellata est.

[1]) Dan. 11, 7. 8: an Stelle des Ptolemäus II. tritt sein Sohn, rüstet ein
Heer, dringt in das Bollwerk der Syrer ein, besiegt sie gänzlich, und schleppt
ihre Götter und Bilder nebst anderer reicher Beute nach Ägypten.

[2]) Dan. 11, 9: Ptolemäus II. steht einige Jahre von Seleucus II. ab, der
dringt seinerseits in ägyptischen Besitz vor, muß aber umkehren in sein Land.
Über Seleucia vgl. Niese 2, 168.

konnte sich dann in Kleinasien gegen Attalus nicht halten und wurde schließlich in Thracien ermordet, wohin er übergetreten war. Seleucus aber überlebte den Tod seines Bruders nur um ein Jahr, er starb im Jahre 226 in folge eines Sturzes vom Pferde[1]).

Er hatte doch, nicht umsonst sein Leben verkämpft. Sein Reich brach nach seinem Tode nicht zusammen, sondern erhob sich neu. Er hinterließ zwei jugendliche Söhne. Der ältere, Seleucus III., wurde im Jahre 223 ermordet, als er den Kampf mit Attalus aufnahm, der nach dem Tode seines Vaters fast alle seleucidischen Besitzungen diesseit des Taurus erobert hatte. Ihm folgte der jüngere, Antiochus III., der bis dahin in Babylon residirt hatte. Dieser überließ die Fortsetzung des Krieges in Kleinasien seinem Vetter Achäus, der sich dem Feinde durchaus überlegen zeigte. Er selber benutzte den Thronwechsel in Ägypten, wo ein sehr minderwertiger vierter Ptolemäus auf den dritten gefolgt war, und griff Cölesyrien an, im Sommer 221. Allerdings ohne Nachdruck und Erfolg; denn in seinem Rücken waren die Statthalter von Medien und Persien abgefallen. Nachdem er mit diesen fertig geworden war, nahm er den Kampf gegen Ptolemäus IV. wieder auf, bezwang Seleucia, das bis dahin immer noch in Feindes Hand geblieben war, und dehnte sich in Cölesyrien aus (219. 218). Aber im Frühling 217 wurde er von dem Ägypter, der inzwischen Zeit zu umfassenden Rüstungen gefunden hatte, bei Raphia in der Nähe von Gaza geschlagen und räumte seine Eroberungen. Er hatte in Kleinasien zu tun, um sich Achäus aus dem Wege zu schaffen, der sich dort zum Könige gemacht hatte. Dann war er wieder Jahre lang im fernen Osten beschäftigt. Er unterwarf sich den Partherkönig, schloß nach hartnäckigem Kampf Freundschaft mit den Griechen von Baktra, erneuerte die alten Beziehungen seines Hauses zu dem indischen Nachbar und kehrte endlich durch das mittlere und südliche Iran zurück an den persischen Golf, an dessen arabischer Seite er den Handelsstaat der Gerrhäer sich und seinen Zwecken dienstbar machte. Bald darauf starb Ptolemäus IV. (205), ein vierjähriges Kind war der Erbe des von inneren Gefahren schlimm bedrohten Reiches. In diesem Augenblick verbündeten sich die Könige von Asien und Macedonien zu einer

---

[1]) Niese 2, 151—171.

Teilung Ägyptens. Antiochus bemächtigte sich Cölesyriens bis auf einzelne Punkte, ohne Widerstand zu finden. Dann drang zwar, unter dem Ätoler Skopas, ein ägyptisches Heer vor, aber er rückte dem Skopas entgegen, besiegte ihn bei dem Panium an der Jordanquelle im Sommer 200[1]) und nahm auch das feste Sidon ein, wohin sich jener geworfen hatte. Damit war der Besitz von ganz Syrien für die Seleuciden endlich entschieden. Von einem Angriff auf Ägyten selbst mußte Antiochus vorläufig abstehn, er schloß einen Frieden und bekräftigte ihn durch die Verlobung seiner Tochter Kleopatra mit dem jungen Ptolemäus V. Aber eben dadurch sicherte er sich eine Handhabe für zukünftige Einmischung; er dachte nicht daran, sein Versprechen zu halten, daß die Braut Cölesyrien als Mitgift bekommen sollte[2]).

2. Die Juden sahen zu, wie Alexander die Welt eroberte und wie nach seinem Tode die macedonischen Heerfürsten um seinen Nachlaß Würfel spielten. Sie waren die fremde Herrschaft gewohnt und behielten ihr Gleichgewicht, wenn sie den Namen wechselte; sie freuten sich sogar über den allgemeinen Zusammenbruch der Erdenmächte (Ps. 46). Sie fügten sich den Umständen und versuchten nicht irgendwie in den Lauf der Dinge einzugreifen; so blieben sie in ihrem geistlichen Gemeinwesen unter der Vorsteherschaft ihrer Hohenpriester ziemlich unangefochten. Daß sie mit Alexander beinah hart aneinander geraten wären, wegen ihrer Treue gegen die persische Dynastie, ist eine plumpe Erfindung. Die Angabe, daß Ptolemäus I. sich an einem Sabbat Jerusalems bemächtigt habe, ist zwar besser bezeugt, läßt sich aber nicht datiren[3]). Mehr hören wir von Samarien. Diese Stadt

---

[1]) Niese 2, 578. Der gewöhnliche Ansatz ist 198; er wird von Strack in den Gött. G. A. 1900 p. 648 verteidigt, wie mir scheint mit unzureichenden Gründen.

[2]) Dan. 11, 10—19. Der hebräische Text ist vielfach unverständlich, aber die Erklärung des Hieronymus oder in Wahrheit des Porphyrius ist die Hauptquelle für die Geschichte des letzten Kampfes um den Besitz Cölesyriens, da die Erzählung des Polybius nur restweise erhalten ist (Jos. Ant. 12, 129 ss.). — Die Behauptung des Josephus, daß die Steuern Cölesyriens, nach 197, zwischen Seleuciden und Ptolemäern geteilt seien (Ant. 12, 155), ist wol nur eine Verlegenheitsannahme zur Beseitigung eines Widerspruchs in der Geschichte des Tobiaden Josephs.

[3]) Agatharchides bei Jos. contra Ap. 1, 209 s. Ant. 12, 6; vgl. Niese 1, 230

wurde nach einem Aufstande durch Alexander selber oder durch Perdiccas bezwungen und mit macedonischen Soldaten besiedelt; sie war vollkommen heidnisch und stand mit der Gemeinde der Samariter nicht in Verbindung. Als Ptolemäus im Jahre 311 Cölesyrien vor Antigonus räumte, zerstörte er vorher außer Akko Jope und Gaza auch Samarien. Im Jahre 296 wurde es von Demetrius dem Ptolemäus entrissen. Es war schon ehedem der Sitz der persischen Behörden gewesen und es blieb auch unter dem griechischen Regiment der politische und militärische Mittelpunkt jener Gegend. Vergleichsweise scheinen die Juden wenig unter den Stürmen der Zeit gelitten zu haben. Seit dem Jahre 301 standen sie unter der Herrschaft der Ptolemäer.

Aber auch für sie war doch eine neue Zeit angebrochen. Die Welt drehte sich nicht mehr um Babel und Susa, sondern um Alexandria und Antiochia. Ihr eigenes Land lag in der Mitte zwischen den Sitzen der beiden Hauptmächte, und sie beobachteten das Ringen derselben aus nächster Nähe. Das vierte Reich, eben das griechische, galt ihnen zwar als die Fortsetzung der drei früheren; aber sie fanden, daß es sich merklich von jenen unterschiede (Dan. 7, 7). Die Perser, obwol Arier, waren doch auch Orientalen gewesen. Sie hatten die ihnen unterworfenen semitischen Völker nur beherrscht, innerlich aber nicht eben stark beeinflußt; sie hatten mehr empfangen als gegeben. Die Griechen dagegen besaßen eine von der orientalischen sehr verschiedene Kultur, und sie drangen damit tief in das Morgenland ein [1]).

Alexander wollte Orient und Occident vermählen. Bei den

---

n. 4. Den Dius bei Jos. c. Ap. 2, 82, der Jerusalem bezwungen haben soll, korrigirt Niese in Pius und versteht darunter den Sidetes, nach Ant. 13, 244.

[1]) Die Bedeutung des Gegensatzes zwischen Ariern und Semiten ist von den Sprachvergleichern und noch mehr von ihren Nachtretern über alle Grenzen ausgedehnt. Die Griechen sind Griechen und keine bloßen Indoeuropäer; es ist sehr ungerecht, das was wir von den Griechen bekommen haben, die Kunst, die Wissenschaft, die Humanität, dem indoeuropäischen Insgemein gut zu schreiben und es gegen die Semiten in die Schale zu werfen. In der Kultur, z. B. im städtischen Leben, standen die Griechen den Aramäern viel näher als den Iraniern. Von dem macedonischen Adel kann man das allerdings nicht sagen. Der glich in seiner Vorliebe für Reiten, Jagen, Fechten und Zechen dem iranischen Adel, nur daß dieser keinen Philipp und Alexander, keinen Demetrius und Pyrrhus hervorbrachte — Männer, deren aristokratische Leibes- und Geisteskraft griechisch geschult war.

Iraniern, auf die er es vorzugsweise abgesehen hatte, gelang es am wenigsten. In Ägypten gewann zwar das Griechentum nicht bloß in der neuen glänzenden Hauptstadt, sondern auch im Delta und im Faijum sehr feste Positionen, aber das einheimische Wesen wurde wenig davon berührt und blieb in Wahrheit ziemlich ebenso starr und abgeschlossen, wie es früher gewesen war. Viel zugänglicher waren dem griechischen Wesen die Völker aramäischer Zunge im seleucidischen Reiche. Hier lag der Ursprung und das eigentliche Gebiet des Weltreichs. Hier hatten die Assyrer und die Chaldäer wirksam vorgearbeitet, eine Mischung der Stämme und Götter erzeugt und ein großes Verkehrsgebiet mit gemeinsamer Sprache geschaffen. Die Nationalitäten waren hier längst gebrochen; jedoch entstand daraus nicht etwa ein einheitliches starkes und selbstbewußtes Volk, sondern innerhalb des losen Verbandes ein Chaos von Einzelbildungen, ähnlich wie im heiligen Römischen Reich nach der Niederwerfung der Stammherzogtümer. Hier konnten die Griechen überall in die Fugen dringen; sie fanden einen durch das Eisen mürbe gemachten, durch alte Kultur und freien Verkehr aufgeschlossenen Boden. Die griechischen Städte schossen hier wie die Pilze aus dem Boden, namentlich in Syrien. Sie wurden von dem Städtegründer Seleucus und von seinen Nachfolgern zunächst als Residenzen und als Militärkolonien angelegt. Die kriegerische Invasion brach aber dann einer friedlichen die Bahn, mit den Macedoniern kamen die längst wanderlustigen Griechen, der Orient wurde ihr Amerika. Man muß freilich nicht glauben, daß erst dadurch das städtische Wesen bei den Aramäern eingeführt worden sei; es bestand bei ihnen seit weit älteren Zeiten. Nur sehr wenige Städte entstanden damals wirklich neu, meist wurden schon vorhandene umgegründet und umgenannt, zuweilen rebellische zerstört und wieder besiedelt. Griechische Stadt bedeutet nur Stadt mit griechischer Kolonie und griechischer Verfassung. Die angesiedelten Macedonier, die von Kopfsteuer befreit waren, bildeten die bevorrechtete Bürgerschaft; in zweiter Linie standen die eigentlichen Griechen. Daneben blieb aber die einheimische Bevölkerung, und sie wuchs durch die Steigerung des Verkehrs, die damals eintrat. Handel und Gewerbe blühten auf, der Orient erlebte trotz aller Unruhe eine Zeit glänzender Prosperität. Die kosmopolitische Sprache und Zivilisation war die griechische; ihrem Einfluß konnten sich, wenigstens in Syrien, auch diejenigen Städte nicht entziehen,

die gar nicht irgendwie kolonisirt waren. Allerdings ging der
Hellenismus nur bis auf die Haut, nicht bis auf die Knochen.
Er beherrschte nur die größeren Städte, nicht das platte Land.
Das Dorf blieb aramäisch und die Wüste arabisch. Und selbst in
den Städten wurde die aramäische Kultur, die nicht von gestern
war, und die aramäische Sprache nicht verdrängt, wenn auch stark
beeinflußt[1]).

In den Bereich der aramäischen Kultur fielen auch die Juden,
politisch aber gehörten sie während des ersten Jahrhunderts der
griechischen Periode zu Ägypten. Daher kam es, daß sie zuerst
von dort her die Einwirkung des Hellenismus erfuhren. Indessen
nicht so sehr im Zentrum als in der Peripherie, nämlich in der
Diaspora. Ägypten war das früheste Gebiet der Diaspora und blieb
lange Zeit das wichtigste[2]). Alexander soll die Juden in Alexandria
angesiedelt, Ptolemäus I. sie zu vielen Tausenden nach Ägypten
übergeführt haben[3]). In Wahrheit werden sie auf die selbe Weise
dorthin gekommen sein, wie die Samarier und die Syrer überhaupt,
teils gezwungen als Sklaven, teils um des Verdienstes willen als
Arbeiter und Händler. Sie wurden aus der Provinz in die Welt

---

[1]) Nöldeke Zeitschrift der DMG 1885 p. 336. Mit dem Aufhören der
griechisch-römischen Herrschaft hörte auch der Hellenismus auf, weil das
Land, aus dem die Stadt sich rekrutirt, nicht griechisch geworden war. Leider
können wir uns von der aramäischen Kultur nur aus den Inschriften einen
schwachen Begriff machen; die Literatur ist verloren und die Altertumswissen-
schaft hat grade diesen Verlust tief zu beklagen, wie jetzt mehr und mehr
klar wird.

[2]) Vgl. zum Folgenden überhaupt Willrich, Juden und Griechen 1895.
Dies Buch ist weiterhin immer gemeint, wenn nur der Name des Verfassers
genannt ist.

[3]) Diese Nachricht fließt aus trüben Quellen. Im Aristeasbrief steht, der
König, milde zugleich und energisch, habe eine Menge Leute aus Syrien teils
als Ansiedler, teils als Kriegsgefangene nach Ägypten gebracht, darunter
100000 Juden, von denen er 30000 Männer bewaffnete und als Besatzungen
in den festen Plätzen verwendete. Pseudohekatäus (contra Ap. 1, 186 vgl. 194)
sagt, nach der Schlacht von Gaza hätten sich viele Leute aus Syrien dem
Ptolemäus wegen seiner Leutseligkeit angeschlossen und seien nach Ägypten
gezogen, darunter auch der 66jährige Hohepriester Ezechias. Bei Diodor heißt
es 19, 85, Ptolemäus habe nach der Schlacht von Gaza 8000 kriegsgefangene
Soldaten des Demetrius nach Ägypten geführt, und weiter 19, 86, er sei ein
wolwollender milder Herr gewesen: hierin vermutet Willrich den Ausgangspunkt
für die Fälschungen der jüdischen Literaten.

hinausgelockt, namentlich in die Weltstadt Alexandria; ihr Talent
zum Handel entdeckten sie in dieser Zeit. Fest steht, daß sie
bereits unter dem zweiten und dritten Ptolemäer nicht bloß in
Alexandria, sondern auch in andern ägyptischen Städten und
Dörfern gewohnt haben ¹). Sie schmiegten sich nicht den Kopten
an, sondern den Griechen; sie trugen vereinzelt neben ihren hebräischen auch schon griechische Namen ²). Verhältnismäßig schnell
vertauschten sie die aramäische mit der griechischen Sprache und
gebrauchten sie sogar im Gottesdienste. In Alexandria wurden
ihre heiligen Bücher in ein Griechisch übertragen, welches im Bau
der Sätze und im Gebrauch der Partikeln und Metaphern freilich
durchaus hebräisch war. Wann dies geschah, läßt sich leider nicht
mit Sicherheit bestimmen. Der Anfang wurde jedenfalls mit dem
Gesetze gemacht, der Name Septuaginta bezieht sich eigentlich nur
auf den griechischen Pentateuch. Die vier großen und die zwölf
kleinen Propheten können erst nach den makkabäischen Kriegen
übersetzt worden sein, ebenso auch die Psalmen ³). Das älteste
Zeugnis dafür, daß das Gesetz und die Propheten und noch andere
väterliche Schriften griechisch vorhanden waren, stammt von dem
Enkel des Jesus Sirach, der im Jahre 132 nach Ägypten kam ⁴).

Die Diaspora vermehrte sich durch fremde Elemente, die sich
ihr anschlossen, meist aus den niederen Klassen; zu den Juden

---

¹) Papyri aus dem dritten Jahrhundert nennen ein Dorf Samareia im
Faijum, unterscheiden Juden und Hellenen als Bewohner eines Dorfes Psenyris
ebendaselbst, führen Namen jüdischer und syrischer Arbeiter auf. Ein Ptolemäer verleiht in der Inschrift C. I. G. III suppl. 6583 einer jüdischen Proseuche
die Asylie; welcher gemeint ist, ist nicht ganz sicher.

²) [Ἀρχ]ίδημος ὃς καὶ συριστὶ Ἰωναθᾶς Flinders Petrie pap. ed. Mahaffy 2,23.

³) Das Buch Daniel, die Kapitel Zach. 9—14 und das Stück Isa. 19,26—25,
ferner die Psalmen 44. 74. 79. 83 149 u. a. sind nicht viel früher verfaßt, also
auch nicht früher übersetzt.

⁴) Der Aristeasbrief kann nicht vor dem ersten Jahrhundert (ante Chr.
nat.) angesetzt werden, wie Willrich nachweist. Jüdische Häfen im Plural —
darauf kommt es an, nicht auf die einzelnen Namen, die genannt werden —
hat es erst seit Jannäus gegeben, und die griechischen Eigennamen bei den
palästinischen Juden sind erst spät gewöhnlich geworden. Die übliche frühe
Datirung von Eupolemus und Demetrius steht auf schwachen Füßen. Der
jüdische Philosoph Aristobulus (2 Macc. 1, 10) ist dem Josephus unbekannt,
sonst hätte er ihn gegen Apion zu Felde geführt; dies Stillschweigen kann
nicht als unerheblich angesehen werden.

kamen die Judengenossen hinzu. Der Schweif verwuchs nach einiger Zeit mit dem Kern, ergänzte sich aber immer aufs neue. Die werbende Kraft der Juden war andersartig und auf die Länge viel wirksamer und nachhaltiger als etwa die der Phönizier und Ägypter, die ebenfalls in ihren Siedelungen Propaganda für ihre Kulte machten; nur die Samariter konnten halbwegs mit ihnen wetteifern. Was die Heiden anzog, war erstens der Monotheismus, auf den sie bereits einigermaßen vorbereitet waren, und sodann das feste geschlossene Wesen der Juden, das ihnen den Halt bot, dessen sie bedurften. Die Zeit war wüst und unheilig, friedlos und müde. In der Geschichte wirkten weder Götter noch Völker mehr, sie wurde von Strategen und Politikern gemacht, mit berechneten und durchaus materiellen Mitteln, mit Soldaten und Schiffen, mit Heiraten und Meuchelmorden, und nicht zum wenigsten mit Geld. Die alten beschränkten Kreise und mit ihnen die geweihten Bande des Lebens waren zersprengt. Über den gestürzten Fundamenten und den verrückten Grenzen, befördert durch das allgemeine Durcheinanderwandern, entstand ein geistiges Chaos. Die Welt bot keine Heimat, man mußte sie in der Seele suchen. Das Bedürfnis nach innerem Glück und Frieden wurde in weiten Kreisen gefühlt. Dem kam die Philosophie entgegen. Sie war damals nicht mehr aristokratische Wissenschaft, sondern eine Anweisung zum glückseligen Leben für Hoch und Nieder. Die Philosophen bauten dem Heiligen in der Menschenbrust Altar und Thron, als es draußen mit Füßen getreten oder zu Spiel und Aberglauben erniedrigt wurde. In ihre Schulen und Vereine flüchteten sich Tausende, die um der Welt willen ihre Seele nicht verlieren wollten. Dem Bedürfnis der Zeit kam aber auch die jüdische Religion entgegen. Sie hatte mit der Popularphilosophie das gemein, daß sie ebenfalls nach dem höchsten Gut und der gottgewollten Führung des Lebens fragte; nach damaligen Begriffen war sie selber Philosophie[1]), sie paßte besser für diejenigen, die nach Massivem Verlangen hatten und das Absurde gern mit in Kauf nahmen. Dazu kamen aber wesentlichere Vorzüge. Die Juden empfanden unbeirrter als die griechischen Philosophen, daß das Reale nicht Abstraktum ist, sondern Individuum. Sie setzten nicht die Idee an Stelle des Geistes. Sie faßten das Göttliche

---

[1]) Vgl. die Anekdote bei Ioseph. contra Ap. 1, 177—181.

nicht bloß als Kraft oder Eigenschaft auf, sie glaubten an einen wirklichen und lebendigen Gott, der richtete und half. Und auch die Heimat, welche sie hatten, befriedigte mehr als die, welche die Philosophie gewährte. Sie hielten viel enger zusammen als die philosophischen Vereine, nicht bloß an ihren einzelnen Wohnorten, sondern in der ganzen Welt. Wo sie sich auch aufhalten mochten, behielten sie Fuß in Sion. Sion repräsentirte die ideale Einheit der Theokratie, die sich über der Diaspora erhob und sie fest umschloß. Die jüdische Kirche erwies sich stärker als die griechischen Schulen.

Die beiden geistigen Mächte, die im Stillen an der Arbeit waren aus der gegenwärtigen Verwitterung und Verwesung eine neue Zukunft vorzubereiten, gingen nun nicht neutral neben einander her, sondern sie trafen zusammen. Die Berührung fand aber nicht auf den Höhen statt, sondern in den niederen Regionen, zwischen dem Allerweltsgriechentum und dem Allerweltsjudentum; der Geist hat auch abseits der Straße des Lehrens und Lernens seine Kommunikationswege. Vor allem ist der Einfluß der griechischen Sprache hoch anzuschlagen, sie führte die Juden in eine neue Begriffswelt ein[1]). Denn die Juden waren in diesem Verhältnis vorzugsweise die Empfangenden. Jedoch verloren sie sich dabei nicht selber, sie nahmen die dargebotenen Bildungsmittel einer höheren Kultur mehr in ihren Dienst, als daß sie sich davon innerlich beherrschen ließen. Es entstand eine eigentümliche Mischung, deren lächerliche und häßliche Züge über ihre weltgeschichtliche Wichtigkeit nicht täuschen dürfen. Dies war der Boden, auf dem das Evangelium (nicht entstanden, aber) eingepflanzt und die Kirche erwachsen ist.

Die Diaspora hat sich anfangs auf Ägypten beschränkt; über Syrien und Kleinasien hat sie sich erst ausgedehnt, seit die Juden unter die Herrschaft der Seleuciden kamen. Wenn Josephus ihre Ansiedlung in Antiochia dem Seleucus I. zuschreibt, ebenso wie die in Alexandria dem Alexander, so schiebt er das, was im Verlauf der Periode geschehen ist, in ihren Anfang zurück, nach bewährtem Muster. An einer Stelle[2]) sagt er selber, sie hätten vor-

---

[1]) Die Bekanntschaft einzelner hervorragender Juden mit den edlen Erzeugnissen der klassischen Literatur ist späteren Datums und bleibt für uns hier außer Betracht.

[2]) Bellum 7, 44.

zugsweise nach dem Tode des Antiochus IV. in der syrischen Hauptstadt unbehelligt wohnen dürfen — freilich auch nicht auf grund von Überlieferung, sondern von Vermutung. Aus dem ersten Makkabäerbuche ergibt sich, daß es noch im Jahre 145 in Antiochia keine anderen Juden gab als die 3000 Mann, welche Jonathan auf Bitten des Königs Demetrius dorthin gesandt hatte, und daß auch in dem ursprünglich ägyptischen Cölesyrien die Zahl der Juden außerhalb Judäas, z. B. in Galiläa, geringfügig war; Antiochus IV. hat einfach deshalb die Diaspora nicht mit verfolgt, weil er in seinem Bereiche keine vorfand[1]). Josephus behauptet ferner, Alexander habe die jüdischen Ansiedler in Alexandria[2]), Seleucus I. die in Antiochia und in seinen anderen Gründungen von vornherein der herrschenden Klasse, den Makedoniern, gleich-gestellt[3]). Das kann ebensowenig richtig sein; es widerspricht allem, was wir sonst über die politische Stellung der Diaspora-gemeinde wissen, namentlich aus den römischen Edikten seit Julius Cäsar, welche die hergebrachten Rechte dieser Gemeinden schützen und sie nicht etwa beschneiden, sondern eher vermehren[4]). Dar-nach waren die Juden fest organisirt und wohnten häufig in be-sonderen Quartieren zusammen; ihre Vereine waren vom Staate anerkannt und ebenso ihr Kultus, auf den sich jene gründeten. Sie genossen allerlei Privilegien und Freiheiten, um ihre religiösen Obliegenheiten erfüllen zu können; sie hatten in gewissen Grenzen auch eigene Jurisdiktion, weil ihre Religion mit dem Recht unzer-trennlich verbunden war; sie durften die im Gesetze Moses ge-botene Kopfsteuer für den Tempeldienst (das Didrachmon) erheben und nach Jerusalem abführen. Sie waren also in der Tat bevor-zugt, aber das eigentliche Bürgerrecht, das Recht am Stadtregiment,

---

[1]) 1 Macc. 11, 47. Kap. 5. Dagegen gehört 1 Macc. 15, 22—24 zu einer Interpolation. Der Befehl des Antiochus III. an seinen Strategen Zeuxis, 2000 jüdische Familien im inneren Kleinasien anzusiedeln (Ant. 12, 148 ss.), betrifft nicht palästinische, sondern babylonische Juden; die Urkunde ist übrigens ver-dächtig, weil die Namen der Kolonien nicht angegeben werden.

[2]) Contra Ap. 2, 35. Bell. 2, 487.

[3]) Ant. 12, 119 s. Ap. 2, 39.

[4]) Willrich hat mit seinem Urteil (zuletzt in den Beiträgen zur alten Geschichte 3, 403 ss.) über die angebliche Isopolitie der Juden in Alexandria u. s. w. Recht. Andere (Mommsen, Niese, Duchesne) sind freilich in diesem Punkt schon vor ihm der selben Meinung gewesen, haben sie aber nicht so entschieden polemisch geäußert.

hatten sie nicht nnd konnten es nicht haben, da sie ja selber von dem gemeinen Wesen und dem öffentlichen Kultus sich ausschlossen[1]. In den Grundzügen war ihre Stellung überall die gleiche, als flösse sie aus der Natur der Sache; daß sie nun grade in den hellenistischen Hauptstädten ganz anders gewesen sein soll, läßt sich schwer annehmen. Wie sollten die Juden in Alexandria Antiochia Ephesus das Vollbürgerrecht besessen haben, wenn sie es sogar in der von ihrem eigenen Könige in ihrem eigenen Lande angelegten Hafenstadt Cäsarea vergebens beanspruchten? Man wird dem Josephus nicht Unrecht tun[2], wenn man ihm zutraut, daß er unbescheidene Ansprüche zu verbrieften Rechten erhoben hat. Es ist verdächtig, daß diese Rechte nicht allgemein anerkannt sind, sondern demonstrirt werden müssen. Daß die Juden in Alexandria Antiochia Ephesus und in allen jonischen Städten die Isopolitie mit den Macedoniern teilen, soll daraus folgen, daß sie sich Alexandriner, Antiochener, Ephesier usw. nennen, und daraus, daß sie eine Entschädigung erhalten, wenn sie in den öffentlichen Bädern sich nicht mit heidnischem Öle salben[3]. Es soll freilich auch aus Erlassen Alexanders und der Diadochen hervorgehn, aber diese werden nicht irgendwie näher bezeichnet, und sie sind nicht bloß

---

[1] En dehors de l'assimilation religieuse, il était impossible de faire d'un Juif un véritable Grec, un citoyen d'une ville hellénique. Il y avait donc là un obstacle. On le tourna en s'abstenant d'introduire les colons juifs dans le corps des citoyens, et en se bornant à leur donner, parmi les non-citoyens, une situation privilégiée. Ils eurent, ce que n'avaient point, par exemple, les Syriens à Antioche et les Égyptiens à Alexandrie, une organisation administrative et judiciaire tout à fait à part. La communauté juive obéissait à des chefs spéciaux, choisis parmi ses membres; c'était comme une cité de second ordre, intermédiaire entre la cité hellénique et la population sujette. De plus, il fut prescrit de respecter leurs scrupules religieux: on ne peut les contraindre à violer le sabbat, p. e. pour comparaître en justice; on les exempta de certaines charges qui leur répugnaient, comme le service militaire. (Duchesne, Origines 1889 p. 2).

[2] Während Apio es den Juden in Alexandria zur Schande anrechnet, daß sie in einem entlegenen Quartier am hafenlosen Strande für sich wohnten, sieht Josephus das als eine ihnen von Alexander oder den Diadochen erwiesene Ehre an: sie seien in der Nähe der Königsburg angesiedelt. Ap. 2, 33. 35, Bell. 2, 488.

[3] Ap. 2, 38. 39 (abweichend davon und auch von Ant. 19, 281 wird § 36 behauptet, sie trügen den Namen Macedonier). Ant. 12, 120. Zu 2 Macc. 4, 9. 19 (die Jerusalemer durften sich Antiochener nennen) vergleicht man „die

dem Apio, sondern auch dem Philo unbekannt[1]). Nikolaus von Damaskus beruft sich vor Agrippa nur auf die römischen Edikte, welche den Juden keineswegs die volle Politie gewähren. Josephus selber muß zugestehn, daß nur diese unanfechtbar seien[2]). In mehr als einem Falle sieht man, wie er unbestimmte Ausdrücke vom Positiv zum Superlativ steigert und von Recht und Wohnungsbefugnis in raschem Übergange zu Vollrecht und Bürgerthum gelangt[3]).

3. Über den Hellenismus in Jerusalem während der ägyptischen Periode sind wir nicht unterrichtet. Von allgemeinem und tiefgehendem Einfluß scheint er in jener Zeit dort nicht gewesen zu sein[4]). Eine Gefahr für das palästinische Judentum wurde er

---

Antiochener in Ptolemais" auf den Münzen von Akko. Niese a. O. 3, 228 will die Angabe so erklären, daß die Stadt Jerusalem zu Ehren des regierenden Königs Antiochus IV. den Namen Antiochia angenommen habe. Akko hat aber den Namen Ptolemais beibehalten.

[1]) Der Kaiser Claudius hat sich nach Ant. 19, 281 überzeugt, wahrscheinlich durch den König Agrippa, daß die Juden in Alexandria von den Diadochen mit der Isopolitie begabt seien; er selber bestätigt ihnen aber nur ihre gewöhnlichen religiösen Privilegien, und weiter verlangen sie auch nichts. In den Worten Ant. 12, 125 „das Bürgerrecht, welches Antiochus der Enkel des Seleucus ihnen gab" bezieht sich ihnen nicht auf die Juden, sondern auf die Jonier in Ephesus.

[2]) Ant. 14, 187.

[3]) Den Schritt von der $\varkappa \alpha \tau o \acute{\iota} \varkappa \eta \sigma \iota \varsigma$ oder der $\mu \epsilon \tau o \iota \varkappa \acute{\iota} \alpha$ zur $\acute{\iota} \sigma o \pi o \lambda \acute{\iota} \tau \epsilon \iota \alpha$ hält er für unbedeutend (Bell. 2, 487. 7, 44). Zu Alexandria und Antiochia standen auf ehernen Tafeln geschrieben die $\delta \iota \varkappa \alpha \iota \acute{\omega} \mu \alpha \tau \alpha$ der Juden (Ap. 2, 37. Bell. 7, 100ss.); diese spezifisch jüdischen $\delta \iota \varkappa \alpha \iota \acute{\omega} \mu \alpha \tau \alpha$ verwandelt er Ant. 14, 188. 12, 221 in das alexandrinische und antiochenische Bürgerrecht schlechthin.

[4]) Der Prediger zeigt keine nähere Bekanntschaft mit dem epikuräischen oder einem andern System. Doch ist damit nicht ausgeschlossen, daß er Anregungen unbestimmter und allgemeiner Natur von der griechischen Philosophie bekommen hat. Dieselben haben dann eine ganz interessante Verwirrung in seinem Geiste angerichtet, die für uns durch die Verwirrung des Textes noch vergrößert wird. Des vergeblichen Kopfzerbrechens endlich müde, beschließt er sich beim Hergebrachten und Gewöhnlichen zu beruhigen. Alles ist eitel, sowol die praktischen als die theoretischen Versuche, die auf das Lebensglück gerichtet sind: am meisten doch die Theorie, das Nachdenken und Forschen, und das viele Bücherschreiben. In Ps. 119, 99 scheint das Gesetz der griechischen Modeweisheit, die sich auch den Juden (== Ich) aufdrängte, entgegengesetzt zu werden. Es ist freilich nicht ausgemacht, daß der Prediger und Ps. 119 aus vorseleucidischer Zeit stammen. Aber auch Jesus Sirach hat schon einen großen Zorn gegen die Griechen.

erst während der syrischen Periode. Damals fand er, von Antiochia aus, Eingang bei den oberen Ständen, und zwar in einer äußerlichen, faulen und frivolen Form. Die leitenden Männer traten in Beziehung zum Hof und zu der Hofgesellschaft; sie lernten, wie das Regieren gemacht werde und was das Leben sei. Der glänzende Firnis der fremden Kultur blendete sie, der Luxus und das Vergnügen zog sie an. Die Welt ladete sie ein, und sie setzten sich mit an den Tisch.

Gegen Ende des dritten Jahrhunderts drohte der Zusammenbruch des ägyptischen Reiches, während die seleucidische Macht sich glänzend erhob. Die Juden scheinen die Zeichen der Zeit erkannt und sich dem kommenden Manne zugeneigt zu haben[1]). Durch den Sieg über Skopas bei Panium gewann Antiochus III. die Herrschaft über Palästina. Es heißt, daß die Jerusalemer ihn freundlich empfingen, als er sich ihrer Stadt nahte, für den Unterhalt seines Heeres sorgten und ihm bei der Belagerung der noch in ägyptischen Händen befindlichen Burg halfen, und daß er sich dafür erkenntlich erwies durch allerlei Gnaden und Hulden, die er gewährte oder bestätigte[2]). Sie konnten glauben einen guten Tausch gemacht zu haben. Aber die Herrlichkeit dauerte nicht lange. Die Niederlage von Magnesia knickte die Macht der Seleuciden für immer. Antiochus mußte Kleinasien bis zum Taurus abtreten und sich zur Zahlung einer ungeheuren Buße verstehn. Bei dem Versuche, sich an dem Schatze eines reichen elymäischen Tempels zu erholen, kam er um und hinterließ die Abtragung der Kriegsschuld seinen Erben. Es folgte ihm zuerst Seleucus IV. (187—175), dann dessen Bruder Antiochus IV. Epiphanes (175—164[3]). Die Geldnot der Könige fiel den Untertanen zur Last, und auch die Juden mußten ihr Teil tragen. Die Abgaben waren mannigfalt und hoch[4]); es wurde dafür aber gewöhnlich eine Aversionalsumme ge-

---

[1]) Dan. 11, 14.

[2]) Ant. 12, 138ss. Die Urkunde erklärt auch Niese (2, 579) für äußerst verdächtig nach Form und Inhalt.

[3]) Vgl. über die Chronologie der seleuc. Könige Niese im Hermes 1900. p. 491ss. und Straßmaier in der Ztschr. für Assyriologie 1893 p. 106ss.

[4]) Angaben darüber, aber schwerlich authentische, finden sich Ant. 12, 142. 1 Macc. 10, 29—31. 11, 34. 35. Die Kranzsteuer, welche Ant. 12, 142 neben der Kopfsteuer erwähnt wird, bestand in Ägypten schon unter Ptolemäus II.; vgl. Wilcken, griech. Ostraka 1, 295ss.

zahlt, d. h. die Steuer verpachtet. Der Regel nach pachtete sie
der Hohepriester, doch konnten es auch andere tun. Es war ein
Geschäft dabei zu machen, man steigerte sich in Angeboten an
die Oberherrschaft um den Zuschlag zu erhalten. Daraus entstand im Schoße der jerusalemischen Aristokratie ein Zwist, der
die gefährlichsten Folgen hatte. Simon II., der Sohn des Onias II.[1]),
war der letzte Hohepriester, der seine Autorität noch vollkommen
behauptete ($\pm$ 200). Nach seinem Tode wurde die Stellung der
legitimen hohenpriesterlichen Familie erschüttert, namentlich durch
das Emporstreben eines Seitenzweiges, der Tobiaden.

Über das Aufkommen dieser Familie teilt Josephus (Ant. 12,
154ss.) folgenden Bericht mit. Zur Zeit des Ptolemäus und der
Kleopatra säumte der alte Hohepriester Onias aus Geiz den Tribut
zu . zahlen. Gegen die Drohung von Ptolemäus' Abgesandten
Athenion war er taub und brachte dadurch die Gemeinde in große
Aufregung. Er hatte aber einen Schwestersohn, Joseph den Sohn
des Tobias. Dieser junge Mann legte sich ins Mittel, beruhigte
den Athenion durch ein ansehnliches Geschenk und sagte ihm bei
seiner Abreise, er werde ihm bald selber nachreisen zum Könige.
Das tat er denn auch, nachdem er zuvor in Samarien etwa
20000 Drachmen sich geliehen hatte. Zufällig traf er unterwegs
zusammen mit den Vornehmen der syrischen Städte, die auch
nach Alexandria wollten; denn da wurden alle Jahr die Steuern
an die Vornehmen einer jeden Stadt verpachtet. Sie schätzten
den Juden gering und waren deshalb nicht wenig erstaunt, da sie
ihn als Gast des Hofes sahen. Er war durch Athenion empfohlen,
und hatte den König durch sein Wesen und seine Reden alsbald

---

[1]) Eine Hohepriesterreihe für die persische Periode steht Neh. 12, 22; sie
endigt mit Jaddua, dem angeblichen Zeitgenossen Alexanders. Auf diesen
läßt Josephus in der griechischen Periode folgen: Onias I. Sohn Jadduas (11,
347. 12, 226), Simon I. Sohn Onias' (12, 43), Eleazar Bruder Simons (12, 44),
Manasse Oheim Simons (12, 157), Onias II. Sohn Simons (12, 157) usw. Er
schöpft aber seine Kunde aus sehr zweifelhaften Quellen (Willrich p. 107ss.),
nur den Ezechias des Pseudohekatäus (contra Ap. 1, 186) ordnet er nicht mit ein.
Gut bezeugt ist erst Onias II. als Vater Simons II. Von diesem letzteren ent-
wirft der Siracide (Kap. 50) eine glänzende Schilderung, sein Bild steht ihm
lebendig vor Augen, namentlich wie feierlich er die Liturgie am großen Ver-
söhnungstage vollzog, und er schwelgt in der Erinnerung an ihn, da gegenwärtig die Verhältnisse in der Hierokratie nicht mehr so erfreulich sind (50,
23. 24 Hebr.).

für sich eingenommen. Bei der Versteigerung der Steuern betrug
die Summe der Einzelgebote der syrischen Vornehmen 8000 Talente.
Joseph bot 16000 für das Ganze und erhielt den Zuschlag, nachdem er unverlegen Ptolemäus und Kleopatra selber als seine Bürgen
genannt hatte. Mit 500 in Alexandria aufgenommenen Talenten
und mit 2000 Soldaten ging er nun an die Einziehung. Die Aska-
lonier wollten nicht zahlen, da tötete er zwanzig vornehme Steuer-
verweigerer und sandte ihr eingezogenes Vermögen an den Fiskus
ein. Ebenso verfuhr er in Scythopolis. Das gefiel dem Könige
und machte Eindruck auf die übrigen Städte, sie gaben was Joseph
forderte. Er erwarb sich ein großes Vermögen und deckte sich
den Rücken durch fortwährende Geschenke an Ptolemäus und
Kleopatra und an das Hofgesinde. Er behielt seine Stellung 22 Jahre
lang, bis zu seinem Tode. — Neben sieben älteren Söhnen hatte
Joseph noch einen jungen, von der Tochter seines Bruders Solymius
in Alexandria, die dieser ihm, damit er nicht sündige, statt einer
Tänzerin unterschob, und die er dann ehelichte. Er hieß Hyrcanus.
Es war sein Lieblingssohn, den Brüdern überlegen und von ihnen
gehaßt. Als zur Prinzengeburt in Alexandria gratulirt werden
mußte, war der Vater zu alt, die Brüder aber mochten nicht,
sondern rieten Hyrcanus zu schicken, den sie bei dieser Gelegenheit los zu werden hofften. Er ging hin, versehen mit einer Anweisung an den Verwalter Arion, bei dem der Alte 3000 Talente
liegen hatte. Er verlangte sofort nach seiner Ankunft in Alexandria
1000 Talente von ihm, und da Arion sie nicht zahlen wollte, legte
er ihn in Banden. Vor Ptolemäus gefordert verantwortete er sich
so, daß er dessen Gunst gewann. Er erhielt nun die 1000 Talente,
stach durch seine Geschenke die übrigen syrischen Gratulanten
gänzlich aus und brachte auch die Höflinge auf seine Seite, welche
die Brüder gegen ihn angestiftet hatten. Mit Empfehlungsschreiben
des Königs an Vater und Brüder und an die Beamten Cölesyriens
versehen kehrte er heim. Die Brüder, die ihn mit den Waffen
den Weg vertraten, besiegte er und tötete ihrer zwei. Da er jedoch
in Jerusalem sich nicht behaupten konnte, so wandte er sich über
den Jordan, baute nicht weit von Hesbon die Burg Tyrus, und
kämpfte mit den Arabern. Er herrschte über diese Gegend sieben
Jahre lang, die ganze Zeit der Regierung des Seleucus IV. Er
hatte zwar in Jerusalem Anhänger, die auch nach dem Tode seines
Vaters Joseph und des Hohenpriesters Onias für ihn Partei er-

griffen, aber er kehrte doch nicht dahin zurück, da die herrschende Majorität und der neue Hohepriester Simon gegen ihn waren. Aus Furcht, daß Antiochus IV. ihn wegen seiner Taten gegen die Araber strafen würde, legte er endlich Hand an sich selber. Antiochus konfiszirte sein Vermögen.

Es sind hier zwei Berichte mit einander verbunden, über Joseph ben Tobia und über Hyrcanus, seinen Jüngsten. Beide enthalten manche anekdotische Züge, die in dem obigen Referat übergangen oder nur kurz angedeutet sind. Die Jugendgeschichte tritt übermäßig hervor und ähnelt sich sehr bei Vater und Sohn: beidemal steht der unternehmende Junge dem geizigen Alten gegenüber, beidemal sticht er durch sein flottes Auftreten seine Konkurrenten bei Hof aus. Der Anlaß, weshalb Joseph an den Hof geht, ist doppelt angegeben: er kommt um den Zorn des Königs über den alten Onias zu besänftigen, und er kommt zugleich mit den syrischen Steuerpächtern. Ganz unmotivirt ist es, daß Hyrcanus als Deputirter nach Alexandria geht und als Feind seines Vaters und seiner Brüder wiederkommt, daß in der Zwischenzeit sich in Jerusalem alles verändert hat. Das hängt mit der unmöglichen Chronologie zusammen. Alles spielt unter Ptolemäus V.; ein alter Interpolator sucht ihn zwar in Ptolemäus III. zu verwandeln, aber dieser war nicht der Gemahl der Kleopatra und reichte auch nicht bis an Seleucus IV. Unter Ptolemäus V. und Kleopatra (seit 193) konnte nun Joseph kein ägyptischer Steuerpächter in Cölesyrien sein; denn damals hatten die Seleuciden und nicht die Ptolemäer Cölesyrien zu besteuern; die Behauptung, daß sich die beiden Mächte in die Einkünfte des Landes geteilt hätten, ist eine Verlegenheitsauskunft des Josephus, die den Voraussetzungen der Erzählung selber nicht gerecht wird. Da Ptolemäus V. 181 starb, so ist auch zwischen 193 und 181 kein Raum für die 22 Jahre Josephs, noch weniger für das Aufwachsen Hyrkans, der, obwol erst einige Jahre nach 193 geboren, doch schon 182 bei dem Geburtsfest des ägyptischen Prinzen als Gratulant bei Hofe erscheint und sogar zu Anfang der Regierung des Seleucus IV.[1] d. h. 187 in die Moabitis entweicht, an stelle seines plötzlich in kürzester Frist zum Greise gewordenen Vaters. Endlich kann Onias II., dessen anfänglich großer Altersunterschied zu seinem

---

[1] die nur zu 7 Jahren gerechnet wird.

Neffen Joseph sich zum Schlusse völlig ausgeglichen hat, nach 193
nicht mehr im Amte gewesen sein; schon etwa 200 war sein Sohn
Simon Hoherpriester und ward es nicht erst unter Seleucus IV.
Die Erzählung ist also im ganzen unhistorisch, wenngleich darum
nicht wertlos. Nur gegen den Schluß wird sie historischer, seit
Seleucus IV. und Antiochus IV. auftreten und über das Ende des
aus der Art geschlagenen, hochfliegenden und seiner Sippe ver-
feindeten Hyrcanus berichtet wird. Er mußte aus Jerusalem weichen,
weil er gegen die dortige, von den Seleuciden bestätigte Regierung
eine Erhebung versucht hatte, und gründete sich eine Tyrannis im
Ostjordanlande, konnte sich dort aber gegen Antiochus IV. nicht
halten und endete im Selbstmord. Im 2. Makk. 3 ist von Geldern
die Rede, welche er im Tempel von Jerusalem deponirt hatte. Er
wird dort der Sohn des Tobias, nicht des Joseph genannt. Das
kann indessen Abkürzung sein. Man braucht daran nicht zu zweifeln,
daß Joseph der Sohn des Tobias der eigentliche Begründer der
Familie war. Aber dem Wesen nach ist der Vater Joseph weiter
nichts als der Inbegriff seiner Söhne, die ihm zugeschriebenen Taten
sind nur der Reflex von dem Treiben der Tobiaden, die unter
Seleucus IV. und Antiochus IV. mittelst des Hebels der Steuerpacht
die alte hohepriesterliche Familie aus dem Sattel hoben, speziell
den Hohenpriester Onias, und zwar nicht den zweiten, sondern den
dritten.

Über diese wichtigen Vorgänge, die Vorgeschichte des makkabäischen Aufstandes, schweigt sich das erste Makkabäerbuch vollkommen aus, weil sie höchst unerfreulich waren. Wir erfahren
darüber näheres nur aus dem zweiten Makkabäerbuch, das sich
vielfach als unzuverlässig zeigt wo man es kontrolliren kann, und
also auch da Mistrauen verdient wo man es nicht kontrolliren
kann[1]). Der Bericht lautet wie folgt.

---

[1]) Nieses eingehende Kritik der beiden Makkabäerbücher im Hermes 1900
p. 268 ss. 453 ss. hat mich zwar vielfach belehrt, aber nicht überzeugt, daß
das zweite Buch älter sei als das erste und den Vorzug verdiene. Nur das räume
ich bereitwillig ein, daß auch das erste Buch nicht frei von Tendenz ist und
namentlich die Kunst des Verschweigens übt, daß es in den Zahlen übertreibt
und nicht bloß den Ausdruck, sondern auch die Sachen nach biblischen Re-
miniscenzen stilisirt. Man darf also in der Tat nicht alles durch die Brille
des ersten Buches ansehen. Aber es bleibt trotzdem nichts übrig, als es zu
grunde zu legen. Auch Procksch (Theol. Lit.blatt 1903 p. 457 ss.) bringt mich
nicht von dieser Meinung ab.

Unter Seleucus IV. geriet ein gewisser Simon, Inhaber eines vornehmen Tempelamtes, mit dem Hohenpriester Onias über die Agoranomie in Streit. Er mußte nachgeben, rächte sich aber für seine Niederlage dadurch, daß er den geldbedürftigen König durch Apollonius Thrasäi, den Statthalter von Cölesyrien, auf die großen Summen aufmerksam machen ließ, die ungenutzt im Tempel lägen. Im königlichen Auftrage erschien nun der Reichskanzler Heliodor in Jerusalem, um einmal nachzusehen. Durch die Erklärung des Hohenpriesters, das Geld bestehe aus Depositen, besonders von Witwen und Waisen, ließ er sich nicht irre machen. Er drang in das Heiligtum ein, aber ein Wunder bewirkte, daß er unverrichteter Sache abziehen mußte. Simon war erbost und gab den Hohenpriester für den Urheber des Wunders aus, er intriguirte gegen ihn und stiftete einen Zwist in der heiligen Stadt an, der sogar zu Blutvergießen führte. Da nun Onias den Schaden sah, machte er sich auf zum Könige, nicht um sein Volk zu verklagen, sondern um Frieden und Ordnung herzustellen. Als aber Seleucus starb und Antiochus Epiphanes zur Regierung kam, trachtete Jason, Onias Bruder, nach dem Hohenpriestertum. Er bot dem neuen Könige 360 Talente, wenn er ihn in das Amt setze. Er bat außerdem um das Recht, in Jerusalem ein Gymnasium und Ephebeum zu errichten und den Einwohnern den Titel Antiochener zu verleihen, wofür er weitere 150 Talente zu zahlen sich verpflichtete. Er erreichte seinen Wunsch und hielt sein Versprechen. Er baute ein Gymnasium unterhalb der Akra, die Priester verließen den Altar um den Spielen zuzuschauen. Er sandte sogar 300 Drachmen zur Bestreitung eines Festopfers für den tyrischen Herkules, die jüdischen Überbringer schämten sich freilich und bestimmten das Geld zu anderen Zwecken. Der König befand sich damals selber zur Feier der vierjährigen Spiele in Tyrus und kam von da später auch nach Jerusalem, wo ihm ein glänzender Empfang bereitet wurde; es war die Zeit der Thronbesteigung des Ptolemäus VI. Philometor (nach dem Tode seiner Mutter Kleopatra, A. 173). Aber nach drei Jahren benutzte Menelaus, der Bruder Simons, das Vertrauen, das Jason ihm schenkte, um ihn zu stürzen. In seinem Auftrage nach Antiochia gesandt nahm er den König gegen ihn ein, bot 300 Talente mehr für das Hohepriestertum und wurde demgemäß ernannt. Nachdem er bestallt und Jason geflohen war, konnte er freilich das versprochene Geld dem Befehlshaber der syrischen Besatzung in der Akra nicht zahlen, der den Auftrag hatte es in Empfang zu nehmen. Darüber nach Antiochia vorgefordert, fand er den König bei seiner Ankunft abwesend auf einem Feldzuge gegen die Tarsier und Malloten, und den Andronikus an seiner Stelle. Diesen wußte er sich durch kostbare Geschenke günstig zu stimmen, die aus dem Tempel Jahves stammten. Die Sache kam aber dem abgesetzten Hohenpriester Onias zu Ohren, er begab sich nach Daphne und machte von da aus Lärm. Aber Andronikus lockte ihn aus dem Asyl heraus und tötete ihn dann treulos. Dieser Mord erregte jedoch allgemeinen und lauten Unwillen, nicht bloß bei den Juden. Antiochus selber war in der Seele betrübt, als er aus Cilicien zurückgekehrt von dem Frevel erfuhr; er jammerte und weinte und ließ sofort den Andronikus am Orte der Tat hinrichten. Inzwischen brach in Jerusalem ein Aufstand aus gegen den Stellvertreter des Menelaus, seinen Bruder Lysimachus, der ihm zu gefallen fortgesetzt den Tempel beraubte; Lysimachus wurde erschlagen. Drei Abgeordnete der Gerusia erschienen infolgedessen vor Antiochus in Tyrus, um die Jerusalemer zu rechtfertigen und die Schuld auf Menelaus zu werfen, der durch den von ihm angestifteten Tempelraub der wahre Urheber des Aufruhrs war. Die Sache stand schlimm für ihn; da half ihm das Geld, daß er freigesprochen und seine Ankläger hingerichtet wurden. Antiochus zog nun von Tyrus weiter nach Ägypten (A. 170). Es verbreitete sich das Gerücht, er solle tot sein. Daraufhin brach Jason mit 1000 Mann aus der Ammanitis hervor, wohin er sich geflüchtet hatte, bemächtigte sich Jerusalems und trieb Menelaus in die Akra. Er konnte sich aber nicht halten, da er die Jerusalemer als Feinde behandelte, floh wieder zurück und mußte endlich im Elend sterben. Als Antiochus den Vorfall hörte, zog er voll Zorn aus Ägypten heran, nahm Jerusalem mit Gewalt ein, wütete fürchterlich in der Stadt, und drang auch in den Tempel ein, wobei er Menelaus zum Wegweiser hatte.

Was in diesem Bericht über Onias III. erzählt wird, ist unhaltbar[1]. Onias geht nach Antiochia, um seine jerusalemischen Gegner zu verklagen: eine Handlungsweise, wegen deren der Erzähler ihn zu entschuldigen sucht und die in der Tat befremdlich ist bei

---

[1] Vgl. Gött. Gel. Anzeigen 1895 p. 951s.

dem rechtmäßigen Hohenpriester im Besitz der Macht. Dann verlieren wir ihn völlig aus den Augen. Es wird nicht gesagt, daß er in Antiochia geblieben oder zurückgehalten sei, wir hören nur, daß er ebendaselbst drei Jahre später ein blutiges Ende gefunden habe, und es bleibt uns überlassen zu schließen, daß er sich also wol bis dahin dort aufgehalten habe. Seine Ermordung ist angestiftet durch Menelaus, damit sein Tempelraub nicht ans Licht komme: es ist sehr unwahrscheinlich, daß dieser Tempelraub ihm zu einer großen Schuld angerechnet wäre, zumal die Absicht war, das vom Könige geforderte Geld zu beschaffen. Der Vollstrecker des Mordes ist kein geringerer als der Reichsverweser Andronikus, der dann selber zur Strafe hingerichtet wird, weil ganz Antiochia über die Schandtat entrüstet ist und der König selber demonstrativ darüber jammert. Alles ganz unbegreiflich. Daniel sagt nichts von der Sache[1]), auch Josephus weiß nichts davon. Andronikus nun gibt uns die Handhabe zur Lösung des Knoten. Diodor (30 7,2) sagt über ihn: Andronikus ermordete den Sohn des Seleucus und wurde dann selber hingerichtet; er gab sich zu einer gottlosen Handlung her und verfiel dann dem gleichen Schicksal wie der, gegen den er gefrevelt hatte; denn die Großen pflegen sich durch das Unglück der Freunde aus eigener Gefahr zu retten. Dazu Johannes Antiochenus (frgm. 58): Antiochus mistraute dem Sohne seines Bruders Seleucus und brachte ihn um durch die Hand Anderer, die er dann auch der Sicherheit wegen hinrichtete. Darnach ist es sehr wahrscheinlich, daß die Ermordung des Prinzen mit ihren Umständen im zweiten Makkabäerbuch auf den Hohenpriester übertragen ist.[2]) Für den Sohn des Seleucus paßt es, daß der Reichsverweser persönlich Hand an ihn legt, daß der König in das große Lamento um ihn von ganzem Gemüte und aus allen

---

[1]) Das jikkaret maschih Dan. 9, 26 bedeutet nach dem üblichen hebräischen Sprachgebrauch: das Hohepriestertum hört auf, nicht: ein Hoherpriester wird ausgerottet. Es entspricht als Ende dem ad maschih v. 25 als Anfang der Periode, wo Jerusalem unter der Herrschaft der legitimen Hohenpriester steht, wenngleich im Druck der Zeit. Mit dem negid berith Dan. 11, 22 ist nicht der Hohepriester gemeint. Vgl. Renan 4, 358, Baethgen ZATW 1886 p. 280.

[2]) Den Andronikus 2 Macc. 4, 34 fallen zu lassen und das Übrige, dem von Andronikus Getanen merkwürdig Analoge, beizubehalten, scheint mir eine vollkommen unerlaubte und unnötige Auskunft zu sein.

Kräften einstimmt, und daß er das vornehme Werkzeug des Mordes sofort aus dem Wege räumt. Davon, daß er Zuflucht in Daphne gesucht habe, sagt das Fragment bei Diodor zwar nichts — dafür ist es Fragment. Onias, der Sohn des Simon, ist nicht ermordet, sondern im Jahre 170 vor Antiochus nach Ägypten geflohen. So berichtet Josephus im Bellum, das mit Recht für zuverlässiger gilt als die Antiquitäten, an zwei Stellen (1,33. 7,423). Auch Theodorus von Mopsuestia sagt zu Ps. 55, daß Onias III., da er das Übel in Jerusalem um sich greifen sah, von dort nach Ägypten geflohen sei und den Tempel von Leontopolis gebaut habe; er korrigirt in diesem Punkte die Erzählung von 2. Macc. 3. 4, der er sonst getreulich folgt[1]).

Völlig unbrauchbar ist darum der Bericht von 2. Macc. 3—5 doch nicht. Die Chronologie ist in Ordnung, die Grundzüge der Situation und auch einzelne Angaben erscheinen glaublich und werden durch anderweitige Daten, die allerdings sehr sparsam fließen, bestätigt. Unter Vergleichung dieser anderweitigen Daten kann man sich etwa folgende Vorstellung von dem Verlaufe der Dinge machen.

In Jerusalem befeindeten die Tobiaden[2]) den Hohenpriester Onias III. und suchten ihn zu verdrängen. Sie schoben seinen Bruder Jason gegen ihn vor, da ihnen selber die oberste Würde zunächst noch unzugänglich erschien, weil sie nicht von der erbberechtigten Familie waren. Jason erbot sich zur Steigerung des jährlichen Tributs oder, was auf eins hinausläuft, der Steuerpacht, und erhielt die Stelle. Dies geschah im Jahre 173, als nach dem Tode der Kleopatra das Verhältnis zwischen Syrien und Ägypten sich feindlich zuspitzte. Es ist darum möglich, daß bei Antiochus IV. auch die Verdächtigung gegen Onias ausgespielt wurde, er neige zu Ägypten, wenngleich Onias in Wirklichkeit wol erst

---

[1]) Baethgen ZATW 1886 p. 274 ss. Ebenso heißt an zwei Stellen des Talmud der Gründer des Tempels von Leontopolis Onias Simonis und nicht Onias Oniae; s. J. Derenbourg, Palestine (1867) p. 49. 52.

[2]) Daß Simon und Menelaus Tobiaden sind, geht aus Jos. Bell. 1, 31 ss. hervor und aus der Legende von Joseph ben Tobia. Mit der Erblichkeit des Hohenpriestertums scheint es in der Praxis nicht so streng gehalten worden zu sein wie in der Theorie; Streitigkeiten waren dadurch zu keiner Zeit ausgeschlossen. Übrigens wird möglicherweise den Tobiaden die priesterliche Abkunft mit Unrecht bestritten (2 Macc. 3,4: von Benjamin d. h. aus Jerusalem, aber nicht von Levi und Aharon).

durch das Vorgehen des Antiochus gegen ihn auf die Seite seiner
Feinde, d. h. der Ptolemäer, gedrängt wurde. Jason regierte bis
zum Jahre 171[1]). Nachdem er den Tobiaden drei Jahre vorgearbeitet hatte, glaubten sie den letzten Schritt wagen zu dürfen,
um an das Ziel ihres Ehrgeizes zu gelangen. Menelaus, ihr da-
maliges Haupt, wußte den König durch das alte erprobte Mittel
zu bewegen, daß er ihn in das höchste Amt einsetzte. Als aber
Antiochus auf seinem ersten Zuge in Ägypten war[2]) und das Gerücht von seinem Tode in Jerusalem Glauben fand, sah sich Menelaus seiner einzigen Stütze beraubt. Unter diesen Umständen
muß Onias noch einmal wieder zurückgekommen sein und sich
der obersten Gewalt bemächtigt haben[3]). Menelaus floh mit den
Tobiaden zu Antiochus, und dieser zog auf dem Rückwege von
Ägypten über Jerusalem, um ihn wieder einzusetzen[4]). Gegen ihn
konnte sich Onias natürlich nicht halten. Er ging nach Ägypten

---

[1]) 2 Macc. 4, 23. Nach Dan. 9, 26. 27 hat nicht vor 171 die Linie der
rechtmäßigen Hohenpriester aufgehört und die Regierung des Menelaus angefangen. In 2 Macc. 1, 7 ist von der Absetzung des Jason durch Antiochus
im Jahre 171 die Rede; βασιλεία kann nichts anderes sein als die Herrschaft
(die Ethnarchie), und ἀπέστη bedeutet dann so viel wie ἐξέπεσεν. Vgl. zur
Chronologie noch p. 266 n. 3.

[2]) Der Verfasser des Buches Daniel, ein Zeitgenosse, der es genau wissen
mußte, kennt nur zwei ägyptische Feldzüge des Antiochus (der dritte Dan.
11, 40 ist unerfüllte Weissagung), ebenso der des ersten Makkabäerbuchs.
Damit sollte die Frage, ob zwei oder drei ägyptische Feldzüge anzunehmen
sind, billiger Weise für entschieden gelten.

[3]) In diesem Punkte muß man die Darstellung von 2 Macc. 5 korrigiren,
wenn man von da Anschluß an Bellum 1, 31 ss. erreichen will. Vielleicht
jedoch ist es richtig, daß auch Jason damals noch einmal in Jerusalem aufge-
taucht ist. So gewinnt man Raum, den markantesten und schwerlich hinter-
grundslosen Zug der Bagosesgeschichte (p. 192) einzusetzen, daß nämlich Johannes seinen Bruder Jesus im Streit an heiliger Stätte erschlägt; man müßte
dann annehmen, daß Onias den Jason aus dem Wege geräumt hat um selbst
sein Recht geltend zu machen. In 2 Macc. 5 fällt es auf, daß Jason nicht
vor Antiochus flieht, sondern einer Volksbewegung weicht: diese mag den
Onias emporgetragen haben. Die Irrfahrten Jasons 2 M. 5, 7—10 nehmen sich
romanhaft aus.

[4]) Die Situation von Bellum 1, 31 ss. entspricht nicht der von 2 Macc. 3. 4,
sondern der von 2 Macc. 5 und Ant. 12, 239 s. Es handelt sich nicht um die
erste Einsetzung, sondern um die Restitution des Menelaus und der Tobiaden.
Menelaus, von einem legitimistischen Rivalen vertrieben, ist zu Antiochus geflüchtet und wird von diesem retablirt.

zum Könige Ptolemäus VI. Philometor, begleitet von zahlreichen Emigranten, die zu seiner Partei gehörten. Er ward der Gründer des Tempels von Leontopolis im heliopolitanischen Gau, wo sich an illegitimer Stätte das legitime Hohepriestertum fortpflanzte, während an der legitimen Stätte von Jerusalem die späteren Hohenpriester samt und sonders illegitim waren[1]). Die Flucht des Onias und das Einrücken des Antiochus in Jerusalem geschah im Jahre 170[2]).

Diese Wirren brachten nun zugleich eine schwere innere Krisis zum Ausbruch. Jason bat den König um Erlaubnis, griechische Einrichtungen und Sitten in Jerusalem einführen zu dürfen; er hätte ihm kein willkommneres Zugeständnis machen können. Der Boden war vorbereitet, viele Juden hielten die Zeit für gekommen, die lästigen und barbarischen Bräuche der Väter aufzugeben und gebildet zu werden wie die Griechen. Jason ist nicht plötzlich und nicht im vollen Widerspruch zu der öffentlichen Meinung von den Traditionen seiner Familie abgefallen. Das Judentum war vor der makkabäischen Periode durchaus nicht so streng und ausschließlich wie seitdem; erst in Folge der schlimmen Erfahrungen jener Zeit trat eine starke Reaktion an. Man darf sich also nicht vorstellen, die legitime Hohepriesterfamilie und ebenso die Menge der Jerusalemer sei im allgemeinen „altgläubig" und dem

---

[1]) Auf die Kolonie des Onias bezieht sich Isa. 19, 18—25. In v. 23. 24 ist von Ptolemäern und Seleuciden und von der Ausgleichung des Gegensatzes zwischen Juden und Heiden in der Zeit des Hellenismus die Rede, in v. 19 vom Tempel in Leontopolis. Dort befindet sich sowol die Masseba als der Altar; beides ist nur wegen des Parallelismus der Glieder aus einander gezogen. Die fünf jüdischen Gemeinden unterscheiden sich dadurch von den übrigen, daß sie nicht griechisch, sondern kanaanäisch d. h. aramäisch reden und also erst vor kurzer Zeit die Heimat verlassen haben. Eine wird genannt, es ist Heliupolis, nicht Leontopolis, wo nur der Tempel stand. Bemerkenswert ist, daß die Stelle nicht erst in die Septuaginta, sondern in den palästinischen hebräischen Text eingeschoben ist. Es ergibt sich daraus, daß es Literaten in Jerusalem gegeben hat, die sich sehr freundschaftlich zu Leontopolis stellten; was nicht Wunder nehmen kann, da der Vorzug des Kultus von Jerusalem damals keineswegs so ausgemacht war. Der Oniastempel wird beschrieben Bell. 7, 426 ss.

[2]) Ins Jahr 170 fiel der erste ägyptische Zug des Antiochus und in dem selben Jahre erfolgte nach Bellum 7, 438 (lies 243 statt 343) die Gründung des Oniastempels, die mit der Flucht des Onias gleichgesetzt wird.

Griechentum feindlich gewesen. Die Jerusalemer waren anfangs
gleichgiltig und wurden erst später die Größe der Gefahr gewahr; die
Frommen waren durchaus in der Minderheit, eine unbedeutende Sekte.
Die Hohenpriester betrachteten ihr heiliges Amt nur als ein Piedestal
der weltlichen Herrschaft; nur so erklärt sich das Aufkommen
der Tobiaden. Alcimus stammte aus der legitimen Familie; seine
Antecedentien verbanden ihn aber mit den Abtrünnigen. Onias
selber war gewiß nicht ursprünglich dem Hellenismus abge-
neigt; er kämpfte nicht um Prinzipien, sondern um die Macht, und
nach dieser Rücksicht nahm und wechselte er seine Stellung.
Wenn er den Tempel von Leontopolis gebaut hat, so ist er doch
nicht gerade als altgläubig zu bezeichnen. Der Siracide scheint
seinen frommen Vater Simon als den letzten würdigen Vertreter
des Amts zu betrachten. In der Frömmigkeit unterschieden sich
die Söhne Sadoks[1]), die nicht umsonst den Sadducäern den Namen
gegeben haben werden, von den Tobiaden zu anfang schwerlich;
nur ihres Blutes wegen waren sie — auch Jason und Alcimus —
legitime, und jene illegitime Nachfolger Aharons.

Man muß hinzunehmen, daß der Hellenismus, so wie er auf
friedlichem Wege durch Jason Eingang fand, kein Abfall von der
Religion sein sollte, sondern nur eine Abstreifung ihrer sonderbaren
und stachlichen Außenseite. Der gesetzliche Kultus im Tempel
zu Jerusalem wurde in hergebrachter Weise fortgesetzt. Bezeichnend sind die Namensänderungen: Jason für Jesus, Alcimus für
Eljakim, Menelaus für Menahem oder Manasse. In diesem Stil
war anfangs das Ganze gedacht und gehalten, so konnte auch Zeus
für Jahve gesagt werden. Man kann sich das emanzipirte Jung-
jerusalem vorstellen: Turco fino, mangia porco e beve vino. Der
Gipfel der alamodischen Bildung war das nackte Turnen, bei dem
sich die Beteiligten nur ihrer Beschneidung schämten.

Den Juden wurden erst die Augen geöffnet, als Antiochus IV.
auf dem von der jüdischen Aristokratie selbst angebahnten Wege
gewaltsam vorging. Er kam 170 mit einer starken Schaar nach
Jerusalem, um Menelaus wieder einzusetzen und statt des ent-
ronnenen Schuldigen die Stadt zu bestrafen, die allerdings schwerlich unschuldig war. Er betrat den Tempel, raubte die deponirten
Gelder und die kostbaren Geräte, den goldenen Altar, Leuchter und

---

[1]) Der Name findet sich noch im hebr. Sirach 51, 12 add.

Tisch, und zog mit der Beute ab. Blut vergoß er nicht, er entweihte nur das Heiligtum und führte lästerliche Reden[1].

Schlimmer erging es der Stadt nach zwei Jahren, nachdem Antiochus durch Popilius Länas von seinem zweiten ägyptischen Feldzuge heimgeschickt war (168). Wodurch ihn die Juden damals gereizt hatten, wird nirgends gesagt; ihre Entrüstung über seinen Einbruch in den Tempel, ihr Zorn gegen ihn und die Tobiaden muß sich wol unzweideutig kund gegeben haben. Er kam indessen nicht selber, sondern schickte einen Offizier mit einer beträchtlichen Heeresmacht. Dieser zog zuerst friedlich in Jerusalem ein, fiel dann aber unversehens über die Stadt her und mordete, plünderte und sengte darin. Die Mauern und zum Teil auch die Häuser der Stadt wurden niedergerissen, ihre Kinder flohen teils in die Wüste, teils nach Ägypten, nur die Abtrünnigen blieben und heidnische Fremde siedelten sich an. Die Stadt Davids dagegen wurde zu einer starken Festung, der Akra, umgebaut[2] und mit einer zahlreichen Besatzung belegt, um als eine Art Zwingburg zu dienen. Wir haben hier ein Beispiel des nicht ungewöhnlichen Verfahrens der Kolonisirung eines störrischen Gemeinwesens.

Nach solchen Vorbereitungen folgte der Hauptschlag. Ein schriftlicher Befehl von Antiochia wurde in Judäa verbreitet, daß

---

[1] Φονοκτονία 1 Macc. 1, 24 ist nicht Mord, sondern Schändung; vgl. Septuaginta Num. 35, 33 Ps. 105, 37 und Schleußners Lexikon. Es wird damit das Vorhergehende zum Schluß zusammengefaßt und beurteilt, nicht nachträglich das Allerschlimmste noch neu hinzufügt. Die Angabe 2 Macc. 5, 12 ss. ist falsch; auch in Dan. 11, 28 steht nichts von Blutvergießen. Vgl. noch contra Ap. 2, 79—97. Diodor 34, 1.

[2] Die Akra lag auf dem östlichen Bergrücken von Jerusalem, südlich vom Tempel, von dem sie durch eine Schlucht getrennt war, die später ausgefüllt wurde (Bell. 5, 139. A 13, 215). Die Perser hatten keine Besatzung in Jerusalem, wenigstens nicht zur Zeit von Ezra und Nehemia. Nach Sir. 50 hat der Hohepriester Simon II, wahrscheinlich gegen Ende der ptolem. Herrschaft in Palästina, den Tempel befestigt, zum Schutz gegen Feinde; das konnte er nicht, wenn damals in der Zitadelle südlich vom Tempel fremdes Militär lag. Dadurch wird die Angabe Ant. 12, 138 zweifelhaft, daß Antiochus III. die Ägypter aus der Akra vertrieben habe. Demnächst wird die Akra und eine syrische Besatzung darin erwähnt 2 Macc. 4, 12. 27. 5, 5, noch vor dem Ausbruch der Religionsverfolgung. Dagegen lautet 1 Macc. 1, 33 so, als gehöre der Umbau der alten Davidsburg zur Akra zu den Feindschaftsmaßregeln des Antiochus IV. gegen die Juden: καὶ ἐγένετο αὐτοῖς εἰς ἄκραν. Ebenso 1 Macc. 14, 36, wo οἳ ἐποίησαν Übersetzungsfehler für ἣν ἐποίησαν ist.

der bisherige Kultus aufzuhören habe. Sabbat und Feste sollten nicht mehr gefeiert, die Beschneidung nicht mehr vollzogen, die heiligen Bücher ausgeliefert werden. Altäre und Bilder wurden in den Landstädten errichtet und die Juden dort unreine Opfer zu bringen gezwungen: besondere Aufseher waren bestellt, um über den Vollzug der Befehle zu wachen. Der gesetzliche Dienst in Jerusalem hörte auf, der Tempel wurde teilweise zerstört und der Altar Jahves zum Piedestal eines Altars für Zeus Olympius gemacht.[1] Dieser heidnische Altar soll am 25 Kislev (Dezember) eingeweiht sein; es war der Greuel des Entsetzens an heiliger Stätte. Ob Menelaus jetzt Zeuspriester wurde, erfahren wir nicht; als Ethnarch scheint er erst durch Judas Makkabäus beseitigt zu sein, aber auch dann seine Ansprüche auf die Stelle nicht aufgegeben zu haben.

Das Verhalten des Königs Antiochus Epiphanes war nicht so unmotivirt, wie es namentlich im ersten Makkabäerbuch erscheint. Der Streit der jüdischen Aristokratie gab ihm Anlaß und Handhabe, um in die inneren Angelegenheiten der Gemeinde einzugreifen. Dabei machte es sich von selbst, daß die von ihm des Hohepriestertums beraubte Familie ihre Sympathie den Ägyptern zuwandte, während die Tobiaden sich mit ihm identifizirten und er sich mit ihnen. Es machte sich ebenfalls von selbst, daß dann der Gegensatz zwischen der ägyptischen und der syrischen Partei in Jerusalem sich verquickte mit dem Gegensatz zwischen der altväterischen und der hellenistischen. Früher hatten sich die Juden aus freien Stücken dem Hellenismus zugewandt, so lange sie noch der syrischen Herrschaft ergeben waren; daß sie hernach nun doch zäh an ihrem Gesetz festhielten, erschien als eine Form ihrer politischen Widersetzlichkeit. Allerdings wäre der weltgeschichtliche Zusammenstoß vielleicht auch ohnehin erfolgt, er hatte in der Tat noch tiefere Gründe. Der König wollte, daß alle Völker seines Reiches ihre besonderen Religionen und Götter aufgäben[2]; d. h. er wünschte sein buntscheckiges Reich nach Kräften zu hellenisiren. Die Aramäer waren ihm gefügig, das Heidentum vertrug sich mit dem Hellenismus, es konnte sich in dessen Formen hüllen

---

[1] Zu 2 Macc. 6, 2 vgl. Willrich Judaica (1900) p. 139 s.
[2] Dan. 11, 36. 1 Macc. 1, 41 ss. 2, 19. 3, 29.

und doch bleiben was es war ¹). Anders verhielten sich die Juden.
Es kennzeichnet den Wert und das Wesen ihrer Religion, daß sie
allein dem König widerstanden, daß er nur gegen sie Gewalt
brauchte und doch nichts ausrichtete. Ihm ist es aber nicht als
Schuld anzurechnen, daß er den Unterschied zwischen Juden und
Heiden, zwischen Jahve und Zeus nicht erkannte und anerkannte.
Vor allem konnte er nicht wissen, daß er für eine verlorene Sache
kämpfte.

Siebzehntes Kapitel.

Judas Makkabäus und seine Brüder.

1. Die Juden waren doch noch nicht reif für den Hellenismus. Er fand nur in den oberen Schichten der Gesellschaft
Boden, nicht bei dem Kern der Nation und nicht außerhalb
Jerusalems. Viele fügten sich allerdings der Gewalt, aus Furcht
und gegen ihr Gewissen. Andere aber boten der Verfolgung Trotz,
wenn sie sich ihr nicht durch die Flucht entziehen konnten, und
starben lieber, als daß sie den Gott ihrer Väter verleugneten und
seinen Dienst verließen. Voran in der Treue gingen die Frommen,
die jetzt unter dem Namen der Asidäer als ein fester Verein erscheinen, und mit ihnen die Lehrer des Gesetzes, die sich auch
als Täter bewährten ²). Aus diesem Kreise ist das Buch Daniel
hervorgegangen, eine Mahn- und Trostschrift für die Verfolgten,
bestimmt sie zu stärken und aufzurichten durch die Gewißheit,
daß binnen kurzem der überspannte Bogen brechen werde. Nur
eine kleine Frist wird es noch dauern; dann ist die letzte und
schlimmste Heptade von den siebzig Heptaden um, auf die Jeremias
das Gefängnis Sions bestimmt hat ³). Dann wendet sich die Zeit

¹) Hellenismus und Aramaismus schien gleichbedeutend; was Paulus
Hellenen nennt, nennen die Juden und die christlichen Syrer Aramäer
(= Heiden). In Isa. 9, 12. Sept. heißen die Philister Ἕλληνες, statt ἀλλόφυλοι.

²) 1 Macc. 2, 42. Dan. 11, 32 ss. 12, 3.

³) Die erste Hälfte der letzten Jahrwoche ist bereits verflossen, sie läuft
bis zur Errichtung des heidnischen Altars in Jerusalem Dezemb. 168. Zwischen
167 und 164 schreibt also der Verfasser. In Kap. 11 ist v. 40 der Punkt,
wo die Vergangenheit in die Zukunft, die Zeit des Endes, übergeht. Au-

und die Dulder erben das Reich; auch die Märtyrer stehn aus dem Grabe auf und nehmen teil an der Herrlichkeit. Antiochus ist der Antichrist, er bezeichnet den Höhepunkt der widergöttlichen Entwicklung der Weltgeschichte. Darauf erfolgt der Umschlag, der Übergang der Herrschaft an den Messias d. i. an Israel. Die Tiefe ihres Elends bürgt diesen Juden dafür, daß nun ihre Zeit gekommen sei; die Wut ihrer Feinde kündigt ihnen die bevorstehende Peripetie an.

Sie hielten es indessen nicht alle für ihre Pflicht, sich willig abschlachten zu lassen, bis das Reich des Himmels aus den Wolken auf die Erde herabkäme. Es bildeten sich Haufen von Flüchtlingen, die sich nötigenfalls gegen die Verfolger zur Wehre setzten. Es fehlte ihnen aber die Rücksichtslosigkeit, die zum Kriege gehört; wenn sie am Sabbat angegriffen wurden, so rührten sie keinen Finger um sich zu verteidigen. Es fehlte ihnen die entschlossene Führung. Die Aristokratie versagte gänzlich; auch das alte hohepriesterliche Haus entzog sich seiner Pflicht; die letzten drei Vertreter, die uns bekannt sind, Onias III., Jason und Alcimus, hatten nur ihr dynastisches Interesse im Auge. Da erweckte ihnen der Herr noch einmal einen Richter und Retter, wie in der Vorzeit. Die Tage der Vergangenheit kehrten wieder, die Religion erzeugte den Patriotismus. Anfangs griffen die Juden lediglich für das Gesetz zum Schwert. Aber der einmal aufgenommene Kampf führte dazu, daß sie sich von der Fremdherrschaft befreiten und wieder zu einem Volke und zu einem Reiche erhoben. Die messianische Weissagung schien sich durch ihre Hand zu verwirklichen.

In Modein, einem Orte auf dem Gebirge zwischen Jerusalem und dem Meere, wohnte ein Priester Mattathias, der Sohn des Johannes, ein schon betagter Mann. Er war das Haupt einer Familie, die den Namen der Hasmonäer führte, und der angesehenste Mann des Ortes[1]). Da nun die syrischen Soldaten auch nach

---

tiochus wird ganz Ägypten nebst Dependenzien erobern, aber auf ein plötzliches Gerücht hin voller Zorn nach Palästina zurückgehn und zwischen Jerusalem und dem Meere seinen Untergang finden. Von dem östlichen Feldzuge und dem wirklichen Ende des Antiochus hat der Verfasser nichts gewußt, also noch vor 165 geschrieben.

[1]) Niese (Hermes 1900 p. 456 ss.) wird darin Recht haben, daß der Alte im 1 Makk. über Gebühr vorgeschoben wird, um dem Judas die Priorität der

Modein kamen und dort einen Altar errichteten, um von den
Einwohnern eine Probe ihres Abfalls vom Gesetz zu verlangen,
forderten sie zuerst ihn auf, mit gutem Beispiel voranzugehn,
vielleicht gar als Priester bei dem illegitimen Opfer zu fungiren.
Aber er weigerte sich, und als vor seinen Augen ein anderer
das Opfer zu bringen sich anschickte, erschlug er ihn samt dem
Hauptmann der Schar und zerstörte den Altar. Darauf war
seines Bleibens in Modein nicht länger. Er sammelte seine Verwandten und Freunde und floh mit ihnen ins Gebirge. Grade
damals war es vorgekommen, daß gegen tausend jüdische Flüchtlinge sich an einem Sabbat ohne Gegenwehr hatten niedermetzeln
lassen. Die Leute von Modein beschlossen, es anders zu machen,
sich auch am Sabbat zu verteidigen und überhaupt Gewalt gegen
Gewalt zu setzen. Sie zogen durch das Land, zerstörten die Altäre,
beschnitten die Kinder, verfolgten die Heiden und die heidnisch
Gesinnten. Von den Juden des flachen Landes ging der Kampf
aus. Daß der Verein der Asidäer sich ihnen anschloß und unter
ihren Schutz begab, war ein nur moralisch wertvoller Zuwachs.

Mattathias starb schon 166[1]) und wurde im Grabe seiner
Väter zu Modein bestattet. Der wahre Führer war schon bisher

Führerschaft zu rauben und dadurch das Recht Simons auf das Erbe seines
Vaters zu verstärken. (Vgl. meine Skizzen und Vorarbeiten VI p. 177 n. 1.)
Aber darüber kann kein Zweifel sein, daß Mattathias der Vater Simons und
seiner Brüder gewesen ist. Auch das braucht nicht bestritten zu werden, daß
er von priesterlicher Herkunft war, nur nicht von dem jerus. Geschlecht, welches
die Hohenpriester stellte. Woher die Familie den Namen der Hasmonäer hat, der
in den Makkabäerbüchern freilich gar nicht vorkommt (14, 29), ist unklar. Er
ist abgeleitet von Hasmon. So heißt eine Stadt im alten Juda, die aber damals längst nicht mehr zu Judäa gehörte.

[1]) Eigentlich 167/66 = 146 Seleuc. Das Seleucidenjahr beginnt auch im
ersten Makkabäerbuch im Herbst. Petavius will es dort im Frühling anfangen
lassen, um auf diese Weise eine Differenz mit dem zweiten Makkabäerbuch
auszugleichen, und seine Meinung ist die herrschende geworden. Aber der
Hauptgrund dafür, die Zählung der Monate nach Ostern, ist schon von J. D.
Michaelis zu 1 Macc. 10, 21 bündig widerlegt. Michaelis selber hat dann freilich auf die Schwierigkeit aufmerksam gemacht, daß Balas im Jahr 160 Sel.
König wird und Jonathan zum Hohenpriester macht, dieser aber schon im
Herbst 160 antritt, das wäre im Anfang des selben Jahres, wenn es im Herbst
begönne. Indessen zur Beseitigung dieser kleinen Schwierigkeit darf man nicht
die viel größere schaffen, daß es den Juden, die sonst das bürgerliche Jahr
immer vom Herbst an rechneten, plötzlich eingefallen sei, das Seleucidenjahr,

sein dritter Sohn gewesen, Judas Makkabäus, ein begeisterter und begeisternder Mann, der eigentliche Held der Zeit, von dem der Aufstand und die Aufständischen mit Recht den Namen bekommen haben.[1] Er setzte den Kampf zunächst auf die alte Weise fort, in überraschenden Streifzügen gegen den Götzendienst und die Götzendiener; seine Erfolge wuchsen, seine Anhänger mehrten sich, von allen Seiten strömten sie ihm zu. Die Streifzüge waren zugleich Plünderungszüge, sie mußten die Mittel für den Unterhalt der Aufständischen liefern, und dadurch wurden auch solche angelockt, die mehr die Raublust als der Eifer trieb. Wer die Waffen zu führen verstand, war naturgemäß im Heer willkommener als wer nur das Gesetz auswendig konnte; aber doch war die Religion die Fahne und wurde als solche geflissentlich hochgehalten. Die syrischen Behörden, die dem Spiel lang genug zugeschaut hatten, fanden endlich für gut einzuschreiten. Zuerst rückte Apollonius, der Landvogt von Judäa und Samarien, gegen die Empörer ins Feld. Er erlitt eine Niederlage und fiel, Judas selber erlegte ihn und führte seitdem sein Schwert. Nach ihm kam Seron, der Strateg von Cölesyrien; er wurde ebenfalls geschlagen, am Paß von Bethhoron. Darauf sandte Lysias, dem Antiochus vor seiner Partherfahrt die Verwaltung von ganz Syrien und die Pflege seines unmündigen Sohnes anvertraut hatte, eine beträchtliche Truppenmacht zur Unterstützung des Gorgias, der in Philisthäa kommandirte. Die makkabäischen Streiter sammelten sich in Mispha. Diese Stätte vertrat ihnen Jerusalem, das in der Heiden Gewalt war; dort hielten sie einen Bettag in Sack und Asche, dort brachten sie auch die fälligen Erstlinge und Zehnten dar und schuren die Naziräer,

---

das sonst ebenfalls überall im Herbst anging, ausnahmsweise einmal mit Ostern anzufangen. Der Umstand, daß nicht schon 1 M. 7, 43. 49, sondern erst 1. M. 9, 3 und zwar beim ersten Monat der Jahreswechsel (152 Sel.) bemerkt wird, ist kein Beweis dafür, daß derselbe mit dem ersten Monat, d. h. mit Ostern angenommen werde — ich halte es für möglich, daß schon 1 M. 7, 43 in das Jahr 152 fällt, für wahrscheinlicher aber, daß zwischen den beiden Terminen (7, 43 und 9, 3) dreizehn Monate liegen. In 1 Macc. 1, 10 wird der Antritt des Epiphanes auf das Jahr 137 Sel. gesetzt, was nur dann richtig ist, wenn das Jahr bis zum Herbst 175 sich erstreckt. Vgl. Niese a. O. p. 507.

[1] „Er erzürnte große Könige und erfreute Jakob und sein Andenken bleibt gesegnet in Ewigkeit." Aber Jakob hätte ihn vergessen, wären nicht die Bücher der Makkabäer von der Kirche aufbewahrt.

die ihre Gelübdezeit vollbracht hatten. Nach diesen Vorbereitungen ordnete sie Judas unter Obersten, Hauptleuten und Feldwebeln[1]) und führte sie den Syrern entgegen, die bei Emmaus Lager geschlagen hatten um von dort ins Gebirge vorzudringen. Er überfiel das Lager und zwang den Gorgias das Feld zu räumen (165). Da fand der Regent sich bewogen selber zu kommen (Herbst 165). Er marschirte nicht von Westen ein, wie Seron und Gorgias, sondern von Süden über Idumäa und lagerte sich bei Bethsura, wenige Meilen südlich von Jerusalem. Dort wurde er von Judas angegriffen, erlitt große Verluste und fand es geraten, umzukehren.

Die Glaubenskämpfer zogen nun siegreich in Jerusalem ein; nur die Akra bezwangen sie nicht, sie begnügten sich die Besatzung so zu beschäftigen, daß sie keinen Schaden anrichten konnte. Sie fanden den Tempel verwüstet, den Altar entweiht, die Tore verbrannt, die Anbauten niedergerissen, in den Vorhöfen Dorn und Distel. Sogleich machten sie sich ans Werk, das Heiligtum zu reinigen und herzustellen. Ein neuer Altar wurde errichtet, das abgetragene Material des alten an einer geeigneten Stelle deponirt, bis ein Prophet aufstünde und entschiede, was damit zu machen sei. Auch die goldenen Geräte, die geraubt waren, wurden neu beschafft, Leuchter, Tisch und Räucheraltar, und andere dazu[2]). Im Dezember 165 konnte der regelmäßige Gottesdienst wieder in Gang gesetzt werden, nachdem er drei Jahre lang unterbrochen gewesen war; acht Tage lang feierte man Fest[3]). Den

---

[1]) 1 Macc. 3, 55: Vorgesetzte über Tausend und Hundert und Fünfzig und Zehn. Anderswo heißen sie die γραμματεῖς τοῦ λαοῦ d. i. schôtere haam (5, 42). Die höheren Offiziere scheinen vorzugsweise Priester gewesen zu sein, wie Mattathias und seine Söhne auch (5, 67). Reiterei gab es nicht, anfangs fehlte es auch an Helmen und Schwertern (4, 6 vgl. 6, 6). Der Kampf wurde womöglich nicht in der Ebene geführt.

[2]) Von der Diaspora wurden die Makkabäer dabei nicht unterstützt; denn die syrische war noch ganz unbeträchtlich und die ägyptische wollte damals noch schwerlich von dem neuen Kultus in Jerusalem etwas wissen, dessen Stätte entweiht war, dem die rechten Priester nicht vorstanden und dem das heilige Feuer fehlte.

[3]) Es wird angegeben, man habe den großen Altar an dem gleichen Tage, an dem er drei Jahre früher entweiht sei, wieder eingeweiht und sofort beschlossen, diesen Tag, den 25. Kislev, für immer als ein Fest zu feiern — was freilich vor 152 nicht regelmäßig geschehen konnte. Der 25. Kislev (De-

Gottlosen in Jerusalem, den abtrünnigen Syrerfreunden, erging es
schlecht; sie wurden verfolgt und mußten sich flüchten, nur in
der Burg fanden sie Schutz.

2. Das war der glückliche Abschluß der ersten Periode des
Krieges. In den beiden folgenden Jahren blieben die Juden von
der syrischen Oberherrschaft unbehelligt. Sie verwandelten den
Tempelberg, den Sion, wieder in ein großes Kastell und legten
eine stehende Besatzung hinein — was um so nötiger war, da die
südlich gegenüberliegende Akra in den Händen der Feinde blieb.
Sie befestigten auch Bethsura, die Grenzstadt gegen Idumäa, um
die Straße zu versperren, auf der jüngst Lysias versucht hatte
einzudringen. Und noch zu kühneren Unternehmungen benutzten
sie die Zeit, wodurch sie weit über die Grenzen Judäas hinausgeführt wurden. Sie hatten sich durch ihre Streifzüge, bei denen
sie auch friedliche Untertanen nicht verschonten, sondern nach
Krieges Brauch unterschiedslos raubten und mordeten, den Haß
der Heiden ringsum zugezogen, den diese am bequemsten an der
Diaspora auslassen konnten, die unter ihnen wohnte. Leute aus
Ptolemais, Tyrus, Sidon und anderen Städten hatten sich zu einer
großen Jagd auf die Juden in Galiläa vereinigt. Gegen sie wurde
Simon, der zweite Sohn des Mattathias, gesandt; er zersprengte sie
und führte die galiläischen Glaubensgenossen mit Weib und Kind
nach Jerusalem. Ein noch größerer Haufe hatte sich im nördlichen

---

zember) war aber ursprünglich das Fest der Wintersonnenwende, das mit
Lichtern und grünen Zweigen begangen wurde (2 Macc. 10, 5—7. Jos. Ant. 12
325), später auch der Geburtstag des unbesiegbaren Sonnengottes, des Mithras.
Auf diesen Tag hat man also, um ihm die nötige jüdisch-historische Berechtigung zu geben, das Fest der Tempelweihe gelegt, welche ungefähr in der
gleichen Jahreszeit stattgefunden hatte. Die verbindende Idee zwischen dem
heidnischen und dem jüdischen Feste war die Wiederkunft des heiligen Feuers
(einerseits des Sonnen-, andrerseits des Altarfeuers); daher erklärt es sich
auch, daß in 2 Macc. 1, 18 die Entzündung des Altarfeuers zur Zeit des Nehemia
neben der Entzündung desselben zur Zeit der Makkabäer (2 M. 10, 3) als Anlaß
der Feier genannt wird. Dann hat man weiter rückwärts gehend die Coinci-
denz der Wiedereinweihung und der Entweihung des Altars geschaffen; merkwürdigerweise wird aber die letztere 1 Macc. 1, 54 nicht auf den 25., sondern
auf den 15. Kislev gesetzt. Vgl. A. G. Wähner, de festo Encaeniorum judaico,
origine nativitatis Christi (Helmstädt 28. Sept. 1715). Die ägyptischen Juden
feierten das Hanukkafest nicht mit, so lange sie den neuen Tempel und das
neue Hohepriestertum nicht anerkannten (2 Macc. 1, 10 ss.).

Ostjordanlande zusammengerottet, die Juden in Tubiene umgebracht und die in Galaaditis in die Feste Dathema zusammengedrängt, wo sie belagert wurden [1]). Dahin wandte sich Judas, trieb durch einen mörderischen Angriff die Heiden ab, als sie eben einen Sturm unternehmen wollten, und befreite die Belagerten. Dann nahm er im Vorübergehen blutige Rache an mehreren von den Städten, die das Hauptkontingent zu der Rotte gestellt hatten. Indessen sammelten sich die Feinde wieder und verstärkten sich durch gedungene Araber; der Führer war ein gewisser Timotheus, der schon früher einmal in Ammanitis mit Judas zusammengeraten war. Hinter dem tiefen Flußbett des Jarmuk nahmen sie eine feste Stellung ein, aber Judas passirte die Schlucht, griff an und trieb sie nach Karnain hinein. Auch da waren sie nicht sicher, er eroberte die Stadt und verbrannte das Heiligtum daselbst, in das sich viele Flüchtlinge gerettet hatten. Nachdem er genugsam unter den Heiden gewütet hatte, machte er sich auf den Heimweg, indem er die Juden von Galaaditis ebenso mitnahm wie Simon die von Galiläa. Er zog den Jarmuk hinunter, öffnete sich gewaltsam den Weg durch die Stadt Ephron, die ihm den Durchlaß verweigerte, ging bei Scythopolis über den Jordan und kam mit seiner Beute von erlösten Menschen glücklich in Jerusalem an [2]).

Man gewinnt aus dieser und ähnlichen Erzählungen einen lehrreichen Einblick in die Verhältnisse. Die Juden in Palästina, außerhalb Judäas, erscheinen als eine kleine Minderheit. Die in Galaaditis gehn all zusammen in ein Kastell hinein, das ihnen als Zuflucht in Gefahr dient; die in Tubiene Ermordeten, die Gesamtheit der Männer, werden auf etwa Tausend geschätzt, und die in

---

[1]) **Tubiene** ist das alte Land **Tub** (Jud. 11, 3. 2 Sam. 10, 6); irrig Niese 3, 226 n. 1. Die alte Hauptfeste von Gilead war **Rametha**, sie heißt noch jetzt so. D und R sind in der späteren semitischen Schrift zwar fast identisch, aber die Transposition von M und Th erklärt sich nicht leicht, so daß die nahe liegende Vermutung der Identität beider Namen Bedenken unterliegt.

[2]) 1 Macc. 5, 9—54. An dem üblichen Misverständnis dieser Erzählung sind v. 26. 27 schuld, nämlich die Präpositionen εἰς und ἐν vor den Stadtnamen und der Plural τὰ ὀχυρώματα. Der Zusammenhang fordert den Sinn; „viele Heiden aus Bossora etc. haben sich zusammengerottet vor der Feste (Dathema)“; Judas entsetzt die Feste und stattet vorher und nachher den nichtsahnenden Heimatstädten der Belagerer unwillkommene nächtliche Besuche ab. Die Verse 55—62 schließen sich unmittelbar an 9—54 an; in loserer, vielleicht nicht streng chronologischer Beziehung dazu stehn v. 1—8

Galiläa sind auch nicht viel zahlreicher. Denn sie können insgesamt mit Weib und Kind nach Jerusalem überführt werden und dort Unterkommen finden. Die Heiden sind ihnen überall feind und aufsässig, nicht bloß die im Norden diesseit und jenseit des Jordans, sondern ebenso die Idumäer, die Philister, und die Araber in Ammanitis und Maabitis: nur die Nabatäer sind ihnen wolgesinnt, weil im antiseleucidischen Interesse mit ihnen verbunden, und in Samarien haben sie nichts zu leiden. Der Haß wird natürlich von den Juden vollauf erwidert, mit der Grausamkeit gerechter Rache vergießen sie das Blut der Götzendiener und zerstören ihre Heiligtümer, sie fühlen und erweisen sich ihnen gewaltig überlegen. Von Regierung und Behörden merkt man nichts; es ist als ob dergleichen Friedensbrüche damals in Syrien ebenso in der Ordnung gewesen wären wie bei uns im Mittelalter. Auch dadurch wird man an das Mittelalter erinnert, daß überall Burgen und Türme auftauchen, im Besitz teils von einzelnen großen Herren, teils von Gemeinschaften.

Antiochus IV. starb 164[1]) im fernen Osten. Durch den Thronwechsel erklärt sich zum Teil, daß die Syrer die Juden so lange ruhig gewähren ließen. Sie regten sich erst wieder, als jene begannen die Akra ernstlich zu belagern, die der wichtigste und festeste Sitz der macedonischen Oberherrschaft war (Ende 163). Damals kamen einige Leute von der belagerten Besatzung und viele abtrünnige Juden nach Antiochia und beklagten sich bitter darüber, daß sie in stich gelassen würden und ihre Treue gegen den König schwer büßen müßten. So raffte sich denn Lysias auf und brach mit einem großen Heere gegen Jerusalem auf, in Begleitung des neunjährigen Königs Antiochus V. Er rückte wieder von Süden her ein, schlug den Judas bei Bethzacharia und zwang Bethsura zur Kapitulation. Darauf belagerte er lange Zeit den Tempelberg. Die Juden litten unter der Wirkung eines Sabbat-

---

und v. 63—68. Wahrscheinlich ist v. 67 identisch mit v. 55—62, vielleicht auch v. 65 mit v. 3. — Für die 1 Macc. 5, 54 erwähnte Siegesfeier scheint Ps. 68 gedichtet: Juden, die vereinsamt unter den Heiden in Basan wohnten und von diesen bedrängt wurden, sind von einem jüdischen Heere gerettet und nach Jerusalem übergeführt; das ist die Menschenbeute, die Gott von seinem Zuge heimbringt.

[1]) Seleuc. 148, nicht erst 149, wie es 1 Macc. 6, 16 heißt; s. Niese a. O. p. 495 s.

jahrs, in dem die Ernte ausfiel[1]); um so mehr, da durch die
Überführung so vieler Familien aus Galiläa und Galaaditis die Zahl
der hungrigen Mäuler sehr gewachsen war. Viele liefen über[2].
Die Belagerten sahen sich endlich zu Unterhandlungen genötigt,
auf die Lysias bereitwillig einging. Sie erhielten die Erlaubnis,
ihre Religion und ihre väterlichen Sitten beizubehalten, mußten
aber die syrische Herrschaft anerkennen und sich gefallen lassen,
nicht nur daß die fremde Besatzung in der Burg blieb, sondern
auch daß die Befestigungen des Tempelberges geschleift wurden.
Es heißt, Lysias sei darum so bereit zu einem billigen Frieden gewesen, weil er gegen Philippus freie Hand haben wollte, einen
Rivalen, der gestützt auf den letzten Willen des verstorbenen
Königs sich in seinem Rücken erhob. Indessen hat er gewiß überhaupt nicht die Absicht gehabt, den Religionszwang fortzusetzen;
das wäre Aberwitz gewesen. Er hat nur zugestanden, was unter
allen Umständen zugestanden werden mußte. Und er hat erreicht,
was er erreichen wollte — vielleicht mit Ausnahme eines Punktes.
Denn zur politischen Unterwerfung der Juden hätte es gehört,
daß sie den früheren Hohenpriester wieder hätten einnehmen
müssen. Menelaus befand sich in der Tat im syrischen Lager und
suchte sich in Jerusalem möglich zu machen. Aber er war und
blieb unmöglich. Lysias ließ ihn fallen, ja bald nach seinem Abzuge richtete er ihn hin, wol aus Ärger über den verdrießlichen
Handel, in den er die Regierung verwickelt hatte[3].

Mit Philippus wurde Lysias leicht fertig, aber bald darauf
(nach 162) erlag er samt seinem königlichen Mündel einem anderen

---

[1]) Das Jahr 150 der sel. Ära, in dem die Belagerung stattfand (1 Macc.
6, 20), beginnt erst im Herbst 163. Wenn das Sabbatjahr wirklich vom Herbst
164 an lief, so liegt 1 M. 6, 49. 53 ein kleines Versehen vor, das aber gar
keine pragmatische Bedeutung hat; denn die Wirkung des siebenten Jahres
macht sich erst im folgenden recht empfindlich.

[2]) 1 Macc. 6, 54. Über 2. Macc. 11, 27—32 bin ich im Unklaren. Daran,
daß Menelaus noch als offizieller Hohepriester erscheint, nehme ich keinen
Anstoß; das Stillschweigen des 1 Macc. in diesem Punkte ist konsequent und
hat nichts zu sagen. Vgl. Niese p. 476 ss. und Willrich, Judaica (1900) p. 136.

[3]) 2 Macc. 11, 29. 32. 13, 3 ss. Ant. 20, 235. Die Regierung des Menelaus
(allerdings großenteils in partibus infidelium) dauerte zehn Jahr, von 171 bis
162 (Ant. 12, 385). Niese meint, Menelaus sei noch immer in Jerusalem selbst
gewesen. Er müßte sich dann bei den „Gottlosen" in der Burg aufgehalten
haben. Das ist nicht unmöglich, aber nicht notwendig.

Gegner, Demetrius I., dem Sohne des Seleucus IV., dem es gelungen war, aus der römischen Geiselhaft in die Heimat zu entfliehen und dort das Heer für sich zu gewinnen. Demetrius erachtete sich schwerlich an die Akte seines Vorgängers rechtlich gebunden, aber das Zugeständnis freier Religionsübung für die Juden tastete er so wenig an wie irgend einer seiner Nachfolger[1]). Jedoch die Herrschaft der Makkabäer erkannte er begreiflicherweise nicht an, sondern setzte den Juden, nach dem Tode des Menelaus, einen Ethnarchen aus dem alten hohenpriesterlichen Hause in der Person des Alcimus. Um ihn einzuführen, sandte er den Statthalter von Syrien[2]), Bacchides, mit einem Heere nach Jerusalem. Alcimus wurde in Jerusalem ohne Widerstand aufgenommen, auch von den Schriftgelehrten und Frommen. Denn mochte er beschaffen sein, wie er wollte, so hatte er doch durch sein Blut den legitimen Anspruch auf die Vorsteherschaft der Gemeinde. Nur die Makkabäer wollten nicht abtreten, nachdem sie ihre Pflicht getan; sie setzten ihr sauer erworbenes Recht auf die Herrschaft über das unverdient ererbte. Doch mußten sie aus Jerusalem weichen. Der Boden, in dem sie wurzelten, war nicht die heilige Stadt, sondern die Landschaft. Auch späterhin ist es immer die Landschaft, welche für die Sache Gottes zum Schwerte greift und in den Aufständen die Streiter stellt.

Aber törichter Weise benutzte nun Alcimus seine Macht um an den Frommen Rache zu nehmen dafür, daß sie es eine Zeit lang mit den Makkabäern gehalten hatten. So untergrub er seine Stellung, und als Bacchides den Rücken gewandt hatte, konnte er sich nicht mehr halten. Er floh hilfesuchend nach Antiochia. Damit brach der Krieg von neuem aus; es handelte sich um die Zurückführung des Alcimus und um die Vernichtung der Aufständischen. Ein erster Versuch mislang. Die Syrer unter Nikanor rückten zwar nach einer kleinen Schlappe in das unbefestigte Jerusalem ein, wo sie als Freunde aufgenommen wurden; aber draußen behaupteten die Makkabäer das Feld und vernichteten den Nikanor

---

[1]) Nikanors Drohungen (1 M. 7, 26 ss.) haben mit dem Zweck des Krieges nichts zu tun; es sind Extravaganzen, vielleicht des Schriftstellers.

[2]) Πέραν τοῦ ποταμοῦ 1 Macc. 7, 8 ist nicht der Osten des Jordans, wie Niese 3, 253 irrig versteht, sondern das alte persische Transeuphratene, gleichbedeutend mit Cölesyrien; s. p. 272 n. 4.

in der Schlacht von Adasa zwischen Bethhoron und Gazera (März
161). Der Sieg schwellte mehr als je die Herzen; er wurde seitdem alljährlich, am 13. Adar, gefeiert. Eine Weile stand Judas
wieder an der Spitze der Nation. Indessen im April 160 erschien
Bacchides selber mit einem so großen Heere in Jerusalem[1]), daß
der Menge das Herz entfiel und nur 800 Mann bei Judas aus-
harrten. Er wagte dennoch den Kampf, unterlag aber und fiel bei
Elasa, einem Orte unbekannter Lage. Seine Leiche konnte von
seinen Brüdern in der Familiengruft zu Modein bestattet werden[2]).

3. Es zeigte sich abermals, wie bei dem zweiten Zuge des
Lysias, daß wenn die Syrer ihre Kraft aufboten, die Juden nicht

---

[1]) Unterwegs nahm er das Raubnest von Arbela in Galiläa aus (1 Macc.
9, 2). Γάλγαλα ist Übersetzung von Galil (Josu 12, 23 Sept.), für Μαισαλωθ
ist mit Tuch Μεσαδωθ zu lesen. Für Arbela hatte ich nach dem arabischen
Arbid (Jaqut 1 184, 4) Arbeda vermutet; diese Vermutung ist unhaltbar,
wenn das rabbinische Arbel in der Tat das Felsennest ist. Vgl. Encycl. Bibl.
London, Black) unter Arbela.

[2]) Nach 1 Macc. 8 hat Judas in der Zwischenzeit zwischen der Besiegung
Nikanors und dem Einmarsch des Bacchides ein freilich ganz wirkungsloses
Bündnis mit den Römern geschlossen. Sollten aber die Römer mit einem
kleinen Rebellen, der sich noch keineswegs durchgefochten hatte und mit
einem Satrapen von Babylonien wie Timarchus nicht von fern zu vergleichen
ist, ein solches eingegangen sein? Nach der gewöhnlichen Annahme beträgt
besagte Zwischenzeit nur einen Monat; binnen eines Monats konnte keine Gesandtschaft von Jerusalem nach Rom abgehn, dort verhandeln und wieder zurückkehren. Das wäre entscheidend, indessen glaube ich nicht, daß die gewöhnliche Annahme im Recht ist; denn die Feier des Nikanortages begreift
sich nicht recht, wenn der Eindruck des Sieges alsbald durch eine Niederlage
schlimmster Art verwischt worden wäre. Aber jedenfalls ist Kap. 8 ganz lose
eingesetzt, denn 9, 1 schließt eng an 7, 50: Demetrius hört von der Niederlage Nikanors, aber durchaus nichts von der römischen Drohung gegen ihn
(8, 31. 32). Der Pragmatismus, den Niese a. O. p. 502 vorschlägt, ist jedenfalls nicht der der Erzählung. Es kann auch nicht zugegeben werden, daß
trotz der Unechtheit der Urkunde das Bündnis oder wenigstens die Freundschaft zwischen Judas und den Römern so gut bezeugt sei wie nur möglich.
Daß Josephus, als er Bellum 1, 38 schrieb, das 1 Macc. noch nicht gelesen
hatte, wird schwerlich behauptet werden können. Was Justin 36 3, 9 betrifft:
a Demetrio cum descivissent, amicitia Romanorum petita primi omnium ex
orientalibus libertatem acceperunt, facile tunc Romanis de alieno largientibus
—, so redet Justin zwar vom ersten Demetrius, tatsächlich aber muß der
zweite gemeint sein. Denn unter Demetrius I. haben die Juden noch nicht
die Autonomie gewonnen und von dem angeblichen Römerbündnis nicht den
geringsten Nutzen gehabt — nach Niese sogar nur den schwersten Schaden.

gegen sie aufkommen konnten. Die Legitimität hielt wieder ihren Einzug in Jerusalem, Alcimus und die durch den Aufstand verdrängten Aristokraten kamen wieder in die Ämter. Sie werden von ihren Gegnern die Gottlosen und Abtrünnigen genannt, weil sie der nationalen Bewegung fremd und feindlich waren und bei den syrischen Königen Schutz suchten für ihre durch Emporkömmlinge schwer bedrohte Herrschaft. Man darf aber nicht denken, daß sie noch damals dem Heidentume Vorschub zu leisten gesonnen waren; die Zeiten waren ein für alle mal vorbei. Wenn Alcimus die innere Vorhofsmauer, ein Werk der heiligen Propheten[1]), niederlegte, so tat er das ohne Zweifel aus Frömmigkeit und wurde nur durch den Tod gehindert, sie glänzender wieder aufzubauen. Die Religion wurde in keiner Weise angefochten; die Maßregeln des Bacchides waren politisch. Er blieb mit seinen Soldaten im Lande, um in Jerusalem die restaurirte alte Ordnung zu schützen und um in der Landschaft das Feuer auszutreten, das dort noch brannte. Er verfolgte und strafte die Freunde des Judas, er nahm Geiseln von den Ältesten und hielt sie in der Akra gefangen, er legte eine Menge Festungen als Zwingburgen im Lande an. Es gelang ihm jedoch nicht, die Freunde des Judas, wie die Makkabäer damals hießen, gänzlich zu unterdrücken. Sie wählten Jonathan, den jüngeren Bruder des gefallenen Führers, zu seinem Nachfolger und fristeten sich als Räuberschar in der Wüste Thekoa, wie einst David in ähnlicher Lage. Bacchides versuchte vergebens sie zu bewältigen[2]).

Im Sommer 159 starb Alcimus, über seinen Nachfolger hören wir nichts[3]). Bacchides zog bald nach seinem Tode ab nach Antiochia. Sofort kamen die Makkabäer wieder in die Höhe, so daß die Jerusalemer besorgt wurden. Sie veranlaßten den Bacchides noch einmal zurückzukommen, da es leicht sei, die Feinde in ihrer Burg

---

[1]) d. h. aus den beiden ersten Jahrhunderten nach dem Exil.

[2]) In 1 Macc. 9 schließt v. 36 nicht an das Vorhergehende an. Die Verse 32—34 sind zwar stofflich unentbehrlich, aber formell nicht recht verarbeitet; v. 34 deckt sich mit v. 43.

[3]) Daraus zu schließen, daß er keinen bekommen habe — wie auch ich getan habe —, ist voreilig (Niese). Denn die den Hasmonäern im Wege stehenden Hohenpriester werden in 1 Macc., wenn irgend möglich, ignorirt. Über die Zeit zwischen dem Tode des Hohenpriesters Alcimus und der Erhebung Jonathans wird überhaupt fast nichts berichtet.

zu überrumpeln (157). Aber der Versuch schlug fehl, und nun wandte Bacchides sich gänzlich von seinen beschwerlichen Freunden ab und schloß mit Jonathan Frieden. Die Syrer hatten es allmählich satt, für Prätendenten einzutreten, die im Volk keinen Boden mehr hatten; es schien ihnen gleichgiltig, welche Partei in Juda regierte, wenn sie ihnen nur untertan war und Steuern zahlte. Jonathan wurde zwar nicht als Hoherpriester anerkannt. Doch es genügte, daß man ihn gewähren ließ. Seine Macht wuchs zusehens, die Sympathien der Menge waren auf seiner Seite. Er nahm jetzt seinen Wohnsitz in Michmas nördlich von Jerusalem und wußte die Ruhe mehrerer Jahre zu benutzen, um seine Regierung zu befestigen und seine Gegner aus dem Wege zu räumen. Nur die Hauptstadt war ihm unzugänglich, dort wurde die legitime Gerusia von der Akra aus geschützt. Und nicht bloß in der Akra, sondern auch an vielen anderen Orten lagen noch die syrischen Besatzungen.

Schon seit der Konvention des Lysias wurde nicht mehr für den Glauben gestritten, sondern für die Herrschaft der Hasmonäer, gegen die von den Syrern unterstützten Ansprüche des alten Hohenpriestertums und der alten Aristokratie. Ganz nackt aber trat das weltliche Interesse des Kampfes erst unter Jonathan hervor, der im Gegensatz zu seinem enthusiastischen Bruder einem Gottesmann wenig glich. Wenn er auch das Volk hinter sich hatte, so focht er doch für sein Haus mit durchaus profanen Mitteln. Das Hohepriestertum, d. h. die Ethnarchie, war das Ziel seines Ehrgeizes. Die Vakanz des Amtes oder die Bedeutungslosigkeit seiner Inhaber kam ihm dabei zu statten, und hinterher noch weit mehr die Zerrüttung des Seleucidenreiches durch fortdauernde Thronstreitigkeiten. Er erschien den Rivalen als ein wertvoller Bundesgenosse und verstand sich teuer zu verkaufen. Von irgend welchen Skrupeln bei den Geschäften, die er machte, wurde er nicht geplagt. Mit der Religion hatte alles was er tat nichts zu schaffen. Er arbeitete für sich selbst wie er am besten konnte. Zumeist war er in der glücklichen Lage, andere für sich arbeiten zu lassen, welche glaubten ihn zu benutzen.

Von den alten Feinden der Seleuciden, den ägyptischen und kleinasiatischen Königen, ward ein Ephesier niedriger Herkunft, der dem Antiochus IV. ähnlich sah und sich für dessen Sohn ausgeben mußte, als Prätendent für den syrischen Thron zurechtgestutzt und gegen Demetrius I. ausgespielt. Er hieß Balas und nannte sich Alexander. Mit Hilfe seiner Bundesgenossen gelang es diesem, in Syrien Fuß zu fassen (152), ebenso leicht wie einst seinem angeblichen Vater und wie dem regierenden Könige selber. Ihm gegenüber zog Demetrius die Besatzungen aus den jüdischen Festungen zurück, nur nicht aus Jerusalem und aus Bethsura. An Jonathan schrieb er einen Brief, worin er ihm Vollmacht gab Kriegsvolk anzunehmen, und erteilte zugleich der Besatzung der Akra Befehl, die jüdischen Geiseln herauszugeben. Auf grund davon ließ sich Jonathan in Jerusalem nieder, erhielt die Geiseln zurück und restaurirte die geschleiften Befestigungen. Als aber bald darauf Balas ihn förmlich zum Hobenpriester ernannte, trat er auf dessen Seite und traute den Überbietungen nicht[1]), durch die Demetrius ihn zu fesseln und seinen Beistand zu erkaufen suchte. Am Laubhüttenfeste von 152 trug der neue Hohepriester von Balas' Gnaden zum ersten mal das Pallium. Seine Politik erwies sich als richtig, denn der echte Seleucide unterlag und fiel im Kampfe gegen den falschen (150). Als dieser darauf in Ptolemais seinen Sieg durch die Hochzeit mit seines ägyptischen Bundesgenossen Töchterlein feierte, wurde auch Jonathan eingeladen, mit Ehren überhäuft, mit dem Purpur bekleidet und zum Strategen und Meridarchen ernannt. Eine Gesandschaft der „Abtrünnigen“, die ihn zu verdächtigen wagte, fand kein Gehör: der mächtige Parteigänger, der von der Vollmacht Soldaten zu halten ausgiebigen Gebrauch gemacht hatte, war unentbehrlich und seine Treue durfte nicht angezweifelt werden. Er bewährte sich auch wirklich, als nach einigen Jahren Demetrius II. als Rächer seines Vaters sich erhob (147). Da kämpfte er für Balas gegen Apollonius, den Statthalter Cölesyriens, der sofort dem rechtmäßigen Erben des Reiches zugefallen war, schlug ihn in der Ebene der Philister, nahm Jope und Askalon ein, eroberte Asdod und zerstörte den Tempel Dagons. Zum Dank dafür erhielt er die Stadt Akkaron und verdiente sich die goldene Spange, das Abzeichen der Vettern des Königs. Doch konnte er es nicht hindern, daß Balas unterlag, nachdem er von seinem Schwiegervater Ptotemäus VI. in stich

---

[1]) Auch wir haben Grund, dem Dokument 1 Macc. 10, 25—45 (ebenso auch 11, 30—37 und 13, 36—40) nicht zu trauen. Vgl. Willrich, Judaica p. 51 ss.

gelassen war (145). Er setzte nun auf eigene Faust den Krieg
fort und begann die Belagerung der Akra, um die syrische Besatzung zu vertreiben. Das war der letzte Hort, den die Legi-
timisten im Lande besaßen. Noch einmal wandten sie sich hilfesuchend nnd beschwerdeführend an den Hof. Da lenkte Jonathan
ein, trat persönlich in Unterhandlungen mit Demetrius und erreichte, daß er gegen eine Steuerpacht von jährlich 300 Talenten
im Hohenpriestertum bestätigt wurde und drei samarische Bezirke,
die er annektirt hatte, behalten durfte¹). Die Belagerung der
Burg mußte er natürlich einstellen²) und sich zudem wie es scheint
verpflichten, auf Verlangen Soldaten zu stellen. Er soll 3000 Mann
nach Antiochia gesandt haben, um einen Aufstand niederzuschlagen,
der dort gegen Demetrius ausgebrochen war. Der Herrscher von
Asien in seiner eigenen Hauptstadt durch den jüdischen Hohenpriester geschützt — das klingt doch zu unglaublich!

Demnächst aber ließ er den König in einer schwereren Gefahr
stecken und schlug sich auf die Seite seiner Feinde. Ein ehe-
maliger Offizier des Balas, Trypho, gewann einen großen Teil der
Truppen für sich und stellte Antiochus VI., den unmündigen Sohn
des Balas der bei einem Araber untergebracht war³), als Gegenkönig auf; es gelang ihm sogar, sich der Hauptstadt zu bemächti-
gen. Es konnte nicht fehlen, daß er um die Gunst des jüdischen
Hohenpriesters warb, und dieser fand einen Grund, den Umständen
gemäß die Treue zu wechseln. Er bekam nun den obersten Befehl im mittleren und südlichen Syrien, mit der Aufgabe, das Land
für Antiochus VI. Eupator in Besitz zu nehmen und von den Resten
der Herrschaft und der Macht des Demetrius zu säubern⁴). Der

---

¹) 11, 34 vgl. 10, 30. 38. Es scheint, daß diese drei (11, 57: vier) Bezirke erst unter Jonathan von der Samaritis losgerissen sind.

²) Dies zu erzählen, hat der Vf. von 1 Macc. vergessen; wol nicht bloß
weil es ganz selbstverständlich war. Denn vorher hält er es für der Mühe
wert zu berichten, daß Jonathan den Befehl gegeben habe, die Belagerung der
Burg fortzusetzen, als er sich selber auf den Weg nach Ptolemais machte.

³) Ἰμαλκουε 1 M. 11, 39, falsche Aussprache von יַמְלִכוּ (Jamlik), wol der
deutlichste Beweis, daß das Griechische Übersetzung ist. Dieser Jamlik mag
ein Verwandter des Arabers Zabdiel gewesen sein, der den Kopf des flüchtigen
Balas an Ptolemäus VI. sandte (11, 7).

⁴) Πέραν τοῦ ποτάμου 11, 60, das den Erklärern so viel Kopfzerbrechen
verursacht, ist weiter nichts als Eberhanahar d. i. Transeuphratene oder
Syrien (7, 6).

Schauplatz seiner Tätigkeit war zuerst Philisthäa, dann Galiläa; dort brachte er Askalon und Gaza zur Unterwerfung, hier besiegte er Truppen des Demetrius in der Nähe des Sees von Gennesar[1]). Als die Geschlagenen sich bei Hamath wieder sammelten, drang er bis dorthin vor, über den Libanon hinaus, und zerstreute sie[2]). Auf dem Rückwege strafte er die Zabadäer, einen Stamm der ituräischen Araber am Libanon[3]), und zog durch die Gegend von Damaskus wieder heim. Zu Jerusalem angelangt hielt er Rat mit den Ältesten und traf Maßregeln zur Sicherung des Landes. Er begann etliche Städte zu befestigen, die alten Mauern von Jerusalem zu erhöhen und eine neue zwischen der Akra und der Burg aufzuführen, um die syrische Besatzung die noch zu Demetrius hielt gänzlich abzuschneiden. Auch sein Bruder Simon war inzwischen nicht untätig gewesen, der von Trypho zum Strategen des palästinischen Küstenstrichs ernannt war. Er hatte Bethsura, die wichtige jüdische Grenzfestung gegen Idumäa, zur Übergabe gezwungen und die Syrer daraus vertrieben, natürlich als Truppen des Demetrius. Er hatte dann auch Jope besetzt, wo sich Sympathien für Demetrius regten, und die Stadt Adida, an der Grenze der Philister, in eine Festung verwandelt[4]).

Nachdem die Hasmonäer die alte Aristokratie glücklich verdrängt und sich an ihre Stelle gesetzt hatten, steckten sie sich

---

[1]) Die Form Gennesar 11, 67 ist die originale, sie findet sich auch bei Josephus, in sämtlichen jüdisch- und christlich-aramäischen Bibelübersetzungen, und im Codex D des Neuen Testaments. Gen ist der Garten, Nesar ein Landschaftsname, woher vielleicht Nasarener (Matth. 26, 71. 69).

[2]) Zwischen der Besiegung der Syrer beim See von Gennesar und ihrer weiteren Verfolgung bis nach Hamath soll Jonathan einen Abstecher nach Jerusalem gemacht haben — bloß um das Bündnis mit den Römern zu erneuern (1 M. 11, 74—12, 25). Die Sache ist an der allerungeschicktesten Stelle eingeschoben. Außerdem war er ja Strateg von Cölesyrien, den Schein für Trypho zu kämpfen hielt er wolweislich aufrecht, darauf beruhte seine damalige kriegerische Tätigkeit im Norden. Wie soll er dann grade in diesem Augenblick dazu gekommen sein, einen Schritt zu tun, wodurch er sich nicht als syrischer Beamter sondern aufs deutlichste als Souverän benahm? Natürlich hat auch dieses Römerbündnis nicht die geringste geschichtliche Wirkung gehabt.

[3]) Bei Eusebius Praep. ev. 9, 30 werden die Zabdäer (so zu lesen statt Nabdäer) von den Ituräern unterschieden.

[4]) Die Vorgänge fallen ungefähr ins Jahr 144.

höhere Ziele. Sie vergaßen sich selber nicht, indem sie für den einen König gegen den andern fochten und im Namen der Syrer die Syrer aus Judäa und den angrenzenden Gebieten vertrieben. Es ist erklärlich, daß Trypho dem schlauen und verwegenen Hohenpriester zu mistrauen begann und sich seiner zu entledigen suchte. Er rückte plötzlich in Palästina ein und lagerte sich bei Scythopolis. Jonathan war auf der Hut, an der Spitze eines wolgerüsteten Heeres zog er ihm entgegen. Aber von maßlosen Schmeicheleien geködert gab er die Vorsicht auf, entließ sein Heer und folgte dem Syrer in die Festung Ptolemais. Da wurde er in Haft genommen und seine Begleitung niedergemacht.

4. Es fand sich jedoch Ersatz für ihn. Simon kam aus seiner Provinz nach Jerusalem, bot sich an und wurde von der Volksversammlung zum Führer gewählt. Trypho fand ihn gerüstet an der Grenze bei Adida, als er in Judäa einzufallen gedachte. Er versprach nun Jonathan freizugeben, wenn dessen beide Söhne als Geiseln gestellt und hundert Talente gezahlt würden. Simon traute dem Handel nicht, gab aber doch das Geld und die Geiseln; angeblich um den Vorwurf abzuschneiden, daß er nicht alles an die Befreiung des Bruders gesetzt habe, beging er den Frevel, auch dessen Erben, die Erben der Herrschaft, in Feindes Hand zu überliefern. Wie er vorausgesehen, ließ Trypho weder den Gefangenen los noch gab er die Feindschaft auf. Er ging von West nach Süd um das Gebirge herum, um irgendwo durchzubrechen, Simon wich nicht von seiner Seite. Er suchte dann wenigstens der schwer bedrängten Besatzung der Akra zu helfen, aber eine nächtliche Reiterexpedition, die er zu diesem Zweck absandte, wurde durch einen starken Schneefall (Winter 143) verhindert. So zog er schließlich über Osten wieder ab. An der Person Jonathans ließ er seinen Ärger darüber aus, daß die Sache, für die jener gekämpft hatte, auch ohne ihn siegreich war. Er ließ ihn in Baskama im Ostjordanlande hinrichten; seine Gebeine wurden von Simon eingeholt und in Modein bestattet. Über den Verbleib der Geiseln verlautet nichts.

Die von Jonathan begonnenen Maßregeln zur Sicherung Judäas wurden durch den Krieg nicht unterbrochen, sondern nur beschleunigt, und nach dem Kriege mit Nachdruck weitergeführt[1]).

----

[1]) 1 Macc. 13, 33.

Simon vollendete den Ausbau der Mauern von Jerusalem, machte
Jope zu einem jüdischen Hafen und legte in Gazera, neben Adida,
eine zweite Festung an zur Sicherung der westlichen Grenze; aus
beiden Städten vertrieb er die heidnischen Einwohner. Er brachte
auch endlich die Akra zu Fall; den Tag seines Einzuges in dies
letzte Bollwerk der Syrer, 23 Ijar (Mai) 141, machte er zu einem
dauernden Festtag. Zu Trypho hatte er natürlich kein Verhältnis
mehr, namentlich seitdem derselbe die Puppe, für die er angeblich
kämpfte, beiseit geworfen und sich selbst die Krone Asiens aufgesetzt hatte. Aber das Verhältnis zu der seleucidischen Oberherrschaft brach er noch nicht ab. Er übersandte dem Demetrius II.,
der sich in Seleucia behauptete, einen Kranz und einen Palmzweig
von Gold und erwirkte von ihm Amnestie und Anerkennung des
Status quo. Er fühlte das Bedürfnis, sich legitimiren zu lassen.
Daß er das Hohepriestertum sich noch auf andere Weise habe be-
stätigen lassen, durch einen Volksbeschluß, der es ihm erblich
übertrug, ist nicht zweifellos bezeugt[1]).

Simon wurde der Begründer der hasmonäischen Dynastie; er
war der erste, nach dessen Jahren man rechnete und der eigene
Münzen schlug[2]), vielleicht auch der erste, der ein Bündnis mit

[1]) In 1 Macc. 14 wird eine Urkunde mitgeteilt, vom 18. Elul 172 Sel.
(September 141), welche die Taten Simons verzeichnet und darauf mündet,
daß König Demetrius ihn als Hohenpriester bestätigte, weil es verlautete, daß
die Römer einen Bund mit ihm gemacht und daß die Juden eingewilligt
hätten, er solle ihr Fürst und Hoherpriester sein, bis ein zuverlässiger Prophet erstünde. Bei diesem letzteren Beschluß wird dann zwar lange verweilt,
aber er erscheint doch nur als ein Teil der Kunde, die Demetrius vernahm.
Nach v. 27. 28 erwartet man einen Beschluß, es folgt aber v. 29s. ein Bericht, und aus diesem taucht v. 41ss. plötzlich ein Beschluß hervor, jedoch
nicht als Beschluß, sondern als Erzählung: die Form des Schriftstückes ist
also sehr sonderbar, auch für ein Ehrendecret, das Niese darin erkennt. Es steht
in einer Fortsetzung des 1 Macc., welche mit 14, 16 anhebt, nach dem formellen Schluß 14, 4—15. Es mag sein, daß Josephus diese Fortsetzung schon
gekannt hat, obgleich die Spuren sehr schwach sind. Aber jedenfalls gehört
sie nicht zum Kern des Buches. Sie teilt diese Eigenschaft mit anderen
Stücken innerhalb desselben, welche darauf führen, daß es uns jetzt in
einer zweiten vermehrten Ausgabe vorliegt. Ich habe dies lange vor Willrich
angenommen, und zuerst rein aus formellen Gründen. Das spricht jedenfalls
nicht dagegen, daß der Kontinuator in der Form und im Geist des ursprünglichen Verfassers geschrieben haben müßte.

[2]) Das erste Jahr Simons ist 170 Sel. = 143/2 (1 M. 13, 41. 42). Daß er

den Römern schloß[1]). Die Juden atmeten auf und fühlten sich wol unter seiner Regierung. Auch er aber endete unglücklich. Sein Eidam Ptolemäus, der Sohn des Habub, dem er die Verwaltung von Jericho übertragen hatte, ermordete ihn und zwei seiner Söhne bei einem Besuche, den sie ihm abstatteten (Februar 135). Er wollte die Herrschaft an sich reißen, wobei er auf die Unterstützung des seleucidischen Königs und auch einiger Offiziere des jüdischen Heeres rechnete. Es misglückte ihm aber der Versuch, seinen Schwager Johannes Hyrcanus aus dem Wege zu schaffen, der in Gazera residirte. Dieser war gewarnt, fing die ausgesandten Meuchelmörder ab und eilte nach Jerusalem. Ptolemäus fand die Hauptstadt von ihm besetzt als er dorthin kam, und zog sich nun in seine Burg bei Jericho zurück. Von dort gelang es ihm, über den Jordan zu entkommen und bei dem Tyrannen Zeno Kotylas in Philadelphia eine Zuflucht zu finden. Ähnliche Vorgänge wiederholen sich seitdem bei jedem Thronwechsel in der hasmonäischen Familie. Simons Leiche scheint in Modein beigesetzt zu sein, in dem hasmonäischen Erbbegräbnisse, welches er selber glänzend hatte ausbauen lassen, so daß es den Schiffern auf dem Meer zur Orientirung dienen konnte.

Münzen schlug, geht aus 1 Macc. 15, 6 hervor; im Übrigen vgl. Schürer 1, 192 s. 636 ss. der Ausgabe von 1890.

[1]) Das Römerbündnis Simons wird bestätigt durch Ant. 13, 261. 264 (ἀνανεώσασθαι), und durch Justin 36 3, 9, der irrtümlich den ersten Demetrius statt des zweiten nennt. Aber die Urkunde 1 M. 15, 15—24 ist interpolirt wie Hitzig (Geschichte p. 455) mit Recht behauptet, obgleich sie dem Verf. von 14, 18. 24 bekannt zu sein scheint. Denn 15, 14 schließt an 15, 26 unmittelbar an. Durch 15, 25 sucht der Interpolator die durch den Einschub bewirkte Zerreißung des Zusammenhanges zu vernäheu, indem er v. 14 wiederholt und das dort bereits Erzählte als noch einmal geschehen darstellt; ἐν τῇ δευτέρᾳ ist hier ebenso Zeichen der Naht wie שֵׁנִית Gen. 22, 15. Josua 5, 2. Zach. 4, 12. Die Datirung der Urkunde auf A. 139 (während Antiochus Sidetes Dora belagerte) widerspricht den Angaben 14, 16—18. 24. 40 und auch 15, 22 selber, wonach das Bündnis schon A. 142 unter Demetrius abgeschlossen ist. Vermutlich aber ist die Urkunde nicht bloß interpolirt, sondern auch unecht. Willrich hat es sehr wahrscheinlich gemacht, daß sie nach dem Muster des Römerbündnisses mit Hyrkan II. (Ant. 14, 45 ss.) gearbeitet ist; das daraus übernommene ἀνανεούμενοι, meint er, habe dann die Fiktion der Römerbündnisse mit Judas und Jonathan nach sich gezogen..

Achtzehntes Kapitel.

Die Herrschaft der Hasmonäer.

1. Demetrius II. hatte im Jahre 140 seinem Gegner das Feld geräumt und war, gerufen von der Bevölkerung, in die östlichen Provinzen gezogen, über die der Arsacide Mithradates damals seine Herrschaft ausdehnte. Nach anfänglichen Erfolgen fiel er schließlich in die Hände der Parther (139/8) und wurde lange Zeit von ihnen in Haft gehalten. An seiner Stelle trat nun in Syrien sein aus ganz anderem Holz geschnitzter Bruder auf den Schauplatz, Antiochus VII. von Side. Er trieb Trypho nach längeren Kämpfen in die Enge und in den Tod. Den Juden zeigte er sich anfangs nachgiebig; sobald er aber zu Macht gelangte, machte er die preisgegebenen Hoheitsrechte wieder gegen sie geltend. Noch während er Trypho in Dora belagerte, forderte er Simon auf, die eroberten Städte herauszugeben oder dafür tausend Talente zu zahlen. Da Simon nur hundert geben wollte, so gab er dem Strategen des Küstenstrichs, Kendebäus, Befehl, gegen die Juden vorzugehn. Kendebäus wurde freilich abgeschlagen, und der König ließ nun die Sache anstehn bis über Simons Tod hinaus. Erst nach mehreren Jahren erneuerte er den Angriff und zwar in eigener Person[1]). Hyrcanus wurde nach Jerusalem zurückgedrängt und dort belagert[2]). Die Belagerung dauerte lange und endete mit einer Kapitulation. Die Juden mußten die Waffen ausliefern, fünfhundert Talente bezahlen und Geiseln stellen. Von der Einlegung syrischer Truppen in die Stadt stand der König ab, aber ihre Mauern wurden geschleift. Ihre Eroberungen, besonders Jope und Gazara, mußten die Juden herausgeben und sich zu Tributzahlung und Heeresfolge verpflichten[3]).

---

[1]) Nach Porphyrius geschah dies A. 130/29, nach Josephus A. 135/4. Aber daneben gibt Josephus einen Synchronimus an, der mit dem Datum des Porphyrius übereinstimmt. Vgl. Niese 3, 295 n. 4.

[2]) Am Schluß des ersten Makkabäerbuchs wird eine Geschichte Hyrkaus erwähnt, die wol im Stil dieses Buches und also annalistisch geschrieben war. Josephus kennt diese Geschichte so wenig wie den Anhang des Makkabäerbuchs; er erzählt ganz vage und unchronologisch.

[3]) Niese 3, 296. Man meint, sie wären doch noch glimpflich davon gekommen und hätten das der Fürsprache der Römer zu verdanken gehabt, und

Bald darauf ging der König daran, den Parthern ihre Eroberungen zu entreißen (130/29). Binnen kurzem hatte er ihnen so zugesetzt, daß sie um Frieden baten. Aber an der Härte seiner Bedingungen scheiterten die Verhandlungen, und nun wendete sich das Blatt. Durch einen plötzlichen Überfall von allen Seiten wurde sein Heer zerstreut; er selbst stürzte sich von einem Felsen zu Tode um nicht in Gefangenschaft zu geraten. Mit ihm endete die Herrschaft der Seleuciden über die Länder jenseit des Euphrat. Seinen Bruder Demetrius hatten die Parther freigelassen, damit er sich in seinem Rücken gegen ihn erhebe. Sie erreichten dadurch, daß die Thronstreitigkeiten in Syrien wieder begannen. Demetrius fing alsbald nach seiner Rückkehr Krieg an mit Ptolemäus VII. Physkon, und nach bewährtem Muster richtete dieser einen Abenteurer ab, damit er den Königssohn spiele und sich gegen Demetrius aufwerfe. Er hieß eigentlich Zabina¹), nannte sich aber Alexander (129/8). Demetrius wurde besiegt und auf der Flucht ermordet (126/5), aber sein Sohn Antiochus VIII. Grypus setzte den Kampf gegen den von Physkon fallengelassenen Mietling fort und wurde glücklich mit ihm fertig (123/2). Eine Reihe von Jahren regierte er nun unangefochten, als der letzte des Namens werte seleucidische König. Da trat gegen ihn Antiochus IX. von Cyzicus auf, der Sohn des Sidetes (114/3), verdrängte ihn anfangs völlig und behauptete sich dann wenigstens in Cölesyrien, bis er von einem Sohne des Grypus besiegt sich das Leben nahm (96). Das Reich war in voller Auflösung, zwischen den Fugen erwuchsen überall Neubildungen, freie Städte, Fürstentümer und Burgherrschaften²).

---

man bezieht hierauf die Urkunde Ant. 13, 259ss. Aber diese scheint mit 14, 247s. zusammenzugehören, wo der gemeinte Antiochus näher bestimmt wird als der Cyzicener. Der Hyrkan, dem der Bescheid Ant. 14, 145ss. erteilt wird, ist nicht der erste, sondern der zweite. — Über die Herkunft der römischen Urkunden bei Josephus (der einzigen echten die er mitteilt) aus Nicolaus Damascenus s. Niese im Hermes 1876 p. 477ss. Daß Josephus sie einer Sammlung entnahm, folgt aus der Massenausschüttung an einer ganz zufälligen Stelle.

¹) Der Name Zabina kommt bei den Aramäern nicht selten vor (Esdr. 10, 43), auch noch in christlicher Zeit, und scheint erklärt zu werden durch den synonymen Alâh-zaban (Gott hat gekauft). Die Jahreszahlen habe ich nach Niese 3, 305ss. angegeben.

²) Über die „Tyrannen und Monarchen“, die in der groben Sprache der Römer manchmal auch einfach Räuber genannt werden, s. Ant. 13, 409. 414. 427.

Die letzten Seleuciden rumorten besonders in der Gegend von Damaskus herum, ein wahres Gewimmel von Königen mit rätselhaften Subsistenzmitteln. Sie hatten kaum noch Land und Leute hinter sich und nirgendwo festen Boden unter den Füßen. Doch die Ader des verwegenen und unverzagten macedonischen Adelsbluts schlug noch in ihnen, und der Schimmer ihres alten Namens machte immer noch Eindruck. Wenn sie Geld hatten, hatten sie auch Soldaten, und da es ihnen an militärischer Begabung nicht gebrach, so konnten sie dann eine momentane Überlegenheit entwickeln, die zu ihrer wirklichen Macht außer allem Verständnis stand.

Die Zeit des immer rapideren Verfalls des Reiches kam den Juden zu statten. Sofort nach dem Falle des Sidetes machte sich Hyrkan vollkommen unabhängig von den Seleuciden. Er durfte sie ignoriren; bezeichnend ist es, daß er nur mit dem Betrüger Zabina in ein Verhältnis trat, und zwar in ein freundliches, wie ehedem seine Vorgänger mit Balas und Trypho. Er setzte sich wieder in Besitz der abgetretenen Eroberungen, erneuerte die Befestigung Jerusalems, baute in der Nordwestecke des Tempelbezirks eine Burg, die sogenannte Baris, und füllte die Schlucht aus, die den Sion von der südlicher gelegenen Akra trennte[1]). Er zuerst hielt ein stehendes Heer, das aus geworbenen Söldnern bestand.

Von Stufe zu Stufe schritten die Hasmonäer fort. Zuerst war die Freiheit des Kultus ihr Ziel gewesen, dann die Verdrängung der alten Aristokratie und das Hohepriestertum, dann die Unabhängigkeit von der syrischen Oberherrschaft. Jetzt begann der Eroberungskrieg. Schon früher war zwar das Gebiet von Jerusalem ein wenig über die alten Grenzen hinaus erweitert. Drei Bezirke der Samaritis, die jedoch wie es scheint von Juden bewohnt

---

Neben Arabern finden sich auch Juden darunter, z. B. der oben erwähnte Hyrkan, der Sohn Josephs, ferner Silas von Lysias und Dionysius von Tripolis, letzterer vielleicht identisch mit Bacchius Judäus auf einer römischen Münze; endlich in späterer Zeit und auf anderem Boden Asinäus und Aniläus. Auch die Landesfürsten schützten ihren Besitz durch Burgen, z. B. die Hasmonäer schon seit Simon (1 Macc. 14, 42. 15, 7).

[1]) Über die Baris s. Ant. 18, 91. Die Ausfüllung der Schlucht schreibt Josephus Bellum 5, 139 den Hasmonäern im allgemeinen zu, dagegen Ant. 13, 215 ss. dem Simon, der zugleich die Akra zerstört haben soll. Letzteres ist ein grober Irrtum, nicht bloß wegen 1 Macc. 14, 36 s. 15, 28.

wurden, waren hinzugekommen; Jonathan und Simon hatten Gazera
und Jope erworben und nach Austreibung der alten Bevölkerung
mit Juden besiedelt. Aber im größeren Stil griff erst Hyrkan die
Aufgabe an, das Reich Davids im alten Umfang herzustellen und
auf diese Weise die messianische Weissagung zu erfüllen. Er eroberte Medaba und Samaga jenseits des Jordans und unterwarf
Sichem und die Gemeinde der Samariter[1]). Vor allem verleibte
er Idumäa seiner Herrschaft ein und zwang die Bewohner zur Annahme der Beschneidung und des Gesetzes. Man sieht, daß der
Kampf gegen Antiochus Epiphanes nicht für die Religionsfreiheit
im Prinzip geführt worden ist.

Gefährlichem Widerstande begegnete er erst, als er sich in den
späteren Jahren seiner Regierung an die feste und mächtige Griechen-
stadt Samarien wagte und diese in ihrer Not sich den Beistand
des Antiochus Cyzicenus erbat oder erkaufte. Der Sohn des Sidetes
wies die Juden noch einmal in ihre Grenzen zurück. Er nahm
ihnen Jope und andere Eroberungen ab und brachte sie so weit,
daß sie genötigt wurden, sich an die Römer zu wenden. Die
Römer schritten denn auch ein und geboten dem Seleuciden, er
solle ihren Bundesgenossen nichts zu leide tun, sondern die Festungen, Häfen und Gebiete herausgeben, die er ihnen entrissen habe[2]).
Infolgedessen zog er ab, von den zwei Obersten die er zurückließ
schlugen die Juden den einen und bestachen den andern, so daß
er ihnen auch noch Scythopolis überlieferte. Nach langer Belagerung wurde Samarien nun erobert und gemäß dem Worte des
Propheten Micha dem Erdboden gleich gemacht. Dank den Römern
hatte sich die Niederlage in Triumph verwandelt; vierzig Jahre
später reichten sie die Rechnung ein.

Sonst wissen wir von Hyrcanus nur, daß er das Münzrecht
ausübte und daß er nicht mehr in Modein, sondern in Jerusalem

---

[1]) Daß er den Tempel auf dem Garizzim zerstört habe, sagt Josephus im
Bellum 1, 63 nicht, wol aber in den Ant. 13, 256; vgl. die Fastenrolle unter
dem 21. Kislev.

[2]) Zu der Urkunde Ant. 14, 247 s. (vgl. 13, 259 ss.), nach der ich mich
gerichtet habe, steht der Bericht des Josephus 13, 247 s. in Widerspruch. Nach
Bellum 1, 65 ist es indessen gar nicht Cyzicenus, sondern sein Gegner Grypus
(Aspendius), welcher von Samarien zu Hilfe gerufen wird. Niese hält das
(nach einer brieflichen Mitteilung) für richtig und meint, der unglückliche
Zusammenstoß Hyrkans mit dem Cyzicener sei dann später erfolgt. Damit

begraben wurde. Seine 31 jährige Regierung erschien den Späteren in außerordentlichem Glanze, gehoben von der trüben Zeit die bald folgte. Das Joch der Heiden war abgeworfen, und sie selber kamen nun an die Reihe. Die Schafe der Heerde hatten sich in Kriegsrosse verwandelt[1]). Die Frommen führten nicht nur Lobgesänge im Munde, sondern auch scharfe Schwerter in den Händen, Rache zu nehmen an den Völkern, ihre Könige und Edelen zu binden mit eisernen Ketten, geschriebenes Recht an ihnen zu vollstrecken[2]). Von patriotischem Schwung hingerissen, befand sich die Nation in voller Übereinstimmung mit ihrem Führer. Noch schien das Gleichgewicht zwischen Staat und Kirche ungestört, der kriegerische Fürst war stolz darauf Hoherpriester zu sein und nahm es mit den Pflichten seines heiligen Amtes genau. Josephus feiert ihn, im Talmud ist er mit Glorie umgeben, ein altes Targum schiebt seinen Namen in Deut. 33, 11 ein und bezieht den Segenswunsch für Levi speziell auf ihn: mögen die Feinde des Hohenpriesters Johanan nicht bestehn!

2. Es folgte ihm sein ältester Sohn Aristobulus[3]). Der Wechsel ging auch diesmal nicht glatt von statten. Der junge Herrscher soll seine Regierung damit begonnen haben, daß er seine

---

würde der grobe Widerspruch zwischen der Urkunde und dem Bericht der Antiquitäten wegfallen. Unzulässig ist jedenfalls, denselben dadurch zu beseitigen, daß man den Antiochus Antiochi der Urkunde in Sidetes verwandelt; vgl. Gutschmidt Kl. Schriften 2, 303ss.

[1]) Zach. 10, 3. Auch was folgt, ist bezeichnend: „aus ihnen (den Juden) selbst gehn die Ecksteine hervor, aus ihnen die Pfeiler, aus ihnen die Kriegsbogen, aus ihnen alle Gewalthaber zumal". Daß die Fürsten und Beamten und sogar die Offiziere „aus ihnen selber" stammten, daß sie eine autonome und sogar militärische Macht waren, war den Juden höchst ungewohnt. Vgl. 1 M. 10, 37 und allgemeiner Ps. 118, 22.

[2]) Ps. 149. Das geschriebene Recht steht im Buch Josua und in den messianischen Weissagungen. Vgl. Ps. 60, 8—14.

[3]) A. 103. Über die Chronologie vgl. Niese, Hermes 1893 p. 216ss. Hyrkan I. regiert 134—104, Aristobul I. 103, Jannäus 102—76, Alexandra 75—67, Hyrkan und Aristobul 66—63. Diese Ansätze ergeben sich aus der einfachen Addirung der überlieferten Regierungsjahre; die Gesamtsumme paßt hinein in die überlieferten Data von Simons Tode und Pompejus syrischem Kriege, wenn man annimmt, daß das letzte Jahr Simons noch bis Herbst 135 gerechnet wurde. Die Chronologie wird verwirrt durch den künstlichen Synchronismus Ant. 14, 4. Schon P. von Rohden hatte 1885 die These aufgestellt: Josephus Ant. 14, 4 non annum 69, sed 65 a. Ch. indicare debuit.

Mutter verhungern ließ und seine Brüder gefangen setzte[1]), mit Ausnahme des Antigonus, den er zärtlich liebte, später aber doch, infolge einer von seiner Gemahlin angestifteten Teufelei, niederstoßen ließ. Von anderer Seite aber wird ihm das Zeugnis gegeben, er sei ein verständiger Mann gewesen und habe den Juden viel genützt, indem er einen Teil der Ituräer unterjocht und durch erzwungene Beschneidung judaisirt habe. An dieser letzteren Tatsache ist gewiß nicht zu zweifeln, nur läßt sich schwer sagen, was mit den Ituräern gemeint sein soll. Die Ituräer waren die Araber des Libanon, diese konnten aber nicht angegriffen werden, ehe nicht Galiläa ganz oder zum Teil erobert war. Unter Hyrkan scheint das aber noch nicht geschehen zu sein, wenigstens verlautet davon' nichts. Möglicherweise ist also in Wahrheit Galiläa und zwar Nordgaliläa unter dem Teil des Landes der Ituräer zu verstehn, den Aristobulus seiner Herrschaft einverleibte[2]). Die Angabe von der zwangsweisen Einführung der Beschneidung kann nicht als Einwand dagegen geltend gemacht werden.

Aristobulus führte einen doppelten Namen, wie schon sein Vater getan hatte und wie es in jener Zeit überhaupt Gebrauch war; hebräisch hieß er Juda. So führte er auch einen doppelten Titel; auf den Münzen nannte er sich Hoherpriester, sonst aber König, wie wenigstens Josephus behauptet. Er starb schon nach einem Jahre, angeblich zusammengebrochen unter der Last seiner Blutschuld. Seine Gemahlin befreite nun seine Brüder aus dem Gefängnis, und heiratete den ältesten, der das Hohepriestertum erbte, Jannäus Alexander[3]). Er zählte vierundzwanzig, sie siebenunddreißig Jahre, woraus man die Art dieser Ehe erkennt.

Jannäus sicherte sich den Thron durch die Beseitigung seines einen Bruders, der ihm gefährlich schien, und setzte dann alle Kraft daran, die Eroberung Palästinas zu vollenden, die sein Vater

---

[1]) Es waren ohne Zweifel seine Stiefmutter und seine Stiefbrüder. Denn wenn seine Gemahlin viel älter war als Jannäus, so wol auch er selber. So erklärt sich die Zuneigung gegen Antigonus, seinen richtigen und gleichaltrigen Bruder.

[2]) So vermutet Schürer. In 1 Macc. 5 erscheint Galiläa noch durchaus als heidnisches Land; auch im Buche Judith gehört es noch nicht mit Judäa zusammen.

[3]) Jannäus für Jonathan, wie Matthäus für Matthathia, Zacchäus für Zacharia.

begonnen hatte. Das Binnenland westlich des Jordans, vom Fuße des Libanon bis zur Wüste, war bereits jüdischer Besitz. Aber vom Ostjordanlande fehlte noch der größte Teil, und auch an der Meeresküste, von der tyrischen Leiter an bis zur ägyptischen Grenze, waren die wenigsten Städte unterworfen. Jannäus belagerte zuerst Ptolemais, wurde aber von dem aus Cypern herbeigerufenen Ptolemäus Lathyrus dabei gestört und im weiteren Verlauf der Dinge auf das Haupt geschlagen (100). Vor größerem Schaden behütete ihn nur das Eingreifen der judenfreundlichen Königin Kleopatra, der Mutter des Lathyrus: eine Anwandlung, Palästina für sich zu behalten, soll ihr durch ihren jüdischen Heerführer, einen Nachkommen des Hohenpriesters Onias von Leontopolis, ausgetrieben worden sein. Mehr Glück hatte er später im Süden der Paralia. Nachdem er Raphia und Anthedon eingenommen hatte, gewann er auch Gaza durch Verrat, nach einjähriger vergeblicher Belagerung (96); bei der Zerstörung der Stadt fanden fünfhundert Ratsherrn ihren Tod im Apollotempel, wohin sie sich geflüchtet hatten [1]). Die längste Zeit und die meiste Arbeit verwandte er aber auf das Ostjordanland. Hier belagerte er das wichtige Gadara unweit der Mündung des Jarmuk in den Jordan und bezwang es nach zehn Monaten. Die weiter südlich im Jordantal gelegene Stadt Amathus wurde ihm wieder entrissen, nachdem er sich ihrer bemächtigt hatte. In einem späteren Feldzuge gewann er sie zwar zurück, stieß nun aber mit gefährlichen Nachbaren zusammen, mit den nabatäischen Arabern, die damals während des Verfalls des seleucidischen Reichs ebenso um sich griffen wie die Juden, und sich mit ihnen im Süden und Osten Palästinas begegneten.

Schon seit Jahrhunderten hatten sich die Araber überall am Rande der Wüste zwischen die alte ansässige Bevölkerung geschoben und teilweise die Herrschaft über sie gewonnen. Konsolidirt hatten sich die Ituräer im Libanon mit den Städten Chalcis und Abila, und besonders die Nabatäer im alten Edom, mit der Hauptstadt Petra. In der Mitte zwischen beiden lag das Ostjordanland. Auch dort drangen arabische Stämme ein und gründeten hie und da

---

[1]) Die Erzählung des Josephus gibt auch hier keine chronologischen Anhaltspunkte für die einzelnen Ereignisse. Die angegebenen Data beruhen auf ungefährer Berechnung Schürers.

kleine Fürstentümer[1]), aber zu der Bildung eines einheitlichen
Reiches gelangten sie nicht, sondern ebneten nur den Ituräern im
Norden und den Nabatäern im Süden die Bahn. In der Mitte
des zweiten Jahrhunderts standen die Nabatäer ihren Stammver-
wandten in der Maabitis, Ammanitis, Galaaditis noch feindlich
gegenüber und begünstigten gegen sie die Makkabäer. Seitdem
aber hatten sie eine Art Oberherrschaft über sie gewonnen, betrachteten jedenfalls die Gegend als ihre Machtsphäre und wollten
das Eingreifen der Juden in dieselbe nicht dulden. Schon früher
hatte ihr König Aretas dem belagerten Gaza gegen Jannäus bei-
springen wollen, es aber beim guten Willen bewenden lassen. Jetzt
überfiel sein Nachfolger Obâdas das jüdische Heer in der Gaulanitis,
drängte es in eine tiefe Schlucht und rieb es völlig auf[2]).

Jannäus kam ohne Heer nach Jerusalem zurück. In diesem
Augenblicke brach der längst gehegte und auch schon einmal
unverholen zu Tage getretene Unmut des Volkes gegen diesen
sonderbaren Hohenpriester in offener Empörung aus. Nachdem
eine erbitterte Fehde jahrelang gewütet und zu keiner Entscheidung
geführt hatte, nahmen die Aufständischen Demetrius Akärus, den
Sohn des Grypus, in Sold und lieferten mit seiner Hilfe ihrem
Könige eine Schlacht, die ihn völlig niederwarf (88). Aber der
Sieg war eine moralische Niederlage. Während Jannäus flüchtig
auf dem Gebirge umherirrte, erwachte der Patriotismus des Volkes
und die Teilnahme für den Erben der Makkabäer. Aus dem
Lager der Sieger gingen sechstausend Mann zu ihm über, und es
wurde ihm nicht schwer den Rest zu bewältigen, nachdem Demetrius sich zurückgezogen hatte. Er nahm blutige Rache an seinen

---

[1]) Z. B. in Philadelphia (Rabbat Amman). Zeno Kotylas und sein Sohn
Theodorus scheinen arabische Phylarchen zu sein, die sich in aramäische
Städte einlogirt haben; vielleicht auch jener Timotheus, dem wir 1 Macc. 5
begegnen. Mehrere Namen von arabischen Stämmen jener Gegend finden sich
im ersten Makkabäerbuch, z. B. die Banu Baian (Ham 505 v. 5. Bochari 1 208,
14. 259, 27 ed Bul. 1289).

[2]) Arethas ist die genauere, Aretas die ältere Schreibung (2 Macc. 5, 8.
2 Cor. 11, 32. Strabo, Josephus; vgl. Mitras bei Herodot, später Mithras).
Neben der Form Obâdas ($=$ Obodas?) ist auch Obaidas (Ὀβαίδας) möglich,
wenngleich die Schreibung עבדת gegen den Diphthongen spricht. Die Lesung
Gadara (als Name des Ortes wo das jüdische Heer überfallen wurde) Ant·
13, 375 ist unmöglich; vgl. Bell. 1, 90.

Feinden; achthundert sollen gekreuzigt, viele in das Elend gewandert sein.

Nach langer Unterbrechung begannen nun wieder die auswärtigen Kriege. Antiochus Dionysus suchte damals den Nachfolger des Obadas, Aretas (Rabilos), der schon die Hand nach Damaskus 'streckte, in dessen eigenem Lande auf; er marschirte an der Küste hin durch jüdisches Gebiet (86). Jannäus vermied es bezeichnender Weise ihm im Felde entgegenzutreten, er zog von Jope landeinwärts auf 160 Stadien einen Wall und Graben, in der vergeblichen Absicht ihm dadurch den Weg zu verlegen. Er hätte ihm lieber gegen den gemeinsamen Feind helfen sollen. Denn als der Nabatäer den Antiochus zu Fall gebracht hatte und nun sogar selber zum Könige von Cölesyrien berufen ward — denn in Damaskus fürchtete man sich noch mehr als vor ihm vor dem näheren arabischen Nachbar, dem Iturärer Ptolemäus Mennäi — rückte er in Judäa ein, schlug Jannäus bei Adida, halbwegs zwischen Jope und Jerusalem, und legte ihm den Frieden auf[1]). Die Bedingungen werden uns nicht mitgeteilt; jedenfalls lies Jannäus sich dadurch nicht lange hindern, seine Arbeit im Ostjordanlande wieder aufzunehmen. Er eroberte dort eine Reihe von Städten und kehrte nach dreijähriger Abwesenheit im Triumph nach Jerusalem heim. Die letzte Zeit seines Lebens quälte ihn ein Fieber, das angeblich von Trunksucht herrührte. Er hoffte im Felde die Krankheit abschütteln zu können und zog wieder über den Jordan; da brach er zusammen und starb vor Ragaba (75), einundfünfzig Jahr alt.

Er kannte nur ein Ziel, das Reich zu mehren und es bis zu seinen natürlichen Grenzen, zwischen Meer und Wüste, auszudehnen. Dies Ziel verfolgte er mit größter Zähigkeit und erreichte es annähernd, trotz allen Wechselfällen. Obwol er im offenen Felde regelmässig unterlag, gewann und behauptete er doch die Städte und Burgen; den größten Teil seiner Regierung hat er auf Belagerungen zugebracht, dafür war er geschaffen. Dem Nabatäer zu trotz brachte er schließlich die westlichere Strecke des Landes jenseit des Jordans so ziemlich in seine Gewalt; diesseit des Jor-

---

[1]) Ob Aretas damals wirklich Damaskus in Besitz genommen hat, läßt sich bezweifeln, jedenfalls hat er es nicht behauptet. Das folgt daraus, daß Jannäus' Witwe den Plan faßte, es zu occupiren, damit es nicht dem Ituräer Ptolemäus Mennäi in die Hand fiele.

dans sollen nur Ptolemais und Askalon unbezwungen geblieben
sein[1]). Es wird doch wol noch mehr Ausnahmen gegeben haben.
Das Land war in kleine Gebiete zerstückelt, diese mußten einzeln
zusammen erobert werden, und gewiß blieben manche Enclaven
übrig. Nur im Ganzen besaß Jannäus die Herrschaft über Palästina;
völlig abgerundet war sie nicht. Daß er durch seine kriegerische
Tätigkeit die Ausbreitung des Judentums beförderte, versteht sich
von selbst. Daß er aber die bezwungenen Griechenstädte gewaltsam judaisirt habe, ist nicht bezeugt; als Pompeius sie befreite,
war die Majoritöt der Bevölkerung noch heidnisch. Noch weniger
hat er sie sämtlich zu Trümmerhaufen gemacht, sie waren ja eben
das Mittel das Land zu beherrschen und mußten die Steuern aufbringen — denn die Juden scheinen von den Hasmonäern nicht
besteuert worden zu sein[2]). Gaza wurde zerstört und auch die
anderen Städte litten ohne Zweifel sehr durch die Belagerung und
die Einnahme; jedoch der Ausdruck, sie seien durch die Römer
wieder aufgebaut, berechtigt nicht zu dem Schluß, daß sie vorher
einfach wüst gelegen haben[3]). Ein fanatischer Wüterich war
Jannäus nicht. Er befehdete nicht aus Grundsatz das griechische
Wesen. Seine Soldaten waren Pisidier und Cilicier, die nicht
aramäisch verstanden. Der Revers seiner Münzen zeigt die griechische Aufschrift: Basileos Alexandru. Er ließ auch auf der
hebräischen Legende den Hohenpriester weg und nannte sich einfach König.

3. Sterbend übertrug Jannäus die Herrschaft seiner in das
Lager geeilten Gemahlin, Salma Alexandra[4]). Sie verheimlichte

---

[1]) Vgl. das Verzeichnis Ant. 13, 395 ss.; es ist leider am Schluß heillos
verderbt.

[2]) Von ihren Volksgenossen nehmen die Könige keine Steuer, sondern
nur von den Fremden; Matth. 17, 25. Die Steuer ward noch immer als Tribut
aufgefaßt, der nur von Unterworfenen erhoben wird. Zölle aber mögen erhoben sein.

[3]) Vgl. Bell. 1, 156. 166. Pella wird Bell. 1, 156 unter den nichtzer-
störten Städten aufgeführt; nach Ant. 13, 397 scheint es ausnahmsweise judaisirt worden zu sein, jedoch der Text ist hier ganz unsicher überliefert,
und auf Korruptel beruht es jedenfalls, daß die Stadt Bell. 3, 55 als zu Judäa
gehörig genannt wird.

[4]) Salome ist nicht überliefert, sondern Salina. Nach der Schreibung
des Namens im Talmud ist Salina verderbt aus Salma; IN = M. Münzen
von Salma gibt es nicht, so wenig wie von Aristobul II. und Hyrkan II.

seinen Tod dem Heere, bis Ragaba gefallen war. Dann führte sie
die Leiche nach Jerusalem und sorgte für ein glänzendes Begräbnis.
Die würdige Matrone, Witwe zweier Könige, deren einen sie selber
nach heimtückischer Beseitigung des nächsten Erben auf den Thron
erhoben hatte, zeigte sich der Lage vollkommen gewachsen[1]). Ihr
ältester Sohn, Hyrkan II., der das Hohepriestertum erbte, war un-
begabt und ohne allen Ehrgeiz; den zweiten, Aristobul II., hielt sie
bis zuletzt im Zaume. Gegen außen, besonders gegen die zahlreichen kleinen Tyrannen und Monarchen in Städten und Burgen,
wußte sie sich in Respekt zu setzen. Zwanzig und mehr feste
Plätze, darunter die oft genannten, von Jannäus angelegten Kastelle
Alexandrium, Hyrkania und Machärus, sicherten ihr Gebiet, sie
waren gut im stande und mit Besatzungen wol versehen. Sie
vergrößerte das Heer und die Zahl der Söldner. Einen Versuch
die Grenze vorzuschieben scheint sie gemacht zu haben, als sie
Aristobul nach Damaskus abgehn ließ, um angeblich die Stadt
gegen ihren aufdringlichen Nachbar Ptolemäus Mennäi zu schützen;
er misglückte aber. Mit Tigranes von Armenien, der ihr im Jahre
70/69 bedrohlich nahe rückte, ließ sie sich weislich in keinen
Kampf ein; sie warb durch Geschenke um seine Gnade, als er
Ptolemais belagerte. Er wurde freilich ohnehin durch Lucullus zu
schleuniger Umkehr genötigt. Nicht lange nachher starb sie, 73 Jahr
als (67). Mit ihr ging die kurze Herrlichkeit des hasmonäischen
Reichs zu Ende.

Als das Hauptverdienst dieser Königin pflegt es angesehen zu
werden, daß sie es verstand, die Partei zu versöhnen, von welcher
der gefährliche Aufstand gegen ihren Gemahl ausgegangen war.
Sie räumte derselben sogar großen Einfluß und Anteil an der
Regierung ein. Damit hing wahrscheinlich die Organisation des
Synedriums zusammen, welches von jetzt ab als oberste Behörde
der Juden hervortritt. Die alte Gerusie bestand aus den Ältesten,
d. h. aus den Vornehmen oder Notablen, die in der damaligen Zeit
schwerlich mehr Geschlechtshäupter waren. Etwa seit dem dritten
Jahrhundert stand ihr aber der Hohepriester vor, und mit ihm
traten auch die ihm verwandten vornehmen Priester in das Regiment, die freilich schon vorher mindestens am Gericht Anteil
gehabt hatten. Wie Jerusalem über das Land herrschte, so war

---

[1]) Ant. 13, 306. 320.

auch die Ältestenschaft von Jerusalem den analogen Körperschaften
in der Provinz übergeordnet. Die Grundzüge dieser Einrichtung
lagen in der Natur der Dinge und wurden auch später nicht verändert[1]). Aber durch den makkabäischen Aufstand trat ein starker
Personalwechsel ein. Die Mitglieder der alten Gerusie und des
alten Priesteradels wurden meistenteils verdrängt. Kriegerische
Emporkömmlinge, allerdings priesterlicher Abkunft, kamen an das
Ruder. Ihnen zur Seite finden wir anfangs ganz naturgemäß nur
das Heer oder das Volk. Es dauerte indes nicht lange, so traten
wieder die Ältesten und die Priester neben den Fürsten[2]). Aus
neuem Stoffe bildeten sich wieder die alten Formen; der hasmonäische Dienst- und Verdienstadel wird sehr bald wieder Erb-
adel geworden sein und sich mit den etwa noch vorhandenen
Resten der früheren Aristokratie verschmolzen haben. Die Ältesten
und die Priester erscheinen bis auf Simon immer gesondert neben
einander, als ob sie damals noch nicht zusammen eine eigentliche
Behörde gebildet hätten. Jedoch der Fürst gehörte beiden Ständen
an und einigte sie, und auf den Münzen des Johannes Hyrcanus
finden wir sie neben ihm zusammengefaßt in dem „Collegium" der
Juden[3]). Dies Collegium hat wol von Anfang an den Namen

---

[1]) Vgl. p. 195 s.. Die Gerusia erscheint in dem Erlaß des Antiochus III.
(Ant. 11, 138. 142) vor und neben den Priestern. Über die Stellung der
Priester vgl. außer 2 Chron. 19, 8 auch noch Hekatäus bei Diodor 40 (Exc.
Photii 543). Die Ältesten bildeten den Ursprung und blieben der Kern des
Synedriums, welches auch noch später οἱ πρεσβύτεροι genannt wird, z. B. Ant.
13, 428. Die Juden hatten von Rechts wegen keine Monarchie, sondern eine
Oligarchie unter Vorsitz des Hohenpriesters (Ant. 4, 223. 11, 111). Sir. 4 wird
unterschieden zwischen schiltonʿir und qabal; letzteres ist das öffentliche
Gericht, an dem wenigstens als Corona die Bürger teilnehmen. In etwas
anderem Sinne scheinen Mc. 13, 9 die συναγωγαί neben den συνέδρια zu stehn;
beides aber sind Gerichte. Im Syrischen hat sich das Adjektiv qahlanâia
(prozeßsüchtig) erhalten, während das Substantiv qahla (Gerichtsversammlung)
verloren gegangen ist.

[2]) In 1 Macc. erscheint neben den Führern zuerst immer nur die Volksversammlung oder das Volk: 4, 59. 5, 16. 8, 20. 10, 25. 46. 11, 30. 33. 42. Nur
7, 33 begegnen wir den Ältesten und Priestern, nämlich in der Zeit des Alcimus,
wo das alte Regiment wieder in Jerusalem hergestellt ist und die Makkabäer
verdrängt sind. Erst seitdem Jonathan Hoherpriester geworden und seine
Herrschaft befestigt ist, treten neben ihm Priester und Älteste wieder auf, von
11, 23 an. Vgl. 14, 28 mit v. 41.

[3]) Die Regierung blieb aristokratisch und wurde nicht demokratisch,

Synedrium getragen, wie in Antiochia und Alexandria der Staats-
rat hieß, in dem der König den Vorsitz führte. Zur Zeit des ersten
Hyrkans und des Jannäus hatte es aber offenbar wenig zu sagen.
Erst unter Salma bekam es größere Bedeutung und eine feste Or-
ganisation. Sie überließ das Gericht und die inneren Angelegen-
heiten, namentlich die geistlichen, gänzlich dem Synedrium, dem
ihr Sohn Hyrkan präsidirte, denn sie selbst als Weib konnte nicht
Hoherpriester sein. Zugleich aber gab sie, und sie zuerst, den
Häuptern der Schriftgelehrten Sitz und Stimme in der obersten
Behörde, so daß nun auch diese, neben den Erzpriestern, zu den
Ältesten hinzukamen [1]). Unter Hyrkan II. finden wir die Schrift-
gelehrten im Synedrium bereits vertreten, niemand anders als seine
Mutter kann sie aufgenommen haben [2]). Denn sie waren eben die

selbst nachdem zu den Ältesten einige Schriftgelehrte hinzugekommen waren.
Es steht auch an sich fest, daß cheber ein Kollegium bedeutet und daß
Kollegium nicht Volk ist. Für Volk und Gemeinde gab es Ausdrücke in
Menge (z. B. Am El 1 Macc. 14, 28); aber für Synedrium gab es keinen, und
so mußte cheber dafür herhalten. Es ist gewiß nur Übersetzung des im gewöhnlichen Leben allein gebrauchten griechischen Ausdrucks. Josephus handelt
über die oberste Behörde und über die provinzialen Behörden Ant. 4, 214.
220. 224.

[1]) Man wird erinnert an die drei alten leitenden Stände: Adel, Priester,
Propheten — nur daß diese keine Behörde bildeten. Nach dem Talmud hat
das Synedrium von Rechts wegen immer nur aus Rabbinen bestanden, und
nicht der Hohepriester, sondern ein Rabbi hat den Vorsitz geführt. Das ist
eine Übertragung späterer Verhältnisse auf die Vergangenheit. Nämlich nach
der Vernichtung des jüdischen Gemeinwesens und des Synedriums durch die
Römer konstituirten sich die Rabbinen zu einem Konsistorium, welches sie mit
der Zeit nach dem Namen der alten Regierungsbehörde benannten. Vergleiche
Kuenen, over de samenstelling van het Sanhedrin, Amsterdam 1866.

[2]) Im Fastenkalender § 24 heißt es: am 28. Tebeth tagte die Versammlung gemäß dem Gesetz. Nach der Glosse geschah das unter der Königin
Salma, welche die Sadducäer aus dem Synedrium vertrieb. Eine Spur richtiger Überlieferung findet sich hier, obwol entstellt durch die spätere Vorstellung über die Alleinberechtigung der Rabbinen. Natürlich wurden diese
auch durch Alexandra nicht die Alleinherrscher im Synedrium; da würden sie
schöne Dinge angerichtet haben. Die Mischna behauptet, Simon ben Sche-
tach (etwa zur Zeit der Alexandra) habe einst in Askalon achtzig Weiber
wegen Zauberei aufhängen lassen. Askalon hat nie zum jüdischen Gebiet gehört; man lernt aber aus der Angabe, daß es unmöglich war, den Rabbinen
die Herrschaft zu übergeben; sie würden sie dann nicht bloß in Gedanken
und Wünschen misbraucht haben.

Führer der Opposition gegen Jannäus, denen Salma Einfluß auf
die inneren Angelegenheiten verstattete. Wenn sie diesen Einfluß
so gebrauchten, daß sie ihre früheren Verfolger zur Verantwortung
zogen und zum Teil hinrichten ließen, so hatten sie richterliche
Befugnisse und diese konnten sie nur haben als Mitglieder des
Synedriums. Das Synedrium erfuhr in seiner Komposition eine
bedeutsame Veränderung durch das Hinzutreten dieses dritten
Elements, obgleich die beiden andern, aristokratischen, das Übergewicht behielten, so lange der Hohepriester an der Spitze des
Gemeinwesens und der Regierung stand. Das moralische Ansehen
der Schriftgelehrten war schon seit der Zeit des Abfalls sehr ge-
wachsen durch das Beispiel todesverachtender Treue gegen das
Gesetz, das sie den Jerusalemern gaben. Nun gewannen sie auch
eine Art offizieller Stellung. Sie ließen sich namentlich die
Rechtsprechung angelegen sein und gelangten bald dahin, durch
ihre Theorie die Praxis zu beherrschen, obgleich natürlich die
Praxis der Theorie die Grundlage geliefert hatte und das Gewohnheitsrecht, das sich neben der Thora ausgebildet hatte, aus den
Urteilssprüchen der Richter d. i. der Priester entstanden war.
Vorher hatten sie den allgemeinen Charakter von Literaten und
Gelehrten; jetzt wurden sie das, was sie zur Zeit Jesu und später
vorzugsweise waren, nämlich Juristen, Rechtskundige. Das Recht
war freilich von der Religion ungetrennt; es bestand großenteils
in der minutiösen Regelung des Kultus und der heiligen Lebens-
führung. Doch auch das, was wir Recht nennen, gehörte dazu;
auch dies eigentliche Recht war geheiligt und Sache der Religion,
nach dem Exil so gut wie vorher. Die Tätigkeit der Schriftgelehrten auf diesem Gebiete bestand zunächst darin, das tatsächlich
bestehende Recht auf die heilige Schrift zu begründen und aus
ihr abzuleiten; durch eine sehr künstliche Exegese, die weit über
den Wortlaut des Corpus Juris hinauszugehn und ihn auch zu
umgehn verstand. Durch das selbe Mittel bildeten sie aber auch
schöpferisch das Recht weiter aus. Sie neuerten unendlich viel, aber
sie wollten nicht neuern. Sie wollten immer nur das Alte sagen,
d. h. sie neuerten folgerichtig und im Geiste der Sache, der freilich
vielfach der Geist der Absurdität war.

4. Noch bei Salmas Lebzeiten brach zwischen ihren Söhnen
der Streit um die Erbschaft aus, der nun einmal herkömmlich und
in diesem Fall auch sehr erklärlich war. Hyrkan II. hatte das

Recht der Erstgeburt und bereits seit Jahren den Titel des Hohenpriesters; aber er war eine Puppe in der Hand seiner Ratgeber,
und wenn er auf den Thron kam, so führte nicht mehr der König
die Regierung. Angesichts dessen fühlte sich Aristobul zum Herrscher
berufen. Er wurde angetrieben und unterstützt von den Freunden
und Kriegskameraden seines Vaters, die durch den neuen Kurs
verstimmt waren und sich zurückgesetzt glaubten. Sie besaßen
noch große Macht, namentlich außerhalb Jerusalems; sie hatten
ihre militärische Stellung behalten und befehligten die Besatzungen
der festen Plätze. Im Einverständnis mit ihnen entwarf Aristobul
seinen Plan, und als seine Mutter auf den Tod erkrankte, nahm
er Gelegenheit ihn auszuführen. Er entwich aus Jerusalem und
begab sich nach Agaba zu Galästes, dem Haupt der Verschwörung.
Die Festungen fielen ihm auf Kommando überall von selber zu,
mit Ausnahme allerdings der drei wichtigsten Kastelle Alexandrium,
Hyrcania und Machärus. Er sammelte nun ein Heer; wie es
scheint im Norden und Nordosten des Landes, denn es bestand
aus trachonitischen und ituräischen Arabern. Damit rückte er,
am Jordan hinunter, gegen die Hauptstadt vor. Bei Jericho trat
ihm Hyrkan entgegen, aber seine Truppen verließen ihn großenteils, als es zur Schlacht kam. Er räumte das Feld und warf sich
in die Akra von Jerusalem. Obgleich er von dort aus den Tempel,
der in die Hand der Gegenpartei gefallen war, wiedergewann und
auch die Familie Aristobuls in seiner Gewalt hatte, sträubte er sich
doch nicht lange, sondern trat seinem Bruder die Herrschaft und
das Hohepriestertum ab, drei Monate nach dem Tode der Mutter[1]).

Nicht allen war der Wechsel genehm, und besondere Gründe,
damit unzufrieden zu sein, hatte ein Mann, dessen Name jetzt zuerst auftaucht, der Idumäer Antipater. Sein Vater war unter Jannäus Statthalter von Idumäa gewesen, er hatte einflußreiche Verbindungen nicht bloß mit Jerusalem, sondern auch mit Askalon
und Gaza und namentlich mit den Nabatäern, von denen er sich
seine Frau, Kyprus, geholt hatte[2]). Er steckte sich hinter die
Häupter der alten Regierung, machte dem Hyrkan die Gefahr klar,
in der nach bekannten Erfahrungen das Leben eines verdrängten
Herrschers schwebte, und brachte ihn endlich so weit, daß er mit

---

[1]) 15, 180. 14, 97. 20, 243 s.
[2]) Ant. 14, 121 Niese. Bell. 1, 181.

ihm nach Petra floh. Aretas war auf den Gast vorbereitet und
nahm ihn freundlich auf. Er versprach ihn in seine Herrschaft
zurückzuführen, aber natürlich nicht umsonst, sondern gegen Herausgabe von zwölf Ortschaften an der nördlichen Grenze des nabatäischen Reiches, die Jannäus zu Unrecht sich angeeignet hätte,
darunter Medaba und das heilige Elusa. Er fiel denn auch wirklich mit einem großen Heere in Judäa ein, gewann einen leichten
Sieg über Aristobul, dessen Krieger nun wieder zu Hyrkan über-
liefen, und nötigte ihn nach Jerusalem zu fliehen. Auch die Jerusalemer aber erklärten sich für Hyrkan, zusammen mit den Arabern
belagerten sie den Aristobul im Tempel, wohin er sich zurückgezogen hatte. Sie zeigten sich äußerst erbittert gegen ihn und
legten erbauliche Proben von der Giftigkeit des jüdischen Partei-
hasses ab [1]. Den Gewinn davon hatten die Römer.

Es war Ostern des Jahres 65. Pompeius, mit der Regulirung
des Orients beschäftigt, sandte damals seinen Legaten Scaurus nach
Syrien. Begierig ergriff derselbe die Gelegenheit, sich in den jüdischen Bürgerkrieg einzumischen, und machte sich von Damaskus
her auf den Weg nach Jerusalem, als Abgesandte beider Parteien
vor ihm erschienen und um seine Gunst warben. Aristobul kam
mit dem Angebot von drei- oder vierhundert Talenten dem Hyrkan
zuvor und erhielt den Zuschlag [2]. Dem Befehl des römischen
Legaten gehorsam zogen nun die Araber mit ihrem Schützling
von Jerusalem ab; Aristobul rückte ganz heldenmäßig hinterdrein
und brachte ihnen bei Papyron am Jordan nicht unbedeutende
Verluste bei. Doch behauptete sich Hyrkan in einem Teil des
Landes [3] und auf alle Fälle war der Streit durch Scaurus nicht
definitiv entschieden.

Im Herbst 64 kam Pompeius selber nach dem nördlichen
Syrien und überwinterte dort. Im Frühling 63 marschirte er über
Apamea Heliupolis und Chalcis nach Damaskus, indem er unter-

---

[1] Ant. 14, 22—24. Der Beter Onias wurde von den Belagerern aus
seinem Versteck gezogen, um Aristobul zu verfluchen. Er sagte aber: o Gott,
da die hier um mich Stehenden dein Volk sind und die Belagerten deine
Priester, so erhöre keine Partei gegen die andere! Darauf wurde er ge-
steinigt.

[2] Vorher hatte schon Gabinius 300 Talente von Aristobul empfangen
Ant. 14, 37.

[3] Ant. 14, 42.

wegs überall Burgen brach und Tyrannen beseitigte oder zähmte. In Damascus verhörte er die beiden feindlichen Brüder, die sich durch Gesandtschaften schon früher an ihn gewandt hatten. Hyrkan war der Kläger, er legte nicht bloß sein Recht dar, sondern belastete auch seinen Bruder damit, daß er Einfälle in benachbarte Gebiete und Piraterie zur See begangen habe; mehr als tausend angesehene Männer, von Antipater beschafft, legten für ihn Zeugnis ab. Aristobul, der mit dem Gefolge eines Königs erschienen war, benahm sich ziemlich trotzig, vielleicht im Vertrauen auf den goldenen Weinstock, den er dem Römer mitgebracht hatte; er verteidigte sich damit, daß, wenn er die Zügel nicht ergriffen hätte, sie den Händen seines schwachen Bruders längst entsunken wären. Neben den Prätendenten waren aber auch Abgesandte einer neutralen Partei erschienen, die von beiden nichts wissen wollte, sondern um Abschaffung der Königsherrschaft und Wiedereinführung der alten Verfassung bat. Pompeius scheint sich nicht um sie gekümmert zu haben. Im übrigen verschob er sein Urteil: er werde erst bei den Nabatäern nach dem Rechten sehen und dann die jüdischen Angelegenheiten an Ort und Stelle ordnen. Der große Mann wollte die beiden Brüder noch ferner hinhalten. Aristobul wurde mistrauisch; er trennte sich von ihm ohne Abschied und warf sich nach Alexandrium. Darauf ging Pompeius bei Scythopolis über den Jordan und marschirte am rechten Ufer hinunter bis Koreae[1]), in der Nähe von Alexandrium. Er forderte den jungen König vor und verlangte von ihm die Übergabe sämtlicher festen Plätze. Aristobul fügte sich wol oder übel, begab sich dann jedoch sogleich nach Jerusalem und rüstete zum Widerstande. Als aber Pompeius ihm folgte, sank ihm wieder der Mut. Er kam ins römische Lager, bat um Frieden und erbot sich Geld zu zahlen und die Tore Jerusalems zu öffnen. Indessen Gabinius, der das Geld holen sollte, fand die Tore verschlossen und kam unverrichteter Dinge zurück. Da verhaftete Pompeius den Aristobul und setzte den Marsch gegen Jerusalem fort. Die Partei Hyrkans, durch die Furcht vor den Römern vergrößert, gewährte ihm Einlaß in die Stadt. Aber die Anhänger Aristobuls behaupteten sich auch jetzt wieder im Tempel, und Pompeius mußte diesen nun

---

[1]) Da begann Judäa (Ant. 14, 49). Es ist auf der Karte von Medaba verzeichnet.

belagern. Nach drei Monaten erfolgte der Sturm und gelang.[1]) Pompeius betrat mit Gefolge das Adytum, besah sich alles, tastete aber nichts an. Am anderen Tage befahl er das Heiligtum zu reinigen und den Opferdienst wieder aufzunehmen, der übrigens während der ganzen Belagerung und sogar während des Sturmes nicht unterbrochen war. Die Häupter der Partei, die ihm Widerstand zu leisten sich unterwunden hatte, ließ er hinrichten; den Aristobul und seine Kinder nahm er mit sich; eine Menge Kriegsgefangene schickte er nach Rom.

Das Landvolk hatte die Absicht, den im Tempel Belagerten Hilfe zu bringen, ließ sich aber durch Hyrkan davon abhalten. Die Jerusalemer halfen den Römern und betrachteten deren Sieg als den ihrigen; an dem wütenden Blutvergießen in der erstürmten Feste nahmen sie tapferen Anteil; nur der entsetzliche Greuel, daß der Heide ungescheut in das Allerheiligste hineinging, verdarb ihnen die Freude. Hyrkan wurde wieder in sein Erbe gesetzt, jedoch nicht als König, sondern nur als Hoherpriester[2]). Jerusalem wurde entfestigt, das judäische Gebiet auf Judäa, Galiläa und Peräa[3]) beschränkt und steuerpflichtig[4]). Die eroberten Griechenstädte an der Küste, jenseit des Jordans, und im diesseitigen Binnenlande Samarien und Scythopolis, wurden sämtlich davon abgenommen

---

[1]) Ant. 14, 66: „im dritten Monat (der Belagerung, Bellum 1, 149. 5, 397) am Tage des Fastens“. Ganz das selbe Datum „im dritten Monat am Feste des Fastens“ wird auch für die Eroberung Jerusalems durch Sosius angegeben (Ant. 14, 487). Der Tag des Fastens kann nach jüdischem Sprachgebrauch kaum ein anderer als der große Versöhnungstag sein, der Ende Oktober fällt. Aber Sosius hat Jerusalem schon im Sommer und auch Pompeius hat es schon vor dem Herbst erobert. Vermutlich hat Josephus „den Tag des Fastens“ aus den nichtjüdischen Schriftstellern übernommen, auf die er sich beruft, und diese (z. B. Strabo p. 763) haben damit einfach den Sabbat gemeint, einen Tag, den sich die Feinde der Juden öfters zu nutze machten.

[2]) Ant. 14, 83 ist von den Römern in Jerusalem die Rede, welche den Hohenpriester hinderten, die Mauer wieder aufzubauen.

[3]) Peräa heißt genauer: das jüdische Land jenseit des Jordans; Matth. 19, 1 Marc. 10, 1 (καὶ del.). Ant. 12, 233. Die Grenzen werden angegeben Bell. 3, 46s. Amathus und Gadara (Bell. 4, 413) waren die wichtigsten Städte.

[4]) Pompeius führte die Kopfsteuer bei den Juden ein (Wilcken Ostraka p. 247), die damals weniger Anstoß erregt zu haben scheint als zur Zeit Jesu. Sie wird freilich schon Ant. 12, 142. 13, 50 erwähnt, aber in unechten Urkunden. Vgl. Willrich, Judaica p. 55s.

und als Gemeinwesen mit selbständiger Verwaltung der neu zu
gründenden Provinz Syrien einverleibt. Daher die pompeianische
Ära auf den Münzen zum Beispiel der Dekapolis; die Römer erschienen den Heiden als Befreier.

Die Gründung der Provinz Syrien war ein Ereignis von ein-
schneidender Bedeutung. Den größten Teil des alten seleucidischen
Reichs überließen die Römer den Iraniern, durch die Beseitigung
des Tigranes machten sie sich dieselben zu unmittelbaren Nachbarn und Feinden — ein Verhältnis, durch das die Geschichte
Asiens viele Jahrhunderte bestimmt wurde. Dagegen in Syrien
traten sie die griechische Erbschaft an und führten mit weit größerer
Stetigkeit und Kraft aus, was die Seleuciden angefangen hatten.
Sie stifteten Ordnung in dem Chaos, befestigten die Kultur und
schoben sie bis tief in die Wüste vor. Sie waren als Polizei der
Vorsehung unentbehrlich, so unleidlich sie auftraten und so schamlos sie sich bezahlt machten. Syrien wäre von den kleinen Räubern
verzehrt worden, wenn nicht die großen eingeschritten wären.

<hr>

Neunzehntes Kapitel.

Die Ausbildung des Judaismus.

1. Es ist von dem Aufstande die Rede gewesen, der gegen
Jannäus ausbrach, als er, von den Arabern besiegt, flüchtig nach
Jerusalem zurückkehrte. Die Pharisäer standen an der Spitze der
Erhebung und leiteten sie. Man sollte es nach dem Neuen Testamente nicht denken, aber es ist so. Mit Gewaltsamkeit, beinah
plötzlich, traten sie damals in die Geschichte ein. Ihre Ursprünge
lassen sich jedoch weiter hinauf verfolgen. Die Asidäer, denen
wir in der Zeit des Judas Makkabäus begegnen, waren ihre Vorgänger. Die Namen haben ähnliche Bedeutung, Asîd heißt der
Pietist und Pharîs der Separatist. Beide zeichneten sich durch besondere Frömmigkeit vor anderen Leuten aus, beide standen in
engster Verbindung mit den Schriftgelehrten[1]). Einen weiteren

---

[1]) Nicht bloß die Pharisäer, wie aus dem Neuen Testamente und aus
Josephus bekannt ist, sondern auch die Asidäer, wie aus 1 Macc. 7, 12. 13.

und den wichtigsten Beweis ihrer Zusammengehörigkeit liefert die Geschichte.

Die Asidäer blieben dem Judentum treu und litten dafür, als es in Gefahr geriet dem Hellenismus zu unterliegen. Sie standen den priesterlichen Aristokraten gegenüber, die durch ihr Liebäugeln mit der Welt und ihren Herrschern die Gefahr heraufbeschworen hatten. Diese leiteten ihr Geschlecht ab von dem ältesten jerusalemischen Tempelfürsten Sadok oder, nach einer anderen Aussprache, Sadduk. Daher der Name Sadducäer[1]).

In dem Widerstande gegen die Unterdrückung der väterlichen Religion begegneten sich die Asidäer mit den Makkabäern. Sie schlossen sich ihnen anfangs an; sie dürfen jedoch nicht mit ihnen verselbigt oder gar als der eigentliche Kern der Glaubenskämpfer betrachtet werden. Diese halfen Gott mit dem Schwert, sie dagegen warteten auf seine Hilfe, sahen nach den Zeichen und zählten die Tage, bis sie erscheine. Sie begaben sich erst dann unter den Schutz der Makkabäer, als dieselben ihre ersten Erfolge schon erfochten hatten. Sie lösten sich auch nicht unter ihnen auf, sondern blieben eine Genossenschaft für sich. Und nur so lange hielten sie die Verbindung aufrecht, als für das Gesetz gestritten wurde. Als die Makkabäer nach der Herrschaft strebten und sich der Wiedereinsetzung der alten Hohenpriesterdynastie widersetzten, da trennten sich die Asidäer von ihnen. Sie erkannten Alcimus an, obwol seine Person ihnen schwerlich genehm war. Von ihrem gesetzlichen Standpunkt aus war das völlig korrekt gehandelt. Alcimus war der rechtmäßige Hohepriester aus dem Samen Aharons, mochte er beschaffen sein wie er wollte.

deutlich erhellt. In bezug auf die Bedeutung von **Pharis** ist noch zu bemerken, daß es ein Ehrenname ist und daß die beabsichtigte Absonderung dabei weniger hervortritt als die wirkliche Auszeichnung durch Frömmigkeit — wodurch sich der Begriff dem des **Asid** noch mehr nähert.

[1]) Im Ezechiel, auf den es vorzugsweise ankommt, weil nur er von der jerusalemischen Priesterfamilie redet und ihre Abkunft von dem durch Salomo angestellten Ahn bezeugt, haben alle Handschriften der Septuaginta die Form **Sadduk**. In den Büchern Samuelis und der Könige findet sich diese Form durchgehend nicht im Vatikanus, wie ich versehentlich angegeben habe (Pharisäer und Sadducäer p. 47), sondern in den Codd. 19. 82. 93. 108 (s. g. Lucianus), die grade in diesen Büchern oft das Richtige geben. Noch im hebr. Sirach (51, 12 addit.) erscheinen die Bne Sadok oder Sadduk als die rechtmäßigen Priester, die von Gott zu dem Amte ausersehen sind.

Daß er übrigens nach den gemachten Erfahrungen nicht daran denken konnte an dem gesetzlichen Kultus zu rütteln, stand fest.

Hatten die Asidäer früher zu dem legitimen Priesteradel in Opposition gestanden wegen seiner heidnischen Gesinnung und seiner persönlichen Unwürdigkeit, so traten sie jetzt in Opposition zu den Hasmonäern, weil dieselben nach dem Hohenpriestertum strebten und es auch erlangten, ohne durch ihr Blut die gesetzliche Berechtigung dazu zu haben[1]). Diese Frontveränderung war indessen nicht bloß völlig erklärlich, sondern sie beließ es auch trotz allem im wesentlichen bei dem früheren Gegensatz. Denn als nunmehrige Inhaber der Regierung waren die Hasmonäer die Nachfolger der alten Aristokratie, und die Frommen standen also wiederum den Machthabern gegenüber. Sie übertrugen auf sie den Namen der Sadducäer, der nun in keiner Weise mehr ein Geschlecht, sondern nur noch einen Stand und eine Partei bezeichnet. Die Übertragung geschah mit einigem Recht, denn der neue Kurs näherte sich bald dem alten, wenngleich das Decorum besser gewahrt wurde.

Die Opposition wagte sich freilich unter den ersten Hasmonäern noch nicht heraus, sie konnte nicht gegen den Strom schwimmen und wurde vielleicht auch selber zeitweise davon mit fortgerissen. Allein sie blieb vorhanden. Unter Hyrkan I. zeigt sie sich uns wieder. Der Pharisäer Eleazar soll ihm auf seine Anfrage den Rat gegeben haben, er möge das Hohepriestertum niederlegen und sich mit der Herrschaft begnügen; infolge dessen soll Hyrkan der Sekte feind geworden und zu den Sadducäern übergetreten sein. Die Erzählung, die Josephus über diesen Vorgang gibt, ist zwar sagenhaft[2]), wird aber in der Hauptsache

---

[1]) Die rechtmäßigen Hohenpriester amtirten am Tempel zu Leontopolis, der wahrscheinlich dem zu Jerusalem anfänglich größere Konkurrenz gemacht hat, als die uns erhaltenen Nachrichten ahnen lassen — wie Willrich mit Recht vermutet. Das schlechte Gewissen der hasmonäischen Priester verrät sich besonders deutlich in 1 Macc. 14. Der Vf. des ersten Makkabäerbuchs schreibt als Anwalt für Simon und seine Erben, während der Vf. des zweiten Buchs auf anderem Standpunkte steht.

[2]) Ant. 13, 288 ss. Josephus geht von der Anschauung seiner Gegenwart über den Sektengegensatz aus. Hyrkan soll ursprünglich selbst Pharisäer gewesen sein. Wie kommt er denn dazu, ihnen zu mistrauen? Warum versucht er sie zu kaptiviren und, „da er sie bei guter Laune sah", ihnen zu entlocken,

dadurch bestätigt, daß die Pharisäer, die hier zum ersten Male so
genannt werden, das selbe an den Hasmonäern auszusetzen haben
wie die Asidäer, nämlich die Usurpation des Hohenpriestertums.
Zum Hohenpriestertum, sagt Eleazar, sei Hyrkan nicht berechtigt,
weil er nicht von echtem Blut sei.

Unter Jannäus verwandelte sich das gespannte Verhältnis der
Pharisäer zu der Regierung in offene Feindschaft. Zugleich aber
verwandelte sich auch der innere Charakter des Kampfes; es wurde
allgemeiner und prinzipieller. Das Recht auf das heilige Amt
wurde den Hasmonäern nicht mehr darum bestritten, weil sie
nicht zur legitimen Familie gehörten, sondern weil sie in Wahrheit
weltliche Herrscher waren. Es schien nur so, als ob die über-
kommene verfassungsmäßige Regierungsform fortgesetzt würde; in
der Tat trat eine völlige Veränderung ein. Ehedem war die politische Macht der Juden sehr gering gewesen, das Szepter und das
Schwert führten die fremden Oberherren. Wenn ihr geistliches Haupt
zugleich das weltliche war, so drückte sich darin nur aus, daß ein
weltliches Leben von Bedeutung neben dem geistlichen überhaupt
nicht existirte und sich also auch keine selbständige Spitze geben
konnte. Jetzt aber hatte sich ein jüdisches Reich gebildet, das
seine Angelegenheiten unabhängig verwaltete, Bündnisse schloß,
Soldaten hielt, Kriege führte, kurz ganz auf dem Fuße anderer
Reiche eingerichtet war. Der nationale Staat ließ sich nicht qua-
driren mit dem alten heiligen Gemeinwesen, in dessen Formen er
sich hüllte. Das Schwergewicht war gänzlich verlegt. Das politische Interesse überwog das religiöse, der Patriotismus den Eifer
für das Gesetz. Der König war nur nebenbei Hoherpriester. Durch
die makkabäische Erhebung wurde das Judentum gerettet und doch

was sie etwa gegen ihn haben könnten? Wegen der persönlichen Bosheit eines
einzelnen Zänkers soll er dann mit der ganzen Partei gebrochen haben; es
schimmert indessen doch durch, daß diese im Grunde mit der Äußerung
ihres enfant terrible übereinstimmte. Es ist nichts mit dem ursprünglichen
Pharisäertum Hyrkans und also auch nichts mit seinem plötzlichen Übertritt
zu den Sadducäern. Der Differenzpunkt selbst beweist und der weitere Verlauf des Streites zeigt es deutlich, daß die Hasmonäer nicht nach ihrem Da-
fürhalten auf die eine oder die andere Seite treten können, sondern die
Standarte der sadducäischen Partei sind. Die Erzählung bei Josephus selber
konstatirt einerseits das geflissentliche Werben Hyrkans um die Zufriedenheit
der Pharisäer, andrerseits seine vertraute Freundschaft mit dem Sadducäer
Jonathan.

zugleich in seinem innersten Wesen noch mehr bedroht als durch die Gewaltsamkeit des Antiochus Epiphanes. Die Nationalisirung erwies sich als gleichbedeutend mit der Verweltlichung. Die Nation drohte von der Bahn der Gerechtigkeit in die Bahn der Macht und Ehre abzuirren[1]).

Am grellsten trat das Misverhältnis in der Person des Jannäus hervor. Der Regel nach lag er mit dem Heere zu Felde und fröhnte der angeborenen Wildheit seiner Natur; nur gelegentlich kam er einmal nach Hause, um an einem hohem Feste das Pallium umzuhängen und für das Volk zu opfern. Kein Wunder, daß ihm gegenüber der verhaltene Groll bei günstiger Gelegenheit sich Luft machte. Er gab indessen nur den Anlaß zur Explosion, die wahre Ursache des Grolls lag in der Unzuträglichkeit, daß das Hohepriestertum mit der vollen Souveränetät verbunden war. Diese Unzuträglichkeit konnte er nicht beseitigen, auch nicht, wenn er auf das geistliche Amt hätte verzichten wollen. Denn auf diese Weise hätte er nicht bloß einen gefährlichen Nebenbuhler bekommen, sondern gradezu aufgehört das Haupt der Nation zu sein. Nach der Verfassung der Gemeinde des zweiten Tempels, wie sie im Priesterkodex gebucht war und wie sie zu Recht bestand, hatte der Hohepriester die Ethnarchie. Für einen nationalen König war neben ihm nicht Platz; ein König neben dem Hohenpriester konnte nur ein Tyrann, ein Fremdherrscher sein. Die Schwierigkeit der Situation bestand eben darin, daß die Souveränetät, die nach den ursprünglichen Voraussetzungen der Hierokratie in der Hand fremder Potentaten lag, jetzt in die Hand einheimischer Fürsten übergegangen war, die, um volkstümliche Fürsten zu sein, zugleich Hohepriester sein mußten. Der Kampf gegen Jannäus richtete sich nicht bloß gegen seine Person, es war vielmehr der Kampf der Pharisäer gegen die Sadducäer, für die Idee der Theokratie gegen ihre Verfälschung, für das Gesetz gegen das Reich Davids[2]).

Die Juden nahmen anfangs Partei für die Pharisäer. Sie wechselten indessen ihre Stellung und traten zum Könige über, als dieser, mit Hilfe fremder Söldlinge geschlagen, zu gänzlicher

---

[1]) Antiq. 16, 158.

[2]) Nicht allen frommen Juden war das priesterliche Königtum nach der Weise Melchisedeks (Ps. 110) ein Anstoß. Jedoch die Pharisäer hatten recht; der Idee der Hierokratie widersprach die Königsherrschaft. Ihnen selber scheinen aber auch erst unter Jannäus die Augen darüber aufgegangen zu sein.

Ohnmacht herabgesunken war. Das Ende war, daß die Pharisäer das Feld räumen mußten. Doch fühlte sich Jannäus nicht als Sieger. Er soll grade zu dem Zweck bei seinem Tode die Regierung seiner Witwe übertragen haben, damit sie die Pharisäer zufrieden stelle. Dadurch, daß sie Königin wurde, trat von selber eine Scheidung zwischen der Herrschaft und dem Hohenpriestertum ein, da ein Weib das heilige Amt nicht übernehmen konnte. Nach außen schaltete sie unumschränkt; in den inneren Angelegenheiten verstattete sie den Phärisäern großen Einfluß — ihr Sohn Hyrkan, der Hohepriester, hatte nichts zu bedeuten. Die Aufnahme der Schriftgelehrten in das Synedrium geschah zu gunsten der Pharisäer. Von nun an beherrschten sie die geistliche und bürgerliche Rechtsprechung; wenn auch die Richter im Synedrium größtenteils Sadducäer waren, so mußten sie doch nach den Grundsätzen der pharisäischen Juriskonsulten entscheiden, wenn sie das Volk nicht gegen sich aufbringen wollten.

Der Friede der Regierung mit den Pharisäern ging bald vorüber, nicht immer konnte ein Weib auf dem Throne sitzen. Mit dem Tode der Salma kehrte der alte Zustand zurück. Aristobul II. war wieder König und Hoherpriester, und er stützte sich auf die Partei seines Vaters, die Sadducäer. Da brachte das Eingreifen der Römer plötzlich eine radikale Änderung der Sachlage hervor; die Juden gerieten wieder unter die Herrschaft einer fremden Großmacht. Es gab Leute, welche die Königin Salma, d. h. die Pharisäer, für den Sturz des hasmonäischen Reiches verantwortlich machten[1]. Das Ziel, worauf die Politik der Pharisäer hinauslaufen mußte, war in der Tat die Fremdherrschaft; nur unter der Fremdherrschaft war die Theokratie, wie sie sie verstanden, möglich. Aber sie machten sich das nicht klar, sie fragten nicht darnach, was denn eigentlich an Stelle des priesterlichen Königtums der Hasmonäer treten sollte, sie wollten die Fremdherrschaft nicht. Selber die Regierung zu übernehmen konnten sie nicht denken, sie strebten immer nur nach moralischem Einfluß. Sie waren nicht nur schlechte Politiker, sondern auch grundsätzlich nicht konsequent[2]. In der Hoffnung war auch ihnen das Reich

---

[1] Ant. 13, 432: „Salma hatte Schuld, daß den Hasmonäern die sauer erworbene Herrschaft verloren ging, indem sie nach dem Willen der Feinde ihres Hauses regierte und die Dynastie ihrer wahren Fürsorger beraubte.“

[2] Sie konnten es nicht sein, weil der innere Widerspruch im Wesen

Davids das Ideal. Aber es mußte Hoffnung bleiben und durfte nur durch ein göttliches Wunder auf die Erde kommen. Das realisirte Ideal geriet in Konflikt mit dem geistlichen Wesen der Gemeinde des zweiten Tempels. Die Erfüllung der messianischen Weissagung, die Herstellung der alten Reichsherrlichkeit, war in Wahrheit ein Rückfall in eine überwundene Stufe; die Religion war über die Nation und über den Patriotismus hinausgewachsen. Nur durften es die Pharisäer sich nicht gestehn, sie mußten die Hoffnung festhalten und die Fremdherrschaft verabscheuen. Der Haß gegen alles Heidnische, der bei ihnen sehr ausgeprägt war, erleichterte ihnen das. Hinzu kam die gebotene Rücksichtnahme auf das Volk. Denn das Volk war durch und durch patriotisch gesonnen.

Indessen wie auch immer die Pharisäer über die Fremdherrschaft denken mochten, jedenfalls hatten sie den Vorteil davon, denn ihre Gegner hatten den Schaden. Als Regierungspartei erlitten die Sadducäer durch die Schwächung der Regierung eine große Einbuße an ihrer früheren Macht. Wol oder übel mußten sie sich, soweit sie bei dem Aufstande gegen Pompeius mit dem Leben davon gekommen waren, den Römern fügen, um ihre Stellung beizubehalten. Hyrkan II. war fortab der Mann, an den sie sich zu halten hatten; ein möglichst schlechter Vertreter ihrer Traditionen. Ihr Streben richtete sich vor allem darauf, ihn von dem beherrschenden Einfluß Antipaters und seiner Söhne loszureißen, der ihren eigenen bedrohte und lahmlegte. Allein es gelang ihnen nicht; sie unterlagen im Kampfe gegen die verhaßten Idumäer und sanken dann für längere Zeit zur Bedeutungslosigkeit herab. Ihr Streit mit den Pharisäern erbte sich zwar fort, aber er verlor seinen akuten politischen Charakter. Er drehte sich zum Teil um untergeordnete juristische Fragen; in der Hauptsache blieb nur ein allgemeiner Gegensatz übrig, der Schule gegen die Hierokratie, der Bildung gegen den Adel, der Tugend gegen die Autorität des Amts. Die Sadducäer hatten ihren Sitz in der jerusalemischen Aristokratie, die Pharisäer in der jerusalemischen Bürgerschaft; jene waren exklusiv, diese machten Propaganda und stellten sich

---

der Theokratie begründet war. Das Dilemma, an dem die Hasmonäer scheiterten, war auch ein Dilemma für die Pharisäer; sie wurden durch die Römer davon befreit.

zum Vorbild auf für das ganze Volk. Es war indessen nicht bloß und nicht eigentlich ein Gegensatz der gesellschaftlichen Kreise, sondern ein Gegensatz der Prinzipien, der Sinnesweise und der Lebensanschauung. · Die Pharisäer trachteten nach der Gerechtigkeit Gottes und überließen ihm die Sorge für das, was dabei herauskam; ihr Handeln hatte nur Sinn, weil es von Gott geboten war. Die Sadducäer verfolgten praktische Ziele und gebrauchten dazu praktische Mittel. Sie waren Realisten, die nur das Absehbare in Betracht zogen und von der Vorsehung nichts erwarteten. Ihre Religion war das Herkommen; sie machten an Gott keine Ansprüche und er nicht an sie [1]).

2. Man kann sagen, daß mit der politischen Depression, die durch die Römer bewirkt wurde, die Entwicklung des Parteienstreits auf ihren Ausgangspunkt zurücklenkte. Der alte Gegensatz zwischen den Frommen und den Weltmenschen, der die Psalmen beherrscht, kam wieder zum Vorschein. In der Tat setzten die Asidäer, die Vorgänger der Pharisäer, die Asidim der Psalmen fort; ihr Kampf gegen die abtrünnige Aristokratie hielt sich ursprünglich in rein religiösen Grenzen. Aber während der Regierung des Antiochus Epiphanes schrumpften sie zusammen und befestigten sich zu einem abgeschlossenen Vereine, was die Asidim der Psalmen nicht gewesen waren. Das bedeutet zugleich einen inhaltlichen Unterschied. Gegenüber der Apostasie trat die jüdische Frömmigkeit in eine neue Phase, sie versteifte und verschärfte sich. Die Zeit der Religionsbedrängnis und des Glaubenskampfes machte auch auf geistigem Gebiete Epoche. Ehedem waren die Frommen ziemlich weitherzig gewesen und nicht sehr ängstlich in der Beobachtung der gesetzlichen Bräuche. Sie hatten das Heidentum und den Götzendienst kaum mehr als eine Gefahr betrachtet, das Wesen schien gesichert, die Form halbwegs überflüssig. Jetzt zeigte sich, daß das ein Irrtum war; die Verachtung des Kleinen rächte sich. Der Hellenismus drohte das Judentum zu verschlingen. Infolgedessen trat eine Reaktion ein, die auf die Formen und die Äußerlichkeiten das größte Gewicht legte und zwischen Kleinem und Großem im Gesetz keinen Unterschied machte, um sich gegen das

---

[1]) Bell. 2, 162 ss. Ant. 13, 171 ss. 18, 11 ss. Josephus setzt das Fatum ein für die Gottheit und sagt, die Pharisäer machen alles, die Sadducäer nichts vom Fatum abhängig. Eine authentische Quelle für den Charakter des Gegensatzes ist der Psalter Salomos.

Heidentum zu schützen und abzuschließen. Dadurch wurde die Frömmigkeit Pharisaismus. Der Pharisaismus bildete den Übergang zum Talmudjudentum.

Schon früher war die „Gerechtigkeit" die Losung der Religion gewesen, aber gerecht hatte so viel bedeutet wie einfach, schlicht, aufrichtig. Jetzt bedeutete es korrekt und legal. Schon früher waren die Formen des Rechtes auf religiöse Verhältnisse übertragen, aber in einer ganz naiven Weise. Jetzt bekam die Frömmigkeit, unter dem Einfluß der zu Juristen gewordenen Schriftgelehrten, ein vollkommen juristisches und zwar privatrechtliches Gepräge. Die Religion wurde zum bürgerlichen und geistlichen Recht. Man suchte das Leben bis in das geringste Detail hinein positiv zu ordnen, damit möglichst wenig der Freiheit des Einzelnen überlassen bleibe. Man vergrößerte beständig das Netz der Satzungen und verdichtete die Maschen, man beschränkte Schritt vor Schritt den Kreis des Erlaubten durch das Gebotene. Die Herrschaft des Gesetzes wurde immer mehr ausgedehnt und es selber fort und fort erweitert. Grade auf die Erweiterungen, die freilich stets aus dem Buchstaben abgeleitet oder als alte Überlieferung bezeichnet wurden, legte man den größten Wert — weil sie auf Widerstand stießen. Besonders herrschte ein reger Eifer, die Verordnungen über die Sabbatruhe und über die Waschungen und Reinigungen bis zu den äußersten Konsequenzen auszubilden. Das Ziel war, sich zu weihen und zu heiligen, sich zu hüten vor Übertretung. Die Werke der Moral wurden hintangesetzt, die Werke der Heiligkeit, Fasten Beten Almosengeben, bevorzugt. Nichts aber hatte Wert, wenn es nicht fest regulirt war; auf die formelle Genauigkeit kam es an.

Um all die Satzungen und Gebote des geschriebenen und ungeschriebenen Rechtes genau zu beobachten, dazu gehörte mehr, als Durchschnittsmenschen leisten konnten. Um sie auch nur zu kennen, dazu bedurfte es einer eigenen Gelehrsamkeit. „Der Ungelehrte kann sich nicht in acht nehmen vor der Sünde, und der Laie kann nicht wahrhaft fromm sein." Die Religion wurde schulmäßig gelernt und mühsam betrieben, sie war ein Studium und eine Kunst. Eine gewisse juristische Verschmitztheit paßte besser dazu als Einfalt. Die Pharisäer standen einerseits den Weltmenschen feindlich gegenüber, andererseits aber schieden sie sich auch sehr von der Menge, die vom Gesetz nichts wußte, und vergalten ihr die Verehrung, die sie ihnen zollte, mit unverholener Verachtung.

Sie waren die Virtuosen der Frömmigkeit, zugleich die sachverständigen Kenner, die stets ihr Urteil bei der Hand hatten. Ein breiter Abstand herrschte zwischen Gebildeten und Ungebildeten auf einem Gebiete, auf welchem der Hochmut der Schule besonders widerwärtig und der Stolz auf das Wissen und Können besonders unberechtigt ist.

Gesetze sind nach Ezechiel dazu da, daß man dadurch mag leben. Damit wird über das System der pharisäischen Satzungen der Stab gebrochen. Das Leben wurde dadurch nicht gefördert, sondern behindert und eingeengt. Die Gesellschaft wurde eine Karikatur durch die angeblich göttlichen und in Wahrheit absurden Ziele, die ihr gesteckt wurden. Das Gesetz verdarb nicht bloß die Moral, indem der Dienst des Nächsten hinter den Übungen der Gottseligkeit zurücktreten mußte; er entseelte auch, so viel an ihm lag, die Religion. Der Zugang zu Gott wurde durch die Etikette verschlossen, durch welche er ermöglicht werden sollte. „Ihr selbst findet ihn nicht und verwehrt ihn den andern", sagt Jesus zu den Pharisäern. Es herrschte ein wahrer Götzendienst des Gesetzes. Gott selbst studirte in seinen Mußestunden die Thora und las am Sabbat in der Bibel — so meinten die Rabbinen. Für sein Wirken in der Geschichte hatten sie kein Verständnis; selbst die makkabäische Erhebung vergaßen sie und ließen die Literatur darüber verkommen.

3. Man darf indessen nicht glauben, daß die Schriftgelehrten und Pharisäer möglichst die überlieferten Schranken festgehalten und jeder Bewegung sich entgegengesetzt hätten. Sie traten gegenüber den Sadducäern für die Erweiterung des Kanons ein und für die Fortentwickelung der Thora. Sie setzten sich durch ihre Exegese mit ganz bewußter Willkür über den Buchstaben der Schrift hinweg. Sie legten Wert auf gewisse Neuerungen, die damals aufkamen. Die weit über das Gesetz hinausgehende Anwendung des Tauchbades, der Taufe, z. B. bei dem Übertritt von Proselyten, gehört dahin. Besonders im Geschmack der Pharisäer war die Heiligung von Mahlzeiten ohne Opfer — eine interessante Wiederbelebung der alten Sitte der heiligen Communio durch das Mahl[1]). Sie hatten nichts dagegen, daß auch der Tempelkultus

---

[1]) In alter Zeit (Deuteronomium) hatten die Darbringer das Kodesch gegessen; nach dem späteren Gesetz aßen es die Priester, mit Ausnahme aller-

sehr bereichert wurde, wenngleich der Anstoß dazu nicht immer von ihnen ausging. Grade in dieser Zeit traten nicht wenige neue Feste zu den im Gesetz gebotenen hinzu, wie Hanukka und Purim und eine Menge anderer; auch neue Riten zu den alten Festen, wie das Wasserschöpfen zu Lauberhütten. Zum Teil war das Neue eigentlich heidnischen Ursprungs. Aber die fremden Elemente wurden gründlich assimilirt[1].

Ebensowenig darf man glauben, daß unter dem Joch des Gesetzes alle anderen Triebe des geistigen Leben verkümmert wären. Sie wucherten im Gegenteil fort, das Judentum war in dieser Periode so fruchtbar wie nie. Es war wie der Islam eine komplexe Erscheinung, voller Antinomien, aufnahmefähig wie alles Lebendige, nicht systematisch, sondern nur historisch zu begreifen. Die Pedan-

---

dings des Pascha, das aber seines Opfercharakters einigermaßen entkleidet wurde. Die Pharisäer wollten sich gern ebenso heilig machen wie die Priester, ohne indessen deren gesetzliche Privilegien zu verletzen.

[1] Die „Fastenrolle" zählt die Tage auf, an denen das Fasten verboten war, d. h. die gefeiert werden sollten. Viele Feste haben nur zeitweilig und lokal bestanden und sind dann wieder eingegangen. Das Fest des Holztragens (Joseph. Bell. 2, 425) wird schon Neh. 10, 35 erwähnt und zwar merkwürdiger Weise als im Gesetz vorgeschrieben. Über die Hanukka s. p. 262 s. Über das Purimfest haben wir die Angabe, daß die Legende desselben, das Buch Esther, im vierten Jahre von Ptolemäus und Kleopatra griechisch übersetzt in Ägypten eingeführt wurde, d. i. nach Willrich A. 48/7 vor Chr.; sonst wird es zuerst erwähnt 2 Macc. 15, 37 und Jos. Ant. 11, 184 ss. Es hat genau ebenso wie die Hanukka ein doppeltes Gesicht. Als historisch jüdisches Fest ist es identisch mit und entstanden aus dem Nikanorstage (1 Macc. 7, 49. 2 Macc. 15, 36). Die große Niederlage der Heiden fällt auch im Buch Esther auf den 13. Adar, wie die des Nikanor. Aber bezeichnender Weise wird die Festfeier beim Purim ebensowenig auf den Tag des historischen Anlasses begangen, wie bei der Hanukka. Das Purim wird nämlich nicht zur Erinnerung an den Sieg selber gefeiert, sondern höchst wunderlich zur Erinnerung an den Ruhetag nach dem Siege; demgemäß nicht am 13., sondern erst am 14. (bezw. 15.) Adar. Daraus geht hervor, daß Purim sich ursprünglich gar nicht auf das angegebene geschichtliche Ereignis bezog: auch der Name und der damit zusammenhängende Ritus der Manoth, sowie der Hauptstock der Legende wird dadurch nicht erklärt. Sondern es liegt ein älteres nicht historisches und nicht jüdisches Fest zugrunde, welches auf den Vollmond (14. oder 15.) des Adar fiel. Die Kombination dieses Naturfestes und des Nikanortages diente dazu, das erstere zu judaisiren und das letztere zu entgiften, d. h seines hasmonäischen Charakters zu entkleiden, der den Pharisäern ein Anstoß sein mußte. Vgl. GGA. 1902 p. 143 ss.

terie und die strenge Disziplin beherrschte nur die Praxis, ließ aber auf dem Gebiete des Glaubens und der religiösen Vorstellungen eine merkwürdige Freiheit bestehn, wenngleich gewisse Grundsätze nicht angetastet werden durften. Es muß eine große, bunte und anarchische Literatur dieser Art gegeben haben, die uns aber gewöhnlich nur aus christlichen Überarbeitungen und aus Resten im Midrasch und im Talmud bekannt ist: die sogenannte Haggâda verrät sehr vielfach schriftlichen Ursprung und beruht nicht einfach auf mündlicher Überlieferung. Wenngleich die Pharisäer sich später von diesem Gebiet mistrauisch abwandten und vorzugsweise die Halacha, die rechtliche Tradition, pflegten, so waren doch auch hier ursprünglich die Frommen die Führer und Leiter. Die Sadducäer hatten überhaupt kein theoretisches Interesse an der Religion; sie verhielten sich ablehnend gegen alles, was über das Herkommen und die Praxis hinausging. Was man jüdische Theologie nennen kann, ist auf grund der älteren Eschatologie von den Asidäern ausgebildet. Das Buch Daniel hat da Epoche gemacht[1]).

Wir finden hier zuerst die religiöse Betrachtung der Weltgeschichte als eines Ganzen, die zu der christlichen Universalhistorie den Grund gelegt hat: das Buch Daniel hat die selbe Bedeutung für die Geschichtswissenschaft wie das erste Kapitel der Genesis für die Naturwissenschaft. Der Ausgangspunkt ist die Zerstörung Jerusalems durch die Chaldäer und die ganze Entwicklung vollzieht sich im Rahmen der siebzig Jahre, die Jeremias als Frist bis zur Wiederherstellung der Theokratie gesetzt hatte. Die siebzig Jahre werden auf siebzig Jahrwochen, also auf vierhundertundneunzig Jahre, erweitert, und auf grund davon wird der Eintritt des messianischen Heils genau datirt: die Zeitrechnung hält ihren Einzug in die Eschatologie und bleibt fortan ein wesentliches Element derselben. Die Entwicklung schreitet gradlinig fort, in Stufen, welche durch die vier Monarchien der Chaldäer, Meder, Perser, Griechen bezeichnet werden. Der Fortschritt aber ist eine beständige Verschlechterung, eine Steigerung der Feindschaft gegen das Reich Gottes und die Juden. Wenn das Reich der Welt auf dem Gipfel des Bösen angekommen ist, dann bricht es zusammen und

---

[1]) Aber nur aus Unbekanntschaft mit dem Alten Testament hat man die jüdische Eschatologie von Daniel überhaupt ausgehn lassen. Die allgemeinen Gefühle von Sirac. 33 blieben und wirkten weiter.

das Reich Gottes tritt an seine Stelle. Das Reich Gottes ist die
Antithese und das Gegenbild des Weltreichs, ebenso universalistisch
gedacht wie dieses. Beide zusammen haben nebeneinander nicht
Platz, beide beanspruchen sie die Weltherrschaft und liegen im
Kampf darum. Das Recht und der endliche Sieg ist natürlich auf
seiten Gottes. Der Messias fehlt, an seine Stelle sind die Juden
in corpore getreten.

Der weltumfassende Dualismus des Guten und des Bösen erscheint hier beinah ebenso ausgeprägt, wie bei den Iraniern. Nur
ist er engherziger — die Iranier waren ein großer Völkerkomplex
und selber eine Welt, die Juden vergleichsweise nur eine Sekte,
voll ohnmächtigen mit Neid versetzten Hasses gegen die feindliche
Welt, die sie umgab. Und vor allen Dingen ist er nicht so praktisch gewandt. Die Iranier beteiligen sich an dem Kampfe und
verhelfen durch ihre Arbeit dem guten Prinzip zum Siege, welches
nicht bloß die Religion und die Nation, sondern doch auch die
Kultur zum Inhalt hat. Im Buche Daniel rückt die Weltgeschichte
wider Willen dem Ziel um so näher, je weiter sie sich mit Willen
davon entfernt. Die alte Ära schneidet plötzlich ab und die neue
beginnt durch ein göttliches Wunder. Das Reich der Heiligen des
Höchsten, repräsentirt durch den Menschen wie die Weltmonarchien
durch Tiere, kommt aus den Wolken des Himmels. Im Himmel
ist es schon vorhanden, es braucht nur herabzufahren auf die Erde.
Dem gehn allerdings Kämpfe voraus, aber auch diese werden, vor
ihrer Ausfechtung auf Erden, in den Lüften durch die Engel vorweg entschieden. Alles Irdische wird in das Jenseits projizirt, mit
Ausnahme jedoch des Bösen. Der Dualismus wird nicht auf die
Gottheit übertragen und nicht zu einem Gegensatz zwischen Gott
und dem Teufel gesteigert. Der Satan spielt gar keine Rolle, Antiochus genügt als Antichrist.

An der künftigen Herrschaft der Heiligen des Höchsten sollen
auch die Märtyrer teilnehmen, die ihre Treue für das Gesetz in
der syrischen Religionsverfolgung mit dem Tode gebüßt haben [1]).
Sie werden aus ihren Gräbern aufgeweckt, zu dem Zweck das vor-
zeitig unterbrochene irdische Leben fortzusetzen. Ebenso werden
auch die bereits verstorbenen Erzbösewichter der damaligen Zeit

---

[1]) Animos proelio aut suppliciis peremtorum aeternos putant — sagt noch
Tacitus (Hist. 5, 75) von den Juden.

ins Leben zurückgerufen, um ihre Strafe nachzuholen. Denn an den Toten kann keine Vergeltung geübt werden; es gibt nur das irdische, kein jenseitiges und kein ewiges Leben. Das Reich Gottes ist den natürlichen Bedingungen nicht entrückt, es ist nur eine neue Phase der Weltgeschichte, es bleibt noch immer durchaus irdisch. Von Paradis und Geenna und allgemeiner Verantwortlichkeit im Jenseits hören wir im Buche Daniel noch nichts [1]).

Die Auferstehungshoffnung ergänzt also hier nur in einem untergeordneten Punkte die messianische Hoffnung auf die Restitution des Volkes. Später aber geht sie weit darüber hinaus, wird verallgemeinert und trägt dann am meisten dazu bei, die Religion über die alttestamentliche Stufe emporzuheben und sie völlig zu individualisiren. In den Apokalypsen Baruchs und Ezras, die jedoch erst an das Ende des ersten christlichen Jahrhunderts gehören und über die hier zu beschreibende Phase des Judaismus hinausliegen, sind die eschatologischen Vorstellungen in eine ganz andere, höhere Lage tranponirt. Da haben wir die allgemeine Auferstehung der Toten, das Gericht über alle Seelen, die je auf der Welt gewesen sind, das Paradis und die Geenna [2]). An die

---

[1]) Ein gewisser Ansatz zur Verallgemeinerung der Verantwortlichkeit liegt in der Vorstellung vom himmlischen Buche. Das himmlische Buch ist im Alten Testament zunächst ein Buch der Lebenden (nicht des Lebens), ein Verzeichnis der Angehörigen der Theokratie, besonders der frommen (Ps. 87, 6. Mal. 3, 16). Schon bei Malachi werden zu den Namen Vermerke gemacht über die Taten und Leiden der betreffenden Personen; in Ps. 56, 9 faßt Gott die Tränen des Frommen in einen Schlauch und zählt sie. Dann wird die Bürgerliste zu einer Konduitenliste und zu einem Kontobuch, nicht bloß für die Frommen, sondern auch für die Heiden. In Dan. 7, 10 werden bei der himmlischen Gerichtssitzung Bücher aufgeschlagen, in denen über die Verschuldung der Heiden Rechnung geführt ist.

[2]) Das Paradis ist der alte Gottesgarten von Gen. 2. 3., der plötzlich wieder auflebt und transfigurirt wird. Die Geenna ist eigentlich das Tal Gehinnom bei Jerusalem. Dort stand in der Zeit Manasses der Altar, worauf die Kinder dem Jahve verbrannt wurden. Diese hochheilige Stätte des Frevels soll nach Hierem. 7 bei der Einnahme der Stadt durch die Chaldäer zu einer Stätte des Gemetzels und zu einer allgemeinen Leichengrube entweiht werden. Daher in der Septuagina die Übersetzung πολυάνδριον, daher dann weiter die Bedeutung der Geenna. Der Strafort der Bösewichter bleibt aber daneben immer noch das Grab. Die Geenna selber ist ja ursprünglich auch nur ein Massengrab; das Feuer erklärt sich vermutlich aus der Leichenverbrennung und entspricht dann dem Wurm (Isa. 66. 14).

Stelle des Volkes sind die Individuen, die Seelen, getreten und die zukünftige Welt ist jenseitig geworden. Die alte messianische Weissagung wird zurückgedrängt. Die Restitution des Volkes ist nicht mehr das Ziel und der Schluß des Weltdramas, sondern ein vorübergehender Zwischenakt (Chiliasmus). Der Messias kommt allerdings, rettet die Juden, die er in jener Zeit in der heiligen Stadt und im heiligen Lande antrifft, richtet sein Reich in Palästina unter ihnen auf und beglückt sie während einer längeren Periode. Aber die Periode läuft ab, der Messias stirbt und seine ganze Generation mit ihm. Und dann erst tritt die Endzeit ein, die zweite überirdische Ära, mit der allgemeinen Auferstehung der Toten, dem jüngsten Gericht, der Scheidung der Welt in Himmel und Hölle. Es hat sich also auf diesem Gebiet ein gewaltiger Umschwung vollzogen. Vielleicht allerdings in Anknüpfung an alte populäre Vorstellungen, über die Toten, die Seelen, die Heere der Geister, auf Erden in der Hölle und im Himmel. Der alte Volksglaube war vor dem prophetischen Monotheismus zurückgewichen und kommt im Alten Testament nur spurenweis zum Vorschein. Er mochte sich aber in der Tiefe erhalten haben und wieder auftauchen, als die Fragen, die er zu beantworten schien, auch der monotheistischen Religion auf einer späteren Stufe sich aufdrängten. Da dieser alte Volksglaube den Israeliten mit den Heiden gemeinsam war, so läßt es sich freilich den ihm etwa zuzuweisenden Vorstellungen an inneren Merkmalen nicht ansehen, ob sie wirklich von Anfang an dazu gehört haben oder erst in späterer Zeit von den Heiden entlehnt sind.

Mit der Eschatologie ist die Gnosis nah verwandt, die durchaus keine ausschließlich christliche, sondern eine allgemeine Erscheinung der Zeit ist und auch bei den Juden ihre Rolle spielt. Die jüdische Gnosis geht wol auf die ältere Weisheit zurück, greift aber viel weiter aus und spekulirt ganz anders, großartiger, tiefsinniger und unsinniger. Bezeichnend ist das Streben, Gott im Hintergrund zu lassen und als Exponenten seiner Beziehungen zur Welt und zum Menschen allerhand Mittelwesen einzuschieben, über die dann ungescheut fabulirt werden darf. Die göttlichen Eigenschaften und Wirkungsweisen werden hypostasirt; so die Weisheit (Achamoth), das Wort und der Geist. Eine systematische Angelologie wird ausgebildet, mit Zahlen und Namen und bestimmter Charakteristik. Der kindliche Engelglaube der früheren Zeit war freies Spiel der Phantasie gewesen. Die Anfänge einer Angelologie finden sich bei Ezechiel und Zacharia, dann im Buche Iob, in den Proverbien und in den Psalmen. Die Engel erscheinen hier als Beamte und Interpreten Gottes, an dessen Hofe es ungefähr so zugeht, wie an dem des persischen Großkönigs. Sie richten seine Befehle aus und überbringen sein Wort den Propheten. Sie erstatten im Himmel Bericht über die Vorgänge auf Erden, sie tragen die Gebete der Menschen hinauf und verwenden sich für sie, klagen sie aber auch an. Sie sind zum Teil neutrale Boten, die beliebige Aufträge ausführen. Zum Teil aber verwachsen sie mit ihrem Amt, es gibt Engel des Unheils und des Todes. Jedoch rebellische Engel gibt es nicht, sie heißen allesamt Heilige oder Wächter. Auch der Satan ist ein Diener Gottes, sein „Ankläger" und Kriminalkommissar.

Eigentlich gehört die Anonymität zum Wesen der Engel, sie sind keine rechten Personen. Aber im Buch Daniel tauchen zuerst ein paar Eigennamen auf, Gabriel und Michael. Später vermehren sie sich rasch; es ist die Hauptaufgabe der Gnosis, die übersinnlichen Wesen zu benennen, zu gruppiren und ihnen ihren Rang anzuweisen. Der Begriff der Engel erweitert sich, sie sind nicht bloß mehr Boten. Die Dämonen, die in der Wüste und in Ruinen, namentlich in zerstörten Heiligtümern, hausen, werden ihnen zugesellt; damit entsteht auch in dieser Region ein Unterschied guter und böser Wesen. Die Götter der Nationen werden zu ihren Vertretern und Patronen in der überirdischen Welt, sie leiten ihre Geschichte. Aus den Naturgottheiten werden ebenfalls Engel, alle Naturerscheinungen werden von ihnen regiert. Es gibt nicht bloß Engel der Gestirne, sondern auch des Feuers und des Windes, des Donners und Blitzes, des Regens und des Hagels. Jeder Mensch hat seinen Genius, sogar einen doppelten. Das alte Ineinander von Körper und Geist wird aufgegeben, der Geist wird verselbständigt und bevorzugt, mit der Materie verbindet sich der Begriff der Sündhaftigkeit, des Todes und der Finsternis. Die ganze sinnliche Welt wird in einer übersinnlichen abgespiegelt und wiederholt, und nachdem dies geschehen ist, wird sie daraus abgeleitet. Die Erklärung ist stets genetisch, sie hat immer die Form der Erzählung. Die Spekulation ist historische Fabelei, die Historie spielt natürlich ebensowol im Himmel als auf Erden.

Der Stoff wird zunächst der Bibel entnommen. Durch eine

wilde, phantastische Interpretation gelingt es, aus ihr die nötige Erkenntnis für alle Gebiete des Wissens zu schöpfen. Gewisse Stücke werden bevorzugt, so die Theophanie Ezechiels und namentlich die Erzählungen der Genesis über die Weltschöpfung, über den Sündenfall der Menschen und der Engel, über Adam und Eva, Kain und Seth und Henoch, Nimrod und Melchisedek. Es sind Stücke nicht spezifisch israelitischen, sondern allgemein menschlichen Inhalts, voll dunkler Probleme, welche die mythologisirende Philosophie reizen. Sie berühren sich mit heidnischen Sagen über Welt und Menschen, und die jüdische Gnosis scheut sich nicht, auch diese in ihr Gewebe mit zu verarbeiten, sie verschlingt gierig allen Stoff der sich ihr bietet. Die geschichtliche Bestimmtheit der Offenbarung löste sich auf; alle Grenzen zerflossen.

Das Judentum steht in der allgemeinen Kultur- und Religionsmischung jener Tage mitten inne. Es hat manche Einrichtung und Vorstellung von außen entlehnt, manche Anregung von außen empfangen. Wie tief der Hellenismus eingedrungen war, zeigt die gewaltige Reaktion dagegen, die sich unter Antiochus Epiphanes erhob. Er wurde dadurch an einem Punkte zurückgedrängt, aber keineswegs ganz abgewiesen. Er drang bald siegreich wieder vor. Die Hasmonäer ließen sich ohne Scheu in Allianzen mit Griechen und Römern ein, nahmen griechische Namen an, gebrauchten griechische Legenden auf ihren Münzen. Die griechische Sprache wirkte stark auf die aramäische ein und wurde in weiten Kreisen verstanden, in Galiläa und im Ostjordanlande vielleicht noch besser als in Jerusalem: mit dem Verkehr und mit der Sprache pflegen auch die Ideen zu wandern. Nicht minder mag babylonischer und iranischer Einfluß in beträchtlichem Maße stattgefunden haben. Bei den allgemeinen Ideen, wo nicht bestimmte greifbare Kennzeichen vorliegen, ist es indessen schwer den Ursprungsort nachzuweisen. Es ist aber auch nicht von besonderer Wichtigkeit; das Bezeichnende ist, daß diese Ideen in der Luft liegen und überall auftauchen, daß die Vorstellungskreise nicht mehr durch nationale Grenzen geschieden sind. Übrigens muß man immer wol im Auge behalten, daß die Juden aus allem Nahrung ziehen und ihr Wesen darum doch nicht verändern.

4. Neben Sadducäern und Pharisäern werden als dritte jüdische Partei dieser Zeit die Essäer aufgeführt. Sie waren indessen keine Partei, sondern eine esoterische Brüderschaft. Sie sahen es

nicht auf Macht und Einfluß ab, sondern kümmerten sich nur um
ihr Seelenheil. Sie zählten etwa viertausend Mitglieder und hatten
Niederlassungen in verschiedenen jüdischen Städten und Dörfern.
Sie pflanzten sich nicht auf natürlichem Wege fort, sondern durch
Beitritt von Novizen, die vor der endgiltigen Aufnahme einer längeren Prüfung unterworfen wurden. Sie waren fest organisirt und
schwuren schwere Eide, um sich zum Gehorsam gegen die Vorsteher, zur Offenheit gegen einander und zur Verschwiegenheit
gegen die Außenwelt zu verpflichten, im übrigen vermieden sie
die Eide — d. h. wol das fortwährende Schwören in der gewöhnlichen Rede. Sie führten in ihren Ordenshäusern ein streng geord-
netes Leben mit vollkommener Gütergemeinschaft. Ihren Unterhalt mußten sie sich durch die Arbeit ihrer Hände verdienen; sie
durften keine Sklaven halten. Gärtnerei, Palmenzucht, war ihre
Hauptbeschäftigung; den Handel verabscheuten sie. Auf Almosengeben legten sie großen Wert. Opfer brachten sie nicht, die gemeinsamen Mahlzeiten wurden geheiligt und waren ihr täglicher
Kultus. Das ist merkwürdig und zu betonen. Sie legten dazu
weißes Gewand an; die Speisen wurden von Priestern zubereitet,
andere durften nicht gegessen werden. Außer den Gebeten vor
dem Essen hatten sie ein Morgengebet und wendeten sich dabei
gegen die Sonne. Vor jeder Mahlzeit, wol auch vor jedem Gebet
badeten sie sich; das Salben mit Öl verwarfen sie als schmierig.
Sie badeten sich auch bei jeder leiblichen oder geistigen Ver-
unreinigung z. B. wenn ein Ordensmitglied höheren Ranges einen
Bruder niederen Ranges berührt hatte. Die Schamhaftigkeit trieben
sie sehr weit und nahmen dabei besondere Rücksicht auf die
Sonne; sie spieen nicht grade aus und nicht nach rechts, am
Sabbat sollen sie ihre Notdurft überhaupt nicht verrichtet haben.
Ebenso eifrig wie die Arbeit und die Heiligung betrieben sie aber
auch die Gnosis. Sie hatten eigene Bücher, die sie sorgfältig
geheim hielten; sie pflegten mittels der höheren Schriftauslegung
die Wissenschaft von den Engeln und den himmlischen Dingen.
Mit der Eschatologie waren sie vertraut; fast alle Essäer, die uns
überhaupt genannt werden, werden als Seher genannt[1]). Sie
glaubten, die Seele sei unsterblich und nur durch eine Art

---

[1]) Bell. 2, 159. Ant. 13, 311. 15, 373. 17, 346. Der Essäer Johannes war
Truppenführer im jüdischen Kriege Bell. 2, 567. 3, 11. 19.

Sündenfall mit dem Leibe verbunden, von dem befreit sie sich freudig in die Höhe schwinge; der guten Seelen warte ein Paradis jenseits des Ozeans, der bösen eine finstere und kalte Hölle. Auch mit Naturkenntnis gaben sie sich in ihrer Weise ab, sie erforschten *die Heilkraft der Wurzeln und die Eigenschaften der zauberkräftigen Steine.*

Die Essäer verleugnen ihren jüdischen Ursprung nicht[1]). Sie erkennen das Gesetz als verbindlich an, halten den Sabbat aufs strengste, befolgen die Gottesdienstordnung der Synagoge und bezeugen auch dem Tempel ihre Verehrung; sie rekrutiren sich ausschließlich aus Juden. Ihre Haupteigentümlichkeit, das Bestreben sich zu heiligen und zu reinigen, teilen sie mit den Pharisäern. Das Opfer verwerfen nicht sie allein, sondern alle Sekten, die von dem Judentum ausgegangen sind; auch die Pharisäer schätzen es nicht hoch. Es wird schon in den Psalmen und in der Weisheitsliteratur als eine Art Anachronismus empfunden, wenigstens das Privat- oder Gelübdeopfer; Gewicht gelegt wird nur auf das Thamid, das tägliche Gemeindeopfer, welches ganz unabhängig von dem Willen der Einzelnen wie von selbst im Gange bleibt[2]). Als Sühnmittel tritt bei den Essäern das Wasser an Stelle des Opferbluts; die Opfermahlzeit aber wird durch die Heiligung der profanen Mahlzeit ersetzt und dadurch die dem gesetzlichen Kultus beinah

---

[1]) Den Namen erklärt man meistens aus dem syrischen חסיא. Dies Wort ist freilich bei den Rabbinen, die stets das hebräische Äquivalent gebrauchen, nicht nachweisbar, aber darum vielleicht doch auch in Palästina üblich gewesen. Hitzig (Geschichte d. V. J. p. 428) meint, die Essäer wären zur Zeit der syrischen Verfolgung gezwungen gewesen, auf den Tempelkultus zu verzichten, und später bei diesem Verzicht stehn geblieben. Aber diese Meinung geht von dem auch sonst verbreiteten Irrtum aus, daß fromme Juden unmöglich darauf hätten verfallen können, prinzipiell die blutigen Opfer zu verwerfen. In Wahrheit lag ihnen dieser Gedanke sehr nahe, trotz dem Gesetze. Selbst die Rabbinen behaupten, das Opfer sei im Gesetz nicht geboten, sondern nur zugelassen, weil der Anfang des Leviticus lautet: wenn jemand Opfer bringen will, so verfahre er dabei so und so. Die Kunst, das Gesetz durch das Gesetz aufzulösen, ex lege discere quod nesciebat lex (Recogn. Clem. 2, 54), hat Paulus von seinen pharisäischen Meistern gelernt; und die Geschichte hat gezeigt, daß der Tempelkultus für den Bestand des Judentums von gar keiner Bedeutung war. Vgl. Credner in Winers Zeitschrift 1, 305 ss.

[2]) Korban, im Priesterkodex das Opfer, wird später der freiwillige Geldbeitrag für die Unterhaltung des öffentlichen Gottesdienstes.

verloren gegangene Idee der Communio zwischen der Gottheit und ihren Gästen neu belebt; beides findet sich weniger stark ausgeprägt auch bei den Pharisäern. In dem Betriebe der heiligen Wissenschaft halten sie sich völlig in den Gleisen der jüdischen Gnosis, wenngleich sie vielleicht einige besondere Liebhabereien gehabt haben mögen. Das wodurch sie über das Judentum hinausgehn, besteht hauptsächlich in Konsequenzen, die sie daraus ziehen. Dadurch sondern sie sich, wie es zu gehn pflegt, von demselben ab und bilden eine eigene Gemeinschaft, die rein religiösen Zwecken dient, in der die Natur als Schande empfunden wird. Beispiellos ist indessen eine solche Gemeinschaft auf diesem Boden nicht. Religiöse Gilden und Vereine hat es auch im israelitischen Altertum gegeben, sie forderten allerdings schwerlich die Ehelosigkeit von ihren Mitgliedern. Fremder Einfluß zeigt sich bei ihnen aber in der Art und in der Motivirung eines oder des andern Ritus: da scheint der Parsismus im Spiel zu sein[1]). Ferner in ihrer theologischen Psychologie, die gewiß nicht erst durch Josephus ihre griechische Färbung bekommen hat.

Die Essäer können als Warnung dienen, die Grenzen des Judentums nicht zu eng zu stecken, als Zeichen, was innerhalb desselben doch alles möglich war, trotz den Pharisäern. Sie sind die Vorgänger, nicht des Christentums, dem diese Art der·Esoterie und der Abscheidung von den Sündern ursprünglich völlig fremd war, wol aber des christlichen Mönchtums, wenngleich dieses nicht zuerst auf palästinischem, sondern auf ägyptischem Boden erwachsen zu sein scheint. Sie haben nicht lange bestanden, aber lange fortgewirkt, namentlich in den ostjordanischen Sekten, die wir leider nur sehr unvollkommen kennen, die jedoch für die Geschichte der Religion von großer Bedeutung gewesen sind. Ihre Geheimliteratur ist vielleicht in nicht geringem Maße in den Pseudepigraphen ausgebeutet und uns dadurch mittelbar überliefert worden.

---

[1]) Nämlich bei der Scheu offen auszuspeien und dem Streben die Ausscheidungen vor der Sonne zu verbergen.

Zwanzigstes Kapitel.

Die Zeit Hyrkans II.

1. Seit der Eroberung Jerusalems durch die Römer verblaßte der innere Parteistreit der Juden; politisch waren sie einig gegen die Römer. Die leitenden Stände freilich taten aus niederen oder höheren Rücksichten ihren Gefühlen Zwang an. Aber die breiten Schichten der Bevölkerung hatten dazu keinen Grund, sie folgten der Stimme der Natur. Sie waren durchdrungen von Erbitterung gegen die Römer. So sehr sie auch die Rabbinen und das Gesetz verehrten, die Freiheit und das Vaterland galten ihnen doch höher. Der Patriotismus war durch den Niedergang der hasmonäischen Macht nicht unterdrückt, sondern wurde nun erst recht die populäre Religion und die treibende Kraft der Masse. Schon als die Anhänger Aristobuls im Tempel belagert wurden, hatten sich freiwillige Scharen aus der Provinz aufgemacht um sie zu entsetzen; und sobald hernach ein Prätendent von der abgesetzten Familie erschien und dem Hyrkan die Herrschaft streitig machte, stand ihm immer gleich ein Heer zu Gebote. Die Kämpfe Aristobuls und seiner Söhne wurden nicht in dynastischem Interesse für die jüngere hasmonäische Linie gegen die ältere geführt, sondern für die Freiheit gegen die Römer: so sahen es die Juden der Provinz und der niederen Klasse an und demgemäß ergriffen sie Partei. Sie schlugen bei jeder Gelegenheit blindlings los, ohne Kenntnis der Machtverhältnisse, unter der schlechtesten Führung. Die Miserfolge, die sie erlitten, entmutigten sie wol für eine Weile; aber immer fingen sie das ungleiche Spiel wieder von neuem an. Man kann fragen, ob sie es schließlich verloren haben.

Alexander, Aristobuls ältester Sohn und Hyrkans Eidam, war dem Pompeius unterwegs entkommen. Im Jahre 57 erregte er einen Aufstand in der Gegend von Jericho und gelangte in den Besitz der drei oft genannten Kastelle, hüben und drüben des Jordans. Da Hyrkan wehrlos war, so eilte der Prokonsul Gabinius herbei, schlug ihn als er auf Jerusalem marschirte [1]), und zwang

---

[1]) Bell. 1, 160, wonach es scheint, als habe sich Alexander in Besitz von Jerusalem gesetzt, steht in Widerspruch zu § 163, wo er erst im Anrücken auf J. begriffen ist. Der Versuch, die durch Pompeius zerstörten Mauern von

ihn sich nach Alexandrium zurückzuziehen. Doch gegen Übergabe dieser und der anderen Festungen, die nun geschleift wurden, bewilligte er nicht bloß ihm die Freiheit, sondern versprach auch, daß seine Geschwister aus der Haft entlassen werden sollten — für wie viel Geld, wird nicht gesagt [1]). Der Vater allein wurde in Rom zurückgehalten; aber dieser fand Gelegenheit zu fliehen und erschien das nächste Jahr in der Heimat. Ein großer Anhang lief ihm zu, darunter auch alte gediente hasmonäische Truppen, geführt von dem Hauptmann Pitholaus. Er suchte sich zuerst in Alexandrium, dann jenseits des Jordans in Machärus zu befestigen; aber die Römer ließen ihm nicht Zeit. Nach hartnäckigem Kampfe in den Ruinen von Machärus wurde er, samt seinem zweiten Sohne Antigonus, gefangen und wieder nach Rom gebracht. Indessen Alexander, der sich nicht beteiligt hatte, blieb auf freiem Fuß; er benutzte im Jahre 55 eine günstige Gelegenheit, aufs neue einen Tumult zu erregen, diesmal wie es scheint nicht in der Gegend von Jericho, sondern im mittleren und nördlichen Palästina. Der zahlreiche Haufe, der sich um ihn gesammelt hatte, verlief sich indessen zum Teil schon, als Gabinius aus Ägypten zurückkehrte, wo er sich in dynastische Händel eingemischt hatte; der Rest wurde am Tabor zersprengt.

Gleich nach der ersten Erhebung Alexanders verschärfte Gabinius die Maßregeln des Pompeius, um die Macht der Juden herabzudrücken. Die Griechenstädte in Palästina suchte er zu heben, dagegen das hasmonäische Reich, soweit Pompeius es noch hatte bestehn lassen, gänzlich zu beseitigen. Er zerschlug es in fünf von einander unabhängige Stadtgebiete mit aristokratischer Verfassung, Jerusalem Jericho und Gazera in Judäa, Sepphoris in Galiläa, und Amathus in Peräa. Hyrkan sollte überhaupt nicht mehr Fürst, sondern nur noch Hoherpriester sein; der Vorsitz im jerusalemischen Synedrium und der geistliche Einfluß über die gesamte Judenschaft konnte ihm freilich nicht genommen werden. Dieser Zerstückelungsversuch hatte aber nicht den Erfolg, den inneren Zusammen-

---

Jerusalem wieder aufzubauen, geht nach Ant. 14, 82 von Hyrkan aus; denn nur dieser, nicht Alexander, konnte sich von den dort anwesenden Römern bewegen lassen, von seinem Vorhaben abzustehn.

[1]) Die Mutter Alexanders vermittelte den Frieden. Die Angaben Bell. 1, 168 und 174 gehören zusammen und beziehen sich auf die selbe Gelegenheit.

hang, den Patriotismus und die Römerfeindschaft des jüdischen Volkes zu schwächen. Am schlimmsten wurden vielmehr diejenigen davon betroffen, die es am wenigsten verdient hatten, nämlich die bisherigen Machthaber, die nun zur Freude der Aristokratie sogar in Jerusalem nichts mehr zu sagen hatten, Hyrkan und vor allem sein Hintermann, Antipater[1]). Nach seiner Rückkehr aus Ägypten (55) hob daher Gabinius die unnütze Einrichtung wieder auf und stellte dem Antipater zu gefallen, der ihm gute Dienste geleistet hatte, die alte Verfassung wieder her[2]). Hyrkan ward wieder Ethnarch über die drei Lande und Antipater sein allmächtiger Vezir.

Gabinius wurde im Jahre 54 abberufen. Sein Nachfolger Crassus stärkte sich für den parthischen Krieg durch Plünderung des jerusalemischen Tempels und seines reichen Schatzes, den Pompeius nicht angegriffen hatte. Dafür brach, nach seiner Niederlage bei Carrhae (53), eine abermalige Empörung der Juden in Galiläa aus. Sie wurde von Pitholaus geleitet, dem hasmonäischen Truppenführer, der sich schon an dem Aufstande Aristobuls beteiligt hatte[3]). Er scheint sich in Taricheae am See Gennesar festgesetzt zu haben. Aber der Quästor des gefallenen Prokonsuls, Cassius, eroberte die Stadt, ließ eine Menge gefangene Juden als Sklaven versteigern, und tötete auf Antipaters Betreiben den Pitholaus. Die Hoffnung auf die Parther hatte getrogen. Erst 51 erschienen sie in größerer Menge im nördlichen Syrien, gingen aber im folgenden Jahre wieder über den Euphrat zurück.

Demnächst schaukelte das jüdische Gemeinwesen in den Wogen des römischen Bürgerkriegs. Da Hyrkan wie der ganze Orient auf der Seite, weil in der Hand, des Pompeius war, so ließ Cäsar den gefangenen Aristobul gegen ihn los. Derselbe wurde aber noch vor der Abreise vergiftet und gleichzeitig sein Sohn Alexander in Antiochia enthauptet[4]), sodaß als Prätendent nur noch Antigonus übrig blieb (49). Nach der Schlacht von Pharsalus mußten die Regenten in Jerusalem den Kurs ändern, sie konnten nicht anders

---

[1]) Bell. 1, 170.

[2]) Ant. 14, 103, Bell. 1, 178. Auf die Wiederherstellung der Ethnarchie Hyrkans II. durch Gabinius bezieht Mommsen (Hermes 1874 p. 281 ss.) die Urkunde Ant. 14, 145 ss., für die in der Tat kein anderer Platz ist.

[3]) Ant. 14, 84. 93.

[4]) Seine Leiche wurde in Alexandrium bestattet, Bell. 1, 551.

als mit dem Winde fahren. Sie taten es zu rechter Zeit und mit einer Beflissenheit, die dem Zwange zuvorkam und wie Freiwilligkeit aussah. Als Cäsar in der Königsburg von Alexandria bedrängt wurde, schloß sich Hyrkan mit seinem Alterego dem Mithradates von Pergamum an, um ihn zu entsetzen (Frühling 47). Der Lohn wurde ihm nicht vorenthalten. Auf dem Durchmarsch nach Kleinasien hielt sich Cäsar vorübergehend in Syrien auf (Sommer 47) und traf dort vorläufige Anordnungen. Ohne auf die Ansprüche des Antigonus Rücksicht zu nehmen, beließ er die bisherige Regierung und befestigte ihre Stellung. Hyrkan wurde als Ethnarch und Hoherpriester bestätigt und zum erblichen Bundesgenossen der Römer ernannt[1]); der Titel König, den ihm Josephus seitdem gibt, scheint ihm in Wahrheit nicht verliehen zu sein. Antipater blieb sein Majordomus und bekam das römische Bürgerrecht[2]). Die Mauern von Jerusalem durften wieder aufgebaut werden; völlige Freiheit von Abgaben an die Römer und von militärischer Besatzung wurde zugestanden[3]). Das hasmonäische Reich wurde zwar nicht restaurirt, die Griechenstädte blieben frei. Aber die Ebene Esdraelon im Süden von Galiläa wurde zurückgegeben und ebenso die unentbehrliche Hafenstadt Jope; wenn die Gebietserweiterung auch nicht gerade sehr ausgedehnt war, so war sie doch sehr wertvoll. Von Rom aus bestätigte und vermehrte Cäsar seine Gnaden. Auch die Glaubensgenossen in der Diaspora hatten sich seiner Gunst zu erfreuen; er schützte sie bei der eximirten Stellung, die sie ihrer Religion wegen beanspruchen mußten. So machte er sich die Juden in Palästina und in der ganzen Welt zu Freunden, wie es andere Imperatoren vor und nach ihm getan haben.

2. Ohne Antipater wäre das alles nicht geschehen. Er erntete jedoch keinen Dank für ein Verdienst, aus dem er selber den meisten Nutzen zog. Obgleich er stets den Hohenpriester vorschob

---

[1]) Die ἀρχιερατικὰ φιλάνθρωπα, die Hyrkan nach Ant. 14, 195 behalten soll, sind die verbrieften Gerechtsame des Hohenpriesters; vgl. 1 Esdr. 8, 10 (Ant. 11, 123). 2. Macc. 4, 11. Wilcken, Ostraka 1, 401.

[2]) Ant. 14, 137. Bell. 1, 194. Ἐπίτροπος, ἐπιμελητὴς τῶν Ἰουδαίων (Ant. 14, 127. 139. 143), heißt Antipater etwa in dem selben Sinn wie Sylläus διοικητής der Araber (Nicol. Dam. bei Müller 3, 351). Strabo sagt p. 779: ἔχει δ' ὁ βασιλεὺς (der Nabatäer) ἐπίτροπον τῶν ἑταίρων τινὰ καλούμενον ἀδελφόν. Vgl. 2 Macc. 14, 2. Römischer Prokurator war A. nicht.

[3]) Mommsen, Römische Geschichte 5, 501.

und alle Ehren auf dessen Haupt sammelte, so daß sein eigener
Name in den römischen Erlassen gar nicht erscheint[1]), so war
doch Hyrkan nur die Firma, mit der er arbeitete. Er hatte die
Macht in Händen und gebrauchte sie, wie er wollte: er dachte sie
auf seine Söhne Phasael und Herodes zu vererben, die er zu Statt-
haltern in Jerusalem und in Galiläa machte. Das Gericht und
die geistlichen Angelegenheiten mochte er wol dem Synedrium
überlassen. Aber damit waren die Aristokraten nicht zufrieden,
die in alter Zeit als Gerusia die eigentliche Regierung geführt
hatten und sie verfassungsmäßig auch jetzt noch mit dem Ethnarchen
teilten; sie fühlten sich durch den Majordomus beiseite geschoben.
An Hyrkan waren sie gebunden; sie suchten ihn von Antipater
zu trennen und ihm die Augen über den idumäischen Knecht zu
öffnen der den Meister spielte, sie drängten ihn sich als Herrn im
Hause zu zeigen. In Galiläa zuckte der Aufstand noch nach; der
junge Herodes stellte mit Nachdruck die Ruhe wieder her. Dabei
fiel ihm der Hauptmann Ezechias mit seiner Schar in die Hände;
er behandelte ihn einfach als Räuber und richtete ihn mit vielen
anderen hin. Nun war aber Ezechias in der Tat ein hasmonäi-
scher Freiheitskämpfer, der die Waffen nicht gestreckt, sondern sich
als Bandenführer gehalten hatte; sein Sohn Judas ward der Stifter
der Patriotenliga der Zeloten. Die hohen Herren in Jerusalem
hegten im Stillen Sympathien für ihn. Die durften sie freilich
nicht äußern, aber sie schrien über die Gesetzesverletzung des
Herodes und über seinen Eingriff in die Rechte des Synedriums,
daß er auf eigene Faust jüdische Bürger habe hinrichten lassen.
Unterstützt durch die klagenden Mütter der Getöteten brachten sie
den Hohenpriester wirklich dahin, den eigenmächtigen jungen Mann
nach Jerusalem vorzufordern. Als er jedoch trotzig vor dem Hohen
Rat erschien, in Purpur und von einem bewaffneten Gefolge umgeben, wagten sie den Mund nicht aufzutun und erhielten erst
durch den Spott eines ihnen fernstehenden Schriftgelehrten[2]), der

---

[1]) Ant. 14, 193 sagt Cäsar, Hyrkan sei ihm in Alexandria mit 1500
Mann zu Hilfe gekommen. Auch Augustus redet 16, 162s. nur von Hyrkan.
Die Angabe, daß Antipater Gelder Hyrkans in seinem eigenen Namen nach
Rom gesandt habe (14,164), erscheint also wenig glaubwürdig. Natürlich aber
wußten die Römer genau Bescheid, was Hyrkan und was Antipater bedeutete.
    [2]) Ant. 14, 172 Samäas, dagegen 15, 4 Pollio. Abtalion soll nicht Pollio
sein, sondern Autoleon (DMZ 1901 p. 355).

vereinzelt an der Versammlung teilnahm, ihre Fassung wieder. Sie würden nun ein Todesurteil ausgesprochen haben, wenn nicht Hyrkan, geängstigt durch ein drohendes Schreiben des syrischen Statthalters Sextus Cäsar, die Sitzung vertagt und dem Herodes dazu verholfen hätte, sich heimlich zu entfernen. Bald darauf aber erschien er wieder vor Jerusalem, diesmal an der Spitze eines Heeres, und die regierenden Herren mußten seinem Vater und seinem Bruder noch sehr dankbar sein, daß sie ihn, nach einer kleinen Komödie, zum Abzug bewogen.

Der Versuch, der Schlange den Kopf zu zertreten, kam zu spät. Der Erfolg war, daß Antipater und seine Söhne nun den Vorteil hatten, zwischen Hyrkan und seinen bösen Räten unterscheiden zu können[1]). Die Optimaten hatten sich decouvrirt; seitdem war ihnen der Untergang gewiß. Die Idumäer hatten die Römer hinter sich. Ohne jeden Boden im jüdischen Volk waren sie auf die fremde Oberherrschaft angewiesen, und aus dem selben Grunde diese auf sie.

Sextus Cäsar fiel durch Meuchlerhand (46), und es gelang den Pompeianern in Apamea am Orontes festen Fuß zu fassen und sich mit Hilfe der benachbarten arabischen Phylarchen[2]) und der Parther zu behaupten. Die Legionen, die der Imperator kurz vor seiner Ermordung nach Syrien gesandt hatte, gingen zu Cassius über, der im Jahre 43 dort die Statthalterschaft antrat und Dolabella aus dem Felde schlug. Auch Antipater fügte sich dem neuen Machthaber, und tat so viel an ihm lag, um die Kriegssteuer von 700 Talenten, die jener den Juden auferlegt hatte, schnell beizutreiben und ihm zu Füßen zu legen[3]). Cassius, obwol sonst ungnädig und sogar grausam gegen die Juden, erkannte doch seinen Eifer gebührend an und zeichnete besonders Herodes aus, indem er ihn zum Strategen in Cölesyrien ernannte[4]). Aber noch in dem selben Jahre wurde Antipater vergiftet, und zwar auf Veranlassung eines alten hasmonäischen Offiziers, Namens Malichus. Der Mord hing zusammen mit einer Palast- und Militärverschwö-

---

[1]) Ant. 14, 183.

[2]) Strabo p. 753.

[3]) Bell. 1, 220 ss. Ant. 14, 275 s. Es ist merkwürdig, daß Antipater doch nicht als für das Ganze verantwortlich erscheint; wenigstens hält sich Cassius nicht an ihn, wenn die Steuern langsam oder gar nicht eingehn.

[4]) Ant. 14, 280 vgl. 180.

rung, der auch Hyrkan nicht fern stand; außer Malichus und seinem Bruder, der in der Feste Masâda kommandirte, war ein gewisser Helix, ebenfalls ein Offizier, der Hauptbeteiligte[1]). Es gelang freilich den Söhnen Antipaters, durch List und Gewalt dieser und anderer Gefahren, die nach dem Tode ihres Vaters sich erhoben, Herr zu werden. Als aber die Schlacht von Philippi gegen Cassius entschieden hatte (Herbst 42), erschien ihre Stellung doch sehr erschüttert. Ihre vornehmen Gegner von der legitimen Regierung in Jerusalem erhoben ihr Haupt und gedachten die Lage auszubeuten. Während Antonius langsam über Kleinasien und Syrien nach Ägypten ging (41), ordneten sie dreimal eine Gesandtschaft an ihn ab, um die Brüder zu verklagen und sich selbst in vorteilhaftem Lichte darzustellen. Indessen Antonius wußte wol, was er von ihrer Zudringlichkeit und von der Parteinahme der Antipatriden für Cassius zu halten hatte, er kannte von früher her die Verhältnisse in Judäa. Je öfter und stärker die Deputationen auf ihn eindrangen, um so entschiedener wies er sie ab, und da sogar der feige Hyrkan pflichtschuldig sich zu gunsten der beiden Brüder erklärte, so bestätigte er sie in ihrer Stellung und ernannte sie zu Tetrarchen. Im allgemeinen zeigte er sich den Juden freundlich, nach dem Vorbilde Cäsars und im Gegensatz zu Cassius.

3. Als der eigentliche Nachfolger Antipaters trat schon damals Herodes hervor; durch seine Verlobung mit Mariamme, der Tochter Alexanders und Enkelin Hyrkans, trat er in verwandschaftliche Beziehungen zu beiden hasmonäischen Linien. Cassius soll ihm bereits das Versprechen gegeben haben, ihn zum Könige zu machen[2]); ehe er aber dies Ziel erreichte, hatte er noch eine schwere Probezeit zu bestehn. Schon in den Wirren, die nach dem Abzuge des Cassius in Syrien ausbrachen, hatte Antigonus Aristobuli mit Hilfe

---

[1]) Malichus war schon mit Pitholaus an der ersten Erhebung Alexanders gegen Gabinius beteiligt gewesen (Ant. 14, 84). Er war ein Araber, wie aus dem Namen erhellt und durch Ant. 14, 277 bestätigt wird. Über seinen Bruder, dessen Name nicht angegeben wird, und über Helix s. Bell. 1, 236 s. Ant. 14, 294. 296. Daß Hyrkan mit ihnen unter einer Decke spielte, ergibt sich aus Bell. 1, 229. 233 ss. Ant. 14, 277. 281. 292 s.; die Vorwürfe Phasaels gegen ihn (Bell. 1, 237. Ant. 14, 295) waren berechtigt.

[2]) Ant. 14, 280. Der Essäer Manaem soll dem Herodes schon als Knaben geweissagt haben, daß er König werden würde (15, 373 ss.).

des alten Ptolemäus Mennäi, seines Schwagers, und des tyrischen
Tyrannen Marion einen Aufstand in Galiläa erregt, der indessen
nur den Erfolg hatte, daß Marion einige jüdische Ortschaften an
sich riß, die er erst auf Befehl des Antonius wieder herausgab.
Da brachen im Jahre 40 die Parther unter Pacorus, dem Sohne
und Mitregenten des Arsaciden Orodes, in Syrien ein und eroberten
es im Fluge, da die Legionen größtenteils zu ihnen übergingen.
Die Juden begrüßten sie als Befreier und warteten ihre Ankunft
nicht ab, um sich überall gegen die Römer und ihre Kreaturen zu
erheben. Antigonus brauchte sich nur zu zeigen, so wuchsen ihm
die Anhänger aus dem Boden. Es gelang ihm in Jerusalem einzudringen und die Tempelfeste zu besetzen. Hyrkan und die Antipatriden behaupteten zwar die Königsburg in der Oberstadt, aber
das Erscheinen einer Schar von 500 parthischen Reitern genügte
ihren Mut zu brechen; sie verleugneten auch in diesem Falle nicht
den Respekt vor der Macht, die im Augenblick die Gewalt hatte.
Hyrkan und Phasael begaben sich zu Barzaphranes, dem parthischen Befehlshaber in Palästina, um zu unterhandeln, bekamen
aber bald zu merken, daß Antigonus mit den Parthern im Einvernehmen stand und sie auf seiner Seite hatte. Sie wurden in
Ekdippon festgenommen, Phasael zerschmetterte sich den Kopf an
einer Steinmauer, Hyrkan wurde nach Babylonien geführt. Auf
die Nachricht von ihrer Gefangennahme floh Herodes aus Jerusalem,
es gelang ihm die Verfolger abzuschlagen und seine Familie in die
Burg Masada zu schaffen, deren Hut er seinem Bruder Joseph
übertrug. Nachdem er so die Seinen in Sicherheit gebracht hatte,
ging er selber nach Alexandria zu Antonius, und da er ihn dort
nicht mehr fand, folgte er ihm nach Rom.

So war nun Antigonus Matthathia König und Hoherpriester
der Juden. Er hatte nicht nur das Volk des Landes, sondern auch
den jerusalemischen Adel, die Majorität des Synedriums, auf seiner
Seite. Freilich hätte sich die Nation keinen schlechteren Vertreter
ihrer Sache aussuchen können. Er biß seinem gefangenen Oheim
Hyrkan mit eigenen Zähnen die Ohren ab, um ihn für sein heiliges
Amt untauglich zu machen [1]. Man traute ihm zu, er habe den
Parthern für ihre Unterstützung nicht bloß tausend Talente zuge-
sagt, sondern auch fünfhundert Frauen, lieferbar aus den Familien

---

[1] Belt. 1, 270; gemildert Ant. 14, 366.

seiner Feinde, und sei darum schwer betroffen gewesen, als Herodes das große Ingesind von seines Vaters Haus glücklich vor ihm barg; auf diese Weise erklärte man sich, daß er die Belagerung von Masada so andauernd und hartnäckig betrieb. Seine Person konnte keine Begeisterung erwecken. Wenn er sich dennoch drei Jahre lang unter schwierigen Umständen hielt, so beweist das nur, wie grimmig die Feindschaft gegen die Römer und gegen ihren Schützling bei den Juden war.

In Rom erreichte Herodes durch Antonius, daß der Senat ihm die Königswürde verlieh: schon nach sieben Tagen konnte er wieder abfahren (Ende 40). Der syrische Statthalter Ventidius hatte inzwischen die Parther vertrieben, den Antigonus aber gegen eine Geldzahlung in Ruhe gelassen. Jetzt mußte er auf höhere Anweisung dem neuernannten Könige sein Reich erobern helfen. Derselbe landete in Ptolemais und sammelte seine Kräfte in Galiläa, wo er am besten gehaßt, aber auch am besten bekannt war. An Geld fehlte es ihm nicht, er war immer bei Kasse, und so brachte er binnen kurzem ein Heer auf die Beine. Damit brach er in Judäa ein, wo die dort stationirten römischen Truppen unter Silo zu ihm stießen, eroberte Jope und entsetzte Masada; die befreiten Weiber und Kinder brachte er nach der ihm befreundeten und treu ergebenen Stadt Samarien[1]). Ende 39 konnte er zur Belagerung Jerusalems schreiten; durch Besetzung von Jericho und den benachbarten Kastellen sicherte er sich die Zufuhr von Samarien her. Aber Silo ließ ihn im Stich und führte aller Vorstellungen ungeachtet seine Soldaten in die Winterquartiere. Er war von Antigonus bestochen; er gestattete sogar, daß dieser, um sich bei Antonius zu empfehlen, zur Verpflegung der Legionen beitrug. Herodes mußte nach Galiläa zurückgehn. Er besetzte bei dichtem Schneegestöber die Hauptstadt Sepphoris und lieferte den Patrioten ein Treffen in der Nähe ihrer Höhlenfestung Arbela.

Im Frühsommer 38 hatte Ventidius noch einmal mit den Parthern zu tun. Nachdem er sie gründlich abgewiesen hatte, belagerte er ihren Bundesgenossen Antiochus von Commagene, den er das Jahr zuvor mit einer Geldstrafe hatte abkommen lassen, in Samosâta. Da löste ihn Antonius ab, der selber die Ehre haben

---

[1]) Pompeius hatte Samarien den Juden genommen, Cäsar es nicht wieder zurückgegeben. Die Herrschaft über Samarien bekam Herodes erst durch Augustus (Ant. 15, 217).

wollte, die Stadt einzunehmen. Herodes hatte indessen zwar das
unbezwingliche Arbela bezwungen, konnte aber gegen Antigonus
nichts ausrichten. Bei Machäras, dem Nachfolger Silos im Kommando über die römischen Truppen in Judäa, fand er nur sehr
ungenügende Unterstützung. Er wußte sich keinen anderen Rat,
er begab sich nach Samosata und ging noch einmal Antonius an.
Mit festen Zusagen kehrte er zurück, in Antiochia ·stieß eine
Legion zu ihm, bald darauf noch eine zweite. Während seiner
Abwesenheit hatten in Galiläa die Patrioten sich wieder gerührt
und viele seiner Anhänger in den See geworfen; in Judäa war
sein Bruder Joseph bei Jericho überfallen und getötet. Es gelang
ihm dort Ruhe zu schaffen und hier die Truppen des Antigonus
zurückzudrängen, freilich erst nach schweren erbitterten Kämpfen.
Darüber ward es Winter.

Sobald die Jahreszeit aufging (37), machte er sich an die Belagerung Jerusalems. Als er die Vorarbeiten in Gang gebracht
hatte, verließ er das Lager, um in Samarien die Hochzeit mit
Mariamme zu feiern: sollte die Heirat mit der hasmonäischen
Königstochter in diesem Augenblick ein Vorgeschmack des Triumphes
sein, ein Vorspiel zur Besitzergreifung des hasmonäischen Erbes?
Nach kurzem Aufenthalt kam er wieder, und nun traf auch Sosius,
der neue Statthalter von Syrien, mit allen seinen Legionen ein.
Die Jerusalemer hatten früher sowol dem Aretas als dem Pompeius
die Tore geöffnet, so daß die Belagerung sich nur gegen den Tempel
zu richten brauchte. Jetzt waren sie durch starken Zulauf aus
der Landschaft verstärkt und zeigten sich fanatisirt. Sie führten
die Heiligkeit des Tempels und des Volkes im Munde, als sei ihnen
dadurch die Rettung aus der Gefahr verbürgt[1]). Nur die Pharisäer
ließen sich von der herrschenden Stimmung nicht fortreißen. Ihre
Häupter rieten zur Übergabe der Stadt, fanden damit freilich kein
Gehör, so wenig wie einst Jeremias in ähnlicher Lage. In Wahrheit war es weniger der Glaube, als der Haß, der die Juden in-
spirirte und sie verblendete über den augenscheinlichen Wahnsinn
des Widerstandes gegen die Übermacht. Etwa zwei Monate nach
dem Beginn der Beschießung erfolgte und gelang der Sturm[2]).

---

[1]) Ant. 14, 480.

[2]) Ant. 14, 476. Die Belagerung dauerte nach Ant. 14, 487 drei, nach
Bellum 1, 351 fünf Monate. Vgl. oben p. 294 n. 1.

Herodes machte verzweifelte Anstrengungen, dem Rauben und Würgen seiner Bundesgenossen in der eroberten Stadt, die nunmehr seine Hauptstadt war, Einhalt zu tun; er hielt sie aus eigenen Mitteln schadlos für das, was ihnen an Beute entging. Seine größte Sorge war, daß die Heiden nicht das eigentliche Heiligtum betraten. Durch das Beispiel des Pompeius darüber belehrt, daß der Frevel gegen Menschen verzeihlich, der gegen Gott unverzeihlich war, hielt er den Sieg für schlimmer als eine Niederlage, wenn etwas von dem, was zu schauen verboten war, von ihnen besichtigt würde.

Antigonus kam zitternd aus seinem Verließ hervor und warf sich dem lachenden Legaten zu Füßen. Er wurde in Gewahrsam genommen, Antonius wollte ihn beim Triumph in Rom verwenden. Aber Herodes ließ seinem Gönner keine Ruhe, bis das Haupt des letzten hasmonäischen Königs zu Antiochia unter dem Beil des römischen Henkers gefallen war. Nur in Hyrkania hielt sich eine Schwester des Antigonus bis über die Schlacht von Actium hinaus[1]).

Einundzwanzigstes Kapitel.

König Herodes.

1. Ehedem hatte Herodes, wie sein Vater, im Namen Hyrkans regiert. Jetzt war er nicht bloß König, sondern hieß auch so[2]). Aber mit dem Schein der hasmonäischen Herrschaft hatte er auch den Schein des Rechtes abgestreift. Hoherpriester konnte er nicht werden, die Stellung an der Spitze der einheimischen Theokratie mußte er anderen überlassen. Er herrschte als Tyrann. Auf gut römisch begann er mit Proskriptionen. Wie Pompeius nach der Einnahme Jerusalems die Häupter der Rebellen hingerichtet hatte, so richtete er nun auch fünfundvierzig der vornehmsten Einwohner hin. Es waren seine alten Feinde, Mitglieder der Aristokratie und der früheren Regierung. Auf diese Weise reinigte er das Synedrium[3]).

---

[1]) Bell. 1, 364 vgl. Ant. 17, 92.

[2]) Er regierte vierunddreißig Jahre, von 37 bis 4 vor Chr. (Ant. 17, 191. Bell. 1, 665). Josephus erzählt selbst über Herodes, über den er doch so ausführlich ist, nicht chronologisch.

[3]) Bell. 1, 358. Ant. 15, 6. Josephus sagt nicht ausdrücklich, daß das

Die größte Gefahr drohte ihm aber von seiten der Hasmonäer, an denen das Volk noch immer, und jetzt erst recht, mit Liebe und Verehrung hing. Er war mit ihnen verschwägert und tat als ob er zur Familie gehöre; den alten Hyrkan ließ er aus Babylonien kommen und ehrte ihn wie seinen Vater. Die Tatsache ließ sich indessen nicht aus der Welt schaffen, daß er die Dynastie gestürzt hatte. Von ihren männlichen Vertretern waren nur noch zwei übrig, Hyrkan und sein Enkel Aristobulus Alexandri[1]). Aber ein Weib nahm die Rache in die Hand, des Königs eigene Schwiegermutter Alexandra. Ihre Waffe war ihr Sohn, der eben genannte Aristobul. Da Hyrkan seiner Verstümmelung wegen nicht mehr Hoherpriester sein konnte, so mußte Aristobul von Gottes und Rechts wegen es werden; aber sein Schwager enthielt ihm das heilige Amt vor, vielleicht unter dem Vorwand, daß er zu jung sei. Darüber führte die Mutter Klage bei der ägyptischen Zauberin[2]), von der Antonius bestrickt war (Ende 36). Kleopatra hoffte die alten Ansprüche ihres Hauses auf Cölesyrien durchzusetzen, Herodes stand ihr dabei im Wege und sie nahm Partei gegen ihn. Er erkannte die Gefahr, und um der Intrigue den Grund abzuschneiden, entschloß er sich jetzt, Aristobul zum Hohenpriester zu machen. Dadurch behielt er ihn zugleich in seiner Hand und verhinderte die Absicht, ihn nach Alexandria zu bringen. Denn ein Hoherpriester durfte wie es scheint nicht außer Landes gehn[3]).

Alexandra gab sich damit nicht zufrieden. Obwol sie im königlichen Palast wohnen mußte und dort scharf beobachtet wurde, blieb sie doch in Verbindung mit Kleopatra. Auf deren Rat faßte sie den Plan, mit ihrem Sohne heimlich nach Alexandria zu entfliehen; sie wollten sich nachts in Särgen aus Jerusalem hinaustragen lassen. Jedoch der Anschlag wurde verraten. Die Besorgnis

Synedrium durch die Hinrichtungen gesäubert wurde, aber es versteht sich von selbst. Darin haben die jüdischen Gelehrten recht, aber mit Unrecht meinen sie, daß das Synedrium aus Schriftgelehrten bestanden habe, und daß diese vorzugsweise von den Proskriptionen betroffen seien. Die Häupter der Schriftgelehrten hatten zur Übergabe der Stadt geraten, und Herodes vergalt ihnen das nicht mit Undank (Ant. 15, 3).

[1]) Sein hebräischer Name war Jonathan (Bell. 1, 437 Niese).

[2]) Die Angabe Ant. 15, 27 wird durch Bell. 1, 439 sehr zweifelhaft. Man sieht nur, welche Scheußlichkeiten man der Alexandra zutraute.

[3]) Ant. 15, 31.

und die Eifersucht des Königs nahm noch zu, als der junge schöne
Hohepriester, der Erbe der Hasmonäer, bei seinem ersten feierlichen
Auftreten am Laubhüttenfest 35 von der Menge mit lautem Jubel
begrüßt wurde. Bald darauf gab Alexandra ein Fest in Jericho.
Nach dem Mahle wurde im Garten allerhand Kurzweil getrieben
und zum Schluß gebadet. Bei dieser Gelegenheit spielten die Kameraden so lange Untertauchen mit Aristobul, bis er erstickt war.
Der Schwager zeigte sich sehr betrübt und veranstaltete eine große
Trauer. Aber die Mutter ließ sich nicht täuschen. Sie teilte Kleopatra den Sachverhalt mit, und diese setzte es durch, daß Antonius
im Frühling 34, als er auf dem Marsch nach Armenien im dem
syrischen Laodicea sich aufhielt, den Mörder vor sich forderte. Die
Lage war ernst, Herodes bestellte sein Haus, ehe er ging. Er übergab die Regierung und die Aufsicht über den Palast dem Statthalter von Idumäa, seinem Oheim Joseph, der zugleich der Mann
seiner Schwester Salome 'war. Während seiner Abwesenheit verbreitete sich in Jerusalem das Gerücht, er sei hingerichtet. Darauf hin traf Alexandra Vorbereitungen, mit Mariamme zu den
Feldzeichen einer römischen Legion zu fliehen, welche damals in
der Nähe von Jerusalem lagerte. Aber das Gerücht erwies sich
als falsch. Der Regent Joseph mußte es mit dem Tode büßen,
daß er, wahrscheinlich ganz arglos, ihr Vorschub geleistet hatte
bei dem Plane, sich und die Ihrigen der Gewalt des Königs zu
entziehen[1]). Sie selbst war durch Kleopatra geschützt.

Wider Erwarten wurde Herodes in Laodicea freigesprochen,
Antonius mochte ihn nicht opfern. Ohne Schaden kam er freilich
nicht davon. Kleopatra bekam nicht nur die Paralia und die

---

[1]) Salome soll sich zweimal ihres Gatten (Josephs und Kostobars) durch
Verrat entledigt haben; und zweimal soll sich der von Herodes bestellte Vize-
regent (Joseph und Sohaem) in Mariamme verliebt haben. Mit Recht nimmt
Destinon (Die Quellen des Josephus 1882 p. 113) Anstoß an dem gleichmäßigen
Verlauf der Vorgänge, welche sich nach den Antiquitäten (15, 65 ss. 80 ss. und
15, 185 s. 202 ss.) an die Reisen des Königs zu Antonius und zu Augustus
knüpfen. Im Bellum fehlt der zweite Bericht gänzlich. Daß indessen Mariamme (die dem Herodes fünf Kinder gebar) nicht schon im Jahre 34 getötet
ist, steht fest; darin haben die Antiquitäten gegen Bell. 1, 441 ss. recht. Be-
achtenswert scheint, daß Ant. 15, 185 die Namen Josepos und Soaimos nebeneinander stehn; vielleicht ist irgend eine Verwechslung zwischen dem ταμίας
und dem θεῖος vorgefallen.

Herrschaft des Lysanias nebst angrenzenden nabatäischen Gebieten geschenkt, sondern auch die reiche Landschaft von Jericho, mit den Palm- und Balsampflanzungen, mit dem Salz- und Asphaltregal. Herodes mußte ihr dieselbe für teures Geld abpachten. Daneben hatte er auch noch einzustehn für den Tribut, welcher dem Nabatäer Malichus für die ihm genommenen und dann doch wieder belassenen Gebiete auferlegt war. Dadurch wurde er in ein sehr misliches Verhältnis zu dem nichts weniger als zahlungsbereiten Nachbarn gebracht. Er war im Begriff, Gewalt gegen ihn zu gebrauchen, als der große Krieg zwischen Antonius und Octavian ausbrach (32). Da wollte er nicht zurückbleiben, sondern an dem Entscheidungskampf teilnehmen. Indessen Kleopatra hatte ein Interesse, ihn fern zu halten; auf ihr Betreiben wurde er angewiesen, ruhig seinen Zug gegen Malichus auszuführen. Sie dachte, die beiden Löwen, die in Cölesyrien noch übrig waren, sollten sich gegenseitig aufzehren. Sie unterstützte daher die Araber, als Herodes zu rasch mit ihnen fertig zu werden schien. Das hinderte freilich nicht, daß er sie am Ende doch vollständig besiegte. Sie erkannten sogar seine Oberherrschaft an. Das heißt, sie verstanden sich zur Zahlung des strittigen Tributs, und zwar für die Gegend, für die überhaupt Tribut zu zahlen war, nämlich für den Norden ihres Gebiets, wo sie an Peräa, an Damaskus und an die ituräische Herrschaft grenzten. In dieser Gegend wurde auch der Krieg geführt (31).

Kleopatra zweifelte nicht daran, daß Antonius Sieger bleiben würde. Es kam aber anders, und sie hatte durch ihre Politik gegen Herodes nur erreicht, daß derselbe nicht unmittelbar in die große Niederlage seines Herrn und Meisters verwickelt wurde und um so leichter nun den durch die Umstände gebotenen Parteiwechsel vornehmen konnte. Wie einst Antipater fand auch er alsbald Gelegenheit, dem neuen Machthaber sich gefällig zu erweisen, indem er eine Gladiatorenschar des Antonius abfangen half, welche von Cyzicus nach Ägypten sich durchzuschlagen suchte. Im Frühling 30 machte er sich auf den Weg zu Octavian nach Rhodus. Vorher aber traf er auch jetzt wieder Maßregeln für den schlimmsten Fall. Die Regentschaft übertrug er seinem Bruder Pheroras. Seine Frau und seine Schwiegermutter schaffte er nach Alexandrium und gab dem Befehlshaber der Burg, dem Ituräer Sohaemus, geheimen Auftrag, beide zu töten, wenn er nicht lebend zurückkäme. Hyrkan ließ er hinrichten, wie es scheint nach eingeholtem Spruch des Synedriums[1]). Der alte Mann war zwar selber nicht gefährlich[2]), doch konnte er noch immer seiner unruhigen Tochter zur Fahne dienen. Übrigens war er nicht unschuldig an dem Morde Antipaters, und vielleicht auch deshalb wollte Herodes sein graues Haar nicht in Frieden zur Grube fahren lassen[3]).

Octavian war so billig, die Gegnerschaft des Vasallen gegen seine Person nach der Lage der Dinge zu verzeihen und seine Treue gegen Rom anzuerkennen. Herodes bekam das Diadem zurück, das er als verwirkt abgelegt hatte. Durch die umsichtige Energie, mit der er das römische Heer auf dem Marsch nach Pelusium versorgte, befestigte er sich in der Gunst des neuen Herrschers. Als er nach dem Tode des Antonius und der Kleopatra sich zu ihm begab, um ihm Glück zu wünschen, erhielt er nicht nur Jericho zurück, sondern dazu auch noch die meisten Städte der Paralia, nebst Samarien Gadara und Hippus. Die gefürchtete Katastrophe brachte ihm den größten Gewinn. Von Kleopatra wurde er befreit, mit Octavian für Antonius machte er einen guten Tausch. Die Ruhe, die nach zwanzigjährigem Bürgerkriege endlich im römischen Reiche eintrat, behütete seine Herrschaft vor ferneren Krisen.

In sein Haus drang der Sonnenstrahl nicht. Als er vergnügt von Rhodus heimkam, ließ Mariamme ihn deutlich merken, daß sie sich nicht darüber freute. Er liebte sie leidenschaftlich; er hatte ihretwegen seine erste Frau nebst ihrem Sohne verstoßen, und so lange sie lebte, gab er ihr keine Nebenbuhlerin. Ihre Kinder nannte er nicht Antipater und Phasael, sondern Alexander und Aristobul. Er hatte zwar ihren Bruder und ihren Großvater

---

[1]) Ant. 15, 173: δείξας τῷ συνεδρίῳ. Wenig angebracht ist hier die Polemik J. Derenbourgs gegen Graetz (Essai sur l'histoire de la Palestine 1867 p. 150 n. 2). Derenbourg will nichts auf die Schriftgelehrten kommen lassen, die er mit dem Synedrium identifizirt.

[2]) Nach Ant. 15, 178 war er über achtzig Jahre alt. Da indessen Jannäus und Salma erst 103 geheiratet haben, so kann Hyrkan nicht vor 102 geboren sein. Er stand also im Jahr 31 höchstens im zweiundsiebzigsten Jahre.

[3]) Vgl. p. 321 n. 1. Merkwürdig trifft es sich, daß als Anlaß, weshalb Herodes ihn hinrichten ließ, seine Konspiration mit Malchus´ angegeben wird, freilich nicht mit dem, der den Antipater ermordet hatte, sondern mit dem gleichnamigen Nabatäerkönige.

umgebracht, aber das war doch mit in ihrem Interesse, wenigstens im Interesse ihrer Erben geschehen, und die Staatsräson des Verwandtenmordes hatte auch bei den Hasmonäern gegolten. Vor allem, wenn darauf ihre Abneigung gegen ihn beruhte, warum hatte sie sie nicht früher gezeigt und warum jetzt so offen? Der Umschlag ihres Benehmens befremdete und beunruhigte ihn. Diese Stimmung benutzte seine Schwester Salome, um sich an der Hasmonäerin zu rächen, durch deren Stolz sie sich tief gekränkt fühlte. Sie stiftete den Mundschenken des Königs an, auszusagen, er habe von Mariamme einen Liebestrank für ihn erhalten, dessen Zusammensetzung ihm zweifelhaft sei. Ein Eunuch, peinlich befragt, wußte nichts von der Sache, gestand aber, sie hasse ihren Gemahl wegen des Befehls, den er Sohaemus gegeben habe. Jetzt wußte Herodes Bescheid. Aber von rasender Eifersucht geleitet, nahmen seine Gedanken eine sonderbare Wendung. Er sah in der Indiskretion des Sohaemus einen sicheren Beweis dafür, daß er allzu vertraulichen Umgang mit der Königin gepflegt haben müsse. Ihn ließ er auf der Stelle töten, sie stellte er vor ein Gericht seiner Freunde, die sie verurteilten. Als sie zum Tode geführt wurde, lief ihre Mutter schimpfend hinter ihr her, in der Hoffnung, auf diese Weise Verdacht und Gefahr von sich abzuwenden und ihr der Rache geweihtes Leben zu sparen. Sie schwieg mitleidig; ohne die Farbe zu verändern, ging sie ruhig ihren letzten Gang (Ende 29).

Der König war ohne Zweifel von der Schuld seiner Gemahlin überzeugt[1]). Gewissensbisse über ihre Hinrichtung scheint er niemals empfunden zu haben, er glaubte getan zu haben, was er tun mußte. Aber die Leidenschaft brach wieder bei ihm aus in Gestalt der schmerzlichsten Sehnsucht nach der Gemordeten. Es hat lange gedauert, bis er sich durch andere Frauen tröstete. Vergeblich suchte er sich fern von Jerusalem durch Jagen und Trinken zu zerstreuen. Die Erschütterung warf ihn schließlich zu Boden, er erkrankte in Samarien und man gab ihn auf. Da machte die Schwiegermutter ihn wieder lebendig. Sie suchte sich in Besitz der beiden Zitadellen von Jerusalem zu setzen, angeblich um für den Fall seines Todes seinen Söhnen die Herrschaft zu wahren.

---

[1]) Auch Nikolaus Dam. glaubte an den Ehebruch der Mariamme (Ant. 16, 185).

Indessen die Kommandanten, an die sie sich wendete, erstatteten dem Könige Bericht, und nun erteilte er Befehl, sie hinzurichten. Es ist ein Rätsel, warum er auf diesen Anlaß gewartet hat. Um ihn hatte sie den Tod längst viele Male verdient. Im übrigen war ihr Haß gegen ihn so berechtigt, wie ein Haß überhaupt nur sein kann, und die Wahl der Mittel um ihn zu befriedigen findet in der Ohnmacht des Weibes ihre Entschuldigung.

Von dem hasmonäischen Hause waren nun bloß noch Seitenverwandte übrig, die Sabbasöhne[1]). Sie hatten zu den Anhängern des Antigonus gehört, waren aber bei der Eroberung Jerusalems entkommen und seitdem nicht aufzuspüren. Jetzt wurde ihr Aufenthalt durch Salome verraten. Diese hatte nach der Hinrichtung Josephs den Nachfolger desselben in der Statthalterschaft von Idumäa zum Manne bekommen, Kostobarus aus dem Geschlecht der Priester des Koze. Mittlerweile war sie seiner überdrüssig geworden, sie verließ ihn und klagte ihn bei ihrem Bruder an, daß er den Plan noch immer nicht aufgegeben habe, den er schon früher einmal mit Hilfe Kleopatras auszuführen getrachtet hatte, nämlich Idumäa unabhängig zu machen. Als Beweis seiner hochverräterischen Gesinnung gab sie an, daß er die Sabbasöhne bei sich versteckt halte. Darauf wurden sowol Kostobarus mit einigen Complicen als auch die Sabbasöhne ergriffen und hingerichtet[2]).

2. Mit der Überwindung solcher Schwierigkeiten verbrachte Herodes die ersten zwölf Jahre seiner Herrschaft. Dann hatte er das Feld frei, um anderweit seine Leistungsfähigkeit zu zeigen. Einer seiner wichtigsten Erfolge war die Bändigung der wilden Araber, die zwische Nabatäern und Ituräern in der Mitte wohnten, und ihre feste Burg in dem Felsenlabyrinth der Trachonitis hatten[3]).

---

[1]) Sabba hat Niese hergestellt. Gewöhnlich sagt man Babasöhne.

[2]) Ant. 15, 256 ss. Der Name Kostobar (20, 214) scheint aus Kos-tabar entstanden zu sein. Nach Ant. 15, 260 fiel die Hinrichtung der Sabbasöhne ins Jahr 25.

[3]) Der arabische Name der Trachonitis ist Lägäät = Lägä, die Zufluchtsstätte. Nach Agh. 4 76, 15 waren die unter den Taiji wohnenden Banu Laga ein Rest von Thamud, d. h. vielleicht von den alten Arabern der Trachonitis. Von der θηριώδης κατάστασις derselben redet das Edikt Agrippas II. bei Le Bas und Waddington, Voyage Archéol., Syrie no. 2329; vgl. Iob. 30.

Sie scheinen durch die Erschütterung des ituräischen Reiches aus
Rand und Band geraten zu sein. Antonius hatte Lysanias von
Chalcis hingerichtet und seine Herrschaft der Kleopatra verliehen;
sie hatte dieselbe an einen Verwandten des Lysanias verpachtet,
Zenodorus, der später von Augustus als Vierfürst und Hoherpriester[1])
bestätigt wurde. Zenodorus nun spielte mit den Räubern in der
Trachonitis unter einer Decke, vielleicht weil ihm die Macht fehlte,
sie zu beaufsichtigen. Sie wurden eine Landplage für die Nachbarschaft und störten den Verkehr mit Damaskus und dem Osten[2]).
Um hier Wandel zu schaffen, übertrug Augustus nicht bloß die
Trachonitis, sondern auch Batanäa und Auranitis dem Herodes (23).
Seine Wahl hätte auf keinen Besseren fallen können. Herodes
hatte das nächste Interesse daran, Ordnung an seinen Grenzen zu
stiften, er hatte auch das größte Geschick zu solchen Aufgaben
mehrfach bewiesen. Er war selber halb arabischen Blutes und
verstand sich auf die Araber. Es war freilich nicht leicht, die
räuberischen Nomaden zu einer anderen Lebensweise überzuführen,
und die Schwierigkeit wurde noch dadurch erhöht, daß auf der
einen Seite die Ituräer, auf der andern die Nabatäer dem jüdischen
Könige den Machtzuwachs in dieser Sphäre nicht gönnten, die sie
mit einigem Recht als die ihrige ansehen konnten. Zenodorus
klagte gegen ihn in Rom; Obâdas wollte den Hauran nicht aufgeben, der ihm erst jüngst für fünfzig Talente von Zenodorus ab-
getreten war. Auch die Stadt Gadara benutzte die Gelegenheit,
um gegen ihren Herrn zu protestiren. Es half jedoch alles nichts.
Augustus, der im Jahr 20 nach Syrien kam, stellte sich mit Entschiedenheit auf Seite des Herodes, und da Zenodorus eben damals
starb, verlieh er ihm auch noch dessen Tetrarchie, die sich südlich
bis zum galiläischen Meer erstreckte[3]).

Acht Jahre später veranlaßte die Reise des Königs nach Rom
einen Aufstand in der Trachonitis (12). Derselbe wurde zwar

---

[1]) Die Verbindung von Priestertum und Fürstentum ist häufig bei den
Arabern. Sie findet sich auch bei Kostobarus, bei Odaenathus von Palmyra,
und bei den Dynasten von Emesa.

[2]) Ant. 17, 26.

[3]) Ein Teil der Herrschaft des Zenodorus scheint allerdings abgezweigt
und auf eine Seitenlinie gekommen zu sein, welcher Lysanias von Abilene
und dessen Nachfolger, Sohaemus und Noarus, angehörten. Wie weit sich
das ostjordanische Gebiet des Herodes erstreckte, wie es gegen das Reich der

niedergeschlagen, erhielt aber ein gefährliches Nachspiel dadurch, daß einige Rädelsführer sich in das nabatäische Reich retteten. Dort war damals der Statthalter Sylläus allmächtig, dem Herodes die Hand seiner heiratslustigen Schwester versagt hatte, da er nicht zum Judentum übertreten wollte[1]). Er räumte den Flüchtigen den festen Platz Racpta ein. Von da machten sie Einfälle in das jüdische Gebiet; ihre Zahl, anfangs klein, stieg allmählich auf etwa tausend. Herodes verlangte nun von dem Nabatäer, er solle sie ausliefern und sechzig Talente zahlen, die er ihm, wie es scheint als Pacht für Weideland, schuldig war[2]). Durch Vermittlung der römischen Provinzialbehörde kam zu Berytus ein Vertrag zu stande, wonach Sylläus tatsächlich diese Forderung zu erfüllen versprach. Er ließ indessen die bestimmte Frist verstreichen ohne etwas zu leisten und begab sich statt dessen nach Rom. Da verschaffte Herodes, nach Rücksprache mit dem syrischen Legaten, sich selber Recht. Er zerstörte das Raubnest und trieb einen Haufen Nabatäer, der sich ihm entgegenstellte, zu paaren. Dieser angebliche Landfriedensbruch war dem Sylläus, der in Rom davon erfuhr, ein willkommener Vorwand, um Lärm zu schlagen. Augustus ließ sich von ihm täuschen und gab dem Herodes seinen Unwillen in schroffer Weise zu erkennen. Die kaiserliche Ungnade erschütterte die Autorität des Judenkönigs derart, daß sofort allgemeine Anarchie im Ostjordanlande entstand. Von den Nabatäern begünstigt, erhoben sich die Araber daselbst und vertrieben die Besatzungen. Herodes wagte nicht einzugreifen. Mit Mühe gelang es ihm endlich, sich bei Augustus Gehör zu schaffen. Nikolaus von Damaskus deckte in Rom (A. 8) den wahren Sachverhalt auf, unterstützt von einer Gesandtschaft des neuen nabatäischen Königs Aretas, der sich der Herrschaft des Sylläus zu entziehen strebte. Herodes wurde rehabilitirt und konute die gestörte Arbeit in der Nordostmark seines Reiches wieder aufnehmen. Er hatte schon früher an verschiedenen Stellen derselben dreitausend Idumäer in Garnison gelegt. Jetzt siedelte er dort babylonische Juden an, die von den Parthern das

---

Nabatäer abgegrenzt war, ob die Griechenstädte (nicht bloß Gadara) darin einbegriffen waren, läßt sich kaum bestimmen. Die Grenzfragen sind auf diesem Boden die allerschwierigsten, weil es keine geschlossenen Länder gibt, sondern immer nur kraus durch einander gehende Parzellen.

[1]) Ant. 16, 255. 322. 17, 10.
[2]) Ant. 16, 279. 291. 343.

Pfeilschießen zu Pferde gelernt hatten. Es waren ursprünglich nur einige hundert Mann, sie vermehrten sich jedoch bald durch weiteren Zuzug. Zum Entgelt für den Kriegsdienst, zu dem sie sämtlich verpflichtet waren, hatten sie Steuerfreiheit und selbständige Verwaltung; letztere blieb ihnen auch nach dem Tode des Herodes lange Zeit unangetastet. Ihr Oberhaupt in Krieg und Frieden war Zamaris [1]).

Herodes' Nachfolger setzten sein Werk in dieser Gegend fort; eben hier faßte seine Dynastie am festesten Fuß und hier hielt sie sich am längsten. Er hat einen wesentlichen Beitrag geliefert zu der Gründung und der Blüte der nachmaligen römischen Provinz Arabien, die eine welthistorisch so bedeutungsvolle Doppelstellung einnehmen und die eigentliche Pforte werden sollte, wodurch der Westen in Arabien und Arabien in den Westen eindrang [2]). Vor dem Tempel des Himmelsgottes Beelschemîn zu Sîa ließ er sich eine Statue errichten.

Den größten Namen erwarb sich der König durch seine Gründungen und Bauten. Darin wetteiferte er mit den mächtigsten Herrschern, obwol sein Land nur klein war. Er begann mit dem Umbau der Stadt Samarien, für die er immer, noch ehe sie seinem Gebiete einverleibt war, eine besondere Vorliebe hatte. Er nannte sie Sebaste und baute dem Augustus einen Tempel darin; denn die Bewohner waren heidnisch. Seine wichtigste Schöpfung war die Stadt Cäsarea mit dem Hafen Sebastus an der Stelle des alten Stratonsturmes, sie wurde das Hauptemporium und das Zentrum der römischen Macht in Palästina. Die Vollendung der gewaltigen Anlagen, die zehn Jahre in Anspruch genommen hatten, gab Anlaß (A. 10) zur Einrichtung von Festspielen zu Ehren des Kaisers, die alle vier Jahre wiederholt wurden. Andere Ortschaften gründete und nannte er zu Ehren seiner Verwandten oder seiner Freunde, Antipatris, Phasaelis, Agrippium. Die Hauptstadt schmückte er mit Palästen und Gärten, mit Theater Zirkus und Hippodrom; vor

---

[1]) d. i. Zimri. Er vererbte sein Amt auf seine Nachkommen, wir finden seinen Enkel Philippus als Tetrarch des Königs Agrippa II. (Bell. 4, 81 Niese).

[2]) Auranitis, Batanäa und Trachonitis sind zwar erst unter Septimius Severus, wenn nicht erst unter Diokletian, zur Arabia Provincia geschlagen. Aber auf die politische Einteilung kommt es nicht an; dies war doch schon früher der Boden, worauf die Durchdringung des arabischen mit dem griechisch römischen Wesen sich vorzugsweise vollzog.

allem schuf er den Tempel zu einem Prachtbau um. Auch in
manchen syrischen Städten, die ihm nicht untertan waren, stiftete
er Tempel, Bäder, Brunnen, Colonnaden; so in Askalon und Ptolemais, in Tyrus und Sidon, in Byblus Berytus und Tripolis, in
Damaskus und Antiochia. Bis über die Inseln des Meeres, bis nach
Athen Sparta und Olympia reichte seine Freigebigkeit. In der
als Denkmal des Sieges von Actium gegründeten Stadt Nikopolis
wurden die öffentlichen Gebäude großenteils auf seine Kosten aufgeführt. Auf der Reise, die er im Jahre 14 zu Agrippa nach
Sinope unternahm, streute er überall, wo er angegangen wurde,
seine Woltaten aus.

Durch solche Aufwendungen genügte er den Ansprüchen der
Zeit auf Philanthropie im allgemeinen und auf Hellenenfreund-
schaft im besonderen. Er umgab sich auch mit hellenisch gebildeten Männern, benutzte sie in Geschäften und ließ seine Söhne
von ihnen erziehen. Der Polyhistor Nikolaus von Damaskus lebte
lange Jahre an seinem Hofe und leistete ihm als Gesandter und als
Wortführer mehrfach wichtige Dienste. In diesem Kreise kokettirte
er wol mit seiner Vorliebe für griechische Gesellschaft und grie-
chisches Wesen, er nahm sogar Unterricht in Philosophie und
Rhetorik. Die Ämter und die Kommandostellen vertraute er aber
erprobten einheimischen Dienern Verwandten und Freunden an[1]);
und Reiten Jagen und Schießen waren in Wahrheit die Künste,
die seinem Geschmack entsprachen. Die eigentliche Adresse seines
zivilisatorischen Strebens war der Kaiser; die Absicht sich ihm zu
empfehlen spielte überall ein und trat meist ganz offen hervor,
zum Beispiel bei den zahlreichen Augustustempeln, mit denen er
Syrien beglückte. Er pflegte das Verhältnis zu dem Patron mit
größter Beflissenheit und tat sich etwas zu gute auf seine Freundschaft mit ihm und mit Agrippa. Seine Söhne von Mariamme
schickte er in jugendlichem Alter nach Rom, wo sie bei Asinius
Pollio gastliche Aufnahme fanden. Den Höhepunkt seines Lebens,

---

[1]) Der Kanzler Ptolemäus ist nicht der Rhetor, der Bruder des Nikolaus.
Neben ihm wird Sapinnius genannt (Ant. 16, 257). Die Verwandten spielen
seit Antipater (dessen idumäisches Gefolge erwähnt wird) eine große Rolle;
unter Herodes tritt besonders Ahiab hervor. Die idumäischen Vettern und
Schwäger nähren sich von der Regierung, bewähren sich aber nicht immer;
Kostobarus hat am Hofe zu Jerusalem seine Helfershelfer. Vgl. auch Ant.
17, 298.

den Gipfel seines Glücks bildete der Besuch, den Agrippa ihm im Jahre 15 abstattete; als derselbe im Tempel zu Jerusalem gar eine Hekatombe opferte, waren auch die Juden von der in der Tat außerordentlichen Ehre, die ihrem Könige und ihrem Gotte angetan wurde, ganz berauscht [1]). Indessen war die Stellung des Herodes als rex socius nicht gerade ausnahmsweise bevorzugt. Er durfte nach außen hin keine selbständige Politik treiben, weder Bündnisse schließen noch Kriege führen; als er bei der Verfolgung der trachonischen Räuber diese Grenze zu überschreiten schien, wurde ihm gleich sehr unsanft auf die Finger geklopft. In seinem eigenen Bereich konnte er zwar schalten und walten wie er wollte, war aber auch hier hinsichtlich des Münzrechts beschränkt, beschränkter sogar als andere Könige gleiches Schlages [2]).

Die Untertanen mußten die Kosten tragen; die Steuern waren hoch [3]). Die Juden fühlten sich indessen weniger durch die Höhe der Steuern beschwert als durch die Art ihrer Verwendung. Das Geld, welches sie aufbrachten, wurde zum besten der Heiden und des Heidentums vergeudet. Die Bauten in Jerusalem steigerten nur ihre Entrüstung, was sollten auf diesem heiligen Boden Theater und Zirkus, Komödien und Tierkämpfe! Sogar der Umbau des Tempels ärgerte sie anfangs. Der König trug ihrer religiösen Empfindlichkeit Rechnung, so weit er konnte. Er verleugnete seine idumäische Abstammung, er aß gewiß kein Schweinefleisch. Er vermied bei seinen Bauten in Jerusalem, auch bei den profanen, jede bildliche Darstellung; auch seine Münzen zeigten keinen Kopf. Wie er den Heiden Heide war, meinte er den Juden Jude sein

---

[1]) Philo leg. ad Gaium § 37.

[2]) Von Herodes und allen Fürsten seines Hauses sind nur Kupfermünzen erhalten, sämtlich mit griechischer Legende.

[3]) Ant. 17, 308. Die Einkünfte der drei Söhne und Nachfolger des Herodes werden Ant. 17, 318 ss. auf 900, dagegen Bell. 2, 93 ss. auf 700 Talente bestimmt; es waren ihnen allerdings einige Städte, die der Vater besessen hatte, abgenommen und außerdem die Steuern der Samaritis um ein Viertel herabgesetzt. Trotzdem würden darnach die Einkünfte des Herodes kaum auf mehr als 1000 Talente zu schätzen sein (vgl. 19, 352). Das ist nicht eben viel, und damit konnte er seine Ausgaben nicht bestreiten. Er hatte freilich noch allerlei Nebeneinnahmen, z. B. aus den Regalien und Domänen von Jericho und aus Vermögenskonfiskationen. Augustus gab ihm die Hälfte des Ertrages der Kupferminen von Cypern. Zuweilen scheint es ihm aber an Gelde gefehlt zu haben; er suchte nach Schätzen im Grabe Davids.

zu können. Aber eben das konnten diese nicht gelten lassen. Einzelne Eiferer protestirten gelegentlich durch offene Gewalttat für Gott gegen den König. Er mußte öfters mit blutiger Strenge gegen Ausbrüche des Fanatismus einschreiten.

Doch war das nicht die einzige und nicht die eigentliche Beschwerde, welche die Juden gegen ihn hatten. Sie waren von ihren früheren Fürsten schon etwas gewohnt, und Herodes brauchte nicht so heilig zu sein wie ein Hoherpriester. Sie haßten ihn wesentlich aus politischen, oder wenn man lieber will, aus theokratischen Gründen. Früher hatte die auswärtige Großmacht die angestammte Regierung beibehalten und ihr die inneren Angelegenheiten überlassen; jetzt hatte sie einen Unberechtigten zu ihrem Vasallen gemacht. Das war eine neue Erfahrung. Es war doppelte Fremdherrschaft, Tyrannis gegründet auf Fremdherrschaft, Edom gepfropft auf Rom. Herodes nahm dem Rest der einheimischen Verfassung, den er nicht beseitigen konnte, alle politische Bedeutung. Er drückte die Gemeindeämter herab und machte ihre Inhaber von sich abhängig. Zu Hohenpriestern machte er wen er wollte; er setzte sie nach Belieben ein und ab[1]). Den heiligen Ornat nahm er zu mehrerer Sicherheit selber in Verwahrung und gab ihn nur von Zeit zu Zeit heraus, wenn er gebraucht werden sollte[2]). Das Synedrium, dessen alten Bestand er gleich zu Anfang seiner Regierung gehörig gelichtet hatte, versetzte er weiterhin mit seinen Kreaturen und korrumpirte auf diese Weise die Aristokratie. Seine Verwandten und Freunde ersetzten ihm den Rat der Ältesten. Seine Herrschaft stützte sich, außer auf Rom, auf Zwingburgen und Soldaten, die er namentlich aus dem Gebiet von Samarien und von Cäsarea aushob. Er ging allerdings nicht von dem Grundsatze aus, daß es genüge, wenn seine Untertanen ihn nur fürchteten; er strebte sie sich zu verpflichten. In Notfällen bot er alle Mittel auf; mit weitschauender und aufopfernder Fürsorge begegnete er den Misernten der Jahre 24 und 23 und beseitigte ihre drohenden Folgen. Er sicherte den Landfrieden und ließ Räuber und Diebe nicht aufkommen. Durch den Hafen von Cäsarea und andere nützliche Anlagen förderte er Handel und Wandel. Er nahm sich auch der auswärtigen Glaubensgenossen, in Kleinasien und in der

---

[1]) Ev. Jo. 18, 13. 2 Macc. 11, 3. 4 M. 4, 1.
[2]) Vgl. die merkwürdige Stelle Ant. 18, 91.

Cyrenaica, an; nur ihm hatten sie es zu verdanken, daß sie die Freiheiten behielten, die Cäsar ihnen verliehen hatte, daß sie am Sabbat, von drei Uhr Freitags an, nicht vor Gericht zu kommen brauchten und ihre Kirchensteuer unbehindert nach Jerusalem schicken durften. Mit alle dem gewann er aber seine jüdischen Untertanen in Palästina nicht. Er bemühte sich, ihnen seine Verdienste darzulegen, sich gegen ihre Vorwürfe zu rechtfertigen, ihnen ihr Mistrauen zu benehmen. Öfters wird von Reden berichtet, die er zu diesem Zwecke gehalten habe. Er ließ sich sogar herbei, die Steuern zweimal beträchtlich herabzusetzen. Auf die Dauer war alles vergebens. Sein Werben prallte wirkungslos ab, seine Woltaten fanden Undank, seine guten Absichten wurden verkannt. Es blieben ihm nur die Mittel der Tyrannis übrig. Je länger er regierte, desto schärfer wandte er sie an. Ein Huldigungseid, den er für sich und den Kaiser verlangte, sollte die Gewissen binden: die Forderung war unerhört und wurde von den Frommen, als gotteslästerlich, standhaft abgelehnt ¹). Geheime Polizei und ausgedehnte Spionage, bei der er sich bisweilen persönlich beteiligte, taten ein Übriges. Kein Müßiggang wurde in Jerusalem geduldet, die Leute sollten bei der Arbeit bleiben und durften weder auf der Straße zusammenstehn, noch im Hause ihre damals sehr beliebten Syssitien feiern. Wer ein Wort sagte, wurde angezeigt; Verdächtige verschwanden hinter den Mauern von Hyrkania, Schuldigbefundene wurden hingerichtet. Die Folge war, daß unverabredet eine stille Verschwörung gegen den König sich bildete; alle waren im Einvernehmen gegen ihn und vor ihm auf der Hut. Es herrschte ein latenter Krieg zwischen Obrigkeit und Untertanen.

Die Essäer begünstigte der König als eine rein religiöse Sekte, die sich um Politik nicht kümmerte. Anfangs scheint er es auch für möglich gehalten zu haben die Pharisäer zu gewinnen; er zeichnete die Häupter der Partei aus, weil sie die fanatischen Verteidiger Jerusalems hatten bewegen wollen, ihm die Stadt auszuliefern. Aber sie konnten ihm die angetragene Freundschaft nicht erwidern. Seine Liebedienerei gegen das Heidentum mußte gerade ihnen besonders anstößig sein. Außerdem wären sie keine Juden mehr geblieben, hätten sie sich mit der Art Entmischung von

---

¹) Die Angaben Ant. 15, 369 s. und 17, 42 beziehen sich natürlich auf den selben Fall.

Staat und Kirche einverstanden erklärt, die Herodes ins Werk
setzte. Das Volk ließ sich nicht wieder zu einer Sekte herab-
drücken, es bewahrte die Erinnernng an die vergangene Herrlichkeit. Die Hasmonäer waren durch ihr Blut von Sünden rein ge-
waschen und zu Märtyrern der gemeinen Sache gemacht. Haß
gegen den Knecht, der das Haus seines Herrn gestürzt und aus-
gemordet hatte, beseelte jedes ehrliche Herz. Herodes wußte es
und war darauf eingerichtet. Es ist, wenn man will, ein glänzendes Zeugnis für seine Regierungskunst, daß kein einziger Aufstand
gegen ihn ausbrach, so lange er König war. Aber die Rache ereilte ihn doch, er mußte sie selber an sich vollstrecken. Als
Henker der Hasmonäer mußte er der Henker seiner eigenen Söhne
werden, in denen jene wieder auflebten.

3. Der letzte Teil seiner Geschichte war Hofgeschichte im
richtigen orientalischen Stil. Der Palast in Jerusalem, den er im
Norden der Oberstadt errichtet hatte, ein Bau größer und stolzer
als der Tempel, enthielt eine Menge Insassen. Es wohnten darin
seine Frauen, deren er mehr als eine besaß, jede mit ihren Kindern in einem besonderen Quartier; ferner seine verheirateten
Kinder, Söhne und mit Vettern vermählte Töchter; und auch seine
Verwandten von Vatersseite. Seinem Bruder Pheroras hatte er
zwar die Provinz Peräa, d. h. ihre Einkünfte, verliehen und ihm
den Titel Tetrarch erwirkt; derselbe hielt sich aber doch gewöhnlich im königlichen Palast auf, bis er gegen Ende seines Lebens
daraus verbannt wurde. Ebenso seine Schwester Salome, die nach
dem Liebeshandel mit Sylläus einen gewissen Alexas hatte heiraten
müssen. Dazu kam dann noch ein zahlreiches Gesinde, Eunuchen,
Diener und Mägde. Die Frauen waren nicht abgesperrt, sondern
bewegten sich, wenigstens innerhalb des Palastes, mit großer Freiheit. Bei solchem Zusammenwohnen der ganzen königlichen Sippe
kann man sich vorstellen, daß es an Familienzwisten und an Ver-
rückung der Familiengrenzen nicht fehlte. Es geschah viel, noch
mehr wurde geglaubt und geredet. Das war die Höhle des alten
Löwen, da hauste er als Patriarch. Er hatte einen starken Verwandtschaftssinn, hing an den Seinen und suchte sie zu beglücken.
Nur wahrte er auch ihnen gegenüber eifersüchtig die Autorität und
hielt sie unter scharfer Aufsicht. Er mußte immer alles wissen, und
alles wurde ihm zugetragen. Er hörte aber nur, er sah nicht. Innerhalb
seines Hauses versagte der klare Blick, den er für die Politik hatte.

Im Jahre 18 oder 17 holte er die Söhne Mariammes aus Rom zurück, nachdem sie den Kursus der höheren Erziehung durchgemacht hatten. Alexander wurde mit Glaphyra, Tochter des Königs Archelaus von Kappadocien, verheiratet; Aristobul mit Salomes Tochter Berenice. Sie zogen alsbald die allgemeine Aufmerksamkeit auf sich; die Sympathie der Menge kam ihnen entgegen. Am Hof erweckten sie aber auch Befürchtungen. Besonderen Grund zur Besorgnis hatte Salome; sie übertrug ihren Haß gegen Mariamme auf die Jünglinge. Diese reizten sie durch stolzes Auftreten und unvorsichtige Äußerungen; die hasmonäische Ader schlug in ihnen und sie behandelten die idumäische Brut nicht mit Hochachtung. Berenice klagte der Mutter, daß sie ihrer Schwägerin und auch ihrem Manne nicht vornehm und fein genug sei; sie habe Alexander und Aristobul sagen hören: wenn sie nur erst Könige wären, so wollten sie die Weiber der väterlichen Familie an den Webstuhl setzen und die Männer zu Dorfschulzen machen, wozu sie sich vortrefflich eigneten. Das gab der Feindschaft Salomes Nahrung; sie zog auch Pheroras zu sich herüber. Als Herodes im Jahre 14 von seinem Besuche bei Agrippa heimkam, empfingen ihn die Geschwister mit Anklagen gegen seine Söhne: sie könnten seinen Tod nicht abwarten, um das Erbe anzutreten, das ihnen von ihrer Mutter her gebühre.

Er sträubte sich es zu glauben, aber die Sache schien recht glaublich. Um den beiden für alle Fälle einen Dämpfer aufzusetzen, berief er jetzt seinen Erstgeborenen, Antipater, an den Hof, der bisher mit seiner Mutter in der Verbannung gelebt hatte. Damit erhielt die Gegenpartei einen Führer, der sofort die Fäden der Intrigue in die Hand nahm, ein festes Ziel dabei verfolgte und die Anderen für sich arbeiten ließ. Er nahm den Alten vollständig gefangen, veranlaßte, daß auch seine Mutter, Doris, zurückkommen durfte, und erlangte ein Testament, worin er in erster Stelle zum Thronerben ernannt wurde. In Begleitung Agrippas wurde er im Jahre 13 nach Rom gesandt, damit der Kaiser ihn kennen lerne und das Testament bestätige. Die Söhne Mariammes haßten natürlich den nebeneingedrungenen Bruder, der ihnen vorgezogen wurde. Er aber gönnte ihnen auch die Aussicht nach ihm zu erben nicht, sondern strebte sie sich gänzlich aus der Bahn zu räumen. Sogar von Rom aus fand er Mittel und Wege, den Vater mehr und mehr gegen sie einzunehmen. Dem wuchs dadurch der Argwohn so über

den Kopf, daß er sich mit den beiden zu Augustus nach Aquileia
begab, um sie vor ihm anzuklagen. Der Kaiser sah der Sache auf
den Grund und verstand es, ihn zu beruhigen. Aufatmend reisten
Vater und Söhne nach Hause zurück (12).

Aber auch Antipater kehrte mit heim und nahm sogleich den
Kampf wieder auf. Als vertrautester Sohn des Königs und nächster
Erbe des Reiches hatte er die Streber für sich. Er wurde gut bedient. Er erfuhr sofort jedes Wort Alexanders und wußte es weiter
zu befördern. Dabei schob er immer Andere als Angeber vor und
spielte selbst den Verteidiger, mit dem Erfolg, daß er die Verläumdungen nur noch eindrücklicher machte. Herodes war bald
wieder auf dem alten Fleck. In dem Gebaren des Hofes gegen
Alexander und Aristobul drückte sich seine Stimmung gegen sie
aus; seinem Kanzler Ptolemäus befahl er ausdrücklich sich von
ihnen fern zu halten. Ihnen selber sagte er indessen kein offenes
Wort; sie merkten nur an seiner Kälte, daß er etwas wider sie
habe. Er versah sich zu ihnen keines Guten, aber er traute auch
den Anderen nicht ganz, mit Ausnahme des edelmütigen Antipater,
gegen den er blind war. Pheroras hatte ihn beleidigt, dadurch
daß er zweimal sich weigerte sein Eidam zu werden, weil er das
Weib seiner Liebe nicht verstoßen wollte¹). Noch dazu stellte
sich jetzt heraus, daß er dem Alexander ins Ohr gesetzt hatte,
Herodes habe ein Verhältnis zu Glaphyra. Es kam zu einer heftigen
Szene; Pheroras leugnete nicht, schob aber die Schuld auf Salome,
der er die Mitteilung verdanke. Sie beteuerte ihre Unschuld und
geberdete sich wie toll über solche Verläumdung, indessen der
Verdacht blieb auf ihr sitzen. Merkwürdiger Weise aber verrauchte
der Zorn des Königs leicht. Er war ihm eine Last vom Herzen
gefallen. Wenngleich er auf ganz falscher Fährte war und den
eigentlichen Missetäter nicht ahnte, so wußte er doch nun, daß
seine Söhne verhetzt wurden. Er kam endlich dazu sich offen mit
ihnen auszusprechen, und das Verhältnis besserte sich eine Weile²).

---

¹) Ant. 16, 194. 196. In Ant. 17, 34 ist der Text nicht zu konstruiren;
Subjekt zu μισῶν ist Herodes und er haßt Frau und Schwiegermutter seines
Bruders darum, weil sie die Schuld haben, daß jener die Hand erst seiner
einen, dann seiner anderen Tochter ausschlägt. Vgl. § 46 Bell. 1, 568.

²) Nach Bell. 1, 481 scheint es, als sei dies vor einer dritten Reise des
Königs nach Rom geschehen. In den Antiquitäten ist indessen von einer
solchen nicht die Rede; denn 16, 271 ist eine Wiederholung von 16, 132.

Leider wußte Alexander, der ältere und hervorragendere der Brüder, die Pause nicht besser zu benutzen, als dazu daß er drei junge und schöne Eunuchen seines Vaters seinen Lüsten dienstbar machte. Herodes erfuhr es und witterte ein Attentat; denn die Eunuchen waren seine vertrautesten Kammerdiener und hatten bequeme Gelegenheit ihm Gift beizubringen. Das peinliche Verhör, das er mit ihnen anstellte, brachte freilich nur allerhand respektwidrige Äußerungen Alexanders an den Tag, keine Beweise für hochverräterische Absichten. Jedoch sein Verdacht war wieder rege geworden und er suchte nach weiteren Stützen desselben. Dabei ging er vorsichtshalber in weitem Bogen um das Wild herum. Er dehnte die Spionage nach allen Seiten aus, niemand wußte, wohinaus er wollte, einer verläumdete den andern um sich zu retten. Es herrschte ein fürchterlicher Zustand im Palast und in den Kreisen der Stadt, die zum Hof in Beziehung standen, viel Blut wurde zwecklos vergossen. Antipater aber sorgte dafür, daß die Hetze ihr Ziel nicht verfehle. Es kam ein Brief Alexanders zum Vorschein mit Klagen über seinen Vater. Freunde von ihm machten auf der Folter Aussagen, die dem König belastend genug schienen, um ihn zu binden und gefangen zu setzen.

Da tat der Gefangene einen verzweifelten Schritt, um seinen Vater im eigenen Garn zu verstricken. Er bestätigte ihm brieflich die wildesten Gerüchte die am Hofe schwirrten und machte sein Zeugnis dadurch glaubhaft, daß er sich selbst nicht schonte. Er bezeichnete Ptolemäus und Sapinnius, die zuverlässigsten Diener des Königs, als seine Mitverschworenen, ferner auch Pheroras und Salome; von letzterer behauptete er, sie habe ihn zum Ehebruch geradezu gezwungen. Damit waren alle Teufel aus der Hölle gegen den Alten losgelassen, er geriet in heillose Aufregung und Verwirrung. In diesem Moment aber erschien wie gerufen Archelaus von Kappadocien, Alexanders Schwiegervater. Er befreite Schritt für Schritt den Herodes aus dem Labyrinth, in dem er sich befand, und lenkte schließlich seinen ganzen Zorn gegen Pheroras, der an allem schuld sei. Pheroras hatte ein schlechtes Gewissen, vertraute sich dem Archelaus an und ließ sich von diesem zum Sündenbock machen. Um diesen Preis erreichte er es, daß der Kappadocier ein gutes Wort für ihn einlegte und ihm Verzeihung erwirkte. Alexander war noch einmal gerettet. Eine Weile zogen andere Sorgen den König ab; der Aufstand der

Araber und die Trübung des Verhältnisses zu Augustus fielen in diese Zeit.

Die Tragödie der Irrungen zog sich in die Länge, endlich kam sie doch zum Schluß. Der Spartaner Eurykles, der darauf reiste, daß er einmal der Held von Actium gewesen war, kam als ungebetener doch höchst willkommener Besuch nach Jerusalem, gewann das Vertrauen Alexanders und verriet dann seine Äußerungen den Mächtigeren um sich ein Gastgeschenk zu verdienen und sich darauf zu empfehlen. Am kappadocischen Hofe tauchte er wieder auf und zog dem Archelaus das Geld aus der Tasche, dem er erzählte, wie sehr er die Stellung seines Schwiegersohnes in Jerusalem befestigt habe. Durch diesen fahrenden Ritter wurde der schlafende Verdacht des Herodes wieder geweckt, Antipater lieferte ihm neue Nahrung. Daß Evaratus von Kos, ein anderer gleichzeitiger Besuch, den Prinzen das günstigste Zeugnis ausstellte, ward so gedeutet, als ob er mit ihnen in heimlichem Einvernehmen stehe. Nur Anschuldigungen fanden Glauben. Zwei Leibwächtern Alexanders wurde durch die Folter das Geständnis abgepreßt, sie hätten den König auf der Jagd erstechen sollen. Der Sohn des Befehlshabers von Alexandrium bezichtigte aus freien Stücken seinen Vater, er habe die Feste den beiden Brüdern zur Verfügung gestellt, und übergab als Beweisstück einen Brief an denselben, worin es hieß: wenn wir mit Gottes Hilfe unsere Absicht ausgeführt haben, werden wir zu dir kommen. Herodes untersuchte die Sache in Jericho, wo die sehr aufgeregte öffentliche Meinung ihm günstig gewesen zu sein scheint. Seine Söhne gaben nur zu, einen Fluchtversuch geplant zu haben. Er aber überzeugte sich jetzt vollständig von ihrer Schuld, setzte sie gefangen und war zum Äußersten entschlossen. Der Kaiser, der ihm ungerecht seine Gnade entzogen hatte und ihm nun nicht zuwider sein mochte, gab sie in seine Hand und riet ihm nur, in Berytus ein Gericht zu halten, dessen Zusammensetzung er indessen ihm selber überließ. Das Gericht trat zusammen, die Angeklagten wurden ungehört verurteilt, nur der Legat Saturninus wollte sie vom Tode retten. Noch einmal jedoch wäre Herodes beinah umgestimmt worden, als er auf der Rückreise in Tyrus mit Nikolaus zusammentraf und in dessen Gesellschaft nach Cäsarea fuhr. Aber in Cäsarea gaben sich unter den Offizieren und Soldaten gefährliche Sympathien für die unglücklichen Prinzen kund, und durch Antipaters Bemühungen wurde vollends der Eindruck verwischt, den die Worte des Damasceners gemacht hatten. Alexander und Aristobul erlitten ($\pm$ 7 a. Ch.) in Samarien den Tod durch den Strang [1]).

Dumpfe Trauer herrschte in Israel. Antipater schien am Ziel, doch war er nicht ohne Sorge. Er war sich bewußt von allen gehaßt zu werden. Der König konnte doch noch vielleicht über ihn aufgeklärt werden, er zeigte sich beunruhigend zärtlich gegen die Kinder der Hingerichteten. So lange er lebte, fühlte sich Antipater nicht sicher; er richtete nunmehr seine Künste gegen ihn und gedachte dabei Pheroras als Werkzeug zu gebrauchen.

Herodes konnte nicht darüber hinweg kommen, daß Pheroras seine beiden Töchter durch Zurückweisung ihrer Hand beschimpft habe. Die Schuld an dem Affront trugen nach seiner Meinung Frau und Schwiegermutter des Pheroras. Es war ihm unleidlich, daß die Weiber einen größeren Einfluß auf seinen Bruder ausübten als er selber; das Verhältnis blieb infolge dessen gespannt. Dies war der Punkt, bei dem Antipater einsetzte. Er drängte sich an Pheroras heran, schmeichelte sich bei ihm und seinen Frauen ein und brachte auch seine Mutter mit in diesen Kreis. Sie waren ein Herz und eine Seele, versteckten aber ihre Intimität vor Anderen, namentlich vor der gefährlichen Salome, die nicht Farbe hielt, sondern ihre unberechenbare Zunge zwecklos gegen Freund und Feind kehrte. Salome, geärgert über die Heimlichkeit, suchte dahinter zu kommen und es gelang ihr. Was sie erkundet hatte, trug sie dem Könige zu. Sie meldete ihm, daß Pheroras und Antipater mit ihren Weibern wüste Orgien feierten, daß sie dabei nichts Gutes von ihm redeten, und daß die Pharisäer mit im Spiel wären, die im Hause des Pheroras aus- und eingingen und den Insassen eigentümliche Aussichten für die Zukunft machten [2]). Herodes gab wol nicht allzuviel auf die Eröffnungen und entdeckte darin schwerlich hochverräterische Umtriebe. Er stellte indessen den Bruder ernstlich zur Rede, bemühte sich ihn von dem sitten-

<hr>

[1]) Müller, Fragm. II. G. 3, 351 ss.

[2]) Die Pharisäer sollen dem Herodes samt seinem Hause den Untergang und dem Pheroras die Herrschaft über Israel geweissagt haben. Aber die Natur ihrer Weissagung verrät sich dadurch, daß sie dem Eunuchen Bagoas verhießen, der künftige König werde ihm das Vermögen Kinder zu zeugen gewähren. Sollte Bagoas glauben, das sei Pheroras? Es ist offenbar vom Messias die Rede, in dessen Zeit nach Isa. 56 der Verschnittene nicht mehr

verderbenden Einfluß der Weiber zu befreien, und da jener halsstarrig blieb, entschloß er sich schweren Herzens, ihn vom Hof zu verbannen und in seine Tetrarchie zu verweisen. Dem Sohne untersagte er den Verkehr mit ihm und gab ihm hundert Talente, damit er Stillschweigen über dies Verbot bewahre. Sein Vertrauen entzog er ihm nicht, er machte eben damals ein Testament, worin er ihn zum Thronerben einsetzte und nur für den schlimmsten Fall einen anderen Sohn zum Nachfolger ernannte. Antipater aber fand den Boden in Jerusalem etwas heiß und ließ sich nach Rom schicken, um die Bestätigung des Testaments zu erwirken und andere Aufträge auszurichten.

Indes erkrankte Pheroras zum Tode. Auf die Kunde davon vergaß Herodes allen Zorn, eilte an sein Lager und drückte ihm die Augen zu. Die aufrichtige Trauer, die er zeigte, war vielleicht der Anlaß, daß einige Diener ihm den Verdacht mitteilten, der Verstorbene habe Gift bekommen, denn die Weiber seien mit Gift umgegangen. Dieser Verdacht bestätigte sich nicht, aber es kam heraus, daß Salome auf richtiger Fährte gewesen und daß das Gift für Herodes selber bestimmt war. Der Haushofmeister Antipaters sagte aus, daß dieser es aus Ägypten bekommen und durch seiner Mutter Bruder dem Pheroras gesandt habe. Pheroras' Witwe bestätigte die Aussage und legte ein ausführliches Geständnis ab, woraus hervorging, daß Antipater den Pheroras hatte benutzen wollen um Herodes über die Seite zu schaffen. Zum Überfluß sandte Antipater aus Rom eben jetzt noch weiteres Gift an seine Helfershelfer und zugleich Briefe an seinen Vater, worin er seine Brüder Archelaus und Philippus in der selben Weise verläumdete oder verläumden ließ wie früher den Alexander und Aristobul. Nun gingen dem alten Könige die Augen auf; seine ganze Sorge war fortan, den Unhold in die Hand zu bekommen. Durch den allgemeinen Haß gegen ihn wurde er unterstützt; Antipater erfuhr nicht, daß er in Ungnade gefallen war, und kehrte auf die Aufforderung des Vaters arglos heim. Als er in Cäsarea landete, fiel ihm der eisige Empfang auf; er ließ sich jedoch nichts merken,

---

sagen wird: ich bin ein dürrer Baum. Die Pharisäer erwarteten also in naher Zeit das Auftreten des Messias, und sie fanden für diese Erwartung Glauben auch im Palast des Herodes, namentlich bei den Weibern. Josephus folgt Ant. 17, 41 ss. einer Quelle, die seiner eigenen Anschauung total widerspricht; es sind ihm auf diese Weise öfter Kukkukseier in sein Nest geraten.

setzte die Reise nach Jerusalem fort und begab sich scheinbar unbefangen in den Palast. Hier wurde er sofort begrüßt wie er es verdiente, erhielt aber doch einen Richter in der Person des Statthalters Varus, der sich gerade in Jerusalem befand. Seit die Furcht vor ihm geschwunden war, mehrten sich die Anklagen und die Zeugnisse. Er wurde klärlich überwiesen, Mitverschworene von Bedeutung waren nicht zu entdecken. Herodes ließ ihn fesseln und erstattete dem Kaiser Bericht. Bald darauf erkrankte er schwer. Es verbreitete sich das Gerücht, er liege im Sterben.

Diesen Zeitpunkt hielten zwei jerusalemische Gesetzeslehrer für gelegen, um ein Ärgernis, einen entsetzlichen Greuel an heiliger Stätte, zu beseitigen. Der König hatte nämlich über dem Haupttor des Tempels einen goldenen Adler anbringen lassen, als ob er den Juden wenigstens in einem Falle zeigen wollte, daß er die Macht habe ihren religiösen Vorurteilen zu trotzen. Von jenen Rabbinen aufgehetzt zerhieben einige Jünglinge am hellen Tage den Adler mit Äxten. Anstifter und Täter wurden alsbald festgenommen, verhört und dann nach Jericho gesandt; dort wurden sie teils mit dem Schwert gerichtet, teils lebendig verbrannt, am 13. März des Jahres 4[1]). Der Hohepriester Matthias mußte es mit seiner Absetzung büßen, daß er die Tempelpolizei nicht besser gehandhabt hatte; die Obersten der Juden erhielten eine ernstliche Verwarnung, sie waren froh damit abzukommen.

Kurze Zeit vor seinem Tode, als er von den Bädern in Kalirrhoe am Jordan nach Jericho zurückgekehrt war, erhielt Herodes die Erlaubnis des Kaisers, über Antipater nach Gutdünken zu verfügen. Nun besserte sich sein Leiden scheinbar, aber bald trat wieder ein Rückfall ein. Schon hieß es, er habe sich im Fieberwahnsinn umgebracht. Antipater schöpfte Hoffnung und war so unvorsichtig, sie zu äußern. Darauf hin erging der Befehl, seine Hinrichtung unverweilt zu vollstrecken. Fünf Tage später starb der König[2]). Seine Leiche wurde mit großem militärischen Ge

----

[1]) ante Chr. nach Ideler 2, 391 s. Ginzel, Kanon (1899) p. 195 s.

[2]) Die Angabe, er habe die angesehensten jüdischen Männer, aus jedem Dorf, zusammengeholt, sie im Hippodrom zu Jericho eingesperrt, und Befehl gegeben, sie im Augenblick seines Todes niederzuschießen, verdient keinen Glauben. Sie erklärt sich vielleicht daraus, daß er die vornehmsten Männer von Jerusalem im dortigen Theater versammelte und sie für den am goldenen Adler begangenen Frevel zur Verantwortung zu ziehen drohte.

pränge nach Herodium, südlich von Jerusalem, übergeführt und dort bestattet.

Herodes war einer von den Orientalen, die den Instinkt des Herrschens haben. Seine Moral war die Politik. Jeden von politischem Interesse gebotenen Frevel beging er gelassen. Er begriff nicht, daß ihm die Selbsterhaltung verdacht werden konnte; er wunderte sich über den Haß, den er sich zuzog, und wurde verbittert durch den Undank, der ihm begegnete. Er hatte bei seinen Untaten ein ganz gutes Gewissen, wenn sie ihm notwendig schienen; er kam sich immer ganz korrekt vor. Boshafte Grausamkeit kann man ihm in der Tat nicht nachsagen. Er war kein Wüterich von Natur, sondern ein brutaler Gemütsmensch, leidenschaftlich und liebebedürftig. Die Verwandtenliebe bildete einen hervorstechenden Zug seines Naturells; antik zeigte er sich darin, daß Bruder und Schwester ihm heiliger waren als Weib und Kind.

Man hat ihn mit David verglichen. Aber David lebte in der ihm gemäßen Zeit und in der ihm gemäßen Umgebung. Herodes war zu etwas anderem geboren, als im Zeitalter des Augustus die Juden zu regieren, ein Affe der Zivilisation zu sein und zugleich den Pharisäern Rechnung zu tragen. Er war ein Eber im Weinberge des Herrn und mußte doch den Hüter spielen. Seine ungemein schwierige Stellung machte er selber noch schwieriger durch seine Verschwägerung mit dem hasmonäischen Hause. Das war die große Torheit seines Lebens, daran ging er zu grunde.

Sein Reich hatte keinen Bestand, aber das Bild seiner Person, das sich so schneidend von dem Hintergrunde abhob, setzte sich mit schreienden Farben in der Erinnerung fest. Er ist zum Typus des Tyrannen, zum Antitypus des Kindes von Bethlehem geworden.

Zweiundzwanzigstes Kapitel.

Die Vierfürsten und die Landpfleger.

1. Herodes hatte in seinem letzten Willen sein Reich unter seine drei Söhne Archelaus Antipas und Philippus geteilt[1]). Er

---

[1]) Ein vierter Sohn, Herodes, ging bei der Teilung leer aus, obwol er in dem Testament vom Jahre 7 zum Haupterben nach Antipater ernannt war.

hatte Erlaubnis über seine Nachfolge zu verfügen, machte indessen doch die Giltigkeit seiner Anordnungen von der Bestätigung des Kaisers abhängig. Um diese einzuholen, begab sich Archelaus um Ostern 4 nach Rom; er war zum Haupterben ernannt und sollte den Königstitel führen. Ihm folgte Antipas, um ihm den Rang abzulaufen; denn in dem eigentlichen Testament stand er, obwol der jüngere, an erster Stelle und erst in einem Kodizill war er zurückgesetzt. Auch Salome und andere Mitglieder des königlichen Hauses erschienen in Rom. Sie waren alle einig im Neide gegen Archelaus, ihre Eigensucht entblößte sich schamlos an höchster Stelle. Nur einer benahm sich mit Anstand, Philippus, der etwas später den Anderen nachreiste. Während diese Gesellschaft an dem Raube zerrte und sich giftig dabei anfauchte, kamen Abgeordnete von Jerusalem hinzu, zählten ein langes Register der Schandtaten des verstorbenen Königs vor dem Kaiser auf und verbaten sich einen Nachfolger aus seinem Geschlecht; sie wünschten sich selbst zu regieren und der römischen Herrschaft unmittelbar zu unterstehn. Nach reiflicher Erwägung entschied Augustus im Sinne des Erblassers. Antipas erhielt Galiläa und Peräa, Philippus die Nordostmark, beiden wurde der Titel Tetrarch verliehen. Gaza Hippus und Gadara wurden frei.

Archelaus bekam Judäa nebst Idumäa und Samarien. Vorläufig mußte er sich begnügen, Ethnarch zu heißen; König sollte er erst werden, wenn er sich bewährte. Seine Untertanen machten ihm aber das Regieren sauer. Der Tod des Herodes hatte sie in eine ungeheure Aufregung versetzt. Schon vor Archelaus' Abreise nach Rom, zu Beginn des Osterfestes, war ein gefährlicher Tumult im Tempel entstanden; er hatte ihn mit Waffengewalt niederschlagen und der Menge der Wallfahrer Befehl geben müssen, die Feier abzubrechen und heimzukehren. Während seiner Abwesenheit erneuerten und verschlimmerten sich die Unruhen und führten zuletzt zu einer über das ganze Land verbreiteten großen Erhebung, an der sich nur die Samaritis nicht beteiligte.

Der Prokurator Sabinus, der während des Interims nach Jerusalem entsandt war und eine von Varus dort zeitweilig stationirte

---

Er machte keine Ansprüche geltend und besaß, wie es scheint, keinen Ehrgeiz. Über einen falschen Alexander, der sich für den hingerichteten Sohn der Mariamme ausgab, berichtet Josephus Ant. 17, 324 ss.

Legion zur Verfügung hatte, misbrauchte seine Stellung, um sich in die königlichen Schlösser einzudrängen und die königliche Hinterlassenschaft zu durchsuchen. Als nun Pfingsten ins Land kam, strömten die Provinzialen aus Galiläa und Idumäa, aus Jericho und Peräa, und aus dem eigentlichen Judäa scharenweis in der Hauptstadt zusammen — nicht so sehr um das Fest zu feiern als vielmehr um mit den Römern anzubinden. Sie teilten sich in drei Haufen und griffen Sabinus an, der im Palast des Herodes sein Hauptquartier hatte. Sabinius warf sie zwar durch einen Ausfall auf den Tempel zurück. Aber bei dieser Gelegenheit stekten seine Soldaten die Bedachung der heiligen Säulenhallen in Brand und plünderten den Tempelschatz. Dadurch erbittert setzten die Juden den Kampf nur um so eifriger fort; die Soldaten des Herodes schlossen sich ihnen größtenteils an, mit Ausnahme der Sebastener. Die Römer mußten sich in den königlichen Palast zurückziehen und wurden dort belagert.

Gleichzeitig loderte auch in der Provinz an mehreren Stellen die Flamme auf. In Idumäa meuterten zweitausend alte königliche Krieger. Bei Jericho und bei Emmaus, in Galiläa und in Peräa stellten sich Abenteurer meist niederer Herkunft an die Spitze der Menge, zerstörten Paläste und Zeughäuser, durchstreiften das Land und töteten Römer und römisch Gesinnte. Sie kämpften nicht mehr für die Hasmonäer, sondern geberdeten sich selber als Könige. Wir hören, daß die Pharisäer mit dem Ende des Herodes den Beginn der messianischen Zeit erwarteten; es scheint daß sie mit dieser Erwartung nicht allein gestanden haben[1]).

Die Bedrängung der Legion in Jerusalem, der helle Aufruhr im ganzen Lande erforderten gebieterisch das Einschreiten des syrischen Legaten. Varus eilte von Antiochia herbei, mit den beiden Legionen die er zur Hand hatte, und mit Hilfstruppen der Bundesgenossen, namentlich der Nabatäer, welche den Anlaß wahrnahmen um im Gebiete ihres alten Gegners zu rauben und zu morden. Er rückte zuerst in Galiläa ein, eroberte die Hauptstadt Sepphoris und verkaufte die gefangenen Einwohner in Sklaverei. Dann marschirte er durch die Samaritis, wo die Ruhe nicht gestört war, gegen Jerusalem. Die Provinzialen, welche die Legion im

---

[1]) Ant. 17, 41 ss. Nach Tacitus Hist. 5, 9 trat ein gewisser Simon damals als König auf.

Palast des Herodes belagerten, hielten ihm nicht Stand, sondern zerstreuten sich über die Landschaft; er ließ die Banden verfolgen und zweitausend Gefangene ans Kreuz schlagen. Sabinus entzog sich der Begegnung mit ihm durch die Flucht; den Bürgern von Jerusalem tat er kein Leid. Gegen die Idumäer ließ er die Araber los; da sie aber den Krieg nach eigenem Belieben führten, schickte er sie nach Hause und zog selber mit seinen Legionen den Aufständischen entgegen. Sie ergaben sich ihm und erhielten Verzeihung, mit Ausnahme der Rädelsführer und der Mitglieder des königlichen Hauses, die sich kompromittirt hatten. Damit war die Empörung zu Ende, Varus konnte nach Antiochia zurückkehren.

Nach diesem blutigen Zwischenakt trat Archelaus seine Regierung an. Der Aufstand war im Blut erstickt, aber die Gemüter siedeten noch. Daß der junge Herrscher unter solchen Umständen kein leichtes Spiel hatte, ist begreiflich. Es konnte keine Rede davon sein, daß er sich die Zuneigung seiner Untertanen erwarb, aber es gelang ihm auch nicht sich bei ihnen in Respekt zu setzen. Nicht bloß die Juden wollten nichts von ihm wissen, sondern er machte sich auch bei den Samariern verhaßt, die doch seinem Vater treu ergeben gewesen waren. Nachdem er neun Jahre regiert hatte, erschienen Gesandte aus Jerusalem und Sebaste in Rom, um ihn zu verklagen. Auf ihre Beschwerde hin, die er begründet fand, setzte Augustus ihn ab und verbannte ihn nach Vienna Allobrogum an der Rhone. Sein Gebiet wurde römische Provinz, unter einem Prokurator aus dem Ritterstande, der dem syrischen Legaten zwar im Range untergeordnet, aber für gewöhnlich nicht untergeben war[1]). Er hatte nicht bloß die Steuerverwaltung, sondern auch den Blutbann und den Heerbefehl. Die Truppen des Herodes gingen als Auxiliaren in römischen Dienst über; wie bisher wurden sie auch jetzt nicht in Judäa, sondern vorzugsweise in den Bezirken von Sebaste und Cäsarea ausgehoben. Das Hauptlager war Cäsarea, wo auch der Prokurator residirte; daneben gab es kleinere Garnisonen in den Zitadellen und Burgen.

Die inneren Angelegenheiten überließen die Römer den Gerusien in den Metropolen; wie in Cäsarea und Sebaste, so auch in Jerusalem. In der jüdischen Hauptstadt trat infolge dessen die Aristokratie wieder in ihre Rechte, wenngleich die alten Familien

---

[1]) Mommsen 5, 509 n. 1.

vielfach durch neue, wie die mit Herodes verschwägerten Boethusier,
ersetzt waren. Das Synedrium erlangte eine Bedeutung, wie es
sie auch in der hasmonäischen Zeit nicht besessen hatte. Denn
damals war der Vorsitzende im Übergewicht gewesen, der Hohepriester hatte die Obmacht gehabt. Die verlor er unter Herodes
und gewann sie auch unter den Römern nicht zurück. Das Amt
war nicht mehr lebenslänglich und erblich, sondern wechselte[1]);
neben dem grade fungirenden Hohenpriester behielten die abgetretenen ihren Einfluß, die oberste Körperschaft wurde nicht mehr
von ihrem Präsidenten beherrscht. Das Synedrium hatte das Gericht; nur Todesurteile unterlagen der Bestätigung des Prokurators
und wurden von ihm vollstreckt. Es hatte auch die Verwaltung;
die Steuern wurden von der einheimischen Behörde eingezogen
und dann an den Prokurator abgeliefert. Die Erhebung der Zölle
dagegen gaben die Römer Privatunternehmern in Pacht und diese
wiederum Afterpächtern, welche in der Regel Juden waren[2]). In
der Tempelburg, der Antonia, lag eine römische Wache. Zu den
Festen, die wegen der Menge der fremden Pilger immer leicht
Anlaß zu Unruhen gaben, pflegte der Prokurator selber nach Jerusalem zu kommen, um die Ordnung aufrecht zu erhalten; sein
Prätorium war dann der Palast des Herodes im Nordwesten der
Stadt. Für den Kaiser wurde, auf seine Kosten, ein tägliches
Opfer im Tempel dargebracht. Es scheint, daß ihm auch ein
Huldigungseid geschworen werden mußte, der bei jedem Regierungs-
wechsel erneuert wurde.

Die Römer handelten weise, wenn sie ihre Berührung mit
den Juden auf das notwendigste Maß einschränkten[3]). Sie standen
immer in Gefahr, eine Explosion hervorzurufen. Sie nahmen zwar
weitgehende Rücksichten. Das im Lande gemünzte Kupfergeld trug
nicht den Kopf, sondern nur den Namen des Kaisers. Kein Heide
durfte den inneren Vorhof des Tempels betreten; tat er es dennoch,
so wurde ihm der Tod gedroht, selbst wenn er römischer Bürger

---

[1]) Aber nicht etwa jährlich. Kaiaphas war schon vor Pilatus im Amt
und wurde erst durch Vitellius abgesetzt (Ant. 18, 35. 59), regierte also mindestens zwölf Jahre.

[2]) Auch in Ägypten gab es schon im zweiten vorchristlichen Jahrhundert
unter den Steuerpächtern viele Juden (Wilcken Ostraka 1, 523).

[3]) Die Sibylle wendet auf die Juden den Rat an: μὴ κίνει Καμάριναν,
ἀκίνητος γὰρ ἀμείνων (3, 736).

war [1]). Wenn die Soldaten von Cäsarea nach Jerusalem zogen, ließen sie die Feldzeichen mit den Kaiserbildern daheim. Aber in die grundsätzliche Nachsicht mischte sich gelegentlich doch persönliche Willkür übelwollender Machthaber. Selbst die wolwollenden konnten es nicht immer vermeiden Anstoß zu geben, und auch ihnen riß zuweilen die Geduld.

Gleich Anfangs drohte eine Kollision. Der Statthalter von Syrien, P. Sulpicius Quirinius, hatte den Auftrag die neue Provinz einzurichten und veranstaltete zu dem Ende einen Zensus der Einwohner, der als Grundlage für die Steuererhebung dienen sollte (7 A. D.). Dagegen sträubten sich die Juden. Man meint, aus religiösen Gründen. Aber die Hierokratie war ja unter der Fremdherrschaft gegründet worden und hatte sie zur Voraussetzung, früher hatte man es nicht für unverträglich mit den Pflichten gegen Gott gehalten, den ausländischen Potentaten Steuern zu zahlen [2]). Jedenfalls weniger aus Gesetzlichkeit, als aus Patriotismus sträubten sich die Juden gegen den Zensus. Der Übergang in die römische Herrschaft erregte sie. Das Gesuch um Einverleibung in dieselbe war von Jerusalem ausgegangen, von den vornehmen und leitenden Kreisen daselbst, die von der Beseitigung der Zwischenstufe den Gewinn hatten, da sie dadurch an die oberste Stelle im Lande rückten. Die Provinzialen hatten sich nicht daran beteiligt, sie wollten nichts von den Römern wissen, sie wurden von ihrer Einmischung überrascht. Mit Mühe gelang es der jerusalemischen Regierung, sie zu beschwichtigen. Es gelang ihr auch nur zum Teil und für den Augenblick.

Auf Galiläa erstreckte sich die Schatzung des Quirinius nicht und doch war dort die Aufregung am größten; man sieht, daß das Gemeingefühl der Juden durch die Zerstücklung von Herodes'

---

[1]) Bell. 6, 124 ss. Mommsen (5, 513 n. 1) findet es wahrscheinlich, daß die an dem Gitter des Vorhofs angebrachten Warnungstafeln in griechischer und lateinischer Sprache, von denen Clermont-Ganneau eine wieder aufgefunden hat, von der römischen Regierung errichtet seien. Der Text der Warnungstafeln redet freilich nicht so bestimmt von Hinrichtung, wie Josephus, und sagt nicht, daß sie sogar an römischen Bürgern vollzogen werden solle.

[2]) Gegen die Kopfsteuer haben allerdings die Juden zur Zeit Jesu eine große Abneigung gehabt, weil sie sie nur dem Heiligtum entrichten wollten. (Marc. 12, 14.) Selbst die Kopfsteuer an das Heiligtum hält Jesus für des Freien unwürdig (Matth. 17, 25).

Reiche in keiner Weise geschwächt war. In Galiläa erhob sich damals Judas, der Sohn des von Herodes hingerichteten Bandenführers Ezechias. Wenn er auch unterlag und umkam[1]), so blieb doch sein Anhang bestehn und übte in der Folge die größte Wirkung aus. Er begründete, zusammen mit dem gewesenen Pharisäer Sadduk, die theokratische Aktionspartei der Zeloten[2]). Die Zeloten waren nicht profan wie die Sadducäer, sondern fromm wie die Pharisäer. Aber ihre Frömmigkeit war durchaus politisch gefärbt, wie die der Makkabäer vor ihnen und die der Chavârig und der Puritaner nach ihnen. Sie verstanden die Theokratie nicht bloß als die Herrschaft des Gesetzes, sondern als die Herrschaft Gottes und die Freiheit seines Volkes; der Patriotismus ging ihnen über das Gesetz. Und sie wollten nicht warten, bis das Reich Gottes vom Himmel auf die Erde käme, sondern selber Hand anlegen, daß es sich verwirkliche. Sie wollten nicht bloß hoffen, sondern handeln, sie erklärten es für Pflicht Gott zu helfen, sie waren von rücksichtslosestem Fanatismus beseelt. Dadurch unterschieden sie sich von den Pharisäern, die sich begnügten das Gesetz zu erfüllen und im übrigen geduldig auf den Trost Israels warteten. Sie brachten die Stimmung, von der das Land, im Gegensatz zu der Hauptstadt, längst beherrscht war, zum entschiedenen Ausdruck. Die Bekämpfung der Fremdherrschaft mit dem Schwerte und mit allen Mitteln war von Anfang an ihr Programm. Mit diesem Programm gaben sie auf die Einverleibung Judäas in das Kaiserreich eine auffallend prompte Antwort.

Über die ersten Prokuratoren von Judäa und über die Geschichte ihrer Zeit erfahren wir gar nichts[3]). Augustus wechselte sie rasch, Tiberius ließ sie möglichst lange im Amt. Unter Copo-

---

[1]) Act. 5, 37. Judas heißt Ant. 18, 4 ein Gaulaniter aus Gamala, sonst immer „der Galiläer". Er trat jedenfalls in Galiläa auf, ebenso wie sein, Vater. Aber Gamala konnte vielleicht noch mit zu Galiläa gerechnet werden vgl. Bell. 4, 2.

[2]) Der Name ist abgeleitet von Phinehas, der ohne andere Befugnis, als weil ihn der Eifer trieb, in Sachen Gottes zu den Waffen griff.

[3]) Coponius ± 7 — 9, M. Ambibulus (Niese zu Ant. 18, 31) ± 9 — 12, Annius Rufus ± 12—15, Valerius Gratus 15—26, Pontius Pilatus 26—36, Marcellus 36. 37, Marullus 37—41. — Josephus füllt die Lücke durch die in die Zeit Artabans III. fallende Erzählung über Asinäus und Aniläus, welche zeigt, wie zahlreich die Juden im Irak damals waren und wie dreist sie unter der parthischen Herrschaft auftraten (Ant. 18, 310ss.).

nius geschah es, daß einige Samariter während des Osterfestes sich nachts in den Tempel schlichen und Menschengebeine in den Säulengängen umherstreuten; das war eins der historischen Ereignisse dieser Periode. Pontius Pilatus unterschied sich durch eine gewisse herausfordernde Haltung von seinen Vorgängern und Nachfolgern. Er schmuggelte einst bei Nacht und Nebel Feldzeichen mit Kaiserbildern in Jerusalem ein. Als die Juden es gewahr wurden, machten sie sich entsetzt auf den Weg zu ihm nach Cäsarea, baten ihn um Zurücknahme der Neuerung, und belagerten fünf Tage seinen Palast. Am sechsten Tage bestellte er sie vor sich in die Rennbahn, als ob er sie bescheiden wollte. Als sie aber wieder anfingen, ihn zu bestürmen, sahen sie sich plötzlich von Soldaten umstellt und mit augenblicklichem Tode bedroht, wenn sie sich nicht fügen wollten. Da fielen sie wie auf Verabredung nieder, entblößten den Nacken und erklärten laut, sie würden lieber sterben als den Protest gegen die Gesetzesübertretung aufgeben. Erstaunt über die Entschlossenheit der Juden gab Pilatus nach. Später stellte er sie jedoch noch einmal auf die Probe, indem er an seiner jerusalemischen Residenz, dem Palaste des Herodes, goldne Schilde mit dem Namen des Kaisers anbringen ließ; indessen auch das duldeten sie nicht und setzten es durch, daß er die Schilde entfernte. Nur ihren Widerstand gegen ein nützliches Unternehmen, gegen eine Wasserleitung nach Jerusalem, die er anlegte, brach er mit Gewalt. Sie nahmen Anstoß daran, daß die Kosten aus dem Tempelschatz bestritten wurden, und als er während des Baus nach Jerusalem kam, veranstalteten sie eine lärmende Kundgebung gegen ihn. Er hatte aber von der Absicht Kunde erhalten und dämpfte den Auflauf durch Soldaten ohne Uniform, denen er befohlen hatte, sich mit Knitteln bewaffnet unter die Menge zu begeben und auf ein verabredetes Zeichen drein zu schlagen. Schließlich brach ihm sein schneidiges Auftreten gegen die Samariter den Hals. Sie hatten sich in hellen Haufen in einem Dorfe bei Sichem versammelt, weil ein Prophet sich erboten hatte, ihnen die heiligen Geräte der Stiftshütte zu weisen, die auf dem Berge Garizzim verborgen seien. Da überfiel und zersprengte sie Pilatus; manche kamen um und einige Gefangene wurden hingerichtet. Darüber bei dem syrischen Legaten Vitellius, dem Vater des späteren Kaisers, verklagt, wurde er zur Verantwortung nach Rom geschickt und ein anderer Prokurator an 'seiner Stelle ernannt (36). Vitellius erwies sich auch gegen die Juden sehr rücksichtsvoll, erließ den Jerusalemern die Abgaben für die Marktfrüchte und gab den von Herodes in Verwahr genommenen Ornat des Hohenpriesters heraus. Bei der Expedition gegen die Nabatäer, zu der er sich im Jahre 37 auf den Weg machte, ließ er die Legionen einen Umweg machen, um nicht mit den kaiserlichen Standarten den jüdischen Boden zu betreten.

2. Während das Land des Archelaus römischen Landpflegern unterstellt wurde, behielten seine beiden Brüder ihre Tetrarchien. Philippus regierte bis zu seinem Lebensende in der Gegend des oberen Jordan, geliebt von seinen Untertanen, gerecht und milde. An der Stelle des alten Panheiligtums, an der Jordanquelle, baute er seine Hauptstadt Cäsarea Paneas; an der Stelle von Bethsaida, wo der Jordan in den See Gennesar tritt, die Stadt Julias. Als er im Jahre 33/34 kinderlos starb, wurde sein Gebiet eingezogen, blieb jedoch nur wenige Jahre der Provinz Syrien angeschlossen.

Antipas baute in Peräa das alte Betharamphta um und nannte es der Kaiserin zu Ehren Livias, später Julias. In Galiläa stellte er die von Varus zerstörte Kapitale Sepphoris wieder her, verlegte aber hernach seine Residenz in die von ihm neu gegründete Stadt Tiberias, die am See Gennesar bei den warmen Quellen von Amathus lag[1]). Er ist uns bekannt als der Landesherr Jesu und als der Mörder des Täufers Johannes. Als Johannes seine Wirksamkeit über Peräa ausdehnte, wurde er von ihm festgenommen und nach nicht sehr langer Gefangenschaft in der Burg Machärus hingerichtet[2]). Nach Josephus geschah das aus politischen Gründen, weil Johannes die Menge aufregte, ohne Zweifel durch die Verkündigung, der Eintritt des Reiches Gottes und also auch das Ende der herodäischen Herrschaft stehe nahe bevor. Nach dem Evangelium geschah es auf Betreiben der Herodias, der Gemahlin des Antipas, die dieser aber erst einige Jahre nach dem Tode des Täufers seinem Bruder Herodes abspenstig gemacht und geheiratet haben kann. Die Heirat mit dem gar nicht mehr jugendlichen Weibe seines Bruders brachte zu der Schuld auch das Unglück über das Haupt des Antipas. Er verfeindete sich dadurch mit dem Nabatäerkönige Aretas, dem Vater seiner ersten Frau, mit der er

---

[1]) Ant. 18, 36 Niese.

[2]) Der Zeitpunkt liegt nach Luc. 3, 1 nicht fern von A. D. 30. Über Marc. 6, 17 ss. vgl. meinen Kommentar.

viele Jahre gelebt hatte [1]). Es entstand eine Grenzfehde zwischen den Nachbarn, die längere Zeit dauerte und mit einem förmlichen Kriege endete (36). Antipas unterlag. Er wandte sich hilfesuchend an den Kaiser und erwirkte, daß dieser dem syrischen Legaten Befehl erteilte gegen den Araber einzuschreiten. Als aber Vitellius auf dem Marsche gegen Petra war, traf ihn in Jerusalem die Nachricht von Tiberius' Tode und bewog ihn umzukehren (37). Der neue Herrscher, Gaius Caligula nahm nicht für Antipas Partei gegen Aretas. Alsbald nach seinem Regierungsantritt erhob er einen herabgekommenen Sprossen des herodäischen Hauses, seinen damals bereits siebenundvierzigjährigen Freund und Freudegenossen Agrippa, aus dem Kerker, in den ihn Tiberius geworfen hatte, auf den Thron, verlieh ihm die ehemalige Tetrarchie des Philippus samt der Herrschaft des Lysanias von Abilene und ernannte ihn zum Könige. Der verlotterte Abenteurer stand nun plötzlich im Range hoch über seiner Schwester Herodias [2]), während er ehedem, außer Stande sich vor seinen Gläubigern zu bergen, bei ihr gebettelt hatte und froh gewesen war, auf ihre Verwendung das Amt eines Polizeimeisters in Tiberias zu bekommen. Das wurmte die stolze Frau und sie lag ihrem Tetrarchen so lange an, bis er mit ihr zusammen nach Rom reiste, um auch für sich den Königstitel zu erbitten. Aber gleichzeitig erschien in Baiae vor dem Kaiser ein Gesandter Agrippas mit einem Schreiben desselben, worin er Antipas des geheimen Einverständnisses mit Seianus und mit dem Arsaciden Artabanus bezichtigte und zum Beweise für seine hochfliegenden Pläne auf die gewaltigen Waffenvorräte hinwies, die er bereit halte. Da Antipas die letztere Tatsache nicht leugnen konnte, so wurde er abgesetzt und nach Lugdunum verbannt. Herodias folgte ihm dahin und verschmähte die Gnade des Kaisers. Die erledigte Tetrarchie bekam Agrippa. Das geschah im Jahre 39.

Als der neugebackene König Agrippa auf seiner Heimreise von

---

[1]) Der Text von Ant. 18, 112 ist verderbt; den erforderlichen Sinn gibt der Lateiner: [Illa autem] — praemiserat enim ad patrem, ut ei apud Machaerunta omnia praepararentur quae itineris usus exposceret — a ductoribus Aretae suscipitur. Auch der Anfang von § 113 ist unverständlich.

[2]) Agrippa und Herodias stammten aus der Ehe Aristobuls, des hingerichteten Sohnes der Mariamme, mit Berenice, der Tochter Salomes von Kostobarus. Aus der selben Ehe stammten auch Herodes von Chalcis und Aristobul.

Rom, die er im Sommer 38 antrat, Alexandria berührte, erregte
er durch sein lächerlich protzenhaftes Auftreten den Spott der Bewohner und gab dadurch den Anlaß zu einer großen Hetze gegen
die dortigen Juden überhaupt. Um denselben besser beikommen
zu können, kamen die Führer der Bewegung auf den teuflisch ge-
scheiten Gedanken, zu fordern, daß wie überall sonst so auch in
den Synagogen das Bild des Kaisers aufgestellt werden sollte. Auf
diese Weise zogen sie Caligula auf ihre Seite; sie konnten überzeugt sein, daß er ihre Forderung sich aneignen werde, wenngleich
dieselbe gegen die den Juden verbürgten religiösen Privilegien ver-
stieß. Der Statthalter Avillius Flaccus wagte nicht sich ihnen zu
widersetzen, da er die Ungnade des Kaisers fürchtete. Er gab die
Quartiere der Juden, mit Ausnahme eines einzigen, dem Pöbel preis
und ließ achtunddreißig ihrer Ältesten öffentlich auspeitschen. Es
brach eine furchtbare Verfolgung aus. Im Winter 38/39[1]) ordneten
die Juden eine Gesandtschaft ab, um beim Kaiser selber vorstellig
zu werden; der Sprecher war Philo Alexandrinus. Gleichzeitig
ging auch eine Gesandtschaft der Gegenpartei nach Rom, an deren
Spitze Apio stand, ein großer Held vom Maul und von der Feder.
Caligula beschied die Parteien nach einigem Warten vor sich in
die Gärten des Mäcenas und des Lamia, suchte die Juden durch
allerhand Vexirfragen, die ihren Widersachern ein wieherndes Gelächter entlockten, in Verlegenheit zu setzen, wartete aber ihre
Entgegnung nicht ab, sondern ging von dannen um irgend etwas
zu besehen, zog sie hinter sich her und fragte dann wol nach langer
Pause, was sie zu sagen hätten, ohne indessen nun etwa auf sie
zu hören. Endlich entließ er sie mit der mitleidigen Bemerkung,
er sähe, daß sie weniger aus bösem Willen, als aus angeborenem
Unverstand, wegen unglücklicher Veranlagung, seine göttliche Natur
verkennten. Sie erreichten nichts; es blieb beim Alten.

Den Judenhaß, in den Gaius durch die Bosheit der Alexandriner
getrieben war, ließ er nun auch an den Palästinern aus. In der
Stadt Jamnia, die kaiserlicher Privatbesitz war, errichteten ihm
die Heiden einen Altar; die Juden aber zerstörten denselben. Der
Stadtvogt Herennius Capito berichtete darüber nach Rom, und
nun bekam der Statthalter von Syrien, P. Petronius, die Weisung,
die Bildsäule des Kaisers im Tempel von Jerusalem aufzustellen

---

[1]) So Willrich in den Beiträgen zur alten Geschichte 3, 410.

und mit zwei Legionen in Palästina einzurücken, um den vorauszusehenden Widerstand der Juden zu brechen. Petronius bestellte die Statue in Sidon und machte sich im Frühling des Jahres 40 auf den Marsch. Aber an der Nordgrenze Palästinas blieb er stehn; wir finden ihn im Frühsommer zu Ptolemais und noch im Herbst zu Tiberias. Die Juden gerieten in Angst und Aufregung; sie ließen alles stehn und liegen im Gedanken an den entsetzlichen Greuel, durch den ihr Heiligtum bedroht war. Eine Massendeputation, Männer, Frauen und Kinder, begab sich zu dem Statthalter nach Ptolemais, um ihn durch verzweifeltes Jammern und Flehen zu erweichen; eine andere erschien ein halbes Jahr später vor ihm in Tiberias und belagerte vierzig Tage seinen Palast. Auch Aristobul, der Bruder des selber in Rom abwesenden Königs Agrippa, und andere vornehme Männer machten dem Statthalter Vorstellungen. Petronius hatte durch sein Zögern zur Genüge bewiesen, wie sehr ihm die Ausführung des unsinnigen Befehls widerstrebte, und war deswegen bereits vom Kaiser zur Rede gestellt worden. Jetzt wagte er den offenen Ungehorsam. Er führte sein Heer nach Antiochia zurück und schrieb an Caligula, es drohe ein Aufruhr, wenn er auf seinem Willen bestehe. Unverhoffter Weise sprang in Rom der Wind um. Der Kaiser gab sein Vorhaben auf, seinem Freunde Agrippa zu gefallen, der bei ihm zu Besuch war. Er verfügte, daß im Tempel zu Jerusalem nichts geändert werden sollte, daß jedoch anderswo niemand gehindert werden dürfe, ihm Altäre oder Tempel zu errichten. Das tat er, bevor er Petronius' Schreiben erhielt. Als es einlief, sandte er dem widerspenstigen Beamten sein Todesurteil, das er selber an sich vollstrecken sollte. Aber die Boten wurden durch ungünstige Fahrt aufgehalten und kamen in Antiochia erst an, nachdem daselbst die Nachricht vom Tode des Kaisers längst bekannt war. Caligula wurde am 24. Januar 41 von Chärea erdolcht, als er im Begriff war nach dem Orient zu reisen.

Kaiser Claudius ließ die Juden im Orient zufrieden und bestätigte ihre alten Privilegien. Dem Agrippa verlieh er zum Danke für die guten Dienste, die er ihm bei seiner Erhebung geleistet hatte, zu seinen übrigen Besitzungen noch Judäa und Samarien, so daß nun die Prokuratorenregierung eine Weile aufhörte. Der Enkel besaß nun wieder das Reich seines Großvaters, nur nicht seine Fähigkeit und auch nicht sein Geld. Doch erreichte er was dem Alten nicht gelungen war: er gewann die Pharisäer und söhnte

sie vollständig mit der Herrschaft des idumäischen Hauses aus.
Er beobachtete getreu die alten Satzungen und brachte täglich
Opfer dar. Er verfolgte die junge Christengemeinde, er tötete
Jakobus, den Bruder Johannis, mit dem Schwert, und da er sah,
daß es den Juden gefiel, fuhr' er fort und setzte auch Petrus gefangen. Der Talmud ist seines Lobes voll. Josephus erklärt den
gottseligen Lump für einen Ausbund von Reinheit und Tugend: er
wird darin seinen Töchtern Berenice und Drusilla vorgeleuchtet
haben. Es waren schöne Tage für die Rabbinen; gleichzeitig befand sich auch die fromme Helena, die Königin von Adiabene, in
Jerusalem und erfreute ihr Herz. Agrippas Frömmigkeit reichte
aber nur bis an die Grenze des heiligen Landes, jenseit derselben war
er Heide wie sein Großvater [1]).

Um sich populär zu machen, liebäugelte er auch ein wenig
mit dem jüdischen Patriotismus. Er legte im Norden der Hauptstadt eine neue gewaltige Mauer an, durfte sie indessen nicht vollenden, da von oben her Einspruch dagegen erhoben wurde. Er
berief eine Versammlung seiner Kollegen nach Tiberias; die Fürsten
von Chalcis und Emesa, von Melitene, Kommagene und Pontus
folgten seiner Einladung. Aber es erschien auch Marsus, der römische Statthalter von Syrien, und der ungebetene Gast schickte
die geladeten nach Hause. Durch solches politisches Kinderspiel
verscherzte Agrippa das Vertrauen der Römer, und als er nach
kurzer Regierung starb (44 A. D.), gaben sie seinem Sohne, der
ebenfalls Agrippa hieß, nicht die Nachfolge, sondern setzten wieder
Prokuratoren über Judäa diesseit und jenseit des Jordans, Samarien und Galiläa.

Nur die Oberaufsicht über den Tempel und den Tempelschatz
sowie das Recht den Hohenpriester zu ernennen nahmen die Römer
nicht für sich in Anspruch, sondern betrauten damit einen Bruder
des verstorbenen Königs, Herodes, dem das ituräische Fürstentum
von Chalcis am Libanon übertragen war. Dessen Nachfolger wurde
dann Agrippa II., der ganz des selben Geistes Kind war wie sein
Vater. Er machte von seinen geistlichen Befugnissen ausgiebig
Gebrauch und behielt dadurch Einfluß in Jerusalem. Es war ihm
ein Hauptvergnügen, von dem alten hasmonäischen Palast aus die
Priester im Tempel zu beobachten, bis diese ihm durch Errichtung

---

[1]) Le Bas und Wadd. a. O. no. 2365. Ant. 19, 345. Act. 12, 22.

einer hohen Mauer die Aussicht sperrten. Im Jahre 53 tauschte er das kleine Reich von Chalcis gegen ein anderes und größeres Gebiet aus; er erhielt die Tetrarchie des Philippus nebst der des Lysianias von Abilene und das Fürstentum des Arabers Noarus am Libanon. Von Nero bekam er auch noch einen Teil von Galiläa, mit Tiberias und Taricheae, dazu die Stadt Julias in Peräa und vierzehn dazu gehörige Dörfer. Für die treuen Dienste, die er im jüdischen Krieg den Römern leistete, wurde er durch abermalige bedeutende Gebietserweiterung belohnt. Nach seinem Tode aber zog Traian sein Königreich ein, und damit war die Herrschaft der Herodäer in Palästina zu Ende.

Dreiundzwanzigstes Kapitel.

Der Untergang des jüdischen Gemeinwesens.

1. Die halcyonischen Tage unter Agrippa I. hatten nicht lange gedauert. Es folgten die Anzeichen des Sturmes. Der abermalige Übergang in die unmittelbare römische Herrschaft erregte die Juden weit stärker als der erste zur Zeit des Quirinius. Sie konnten sich nicht wieder in das Regiment der Prokuratoren schicken, einerlei ob dieselben etwas taugten oder nicht; ein modus vivendi wollte sich nicht finden lassen. Die Reibungen und Konflikte hörten nicht auf; und so geringfügig sie manchmal schienen, so waren sie doch bedeutsam.

Auf den Befehl des Kaisers Claudius kündigte Cuspius Fadus, der erste Prokurator der neuen Reihe, den Obersten der Juden an, daß der von Vitellius freigegebene hohepriesterliche Ornat wieder auf der Burg Antonia in Gewahrsam genommen werden solle. Aber sie baten ihn und den Statthalter von Syrien, Cassius Longinus, der sich in jener Zeit des Überganges mit einer ansehnlichen Macht in Jerusalem eingefunden hatte, eine Gesandtschaft nach Rom schicken zu dürfen, um Claudius zur Rücknahme des Befehls zu bewegen. Es wurde ihnen gestattet, und sie erwirkten durch die Fürsprache Agrippas II. einen gnädigen Bescheid des Kaisers. Er ließ ihnen das heilige Gewand.

Weiter wird von Cuspius Fadus berichtet, daß er Grenzfehden und Räubereien der Juden gegen ihre Nachbaren mit gutem Erfolg unterdrückte, und daß er dem Wundermann Theudas das Handwerk legte, der sich als Prophet aufgetan und viele Anhänger gewonnen hatte. Er blieb nur kurze Zeit im Amte. Sein Nachfolger Tiberius Julius Alexander, ein jüdischer Apostat, der Neffe Philos von Alexandrien, ließ zwei Söhne des Zeloten Judas von Galiläa ans Kreuz schlagen. Auch er machte bald einem Anderen Platz. Im Jahre 48 trat Ventidius Cumanus an[1]). Unter ihm begab es sich an einem Osterfeste, daß ein Soldat sich gegen die feiernde Menge eine unanständige Geberde erlaubte. Darüber aufgebracht drangen die Juden auf den im Tempel anwesenden Landpfleger ein und verlangten von ihm die Bestrafung des Missetäters. Einige Hitzköpfe wurden tätlich und warfen Steine gegen die Soldaten. Da holte Cumanus Verstärkung herbei und säuberte den Tempel. Voll Schrecken drängten sich die Juden nun durch die Ausgänge, manche kamen bei dem Gedränge um, und das Fest endete in Trauer. Einige Zeit später ließ der Landpfleger wegen eines an einem kaiserlichen Beamten begangenen Raubes einige dem Orte der Tat benachbarte Dörfer plündern. Dabei zerriß ein Soldat eine Gesetzesrolle, die ihm in die Hände gefallen war, und warf sie ins Feuer. Flugs stand das ganze Land in Flammen, eine Massendeputation begab sich nach Cäsarea, um beim Landpfleger Klage zu führen. Er ließ den Unheilsstifter hinrichten und löschte dadurch den Brand. Bald aber brachen neue und gefährlichere Unruhen aus. Ein Galiläer war auf der Reise zum Fest nach Jerusalem von Samariern erschlagen[2]). Seine Landsleute rotteten sich zusammen um den Mord zu rächen; viele von den Wallfahrern schlossen sich ihnen an und ließen das Fest Fest sein.

[1]) Nach Tacitus Ann. 12, 54 war Cumanus nur Prokurator von Galiläa. Aber die Erzählungen des Josephus über sein Auftreten in Jerusalem und Judäa können nicht aus der Luft gegriffen sein. Josephus (geboren 37/38) steht den Sachen viel näher und berichtet weit eingehender; man wird sich für ihn entscheiden müssen. Hitzig tut das wenigstens insoweit als er zugibt, daß Cumanus erst im Jahre 52 auf Galiläa beschränkt sei, nachdem er in Judäa und Samarien dem Felix habe weichen müssen. Damit ist jedoch in den tacitcischen Bericht schon Bresche gelegt; dann kann man ihn auch ganz umstoßen. Wenn wirklich Galiläa damals von Judäa abgetrennt worden wäre, so müßte Josephus es gewußt und gesagt haben; er setzt aber immer das Gegenteil voraus (z. B. Bell. 2, 247. 252). In einer solchen Sache kann er kaum irren.

[2]) Vgl. Luc. 9, 53.

Geführt von dem patriotischen Bandenführer Eleazar Dinaei[1]) ergossen sie sich über die samarische Landschaft und hausten dort schonungslos. Cumanus kümmerte sich anfangs weder um die Mörder noch um die Rächer. Er ließ die Dinge gehn; erst als sie recht schlimm geworden waren, fand er sich veranlaßt einzuschreiten. Nachdem er die Schar Eleazars teils niedergemacht teils gefangen genommen hatte, zerstreuten sich die Übrigen. Viele gingen auf die dringenden Vorstellungen der jerusalemischen Obersten heim, andere aber blieben bei dem freien Leben und durchzogen als Räuberbanden das Land.

Den Samariern hatte Cumanus nicht genug getan, sie wandten sich beschwerdeführend an den syrischen Statthalter Quadratus, der eben in Tyrus weilte. Gleichzeitig erschien vor ihm aber auch eine Deputation aus Jerusalem, geführt von dem Hohenpriester Jonathan, sowol um darzulegen, daß die Samarier angefangen hätten, als auch um ihrerseits Cumanus zu verklagen, daß er durch seine Saumseligkeit den Aufstand groß gezogen und ihn dann im Blute erstickt hätte. Der Statthalter begab sich an Ort und Stelle, richtete eine Anzahl Juden hin, die mit den Waffen in der Hand ergriffen waren, und sandte im übrigen die Vorsteher der Juden und der Samarier, ebenso wie den Landpfleger und seinen Tribun Celer, zur Verantwortung nach Rom. Dem Einfluß Agrippas II. hatten die Juden es zu verdanken, daß der Kaiser sich gegen die Samarier erklärte und drei ihrer Obersten hinrichten ließ. Den Tribun Celer, der wahrscheinlich die römischen Truppen im Kampf gegen die Schar Eleazars befehligt hatte, schickte er gefesselt nach Jerusalem: die Juden sollten ihn martern, durch die Stadt schleifen und ihn dann enthaupten. Der Hauptschuldige, Cumanus, wurde abgesetzt und verbannt. An seiner Stelle wurde ein Freigelassener der kaiserlichen Familie, Antonius Felix, der Bruder des Pallas, zum Landpfleger ernannt (52); angeblich auf Betreiben des Hohenpriesters Jonathan, der sich dann auf diese Weise beim Kaiser hätte einschmeicheln wollen. Über Mangel an Rücksicht und Nachgiebigkeit der römischen Regierung konnten sich die Juden nicht beklagen[2]).

----

[1]) Er hatte zwanzig Jahre lang sein Wesen getrieben, als er im Jahre 52 durch Verrat in die Hände der Römer fiel (Bell. 2, 253).

[2]) Ich bin dem Bericht des Bellum gefolgt, der klarer und unparteiischer ist als der der Antiquitäten. Unter den Samariern ist wol nicht die Sekte der Samariter, sondern allgemein die Bewohnerschaft des Landes zu verstehn.

Felix ging den Freischärlern kräftig zu Leibe, die namentlich seit dem galiläischen Volkskriege gegen die Samarier das Land beunruhigten. Aber wenn sie auf dem Lande unterdrückt wurden, so tauchten sie dafür einzeln in Jerusalem wieder auf. Sie setzten die dortige Bevölkerung in Schrecken, indem sie, unter die Menge sich mischend, am hellen Tage angesehene Leute niederstießen, die ihnen zuwider waren. Diese Meuchler wurden mit dem lateinischen Namen Sicarier (d. h. Banditen) bezeichnet, der Hohepriester Jonathan war eins ihrer ersten Opfer. Gleichzeitig traten statt der kriegerischen Bandenführer religiöse Demagogen von der Art des Theudas auf und fanden großen Anhang. Unter ihnen ragte ein Ägypter hervor, der in der Wüste viele Tausende um sich sammelte und sie auf den Ölberg führte, um von da triumphirend in Jerusalem einzuziehen. Diese religiösen Demagogen sind die falschen Christi, von denen im Evangelium die Rede ist. Sie wollten die messianische Weissagung erfüllen. Deshalb führten sie das Volk in die Wüste, denn der Aufenthalt in der Wüste sollte dem Kommen des Heils vorhergehn; deshalb zogen sie auf den Ölberg, denn auf dem Ölberg sollte Jahve erscheinen um sein Reich auf Erden zu verwirklichen[1]). Felix zerschlug die messianischen Hoffnungen mit dem Schwerte; auch die Jerusalemer wollten nichts von den Schwärmern wissen.

Aber das Übel war nicht auszurotten. Alle diese Erscheinungen hingen unter sich zusammen, sie waren Zeichen eines fiebernden Organismus. Es wühlte in den Tiefen des Volkes. Die niederen Klassen, die Landbewohner waren aus Rand und Band. Sie lehnten sich nicht bloß gegen die Römer auf, sondern auch gegen die Ordnungspartei, die in Jerusalem ihren Sitz hatte und der sowol die Sadducäer als die Pharisäer angehörten. Sie ließen sich nicht mehr von den Jerusalemern leiten. Die regierenden Aristokraten, die mit Realitäten zu rechnen verstanden, behaupteten ihre Stellung noch besser als die Rabbinen. Diese letzteren wurden gänzlich zur Seite gedrängt von der gewaltigen Bewegung, die sie nicht mitmachen wollten und konnten. Die Leute liefen ihnen aus der Schule, sie hielten sich nicht mehr in den Schranken des Gesetzes und trachteten nach einem andern Ziele als nach der Heiligkeit und Reinheit. Die Männer der Zeit waren die Zeloten. Es war

---

[1]) Osee 2, 16. Ezech. 20, 35. Zach. 14, 4.

eine sehr gemischte Gesellschaft. Ehrliche Schwärmer und begeisterte Patrioten gehörten dazu, Leute von geringer Bildung und starkem Glauben, die keine Angst hatten und keine Rücksicht kannten, weil sie von den politischen Verhältnissen weiter nichts wußten als daß Gott mächtiger sei als Rom. Zu ihnen gesellten sich aber auch zweifelhafte Elemente; der Fanatismus war nicht wählerisch hinsichtlich seiner Helfershelfer. Wie gewöhnlich kamen die rücksichtslosesten Männer der Tat oben auf und erhielten die Führung. Richtige Helden wurden durch den Strudel nicht in die Höhe gebracht; der Mangel an hervorragenden Geistern im jüdischen Aufstand fällt auf, nur die elementaren Kräfte wirkten. Der Terrorismus, den die Zeloten ausübten, war fürchterlich. Sie meinten, wer sich nicht gegen die Knechtschaft aufbäume, müsse zur Freiheit gezwungen werden, und sie handelten dementsprechend. Ihr letztes Überzeugungsmittel war der Meuchelmord.

Freilich gab es auch Nüchterne unter den Trunkenen. Als noch tiefer Friede und großer Wolstand in Jerusalem herrschte, erschien dort ein schlichter Landmann, Jesus Ananiae, zu einem Laubhüttenfest und fing plötzlich an zu rufen: „eine Stimme vom Aufgang, eine Stimme vom Niedergang, eine Stimme von den vier Winden; eine Stimme über Jerusalem und den Tempel, eine Stimme über Bräutigam und Braut, eine Stimme über das ganze Volk!" Er wurde mishandelt, gegeißelt, schließlich als Wahnsinniger laufen gelassen. Er blieb unentwegt bei seinem Weheruf, Jahre lang wiederholte er ihn unablässig mit heller Stimme in den Straßen der Stadt, bei Tage und bei Nacht. Er fluchte keinem, der ihn schlug, er dankte nicht, wenn er zu essen bekam. Er verkehrte und redete mit niemand; jeden Gruß erwiderte er mit seiner Unglücksweissagung, bis ihm schließlich bei der Belagerung Jerusalems durch Titus ein aus einer Wurfmaschine geschleuderter Stein den Mund schloß.

2. Auf Anlaß eines Tumults, der in Cäsarea zwischen Juden und Hellenen ausgebrochen war, wurde Felix abberufen, etwa im Jahre 60[1]). Ihm folgte Porcius Festus, ein tüchtiger Beamter, der während seiner Amtsführung starb. Darauf kam (Lucceius?) Albinus und nach ihm Gessius Florus (64). Diese beiden letzten Prokuratoren hatten nicht einmal den guten Willen, die Ruhe

---

[1]) Vgl. Schürer in der Ztschr. für wiss. Theol. 1898 p. 21 ss.

wieder herzustellen; sie beförderten die Anarchie und zogen Vorteile daraus. In der Zwischenzeit zwischen dem Tode des Festus und dem Antritt seines Nachfolgers hatte der Hohepriester Ananus, Sohn des aus dem Neuen Testamente bekannten Annas, sich selbst geholfen und mit kräftiger Hand versucht seine Autorität wenigstens in Jerusalem zu behaupten. Es ging dabei nicht ohne Gewaltsmaßregeln und Übergriffe ab, er wurde bei Agrippa und Albinus verklagt und nach kurzer Zeit abgesetzt. Jedoch Ananias Nedebäi trat in seine Fußstapfen, der angesehenste Mann der Hierokratie, obwol damals nicht fungirender Hoherpriester. Er hatte ein großes Vermögen, bewaffnete seine Knechte und führte mit seinem Anhang einen förmlichen Krieg gegen die Patrioten. Albinus unterstützte ihn dabei nicht; das ist ihm nicht zu verdenken. Er ließ ihn gewähren und nahm dafür Geschenke an. Aber gleichzeitig ließ er sich auch von der Gegenpartei bestechen. Für Geld gab er die gefangenen Zeloten frei; nur wer keins aufbringen konnte, blieb als Verbrecher im Kerker. Ebenso, nur noch ärger und offener, trieb es Gessius Florus.

Ein Vorgang in Cäsarea entfachte schließlich die allgemeine Empörung. Die Juden standen dort auf sehr gespanntem Fuße mit den Griechen, weil diese ihnen das Bürgerrecht bestritten und damit bei Nero durchgedrungen waren. Zu dem Schaden trugen sie auch noch den Spott und die Neckerei. Sie hatten eine Synagoge hinter einem Platze, der einem Griechen gehörte. Sie wollten den Platz gern kaufen, aber der Besitzer gab ihn um keinen Preis her, baute vielmehr Werkstätten darauf und ließ ihnen nur einen engen Zugang. Sie wollten den Bau mit Gewalt hindern, Florus wehrte es ihnen. Als er aber acht Talente bekommen hatte, reiste er fort nach Sebaste, um sie gleichsam ungestört zu lassen. Tags darauf, als sie in der Synagoge versammelt waren, opferte ein dazu angestifteter Grieche dicht vor dem Eingang Vögel, das im Gesetz vorgeschriebene Opfer für Aussätzige. Infolge dessen kam es zu einer großen Schlägerei, die durch das Militär nicht unterdrückt werden konnte. Die Juden unterlagen, sie retteten sich und ihre Gesetzbücher nach dem Städtchen Narbata. Vergebens beklagten sie sich bei Florus, er schritt nicht zu ihren gunsten ein, sondern blieb noch in Sebaste und überließ sie ihrem Schicksal. Sie mußten nach Cäsarea zurückkehren und weiterer Quälereien gewärtig sein.

Von Cäsarea verpflanzte sich die Erregung nach Jerusalem und Florus tat das seinige, sie zu schüren. Er schickte von Sebaste aus nach dem Tempelschatze und ließ siebzehn Talente daraus entnehmen. Darüber entstand ein Auflauf; es fielen laute Schmähworte, Körbe gingen herum zur Einsammlung milder Gaben für den bedürftigen Florus. Diesen Anlaß benutzte er, um seine Ehre zu rächen und seine Macht zu zeigen. Er brach mit Reiterei und Fußvolk nach Jerusalem auf und verlangte von den Hohenpriestern und Ältesten[1]) die Auslieferung der Schuldigen. Da dieselben nicht ausfindig gemacht werden konnten, so gab er einen Teil der Stadt seinen Soldaten preis, ohne sich an die Bitten der eben anwesenden Berenice, der Schwester Agrippas II., zu kehren. Viele Einwohner wurden in den Häusern erschlagen, andere· gefangen und gekreuzigt (16. Artemisius 66)[2]). Kaum hatte sich der erste Schrecken gelegt, so forderte er auch noch, daß die Mishandelten die Rute küssen und den beiden Kohorten, die er zu seiner Verstärkung aus Cäsarea heran beordert hatte, einen festlichen Empfang bereiten sollten. Mit Mühe ließen sie sich von ihren Oberen dazu bereden. Aber neue Kränkungen und Mishandlungen waren die Folge, und nun riß ihnen die Geduld. Sie setzten sich gegen die römischen Truppen zur Wehr und brachten sie in Bedrängnis. Wiederum machte sich der Landpfleger im kritischen Moment aus dem Staube; er übertrug die Sorge für die öffentliche Ordnung der einheimischen Behörde, nur eine Kohorte ließ er in Jerusalem zurück.

Nicht lange darauf erschien ein Abgeordneter des syrischen Legaten Cestius Gallus in Jerusalem, der Tribun Neapolitanus. Er fand die Stadt ruhig, wenngleich erbittert gegen Florus. Zugleich mit ihm kam auch der König Agrippa II. an. Er versam-

---

[1]) So heißen sie im Neuen Testament. Josephus nennt neben den Hohenpriestern die δυνατοί oder die γνώριμοι. Es sind die Mitglieder des Synedriums. In vollständiger Aufzählung Bell. 2, 411: συνελθόντες οἱ δυνατοὶ τοῖς ἀρχιερεῦσιν εἰς ταὐτὸ καὶ τοῖς τῶν Φαρισαίων γνωρίμοις — wie im N. T. die Hohenpriester, die Ältesten und die Schriftgelehrten.

[2]) Über die Monate bei Josephus s. Niese im Hermes 1893 p. 197s. und in der Vorrede zum Bellum p. LX. Der Xanthicus (Nisan) beginnt nach dem tyrischen Kalender am 18. April, der Artemisius (Ijar) am 19. Mai, der Däsius (Chaziran) am 19. Juni, der Panemus (Tammuz) am 20. Juli, der Lous (Ab) am 20. August, der Gorpiäus (Elul) am 19. September, der Hyperberetäus (Tisri) am 19. Oktober, der Dius (Marchesvan) am 18. November.

melte die Einwohner vor seinem Palaste, predigte Vernunft und machte Eindruck. Sie erklärten, nicht dem Kaiser sondern nur dem Florus feind zu sein, und verstanden sich dazu, die rückständigen Steuern einzusammeln und die während des Kampfs mit den römischen Truppen abgerissenen Säulengänge zwischen dem Tempel und der Antonia wieder aufzubauen. Als aber Agrippa weiter ging und nun auch Gehorsam gegen Florus forderte, verdarb er es mit ihnen und mußte machen, daß er weiter kam. Er hatte eine Wirkung erzielt, die seiner Absicht entgegengesetzt war; er hatte den Juden klar gemacht, daß der Kaiser nicht von dem Landpfleger zu trennen sei. Wenn das der Fall war, so wollten sie auch vom Kaiser nichts wissen. Die Stimmung in Jerusalem wurde entschieden kriegerisch. Die Rücksichten begannen zurückzutreten, die natürlichen Gefühle drangen durch, die Aufstandspartei bekam die Oberhand. Ein Aristokrat von edelstem Blut, Eleazar der Sohn des Hohenpriesters Ananias Nedebäi, trat zu ihr über. Er ließ sich von der Bewegung fortreißen, hoffte aber auch vielleicht sie leiten zu können, wenigstens trat er sofort an ihre Spitze. Auf seinen Antrag sollten Opfer von Nichtjuden im Tempel nicht mehr angenommen werden. Das war in der Tat eine Zurückweisung des Opfers für den Kaiser, eine theokratische Form der Kriegserklärung gegen die Römer[1]). Der Antrag fand allgemeine Zustimmung; die Hohenpriester und die Ältesten nebst den Häuptern der Pharisäer protestirten vergebens dagegen.

Die Obersten der Juden stellten sich mit aller Macht dem Strom entgegen. Da ihre eigene Kraft nicht ausreichte, so schickten sie Botschaft sowol an Florus als an den König Agrippa und baten um Hilfe. Florus tat als gehe ihn die Sache nicht an, Agrippa aber sandte dreitausend Reiter. Nun entspann sich in Jerusalem ein Kampf der Aufständischen gegen die Aristokraten. Diese hielten mit den königlichen Truppen die obere d. i. die westliche Stadt besetzt, konnten sie aber nicht lange halten, son-

---

[1]) Mommsen nennt das einen Fortschritt der Theologie. Eleazar, der Sohn des mächtigsten und vornehmsten Mannes in Jerusalem, der aus eigenen Mitteln ein kleines Heer gegen die Zeloten auf die Beine brachte, ein Theologe! das ist seltsam. Die regierenden Priester von Jerusalem waren nichts weniger als Theologen. Die richtigen Theologen, die pharisäischen Gesetzeslehrer, hielten sich von der Aktion fern, wenngleich sie an Römerhaß keinem nachstanden.

dern mußten sich in den Palast des Herodes, im Norden der Oberstadt, zurückziehen. Die Aufständischen benutzten den Sieg, um das Archiv zu verbrennen und auf diese Weise die Schuldbriefe zu vernichten — das ist bezeichnend. Hernach wandten sie sich gegen die Antonia (15. Lous 66), steckten sie in Brand und machten die Besatzung nieder. Dann zogen sie vor den Palast des Herodes und begannen ihn zu belagern. Sie waren damit noch beschäftigt, als sie Zuzug von außen erhielten.

Während nämlich diese Dinge in der Hauptstadt sich zutrugen, waren auch die Zeloten auf dem Lande nicht müßig gewesen. Unter der Führung eines noch übrigen Sohnes ihres ersten Parteihauptes Judas Galiläus, des Manaem, hatten sie das Kastell Masâda in der Nähe des Toten Meeres überrumpelt und die römische Garnison getötet. Aus dem dortigen Zeughause mit Waffen wol versehen kamen sie nun nach Jerusalem und brachten Zug in die Belagerung. Die königlichen Truppen räumten den Palast, nachdem ihnen freier Abzug bewilligt war; die Römer, welche die eigentliche Besatzung bildeten, warfen sich in die drei dazu gehörigen festen Türme. Sie wurden aber bald gezwungen zu kapitulieren. Sobald sie die Waffen abgelegt hatten, wurden sie treulos niedergestoßen; nur der Anführer, Metilius, bettelte um sein Leben und erhielt es geschenkt, weil er versprach sich beschneiden zu lassen. Das geschah am 17. Gorpiäus, an einem Sabbatstag.

Die Aristokratie war unterlegen. Die Aufständischen hatten in der Stadt die Herrschaft gewonnen. Unter ihnen selber aber kam es zu einer Spaltung zwischen den Jerusalemern, an deren Spitze Eleazar stand, und den auswärtigen Zeloten, die Manaem befehligte. Die letzteren hatten einige Häupter der Aristokratie, die ihnen in die Hände gefallen waren, ums Leben gebracht, darunter auch den Hohenpriester Ananias Nedebäi, den Vater Eleazars. Darüber erzürnt griff Eleazar sie im Tempel an. Manaem wurde gefangen und unter Martern hingerichtet; wer sich von seiner Schar retten konnte, floh nach Masada zurück. Für eine Zeit lang blieben die Jerusalemer Herren in ihrem Hause.

Auch in Machärus und Jericho wurden die römischen Besatzungen verjagt und umgebracht. Überall im ganzen Lande entbrannte die Heidenhetze, wo die Juden die Mehrheit hatten, und die Judenhetze, wo das Verhältnis umgekehrt war. In Cäsarea wurden die sämtlichen jüdischen Einwohner abgeschlachtet.

Ebenso oder ähnlich erging es ihnen in Askalon und Scythopolis, in Hippus, Gadara und Damaskus[1]), in Ptolemais und Tyrus; nur im Gebiet des Königs Agrippa, sowie in Sidon Apamea und Antiochia waren sie sicher. Auch die Alexandriner machten ihrem Hasse gegen die Juden wieder einmal Luft; sie reizten sie zu einem Aufstand, der sich über das Delta verbreitete und von dem römischen Statthalter Tiberius Alexander nur mit Mühe unterdrückt wurde.

Um die Zeit des Herbstfestes, im Monat Hyperberetäus, erschien Cestius Gallus, der Legat von Syrien, mit der zwölften Legion und den Kontingenten verschiedener Vasallen, darunter auch des Königs Agrippa, in der Nähe von Jerusalem, nachdem er längere Zeit mit der Niederwerfung und Züchtigung der Insurgenten in Galiläa und in der Küstengegend verbracht hatte.[2]) In dem alten Gibeon schlug er Lager. Die Juden, die von allen Orten zum Feste in die Hauptstadt zusammen geströmt waren, überraschten ihn durch einen plötzlichen Überfall, er wies sie aber doch schließlich ab und verfolgte sie bis an die Stadt. Ohne Schwertstreich drang er am 30. Hyperberetäus in die nördlichen Vorstädte ein und legte sie in Asche. Nun schritt er zum Angriff gegen die Königsburg des Herodes, die weit gegen Norden vorsprang. Unter diesen Umständen erhob drinnen die Friedenspartei noch einmal ihr Haupt, einige vornehme Bürger versprachen ihm die Tore der Stadt zu öffnen. Er aber traute ihnen nicht, sondern nachdem mehrere Stürme auf die Burg abgeschlagen waren, entschloß er sich plötzlich zum Rückzuge. Von den Juden verfolgt, erreichte er mit Mühe das Lager in Gibeon. Als er von da die Straße nach Westen einschlug, wurde er im Paß von Bethhoron umzingelt; nur mit schweren Verlusten konnte er sich durchschlagen. Das geschah am 8. Dius 66.

3. Die Juden hatten wahrhaftig die Römer zum Lande hinausgetrieben. Der Aufstand hatte gesiegt. Auch die bisherigen Gegner desselben schlossen sich jetzt an; wer es nicht tat, mußte aus-

---

[1]) Die Damascener fürchteten sich vor ihren Frauen, welche beinah alle die jüdische Religion angenommen hatten. Sie hielten daher ihren Mordplan vor jenen sehr geheim (Bell. 2, 560).

[2]) Er hat demnach alsbald nach dem Ausbruch der Empörung den Zug gerüstet und angetreten. Denn der Hyperberetäus folgt auf den Gorpiäus.

wandern. Aber merkwürdiger weise kamen nun nicht etwa die eigentlichen Führer der Bewegung an das Ruder, sondern die Aristokraten, die so wenig Herz für die große Sache hatten. Daß sie ihr in letzter Stunde notgedrungen beigetreten waren, genügte, um sie wieder obenauf zu bringen. Allerdings waren die Pilger des Laubhüttenfestes, die den Sieg erfochten hatten, kaum in der Lage, das Steuer in die Hand zu nehmen. Die neue Regierung setzte sich aus den Kreisen des alten Synedriums zusammen; an die Spitze trat, da Ananias Nebedäi ermordet war, der alte tatkräftige Hohepriester Ananus Annas' Sohn. Auch zu Befehlshabern in den Toparchien von Judäa und Idumäa, von Galiläa und Peräa wurden vornehme Männer ernannt, die sich durch patriotischen Eifer bisher nicht ausgezeichnet hatten. Zwar befand sich auch Eleazar Ananias Sohn darunter; aber daß er selbander nach Idumäa gesandt wurde, war im Grunde doch eine starke Zurücksetzung.[1]) Vielleicht hatte er es mit beiden Parteien verdorben, er verschwindet vom Schauplatze.

Als Nero die Nachricht von der Niederlage des Cestius erhielt, beauftragte er Vespasian mit der Fortsetzung des Krieges. Dieser zog im Frühling 67 sein Heer bei Ptolemais zusammen. Es bestand aus drei Legionen nebst den Auxilien, und aus den Truppen der Könige Agrippa, Malchus, Antiochus von Commagene und Sohaemus von Emesa. Die Juden rückten ihm nicht mit vereinter Macht entgegen, sondern erwarteten nach alter Gewohnheit seinen Angriff auf ihre feste Hauptstadt und überließen die Provinzen sich selber. Er begann mit der Unterwerfung Galiläas. Dort führte als Statthalter der jerusalemischen Regierung Josephus den Befehl, der spätere Geschichtsschreiber. Er war ein eitler, unerfahrener Mann und seiner Aufgabe nicht entfernt gewachsen; seine Untergebenen hatten kein Zutrauen zu ihm und er nicht zu ihnen. Noch vor dem eigentlichen Beginn des Krieges ergab sich die alte Hauptstadt Sepphoris den Römern; sie war seit ihrem Wiederaufbau nach der Zerstörung durch Varus halb hellenistisch geworden. Als Vespasian sich näherte, stob das galiläische Heer

---

[1]) Es fällt auf, daß Josephus (Bell. 2, 564) nicht motivirt, warum Eleazar Ananiae, sondern warum Eleazar Simonis zurückgesetzt sei, von dem er bis dahin noch nichts erzählt hat. Eleazar Simonis war der Führer der Zeloten in Jerusalem.

aus einander; in kürzester Frist war er Herr des flachen Landes. Aber viele Mühe kostete es ihn, die kleinen Festungen zu bezwingen; denn hinter ihren Mauern wehrten sich die Patrioten tapfer. Vor dem Felsenneste Jotapata, wohin Josephus sich mit dem Rest seines Heeres geworfen hatte, lag er mit seiner gesamten Macht achtundvierzig Tage lang.[1]) Nachdem er es am 1. Panemus erstürmt und dabei auch den Oberbefehlshaber in seine Gewalt bekommen hatte, gönnte er seinen Truppen Ruhe von der heißen Arbeit und erholte sich selber in Paneas, der schön gelegenen Residenz Agrippas II. Er glaubte mit Galiläa fertig zu sein. Er irrte sich jedoch, der Brand war noch nicht erstickt, die Flamme schlug an mehreren Stellen wieder hervor. Das feste Gamala, im Osten des Sees Gennesar, mußte er wieder einen ganzen Monat lang belagern; es fiel am 23. Hyperberetäus. Die letzte Stadt, die eingenommen wurde, war Gischala. Sie kapitulirte; aber der Hauptmann Johannes, der sie verteidigte, entkam mit seiner Zelotenbande.

Auf diese Weise ging das erste Kriegsjahr hin. Nach der Eroberung Galiläas führte Vespasian die Legionen in die Winterquartiere, nach Cäsarea und nach Scythopolis. Anfang März des nächsten Jahres (68) ging er über den Jordan, besetzte Gadara und detachirte von dort den Placidus, der Peräa bis auf die Burg Machärus unterwarf. Nach Cäsarea zurückgekehrt, brachte er zunächst das westliche Judäa und Idumäa in seine Hand; dann wandte er sich nordwärts und zog durch die Samaritis am Jordan hinunter nach Jericho, wo sich Placidus wieder mit ihm vereinigte. Als er die Umgebung auf allen Seiten in seiner Gewalt hatte, rüstete er sich zur Belagerung der Hauptstadt selber. In diesem Augenblick traf ihn die Nachricht vom Tode Neros. Nun stellte er den Angriff ein und wartete auf die Befehle Galbas. Darüber verging die gute Jahreszeit, im Anfang des folgenden Jahres (69) trat abermals ein Kaiserwechsel ein, und erst im Juni nahm

---

[1]) Er schickte allerdings während dieser Zeit den Cerialis mit einem Teile der fünften Legion nach Sichem. Denn die Samariter hatten sich auf dem heiligen Berge Garizzim versammelt und eine drohende Haltung gegen die Römer angenommen. Cerialis umstellte sie, und da sie sich nicht ergeben wollten, machte er sie nieder, am 27. Däsius 67. Die samaritische Gemeinde wurde also in das Schicksal der jüdischen verwickelt; und an die Stelle der heiligen Stadt Sichem trat die heidnische Kolonie Neapolis.

Vespasian die Operationen wieder auf, nachdem sie fast ein Jahr geruht hatten. Er brachte einige unbotmäßige Bezirke nördlich und südlich von Jerusalem zum Gehorsam und säuberte sie von Freibeuterbanden, so daß nur noch die Castelle Herodium und Masada, und jenseit des Jordan Machärus den Juden verblieben. Als aber die Kunde von der Schlacht bei Cremona und dem Falle Othos in den Osten gelangte, zeigten die dortigen Legionen keine Lust, sich von der Rheinarmee den Herrscher setzen zu lassen. Sie hoben Vespasian auf den Schild und er ließ es sich gefallen. Über den Kampf um Rom ließ er nun den Kampf um Jerusalem anstehn, und erst Ende 69, als er auf die Nachricht von der Ermordung des Vitellius von Alexandria nach Italien reiste, beauftragte er seinen Sohn Titus, der ihm schon immer zur Seite gestanden hatte, mit der Beendigung des jüdischen Krieges.

Mittlerweile hatte sich in Jerusalem eine große innere Revolution vollzogen. Der Anlaß war die Niederwerfung Galiläas. Viele der dortigen Patrioten verließen das Land und gingen nach Jerusalem, um den Kampf gegen die Römer fortzusetzen, unter ihnen jener Johannes von Gischala. Auch andere fremde Elemente wurden durch die Kriegsereignisse in die Hauptstadt getrieben und verstärkten die radikale Partei, deren Führer jetzt Eleazar Simons Sohn war. Sie schoben die Schuld des Miserfolges auf den Verräter Josephus und seine Auftraggeber und Gesinnungsgenossen in Jerusalem. Sie waren entrüstet gegen die Aristokraten, die allerdings weniger an die Kriegführung als an das Friedenschließen dachten. Ein Sturm brach aus; mehre misliebige Römerfreunde wurden ergriffen und umgebracht. Die Zeloten besetzten den Tempel, sie dachten die Regierung an sich zu reißen. Den bisherigen Hohenpriester von Agrippas Gnaden erklärten sie für abgesetzt; da das Erbrecht längst durchbrochen war, so schufen sie einen neuen von Gottes Gnaden durch das Los, der sich freilich als ganz unbrauchbar erwies. Auch ein neues Synedrium von siebzig Mitgliedern scheinen sie eingerichtet zu haben. Indessen die Aristokraten streckten nicht sogleich die Waffen. Der Hohepriester Ananus forderte die jerusalemischen Bürger auf, sich doch nicht von den hergelaufenen Fremden einschüchtern zu lassen. Sie ermannten sich in der Tat zum Widerstand, warfen nach blutigem Kampf die Zeloten in den inneren Tempel zurück und hielten sie dort eingeschlossen, da sie die heiligen Tore nicht zu stürmen wagten. Es gelang aber den Zeloten, Botschaft auf das Land zu senden und dort Succurs gegen die Römerfreunde zu erbitten, von denen sie bedrängt wurden. Aus Idumäa kamen ihnen einige tausend Bauern zu Hilfe. In einer finsteren Nacht, bei furchtbarem Unwetter,[1] fanden sie Gelegenheit in die Stadt einzudringen und ihre Freunde zu entsetzen. Damit war der Sieg der Fanatiker und Radikalen über die Gemäßigten, der Fremden über die Einheimischen entschieden. Die Folge war die Vernichtung der Aristokratie, die bis zuletzt das Heft nicht aus der Hand gegeben hatte. Ihre Häupter fielen zum Teil in dem allgemeinen Blutbade, welches die Sieger unter den Bewohnern von Jerusalem anrichteten; zum größeren Teil wurden sie vor Gericht gestellt und als Verräter hingerichtet. Als das Gericht den Zacharias Barachias Sohn freisprach, stießen ihn einige der Umstehenden mitten im Heiligtum nieder mit den höhnischen Worten: hier hast du auch unsere Stimmen.[2] Es war der Untergang der alten jüdischen Verfassung und Regierung, man kann sagen des alten jüdischen Gemeinwesens. Josephus betrachtet namentlich den Tod des greisen Ananus, der sich jahrelang, schon seit dem Tode des Porcius Festus, auf das mannhafteste gegen die Umstürzler gewehrt hatte und zusammen mit Ananias Nedebäi die Seele des Widerstandes gegen sie gewesen war, als den Anfang des Endes.

Die Idumäer, ehrliche Leute, schämten sich, als sie sahen, von wem und zu welchen Zwecken sie benutzt waren, ließen die zahlreichen Gefangenen der Zeloten frei und kehrten größtenteils heim.[3] Ihre Arbeit hatten sie jedoch getan. Die Zeloten waren jetzt die unbeschränkten Herren von Jerusalem, an ihrer Spitze Johannes von Gischala. Dieser hatte der Partei durch perfide Diplomatie, in der er Meister war, wesentliche Dienste geleistet und gestützt auf seine Galiläer es verstanden, Eleazar Simons Sohn von der leitenden

---

[1] Also jedenfalls im Winter, aber in welchem? Von 67 auf 68, oder von 68 auf 69? Wahrscheinlich von 67 auf 68. Denn Simon Bargiora trat erst nach dem Sturz der rechtmäßigen jerusalemischen Regierung als Bandenführer auf dem jüdischen Gebirge auf, aber schon vor 68 auf 69. — Man merkt sehr, daß Josephus damals in Jerusalem nicht dabei gewesen ist. Seine genauen Daten fangen erst seit der Belagerung der Stadt durch Titus wieder an.

[2] Matth. 23, 35. Luc. 11, 51. Skizzen 6, 208.

[3] Es blieben aber noch immer ziemlich viele in Jerusalem; wir hören, daß sie sich von Johannes trennten und zu Simon Bargiora hielten.

Stelle zu verdrängen. Sein Joch lastete schwer auf den Bürgern, und sie hatten nicht die Kraft es abzuschütteln, nachdem ihnen der Rückgrat gebrochen war. Da bot sich ihnen Gelegenheit, den Teufel durch Beelzebub zu vertreiben, und sie ergriffen sie. Simon Bargiora von Gerasa, ein junger Mann von großer Leibeskraft und Kühnheit, hatte sich zuerst bei dem Überfall des Cestius ausgezeichnet. Dann setzte er sich in Akrabatene fest, von dort durch Ananus vertrieben flüchtete er zu den Zeloten von Masada. Aber nach dem Sturz der jerusalemischen Regierung durch die Zeloten wagte er sich wieder auf das freie Feld und sammelte auf dem Gebirge einen großen Anhang, mit dem er die Gegend brandschatzte. Auch aus Jerusalem bekam er Zuzug, die von den Idumäern freigelassenen Gefangenen suchten bei ihm Schutz vor ihren Drängern, den Zeloten. Diese waren dem simplen Räuberhauptmann, der ihnen das Spiel zu verderben drohte, feind und suchten ihm das Handwerk zu legen. Jedoch er schickte sie mit blutigen Köpfen heim. In der Zeit vom Jahre 68 auf 69, während die Römer untätig waren, machte er sich zum Herrn von Idumäa und von der Landschaft in Jerusalem. Daß die Zeloten ihm seine Frau aufgriffen und fortschleppten, gab ihm Anlaß vor der Hauptstadt selber zu erscheinen; nachdem er indessen durch Repressalien und Drohungen ihre Herausgabe erzwungen hatte, zog er noch einmal ab. Aber bald kam er wieder, gelockt von einer Erhebung gegen Johannes, die von den Idumäern in dessen Heere ausgegangen war. Seine Rechnung trog ihn nicht; die Bürger von Jerusalem, die sich der Erhebung angeschlossen hatten, öffneten ihm die Tore, damit er ihnen gegen die Zeloten beistehe. Im Frühling 69 zog er ein, noch bevor Vespasian die jüdisch-idumäische Landschaft wieder unterwarf. Das Ergebnis war, daß die Stadt nun zwei Tyrannen hatte, die sich zwar gegenseitig befehdeten, aber gemeinsam die friedlichen Einwohner mishandelten. Simon occupirte die Oberstadt; Johannes blieb im Besitz des Tempels, des alten Hauptquartiers der Zeloten. Eine Weile spalteten sich die Zeloten auch noch selber; Eleazar Simons Sohn, der alte Führer des Kernes der Partei, rivalisirte mit Johannes und setzte sich im inneren Tempel fest. Aber Ostern 70 wurde er durch eine List überwältigt, und damit hörte die Spaltung wieder auf.

4. In dieser Weise verwandten die Juden die beiden Jahre, in denen ihnen die Römer Ruhe ließen, um sich selber zu zer-

fleischen. Einige Tage vor Ostern 70 erschien Titus vor Jerusalem, als sich die Stadt bereits mit Pilgern gefüllt hatte.[1]) Er hatte vier Legionen und die Hilfstruppen der Könige bei sich; sein Beirat war Tiberius Alexander, derselbe, der bis zum Jahre 48 Prokurator von Judäa und hernach Statthalter von Ägypten gewesen war. Wie üblich, griff er von Norden an. Nachdem er ohne viel Arbeit die Vorstädte eingenommen hatte, ließ er auf Pfahlwerk gestützte Sturmwälle gegen die Antonia und gegen die Oberstadt errichten. Als sie aber mit großer Mühe vollendet waren (29. Artemisius), wurden sie durch Johannes und Simon wieder zerstört; gegen außen waren die beiden einig, obwol sie ihren häuslichen Streit fortsetzten. Darauf baute Titus zunächst einen umfassenden Steinwall um die ganze Stadt, um die Zufuhr abzuschneiden und die Flucht der Insassen zu verhindern. Die Verteidiger hätten Zeit genug gehabt für Proviant zu sorgen, allein sie hatten es nicht getan, vielmehr die vorhandenen Vorräte in ihren Straßenkämpfen noch zum Teil vernichtet. Der Mangel ward um so ärger, da eine Menge Osterpilger mit eingeschlossen waren. Bald herrschte Hunger in der belagerten Stadt; was die Einwohner noch von Lebensmitteln besaßen, mußten sie den Kriegsleuten herausgeben. Im Däsius ließ Titus abermals vier Sturmwälle aufführen, diesmal ausschließlich gegen die Antonia, die Nordbastei des Tempels. Johannes von Gischala, der hier den Befehl führte, unternahm am 1. Panemus vergeblich einen Ausfall um sie zu stürzen; es zeigte sich, daß seine Leute erschöpft waren. In der Nacht des 5. Panemus bemächtigten sich die Römer der Burg; von dem Tempel wurden sie durch die gemeinsamen Anstrengungen des Johannes und Simon zurückgeschlagen. Während des Ausholens zu weiterem Kampfe trat noch einmal auf kurze Zeit einige Ruhe ein. Die zelotischen Propheten weissagten noch immer Sieg und Rettung, aber im allgemeinen herrschte tiefe Niedergeschlagenheit bei den Juden, namentlich seit sie am 17. Panemus „aus Mangel an Männern" das tägliche Opfer einstellen mußten. Diesen Moment benutzte Titus, um sie durch seinen Freigelassenen Flavius Josephus, allerdings den ungeeignetsten Mann, aufzufordern sich zu ergeben. Da indes die Aufforderung keine Wirkung hatte, so wurden die Arbeiten zum Angriff auf den Tempelbezirk mit Eifer aufgenommen

---

[1]) Tacitus Hist. 5, 1 ss.

und trotz manchen Schwierigkeiten und Störungen glücklich zu
Ende geführt. Die Sturmböcke richteten zwar gegen die gewaltigen
Mauern wenig aus, aber es gelang an die Tore Feuer zu legen.
Am 9. Lous brannten sie völlig nieder, am 10. drangen die Römer
ein und steckten den Tempel in Flammen.[1]) Ein greuliches Morden
räumte unter der in dem heiligen Raum zusammengedrängten
Menge auf, manche kamen in den Flammen um oder stürzten sich
in den Abgrund hinunter. Johannes mit seinen Zeloten schlug
sich durch und entkam in die Oberstadt.

Diese war bis dahin vom Angriff verschont geblieben, aber
die Hungersnot raste unter der Bevölkerung. Kapituliren wollten
indessen die Befehlshaber nur, wenn freier Abzug mit Weib und
Kind bewilligt würde. Da das nicht geschah, so kam es nach den
üblichen Vorbereitungen zum Sturm (7. Gorpiäus). Der Widerstand
war schwach; die uneinnehmbaren Türme der Königsburg des
Herodes wurden kaum verteidigt. Simon und Johannes verkrochen
sich mit vielen andern. In der wehrlosen Stadt wütete das
Schwert und das Feuer. Am 8. Gorpiäus ging die Sonne über den
rauchenden Trümmern Jerusalems auf; dieser Anblick hat auf
Josephus Eindruck gemacht. Fünf Monate hatte die Belagerung
gedauert.

Von den zahllosen Gefangenen wurden die „Empörer und
Räuber“, die sich alle gegenseitig angaben, auf der Stelle hingerichtet, die anderen in die ägyptischen Bergwerke geschickt oder
zu Gladiatorenspielen und Tierkämpfen bestimmt, oder in die
Sklaverei verkauft. Simon und Johannes und siebenhundert aus-
erlesene Männer mit ihnen ließ Titus nach Rom bringen und sie
hernach in seinem Triumph aufführen, in welchem auch die heiligen
Geräte des Tempels und eine Thorarolle paradirten.[2]) Seine Heldentat war nicht groß; er hatte eine überfüllte Stadt ausgehungert.
Er triumphirte außerdem ein wenig zu früh, denn es dauerte noch

---

[1]) Nach Josephus ist das gegen den Willen des Titus geschehen, nach
Sulpicius Severus, der wol auf Tacitus fußt, auf seinen Befehl. Das letztere
ist viel wahrscheinlicher, nach der Art, wie die römische Regierung gegen
Jerusalem verfuhr.

[2]) Die jüdischen Tempelgeräte kamen später durch Geiserich nach Karthago, durch Belisar nach Konstantinopel, durch Justinian nach Jerusalem
(Procop. Vandal. 2, 9 vgl. Goth. 1, 12).

einige Zeit und kostete noch blutige Arbeit, bis der Aufstand gänzlich erstickt und die Castelle Herodium Masada und Machärus erobert waren. Am längsten hielt sich Masada. Die dortigen Zeloten, die sich schon seit dem Jahre 66 im Besitz der Burg befanden, standen den jerusalemischen völlig selbständig und zum Teil feindlich gegenüber; nach dem Falle Manaems wurden sie von dessen Sohne Eleazar befehligt, dem letzten Gliede der Dynastie des Ezechias und des Judas Galiläus. Als sie sahen, daß alles verloren war, steckten sie die Burg in Brand und töteten Weib und Kind und zuletzt sich selber (15. Xanthikus 73). Das blutige Feuerzeichen bezeichnete wirkungsvoll den Abschluß einer zwar nicht erhebenden, aber so erschütternden Tragödie, wie die Geschichte kaum eine zweite kennt.

„Dem Werke des Schwertes folgte die politische Wendung. Die von den früheren hellenistischen Staaten eingehaltene und von den Römern übernommene, in der Tat über die bloße Toleranz gegen fremde Art und fremden Glauben weit hinausgehende Politik, die Judenschaft insgemein als nationale und religiöse Samtgemeinschaft anzuerkennen, war unmöglich geworden. Zu deutlich waren in der jüdischen Insurrektion die Gefahren zu Tage getreten, welche diese national-religiöse, einerseits streng konzentrirte, andrerseits über den ganzen Osten sich verbreitende und selbst in den Westen verzweigte Vergellschaftung in sich trug. Der centrale Kultus wurde demzufolge ein für allemal beseitigt. Das Hohepriestertum und das Synedrium von Jerusalem verschwanden. Die bisher wenigstens tolerirte Jahressteuer eines jeden Juden ohne Unterschied des Wohnorts an den Tempel fiel allerdings nicht weg, wurde aber mit bitterer Parodie auf den kapitolischen Jupiter und dessen Vertreter auf Erden, den römischen Kaiser, übertragen. Die Stadt Jerusalem wurde nicht bloß zerstört und niedergebrannt, sondern blieb auch in Trümmern liegen, wie einst Karthago und Korinth. In den Trümmern schlug die Legion ihr Lager auf, welche mit ihren spanischen und thracischen Auxilien fortan im Lande garnisoniren sollte; die durchaus anomale dauernde militärische Belegung zeigt, wessen die Regierung sich zu dem Lande versah. Die bisherigen in Palästina selbst rekrutirten Provinzialtruppen wurden anderswohin verlegt. In Emmaus wurde eine Anzahl römischer Veteranen angesiedelt, Stadtrecht aber auch dieser Ortschaft nicht verliehen. Die Landeshauptstadt Cäsarea, bis dahin

griechische Stadtgemeinde, erhielt als „erste flavische Kolonie"
römische Ordnung und lateinische Geschäftssprache.[1]"

5. Die religiösen Freiheiten der Juden in der Diaspora wurden
indessen nicht angetastet.[2] Und auch in Palästina durften sie
ihr Wesen weiter treiben, wenngleich unter den veränderten Umständen in anderer Form. Die Schule und das Gesetz überdauerten
den Tempel und den Staat. Freilich konnte das Volk den Verlust
des Kultus und der einheimischen Regierung nur schwer ver-
winden. Der Patriotismus glühte unter der Asche weiter und
flammte noch einmal hell empor. Die Erhebung Barkochbas war
das Nachspiel zu der der Zeloten; sie unterschied sich davon zu
ihrem Vorteil, weil sie von einem enthusiastischen Messias geleitet
wurde, an den selbst Rabbi Akiba glauben konnte. In dieser
gewaltigen Explosion brannte aber auch das Feuer aus.

Die Schriftgelehrten hatten in dem alten Gemeinwesen keine
eigentlich politische Stellung eingenommen. Gerade deshalb wurde
ihr Einfluß durch den Untergang desselben nicht geschädigt. Sie
versanken nicht in dem Abgrunde, der die Aristokratie, das Priestertum und die Nation verschlang. Nachdem die Sadducäer von den
Zeloten und die Zeloten von den Römern abgetan waren, blieben
die Pharisäer übrig und wurden an die Spitze gehoben, an der sie
bis dahin höchstens moralisch gestanden hatten. Sie waren vorbereitet, die Erbschaft zu übernehmen. Ihre vornehmsten Rabbinen
konstituirten ein Kollegium, welches als Fortsetzung des alten
Synedriums sich betrachtete und galt. Der Sitz desselben war
anfangs in Jamnia, wurde aber später nach Galiläa verlegt und
blieb die längste Zeit in Tiberias. Die Vorsteherschaft vererbte sich in der Familie Hillels, mit deren Aussterben die Behörde
aufhörte. Die Autorität des Synedrialpräsidenten stieg rasch. Er
wurde mit der Zeit auch von der kaiserlichen Regierung als Haupt
der palästinischen Juden anerkannt und führte den Titel der alten
Hohenpriester: Ethnarch (Nasi), später Patriarch. Von den aus-

---

[1] Mommsen 5, 538s.

[2] Die Alexandriner und Antiochener drangen bei Vespasian und Titus
nicht durch mit dem Verlangen, die hergebrachten Vorrechte der Juden aufzuheben oder sie aus der Stadt zu verweisen (Ant. 12, 121. Bell. 7, 100ss.).
Der Oniastempel wurde im Jahre 73 geschlossen (Bell. 7, 433ss.). Vgl.
Mommsen in Sybels Histor. Ztschr. 1890 p. 424s.

wärtigen Juden empfing er Geldopfer, die alljährlich durch seine Abgesandten eingesammelt wurden [1]).

Was das Judentum durch den Untergang des alten Gemeinwesens an äußerem Halt verloren hatte, ersetzten die Rabbinen auf andere Weise. Die Absonderung von den Heiden wurde weit schroffer als zuvor. Auch die abweichenden Richtungen im eigenen Lager verketzerte der konsequente Judaismus und stieß sie von sich ab; infolge dessen wimmelte jetzt Palästina und die Provinz Arabien von halbjüdischen Sekten. Von der Kirche schied sich die Synagoge definitiv. Die Septuaginta wurde verdrängt, weil sie zur christlichen Bibel geworden war, und eine andere streng wörtliche Übersetzung an die Stelle gesetzt — denn den Gebrauch der griechischen Sprache konnte man freilich noch nicht verbieten. Der verschärften Abschließung gegen außen ging eine Steigerung der inneren Bindung zur Seite. Zwar wurde manche unter den veränderten Umständen veraltete Bestimmung aufgehoben oder modifizirt; man war nicht ängstlich auch vor durchgreifenden Neuerungen, wenn sie im Geiste des Systems lagen. Aber das war nur scheinbar eine Regung der Freiheit. Im Grunde ging die Absicht dahin, die Freiheit des Einzelnen aufzuheben durch das Gesetz des Ganzen. Die alte Tendenz der Schriftgelehrten, das ganze Leben in die heilige Regel einzuspinnen, machte immer größere Fortschritte. Die Folge war eine geistige Knechtschaft, wie sie nie wirksamer bestanden hat. Die Gemeinden unterwarfen sich willig der neuen Hierarchie, der Nomokratie der Schriftgelehrten; sie wollten den Zweck, nämlich die Erhaltung des Judaismus, und so fügten sie sich den Mitteln. Daß diese Mittel zum Ziele geführt, daß sie das Judentum auch nach dem Untergang des Restes der Theokratie als internationale Gemeinschaft erhalten haben, darüber ist kein Zweifel.

Was früher noch frei und fließend gewesen war, wurde allmählich fest und starr. Die Grenze zwischen Kanon und Apokryphen wurde scharf gezogen und ein authentischer Text der heiligen

---

[1]) Vgl. Gothofredus zum Cod. Theod. 2, 1 und 16, 8 und Jo. Morinus, Exerc. Bibl. 2, 3. 4 (p. 256 ss.). Merkwürdig sind die von Morinus angeführten Stellen aus Origenes und Theodoret, aus denen hervorgeht, daß die Ethnarchen von David abstammen und die davidische Dynastie fortsetzen wollten. Die Genealogie des ersten Ethnarchen ist: Gamaliel ben Simon (Jos. Vita 190) ben Gamaliel (Act. 5, 34. 22, 3) ben Simon ben Hillel. Der Name Gamaliel kommt am häufigsten vor.

Bücher festgestellt, von dem nun in keinem Punkte mehr abgewichen werden durfte. Es folgte eine Kodifizirung der Halacha, der gesetzlichen Tradition. In der Ausbildung, welche ihr die Koryphäen der pharisäischen Schriftgelehrten gegeben hatten, wurde sie zu Anfang des dritten christlichen Jahrhunderts von dem Ethnarchen Juda dem Heiligen auf Schrift gebracht und erhielt in dieser Form allgemeine Giltigkeit. Freilich war damit der Prozeß nicht zum Abschluß gebracht. Die Mischna wurde zum Ausgangspunkt weiteren Studiums für die Rabbinen, auf die Thannaim folgten die Amoraim. Deren Diskussionen kamen wiederum zur Aufzeichnung in der palästinischen Gemara, die uns nur bruchstückweise bekannt ist, obgleich sie noch im Mittelalter vollständig erhalten war. Auch damit aber war die Arbeit noch nicht am Ziel, die babylonischen Amoraim setzten sie noch eine Weile fort. Palästina hörte nämlich seit dem fünften Jahrhundert auf, der Schwerpunkt des Judentums zu sein; er verlegte sich nach Babylonien. Schon im Anfang des dritten Jahrhunderts waren gewisse palästinische Rabbinen, an ihrer Spitze Rab Areka, dahin ausgewandert und hatten dort der Gesetzesgelehrsamkeit eine neue Heimat gegründet. Die babylonischen Schulen blühten rasch auf, wetteiferten mit den palästinischen und überlebten die letzteren, so daß sie schließlich das letzte Wort sprachen. Zu Anfang der islamischen Ära wurde endlich auch die babylonische Gemara niedergeschrieben. Daneben her ging die Niederschrift des Targums, der ursprünglich ebenfalls mündlichen Übersetzung der hebräischen Vorlesebücher in die aramäische Landessprache; ferner die Feststellung der durch die Konsonantenschrift nicht genau bestimmten Aussprache des heiligen Textes und die Bezeichnung derselben.

Mit dieser Arbeit, sich selbst im Buchstaben aufzuheben und dann nach dem Buchstaben zu konserviren, schließt das Judentum ab. Die ausgedehnte jüdische Literatur des späteren Mittelalters kann man nicht eigentlich als ein Gewächs aus echter Wurzel betrachten.

Vierundzwanzigstes Kapitel.

Das Evangelium.

1. Es war gegen Ende der Regierung des Kaisers Tiberius, als noch Pilatus Landpfleger in Judäa und Antipas Vierfürst von Galiläa war. Da ging ein Sämann aus, zu säen seinen Samen; sein Same war das Wort, sein Acker die Zeit.

Jesus begann seine Wirksamkeit mit der Verkündigung, daß die Ankunft des Reiches Gottes nahe bevorstehe; das war die Botschaft, die er auszurichten hatte. Er hätte auch sagen können: der Tag des Herrn, das Gericht stehe nahe bevor; aber der andere Ausdruck war den Zeitgenossen geläufiger. Er verkündete nicht, daß das Reich mit ihm gekommen sei, sondern daß es bald kommen werde. Er trat damit nicht als Messias auf, als Erfüller der Weissagung, sondern als Prophet; seine Botschaft war selber Weissagung,

Daran schloß sich die Aufforderung: also kehrt um von eurem bisherigen Wege! Den Juden lag eine andere Folgerung näher: also freut euch, daß ihr nun endlich am Ziel seid. Sie zweifelten nicht, daß sie auf dem richtigen Wege wären und daß das Reich Gottes ihnen zum Triumph verhelfen würde. Dem trat Jesus entgegen. Er benutzte die Botschaft vom Reich um Buße zu predigen; er wendete die drohende Kehrseite der messianischen Hoffnung heraus. Das selbe hatte vor ihm Johannes der Täufer getan. „Glaubt nur nicht, als Kinder Abrahams vor dem nahenden Zorne sicher zu sein. Gott kann aus diesen Steinen Kinder Abrahams hervorbringen, er sieht nicht auf den Stamm, sondern auf die Früchte." Die Juden erwarteten, der Messias werde ihnen, als Juden, Recht schaffen gegen die Heiden; Johannes sagte, er werde sie selber, sofern sie weiter nichts seien als Juden, mit dem Feuer des Gerichts vernichten.

Wie kam es, daß diese beiden Männer gleichzeitig mit der selben Ankündigung auftraten? Es geschah in einer gespannten, schwülen Zeit, in einer Zeit großer politischer und religiöser Erregung. Seit zwei Jahrhunderten hatten sich die Ereignisse gedrängt: die Religionsverfolgung unter Antiochus Epiphanes, die makkabäische Erhebung, die Gründung des hasmonäischen Reiches, seine Erschütterung durch erbitterte Parteifehden und sein Sturz durch die Römer, die Wiederkehr der Fremdherrschaft, die vergeblichen und doch nie aufgegebenen Versuche sie abzuschütteln, und zuletzt die atemschnürende Tyrannis des großen Herodes. Das Stillleben, worauf die gesetzliche Theokratie eigentlich angelegt war, hatte aufgehört; die Juden waren durch die Makkabäerkriege aus ihrer Bahn geraten und ließen sich nicht wieder hineindrängen. Sie trieben dem Zusammenstoß mit den Römern entgegen; die Frage war, was das Ergebnis sein würde. Es war die selbe Frage, die dem Amos und dem Jeremias vorgelegen hatte, als der Konflikt mit den Assyrern und mit den Chaldäern drohte; Johannes und Jesus beantworteten sie ebenso wie jene beiden alten Propheten. Sie empfanden die Notwendigkeit des Untergangs der Theokratie voraus; das war auch bei ihnen der nächste Anlaß, der sie aus ihrem Kreise herausriß und in die Öffentlichkeit trieb. Die Weissagung von der bevorstehenden Ankunft des Reiches Gottes fällt zusammen mit der Weissagung von der bevorstehenden Zerstörung des Tempels und der heiligen Stadt. Das Reich Gottes hat andere Grundlagen als den Tempel, die heilige Stadt und das jüdische Volk; die Zugehörigkeit dazu ist an inviduelle Bedingungen geknüpft.

2. Durch die vorzugsweise Betonung dieser individuellen Bedingungen schritt Jesus über den Täufer fort; sie wurden ihm so sehr zur Hauptsache, daß seine Verkündigung darüber den Charakter der Prophetie verlor, da die Erfüllung der Bedingungen schon in der Gegenwart möglich war. Er zog nicht mit dem Ruf: bekehrt euch, das Gericht steht vor der Tür! durch das Land; er ließ diese Parole nicht immer wieder in die Ohren der Hörer gellen. Sondern er sprach in ungezwungenem Wechsel über dies und über das, je nach Gelegenheit und Bedürfnis aus seinem Schatze hervorholend, was ihm der Geist eingab und was die Leute brauchen konnten. Seine Tätigkeit bestand wesentlich im Lehren. Er machte den größten Eindruck, nicht bloß durch seine Lehre selber, sondern auch durch die Heilungen, die er verrichtete, namentlich an solchen Kranken, die in jener Zeit für besessen angesehen wurden. Sie flossen lediglich aus seiner Barmherzigkeit „mit dem Volke", galten jedoch als Bestätigungen seiner göttlichen Lehrbefugnis. Er wird als Lehrer mit den Schriftgelehrten verglichen, aber er konnte es besser als sie, und er machte es auch anders.

Er setzte sich von Anfang an in Gegensatz gegen die Schriftgelehrten und gegen ihre Partei, die Pharisäer. Er steht zwar wie sie auf dem Boden des Alten Testament und verleugnet das Judentum nicht. Auch darin ist er mit ihnen einverstanden, daß das Bekenntnis zu Gott abgelegt wird nicht durch das Sagen, sondern durch das Tun, das Tun seines Willens. Aber ihren toten Werken stellt er die Gesinnung entgegen, ihrer vielgeschäftigen Gesetzlichkeit die höchste sittliche Idealität. Er weist den Anspruch des Lohnes zurück: Sklaven haben kein Recht auf Lohn für die Arbeit, die sie zu tun schuldig sind. Er atmet in der Furcht des Richters, der Treue im Geringsten verlangt und Rechenschaft fordert von einem jeglichen nichtsnutzigen Worte. „Niemand kann Knecht zweier Herren sein; ihr könnt nicht Gott dienen und dem Mammon; wo euer Schatz ist, da ist euer Herz." Das ist der wahre Monotheismus, der das Herz und den ganzen Menschen fordert, der Zwiespältigkeit und Heuchelei unmöglich macht. Die Gerechtigkeit vor Gott, das Ziel, nach dem die Schriftgelehrten und die Juden überhaupt strebten — Jesus selber gebraucht den Ausdruck nicht — ist zu hoch für die Methode der Schule. Wir straucheln alle auf dem Wege, der Pharisäer hat vor dem frommen Zöllner nichts voraus, und auch dem Besten bleibt nichts übrig als die Bitte: Gott sei mir Sünder gnädig! Jesus hat einen heiligen Zorn auf die Anmaßung der Separatisten, auf ihre Neigung zu richten, auf ihre Scheu vor Berührung mit den Sündern. Kein Gebot schärft er so nachdrücklich ein wie das, andern die Schuld zu vergeben, so wie man für sich selber Vergebung im Himmel hofft. Er fordert Sympathie mit Leiden und Sünde und er bewährt sie selber. Er fühlt sich als Arzt, er will gesund und lebendig machen. Er spottet der Tugend, die sich selber genügt und der Gnade Gottes entraten kann. Er schämt sich der Sünder nicht, weil er die Sünde nicht bloß in ihnen entdeckt. Aber von schwächlicher Nachsicht gegen sie läßt er nichts spüren. Von Philanthropie gegen Verbrecher ist er entfernt, er setzt die bürgerliche Gerechtigkeit voraus, die menschliche Ordnung und Obrigkeit erkennt er in ihrem Bereich an.

Die Schriftgelehrten und Pharisäer wollen nichts Gutes tun, sondern sich vor Sünde hüten; ihre Beobachtung konventioneller Satzungen kommt niemand zu gut und erfreut weder Götter noch Menschen. Jesus spottet über ihre vorgeschriebenen und mit Ostentation verrichteten Werke der Heiligkeit, über ihre Art, Almosen zu geben, zu fasten und zu beten, ihr ewiges Waschen von Händen und Geräten, ihr Verzehnten von Dill und Kümmel, ihre Ängstlichkeit im Halten des Sabbats, ihr Mückenseihen und Kamelverschlucken. Er weiß einen besseren Gottesdienst als die unfruchtbare Selbstheiligung: den Dienst des Nächsten. Er verwirft die sublime Güte, welche der Witwen Häuser frißt und lange Gebete vorwendet, welche zu Vater und Mutter spricht: Opfer sei, was ich euch etwa geben könnte. Er fastet zwar gelegentlich und pflegt nachts oder morgens früh auf Bergen und an einsamen Stätten unter freiem Himmel zu beten. Aber für sich und im stillen; er macht aus der Ascese kein Kultusgebot und schreibt ihr kein Verdienst zu; im Unterschiede von Johannes dem Täufer ißt und trinkt er und ist fröhlich mit den Fröhlichen. Er bezeichnet als das Schwerste im Gesetz die gemeine Moral, Billigkeit und Treue und Güte. Eben diese natürliche Moral nennt er das Gebot Gottes; jene übernatürliche, welche sie überbieten will, ist ihm willkürliche Satzung. Um des Menschen willen sind die Gebote gegeben; was dem Nächsten angetan wird, sieht Gott an, als sei es ihm getan. Wer der Nächste ist, welches die nächstliegende Pflicht, das weiß im gegebenen Falle auch der Schriftgelehrte, welcher sich stellt, als wüßte er es nicht. Damit hört nun die Frömmigkeit auf, eine Domäne der Virtuosen zu sein. Es gehört keine Kunst, keine verschmitzte Gelehrsamkeit der Rabbinen dazu, sondern ein einfacher, offener Sinn. Die Armen im Geist, die Kinder im Gemüt verstehn mehr davon als die Klugen und Weisen, die daraus ein Gewerbe machen. Von dieser Seite wird der Protest Jesu gegen den Hochmut der Pharisäer und Schriftgelehrten zu einem Protest gegen ihren Bildungsdünkel, durch den sie sich über das gemeine Volk überheben und von demselben abscheiden. Es jammert ihn der Heerde, die der Leitung so sehr bedürfte, aber von den berufenen Hirten in stich gelassen wird.

3. Die Moral besteht in Barmherzigkeit und Dienstwilligkeit gegen den Nächsten, in entsagender Geduld, in treuer Arbeit. Die Selbstverleugnung ist die Sinnesart, welche notwendig ist, um in das Reich Gottes zu kommen. Sowol die Anerkennung der Forderung als ihre Erfüllung ist eine Wirkung Gottes, ein religiöser Vorgang, der wie die Religion überhaupt nicht begriffen und nicht zergliedert werden kann. Auf diese Weise, indem er die Welt daran gibt, gewinnt der Mensch seine Seele. Wer sein Leben sucht, verliert es; nur wer es einsetzt, gewinnt es. Er ist geborgen

bei Gott, emporgehoben über Furcht und über Sorge. Er hat Glauben d. h. Mut und Vertrauen: von diesem überirdischen Standpunkte aus kann er Berge versetzen und die Welt aus den Angeln heben, gewinnt er Kraft auch zu erfolgloser Aufopferung und zu resignirtem Gehorsam auf Erden. Er vertraut der Vorsehung Gottes und ergibt sich in seinen Willen. Er fühlt sich als Kind des himmlischen Vaters. In keinem anderen Sinn als in diesem fühlt Jesus sich auch selber so, obwol er sich nicht so nennt. Selbst die Vollmacht, den Sabbat zu brechen und Sünde zu vergeben, für die die Gegner einen Ausweis verlangen, nimmt er in Anspruch, obwol er Mensch ist, wie er ausdrücklich bei dieser Gelegenheit hervorhebt. Was ihn auszeichnet ist nur, daß er sich des Kindesverhältnisses zu Gott, wenn wir den Ausdruck gebrauchen dürfen, bewußt gewesen ist und die Frömmigkeit genossen hat, wie vor ihm niemand. Der Übergang von der Ekstase zur Religiosität, den die Propheten, vor allen Jeremias, eingeleitet und die Frommen nach ihnen weitergeführt haben, wird durch Jesus vollendet. Doch finden sich auch bei ihm Höhen und Tiefen der Stimmung.

Er kennt auf Erden ein seliges Leben, aber er kennt auch Anfechtungen und Versuchungen, er weiß, daß der Geist willig und das Fleisch schwach ist. Er lehrt die Geplagten ihr Joch auf sich nehmen, aber er lehrt nicht, daß das Kreuz süß und die Krankheit gesund sei. Im Hintergrunde seiner Weltanschauung steht überall die künftige Vollendung des Guten und die künftige Vernichtung des Bösen, die Verwandlung der Schwachheit in Kraft und Herrlichkeit. Darin scheint er mit den Juden vollkommen einverstanden. Er erwartet wie sie die Herabkunft des Himmelreichs auf die Erde, die Ankündigung davon ist ja der ursprüngliche Inhalt seiner Predigt. Aber wie wir gesehen haben, bedeutet ihm das Himmelreich nicht die triumphirende Theokratie; die „Kinder des Reiches", d. h. die Juden, sind nicht dessen geborene Erben. Das Gericht ist nicht das Mittel, durch die Vernichtung der Heidenmacht die Herrschaft der Heiligen des Höchsten herzustellen; es ergeht über die Juden selber und vollzieht sich durch die Zerstörung ihrer Stadt und ihres Gemeinwesens. Und daneben ist von einem jenseitigen Gericht über jeden Einzelnen die Rede. Am jüngsten Tage erscheinen nicht bloß die Lebenden vor Gott, sondern die Menschen aller Generationen werden aus den Gräbern erweckt, um den für die Ewigkeit entscheidenden Urteilsspruch über sich zu empfangen. Die Erde verschwindet, sie scheidet sich in Himmel und Hölle. Himmel und Hölle sind jedoch auch schon gegenwärtig vorhanden; und anderswo findet sich die Vorstellung, daß das Gericht über den Einzelnen nicht erst am jüngsten Tage eintritt, sondern mit seinem Tode zusammenfällt. Bei Lukas wenigstens kommen der arme Lazarus und der Schächer am Kreuz sofort nach ihrem Tode in Abrahams Schoß oder in das Paradis, der reiche Mann sofort an den Ort der Qual; die Auferstehung des Leibes erscheint nicht als unerläßliche Vorbedingung des neuen Lebens. Die Vorstellungen können freilich nicht alle Jesu selber zugeschrieben werden, man kann jedoch keine sichere Scheidung machen und das schadet auch nicht. Sie schwanken und sind mitten in lebendigster Entwicklung begriffen. Obwol sie überall als selbstverständlich und gegeben auftreten, so weht doch ein neuer Geist darin; sie stellen die Religion auf eine ganz andere, völlig individualistische Grundlage; sie stehn im stärksten Widerspruch mit der Anschauung, die das Alte Testament von Anfang bis zu Ende durchzieht. Sie lassen sich vor dem Neuen Testamente nicht nachweisen, sie müssen also erst spät, etwa im ersten vorchristlichen Jahrhundert, bei den Juden ein- und durchgedrungen sein. Sie haben bei ihnen auch niemals eine so zentrale Bedeutung erlangt wie im Christentum. Das Christentum steht von vornherein auf diesem Boden, schon seit Jesus selber: das hat es vor dem Judentum voraus, welches in einem ganz anderen Boden wurzelt. Der nationale Gegensatz zwischen Jüdisch und Heidnisch verbleicht und der moralische tritt an die Stelle. Dieser wird außerordentlich verschärft. Gut und Böse sind zwei verschiedene Welten, der Satan ist der Fürst der Welt und der Hölle. Auf die moralische Verantwortlichkeit fällt der höchste Nachdruck; das Gericht gewinnt dadurch einen ganz anderen Sinn und eine ganz andere Wirkung, daß es die persönliche Rechenschaftsablage vor Gott bedeutet. Die Auferstehung wird verallgemeinert, und dadurch eigentlich überflüssig gemacht, daß es nicht bloß ein diesseitiges, sondern auch ein ewiges Leben gibt, an dem man teilnehmen kann ohne auferweckt zu sein: doch dringt diese Vorstellung nicht durch. Die Eschatologie bekommt statt des historisch-nationalen ein allgemein menschliches und ein überirdisches Gepräge. Von Gnosis und Phantastik findet sich nichts; es wird nur eine moralische Metaphysik ausgestaltet, voll ernster Einfachheit. Von einer natürlichen Unvergänglichkeit des Geistes, im Sinne der griechischen Philosophie, ist aber auch keine Rede.

Bei den Juden kommt das Reich Gottes wie ein glücklicher Zufall, die Gesetzeserfüllung bereitet es nicht vor, steht überhaupt in keiner ursächlichen Beziehung dazu, sondern ist nur eine statutarische condicio sine qua non. Es besteht keine innere Verbindung zwischen dem Guten und dem Gute, das Tun der Hände und das Trachten des Herzens fällt aus einander. Das fromme Handeln hat gar keinen irdischen Zweck, aber die Hoffnung ist desto weltlicher; die unersprießliche Pedanterei der gottseligen Übungen und die schlecht verholene Gier der frommen Wünsche stehn nebeneinander. Jesus dagegen stellt das Reich Gottes als Ziel des Strebens auf; vollendet wird es allerdings erst in der Zukunft durch Gott, aber angefangen wird es schon in der Gegenwart. Er selbst weissagt es nicht bloß, sondern pflanzt seinen Keim auf Erden. Die neue Zeit bricht mit ihm bereits an: die Blinden sehen und die Tauben hören, es rauscht in den morschen Gebeinen, die Toten stehn auf. Diese Anschauung liegt einigen Gleichnissen zu grunde; sie wird am offensten ausgesprochen in dem Worte: das Reich Gottes kommt nicht dadurch, daß man darauf wartet, es ist inwendig in euch. Es stimmt dazu, wenn es im Evangelium Johannis heißt, auch das Gericht sei schon hienieden in der Menschenseele innerlich vollzogen. Mit Sicherheit läßt sich auch hier nicht ausmachen, was von Jesu selber stammt und was nicht — aber die Anregung hat er gegeben und das muß genügen. Was ist denn aber nun das bereits vorhandene und in der Zukunft nur zu vollendende Reich Gottes? Es kann nichts anders sein als die Gemeinschaft der nach Gott trachtenden Seelen. Die Selbstverleugnung ist das Mittel und die Gemeinschaft der Seelen in Gott ist der Erfolg.

Mit dem Reiche Gottes hängt der Messias aufs engste zusammen. Beides sind ursprünglich national-jüdische Begriffe. Jesus hat sie sich angeeignet, aber über das jüdische Niveau hinausgehoben. Er ist nicht gleich anfangs als Messias aufgetreten.[1]) Er ist erst zuletzt, seit der Reise nach Jerusalem, vom Volk und von den Jüngern dafür gehalten, und von den Römern deswegen hingerichtet. Er muß sich in Jerusalem auch selber dazu bekannt haben. Er

---

[1]) Daß des Menschen Sohn kein authentischer Name ist, habe ich Skizzen 6, 187 ss. und zu Mc. 8, 27 zu zeigen gesucht.

kann aber nicht die Absicht gehegt haben, sich zum Könige der Juden aufzuwerfen und die Fremdherrschaft zu stürzen; es steht vielmehr umgekehrt ganz fest, daß er dem Tempel und der heiligen Stadt den baldigen Untergang angesagt hat. Das Reich, das er im Auge hatte, war nicht das, worauf die Juden warteten. Er erfüllte ihre Hoffnung und Sehnsucht über ihr Bitten und Verstehen. Wenn man dem Worte die Bedeutung läßt in der es allgemein verstanden wurde, so ist Jesus also allerdings nicht der Messias gewesen und hat es auch nicht sein wollen. Er würde für uns nicht verlieren, wenn er sich auch nicht dafür hätte halten lassen, sondern sich einfach als den Erfüller des Alten Testaments im Sinne von Mt. 5 gegeben hätte. Aber unbegreiflich ist es nicht, wenn er den Namen des jüdischen Ideals sich gefallen ließ und doch den Inhalt völlig veränderte: nicht bloß beim Messias, sondern analog auch beim Reiche Gottes. In dieser Weise pflegt sich der religiöse Fortschritt zu vollziehen, trotz dem Spruch, daß neuer Wein nicht in alte Schläuche gehöre.

4. Jesus wollte nicht auflösen, sondern erfüllen, d. h. den Intentionen zum vollen Ausdruck verhelfen. In Wahrheit hat er damit sowol das Gesetz als auch die Hoffnung der Juden aufgehoben und die Theokratie selber innerlich überwunden. Nach einigen Spuren ist er wol auch äußerlich schroffer und rücksichtsloser gegen den jüdischen Kultus, gegen den Tempel und gegen das Gesetz selber aufgetreten, als es nach den Evangelien im ganzen scheint. Aber er war doch kein Woller, kein Umstürzer und Gründer. Er vergleicht sich einem Menschen, der Samen aufs Land wirft, und schläft und steht auf Nacht und Tag, und der Same geht auf und wächst, ohne daß er es weiß — denn die Erde bringt von selbst erst die Halme, dann die Ähren, zuletzt den vollen Weizen in den Ähren. Er ließ dem Sauerteige Zeit zu wirken. Er fand überall für seine Seele Raum und fühlte sich durch das Kleine nicht beengt, so sehr er den Wert des Großen hervorhob: dies sollte man tun und jenes nicht lassen. Und wie er nicht das Bedürfnis hatte Bilder zu zerbrechen, so wollte er auch das Unkraut neben dem Weizen stehn lassen, indem er die Ernte und die Worfelung Gott überließ. Er hat nicht daran gedacht, die jüdische Kirche zu zerstören und die christliche an die Stelle zu setzen. Auch sein Ideal war zwar die Gemeinschaft, wie sie immer und überall das menschliche Ideal ist; aber es war

eine Gemeinschaft der Geister in der göttlichen Gesinnung. Jesus organisirte nicht, sondern nachdem er seine eigene Seele gewonnen hatte, gewann er andere; auf diese Weise ward er das erste Glied einer neuen Geisterreihe.

Er sammelte einen kleinen Kreis von Jüngern um sich, mit denen er aß und trank, die während seiner kurzen Wirksamkeit seine ständige Begleitung bildeten, sahen wie er mit den Menschen verkehrte, und hörten was er zu ihnen sagte. Er schulte sie nicht; er wirkte und empfand vor ihren Augen und regte sie dadurch an, ebenso zu wirken und zu empfinden. Er stellte seine Person zwar nicht bewußt in den Mittelpunkt, er redete nicht über die Bedeutung seines Lebens und Leidens. Aber tatsächlich ging der Eindruck seiner Person über den Eindruck seiner Lehre hinaus. Er war mehr als ein Prophet, in ihm war das Wort Fleisch geworden. Die Evangelien haben wenig Interesse, außer seinen Taten und seiner Lehre auch sein Wesen in der Erinnerung festzuhalten. Er lebt sorglos in den einfachen und offenen Verhältnissen, in der Poesie des Südens, nicht in Not und niedriger Armut. Seine Milde ist mit Ernst gepaart, er kann auch zürnen; die Gegner läßt er ironisch seine Überlegenheit fühlen und gegen die Jünger zeigt er sich zuweilen ungeduldig. Er freut sich an den Kindern, an den Vögeln, an den Blumen. Alles lehrt ihn, er sieht in der Natur die Geheimnisse des Himmelreichs, er liest in seinem eigenen Herzen und in den Herzen Anderer. Studirt hat er nicht; er kann die Schrift ohne sie gelernt zu haben, er predigt wie ein Berufener und nicht wie die Schriftgelehrten. Er braucht nicht lange nachzudenken und nicht auf höhere Eingebung zu lauschen. Der Geist steht ihm zu Gebote, die Empfindungen und die Worte stellen sich ungesucht ein, und in jeder Äußerung steckt der ganze Mensch. Seine Rede ist nicht die aufgeregte der Propheten, sondern die ruhige der jüdischen Weisen. Er gibt nur dem Ausdruck, was jede aufrichtige Seele fühlen muß. Was er sagt, ist nicht absonderlich, sondern evident, nach seiner Überzeugung nichts anderes als was bei Moses und den Propheten steht[1]). Aber die hinreißende Einfachheit unterscheidet ihn von Moses und den Propheten, und

---

[1]) Alles was zur Seligkeit nütz und nötig ist, haben Moses und die Propheten gesagt. „Glauben sie denen nicht, so werden sie auch nicht glauben, ob einer von den Toten auferstünde."

himmelweit von den Rabbinen. Die historische Belastung, unter der die Juden erliegen, hat ihm nichts an; er trauert nicht in ihrem Gefängnis und erstickt nicht in dem Geruch ihrer alten Kleider. Er findet tief unter dem Schutt die Quelle, die sich aus dem Niederschlag der geistigen Erfahrung von Jahrhunderten gebildet hat. Es stößt das Zufällige, Karikirte, Abgestorbene ab und sammelt das Ewiggiltige, das Menschlich-Göttliche, in dem Brennspiegel seiner Seele. „Ecce homo" — ein göttliches Wunder in dieser Zeit und in dieser Umgebung[1]).

Das sind gewiß Züge, die ein richtiges Bild geben. Sie sind jedoch überwuchert von andern, die das Bild zu verzerren geeignet sind. Wenn Jesus auch Zeichen und Wunder verrichtete, so erhellt doch aus seinen eigenen Äußerungen, daß er darauf kein Gewicht legte. In den drei ersten Evangelien erscheint er beinah als Thaumaturg: das hat er sicherlich nicht sein wollen. Die Erinnerungen an ihn sind einseitig und dürftig, nur die letzten Tage seines Lebens sind unvergeßlich geblieben. Aber der Geist lebt nicht im Gedächtnis fort, sondern in seinen Wirkungen; der Funke brennt in dem Feuer, das er entzündet. Jesus wirkte so tief und so nachhaltig auf die Jünger, daß sein Wesen sich mit ihnen verwob und ihr neues, besseres Ich wurde. Sie schrieben ihm alles zu, was er in ihnen veranlaßte, in der Überzeugung, daß nichts Gutes in ihnen sei, was nicht von ihm stamme. Sie brauchten sich gar nicht ängstlich nach seinem Beispiel zu richten; er lebte ja in ihnen und sein Geist führte sie in alle Wahrheit. Das Leben, das sie von ihm empfangen hatten, pflanzten sie auf andere fort, und so ward der Geist Jesu die Einheit vieler Geister. Es ist das größte Beispiel von der zeugenden Kraft der Seele. Vorschreiben, Mahnen, Schelten tut es nicht auf diesem Gebiete; Vorleben ist die Sache. Was das Gesetz nicht bewirkt, bewirkt der individuelle Typus. Das Wesen Gottes läßt sich nicht in Begriffe fassen, die

---

[1]) Jüdische Gelehrte wünschen den Unterschied, richtiger ausgedrückt den zornigen Gegensatz, in dem Jesus zu den Pharisäern stand, aus der Welt zu schaffen; sie meinen, alles was er gesagt habe, stehe auch im Talmud. Ja, alles und noch viel mehr. Πλέον ἥμισυ παντός. Jesu Originalität besteht darin, daß er aus chaotischem Wuste das Wahre und Ewige heraus empfunden und mit größtem Nachdruck hervorgehoben hat. Wie nahe und wie fern das Judentum ihm stand, zeigt einerseits Marc. 12, 28—34, andrerseits das Buch Esther.

Männer Gottes sind seine Offenbarung, dadurch was sie sagen und tun, dadurch wie sie genießen und leiden.

5. Auf den Tod Jesu waren die Jünger in keiner Weise vorbereitet, sie zerstreuten sich voller Angst und flohen von Jerusalem nach Galiläa. Es schien mit ihm und seinem Werke aus zu sein. Aber die Liebenden bestanden die schmerzliche Prüfung. In kürzester Frist überzeugten sie sich, daß der Meister lebe; so außerordentlich war der Eindruck, den er auf sie gemacht hatte, so innig die Gemeinschaft, in der sie mit ihm standen. Er erschien dem Petrus und den Zwölfen, dann fünfhundert Brüdern auf einmal, dann dem Jacobus und allen Aposteln, zuletzt nach allen dem Paulus. Er ließ die Seinen nicht los, er war bei ihnen alle Tage, sein Geist wirkte in ihnen fort. Sein Tod, anfänglich ein Anstoß, worüber sie strauchelten, gestaltete sich zum Beweise, daß kein Tod ihn töten konnte. Mit einem solchen Ende war ein solches Leben unmöglich aus. Die Niederlage wurde in den Sieg verschlungen; in Verbindung mit der Auferstehung bekam das Kreuz Sinn. Der Glaube behielt Recht gegen alle Zweifel, die Gemeinschaft mit Gott war unauflöslich und verbürgte ein unvergängliches Leben.

Die neue freudige Erfahrung hatte weitreichende Folgen. Sie stellte das Wesen Jesu in ein anderes Licht und ergänzte seine Lehre in den wichtigsten Punkten, sie begründete eigentlich erst das Evangelium. Die Hoffnung bekam eine Intensität, wodurch sie mehr wurde als bloße Hoffnung. Die allgemeine Auferstehung am jüngsten Tage wurde zwar so wie so in Bälde erwartet; aber mit der Auferstehung Jesu aus dem Grabe, mit seinem Ausbruch aus der Hölle, hatte sie im Prinzip bereits begonnen. Die Seinen faßten durch ihn schon Fuß im himmlischen Leben und strebten, es moralisch schon auf Erden zu leben; der zukünftige Äon ragte mit ihm als seiner Spitze schon in die Gegenwart hinein. Er erschien durch seine Auferstehung als der Anfänger und Erstling, als der Adam der neuen Welt. Durch seine Auferstehung erwies er sich andrerseits auch erst wahrhaft als den Sohn Gottes, d. i. den Christus oder den Messias, als den er sich bei Lebzeiten nur in Schwachheit gezeigt hatte. Einstweilen noch im Himmel aufgehoben, sollte er von dannen wiederkommen auf die Erde, um das Reich Gottes in Kraft und Herrlichkeit zu verwirklichen. Seine Person· wurde nach Dan. 7 mit der Eschatologie in Verbindung gebracht, so daß seine eigentliche Wirksamkeit auf Erden nicht in der Vergangenheit, sondern in der Zukunft lag. Jesus war tot; Christus, der Auferstandene, lebte.

Den von Jesus berufenen Aposteln trat Paulus zur Seite, der Apostel des himmlischen Herrn, der der Geist ist und als solcher in den Seinen wirkt. Er verkündet nur den Verklärten, den Gekreuzigten und Auferstandenen. Erst durch den Tod hatte ihm Christus das rechte Leben gewonnen. Der jüdische Messias war in der Tat durch die Kreuzigung vollkommen vernichtet, und ein anderer Messias an die Stelle getreten. Paulus kannte Jesum nicht, aber er merkte, daß in seiner Gemeinde ein Geist herrschte, der das Judentum sprengen mußte. Als eifriger Jude verfolgte er darum zuerst die Gemeinde; aber auf die Dauer vermochte er nicht gegen den Stachel zu löken. Seine Bekehrung fiel mit seiner Berufung zum Apostel der Heiden zusammen. Er zerschnitt das Band zwischen Evangelium und Gesetz und verfocht sein Leben lang das Recht dieses Schnittes. Er stellte das Christentum auf den Boden, auf dem es seine weltgeschichtliche Bedeutung gewonnen hat.

Von der schriftgelehrten Kunst der Rabbinen hat sich Paulus nicht losmachen können. Er wendet sie in der Beweisführung an, namentlich bei der Rechtfertigungslehre. Aber das innere Wesen seiner religiösen Überzeugung ist davon doch unberührt geblieben. Trotz allen Resten, die ihm anhaften, ist der Mann, der die Korinther-Briefe geschrieben hat, in Wahrheit derjenige gewesen, der den Meister verstanden und sein Werk fortgesetzt hat. Durch ihn besonders hat sich die Weissagung des Reichs in das Evangelium von Jesu Christo verwandelt, der die Weissagung innerlich schon erfüllt hat. Entsprechend ist ihm auch die Erlösung aus etwas Zukünftigem etwas bereits Geschehenes und Gegenwärtiges geworden. Er betont unwillkürlich den Glauben und die Liebe stärker als die Hoffnung [1]), er empfindet die zukünftige Seligkeit voraus in der Freude der gegenwärtigen Kindschaft, er überwindet den Tod und führt das neue Leben schon hienieden. Er preist die Kraft, die in den Schwachen mächtig ist; die Gnade Gottes genügt ihm und er weiß, daß keine gegenwärtige noch zukünftige Gewalt ihn seinen Armen entreißen kann, daß denen die Gott lieben alle Dinge zum besten dienen. Die Ascese, die Abtötung des Fleisches,

---

[1]) Paulus ist der eigentliche Apostel nicht nur des Glaubens, sondern auch der Liebe; Johannes ist ihm nur gefolgt.

überhaupt der Gegensatz von Fleisch und Geist, tritt allerdings bei ihm stärker hervor als bei Jesus. Das hängt indessen zusammen mit seiner strengen Aufrichtigkeit gegen sich selber. Er bleibt stets eingedenk, daß das göttliche Leben auf Erden ein schwerer Kampf ist und der Sieg nur im Glauben vorweg genommen wird. Er bildet sich nicht ein schon am Ziel zu sein; er streckt sich nur darnach und wird nicht müde in den Schranken zu laufen.

Christus verkörperte sich in der Gemeinde, die sich seinen Leib nannte. Sein Geist wurde der heilige Geist, der heilige Geist wurde zum Geist der Kirche und schwebte über den Konzilien, mitunter in Gestalt einer Eule oder einer Fledermaus. Die Kirche, durch die alle Einzelgemeinden, wenigstens in der Idee, von Anfang an zusammengehalten wurden, ist die Fortsetzung der jüdischen Theokratie, von der sie den Namen entlehnte und als deren Nachfolgerin sie sich betrachtete, eine weltumfassende religiöse Gemeinschaft, die im Gegensatz zu dem politischen Weltreich steht. Der Gegensatz ist ursprünglich stark ausgeprägt. Begrifflich aber ist er nicht scharf; denn jede Organisation hat Macht und die mächtigste hat die Macht, d. h. die politische Herrschaft, auch wenn sie, wie z. B. der Islam, von der Religion ausgegangen ist. Nach einigen Jahrhunderten eroberte die Kirche die Welt, durchdrang sie und wurde von ihr durchdrungen. Aus einer geistigen Gemeinschaft wurde sie eine natürliche, man gelangte nicht durch die Wiedergeburt hinein, sondern durch die Geburt, welcher darum die Taufe auf dem Flecke folgte. Die christliche Religion kam nun also im großen und ganzen wieder auf dem alten ethnischen Standpunkte an, auf dem die israelitische gestanden und den auch die jüdische nicht überwunden hatte. Sie verschmolz mit der Kultur, mit der Gesellschaft, mit den Völkern.

Der Jahvismus und der Islam lehren, welchen gewaltigen Einfluß die Religion auf die Kultur ausüben kann; das selbe lehrt die katholische Kirche des Mittelalters, die den Rest vom Erbe des Altertums auf die germanischen Völker übertrug. Man ist gegenwärtig geneigt, nach diesem Einfluß, sei er heilsam, sei er schädlich, die Religion zu beurteilen. Der Blick ist auf die Gattung gerichtet und auf die Wirksamkeit unpersönlicher, epidemischer Mächte. Die Geschichte ist Geschichte des Staats und der Gesellschaft, der Verfassung und des Rechtes, der Wirtschaft, der herrschenden Ideen, der Moralität, der Kunst und Wissenschaft. Ganz erklärlich; denn nur dies Gebiet unterliegt der Entwicklung, nur da läßt sich ein Fortschritt und eine gewisse Gesetzmäßigkeit erkennen, nur da kann man einigermaßen berechnen und sogar die Statistik anwenden. Es ist ja auch nicht zu verkennen, daß nur auf dem Boden der Kultur das Individuum gedeiht. In Schmutz und Not und Barbarei versunken kann der Mensch nicht an seine Seele denken, und ehe die Gerechtigkeit vor Gott an die Reihe kommt, muß die iustitia civilis fest stehn. Das Höhere wird zum Stein, wenn man es statt des Brotes bietet. Aber der Mensch lebt nicht vom Brot allein, die Mittel sind nicht der Zweck. Alle Kultur ist unausstehlich, wenn sie das Individuum und sein Geheimnis nicht anerkennt. Der Fortschritt der Gattung ist, über eine gewisse Grenze hinaus, kein Fortschritt des Individuums, glücklicherweise nicht. Ich bin nicht bloß ein Teil der Masse, ein Erzeugnis meiner Zeit und meiner Umgebung, wie die Wissenschaft in einem Tone verkündet, als ob Grund wäre darüber zu triumphiren. In meinem Kern berühre ich mich mit der Ewigkeit. Freilich muß ich diesen Kern mir selber gewinnen und ausgestalten. Vor allem muß ich daran glauben; glauben daß ich nicht aufgehe in der Mühle in der ich umgetrieben und zermalmt werde; glauben daß Gott hinter und über dem Mechanismus der Welt steht, daß er auf meine Seele wirken, sie zu sich hinaufziehen und ihr zu ihrem eigenen Selbst verhelfen kann, daß er das Band einer unsichtbaren und ewigen Gemeinschaft der Geister ist. Man does not live by demonstration, but by faith. Der Glaube an die Freiheit und der Glaube an Gott ist das selbe, eins nicht ohne das andere. Beide sind nur dem Glauben vorhanden, aber der Glaube braucht nicht erquält zu werden, sondern ist Gewißheit.

Die Stufen der Religion, wie die Stufen der Geschichte überhaupt, bleiben neben einander bestehn. Die öffentliche Religion braucht nicht aufzuhören. Aber Jesus hat die Kirche nicht gestiftet, der jüdischen Theokratie hat er das Urteil gesprochen. Das Evangelium ist nur das Salz der Erde; wo es mehr sein will, ist es weniger. Es predigt den edelsten Individualismus, die Freiheit der Kinder Gottes.